G000294556

DIE HANDSCHRIFTEN
DER UNIVERSITÄTSBIBLIOTHEK TÜBINGEN

BAND 2

HANDSCHRIFTENKATALOGE DER UNIVERSITÄTSBIBLIOTHEK TÜBINGEN

HERAUSGEGEBEN VON

BERNDT VON EGIDY

BAND 2

DIE GRIECHISCHEN HANDSCHRIFTEN

2002

HARRASSOWITZ VERLAG · WIESBADEN

DIE GRIECHISCHEN HANDSCHRIFTEN DER UNIVERSITÄTSBIBLIOTHEK TÜBINGEN

SONDERBAND MARTIN CRUSIUS

HANDSCHRIFTENVERZEICHNIS UND BIBLIOGRAPHIE

BEARBEITET VON

THOMAS WILHELMI

2002

HARRASSOWITZ VERLAG · WIESBADEN

Gedruckt mit Unterstützung der Deutschen Forschungsgemeinschaft.

Die Deutsche Bibliothek – CIP-Einheitsaufnahme
Ein Titeldatensatz für diese Publikation ist bei Der Deutschen Bibliothek erhältlich

Die Deutsche Bibliothek – CIP Cataloguing-in-Publication-Data
A catalogue record for this publication is available from Die Deutsche Bibliothek

e-mail: cip@dbf.ddb.de

© Otto Harrassowitz, Wiesbaden 2002
Das Werk einschließlich aller seiner Teile ist urheberrechtlich geschützt.
Jede Verwertung außerhalb der engen Grenzen des Urheberrechtsgesetzes ist ohne Zustimmung des Verlages unzulässig und strafbar. Das gilt insbesondere für Vervielfältigungen jeder Art, Übersetzungen, Mikroverfilmungen und für die Einspeicherung in elektronische Systeme.
Gedruckt auf alterungsbeständigem Papier.
Satz: Dr. F. Seck mit TUSTEP
Druck und Verarbeitung: Hubert & Co., Göttingen
Printed in Germany

ISBN 3-447-04518-3

Inhalt

Vorwort 7

Einleitung 9
- Abgekürzt zitierte Literatur 15
- Bibliotheken und Archive 19

Predigtnachschriften 25

Predigtdrucke 173

Handschriften 185

Bibliographie Martin Crusius 221
- Gedruckte Werke von Martin Crusius 223
- Selbständig erschienene Werke 223
- Unselbständig erschienene Werke (Beiträgertexte) 245
- Literatur über Martin Crusius 261

Die Bibliothek Martin Crusius 273

Kurzbiographien 365

Anhang 385

Register 391
- Verfasser-, Namen- und Sachregister 393
- Register zu den Predigten 411
- Bibelstellen 411
- Katechismusstellen 423
- Lieder 424
- Themenpredigten 424
- Drucker und Verleger 427

Martin Crusius. Ölgemälde von Anton Ramsler, 1590. Universität Tübingen, Professorengalerie

Vorwort

Martin Crusius (ursprünglicher Name: Kraus) ist eine der interessantesten Persönlichkeiten aus der Frühzeit der Tübinger Universität. 1559 als Professor der griechischen und lateinischen Sprachen nach Tübingen berufen, lehrte er hier bis zu seinem Tode am 14. Februar 1607. Dank großem didaktischem und rhetorischem Geschick zog Crusius viele Hörer an und stand mit zahlreichen Gelehrten des In- und Auslandes in Verbindung. Eng waren seine Beziehungen nach Griechenland, die ihm den Beinamen »Vorkämpfer des Philhellenismus in Europa« einbrachten. Das Hauptwerk von Crusius, die »Annales Suevici«, enthält eine mit unendlichem Fleiß zusammengetragene Fülle von Material. Die Universitätsbibliothek Tübingen schätzt sich glücklich, das mit reichen Annotationen versehene Handexemplar von Martin Crusius im Bestand zu haben. Sein zweites Hauptwerk, das 1571 begonnene »Diarium« umfaßt neun handschriftlich geführte Quartbände und ist bisher nur zum Teil ediert.

In der vorliegenden Publikation sind die Predigtnachschriften von Crusius erstmals erschlossen. Sie füllen im Original 21 dicke Quartbände und geben den Inhalt nahezu aller zwischen 1563 bis 1604 in der Tübinger Stiftskirche gehaltenen Predigten in Mitschriften wieder. Crusius hatte sich dabei als »Simultanübersetzer« gezeigt, der die deutschen Ansprachen sofort in griechische (und einige wenige lateinische) Nachschriften umsetzte. Bei wöchentlich meist drei Predigten kamen so fast 6600 Mitschriften zusammen.

Die vorliegende Publikation enthält ferner eine Bibliographie der Werke von Crusius, der Literatur über ihn sowie eine Zusammenstellung der von ihm geschriebenen Handschriften. Von großem Wert ist eine Übersicht über die Crusius-Bibliothek, von der 738 Werke nachgewiesen werden konnten. Sie befinden sich zum größten Teil in der Tübinger Universitätsbibliothek.

Das vorliegende Material wurde in dem von Prof. Dr. Dieter Harlfinger zu bearbeitenden DFG-Projekt »Die griechischen Handschriften der deutschen Humanisten« zusammengestellt, dann aber in einen Sonderband ausgelagert, um die kodikologischen Beschreibungen des Handschriftenkatalogs zu entlasten. Als Mitarbeiter im Projekt war Herr Dr. Wilhelmi vor allem mit der Aufnahme der Predigtlisten, weiter mit der Sammlung der Sekundärliteratur über Crusius und der Zusammenstellung der Prediger-biographien befaßt. Schon vorher hatte er mit der Rekonstruktion der Bibliothek von Martin Crusius begonnen, die ganz sein Werk ist und auf die er auch nach seinem Ausscheiden viel Zeit und Kraft verwandt hat. Seiner Leistung und Mitwirkung am Projekt gilt der besondere Dank der Bibliothek. Das vorliegende Werk ist ein wichtiger Beitrag nicht nur für die Crusius-Forschung, sondern auch für die Tübinger Universitäts- und Bibliotheksgeschichte.

Dr. Berndt v. Egidy
Direktor der Universitätsbibliothek

Einleitung

Der Umfang der vorliegenden Materialsammlung mag zur Vermutung Anlaß geben, daß da Martin Crusius, dem nicht überall bekannten Tübinger Philologen des 16. Jahrhunderts, vielleicht zu viel Aufmerksamkeit und Ehre zuteil werden könnte. Crusius kennt man, wenn überhaupt, oft nur als den unerbittlichen Gegner seines begabten und aufmüpfigen ehemaligen Schülers Nikodemus Frischlin. In die Kategorie der allgemein bekannten humanistischen Philologen wie Reuchlin, Erasmus und Melanchthon gehört Crusius nicht.

Die hier zusammengetragenen bibliographischen Materialien vermitteln einen Eindruck von Crusius' vielfältigen und rastlosen Tätigkeiten. Zu seiner Zeit war er weit über die Universität Tübingen hinaus als griechischer Philologe bekannt. Beachtung und durchaus auch bleibende Verdienste erwarb er sich als Universitätslehrer, begeisterter Philhellene und pedantischer Sammler philologisch-historischer Informationen und Berichterstatter der verschiedensten Ereignisse seiner Zeit. Spezieller Hervorhebung wert ist seine Beteiligung an den kirchenpolitischen Aktivitäten des württembergischen Herzogs Christoph und des lutherisch-orthodoxen Tübinger Theologen Jakob Andreae, die sich in den Jahren von 1573 bis 1581 intensiv um den Aufbau von Beziehungen zum Patriarchat in Konstantinopel bemüht hatten.[1] Crusius war eifrig bemüht, Nachrichten aus dem zeitgenössischen Griechenland zu bekommen, vor allem über die neugriechische Sprache.

Geboren wurde Martin Crusius am 19. September 1526 in dem oberfränkischen Dorf Pottenstein, wo sein Vater, vormals katholischer Priester, als protestantischer Pfarrer tätig war.[2] Er besuchte die Lateinschule in Ulm und hernach die von Johann Sturm geleitete Akademie in Straßburg, wo er seine Studien – er zeichnete sich vor allem als hervorragender Gräzist aus – zum Abschluß brachte und bis zum Frühjahr 1554 als Lehrer tätig war. In den Jahren 1554 bis 1559 wirkte er als Rektor der Lateinschule in Memmingen. Im Herbst 1559 übernahm er die Professur für Alte Sprachen an der Universität Tübingen. Dieses Amt versah er 48 Jahre lang. Fünfmal bekleidete er zudem das Amt des Dekans der Artistenfakultät. Er starb am 14. Februar 1607 in Tübingen.

Mit der Rekonstruktion der Handbibliothek von Crusius begann ich bereits im Herbst 1978. Die Arbeiten im Rahmen des von Herrn Prof. Dr. Dieter Harlfinger geleiteten und von der Deutschen Forschungsgemeinschaft (DFG) geförderten

1 Vgl. dazu Dorothea Wendebourg, Reformation und Orthodoxie. Der ökumenische Briefwechsel zwischen der Leitung der württembergischen Kirche und Patriarch Jeremias II. von Konstantinopel in den Jahren 1573–1581, Göttingen 1986.

2 Über Crusius vgl. Karl Klüpfel, Artikel »Crusius« in der ADB IV (1876), 633 f. und Hans Widmann, Artikel »Crusius« in der NDB III (1957), 433 f.

Forschungsprojektes »Die griechischen Handschriften der deutschen Humanisten« fanden in der Zeit vom Herbst 1979 bis zum Frühjahr 1982 statt. Im Vordergrund stand damals die Inventarisierung der auf 21 Bände verteilten 6588 griechischen Predigtmitschriften. Hierbei handelt es sich um Predigten, die in der Tübinger Stiftskirche auf Deutsch gehalten und von Crusius fast vollständig auf lateinisch (in den Jahren 1562–1563) und auf griechisch (in den Jahren 1563–1604) mitgeschrieben worden sind. Diese resümierenden Mitschriften sind erstaunlich exakt[3] und sind eine bedeutende, noch kaum ausgewertete Materialsammlung zur Homiletik.

Im Rahmen des erwähnten Projektes wurde auch mit der Beschreibung der übrigen griechischen Handschriften der Universitätsbibliothek Tübingen, von denen die meisten von Crusius geschrieben sind oder aus seinem Besitz stammen, begonnen. Es handelt sich hierbei um eine detaillierte, weit über das normale Maß hinausgehende Katalogisierung der Tübinger Codices Graeci. Herr Prof. Harlfinger wird diesen umfassenden Katalog demnächst publizieren.

Außerdem wurden in der erwähnten Projektperiode und im Rahmen eines ebenfalls von der DFG ermöglichten Anschlußprojektes (1993–1994) die Kurzbiographien der Prediger und im wesentlichen auch die Verzeichnisse der Primärliteratur (alte Drucke) und der Sekundärliteratur sowie das Verzeichnis der in Tübingen und anderswo vorhandenen Handschriften (Autographe, v. a. Briefe) fertiggestellt. Die bereits 1978 begonnene Rekonstruktion der Handbibliothek von Crusius – eine überaus aufwendige Arbeit – konnte ich im Februar 2000 zum Abschluß bringen.

Es ist mir eine angenehme Pflicht und ein Bedürfnis, Dank abzustatten: Herrn Prof. Dr. Dieter Harlfinger, der mir damals in Berlin und auch in späteren Jahren wesentliche Anstöße und wertvolle Anleitung gab und Hilfe zuteil werden ließ, und Herrn Dr. Friedrich Seck (Universitätsbibliothek Tübingen), der die gesamten Arbeiten von den ersten Anfängen an bis jetzt mit großem Wohlwollen und nie erlahmender Mithilfe insbesondere bei der Datenverarbeitung (mit dem Tübinger System von Textverarbeitungsprogrammen TUSTEP) verständnisvoll und geduldig begleitete. Nicht unerwähnt bleiben darf die Mitarbeit von Herrn Dr. Lorenz Wilkens bei der Inventarisierung der Predigten (Klärung von theologischen Fragen) in den Jahren 1979–1980, von Frau Johanna Harlfinger bei der Eingabe der Daten des Predigtverzeichnisses in den Jahren 1981–1982 und von Herrn Dr. Paul Richard Blum bei der Zusammenstellung biographischer Daten in den Jahren 1980–1981. An ihre Mitarbeit denke ich mit Dankbarkeit zurück. Mein Dank geht schließlich an die Universitätsbibliothek Tübingen, von der ich

3 Die Nachschriften können in einigen Fällen anhand der Drucke der Predigttexte (vgl. hier S. 173–183) kontrolliert werden.

zu jeder Zeit mit großem Vertrauen ausgestattet worden bin und die in all den Jahren über der schier unendlichen Arbeit ihre Flügel gebreitet hat. Besonders erwähnt seien hier neben Herrn Dr. Seck die Herren Direktoren Dr. Joachim-Felix Leonhard und Dr. Berndt von Egidy, Herr Dr. Gerd Brinkhus, Frau Ewa Dubowik-Belka, Frau Gisela Krause, Frau Adelheid Iguchi, Frau Eva Parth und Herr Burkhard Mayer. Ihnen allen und auch Herrn Albrecht Braun, dem Kurator der Kirchenbibliothek in Nürtingen, schulde ich großen Dank für mannigfache Unterstützung.

Tübinger Predigten

Predigtnachschriften von der Dichte und Dauer, wie sie in den Tübinger Crusius-Handschriften vorliegen, sind vermutlich singulär. Sie erlauben über einen Zeitraum von vierzig Jahren einen Einblick in die Predigten, die von den Professoren einer führenden theologischen Fakultät gehalten wurden. Die erste überlieferte Mitschrift stammt vom 10. November 1562. Im folgenden Jahr beginnt Crusius, thematische Predigtreihen konsequent mitzuschreiben: aus dem Jahr 1563 sind bereits 151 Mitschriften überliefert.

Anfangs schreibt Crusius die Predigten der einzelnen Prediger, die oft thematisch zusammenhängende Folgen bilden, in getrennten Lagen mit, die er später zusammenbinden läßt. Weil die verschiedenen Folgen der Mitschriften zeitlich nebeneinanderherliefen, ergeben sich bis 1571 immer wieder Rücksprünge in der Chronologie der Predigtverzeichnung. Von Weihnachten 1574 bis zur letzten Mitschrift am 16. September 1604, drei Tage vor dem 78. Geburtstag,[4] liegt dagegen mit einer einzigen Ausnahme[5] eine chronologisch aufsteigende Folge von Mitschriften vor. Das ist zu beachten, wenn man die Predigten eines bestimmten Tages oder Zeitraums vor Weihnachten 1574 sucht. Im einzelnen gehen die Sprünge aus der folgenden Übersicht hervor.

Nr.	Signatur	Seite	Sprung vom	zurück zum
174	Mb 19,2	^{2}65	29.6.1571	10.11.1562
265	Mb 19,3	1	21.6.1571	24.2.1563
493	Mb 19,3	^{2}13	19.8.1571	14.1.1563
624	Mb 19,4	1	15.8.1571	18.4.1563
641	Mb 19,4	23	15.8.1563	2.8.1563
930	Mb 19,4	^{6}1	9.4.1570	24.2.1563

4 Sicher nicht zufällig hat Crusius an diesem Geburtstag auch den letzten gebundenen Band seines Tagebuchs abgeschlossen (Mh 466–9; Handschrift Nr. 64).

5 Nummer 3105.

953	Mc 101	1	21.8.1569	7.2.1563
1216	Mc 101	²1	1.7.1571	4.2.1563
1360	Mb 19,5	1	9.8.1571	16.4.1570
1987	Mb 19,6	²3	24.12.1574	8.2.1570
3105	Mb 19,11	85	24.2.1581	19.2.1581

Im Herbst 1604 ließ die Energie des nun häufig kränkelnden Crusius nach; nur noch selten findet man im Diarium den zuvor sehr häufigen Vermerk, daß er die gehörten Predigten nachgeschrieben habe,[6] und selbst diese wenigen Nachschriften sind verlorengegangen.

Die Predigtmitschriften sind nach folgendem Schema verzeichnet:

Spalte 1: Laufende Nummer (Nummern 1–6588; vom Bearbeiter vergeben).

Spalte 2: Von Crusius gegebene Numerierung (vor allem in den ersten Bänden mehrmals beginnende Zählungen, manchmal fehlerhaft). Ein Sternchen weist auf Zusätze (Marginalien und andere Zusätze in lateinischer, manchmal auch deutscher Sprache) von Crusius hin, die nicht die Predigten betreffen.

Spalte 3: Von Crusius gegebene Seitenzählung (vor allem in den ersten Bänden mehrmals beginnend, manchmal fehlerhaft).

Spalte 4: Datum der Predigt, soweit bekannt auch die Tageszeit. Die beweglichen Festtage (Karfreitag, Ostern, Himmelfahrt, Pfingsten) sind, unabhängig davon, ob von Crusius angegeben oder nicht, in spitzen Klammern genannt.

Spalte 5: Name des Predigers.[7]

Spalte 6: Angabe zu dem der Predigt zugrunde liegenden Bibeltext bzw. dem Katechismusabschnitt, dem Lied oder (selten) dem Thema. Die Angaben von Crusius sind in der Regel zutreffend. Korrekturen und Ergänzungen stehen in spitzen Klammern. Das Totenkreuz † weist auf eine Leichenpredigt hin.

Spalte 7: Drucknachweise: die von Crusius selbst besorgte Ausgabe seiner griechischen Mitschriften in der »Corona Anni« (abgekürzt CAn) und in der »Civitas coelestis« (abgekürzt CC) und die (nicht von Crusius besorgten) Ausgaben der deutschen Predigten.[8] Die kodikologische Beschreibung der Predigtbände ist für den Hauptband vorgesehen.

---

6 9.12.1604: »Conc. 2 Graecè notavi.«
7 Kurzbiographien der Prediger auf S. 365–384.
8 Verzeichnis der gedruckten Predigten auf S. 173–183.

Gedruckte Predigten

Verzeichnis der Drucke, die deutsche Predigten enthalten, die von Crusius mitgeschrieben worden sind.

Kurzbiographien

Kurzbiographien der 67 Prediger (zum Verzeichnis der Predigten, S. 25–172) und einiger Korrespondenten oder sonst dem Umkreis von Crusius zugehörigen Personen (Buchbinder, Drucker, Verleger).

Handschriften von Martin Crusius

Das Verzeichnis enthält alle von Crusius selber geschriebenen Handschriften in chronologischer Reihenfolge. Nicht aufgeführt sind hier die griechischen Handschriften der Universitätsbibliothek (siehe Einleitung S. 10), da sie im Hauptband des Handschriftenkataloges beschrieben werden, sowie die Eintragungen in den Büchern seiner Privatbibliothek.

Bibliographie Martin Crusius

Das fortlaufend numerierte Verzeichnis besteht aus drei Teilen:

In den Nummern 1–159 sind die im 16., 17. und 18. Jahrhundert im Druck erschienenen selbständigen Werke von Crusius aufgeführt. Neben der Wiedergabe des Titels (manchmal gekürzt) finden sich die Angaben zum Druckort und Drucker (dazu Verzeichnis auf S. 427–432) und zum Format, bibliographische Nachweise und Exemplarnachweise. Bei den mit einem Sternchen gekennzeichneten Exemplaren handelt es sich um solche mit handschriftlichen Zusätzen von Crusius. Sterne in Klammern (*) bezeichnen Exemplare mit einer Widmung von Crusius.

In den Nummern 160–281 sind die im 16., 17. und 18. Jahrhundert im Druck erschienenen unselbständigen Werke (sogenannte Beiträgertexte) von Crusius aufgeführt. Dabei wird der von Crusius gegebene Titel im Wortlaut wiedergegeben. Hinzugesetzt werden Angaben zum Umfang, zur Sprache und zum Versmaß. Im übrigen entsprechen die Beschreibungen denjenigen der selbständigen Drucke.

In den Nummern 283–458 ist in chronologischer Reihenfolge die Sekundärliteratur zu Crusius verzeichnet.

Bücher aus der Bibliothek von Martin Crusius

Verzeichnis der gedruckten Bücher aus dem Besitz von Crusius. Von den hier aufgeführten 738 Drucken befinden sich 676 im Besitz der Universitätsbibliothek Tübingen, 52 im Besitz der Kirchenbibliothek in Nürtingen[9] und zehn in anderem Besitz. Die Handbibliothek war mit Sicherheit wesentlich größer. Ob sie allerdings um die 3000 Bücher umfaßt hat, wie dies vermutet worden war[10], darf füglich bezweifelt werden. Etliche Handexemplare von Drucken, von denen wir auf Grund der Angaben in den Tagebüchern, den Briefen usw. wissen, daß sie im Besitz von Crusius gewesen sind, lassen sich nicht mehr nachweisen. Die Bibliothek kam nach dem Tode von Crusius nur teilweise in die Tübinger Artistenbibliothek (und hernach in die Universitätsbibliothek).[11] Andere Teile der Bibliothek wurden verkauft, und von diesen Büchern fanden nur wenige den Weg in die Kirchenbibliothek (Turmbibliothek) in Nürtingen, in die Universitätsbibliothek Tübingen oder in andere Bibliotheken. In den noch nicht rarifizierten und von mir nicht systematisch durchgesehenen Beständen der Universitätsbibliothek Tübingen (Abteilungen K = Allgemeine Schriften und L = Württembergica) dürften noch einige weitere Bücher aus der Handbibliothek von Crusius verborgen sein.

Die Bücher sind in alphabetischer Reihenfolge (nach Verfassern bzw. dem Titel) aufgeführt. Die Buchtitel werden gekürzt wiedergegeben. Auf den darauffolgenden Zeilen stehen die Angaben zum Druckort, Drucker (und Verleger), Zeitpunkt des Erscheinens, Blatt- oder Seitenumfang und Format sowie der bibliographische Nachweis.

Die exemplarspezifischen Angaben enthalten das Erwerbungsdatum, das Crusius sehr oft genau angibt (es erscheint hier standardisiert), den Kaufpreis und den Bindepreis (in dem von Crusius angegebenen Wortlaut) und den Hinweis auf handschriftliche Vermerke von Crusius.

---

9 Die Turmbibliothek enthält auch Bücher aus dem Besitz des aus Nürtingen gebürtigen Pfarrers Simon Necker, dessen Sohn Markus am 5.11.1599 Crusius' Tochter Theodora heiratete. Dies legt die von Albrecht Braun geäußerte Vermutung nahe, daß auch die heute in Nürtingen befindlichen Bücher aus der Bibliothek von Crusius über Tochter und Schwiegersohn in die Turmbibliothek gelangt sind.

10 Vgl. dazu Wilhelm Göz, Martin Crusius und das Bücherwesen seiner Zeit. In: Zentralblatt für Bibliothekswesen 50 (1933), 717–737; Ernst Kyriss, Aus der Bibliothek von Martin Crusius. In: Börsenblatt für den Deutschen Buchhandel. Frankfurter Ausgabe 10 (1954), Nr. 5.

11 Vgl. dazu Gerd Brinkhus, Stadt – Universität – Bibliotheken. Zur Tübinger Bibliotheksgeschichte im 16. Jahrhundert. In: Beiträge zur Geschichte des Buchwesens im konfessionellen Zeitalter. Wiesbaden 1985, 179–188.

Abgekürzt zitierte Literatur

Adam, Vitae Philos.	Adam, Melchior: Vitae Germanorum philosophorum. Heidelberg 1615
Adam, Vitae Theol.	Adam, Melchior: Vitae Germanorum theologorum. Heidelberg 1620
Adams	Adams, Herbert Mayow: Catalogue of books printed on the continent of Europe, 1501–1600, in Cambridge libraries. Vol. 1.2. Cambridge 1967
ADB	Allgemeine Deutsche Biographie. Hrsg. durch die hist. Commission bei der Königl. Akademie der Wissenschaften [München]. Bd. 1–56. Leipzig 1875–1912
Angerbauer	Angerbauer, Wolfram: Das Kanzleramt an der Universität Tübingen und seine Inhaber 1590–1817. Tübingen 1972
Appenzeller	Appenzeller, Bernhard: Die Münsterprediger bis zum Übergang Ulms an Württemberg 1810. Kurzbiographien und vollständiges Verzeichnis ihrer Schriften. Weißenhorn 1990
AS	Crusius, Martin: Annales Suevici. Frankfurt/M. 1595–1596
Bautz	Bautz, Friedrich Wilhelm: Biographisch-bibliographisches Kirchenlexikon. Bd. 1–18. Hamm 1975–2001
Bernhardt	Bernhardt, Walter: Die Zentralbehörden des Herzogtums Württemberg und ihre Beamten. 1520–1629. Stuttgart 1972
Biundo	Biundo, Georg: Die evangelischen Geistlichen der Pfalz seit der Reformation. Neustadt an der Aisch 1968
BM	British Museum ⟨London⟩: Catalogue of printed books. Photographic ed. to 1955. Vol. 1–263 und Supplementa. London 1965–1966
BN	Catalogue général des livres imprimés de la Bibliothèque Nationale. Auteurs. Bd. 1–231. Paris 1897–1981
Bopp, Geistliche	Bopp, Marie-Joseph: Die evangelischen Geistlichen und Theologen in Elsaß und Lothringen von der Reformation bis zur Gegenwart. Neustadt an der Aisch 1959
Brecht	Brecht, Martin: Südwestdeutsche Reformationsgeschichte. Zur Einführung der Reformation im Herzogtum Württemberg 1534. Stuttgart 1984
BUT	Seck, Friedrich: Bibliographie zur Geschichte der Universität Tübingen / bearb. von Friedrich Seck, Gisela Krause, Ernestine Stöhr. Tübingen 1980
CAn	Corona Anni hoc est explicatio evangeliorum et epistolarum ..., Wittenberg 1602–1603 (siehe Bibliogr. Nr. 98)
CC	Civitas coelestis ..., Tübingen 1587 (siehe Bibliogr. Nr. 59)
Ed1 (–Ed53)	siehe Verzeichnis »gedruckte Predigten« (S. 173–183)
EG	Evangelisches Gesangbuch. Berlin 1993 [und andere Ausgaben]
Eideneier, Von der Hs.	Eideneier, Hans: Von der Handschrift zum Druck: Martinus Crusius und David Höschel als Sammler griechischer Venezianer Volksdrucke des 16. Jahrhunderts. – In: Graeca recentiora in Germania. Deutsch-griechische Kulturbeziehungen vom 15. bis 19. Jahrhundert. – Wiesbaden, 1994. – S. 93–111. – (Wolfenbütteler Forschungen ; 59)
EKG	Evangelisches Kirchengesangbuch. Berlin 1953 [und andere Ausgaben]

Fischlin	Fischlin, Ludwig Melchior: Memoria theologorum Wirtembergensium resuscitata. Bd. 1–6. Ulm 1709–1710
Gamillscheg/ Harlfinger	Gamillscheg, Ernst und Dieter Harlfinger: Repertorium der griechischen Kopisten. 800–1600. Wien 1981
GG	Crusius, Martin: Germanograecia. Basel 1585
Glässner, Waiblingen	Glässner, Wilhelm: Waiblingen in Chroniken des 16. Jahrhunderts. Waiblingen 1978
Goff	Goff, Frederick Richmond: Incunabula in American libraries. A third census of fiftheenth-century books recorded in North American collections. New York 1964. Suppl. New York 1972
Graesse	Graesse, Johann Georg Theodor: Trésor de livres rares et précieux ou nouveau dictionnaire bibliographique. Bd. 1–7. Dresden 1859–1867
GW	Gesamtkatalog der Wiegendrucke. Hrsg. von der Kommission für den Gesamtkatalog der Wiegendrucke. Bd. 1 ff. Leipzig; Bd. 8 ff.: Stuttgart 1925 ff.
Hain	Hain, Ludwig: Repertorium bibliographicum, in quo libri omnes ab arte typographica inventa usque ad annum MD. typis expressi ... recensentur. Vol. 1, P. 1.2; Vol.2, P. 1.2. Stuttgart und Paris 1826–1838
HC	Copinger, Walter Arthur: Supplement to Hain's Repertorium bibliographicum. P. 1.2, Vol. 1.2. London 1895–1902
HsB	Tübingen UB, Handschrift Mc 225
HsG	Tübingen UB, Handschrift Mb 19–1 (Samuel Grammer)
Index Aurel.	Index Aureliensis. Catalogus librorum sedecimo saeculo impressorum. P. 1,1 ff. Baden-Baden 1962 ff.
Jöcher	Jöcher, Christian Gottlieb: Allgemeines Gelehrten-Lexicon. Leipzig 1750–1897
Kat. lat. Hss.	Katalog der Lateinischen Handschriften der Universitätsbibliothek Tübingen. Bd. 1. Signaturen Mc 1 bis Mc 150. Beschrieben von Hedwig Röckelein. Wiesbaden 1991. Bd. 2. Signaturen Mc 151 bis Mc 379 sowie die lateinischen Handschriften bis 1600 aus den Signaturengruppen Mh, Mk und aus dem Druckschriftenbestand. Beschrieben von Gerd Brinkhus und Arno Mentzel-Reuters. Wiesbaden 2001
Kristeller	Kristeller, Paul Oskar: Iter Italicum. Bd. 1–6. London und Leiden 1963–1997
Layton	Layton, Evro: The sixteenth century greek book in Italy. Printers and publishers for the greek world. Venedig 1994
Legrand	Legrand, Émile: Bibliographie hellénique ou description raisonnée des ouvrages publiés en grec par des Grecs au XVe et XVIe siècle. Bd. 1–4. Paris 1885–1906
Loserth, Beziehungen	Loserth, Johann: Die Beziehungen der steiermärkischen Landschaft zu den Universitäten Wittenberg, Rostock, Heidelberg, Tübingen, Straßburg u. a. in der zweiten Hälfte des 16. Jahrhunderts. Festschrift der Universität Graz aus Anlaß der Jahresfeier am 15. November 1898. Graz 1898
Loserth, Prot. Schulen	Loserth, Johann: Die protestantischen Schulen der Steiermark im sechzehnten Jahrhundert. Berlin 1916

Loserth, Reformation	Loserth, Johann: Die Reformation und Gegenreformation in den innerösterreichischen Ländern im sechzehnten Jahrhundert. Stuttgart 1898
Matr. Basel	Die Matrikel der Universität Basel. Im Auftrag der Universität Basel hrsg. von Hans Georg Wackernagel. Bd. 1. 1460–1529. Bd. 2. 1532/33–1600/01. Basel 1951 und 1956
Matr. Heidelberg	Die Matrikel der Universität Heidelberg von 1386 bis 1662, bearb. von Gustav Toepke. Heidelberg 1903
Matr. Königsberg	Die Matrikel der Albertus-Universität zu Königsberg i. Pr. Hrsg. von Georg Erler. Leipzig 1910–1917
Matr. Tüb.	Die Matrikeln der Universität Tübingen. Bd. 1. 1477 – 1600 / hrsg. von Heinrich Hermelink ... – Stuttgart 1906. Register zu den Matrikeln der Universität Tübingen 1477–1600 / bearb. von Heinrich Hermelink. Stuttgart 1931. Bd. 2. 1600–1710 / bearb. von Albert Bürk und Wilhelm Wille. Tübingen 1953. Register zu den Matrikeln der Universität Tübingen 1600–1817 / bearb. von Albert Bürk und Wilhelm Wille. Tübingen 1954
Matr. Wien	Die Matrikel der Universität Wien. Graz 1956
NDB	Neue Deutsche Biographie. Hrsg. von der Hist. Komm. bei der Bayerischen Akademie der Wissenschaften. Bd. 1–19 (A-Pagel). Berlin 1953–1999
Neu	Neu, Heinrich: Pfarrerbuch der evangelischen Kirche Badens von der Reformation bis zur Gegenwart. Lahr 1938
NUC	The National Union Catalog. Pre–1956 imprints. A cumulative author list representing Library of Congress printed cards and titles reported by other American libraries (Vol. 1–685). London und Chicago 1968–1980. Supplements (Vol. 686–754). London und Chicago 1980–1981
Or 1601 I	Crusius, Martin: Orationes duae. De Praestantissimis foeminis tribus. Prima, de virgine Rebecca ... Tübingen 1601
Or 1601 II	Crusius, Martin: Orationes tres, de illustriss. foeminis tribus. Prima, Περὶ παμμήτορος Εὔας: De prima generis humani matre, Heva ... Tübingen 1601
Or 1602 I	Crusius, Martin: Orationes tres: De praeclaris foeminis tribus: Prima, De Jephthiade virgine ... Tübingen 1602
Or 1602 II	Crusius, Martin: Orationes tres: De praestantissimis foeminis tribus. Prima, De sorore Mosis Miriamma ... Tübingen 1602
Or 1604	Crusius, Martin: Orationes duae: Una, De Abigaila [...] Altera, de Bathsaeba [...]. Tübingen 1604
Papadopulos	Papadopulos, Thōmas I.: Hellēnikē bibliographia (1466 ci. – 1800) T. 1.2. Athenai 1984–1986.
RETh	Realencyklopädie für protestantische Theologie und Kirche. Bd. 1–22. Leipzig 1896–1909
RGG	Die Religion in Geschichte und Gegenwart. Handwörterbuch für Theologie und Religionswissenschaft. Bd. 1–7. 3. Auflage. Tübingen 1957–1962
Schnurrer, Nachrichten	Schnurrer, Christian Friedrich: Biographische Nachrichten von ehmaligen Lehrern der hebräischen Litteratur in Tübingen. Ulm 1792
Schottenloher	Schottenloher, Karl: Bibliographie zur deutschen Geschichte im Zeitalter der Glaubensspaltung. 1517–1585. Bd. 1–2. Leipzig 1933 und 1935

TG	CRUSIUS, Martin: Turcograecia. Basel 1584
THOMMEN	THOMMEN, Rudolf: Geschichte der Universität Basel. 1532–1632. Basel 1889
TRE	Theologische Realenzyklopädie. Bd. 1 ff. Berlin 1977 ff.
VD 16	Verzeichnis der im deutschen Sprachbereich erschienenen Drucke des XVI. Jahrhunderts. VD 16. Hrsg. von der Bayer. Staatsbibliothek München in Verbindung mit der Herzog August Bibliothek in Wolfenbüttel. I. Abteilung: Verfasser – Körperschaften – Anonyma. Bd. 1–22. Stuttgart 1983–1995
WACK	WACKERNAGEL, Philipp: Das deutsche Kirchenlied von der ältesten Zeit bis zu Anfang des XVII. Jahrhunderts. Leipzig 1864–1877
WEIGEL	WEIGEL, Maximilian: Neuburgisches Pfarrerbuch. Kallmünz 1967
WENDEBOURG	WENDEBOURG, Dorothea: Reformation und Orthodoxie. Der ökumenische Briefwechsel zwischen der Leitung der Württembergischen Kirche und Patriarch Jeremias II. von Konstantinopel in den Jahren 1573–1581. Göttingen 1986
WIEDEMANN	WIEDEMANN, Hans: Augsburger Pfarrerbuch. Die evangelischen Geistlichen der Reichsstadt Augsburg 1524–1806. Nürnberg 1962
WILHELMI	WILHELMI, Thomas: Martin Crusius als Benützer griechischer Handschriften der Universitätsbibliothek Basel. In: Codices manuscripti 6 (1980), 25–40

Bibliotheken und Archive

Aarau KantB	Aargauische Kantonsbibliothek
Alençon BMun	Bibliothèque municipale
Amsterdam UB	Universiteitsbibliotheek
Amsterdam Vrije UB	Vrije Universiteit
Ann Arbor UL	University Library
Ansbach SB	Staatliche Bibliothek
Arnstadt K	Kirchenbibliothek
Aschaffenburg HB	Hofbibliothek
Athen Gennad	Gennadius Library
Athen NB	Ethnike Bibliotheke tes Hellados
Augsburg SStB	Staats- und Stadtbibliothek
Augsburg UB	Universitätsbibliothek
Bad Wimpfen StArch	Stadtarchiv (Bibliothek)
Bamberg SB	Staatsbibliothek
Bangor CathL	Cathedral Library
Basel ÖB	Öffentliche Bibliothek der Universität
Bautzen ZB	Sorbische Zentralbibliothek
Berlin FUB	Universitätsbibliothek der Freien Universität
Berlin NikolaiK	Bibliothek von St. Marien und St. Nikolai
Berlin SB	Staatsbibliothek zu Berlin
Berlin UB	Universitätsbibliothek der Humboldt-Universität
Bern StUB	Stadt- und Universitätsbibliothek
Besançon BMun	Bibliothèque municipale
Beuron Benedikt	Bibliothek der Benediktinerabtei
Biberach a. d. R. Kap	Kapitelsbibliothek
Bielefeld Gy	Bibliothek des Gymnasiums
Bloomington UL	Indiana University, The Lilly Library
Bologna Gy	Biblioteca dell' Archiginnasio
Bologna BU	Biblioteca Universitaria
Bonn ULB	Universitäts- und Landesbibliothek
Bordeaux BMun	Bibliothèque municipale
Brandenburg KatharinenK	Bibliothek der Katharinenkirche
Braunschweig Sem	Predigerseminar
Braunschweig StB	Stadtbibliothek
Brescia BQuerini	Biblioteca Civica Queriniana
Breslau BOssoliński	Biblioteka Zakładu Narodowego im. Ossolińskich Polskiej Akademii Nauk
Breslau BU	Biblioteka Główna
Brno	→ Brünn
Brünn UKn	Universitní knihovna
Budapest BN	Országos Széchényi Könyvtár
București	→ Bukarest
Bukarest BS	Biblioteca Centrală de Stat
Cambridge CorpChristC	Corpus Christi College
Cambridge GonvilleC	Gonville and Caius College
Cambridge EmmanuelC	Emmanuel College
Cambridge KingC	King's College
Cambridge MagdaleneC	Magdalene College

Cambridge TrinityC	Trinity College
Cambridge UL	University Library
Cambridge/USA UL	University, Houghton Library
Chicago NewberryL	The Newberry Library
Chur KantB	Kantonsbibliothek Graubünden
Cincinnati UL	University of Cincinnati Library
Clausthal-Zellerfeld UB	Bibliothek der Technischen Hochschule Clausthal (Calvör)
Cluj	→ Klausenburg
Coburg LB	Landesbibliothek
Colmar BVille	Bibliothèque de la ville
Colmar Consist	Consistoire de l' Église de la Confession d'Augsbourg (in Colmar BVille)
Coutances BMun	Bibliothèque municipale
Danzig Akad	Biblioteka Gdańska Polskiej Akademii Nauk
Darmstadt LHB	Hessische Landes- und Hochschulbibliothek
Detmold LB	Lippische Landesbibliothek
Dijon BMun	Bibliothèque municipale
Dillingen StudB	Studienbibliothek
Dolný Kubín ČaplavičKn	Čaplovičova knižnica
Donaueschingen HB	Fürstliche Fürstenbergische Hofbibliothek
Dresden LB	Sächsische Landesbibliothek
Durham CathL	Cathedral Library
Düsseldorf ULB	Universitäts- und Landesbibliothek
Edinburgh NL	National Library of Scotland
Eichstätt UB	Universitätsbibliothek
Einsiedeln Benedikt	Stiftsbibliothek
Eisleben AndreasK	Bibliothek der St. Andreaskirche
Emden JALB	Johannes a Lasco Bibliothek
Erlangen UB	Universitätsbibliothek
Erfurt WAB	Wissenschaftliche Allgemeinbibliothek (Regionalbibliothek)
Esslingen StArch	Stadtarchiv
Exeter CathL	Cathedral Library
Frankfurt/M. StUB	Stadt- und Universitätsbibliothek
Freiburg i. B. UB	Universitätsbibliothek
Freiburg/Ü. BCU	Bibliothèque cantonale et universitaire
Genf BPU	Bibliothèque publique et universitaire
Gent BU	Rijksuniversiteit, Centrale Bibliotheek
Gießen UB	Universitätsbibliothek Gießen
Görlitz OLB	Oberlausitzische Bibliothek der Wissenschaften
Göttingen SUB	Staats- und Universitätsbibliothek
Göttweig StiftB	Stiftsbibliothek
Gotha FLB	Forschungs- und Landesbibliothek
Graz Franz	Bibliothek der Franziskanerkirche
Graz UB	Universitätsbibliothek
Greifswald GeistlMin	Bibliothek des Geistlichen Ministeriums
Greifswald UB	Universitätsbibliothek
Groningen BU	Bibliotheek der Rijksuniversiteit
Halle/S. FranckeStift	Hauptbibliothek der Franckeschen Stiftungen
Halle/S. MarienB	Marienbibliothek
Halle/S. ULB	Universitäts- und Landesbibliothek Sachsen-Anhalt

Hamburg SUB	Staats- und Universitätsbibliothek
Heidelberg UB	Universitätsbibliothek
Helsinki UB	Helsingin yliopiston kirjasto
Hermannstadt Brukenthal	Biblioteca documentară Brukenthal
Hildesheim StB	Stadtbibliothek
Ithaca UL	Cornell University Libraries
Jena ULB	Thüringische Universitäts- und Landesbibliothek
Kollenbey K	Kirchenbibliothek (in Schkopau K)
Karlsruhe LB	Badische Landesbibliothek
Katowice	→ Kattowitz
Kattowitz BŚląsk	Biblioteka Śląska
Kiel UB	Universitätsbibliothek
Klausenburg Akad	Biblioteca Academiei, Filiala Cluj
Klausenburg BU	Biblioteca Centrală a Universităţii
Köln UStB	Universitäts- und Staatsbibliothek
Kollenbey K	Kirchenbibliothek
Kolmar	→ Colmar
Konstanz Gy	Bibliothek des Heinrich-Suso-Gymnasiums
Kopenhagen KglB	Det Kongelige Bibliotek
Krakau BBern	Biblioteka Prowincji OO. Bernardynów
Krakau BJ	Biblioteka Jagiellońska
Krakau MN	Muzeum Narodowe
Kraków	→ Krakau
Kubín	→ Dolný Kubín
Laibach NUB	Narodna in univerzitetna knjižnica
Laubach Solms	Gräflich Solms-Laubach'sche Bibliothek
Leiden BU	Bibliotheek der Rijksuniversiteit
Leipzig UB	Universitätsbibliothek
Leuven	→ Löwen
Lindau StArch	Stadtarchiv
Ljubljana	→ Laibach
Łódź BU	Biblioteka Uniwersytetu
Löwen KathUB	Katholieke Universiteit, Central Bibliotheek
London St. PaulsCathL	St. Pauls Cathedral Library
London BL	British Library
Lublin BU	Biblioteka Katolickiego Uniwersytetu
Lublin BUCurie	Biblioteka Uniwersytetu im. Marii Curie
Lublin Sem	Biblioteka Seminarium Duchownego
Lublin WojewódB	Wojewódzka i Miejska Biblioteka Publiczna
Ludwigsburg SArch	Staatsarchiv
Lübeck StB	Bibliothek der Hansestadt
Lund UB	Universitetsbiblioteket
Luxemburg BN	Bibliothèque Nationale
Lyon BMun	Bibliothèque municipale
Madrid BN	Biblioteca Nacional
Mailand BAmbros	Biblioteca Ambrosiana
Mannheim UB	Universitätsbibliothek
Marburg/L. UB	Universitätsbibliothek
Martin Matica	Matica slowenská
Memmingen StArch	Stadtarchiv

Memmingen StB	Stadtbibliothek
Metz BMun	Bibliothèque municipale
Milano	→ Mailand
Montbéliard BMun	Bibliothèque municipale
Montpellier BMun	Bibliothèque municipale
München SB	Bayerische Staatsbibliothek
München UB	Universitätsbibliothek
Münster/W. UB	Universitätsbibliothek
Neresheim Benedikt	Bibliothek der Benediktinerabtei
Neuburg a. D. SB	Staatliche Bibliothek
Neumarkt BTeleki	Biblioteca documentară de Stat Teleki-Bolyai
New Haven UL	Yale University Library
New York ColumbiaUL	Columbia University Libraries
Nürnberg GNM	Germanisches Nationalmuseum
Nürnberg StB	Stadtbibliothek
Nürtingen K	Kirchenbibliothek
Oldenburg LB	Landesbibliothek
Olmütz SKn	Státni vědecké knihovna
Olomouc	→ Olmütz
Opole	→ Oppeln
Oppeln WojewódB	Wojewódzka Biblioteka
Oslo UB	Universitetsbiblioteket
Oxford Bodl	Bodleian Library
Paris BMaz	Bibliothèque Mazarine
Paris BN	Bibliothèque Nationale
Passau SB	Staatliche Bibliothek
Pennsylvania HistSoc	The Historical Society of Pennsylvania
Peterborough CathL	Cathedral Library
Pforta	→ Schulpforta
Philadelphia HistSoc	The Historical Society of Pennsylvania
Philadelphia UL	University of Pennsylvania Library
Pisa BU	Biblioteca universitaria
Pommersfelden Schönborn	Graf von Schönbornsche Schloßbibliothek
Porrentruy	→ Pruntrut
Posen BU	Biblioteka Główna Uniwersytetu A. Mickiewicza
Poznań	→ Posen
Prag SB	Státní knihovna
Prag Strahov	Klášter Premonstrátů na Strahově
Praha	→ Prag
Princeton UL	Princeton University, Firestone Library
Providence JCBrownL	Brown University, John Carter Brown Library
Pruntrut BCant	Bibliothèque Cantonale Jurassienne
Ratzeburg DomArch	Domarchiv
Ravensburg Kap	Kapitelsbibliothek
Regensburg SB	Staatliche Bibliothek
Reutlingen StB	Stadtbibliothek
Rom BVat	Biblioteca Apostolica Vaticana
Rostock UB	Universitätsbibliothek
Rottenburg DiözB	Diözesanbibliothek
Saalburg K	Kirchenbibliothek

Salisbury CathL	Cathedral Library
Salzwedel KatharinenK	Bibliothek der Katharinenkirche
Salzwedel MarienB	Bibliothek der Marienkirche
St. Gallen Benedikt	Stiftsbibliothek
St. Gallen Vad	Kantonsbibliothek (Vadiana)
Santiago BU	Biblioteca de la Universidad
Schaffhausen StB	Stadtbibliothek
Schleswig LArch	Landesarchiv Schleswig-Holstein
Schlettstadt BVille	Bibliothèque humaniste de la ville
Schulpforta Gy	Bibliothek des Gymnasiums
Sélestat	→ Schlettstadt
Sibiu	→ Hermannstadt
Sigmaringen SArch	Staatsarchiv
Soest StB	Wissenschaftliche Stadtbibliothek
Solothurn ZB	Zentralbibliothek
Stendal Dom	Dombibliothek
Stettin WojewódB	Wojewódzka i Miejska Biblioteka Publiczna
Stettin BP	→ Stettin WojewódB
Stockholm KglB	Kungliga Biblioteket
Stralsund ArchB	Archivbibliothek
Straßburg ArchVille	Archives de la Ville
Straßburg BMun	Bibliothèque municipale
Straßburg BNU	Bibliothèque Nationale et Universitaire
Straßburg GrandSém	Grand Séminaire
Straßburg Wilh	Collegium Wilhelmitanum (Séminaire protestant)
Stuttgart HSArch	Hauptstaatsarchiv
Stuttgart LB	Württembergische Landesbibliothek
Szczecin	→ Stettin
Thorn BU	Biblioteka Główna Uniwersytetu M. Kopernika
Thorn KsMiejsk	Książnica Miejska
Tîrgu Mureş	→ Neumarkt
Toruń	→ Thorn
Toulouse BMun	Bibliothèque municipale
Trier StB	Stadtbibliothek
Tübingen EvStift	Evangelisches Stift
Tübingen UB	Universitätsbibliothek
Tübingen UnivArch	Universitätsarchiv
Tübingen WStift	Wilhelmstift
Turóczszentmárton	→ Martin
Überlingen LeopoldSophienB	Leopold-Sophien-Bibliothek
Ulm StB	Stadtbibliothek
Urbana UL	University of Illinois Library
Utrecht BU	Bibliotheek der Rijksuniversiteit
Vatikan	→ Rom
Venedig BN	Biblioteca Nazionale Marciana
Venezia	→ Venedig
Vilnius	→ Wilna
Wangen Kap	Kapitelsbibliothek (im Benediktinerkloster Weingarten)
Warschau BN	Biblioteka Narodowa
Warschau BU	Biblioteka Główna Uniwersytetu Warszawskiego

Warschau Sem	Biblioteka Seminarium Metrop. Warszawskiego
Warszawa	→ Warschau
Washington LC	Library of Congress
Weimar ZB	Zentralbibliothek (Herzogin Anna Amalia Bibliothek)
Weißenfels MarienK	Bibliothek der Marienkirche
Wien BTheres	Bibliotheca Theresiana
Wien NB	Österreichische Nationalbibliothek
Wien SchottenB	Benediktinerabtei unserer Lieben Frau zu den Schotten
Wien UB	Universitätsbibliothek
Wilna Akad	Lietuvos Mokslų Akademijos Biblioteka
Wilna UB	Vilniaus Universiteto, Mokslinė Biblioteka
Winterthur StB	Stadtbibliothek
Wittenberg Lutherhalle	Lutherhalle, Reformationsgeschichtliches Museum
Wittenberg Sem	Evangelisches Predigerseminar
Wolfenbüttel HAB	Herzog August Bibliothek
Worcester CathL	Cathedral Library
Wrocław	→ Breslau
Würzburg UB	Universitätsbibliothek
York CathL	Cathedral Library
Zeitz MichaelK	Bibliothek der Michaelskirche
Zeitz StiftB	Stiftsbibliothek
Zerbst StB	Stadtbibliothek
Zofingen StB	Stadtbibliothek
Zürich SArch	Staatsarchiv des Kantons Zürich
Zürich ZB	Zentralbibliothek
Zweibrücken BBipont	Bibliotheca Bipontina (Wissenschaftliche Bibliothek am Gymnasium)
Zwickau RatsSchB	Ratsschulbibliothek

PREDIGTNACHSCHRIFTEN

Mb 19–2

(f. I) M. Martini Crusij. 27. Julij 1571 Tybingae liber ligatus.
Summae concionum D. D. Jacobi Andreae, Praepositi et Cancellarij Tybingensis: quem vulgò Smidlinum vocitant.
Ab anno 1563 Christi, usque in annum 1571 à me M. Crusio sic in templo exceptae.
Sunt 268.
(f. II^{rv}) CONTENTA IN HOC volumine.
I. Conciones 6 Latinae, praesertim ex Lucae 21 et de paßione Domini. Quarum prima, habita est 21. Febru. 1563. Ultima verò, 11. April. eodem anno.
II. pag. 19. In Evangelium Lucae, ab initio, usque in caput 7$^{m.}$ inspersis etiam alijs concionibus. Omnes, sunt 79. Quarum prima, habita est 18. April. 1563. Ultima verò, 28. Octob. 1566 de peste agens. Earum 31 sunt Latinae: reliquae verò, Graecae.
III. pag. 181. Conciones 42 Eßlingae habitae, praesertim de 5 generibus sectarum inter Christianos. Prima est habita 16. Febru. 1567. Ultima verò, 28. Decemb. Eodem anno. Omnes sunt, ut et multae sequentes, Graecae.
IIII. pag. 295. Conciones Graecae 49 variae. Earum prima, habita est 25. Ianuar. 1568. Ultima verò, 29. Iunij 1571. In his etiam Alcoranum et Turcae oppugnantur.
V. Schegkianae lectiones 27 in Aristotelem de Demonstratione, anno 1560.
VI. pag. 65. Conciones 7 Latinae, in Prophetam Ionam. Quarum prima, habita 10. Novemb. 1562, ultima verò, 12. Aug. 1563.
VII. pag. 77. Conciones 30 in Ecclesiasten Solomonis. Quarum prima incipit 2. Septemb. 1563. Ultima desinit 28. Mart. 1566. Earum sunt 11 Latinae: caeterae Graecae.
VIII. pag. 129. Conciones 7 in librum Judicum, ab initio, usque in 3$^{m.}$ caput. Prima, habita est 2. Maij 1566. Ultima 31. Octob. eiusdem anni. Omnes, Graecae.
IX. pag. 145. Eßlingenses conciones 35 Graecae, à M. Christoph. Heermanno, Eßling. Parocho habitae, praesertim in prima 7 capita Jesaiae. Primam habuit 28. Febru. 1567. Ultimam verò, 12. Decemb. Eodem anno.
X. pag. 193. Conciones 13 Tybingae habitae à D. Cancellario, a 5$^{o.}$ cap. usque in 16$^{m.}$ Judicum, Graecae. Prima, habita est 8. April. 1568. Ultima 21. Jun. 1571.
(f. III) SUMMA OMNIUM, quae in hoc volumine sunt, concionum, sunt CCLXVIII.
Harum 55 / 213 circiter, sunt Latinae / Graecae.
Omnes domi correxi, praeter solos capitum scripturae allegatorum numeros: nec ipsa loca aliter, nisi ad sensum, scribere potui. Quis enim facilè ipsa verba omnia in memoria haberet?
(ff. III^{v}-VII^{v}) Stichwortsammlung zu pp. 1–403 (später hinzugefügt).
(f. IX) M. Martini Crusij. 1563. Diebus Dominicis et Festis.
Smidlinus, hoc est, D. D. Jacobus Andreae, Praepositus et Cancellarius Tybingae.
In hoc volumine insunt τεμάχια τῶν μεγάλων λογιωτάτου ἀνδρὸς δείπνων.
Ipse D. Cancellarius, haec collectanea mea, Quintam eßentiam (propter brevitatem) appellat. D. verò Jacobus Scheckius, ἀνθολογίας. (p. 1) Ex PUBLICIS CONCIONIBUS D. D. Jacobi Andreae Smidlini, diebus Dominicis excerpta. 1563.

Lfd. Nr.	*Orig. Nr.*	*Seiten*	*Datum*	*Prediger*	*Predigttext*	*Drucke u. Hss.*
1	1	1–3	21.2.1563	J. Andreae	Luc 21	
2	2	4–6	28.3.1563	J. Andreae	Ioan 8	
3	3	6–8	4.4.1563	J. Andreae	Matth 21	
4	4*	8–11	8.4.1563 vesperi à media 4$^{a.}$ usque post 5$^{am.}$ horam ⟨Gründ.⟩	J. Andreae	Ioan 18	
5	5	11–15	9.4.1563 vesperi ... usque ad 6$^{am.}$ ferè ⟨Karfr.⟩	J. Andreae	Ioan 19	
6	6	15–18	11.4.1563 vesperi ⟨Osters.⟩	J. Andreae	Prov 29	

(p. 19) IN EVANGELIUM LUCAE, EXCEPTA ex concionibus D. D. Smidlini.

Lfd. Nr.	*Orig. Nr.*	*Seiten*	*Datum*	*Prediger*	*Predigttext*	*Drucke u. Hss.*
7	1	19–21	18.4.1563	J. Andreae	⟨Lukas-Evangelium; Luc 1⟩	
8	2	21–23	16.5.1563	J. Andreae	Quaestio	
9	3	23–25	23.5.1563	J. Andreae	Luc 1	
10	4	26–28	30.5.1563 vesperi ⟨Pfingsts.⟩	J. Andreae	Gal 3	
11	5	28–30	13.6.1563	J. Andreae	Luc 1	
12	6	30–32	27.6.1563	J. Andreae	Luc 1	
13	7	32–34	11.7.1563	J. Andreae	Luc 1	
	8*	34	1.8.1563	→ Predigt Nr. 972		
14	9	34–36	15.8.1563	J. Andreae	Ps 65	
15	10	37–38	29.8.1563	J. Andreae	Luc 1	CAn 4,194–198
16	11	38–40	12.9.1563	J. Andreae	Luc 1	CAn 4,198–201
17	12	40–41	17.10.1563	J. Andreae	Luc 1	CAn 4,202–205
18	13	42–44	7.11.1563	J. Andreae	Luc 1	
19	14	44–45	28.11.1563	J. Andreae	Luc 1	
20	15	46–48	12.12.1563	J. Andreae	Luc 1	
21	16	48–50	25.12.1563	J. Andreae	Luc 2	
22	17	51–52	1.1.1564 vesperi	J. Andreae	Lev 10	
23	18	52–54	2.1.1564	J. Andreae	Luc 2	
24	19	54–56	16.1.1564	J. Andreae	Luc 2	
25	20	56–59	30.1.1564	J. Andreae	Luc 2	
26	21	59–61	13.2.1564	J. Andreae	Luc 2	
27	22	61–63	27.2.1564	J. Andreae	Luc 2	
28	23	63–65	19.3.1564	J. Andreae	Luc 2	
29	24	65–67	23.4.1564	J. Andreae	Luc 3	
30	25	67–70	30.4.1564	J. Andreae	Luc 3	
31	26*	70–72	2.5.1564	J. Andreae	1 Petr 2	
32	27	72–73	14.5.1564	J. Andreae	Luc 3	
33	28	74–75	21.5.1564 vesperi ⟨Pfingsts.⟩	J. Andreae	Rom 8	
34	29	75–76	22.5.1564 vesperi ⟨Pfingstm.⟩	J. Andreae	Act 10	
35	30*	76–79	9.7.1564	J. Andreae	Luc 3	
36	31	79–82	6.8.1564	J. Andreae	Luc 3	
37	32	82–84	27.8.1564	J. Andreae	Luc 3	CAn 1,91–93
38	33	84–87	10.9.1564	J. Andreae	Luc 4	
39	34	87–90	1.10.1564	J. Andreae	Luc 4	
40	35	90–92	19.11.1564	J. Andreae	Luc 4	
41	36	92–94	1.1.1565	J. Andreae	Luc 2	
42	37	94–96	14.1.1565	J. Andreae	Luc 4	
43	38	97–99	28.1.1565	J. Andreae	Luc 4	
44	39	99–101	11.2.1565	J. Andreae	Luc 4	
45	40	101–102	25.2.1565	J. Andreae	Luc 5	
46	41	102–103	18.3.1565	J. Andreae	Luc 5	
	42*	104	1.4.1565	→ Predigt Nr. 937		
47	43	104–105	15.4.1565	J. Andreae	Matth 21	
48	44*	105–106	22.4.1565 ⟨Osters.⟩	K. W. Platz	⟨Auferstehung Christi⟩	
49	45	106	23.4.1565 ⟨Osterm.⟩	K. W. Platz	Eph 6	
50	46*	106–107	2.5.1565	N. Wieland	1 Petr 2	
51	47	107–110	6.5.1565	J. Andreae	Luc 5	
52	48	110	20.5.1565	J. Andreae	Luc 6	
53	49	110–113	3.6.1565	J. Andreae	Luc 6	
54	50	113–115	1.7.1565	J. Andreae	Luc 6	

Lfd. Nr.	Orig. Nr.	Seiten	Datum	Prediger	Predigttext	Drucke u. Hss.
55	51	115–117	26.8.1565	J. Andreae	Luc 6	
56	52	117–118	16.9.1565	J. Andreae	Luc 6	
57	53	118–120	21.10.1565	J. Andreae	Luc 6	
58	54*	120–121	4.11.1565	J. Andreae	Luc 6	
59	55	122–123	17.2.1566	J. Andreae	Luc 6	
60	56	123–124	3.3.1566	J. Andreae	Matth 4	
61	57	125–126	24.3.1566	J. Andreae	Ioan 6	
62	58	126–129	7.4.1566	J. Andreae	Matth 21	
63	59	129	7.4.1566 vesperi	N. Wieland	Ioan 19	
64	60	130–133	12.4.1566 ⟨Karfr.⟩	J. Andreae	Ioan 19	
65	61	134–136	14.4.1566 ⟨Osters.⟩	J. Andreae	Marc 16	
66	62	136–138	14.4.1566 mediâ quartâ vesperi ⟨Osters.⟩	J. Andreae	1 Cor 5	
67	63	138–139	15.4.1566 vesperi ⟨Osterm.⟩	J. Andreae	Ps 112	
68	64	139–141	21.4.1566	J. Andreae	Ioan 20	
69	65	142–143	26.5.1566	J. Andreae	Luc 6	
70	66	144–145	1.6.1566	Chr. Hermann	Rom 8	
71	67*	145–147	9.6.1566	J. Andreae	Ioan 3	
72	68	148–150	23.6.1566	J. Andreae	Ioan 3	
73	69	150–152	7.7.1566	J. Andreae	Luc 6	
74	70	152–154	21.7.1566	J. Andreae	Luc 6	
75	71	154–156	4.8.1566	J. Andreae	Luc 7	
76	72	156–159	18.8.1566	J. Andreae	Luc 19	
77	73	159–162	1.9.1566	J. Andreae	Ier 15	
78	74	162–164	15.9.1566	J. Andreae	1 Cor 11	
79	75	165–167	29.9.1566	J. Andreae	Ies 1	
80	76	167–170	6.10.1566	J. Andreae	Luc 7	
81	77	170–172	20.10.1566	J. Andreae	Luc 7	
82	78	172–174	27.10.1566	J. Andreae	2 Reg 20	
83	79*	174–178	28.10.1566 Hora ante prandium media nona	J. Andreae	Ioan 15	

(p. 178) *Notiz über den Tod seiner [2.] Frau Catharina Voglerina am 3.11., seiner vom Rektor angeregten Reise nach Basel, den Tod seiner knapp siebenjährigen Tochter Sibylla am 16. und seiner Mutter Maria Magdalena am 17.11.1566 sowie seine Rückkehr nach Esslingen am [4.]2.1567, wohin die Universität wegen der Pest ausgewichen war. (Ähnlich ²142, Mb 19–3,166 und ²121, Mb 19–4,⁴41, Mc 101,216 und ²120.)*
Martinus Crusius.
(p. 181) CONCIONES D. IACOBI ANDREAE Cancellarij Tybingensis, quas Eßlingae ab eo summatim in templo αὐτοσχεδίως excepi. 1567.

Lfd. Nr.	Orig. Nr.	Seiten	Datum	Prediger	Predigttext	Drucke u. Hss.
84	1	181–183	16.2.1567	J. Andreae	Matth 4	Ed4, 1–36
85	2	184–188	2.3.1567	J. Andreae	Luc 11	Ed4, 37–65
86	3*	188–191	9.3.1567	J. Andreae	Ioan 6	
87	4	191–195	23.3.1567	J. Andreae	Matth 21	
88	5	195–197	13.4.1567	J. Andreae	Ioan 10	Ed4, 66–85
89	6	198–201	20.4.1567	J. Andreae	Ioan 16	Ed4, 86–127
90	7	201–203	4.5.1567	J. Andreae	Ioan 16	Ed4, 128–159
91	8*	203–205	11.5.1567	J. Andreae	Ioan 15.16	Ed4, 160–180
92	9	206–207	18.5.1567 ⟨Pfingsts.⟩	J. Andreae	Ioan 14	Ed4, 180–199
93	10	207–211	19.5.1567 ⟨Pfingstm.⟩	J. Andreae	Ioan 3	Ed4, 200–222

Lfd. Nr.	*Orig. Nr.*	*Seiten*	*Datum*	*Prediger*	*Predigttext*	*Drucke u. Hss.*
94	11	211–214	25.5.1567	J. Andreae	Ioan 3	
95	12*	214–217	22.6.1567	J. Andreae	Luc 6	Ed4, 252–288
96	13	218–220	24.6.1567	J. Andreae	Luc 1	Ed4, 288–348
97	14	221–223	29.6.1567	J. Andreae	Luc 5	Ed4, 349–381
98	15	224–226	6.7.1567	J. Andreae	Matth 5	Ed4, 382–419
99	16	227–229	13.7.1567	J. Andreae	Marc 8	Ed4, 420–451(?)
100	17	230–233	20.7.1567	J. Andreae	Matth 7	
101	18	234–235	25.7.1567	J. Andreae	Matth 20	Ed4, 507–562
102	19	236–239	3.8.1567	J. Andreae	1 Cor 11	Ed4, ^{2}1–24
103	20*	239–242	10.8.1567	J. Andreae	Luc 18	Ed4, ^{2}25–49
104	21	242–244	17.8.1567	J. Andreae	Marc 7	Ed4, ^{2}50–49
105	22	245–247	24.8.1567	J. Andreae	Luc 22	Ed4, ^{3}1–24
	23*	247	31.8.1567	→ Predigt Nr. 843		
106	24	247–250	7.9.1567	J. Andreae	Matth 6	Ed4, ^{3}55–74
107	25*	250–252	7.9.1567 vesperi	J. Andreae	2 Cor ⟨11⟩	Ed4, ^{3}75–99
108	26	253–254	14.9.1567	J. Andreae	Luc 7	Ed4, ^{4}1–25
109	27	255–257	14.9.1567 vesperi	J. Andreae	Bapt.	Ed4, ^{4}26–48
110	28	257–260	21.9.1567	J. Andreae	Matth 9	
111	29	260–263	27.9.1567	J. Andreae	Matth 22	Ed4, ^{4}72–96
112	30	263–266	5.10.1567	J. Andreae	Matth 9	Ed4, ^{4}96–120
113	31	266–268	12.10.1567	Chr. Hermann	Matth 22	
114	32	268–270	19.10.1567	J. Andreae	Ioan 4	Ed4, ^{4}121–138
115	33	270–272	26.10.1567	Chr. Hermann	Matth 18	
116	34	272–275	30.11.1567	J. Andreae	Matth 21	
117	35	275–277	7.12.1567	J. Andreae	Luc 21	Ed3
118	36	277–280	14.12.1567	J. Andreae	Matth 11	Ed4, ^{4}139–153
119	37	280–282	21.12.1567	J. Andreae	Ioan 20	Ed4, ^{4}153–172
120	38	282–285	25.12.1567	J. Andreae	Luc 2	
121	39	285–286	25.12.1567 vesperi	Chr. Hermann	Luc 2	
122	40	286–288	26.12.1567	J. Andreae	Act 6.7	Ed4, ^{4}172–184
123	41	288–291	27.12.1567	J. Andreae	Ioan 22	
124	42*	291–292	28.12.1567	Chr. Hermann	Luc 2	

(p. 292) Hactenus Eßlingae.
(p. 295) Conciones D. D. Jacobi Andreae, habitae Tybingae, postquam Academia Eßlingâ eò redierat, exceptae à me Martino Crusio sic in templo. 1568.

Lfd. Nr.	*Orig. Nr.*	*Seiten*	*Datum*	*Prediger*	*Predigttext*	*Drucke u. Hss.*
125	1	295–297	25.1.1568	J. Andreae	Prov 4	
126	2	297–299	22.2.1568	J. Andreae	Amos 6	Ed5, 1–32
127	3	300–301	7.3.1568	J. Andreae	Dan 7	Ed5, 33–64
128	4	302–303	21.3.1568	J. Andreae	Luc 11	Ed5, 64–91
129	5	304–306	28.3.1568	J. Andreae	Ioan 6	Ed5, 92–131
130	6	306–308	4.4.1568	J. Andreae	Ioan 8	Ed5, 132–179
131	7	308–310	11.4.1568	J. Andreae	Matth 21	Ed5, 179–219
132	8	311–312	9.5.1568	J. Andreae	Ioan 16	Ed5, 219–251
133	9	312–314	16.5.1568	J. Andreae	Ioan 16	Ed5, 251–290
134	10	314–315	23.5.1568	J. Andreae	Ioan 16	Ed5, 291–320
135	11	316–318	27.5.1568 ⟨Himmelf.⟩	J. Andreae	Marc 16	Ed5, 320–357
136	12	318–319	27.5.1568 vesperi ⟨Himmelf.⟩	J. Andreae	Act 1	
137	13	320–322	30.5.1568	J. Andreae	Ioan 15.16	Ed5, 357–401

Lfd. Nr.	*Orig. Nr.*	*Seiten*	*Datum*	*Prediger*	*Predigttext*	*Drucke u. Hss.*
138	14	322–324	6.6.1568 vesperi ⟨Pfingsts.⟩	J. Andreae	Act 2	
139	15	325–327	13.6.1568	J. Andreae	Ezech 38.39	Ed5, 402–446
140	16	327–329	27.6.1568	J. Andreae	Ps 83	Ed5, 447–477
141	17	329–331	11.7.1568	J. Andreae	Luc 6	
142	18	331–333	25.7.1568	J. Andreae	Luc 7	
143	19*	333–335	8.8.1568	J. Andreae	Luc 7	Ed4, 435–491
144	20*	335–337	13.3.1569	J. Andreae	Luc 7	
145	21	338–340	25.3.1569	J. Andreae	Ps 119	
146	22	340–342	27.3.1569	J. Andreae	Luc 7	
147	23	343	27.3.1569 vesperi	J. Dachtler	Rom 2	
148	24	344–345	3.4.1569	J. Andreae	Matth 21	
149	25	346–348	17.4.1569	J. Andreae	Ioan 20	
150	26	348–349	17.4.1569 vesperi	J. Andreae	Ioan 20	
151	27	350–352	24.4.1569	J. Andreae	Luc 7	CAn 4,215–219
152	28*	352–354	8.5.1569	J. Andreae	Luc 7	CAn 4,219–221
153	29	354–355	28.5.1569 vesperi	J. Aeser	1 Petr 4	
154	30	355–357	29.5.1569 vesperi ⟨Pfingsts.⟩	J. Andreae	Ps 51	
155	31	358–359	26.6.1569	J. Andreae	Luc 8	
156	32	360–362	26.6.1569 vesperi	J. Andreae	Luc 8	
157	33*	362–364	28.1.1571	J. Andreae	Ezech 33	
158	34	364–367	11.2.1571	J. Andreae	Prov 3	
159	35	367–369	4.3.1571	J. Andreae	Matth 4	
160	36	369–371	18.3.1571	J. Andreae	Ies 1	
161	37	371–374	1.4.1571	J. Andreae	Ioan 8	
162	38	374–376	8.4.1571	J. Andreae	Matth 21	
163	39	377–378	13.5.1571	J. Andreae	2 Reg 6.7	HsB 121–124
164	40	379–381	20.5.1571	J. Andreae	Exod 20	
165	41	381–383	24.5.1571 ⟨Himmelf.⟩	J. Andreae	Marc 16	HsB 124–127^{v}
166	42	384–385	24.5.1571 vesperi ⟨Himmelf.⟩	D. Schnepff	EKG 91 = Wack 3,682	HsB 128–131
167	43	385–388	3.6.1571 ⟨Pfingsts.⟩	J. Andreae	Ioan 14	
168	44	388–390	3.6.1571 vesperi ⟨Pfingsts.⟩	D. Schnepff	Eph 4	
169	45	390–393	4.6.1571 ⟨Pfingstm.⟩	J. Heerbrand	Ioan 3	HsB 147–149^{v}
170	46	393–394	4.6.1571 vesperi ⟨Pfingstm.⟩	J. Dachtler	Luc 11	
171	47	394–397	17.6.1571	J. Andreae	Luc 8	
172	48	397–399	24.6.1571	J. Andreae	Lev 26	
173	49*	400–403	29.6.1571	J. Andreae	Matth 16	HsB 158–162

(p. ^{2}I) MARTINI CRUSII. 1560.

(pp. ^{2}1–64) JAKOB SCHEGK, Vorlesungen zu Aristoteles, Analytica posteriora. Nachschrift (lateinisch) von Martin Crusius in Tübingen vom 23. Mai bis 29. Juli 1560; 27 numerierte und datierte Lektionen.

Titel: D. D. IACOBI SCHAECII EXPLICATIO posteriorum Analyt: Aristotelis. Incepit is rogatu complurium nostrum 23^{a}. Maij 1560° manè hora 6^{a}.

Inc.: Plato in Menone [*darunter durchgestrichen:* Cratylo] praecipit: ut veras opiniones, quas animo concepimus, vinculis scientiae et demonstrationum astringemus ...

Des.: ... aut quod animatum, considerat. *(nach der 27. Lektion:)* Lect. 28. desijt pergere Doctor Schaeccius.

Die Vorlesung steht in inhaltlichem, nicht aber textlichem Zusammenhang mit Jakob Schegks Schriften und Vorlesungen zum Organon; bemerkenswert ist, daß Schegk schon 1560 privatim (vor seiner Anstellung als Logik-Professor) über Logik las.

23. Mai (pp. ^{2}1–2), 26. Mai (pp. ^{2}2–5), 30. Mai (pp. ^{2}5–8), 2. Juni (pp. ^{2}8–11), 3. Juni (pp. ^{2}11–13), 4. Juni (pp. ^{2}13–15), 5. Juni (pp. ^{2}15–18), 7. Juni (pp. ^{2}18–21), 9. Juni (pp. ^{2}21–23), 13. Juni (pp.

^{2}23–26), 16. Juni (pp. ^{2}26–29), 20. Juni (pp. ^{2}29–31), 24. Juni (pp. ^{2}31–33), 29. Juni (pp. ^{2}33–35), 30. Juni (pp. ^{2}35–37), 4. Juli (pp. ^{2}37–40), 8. Juli (pp. ^{2}40–42), 9. Juli (pp. ^{2}42–44), 10. Juli (pp. ^{2}44–46), 12. Juli (pp. ^{2}46–48), 15. Juli (pp. ^{2}48–50), 16. Juli (pp. ^{2}50–53), 17. Juli (pp. ^{2}53–55), 19. Juli (pp. ^{2}56–58), 20. Juli (pp. ^{2}58–60), 23. Juli (pp. ^{2}60–62), 29. Juli (pp. ^{2}62–64).
(p. ^{2}65) Excerpta ex concionibus publicis D. D. Jacobi Smidlini, Praepositi et Cancellarij Universit: digniſsimi, Tybingae. 1562.

Lfd. Nr.	*Orig. Nr.*	*Seiten*	*Datum*	*Prediger*	*Predigttext*	*Drucke u. Hss.*
174	1*	^{2}65	10.11.1562	J. Andreae	Jona-Buch	
175	2	^{2}65	7.1.1563	J. Andreae	Ion 1	
176	3	^{2}65–68	18.2.1563	J. Andreae	Ion 1	
177	4	^{2}68–70	15.4.1563	J. Andreae	Ion 1	
178	5	^{2}70–72	10.6.1563	J. Andreae	Ion 2	
179	6	^{2}72–74	15.7.1563	J. Andreae	Ion 3	
180	7*	^{2}74–76	12.8.1563	J. Andreae	Ion 4	

(p. ^{2}76) Finis Prophetae Jonae. 12.Aug: 1563.
(p. ^{2}77) Summae concionum eiusdem, in Ecclesiasten Solomonis.

Lfd. Nr.	*Orig. Nr.*	*Seiten*	*Datum*	*Prediger*	*Predigttext*	*Drucke u. Hss.*
181	1	^{2}77–78	2.9.1563	J. Andreae	Prediger-Buch	
182	2	^{2}78–80	16.9.1563	J. Andreae	Eccl 1	
183	3	^{2}80–81	23.9.1563	J. Andreae	Eccl 1	
184	4	^{2}81–83	11.11.1563	J. Andreae	Eccl 1	
185	5	^{2}83–85	⟨2.12.1563⟩	J. Andreae	Eccl 2	
186	6	^{2}85–86	23.12.1563	J. Andreae	Eccl 2	
187	7	^{2}86–87	20.1.1564	J. Andreae	Eccl 2	
188	8	^{2}87–88	10.2.1564	J. Andreae	Eccl 2	
189	9	^{2}89–90	27.4.1564	J. Andreae	Eccl 3	
190	10	^{2}90–92	19.5.1564	J. Andreae	Eccl 3	
191	11*	^{2}92–94	1.6.1564	J. Andreae	Eccl 3	
	12*	^{2}94	3.8.1564	→ Predigt Nr. 519		
192	13	^{2}94–96	31.8.1564	J. Andreae	Eccl 4	
193	14	^{2}97–98	12.10.1564	J. Andreae	Eccl 5	
194	15*	^{2}99–101	19.10.1564	J. Andreae	Eccl 5	
195	16	^{2}101–103	26.10.1564	J. Andreae	Eccl 5	
196	17	^{2}103–105	16.11.1564	J. Andreae	Eccl 6	
197	18	^{2}106–107	4.1.1565	J. Andreae	Eccl 7	
198	19	^{2}108–109	1.2.1565	J. Andreae	Eccl 7	
199	20*	^{2}109–110	22.2.1565	J. Andreae	Eccl 7	
200	21	^{2}110–111	22.3.1565	J. Andreae	Eccl 7	
201	22	^{2}112–113	12.4.1565	J. Andreae	Eccl 8	
202	23	^{2}113–114	3.5.1565	J. Andreae	Eccl 8	
203	24	^{2}114–116	7.6.1565	J. Andreae	Eccl 9	
204	25	^{2}116–118	28.6.1565	J. Andreae	Eccl 9	
205	26	^{2}118–120	6.9.1565	J. Andreae	Eccl 9	
206	27	^{2}120–121	25.10.1565	J. Andreae	Eccl 10	
207	28	^{2}122–123	15.11.1565	J. Andreae	Eccl 11	
208	29	^{2}123–124	7.3.1566	J. Andreae	Eccl 12	
209	30*	^{2}125–126	28.3.1566	J. Andreae	Eccl 12	
210	1!	^{2}127–128	25.4.1566	J. Andreae	1 Ioan 3	

(p. ^{2}129) IN LIBRUM JUDICUM, excepta per me Martinum Crusium, Tybingae in templo, ex ore D. Jacobi Andreae, Praepositi et Cancellarij. 1566.

Lfd. Nr.	*Orig. Nr.*	*Seiten*	*Datum*	*Prediger*	*Predigttext*	*Drucke u. Hss.*
211	1*	^{2}129–131	2.5.1566	J. Andreae	Richter-Buch	
212	2	^{2}131–133	13.6.1566	J. Andreae	Iud 1	
213	3	^{2}133–135	4.7.1566	J. Andreae	Iud 1	
214	4	^{2}135–137	8.8.1566	J. Andreae	Iud 1	
215	5	^{2}137–138	29.8.1566	J. Andreae	Iud 2	
216	6	^{2}139–140	3.10.1566	J. Andreae	Iud 3	
217	7*	^{2}140–142	31.10.1566	J. Andreae	Iud 3	

(p. ^{2}142) *Notiz ähnlich Mb 19–2,178.* (p. ^{2}143) Martinus Crusius.
(p. ^{2}145) CONCIONES ESSLINGAE EXCEPtae à me Martino Crusio, Academia Tybingensi ibi versante. Diebus Veneris. 1567.

Lfd. Nr.	*Orig. Nr.*	*Seiten*	*Datum*	*Prediger*	*Predigttext*	*Drucke u. Hss.*
218	1	^{2}145–147	28.2.1567	Chr. Hermann	Eph 5	
219	2	^{2}147–149	7.3.1567	Chr. Hermann	Gal 4	CAn 1,370–373
220	3	^{2}149–150	14.3.1567	Chr. Hermann	Hebr 9	CAn 1,384–386
221	4	^{2}150–152	21.3.1567	Chr. Hermann	Phil 2	
222	5	^{2}152–154	4.4.1567	Chr. Hermann	Ies 1	
223	6	^{2}154–155	11.4.1567	Chr. Hermann	Ies 1	
224	7	^{2}155–157	18.4.1567	Chr. Hermann	Ies 1	
225	8	^{2}157–158	25.4.1567	Chr. Hermann	Ies 1	
226	9*	^{2}158–159	2.5.1567	Chr. Hermann	Exod 18	
227	10	^{2}159–160	9.5.1567	Chr. Hermann	Ies 1	
228	11	^{2}160–162	16.5.1567	Chr. Hermann	Ies 2	
229	12*	^{2}162–163	23.5.1567	Chr. Hermann	Ies 2	
230	13	^{2}163–164	30.5.1567	Chr. Hermann	Ies 3	
231	14	^{2}164–165	6.6.1567	Chr. Hermann	Ies 3	
232	15	^{2}165–167	13.6.1567	Chr. Hermann	Ies 4	
233	16	^{2}167–168	20.6.1567	Chr. Hermann	Ies 5	
234	17	^{2}168–169	27.6.1567	Chr. Hermann	Ies 5	
235	18	^{2}170–171	4.7.1567	Chr. Hermann	Ies 5	
236	19	^{2}171–172	18.7.1567	Chr. Hermann	Ies 5	
237	20*	^{2}172–173	15.8.1567	Chr. Hermann	Ies 5	
238	21	^{2}173–174	22.8.1567	G. Weiganmaier	1 Cor 1	
239	22	^{2}174–175	29.8.1567	Chr. Hermann	Ies 6	
240	23	^{2}175–177	5.9.1567	Chr. Hermann	Ies 6	
241	24	^{2}177–178	12.9.1567	Chr. Hermann	Ies 6	
242	25*	^{2}178–180	19.9.1567	Chr. Hermann	Ies 6	
243	26	^{2}180–181	26.9.1567	Chr. Hermann	Ies 7	
244	27*	^{2}181–182	17.10.1567	Chr. Hermann	Ies 7	
245	28	^{2}182	24.10.1567	Chr. Hermann	Ies 7	
246	29	^{2}183–184	31.10.1567	Chr. Hermann	Ies 7	
247	30	^{2}184–185	7.11.1567	Chr. Hermann	Ies 7	
248	31	^{2}185–186	14.11.1567	Chr. Hermann	Ies 7	
249	32	^{2}186–187	21.11.1567	Chr. Hermann	Ies 7	
250	33	^{2}187–188	28.11.1567	Chr. Hermann	Ies 7	
251	34	^{2}189–190	5.12.1567	Chr. Hermann	Ies 8	
252	35*	^{2}190–191	12.12.1567	Chr. Hermann	Ies 8	

(p. ^{2}193) CONCIONES ITERUM TYBINGAE habitae, post reditum Academiae, ex libro Judicum, D. Cancellarij Jacobi Andreae. 1568.

Lfd. Nr.	*Orig. Nr.*	*Seiten*	*Datum*	*Prediger*	*Predigttext*	*Drucke u. Hss.*
253	1*	^{2}193–194	8.4.1568	J. Andreae	Iud 5	Or 1602 II
	2*	194	29.4.1568	→ Predigt Nr. 1300		
254	3	^{2}194–196	20.5.1568	J. Andreae	Iud 6	
255	4	^{2}196–197	15.7.1568	J. Heerbrand	Gen 21	
256	5	^{2}198–199	19.8.1568	D. Schnepff	Act 28	
257	6*	^{2}199–200	10.3.1569	J. Andreae	Iud 9	
258	7	^{2}201–202	24.3.1569	J. Andreae	Iud 9	
259	8	^{2}202–204	21.4.1569	J. Andreae	Iud 10	
260	9	^{2}204–206	5.5.1569	J. Andreae	Iud 11	
261	10	^{2}206–207	16.6.1569	J. Andreae	Iud 11	
262	11*	^{2}207–209	8.3.1571	J. Andreae	Iud 13	
263	12	^{2}209–211	31.5.1571	J. Andreae	Iud 15	HsB 144–147
264	13	^{2}211–213	21.6.1571	J. Andreae	Iud 16	

(pp. ^{2}215–218) Stichwortsammlung zu pp. ^{2}65–213 (später hinzugefügt).

Mb 19–3

(f. I) M. Martini Crusij. 27. Julij 1571. Tybingae liber ligatus.
Summae concionum D. D. Jacobi Heerbrandi, Theologiae Tybingae Profeßoris: à me M. Crusio sic in templo exceptae. Ab anno 1563 Christi, usque in annum 1571. Omnes sunt 353.
(f. II) CONTENTA IN HOC volumine.
I. Conciones 88 partim Dominicales, partim diebus festis. Quarum prima, habita fuit 24. Februar. 1563. Ultima verò, 21. Septemb. 1566. Earum 30 priores, sunt Latinae: reliquae, Graecae.
II. pag. 169. Conciones Eßlingae habitae, praesertim à M. Christoph. Heermanno, ibi Parocho, numero 25 omnes Graecae. Prima, habita est 23. Febru. 1567. Ultima verò, 23. Novemb. Eodem anno.
III. pag. 219. Rursus Tybing. conciones, numero 112. Omnes, Graecae. Prima, habita fuit 2. Febru. 1568. Ultima verò, 29. Iulij 1571. Partim Dominicales, partim dierum festorum.
ὕθλοι postea Σκαλιχιανοί.
IIII. pag. 13. Conciones D. D. Jac. Heerbrandi in Genesin 58 usque in cap. 16^{m}. Quarum prima, 14. Ianuar. 1563 habita est: ultima verò, 24. Octob. 1566. Harum 25 Latinae sunt: caeterae, Graecae.
V. pag. 123. Conciones in sequentia Geneseos capita, omnes Graecae, numero (usque ad 27. Iulij 1571 quo die haec scribebam) 70. Quarum prima, 15. Ianu. 1568: novissima verò, 19. Iulij 1571 habita est.
(f. II^{v}) Summa omnium harum concionum, CCCLIII.
Earum 55 sunt Latinae, 298 Graecae.
Omnes domi à me relectae; sed citationes locorum Scripturae, quando in numeris erravi, adhuc corrigendae forent.
(ff. II^{v}-VI) Stichwortsammlung zu pp. 1–456 (später hinzugefügt).
(f. IX) M. Martini Crusij. 1563. D. D. Jac. Heerbrandus. Diebus Dominicis et Festis. Sed praecipuè festis. Tybingae. In hoc volumine insunt τεμάχια τῶν μεγάλων λογιωτάτου ἀνδρὸς δείπνων. D. Cancellarius J. Andreae, haec collectanea mea, Quintam eßentiam joco appellat.
(p. 1) Excerpta ex publicis concionibus D. D. Jacobi Heerbrandi, Tybingae. 1563 diebus Dominicis aut Festis.

Lfd. Nr.	Orig. Nr.	Seiten	Datum	Prediger	Predigttext	Drucke u. Hss.
265	1	1–3	24.2.1563	J. Heerbrand	Matth 11	
266	2	3–5	25.3.1563	J. Heerbrand	Luc 1	
267	3	5–7	1.5.1563	J. Heerbrand	Ioan 14	
268	4*	7–9	20.5.1563 ⟨Himmelf.⟩	J. Heerbrand	Marc 16	
269	5	9–10	31.5.1563	J. Heerbrand	Ioan 3	
270	6	10–12	24.6.1563	J. Heerbrand	Luc 1	
271	7	12–13	29.6.1563	J. Heerbrand	Act 12	
272	8	14–15	24.8.1563	J. Heerbrand	Luc 22	
273	9*	15–16	19.9.1563	J. Heerbrand	Matth 6	
274	10	16–18	21.9.1563	J. Heerbrand	Matth 9	
275	11	18–19	28.10.1563	J. Heerbrand	Ioan 15	
276	12	19–21	30.11.1563	J. Heerbrand	Matth 4	
277	13	21–22	21.12.1563	J. Heerbrand	Ioan 20	
278	14	23–24	27.12.1563	J. Heerbrand	Tit 2	
279	15	24–26	6.1.1564	J. Heerbrand	Matth 2	
280	16	26–28	2.2.1564	J. Heerbrand	Mal 3	
281	17	28–30	6.2.1564	J. Heerbrand	Luc 8	
282	18	30–31	25.2.1564	J. Heerbrand	Matth 11	
283	19	31–32	25.3.1564	J. Heerbrand	1 Cor 11	
284	20	32–34	30.3.1564 Ante prandium ⟨Gründ.⟩	J. Heerbrand	1 Petr 2	CAn 2,58–60
285	21	34–36	31.3.1564 ante prandium ⟨Karfr.⟩	J. Heerbrand	Ioan 19	
286	22	36–38	3.4.1564 ⟨Osterm.⟩	J. Heerbrand	Luc 24	
287	23	38–40	9.4.1564	J. Heerbrand	Ioan 20	
288	24	40–42	16.4.1564	J. Heerbrand	Ioan 10	
289	25	42–43	1.5.1564	J. Heerbrand	Ioan 14	
290	26	44	7.5.1564	J. Heerbrand	Ioan 16	
291	27	44–46	11.5.1564 ⟨Himmelf.⟩	J. Heerbrand	Marc 16	
292	28	46–47	21.5.1564 Mane ⟨Pfingsts.⟩	J. Heerbrand	Ioan 14	
293	29	47–48	22.5.1564 Mane ⟨Pfingstm.⟩	J. Heerbrand	Ioan 3	
294	30*	48–49	4.6.1564	J. Heerbrand	Luc 16	
295	31*	49–51	24.6.1564	J. Heerbrand	Luc 1	
296	32	52–54	29.6.1564	J. Heerbrand	Matth 16	
297	33	54–56	25.7.1564	J. Heerbrand	Act 12	
298	34	56–58	30.7.1564	J. Heerbrand	Luc 16	
299	35	59–61	13.8.1564	J. Heerbrand	Luc 18	
300	36*	61–63	24.8.1564	D. Schnepff	Luc 22	
301	37	63–66	21.9.1564	J. Heerbrand	Matth 9	
302	38	66–68	15.10.1564	J. Heerbrand	Matth 22	
303	39	68–70	22.10.1564	J. Heerbrand	Ioan 4	
304	40	70–73	28.10.1564	J. Heerbrand	Ioan 15	
305	41	73–74	29.10.1564	J. Heerbrand	Matth 18	
306	42	75–77	5.11.1564	J. Heerbrand	Matth 22	
307	43	77–79	12.11.1564	J. Heerbrand	Matth 9	
308	44	79–82	26.11.1564	J. Heerbrand	Matth 25	
309	45*	82–83	30.11.1564	J. Heerbrand	⟨Matth 4⟩	
310	46	83–86	3.12.1564	J. Heerbrand	Matth 21	
311	47	86–88	10.12.1564	J. Heerbrand	Luc 21	
312	48	88–91	25.12.1564	J. Heerbrand	Luc 2	
313	49	91–92	26.12.1564	J. Heerbrand	Matth 21	
314	50	93–94	27.12.1564	J. Heerbrand	Ioan 21	

Lfd. Nr.	*Orig. Nr.*	*Seiten*	*Datum*	*Prediger*	*Predigttext*	*Drucke u. Hss.*
315	51	94–96	6.1.1565	J. Heerbrand	Matth 2	
316	52	97	2.2.1565	J. Heerbrand	Luc 2	
317	53*	98–99	24.2.1565	J. Heerbrand	Matth 11	
318	54	99–100	19.4.1565 ⟨Gründ.⟩	J. Heerbrand	Ioan 18	
319	55	101–102	1.5.1565	J. Heerbrand	Ioan 14	
320	56	103	1.5.1565 ⟨vesperi ?⟩	N. Wieland	Ioan 14	
321	57	103–105	11.6.1565	J. Heerbrand	Act 10	
322	58	105–107	29.6.1565	J. Heerbrand	Matth 16	
323	59	107–108	8.7.1565	J. Heerbrand	Luc 15	
324	60	109–110	15.7.1565	J. Heerbrand	Luc 6	
325	61	111–112	25.7.1565	N. Wieland	Matth 20	
326	62	112–114	24.8.1565	J. Heerbrand	Luc 22	
327	63	114–116	21.9.1565	J. Heerbrand	Matth 9	
328	64	116–118	30.9.1565	J. Heerbrand	Matth 18	
329	65	118–120	28.10.1565	J. Heerbrand	Matth 9	
330	66	120–121	30.11.1565	J. Heerbrand	Ioan 1	
331	67	122–123	21.12.1565	J. Heerbrand	Ioan 20	
332	68	123–124	24.12.1565	Chr. Hermann	Gal 4	
333	69	125–126	25.12.1565	Chr. Hermann	Tit 2	
334	70	126–129	26.12.1565	Chr. Hermann	Act 7	
335	71	129–130	26.12.1565 vesperi	Chr. Hermann	Act 7	
336	72	130–132	27.12.1565	J. Heerbrand	Ioan 21	
337	73	132–134	1.1.1566	J. Heerbrand	Luc 2	
338	74	134–136	6.1.1566	J. Heerbrand	Matth 2	
339	75	136–138	2.2.1566	J. Heerbrand	Luc 2	
340	76	138–140	10.3.1566	J. Heerbrand	Matth 3	
341	77	140–142	17.3.1566	J. Heerbrand	Matth 3	
342	78	142–143	11.4.1566 ⟨Gründ.⟩	J. Heerbrand	Ioan 13	
343	79	144–146	12.4.1566 ⟨Karfr.⟩	J. Heerbrand	Ioan 18.19	
344	80	146–148	15.4.1566 ⟨Osterm.⟩	J. Heerbrand	Luc 24	
345	81	148–151	1.5.1566	J. Heerbrand	Ioan 14	
346	82	151–152	23.5.1566 ⟨Himmelf.⟩	J. Heerbrand	Marc 16	
347	83	153–154	3.6.1566 ⟨Pfingstm.⟩	J. Heerbrand	Act 10	
348	84	154–156	24.6.1566	J. Heerbrand	Ies 40	CAn 4,161–163
349	85	157–159	29.6.1566	J. Heerbrand	Matth 16	
350	86	159–161	25.7.1566	J. Heerbrand	Matth 20	
351	87	162–164	24.8.1566	J. Heerbrand	2 Cor 4	CAn 4,281–283
352	88*	164–166	21.9.1566	J. Heerbrand	Matth 9	

(p. 166) *Notiz ähnlich Mb 19–2,178.* (p. 167) Martinus Crusius.
(p. 169) CONCIONES ESSLINGAE EXCEPTAE à me M. Crusio, exulante ibi Academia Tybingensi. 1567.

Lfd. Nr.	*Orig. Nr.*	*Seiten*	*Datum*	*Prediger*	*Predigttext*	*Drucke u. Hss.*
353	1	169–170	23.2.1567	Chr. Hermann	Matth 15	
354	2	170–171	23.2.1567 vesperi	Z. Praetorius	Ps 82	
355	3	171–174	24.2.1567	J. Heerbrand	Matth 11	
356	4	174–176	16.3.1567	Chr. Hermann	Ioan 8	
357	5	176–178	27.3.1567 ⟨Gründ.⟩	Chr. Hermann	Ioan 13	
358	6	178–181	27.3.1567 vesperi ⟨Gründ.⟩	J. Andreae	1 Cor 2	
359	7	181–183	28.3.1567 ⟨Karfr.⟩	J. Andreae	Ioan 18.19	
360	8	183–188	28.3.1567 vesperi ⟨Karfr.⟩	J. Andreae	Ioan 19	

Lfd. Nr.	*Orig. Nr.*	*Seiten*	*Datum*	*Prediger*	*Predigttext*	*Drucke u. Hss.*
361	9*	189–190	30.3.1567 ⟨Osters.⟩	Chr. Hermann	Marc 16	
362	10	191	30.3.1567 vesperi ⟨Osters.⟩	Chr. Hermann	1 Cor 5	
363	11	191–194	31.3.1567 ⟨Osterm.⟩	J. Andreae	Luc 24	
364	12	194–196	6.4.1567	Chr. Hermann	Ioan 20	
365	13	197–199	27.4.1567	Chr. Hermann	Ioan 16	
366	14	199–200	1.5.1567	Chr. Hermann	Ioan 14	
367	15*	201–203	8.5.1567 ⟨Himmelf.⟩	Chr. Hermann	Act 1	Mit Schema von Joh. Piscator und Josua Schaer
368	16	204–205	18.5.1567 vesperi ⟨Pfingsts.⟩	Chr. Hermann	Act 2	
369	17	205–207	1.6.1567	⟨Chr. Hermann⟩	Luc 16	
370	18	207–208	8.6.1567	⟨Chr. Hermann⟩	Luc 14	
371	19*	208–209	27.7.1567	⟨Chr. Hermann⟩	⟨Obrigkeit⟩	
372	20*	210	27.10.1567	Chr. Hermann	1 Tim 2	
373	21	210–211	28.10.1567	Chr. Hermann	Ioan 17	
374	22	212–213	2.11.1567	⟨Chr. Hermann⟩	Matth 22	
375	23	213–214	9.11.1567	⟨Chr. Hermann⟩	Matth 9	
376	24*	214–215	16.11.1567	⟨Chr. Hermann⟩	Matth 24	
377	25*	215–217	23.11.1567	⟨Chr. Hermann⟩	Matth 25	CAn 4,375–377

(p. 219) Conciones iterum D. D. Jacobi Heerbrandi, Tybingae à me Martino Crusio sic in templo exceptae. 1568.

Lfd. Nr.	*Orig. Nr.*	*Seiten*	*Datum*	*Prediger*	*Predigttext*	*Drucke u. Hss.*
378	1	219–220	2.2.1568	J. Heerbrand	Luc 2	
379	2	221–223	8.2.1568	J. Heerbrand	Matth 13	
380	3	223–225	24.2.1568	J. Heerbrand	Act 1	
381	4	225–226	14.3.1568	J. Heerbrand	Matth 15	
382	5	227–229	1.5.1568	J. Heerbrand	Eph 2	CAn 4,277–280
383	6*	229–230	3.5.1568	D. Schnepff	Ies 22	
384	7	231–232	7.6.1568 ⟨Pfingstm.⟩	J. Heerbrand	Ioan 3	
385	8	232–234	24.6.1568	J. Heerbrand	Ies 40	
386	9	235–236	29.6.1568	J. Heerbrand	Matth 16	
387	10	237–238	15.8.1568	J. Heerbrand	⟨Luc 16⟩	
388	11	238–239	24.8.1568	J. Heerbrand	Matth 24	
389	12	240–241	12.9.1568	J. Heerbrand	Luc 10	
390	13	241–244	21.9.1568	J. Heerbrand	⟨Matth 9⟩	
391	14	244–245	28.10.1568	J. Heerbrand	Ioan 15	
392	15	245–247	21.11.1568	J. Heerbrand	Matth 22	
393	16*	247–249	30.11.1568	J. Heerbrand	Rom 10	
394	17	249–251	27.12.1568	J. Heerbrand	Ioan 21	
395	18	251–252	6.1.1569	J. Heerbrand	Matth 2	
396	19	253	6.1.1569 vesperi	J. Heerbrand	Matth 3	
397	20	254–256	9.1.1569	J. Heerbrand	Luc 2	
398	21	256–257	2.2.1569	J. Heerbrand	Luc 2	
399	22	257–259	25.3.1569	J. Heerbrand	Ies 7	CC 222–229
400	23	260–261	7.⟨4.1569⟩ ⟨Gründ.⟩	J. Heerbrand	⟨Ioan 13⟩	
401	24	262–263	7.4.1569 vesperi ⟨Gründ.⟩	J. Aeser	Ioan 18	
402	25	264–265	8.4.1569 ⟨Karfr.⟩	J. Heerbrand	Ioan 18.19	
403	26	266–267	8.4.1569 vesperi ⟨Karfr.⟩	J. Dachtler	Ioan 19	
404	27	267–268	9.4.1569 vesperi	J. Aeser	Ioan 19	

Lfd. Nr.	*Orig. Nr.*	*Seiten*	*Datum*	*Prediger*	*Predigttext*	*Drucke u. Hss.*
405	28	268–270	10.4.1569 ⟨Osters.⟩	J. Heerbrand	Marc 16	
406	29	270–271	10.4.1569 vesperi ⟨Osters.⟩	J. Dachtler	1 Cor 5	
407	30	272–273	11.4.1569 ⟨Osterm.⟩	J. Heerbrand	Luc 24	
408	31	274–275	11.4.1569 vesperi ⟨Osterm.⟩	D. Schnepff	Ies 53	
409	32	276–277	1.5.1569	J. Heerbrand	Ioan 16	
410	33*	277–278	2.5.1569	J. Aeser	1 Petr 2	
411	34*	278–279	19.5.1569 ⟨Himmelf.⟩	Ph. Heerbrand	Marc 16	
412	35	280–282	22.5.1569	J. Heerbrand	Ioan 15.16	
413	36	282–283	30.5.1569 ⟨Pfingstm.⟩	J. Heerbrand	Act 10	
414	37	283–284	5.6.1569	J. Heerbrand	Ioan 3	
415	38	285–287	12.6.1569	J. Heerbrand	Luc 16	
416	39	287–289	19.6.1569	J. Heerbrand	Luc 14	
417	40	289–291	24.6.1569	J. Heerbrand	Luc 1	
418	41	291–293	29.6.1569	J. Heerbrand	Act 29	
419	42	293–295	3.7.1569	J. Heerbrand	Luc 6	
420	43	296–297	10.7.1569	J. Heerbrand	Luc 5	
421	44	298–299	17.7.1569	J. Heerbrand	Matth 5	
422	45	299–301	31.7.1569	J. Heerbrand	Matth 7	
423	46	302–303	14.8.1569	J. Heerbrand	Luc 19	
424	47	304–305	21.8.1569	J. Heerbrand	Luc 18	
425	48	306–308	24.8.1569	J. Heerbrand	Matth 24	
426	49	308–310	4.9.1569	J. Heerbrand	Luc 10	
427	50	310–312	18.9.1569	J. Heerbrand	Matth 6	
428	51	313–314	25.9.1569	J. Heerbrand	Luc 7	
429	52	314–316	2.10.1569	J. Heerbrand	Luc 14	
430	53	317–318	16.10.1569	J. Heerbrand	Matth 9	
431	54	319–321	28.10.1569	J. Heerbrand	1 Petr 1	
432	55*	321–322	29.10.1569	J. Aeser	Rom 13	
433	56	322–325	6.11.1569	J. Heerbrand	Matth 18	
434	57	325–327	13.11.1569	J. Heerbrand	Matth 22	
435	58	327–329	20.11.1569	J. Heerbrand	Matth 25	
436	59*	329–330	18.12.1569	W. Zimmermann	Ioan 1	
437	60	330–332	21.12.1569	J. Heerbrand	Eph 1	
438	61	333–334	25.12.1569 vesperi	J. Heerbrand	Tit 2	
439	62	334–335	26.12.1569	J. Heerbrand	Matth 1	CAn 1,89–90
440	63	336–337	27.12.1569	J. Heerbrand	Ioan 21	
441	64	337–339	6.1.1570	J. Heerbrand	Matth 2	
442	65	339–341	5.3.1570	J. Heerbrand	Ioan 6	
443	66	341–343	17.3.1570	J. Heerbrand	Luc 1	
444	67*	343–344	18.3.1570 vesperi	K. Zimmermann	Phil 2	
445	68	344–346	23.3.1570 ⟨Gründ.⟩	J. Heerbrand	Ioan 13	
446	69	346–348	1.5.1570	J. Heerbrand	Ioan 14	
447	70	348–350	4.5.1570 ⟨Himmelf.⟩	J. Heerbrand	Act 1	
448	71	350–352	15.5.1570 ⟨Pfingstm.⟩	J. Heerbrand	Ioan 3	
449	72	352–354	24.6.1570	J. Heerbrand	Luc 1	
450	73	355–356	24.6.1570 vesperi	J. Aeser	Luc 1	
451	74	356–358	25.6.1570	J. Heerbrand	Luc 5	
452	75	358–360	29.6.1570	J. Heerbrand	Matth 16	
453	76	360–363	25.7.1570	J. Heerbrand	Rom 8	
454	77	363–365	24.8.1570	J. Heerbrand	Luc 22	
455	78	365–367	3.9.1570	J. Heerbrand	Matth 6	
456	79	367–370	28.10.1570	J. Heerbrand	Ioan 15	

Mb 19–3

Lfd. Nr.	*Orig. Nr.*	*Seiten*	*Datum*	*Prediger*	*Predigttext*	*Drucke u. Hss.*
457	80	370–373	5.11.1570	J. Heerbrand	Matth 9	
458	81	373–376	19.11.1570	J. Heerbrand	Matth 25	
459	82	376–378	30.11.1570	J. Heerbrand	Matth 4	
460	83	378–380	3.12.1570	J. Heerbrand	Matth 21	
461	84	381–383	10.12.1570	J. Heerbrand	Luc 21	
462	85	383–384	24.12.1570	J. Heerbrand	Ioan 1	
463	86*	384–387	25.12.1570	J. Andreae	Luc 2	
464	87	388–391	26.12.1570	J. Andreae	Act 6.7	
465	88	391–394	26.12.1570 vesperi	J. Andreae	Act 7	
466	89	394–396	27.12.1570	D. Schnepff	Ies 9	
467	90	396–398	27.12.1570 vesperi	J. Andreae	Ioan 21	
468	91	398–401	31.12.1570	J. Andreae	Luc 2	
469	92	401–403	31.12.1570 vesperi	D. Schnepff	Ioan 1	
470	93	403–405	1.1.1571	D. Schnepff	Luc 2	
471	94	405–408	1.1.1571 vesperi	J. Andreae	Ps 113	
472	95	408–410	6.1.1571	J. Heerbrand	Matth 2	
473	96	411–412	6.1.1571 vesperi	J. Andreae	Ies 60	
474	97	413–414	25.2.1571	J. Heerbrand	Luc 18	
475	98	415–417	12.4.1571 ⟨Gründ.⟩	⟨J. Heerbrand⟩	Ioan 13	HsB 83^{v}–85
476	99	417–419	12.4.1571 vesperi ⟨Gründ.⟩	J. Andreae	Ioan 18	HsB 85–88
477	100	420–422	13.4.1571 ⟨Karfr.⟩	J. Andreae	Ioan 18.19	HsB 88–92
478	101	423–426	13.4.1571 vesperi ⟨Karfr.⟩	D. Schnepff	Ioan 19	HsB 92–96
479	102	426–427	14.4.1571	E. Benignus	Ioan 19	
480	103	427–429	⟨15⟩.4.1571 ⟨Osters.⟩	J. Heerbrand	Marc 16	HsB 96–98^{v}
481	104	429–432	15.4.1571 vesperi ⟨Osters.⟩	J. Andreae	1 Cor 5	HsB 98^{v}–102
482	105	432–433	16.4.1571 ⟨Osterm.⟩	J. Gering	Luc 24	HsB 102
483	106	433–435	29.4.1571	J. Heerbrand	Ioan 10	HsB 110^{v}–113
484	107	436–437	1.5.1571	D. Schnepff	Ioan 14	
485	108*	438–439	2.5.1571	J. Gering	1 Sam 10	
486	109	439–441	6.5.1571	J. Heerbrand	Ioan 16	
487	110	441–444	8.7.1571	⟨J. Heerbrand⟩	Luc 6	
488	111	444–446	15.7.1571	⟨J. Heerbrand⟩	Luc 5	
489	112	446–449	29.7.1571	⟨J. Heerbrand⟩	Marc 8	
490	113*	449–451	5.8.1571	⟨J. Heerbrand⟩	2 Sam 24	
491	114	451–453	12.8.1571	⟨J. Heerbrand⟩	Luc 16	
492	115	454–456	19.8.1571	J. Andreae	Luc 8	

(pp. 457–463) Stichwortsammlung zu pp. ^{2}13–263 (später hinzugefügt).

(pp. ^{2}1–12, ^{2}97) PAUL SKALICH, Dialectica contemplativa. Nachschrift (lateinisch) von Martin Crusius einer Vorlesung mit Disputation in Tübingen; drei numerierte und datierte Lektionen: 31. März (pp. 1–6), 1. April (pp. 6–10) und 2. April 1561 (pp. 10–12).

Titel: Dialectica contemplativa generosi D. Pauli Scalichij.

Inc.: Utilitas dialectices contemplativae est universalis rerum cognitio: quippe sicut circulus.

Des.: (nach der dritten Lektion:) Non est ultrà perrectum. *(darunter, nicht vor 1570:)* Laus Deo. Auditores harum πομφολύγων erant 1561 Licentiatus Juris Samuel Hornmolt Bietighaim. M. Samuel Hailand, praefectus Stipendij Principis. M. Martinus Crusius. Hieronymus Zoberus. M. Engelbertus Melander Hadamarius Heßus. Osvaldus Gabelkofer. Barthol. Drachstett. Famulus Scalichij Jacobus.

Manè 7^{a} ad 2 horas lectionem proponebat: post meridiem horâ 1^{a} circiter 2 aut 3 horas, ex proposita lectione disputabatur. Wier sollten disputieren auß diser hohen kunst: eh er uns die praecepta geleert hette % ⟨i. e.⟩ debebamus (exempli gratia) Grammaticè loqui, antequam Grammaticae regulas nos docuißet. Jam ille θαυμάσιος, strenuus Papista est 1570. ἐρρώσθω, ut dignus est. Despe-

ratio facit Monachum. *(später hinzugefügt:)* Dantisci sepultus iacet 1577. *(am linken Rand, zu Hailand und Crusius:)* ut sibi gratulari poßet, se Tybingens. praeceptores, Discipulos habuiße. *(am rechten Rand:)* D. Schegkius, se ista intelligere negabat. Hornmoldus ait, se reperiße multas paginas: quas ad verbum ex Mirandulano et Reuchlino transscripserit in suum opus cyclicum Scalenus iste, et pro suis vendicaßet.
Der Text ist inhaltlich, aber nicht wörtlich, mit Skalichs Dialectica contemplativa und anderen Schriften, die in seiner Encyclopaediae, seu Orbis disciplinarum, tam sacrarum quàm prophanarum, Epistemon, Basel: Johannes Oporinus 1559 [Expl. Tübingen UB Aa 54.4] veröffentlicht sind (pp. 533–547), verwandt und besteht hier aus dictata, objectiones (p. 3 diejenigen von Crusius) und responsiones bzw. conclusiones.
(p. ^{2}97) Schematische Darstellung der »Dialectica contemplativa« Skalichs.
(p. ^{2}13) Excepta ex Concionibus publicis D. D. Jacobi Heerbrandi Decani, Tybingae. 1563.

Lfd. Nr.	*Orig. Nr.*	*Seiten*	*Datum*	*Prediger*	*Predigttext*	*Drucke u. Hss.*
493	1	^{2}13–14	14.1.1563	J. Heerbrand	Genesis-Buch	
494	2	^{2}14–16	⟨17.1.1563⟩	J. Heerbrand	Ioan 2	
495	3	^{2}16–17	21.1.1563	J. Heerbrand	Gen 1	
496	4	^{2}18–20	24.1.1563	J. Heerbrand	Act 9	
497	5	^{2}20–22	28.1.1563	J. Heerbrand	Gen 1	
498	6	^{2}23–24	31.1.1563	J. Heerbrand	Matth 8	
499	7*	^{2}24–26	2.2.1563	J. Heerbrand	Luc 2	
500	8	^{2}26–29	11.2.1563	J. Heerbrand	Gen 1	
501	9	^{2}29–31	4.3.1563	J. Heerbrand	Gen 1	
502	10	^{2}31–33	1.4.1563	J. Heerbrand	Gen 1	
503	11	^{2}33–35	6.5.1563	J. Heerbrand	Gen 1	
504	12	^{2}35–37	3.6.1563	J. Heerbrand	Gen 1	
505	13	^{2}37–38	22.7.1563	J. Heerbrand	Gen 1	
506	14	^{2}38–39	19.8.1563	J. Heerbrand	Gen 1	
507	15	^{2}39–40	9.9.1563	J. Heerbrand	Gen 2	
508	16*	^{2}40–41	14.10.1563	J. Heerbrand	Gen 2	
509	17	^{2}41–42	16.12.1563	J. Heerbrand	Gen 2	
510	18	^{2}42–44	27.1.1564	J. Heerbrand	Gen 2	Or 1601 II (A)
511	19	^{2}45–46	17.2.1564	J. Heerbrand	Gen 3	Or 1601 II
512	20	^{2}46–49	16.3.1564	J. Heerbrand	Gen 3	Or 1601 II (A)
513	21	^{2}48–49	13.4.1564	J. Heerbrand	Gen 3	
514	22	^{2}49–52	20.4.1564	J. Heerbrand	Gen 3	CAn 2,7–8; Or 1601 II (A)
515	23	^{2}52–53	4.5.1564	J. Heerbrand	Gen 3	
516	24	^{2}53–55	25.5.1564	J. Heerbrand	Gen 3	
517	25*	^{2}55–56	8.6.1564	J. Heerbrand	Gen 3	
518	26	^{2}56–58	22.6.1564	J. Heerbrand	Gen 4	
519	12!	^{2}58–60	3.8.1564	J. Andreae	Eccl 4	
520	27	^{2}60–62	10.8.1564	J. Heerbrand	Gen 4	
521	28	^{2}62–64	7.9.1564	J. Heerbrand	Gen 4	
522	29	^{2}65–67	5.10.1564	J. Heerbrand	Gen 4	
523	30	^{2}67–70	23.11.1564	J. Heerbrand	Gen 5	
524	31	^{2}70–72	21.12.1564	J. Heerbrand	Eph 1	
525	32	^{2}72–73	28.12.1564	J. Heerbrand	Matth 2	
526	33	^{2}73–75	16.1.1565	J. Heerbrand	Gen 5	
527	34	^{2}75–77	8.2.1565	J. Heerbrand	Gen 6	
528	35	^{2}78–79	1.3.1565	J. Heerbrand	Gen 6	
529	36	^{2}79–81	29.3.1565	J. Heerbrand	Gen 7	

Mb 19–3

Lfd. Nr.	Orig. Nr.	Seiten	Datum	Prediger	Predigttext	Drucke u. Hss.
530	37	^{2}81–83	26.4.1565	J. Heerbrand	Gen 7	
531	38	^{2}83–85	24.5.1565	J. Heerbrand	Gen 8	
532	39*	^{2}85–86	31.5.1565 (Himmelf.)	Ph. Heerbrand	Act 1	
533	40	^{2}86–88	21.6.1565	J. Heerbrand	Gen 8	
534	41	^{2}88–90	5.7.1565	J. Heerbrand	Gen 9	
535	42	^{2}90–91	23.8.1565	J. Heerbrand	Gen 9	
536	43	^{2}91–93	13.9.1565	J. Heerbrand	Gen 9	
537	44	^{2}93–95	27.9.1565	J. Heerbrand	Gen 10	
538	45	^{2}95–96.98	1.11.1565	J. Heerbrand	Gen 11	
539	46	^{2}98–100	22.11.1565	J. Heerbrand	Gen 11	Or 1601 II (A)
540	47	^{2}100–101	6.12.1565	J. Heerbrand	Gen 12	
541	48	^{2}101–103	20.12.1565	J. Heerbrand	Gen 12	
542	49	^{2}103–105	10.1.1566	J. Heerbrand	Gen 12	
543	50	^{2}105–107	24.1.1566	J. Heerbrand	Gen 13	
544	51	^{2}107–108	14.2.1566	J. Heerbrand	Gen 13	
545	52	^{2}109–110	14.3.1566	J. Heerbrand	Gen 14	Or 1601 II (A)
546	53	^{2}110–112	9.5.1566	J. Heerbrand	Gen 14	Or 1601 II (A)
547	54	^{2}112–114	6.6.1566	J. Heerbrand	Act 2	
548	55	^{2}114–116	27.6.1566	J. Heerbrand	Gen 15	
549	56	^{2}116–117	15.8.1566	J. Heerbrand	Gen 15	
550	57*	^{2}117–118	19.9.1566	J. Heerbrand	Ies 38	
551	58*	^{2}119–120	24.10.1566	J. Heerbrand	Gen 16	Or 1601 II (A)

(p. ^{2}121) *Notiz ähnlich Mb 19–2,178.* Martinus Crusius.
(p. ^{2}123) Conciones in Genesin, habitae Tybingae in templo à D. D. Heerbrando, postquam Academia eò Eßlinga redierat: breviter sic à me Martino Crusio exceptae.

Lfd. Nr.	Orig. Nr.	Seiten	Datum	Prediger	Predigttext	Drucke u. Hss.
552	1	^{2}123–124	15.1.1568	J. Heerbrand	Gen 18	
553	2	^{2}124–125	5.2.1568	J. Heerbrand	Gen 18	
554	3	^{2}126–127	19.2.1568	J. Heerbrand	Gen 19	
555	4	^{2}127–129	11.3.1568	J. Heerbrand	Gen 19	
556	5	^{2}129–131	25.3.1568	J. Heerbrand	Luc 1	
557	6	^{2}131–133	6.5.1568	J. Heerbrand	Gen 19	
558	7	^{2}133–134	3.6.1568	J. Heerbrand	Gen 20	Or 1601 II (A)
559	8*	^{2}135–136	8.7.1568	J. Heerbrand	Gen 20	
560	9	^{2}136–138	5.8.1568	J. Heerbrand	Gen 21	
561	10	^{2}138–139	27.8.1568	J. Heerbrand	Gen 21	
562	11	^{2}139–141	9.9.1568	J. Heerbrand	Gen 22	
563	12	^{2}141–143	23.9.1568	J. Heerbrand	Gen 22	
564	13*	^{2}143–145	7.10.1568	J. Heerbrand	Gen 23	Or 1601 II (A)
565	14	^{2}145–146	25.11.1568	J. Heerbrand	Gen 24	
566	15*	^{2}147–148	2.12.1568	D. Schnepff	Ps 94	
567	16*	^{2}149–150	9.12.1568	J. Heerbrand	Gen 25	
568	17	^{2}150–152	20.1.1569	J. Heerbrand	Gen 25	
569	18	^{2}152–153	3.2.1569	J. Heerbrand	Gen 25	
570	19	^{2}154–155	17.2.1569	J. Heerbrand	Gen 26	
571	20	^{2}155–156	17.3.1569	J. Heerbrand	Gen 26	
572	21	^{2}157–158	31.3.1569	J. Heerbrand	Gen 26	
573	22	^{2}158–160	14.4.1569	J. Heerbrand	Col 3	
574	23*	^{2}161–163	12.5.1569	J. Heerbrand	Gen 27	

Lfd. Nr.	*Orig. Nr.*	*Seiten*	*Datum*	*Prediger*	*Predigttext*	*Drucke u. Hss.*
575	24	^{2}163–165	2.6.1569	J. Heerbrand	Gen 28	
576	25	^{2}165–167	23.6.1569	J. Heerbrand	Gen 28	
577	26	^{2}167–169	7.7.1569	J. Heerbrand	Gen 29	Or 1601 I (A)
578	27	^{2}169–171	21.7.1569	D. Schnepff	Ps 51	
579	28	^{2}171–172	28.7.1569	J. Heerbrand	Gen 29	Or 1601 I (A)
580	29	^{2}173–174	4.8.1569	D. Schnepff	Ps 51	
581	30	^{2}174–177	11.8.1569	J. Heerbrand	Gen 30	
582	31	^{2}177–179	18.8.1569	D. Schnepff	Ps 51	
583	32	^{2}179–181	25.8.1569	J. Heerbrand	Gen 30	Or 1601 I (A)
584	33	^{2}181–183	1.9.1569	D. Schnepff	Ps 51	
585	34*	^{2}183–185	22.9.1569	J. Heerbrand	Gen 31	Or 1601 I (A)
586	35	^{2}185–186	6.10.1569	J. Heerbrand	Gen 32	
587	36	^{2}187–189	13.10.1569	J. Heerbrand	Gen 32	Or 1601 I (A)
588	37*	^{2}189–190	3.11.1569	J. Heerbrand	Gen 33	
589	38	^{2}191–192	10.11.1569	J. Heerbrand	Gen 34	Or 1601 I (A)
590	39	^{2}193–194	17.11.1569	J. Heerbrand	Gen 35	Or 1601 I (A)
591	40	^{2}194–196	1.12.1569	J. Heerbrand	Gen 35	
592	41	^{2}197–199	15.12.1569	J. Heerbrand	Gen 35	
593	42	^{2}199–201	29.12.1569	J. Heerbrand	Luc 2	
594	43	^{2}201–202	12.1.1570	J. Heerbrand	Gen 36	
595	44	^{2}203–204	26.1.1570	J. Heerbrand	Gen 37	
596	45	^{2}205–206	16.2.1570	J. Heerbrand	Gen 37	
597	46	^{2}207–209	2.3.1570	J. Heerbrand	Gen 37	
598	47	^{2}209–211	16.3.1570	J. Heerbrand	Ies 53	
599	48	^{2}212–214	5.4.1570	J. Heerbrand	Gen 38	
600	49	^{2}214–216	20.4.1570	J. Heerbrand	Gen 38	
601	50	^{2}216–218	17.5.1570	J. Heerbrand	Eph ⟨5⟩	
602	51	^{2}218–220	1.6.1570	J. Heerbrand	Gen 39	
603	52	^{2}220–222	8.6.1570	J. Heerbrand	Gen 39	
604	53*	^{2}222–224	27.7.1570	J. Heerbrand	Gen 42	
605	54	^{2}224–225	10.8.1570	J. Heerbrand	Gen 42	
606	55	^{2}226–227	7.9.1570	J. Heerbrand	Gen 43	
607	56	^{2}228–229	14.9.1570	J. Heerbrand	Gen 43	
608	57	^{2}230–231	5.10.1570	J. Heerbrand	Gen 43	
609	58*	^{2}232–234	19.10.1570	⟨J. Heerbrand⟩	Deut ⟨18⟩	
610	59	^{2}234–235	2.11.1570	J. Aeser	Phil 3	
611	60	^{2}235–237	16.11.1570	J. Heerbrand	Gen 44	
612	61*	^{2}238–240	7.12.1570	J. Heerbrand	Gen 45	
613	62	^{2}240–241	11.1.1571	J. Heerbrand	Gen 45	
614	63	^{2}241–243	8.2.1571	J. Heerbrand	Gen 45	
615	64	^{2}243–245	1.3.1571	J. Heerbrand	Gen 46	
616	65	^{2}245–247	19.4.1571	J. Andreae	Iud 14	HsB 104–106^{v}
617	66	^{2}247–249	26.4.1571	J. Heerbrand	Gen 46	HsB 108–110^{v}
618	67	^{2}249–251	7.6.1571	J. Heerbrand	Gen 47	
619	68	^{2}251–253	14.6.1571	J. Heerbrand	Gen 47	HsB 149^{v}
620	69	^{2}254–256	5.7.1571	J. Heerbrand	Gen 47	
621	70	^{2}256–258	19.7.1571	J. Heerbrand	Gen 47	
622	71*	^{2}258–261	2.8.1571	J. Heerbrand	Gen 47	
623	72	^{2}261–263	15.8.1571	J. Heerbrand	Gen 48	

Mb 19–4

(f. I) M. Martini Crusij. 1570. Maij 21. Tybingae. Conciones 329, partim Catechisticae / funebres: ab anno 1563 usque ad annum 1570 Christi.
(ff. II-III) CATECHISMI D. Joan. Brentij explicationes 8 in hoc volumine.
Prima, incepta 18. April. 1563 finita 22. Aug. eodem anno: constans 18 concionibus. Adiectae sunt 8 conciones, in Psalmos totidem Germanicos. Omnia haec Latinè excepta. *(am linken Rand, später ergänzt:)* Teutsche Psalmen. 25.
Secunda, incepta 7. Novemb. 1563 finita 24. Aug. 1564. constans 44 concionibus: quarum priores 32 sunt Latinè scriptae: sequentes verò Graecè (quarum prima, 25. Jun. 64 habita fuit). *(am linken Rand, später ergänzt:)* Psalmi 67. Adiectae sunt 10 conciones, in totidem Psalmos Germanicos: item aliae 2 conciones: omnes Graecè scriptae.
Tertia (scripta Graecè tota, ut et sequentes explicationes omnes) incepta 5. Novemb. 1564 absoluta 26. Aug. 1565 constans 51 concionibus.
Quarta 2. Septemb. 1565 finita 30. Iunij 66 constans 49 concionibus: sed 43. concio, est explicatio cantionis: Nun bitten wier D. H. G.
Quinta, incepta 7. Iulij 1566 desinens (cum ego propter pestem brevi pòst cederem) 28. Octob. eiusdem anni: habens 20 conciones. Haec hactenus Tybingae.
Sexta, incepta Eßlingae 2. Martij 1567. ibi sunt conciones 20 quarum ultima 21. Septemb. eodem anno.
Septima (*korrigiert statt* Sexta), incepta Eßlingae 2. Novemb. 1567 habens tantùm 4 conciones: quarum ultima 23. Novemb. eodem anno. Hactenus Eßlingae.
Octava (*korrigiert statt* Septima), incepta 15. Febru. 1568 Tybingae. ibi 36 conciones, quarum ultima 3. April. 1569.
Nona (*korrigiert statt* Octava), incepta 8. Maij 1569 absoluta 9. April. 1570 constans 44 concionibus.
Summa omnium Catechisticarum concionum, est 306. Harum 58 priores, sunt Latinae / 248 reliquae, Graecae.
Funebres conciones.
I. À 24. Febru. 1563 usque 2. Aug. 1566 conciones 18.
II. À 3. April. 1568 usque 21. Aug. 1569 conciones 5.
Summa funebrium, sunt 23.
Ergo in universum, in hoc volumine sunt conciones 329 quarum, Graecae 271. Laus Deo.
Omnia in eis domi relegens correxi: soli numeri allegatorum locorum Scripturae, si quando inter properandum in Templo erravi, emendatione egent.
(ff. III^v-IV^v) Stichwortsammlung zu pp. 1–^{3}155 (später hinzugefügt).
(f. V) Summae concionum κατηχητικῶν, per M. Mart: Crusium in concionibus publicis collectae. 1563 Tybingae.
Item ettlich teutsche Psalmen, die man in der Kirchen singet, außgelegt.
In hoc volumine, τεμάχια τῶν μεγάλων (Theologorum nostrorum: praesertim Theod. Snaeppfij, Jacobi Andreae, et Jacobi Heerbrandi) δείπνων.
D. Cancell. Jac. Andreae, haec collectanea mea, seu περιοχὰς, Quintam eßentiam ioco appellat.
(p. 1) CONCIONES VESPERTINAE diebus Dominicis, DE CATECHISMO, qui adolescentulis Tybingae in Scholis trivialibus proponitur.

Lfd. Nr.	*Orig. Nr.*	*Seiten*	*Datum*	*Prediger*	*Predigttext*	*Drucke u. Hss.*
624	1	1–2	18.4.1563 ⟨vesperi⟩	D. Schnepff	⟨Katechismus⟩	
625	2	2–4	25.4.1563 ⟨vesperi⟩	J. Andreae	Bapt.	
626	3	4–5	2.5.1563 ⟨vesperi⟩	D. Schnepff	Bapt.	
627	4	5–6	9.5.1563 ⟨vesperi⟩	D. Schnepff	Symb. fid.	

Lfd. Nr.	*Orig. Nr.*	*Seiten*	*Datum*	*Prediger*	*Predigttext*	*Drucke u. Hss.*
628	5	6–8	16.5.1563 ⟨vesperi⟩	J. Andreae	Symb. fid.	
629	6	8–9	23.5.1563 ⟨vesperi⟩	D. Schnepff	Symb. fid.	
630	7	9	6.6.1563 ⟨vesperi⟩	D. Schnepff	Symb. fid.	
631	8	10–11	13.6.1563 ⟨vesperi⟩	J. Andreae	Orat. dom.	
632	9*	11–12	20.6.1563 ⟨vesperi⟩	D. Schnepff	Orat. dom.	
633	10	13–15	27.6.1563 ⟨vesperi⟩	J. Andreae	Orat. dom.	
634	11	15–16	4.7.1563 ⟨vesperi⟩	J. Andreae	Decal.	
635	12	16–18	11.7.1563 ⟨vesperi⟩	D. Schnepff	Decal.	
636	13	18–19	18.7.1563 ⟨vesperi⟩	J. Andreae	Decal.	
637	14	19–21	25.7.1563 ⟨vesperi⟩	J. Andreae	Decal.	
638	15*	21–22	1.8.1563 ⟨vesperi⟩	D. Schnepff	Decal.	
639	16	22	8.8.1563 ⟨vesperi⟩	D. Schnepff	Decal.	
640	17	22–23	15.8.1563 ⟨vesperi⟩	D. Schnepff	Coena Dom.	
641	18*	23–24	2.8.1563 ⟨vesperi⟩	D. Schnepff	Potest. clav.	

(p. 24) Finis Catechismi 22. Aug: 1563. Laus Deo.
(p. 25) ALIQUOT GERMANICORUM Psalmorum explicatio: quos populus frequenter canere in templo incitetur.

Lfd. Nr.	*Orig. Nr.*	*Seiten*	*Datum*	*Prediger*	*Predigttext*	*Drucke u. Hss.*
642	1	25–26	29.8.1563 ⟨vesperi⟩	D. Schnepff	EG 280 = Wack 3,7	
643	2	26	5.9.1563 ⟨vesperi⟩	D. Schnepff	EG 341 = Wack 3,2	
644	3	27–28	12.9.1563 ⟨vesperi⟩	J. Heerbrand	EG 124 = Wack 3,29	
645	4*	28–29	19.9.1563 ⟨vesperi⟩	J. Andreae	EG 299 = Wack 3,5 f.	
646	5	29–30	3.10.1563 ⟨vesperi⟩	D. Schnepff	EG 138 = Wack 3,24	
647	6	30	10.10.1563 ⟨vesperi⟩	D. Schnepff	EG 275 = Wack 3,170	
648	7	31–32	17.10.1563 ⟨vesperi⟩	D. Schnepff	EG 67 = Wack 3,67	
649	8*	32–34	31.10.1563 ⟨vesperi⟩	J. Andreae	EG 273 = Wack 3,3	

(p. 34) Posthac Catechismus copiosius iterum explicari coeptus. Scripsi in alium librum.
(p. ^{2}I) Summae ex concionibus Catechismi, per Mart: Crusium in concionibus publicis exceptae. 1563 etc. Tybingae.
Sampt ettlicher teutschen Psalmen außlegung.
(p. ^{2}1) Conciones publicae Catechismi, συντόμως à me Mart: Crusio Tybingae exceptae. In templo excepi in pugillares, sed domi descripsi. *(am Rand, später hinzugefügt:)* Explicatio 2^{a}:

Lfd. Nr.	*Orig. Nr.*	*Seiten*	*Datum*	*Prediger*	*Predigttext*	*Drucke u. Hss.*
650	1*	^{2}1–2	7.11.1563 ⟨vesperi⟩	D. Schnepff	⟨Katechismus⟩; 1 Petr 3	
651	2	^{2}2–3	14.11.1563 ⟨vesperi⟩	D. Schnepff	⟨Quaestio⟩	
652	3	^{2}4	21.11.1563 ⟨vesperi⟩	D. Schnepff	Quaestio	
653	4	^{2}4–5	28.11.1563 ⟨vesperi⟩	D. Schnepff	Quaestio	
654	5	^{2}5	5.12.1563 ⟨vesperi⟩	J. Andreae	Bapt.	
655	6	^{2}5–6	12.12.1563 ⟨vesperi⟩	D. Schnepff	Bapt.	
656	7	^{2}6–7	19.12.1563 ⟨vesperi⟩	J. Andreae	Symb. fid.	
657	8	^{2}7–8	26.12.1563 ⟨vesperi⟩	J. Andreae	Symb. fid.	
658	9	^{2}8–9	2.1.1564 ⟨vesperi⟩	J. Andreae	Symb. fid.	
659	10	^{2}10–11	9.1.1564 ⟨vesperi⟩	D. Schnepff	Symb. fid.	
660	11	^{2}11–12	16.1.1564 ⟨vesperi⟩	D. Schnepff	Symb. fid.	
661	12	^{2}12–14	23.1.1564 ⟨vesperi⟩	J. Andreae	Symb. fid.	
662	13	^{2}14–15	30.1.1564 ⟨vesperi⟩	D. Schnepff	Symb. fid.	

Lfd. Nr.	*Orig. Nr.*	*Seiten*	*Datum*	*Prediger*	*Predigttext*	*Drucke u. Hss.*
663	14	^{2}15–16	6.2.1564 ⟨vesperi⟩	St. Rielin	Symb. fid.	
664	15	^{2}16–17	13.2.1564 ⟨vesperi⟩	D. Schnepff	Symb. fid.	
665	16	^{2}17–19	20.2.1564 ⟨vesperi⟩	J. Andreae	Symb. fid.	
666	17	^{2}20–21	27.2.1564 ⟨vesperi⟩	D. Schnepff	Symb. fid.	
667	18	^{2}21–23	5.3.1564 ⟨vesperi⟩	J. Andreae	Symb. fid.	
668	19	^{2}23–24	12.3.1564 ⟨vesperi⟩	J. Andreae	Symb. fid.	
669	20	^{2}24–26	19.3.1564 ⟨vesperi⟩	D. Schnepff	Orat. dom.	
670	21*	^{2}26–27	26.3.1564 ⟨vesperi⟩	St. Rielin	Ioan 19	
671	22	^{2}27–28	9.4.1564 ⟨vesperi⟩	St. Rielin	Orat. dom.	
672	23*	^{2}28–29	16.4.1564 ⟨vesperi⟩	St. Rielin	Orat. dom.	
673	24	^{2}29–30	23.4.1564 ⟨vesperi⟩	D. Schnepff	Orat. dom.	
674	25	^{2}30–32	30.4.1564 ⟨vesperi⟩	J. Andreae	Orat. dom.	
675	26*	^{2}32–33	7.5.1564 ⟨vesperi⟩	J. Andreae	Orat. dom.	
676	27	^{2}33–34	14.5.1564 ⟨vesperi⟩	J. Andreae	Orat. dom.	
677	28	^{2}35–36	28.5.1564 ⟨vesperi⟩	J. Andreae	Orat. dom.	
678	29*	^{2}36–37	4.6.1564 ⟨vesperi⟩	J. Andreae	Decal.	
679	30	^{2}37–39	11.6.1564 ⟨vesperi⟩	D. Schnepff	Decal.	
680	31	^{2}39–40	18.6.1564 ⟨vesperi⟩	St. Rielin	Decal.	
681	32	^{2}40–41	24.6.1564 ⟨vesperi⟩	J. Andreae	Decal.	
682	33	^{2}41–43	25.6.1564 ⟨vesperi⟩	D. Schnepff	Decal.	
683	34	^{2}43–44	29.6.1564 ⟨vesperi⟩	D. Schnepff	Decal.	
684	35	^{2}45–46	2.7.1564 ⟨vesperi⟩	D. Schnepff	Decal.	
685	36	^{2}46–48	9.7.1564 ⟨vesperi⟩	J. Andreae	Decal.	
686	37	^{2}48–51	16.7.1564 ⟨vesperi⟩	J. Andreae	Decal.	
687	38	^{2}51–52	23.7.1564 ⟨vesperi⟩	D. Schnepff	Decal.	
688	39	^{2}52–54	25.7.1564 ⟨vesperi⟩	D. Schnepff	Decal.	
689	40	^{2}55–56	30.7.1564 ⟨vesperi⟩	D. Schnepff	Decal.	
690	41	^{2}56–58	6.8.1564 ⟨vesperi⟩	D. Schnepff	Decal.	
691	42	^{2}58–59	13.8.1564 ⟨vesperi⟩	D. Schnepff	Coena Dom.	
692	43	^{2}60–62	20.8.1564 ⟨vesperi⟩	J. Andreae	Coena Dom.	
693	44*	^{2}62–64	24.8.1564 ⟨vesperi⟩	D. Schnepff	Potest. clav.	

(p. ^{2}64) Finis Catechismi totius. 1564 Aug: 24.
(p. ^{2}67) ALIQUOT PSALMORUM Germanicorum explicatio.

Lfd. Nr.	*Orig. Nr.*	*Seiten*	*Datum*	*Prediger*	*Predigttext*	*Drucke u. Hss.*
694	1	^{2}67–68	27.8.1564 ⟨vesperi⟩	D. Schnepff	EG 342 = Wack 3,55	
695	2	^{2}69–70	3.9.1564 ⟨vesperi⟩	J. Andreae	Wack 3,123	
696	3	^{2}71–72	10.9.1564 ⟨vesperi⟩	D. Schnepff	EG 344 = Wack 3,41	
697	4	^{2}73–77	17.9.1564 ⟨vesperi⟩	J. Andreae	Wack 3,135	
698	5	^{2}77–79	21.9.1564 ⟨vesperi⟩	D. Schnepff	EG 202 = Wack 3,43	
699	6	^{2}79–81	24.9.1564 ⟨vesperi⟩	D. Schnepff	EG 519 = Wack 3,25	
700	7	^{2}81–84	1.10.1564 ⟨vesperi⟩	D. Schnepff	Wack 3,948	
701	8	^{2}84–87	8.10.1564 ⟨vesperi⟩	D. Schnepff	Wack 3,92	
702	9	^{2}87–89	15.10.1564 ⟨vesperi⟩	St. Rielin	EG 362 = Wack 3,32 ff.	
703	10	^{2}89–91	22.10.1564 ⟨vesperi⟩	St. Rielin	EG 343 = Wack 3,78 f.	
704	11	^{2}91–92	28.10.1564 ⟨vesperi⟩	D. Schnepff	1 Petr 1	
705	12	^{2}93–94	29.10.1564 ⟨vesperi⟩	D. Schnepff	Ezech 33	

(p. ^{3}1) Κατήχησις (p. ^{2}3) CATECHISMI explicatio. 1564. *(später hinzugefügt:)* tertia. *(am Rand:)* Sum Martini Crusij, Tybingae.

Lfd. Nr.	*Orig. Nr.*	*Seiten*	*Datum*	*Prediger*	*Predigttext*	*Drucke u. Hss.*
706	1	^{3}3–5	5.11.1564 ⟨vesperi⟩	D. Schnepff	Katechismus; Matth 19	
707	2	^{3}5–7	12.11.1564 ⟨vesperi⟩	D. Schnepff	Quaestio	
708	3	^{3}7–8	19.11.1564 ⟨vesperi⟩	D. Schnepff	Quaestio	
709	4	^{3}9–10	26.11.1564 ⟨vesperi⟩	D. Schnepff	Bapt.	
710	5*	^{3}11–12	30.11.1564 ⟨vesperi⟩	D. Schnepff	Bapt.	
711	6	^{3}12–13	3.12.1564 ⟨vesperi⟩	D. Schnepff	Symb. fid.	
712	7	^{3}14–15	10.12.1564 ⟨vesperi⟩	D. Schnepff	Symb. fid.	
713	8	^{3}15–17	17.12.1564 ⟨vesperi⟩	D. Schnepff	Symb. fid.	
714	9	^{3}17–19	21.12.1564 ⟨vesperi⟩	D. Schnepff	Symb. fid.	
715	10	^{3}19–20	24.12.1564 ⟨vesperi⟩	D. Schnepff	Matth 1	
716	11	^{3}21–22	31.12.1564 ⟨vesperi⟩	J. Andreae	1 Cor 11	
717	12	^{3}22–23	1.1.1565 ⟨vesperi⟩	D. Schnepff	1 Tim 1	
718	13	^{3}24–25	6.1.1565 ⟨vesperi⟩	St. Rielin	Matth 2	
719	14	^{3}25–27	7.1.1565 ⟨vesperi⟩	St. Rielin	Luc 2	
720	15	^{3}27–29	14.1.1565 ⟨vesperi⟩	D. Schnepff	Symb. fid.	
721	16	^{3}29–30	21.1.1565 ⟨vesperi⟩	J. Andreae	Symb. fid.	
722	17	^{3}31–32	28.1.1565 ⟨vesperi⟩	D. Schnepff	Symb. fid.	
723	18	^{3}33–34	2.2.1565 ⟨vesperi⟩	D. Schnepff	Mal 3	
724	19	^{3}34–36	4.2.1565 ⟨vesperi⟩	J. Andreae	Symb. fid.	
725	20	^{3}36–37	11.2.1565 ⟨vesperi⟩	N. Wieland	Symb. fid.	
726	21	^{3}37–38	18.2.1565 ⟨vesperi⟩	N. Wieland	Symb. fid.	
727	22*	^{2}38	24.2.1565 ⟨vesperi⟩	D. Schnepff	Symb. fid.	
728	23	^{3}39–40	25.2.1565 ⟨vesperi⟩	D. Schnepff	Symb. fid.	
729	24	^{3}40–41	4.3.1565 ⟨vesperi⟩	J. Andreae	Symb. fid.	
730	25	^{3}41–43	11.3.1565 ⟨vesperi⟩	D. Schnepff	Symb. fid.	
731	26*	^{3}43–44	18.3.1565 ⟨vesperi⟩	St. Rielin	1 Tim 4	
732	27	^{3}44–45	25.3.1565 ⟨vesperi⟩	J. Andreae	Orat. dom.	
733	28	^{3}45–47	1.4.1565 ⟨vesperi⟩	D. Schnepff	Orat. dom.	
734	29	^{3}47–48	8.4.1565 ⟨vesperi⟩	J. Andreae	Orat. dom.	
735	30	^{3}49	15.4.1565 ⟨vesperi⟩	N. Wieland	Ioan 19	
736	31	^{3}49–50	29.4.1565 ⟨vesperi⟩	D. Schnepff	Orat. dom.	
737	32	^{3}51	6.5.1565 ⟨vesperi⟩	J. Andreae	Orat. dom.	
738	33	^{3}52–53	13.5.1565 ⟨vesperi⟩	J. Andreae	Orat. dom.	
739	34	^{3}53–54	20.5.1565 ⟨vesperi⟩	D. Schnepff	Orat. dom.	
740	35	^{3}54–56	27.5.1565 ⟨vesperi⟩	J. Andreae	Orat. dom.	
741	36	^{3}56–57	31.5.1565 ⟨vesperi⟩⟨Himmelf.⟩	D. Schnepff	EKG 91 = Wack 3,682	
742	37	^{3}57–59	3.6.1565 ⟨vesperi⟩	D. Schnepff	Decal.	
743	38	^{3}59–60	17.6.1565 ⟨vesperi⟩	D. Schnepff	Decal.	
744	39*	^{3}60–62	24.6.1565 ⟨vesperi⟩	J. Andreae	Decal.	
745	40	^{3}62–63	29.6.1565 ⟨vesperi⟩	Chr. Hermann	Decal.	
746	41	^{3}63–65	1.7.1565	J. Heerbrand	Decal.	
747	42	^{3}65–66	8.7.1565 ⟨vesperi⟩	Chr. Hermann	Decal.	
748	43	^{3}66–67	15.7.1565 ⟨vesperi⟩	N. Wieland	Decal.	
749	44	^{3}67–68	22.7.1565 ⟨vesperi⟩	Chr. Hermann	Decal.	
750	45	^{3}68–69	25.7.1565 ⟨vesperi⟩	Chr. Hermann	Decal.	
751	46	^{3}69–70	29.7.1565 ⟨vesperi⟩	D. Schnepff	Decal.	
752	47	^{3}70–71	5.8.1565 ⟨vesperi⟩	Chr. Hermann	Decal.	
753	48	^{3}71–72	12.8.1565 ⟨vesperi⟩	N. Wieland	Decal.	
754	49	^{3}72–74	19.8.1565 ⟨vesperi⟩	D. Schnepff	Coena Dom.	
755	50	^{3}74–75	24.8.1565 ⟨vesperi⟩	D. Schnepff	Coena Dom.	
756	51	^{3}75–77	26.8.1565 ⟨vesperi⟩	D. Schnepff	Potest. clav.	

(p. ^{3}77) Finis Catechismi 26. Augusti, anno 1565. Τῷ Θεῷ δόξα. Sequitur idem Catechismus, denuò explicatus. (p. ^{3}78) *(später hinzugefügt:)* Quarta explicatio Catechismi.

Lfd. Nr.	*Orig. Nr.*	*Seiten*	*Datum*	*Prediger*	*Predigttext*	*Drucke u. Hss.*
757	1	^{3}78–79	2.9.1565 ⟨vesperi⟩ hora 3^{a}	J. Andreae	⟨Katechismus⟩	
758	2	^{3}80–81	9.9.1565 ⟨vesperi⟩	D. Schnepff	Quaestio	
759	3	^{3}81–83	16.9.1565 ⟨vesperi⟩	D. Schnepff	Bapt.	
760	4	^{3}83–85	21.9.1565 ⟨vesperi⟩	D. Schnepff	Bapt.	
761	5	^{3}85–87	23.9.1565 ⟨vesperi⟩	D. Schnepff	Bapt.; Matth 3	
762	6	^{3}87–89	30.9.1565 ⟨vesperi⟩	D. Schnepff	Symb. fid.	
763	7	^{3}89–90	14.10.1565 ⟨vesperi⟩	D. Schnepff	Symb. fid.	
764	8	^{3}90–92	21.10.1565 ⟨vesperi⟩	D. Schnepff	Symb. fid.	
765	9	^{3}92–93	28.10.1565 ⟨vesperi⟩	J. Andreae	Symb. fid.	
766	10	^{3}93–95	4.11.1565 ⟨vesperi⟩	D. Schnepff	Symb. fid.	
767	11	^{3}95	11.11.1565 ⟨vesperi⟩	⟨Hermann⟩	Symb. fid.	
768	12	^{3}96	18.11.1565 ⟨vesperi⟩	N. Wieland	Symb. fid.	
769	13	^{3}97–98	25.11.1565 ⟨vesperi⟩	D. Schnepff	Symb. fid.	
770	14	^{3}98–99	30.11.1565 ⟨vesperi⟩	D. Schnepff	Symb. fid.	
771	15	^{3}100–101	2.12.1565 ⟨vesperi⟩	D. Schnepff	Symb. fid.	
772	16	^{3}101–103	9.12.1565 ⟨vesperi⟩	D. Schnepff	Symb. fid.	
773	17*	^{3}103–105	16.12.1565 ⟨vesperi⟩	D. Schnepff	Symb. fid.	
774	18	^{3}105–107	21.12.1565 ⟨vesperi⟩	D. Schnepff	Symb. fid.	
775	19	^{3}107–108	23.12.1565 ⟨vesperi⟩	⟨D. Schnepff⟩	Symb. fid.	
776	20	^{3}108–109	30.12.1565 ⟨vesperi⟩	D. Schnepff	Gal 4	
777	21	^{3}109–111	6.1.1566 ⟨vesperi⟩	D. Schnepff	1 Petr 2	
778	22	^{3}111–112	13.1.1566 ⟨vesperi⟩	D. Schnepff	Orat. dom.	
779	23	^{3}113–114	20.1.1566 ⟨vesperi⟩	Chr. Hermann	Orat. dom.	
780	24	^{3}114–115	27.1.1566 ⟨vesperi⟩	Chr. Hermann	Orat. dom.	
781	25*	^{3}116–117	2.2.1566 ⟨vesperi⟩	Chr. Hermann	Orat. dom.; Hagg 2	
782	26	^{3}118–119	3.2.1566 ⟨vesperi⟩	Chr. Hermann	Orat. dom.	
783	27	^{3}119–120	10.2.1566 ⟨vesperi⟩	D. Schnepff	Orat. dom.	
784	28	^{3}121–122	17.2.1566 ⟨vesperi⟩	D. Schnepff	Orat. dom.	
785	29*	^{3}123–124	24.2.1566 ⟨vesperi⟩	J. Andreae	Orat. dom.	
786	30	^{3}124–125	3.3.1566 ⟨vesperi⟩	Chr. Hermann	Orat. dom.	
787	31	^{3}125–126	10.3.1566 ⟨vesperi⟩	Chr. Hermann	Decal.	
788	32	^{3}126–127	17.3.1566 ⟨vesperi⟩	Chr. Hermann	Decal.	
789	33	^{3}127–128	25.3.1566 ⟨vesperi⟩	N. Wieland	Decal.	
790	34	^{3}129	31.3.1566 ⟨vesperi⟩	D. Schnepff	Decal.	
791	35	^{3}130–131	21.4.1566 ⟨vesperi⟩	D. Schnepff	Decal.	
792	36	^{3}131–133	28.4.1566 ⟨vesperi⟩	J. Andreae	Decal.	
793	37	^{3}133–134	1.5.1566 ⟨vesperi⟩	D. Schnepff	Decal.	
794	38	^{3}134–135	5.5.1566 ⟨vesperi⟩	N. Wieland	Decal.	
795	39	^{3}135–137	12.5.1566 ⟨vesperi⟩	D. Schnepff	Decal.	
796	40	^{3}137–139	19.5.1566 ⟨vesperi⟩	D. Schnepff	Decal.	
797	41	^{3}139–140	23.5.1566 ⟨vesperi⟩ ⟨Himmelf.⟩	D. Schnepff	Hos 2	
798	42	^{3}141–142	26.5.1566 ⟨vesperi⟩	⟨Hermann⟩	Decal.	
799	43	^{3}142–144	3.6.1566 ⟨vesperi⟩ ⟨Pfingsts.⟩	D. Schnepff	EG 124 = Wack 3,29	
800	44	^{3}144–145	9.6.1566 ⟨vesperi⟩	D. Schnepff	Decal.	
801	45	^{3}145–147	16.6.1566 ⟨vesperi⟩	J. Andreae	Decal.	
802	46	^{3}148–149	23.6.1566 ⟨vesperi⟩	D. Schnepff	Coena Dom.	
803	47	^{3}149–151	24.6.1566 ⟨vesperi⟩	J. Andreae	Marc 6	
804	48	^{3}152–153	29.6.1566 ⟨vesperi⟩	D. Schnepff	Coena Dom.	
805	49	^{3}153–155	30.6.1566 ⟨vesperi⟩	N. Wieland	Potest. clav.	

(p. ^{3}155) Finis Catechismi 30. Junij 1566 Tybingae, in D. Georgij templo, ut et alia omnia, à me Martino Crusio sic ex tempore excepta et scripta.
(pp. ^{3}157–158) Stichwortsammlung zu pp. ^{4}1–122 (später hinzugefügt).
(p. ^{4}1) CATECHISMUS DENUÒ Tybingae in templo D. Georgij explicatus: in quibus concionibus ego Martinus Crusius has summas αὐτοσχεδίως excepi. *(am linken Rand, später hinzugefügt:)* Quinta explicatio.

Lfd. Nr.	*Orig. Nr.*	*Seiten*	*Datum*	*Prediger*	*Predigttext*	*Drucke u. Hss.*
806	1	^{4}1–2	7.7.1566 ⟨vesperi⟩	D. Schnepff	Prov 3; ⟨Katechismus⟩	
807	2	^{4}3–5	14.7.1566 ⟨vesperi⟩	J. Andreae	Phil 3; ⟨Katechismus; Quaestio⟩	
808	3	^{4}5–7	21.7.1566 ⟨vesperi⟩	D. Schnepff	Bapt.	
809	4	^{4}7–9	25.7.1566 ⟨vesperi⟩	D. Schnepff	Bapt.	
810	5	^{4}9–12	28.7.1566 ⟨vesperi⟩	J. Andreae	Symb. fid.	
811	6	^{4}12–14	4.8.1566 ⟨vesperi⟩	D. Schnepff	Symb. fid.	
812	7	^{4}14–16	11.8.1566 ⟨vesperi⟩	D. Schnepff	Symb. fid.	
813	8	^{4}16–18	18.8.1566 ⟨vesperi⟩	D. Schnepff	Symb. fid.	
814	9	^{4}18–20	24.8.1566 ⟨vesperi⟩	J. Andreae	Symb. fid.	
815	10*	^{4}20–22	25.8.1566 ⟨vesperi⟩	J. Andreae	Symb. fid. †	
816	11	^{4}22–24	1.9.1566 ⟨vesperi⟩	D. Schnepff	Symb. fid.	
817	12	^{4}25–26	8.9.1566 ⟨vesperi⟩	D. Schnepff	Symb. fid.	
818	13	^{4}26–28	15.9.1566 ⟨vesperi⟩	J. Andreae	Symb. fid.	
819	14	^{4}29–30	21.9.1566 ⟨vesperi⟩	D. Schnepff	1 Petr 1	
820	15*	^{4}30–32	22.9.1566 ⟨vesperi⟩	N. Wieland	Symb. fid.	
821	16	^{4}32–34	29.9.1566 ⟨vesperi⟩	D. Schnepff	Ps 91	
822	17	^{4}34–35	6.10.1566 ⟨vesperi⟩	D. Schnepff	Ps 34	
823	18	^{4}35–37	20.10.1566 ⟨vesperi⟩	D. Schnepff	Symb. fid.	
824	19	^{4}37–38	27.10.1566 ⟨vesperi⟩	J. Andreae	Symb. fid.	
825	20*	^{4}39–40	28.10.1566 ⟨vesperi⟩	J. Andreae	Symb. fid.	

(p. ^{4}41) *Notiz ähnlich Mb 19–2,178.* Martinus Crusius.
(p. ^{4}43) CATECHISTICAE CONCIONES, habitae Eßlingae: cùm pestem fugiens Academia Tybingensis, in eam urbem sese contulißet. 1567. M. Martinus Crusius sua manu sic in templo excepit. *(am Rand, später hinzugefügt:)* Explicatio sexta.

Lfd. Nr.	*Orig. Nr.*	*Seiten*	*Datum*	*Prediger*	*Predigttext*	*Drucke u. Hss.*
826	1	^{4}43–46	2.3.1567 ⟨vesperi⟩	J. Andreae	Katechismus	
827	2	^{4}46–47	9.3.1567 ⟨vesperi⟩	Chr. Hermann	Quaestio	
828	3	^{4}47–49	16.3.1567 ⟨vesperi⟩	Chr. Hermann	Bapt.	
829	4	^{4}49–50	23.3.1567 ⟨vesperi⟩	Chr. Hermann	Zach 9	
830	5*	^{4}50–51	13.4.1567 ⟨vesperi⟩	Chr. Hermann	Symb. fid.	
831	6	^{4}51–52	20.4.1567 ⟨vesperi⟩	Chr. Hermann	Symb. fid.	
832	7	^{4}52–53	27.4.1567 ⟨vesperi⟩	Chr. Hermann	Symb. fid.	
833	8	^{4}53–54	4.5.1567 ⟨vesperi⟩	Chr. Hermann	Symb. fid.	
834	9	^{4}54–55	11.5.1567 ⟨vesperi⟩	Chr. Hermann	Symb. fid.	
835	10	^{4}55–56	1.6.1567 ⟨vesperi⟩	Chr. Hermann	Symb. fid.	
836	11	^{4}56	8.6.1567 ⟨vesperi⟩	⟨Hermann⟩	Orat. dom.	
837	12*	^{4}57	29.6.1567 ⟨vesperi⟩	⟨Hermann⟩	Decal.	
838	13*	^{4}58	6.7.1567 ⟨vesperi⟩	⟨Hermann⟩	Ps ⟨90?⟩†	
839	14	^{4}58–59	20.⟨7.⟩1567 ⟨vesperi⟩	⟨Hermann⟩	Decal.	
840	15	^{4}59–60	10.8.1567 ⟨vesperi⟩	G. Weiganmaier	Decal.	
841	16*	^{4}61	17.8.1567 ⟨vesperi⟩	Chr. Hermann	Decal.	

Lfd. Nr.	*Orig. Nr.*	*Seiten*	*Datum*	*Prediger*	*Predigttext*	*Drucke u. Hss.*
842	17	^{4}61–62	24.8.1567 ⟨vesperi⟩	G. Weiganmaier	Decal.	
843	18*	^{4}62–65	31.8.1567	J. Andreae	Luc 17	Ed4, ^{3}25–55
844	19	^{4}65–66	?.⟨9.⟩1567 media hora quarta	Chr. Hermann	Decal.	
845	20*	^{4}67–68	21.9.1567 ⟨vesperi⟩	G. Weiganmaier	Decal.	

(p. ^{4}68) Conciones reliquas 2 non audivi, quibus finitus fuit Catechismus.
(p. ^{4}69) CATECHISMUS DENUO Eßlingae explicari vesperi coeptus 1567 Novemb. 2. *(am Rand, später hinzugefügt:)* Explicatio septima.

Lfd. Nr.	*Orig. Nr.*	*Seiten*	*Datum*	*Prediger*	*Predigttext*	*Drucke u. Hss.*
846	1*	^{4}69–70	2.11.1567 ⟨vesperi⟩	Chr. Hermann	⟨Katechismus⟩	
847	2	^{4}70–71	9.11.1567 ⟨vesperi⟩	G. Weiganmaier	Quaestio	
848	3*	^{4}71–72	16.11.1567 ⟨vesperi⟩	Chr. Hermann	Quaestio	
849	4*	^{4}72–73	23.11.1567 ⟨vesperi⟩	G. Weiganmaier	Bapt.	

(p. ^{4}73) *Notiz über die Rückkehr aus Esslingen am 31.12.1567 mit seiner dort geheirateten 3. Frau Catharina Vetscherina.* (p. ^{4}75) CONCIONES CATECHISTICAE, Tybingae in templo à me Martino Crusio exceptae. *(am Rand, später hinzugefügt:)* Octava explicatio.

Lfd. Nr.	*Orig. Nr.*	*Seiten*	*Datum*	*Prediger*	*Predigttext*	*Drucke u. Hss.*
850	1	^{4}75–76	15.2.1568 ⟨vesperi⟩	D. Schnepff	Bapt.	
851	2	^{4}76–77	22.2.1568 ⟨vesperi⟩	⟨D. Schnepff⟩	Bapt.	
852	3	^{4}78–79	7.3.1568 ⟨vesperi⟩	⟨D. Schnepff⟩	Symb. fid.	
853	4	^{4}79–80	21.3.1568 ⟨vesperi⟩	⟨D. Schnepff⟩	Symb. fid.	
854	5	^{4}80–81	25.3.1568 ⟨vesperi⟩	⟨D. Schnepff⟩	Ies 7	
855	6	^{4}81–82	28.3.1568 ⟨vesperi⟩	⟨D. Schnepff⟩	Symb. fid.	
856	7*	^{4}82–83	4.4.1568 ⟨vesperi⟩	⟨D. Schnepff⟩	1 Cor 11	
857	8	^{4}83–85	9.5.1568 ⟨vesperi⟩	⟨D. Schnepff⟩	Symb. fid.	
858	9	^{4}85–86	16.5.1568 ⟨vesperi⟩	Hainlin	Symb. fid.	
859	10	^{4}86–88	23.5.1568 ⟨vesperi⟩	J. Andreae	Symb. fid.	
860	11	^{4}88–89	30.5.1568 ⟨vesperi⟩	J. Andreae	Symb. fid.	
861	12	^{4}90–91	7.6.1568 ⟨vesperi⟩ ⟨Pfingstm.⟩	D. Schnepff	Act 10	
862	13	^{4}91–92	13.6.1568 ⟨vesperi⟩	J. Andreae	Symb. fid.	
863	14	^{4}93–95	20.6.1568 ⟨vesperi⟩	J. Andreae	Symb. fid.	
864	15	^{4}95–96	27.6.1568 ⟨vesperi⟩	D. Schnepff	Orat. dom.	
865	16	^{4}96–97	4.7.1568 ⟨vesperi⟩	J. Andreae	Orat. dom.	
866	17	^{4}98	11.7.1568 ⟨vesperi⟩	J. Aeser	Orat. dom.	
867	18	^{4}98–100	18.7.1568 ⟨vesperi⟩	J. Andreae	Orat. dom.	
868	19	^{4}100–101	25.7.1568 ⟨vesperi⟩	D. Schnepff	Orat. dom.	
869	20	^{4}102–104	1.8.1568 ⟨vesperi⟩	J. Andreae	Orat. dom.	
870	21	^{4}104–106	8.8.1568 ⟨vesperi⟩	D. Schnepff	Orat. dom.	
871	22	^{4}106	15.8.1568 ⟨vesperi⟩	D. Schnepff	Orat. dom.	
872	23	^{4}107–108	24.8.1568 ⟨vesperi⟩	D. Schnepff	Decal.	
873	24	^{4}108–109	29.8.1568 ⟨vesperi⟩	D. Schnepff	Decal.	
874	25	^{4}109–110	5.9.1568 ⟨vesperi⟩	D. Schnepff	Decal.	
875	26	^{4}110–111	12.9.1568 ⟨vesperi⟩	D. Schnepff	Decal.	
876	27*	^{4}112–113	19.9.1568 ⟨vesperi⟩	⟨D. Schnepff⟩	Decal.	
877	28	^{4}113–114	21.9.1568 ⟨vesperi⟩	J. Aeser	Decal.	
878	29	^{4}114–115	10.10.1568 ⟨vesperi⟩	D. Schnepff	Decal.	
879	30	^{4}115–116	31.10.1568 ⟨vesperi⟩	J. Dachtler	Decal.	

Lfd. Nr.	*Orig. Nr.*	*Seiten*	*Datum*	*Prediger*	*Predigttext*	*Drucke u. Hss.*
880	31	^{4}116–117	5.12.1568 ⟨vesperi⟩	D. Schnepff	Coena Dom.	
881	32	^{4}117–118	19.12.1568 ⟨vesperi⟩	D. Schnepff	Ps 145	
882	33	^{4}119–120	21.12.1568	D. Schnepff	Eph 1	
883	34	^{4}120–121	30.1.1569 ⟨vesperi⟩	⟨D. Schnepff⟩	Rom 13	
884	35	^{4}121–122	6.2.1569 ⟨vesperi⟩	D. Schnepff	1 Cor 9	
885	36*	^{4}122	3.4.1569 ⟨vesperi⟩	J. Aeser	Marc 15; Matth 27; Luc 23†	

(p. ^{4}124) Stichwortsammlung zu pp. ^{5}1–62 (später hinzugefügt).
(p. ^{5}1) Explicatio Catechismi 1569 Tybingae, breviter in templo à me Martino Crusio excepta. *(am Rand, später hinzugefügt:)* Explicatio nona.

Lfd. Nr.	*Orig. Nr.*	*Seiten*	*Datum*	*Prediger*	*Predigttext*	*Drucke u. Hss.*
886	1	^{5}1–3	8.5.1569 ⟨vesperi⟩	J. Andreae	Quaestio	
887	2	^{5}3–5	15.5.1569 ⟨vesperi⟩	J. Andreae	Bapt.	
888	3	^{5}5–6	5.6.1569 ⟨vesperi⟩	D. Schnepff	Symb. fid.	
889	4	^{5}6–8	12.6.1569 ⟨vesperi⟩	D. Schnepff	Symb. fid.	
890	5	^{5}8–9	19.6.1569 ⟨vesperi⟩	D. Schnepff	Symb. fid.	
891	6	^{5}9–10	24.6.1569 ⟨vesperi⟩	J. Andreae	Symb. fid.	
892	7	^{5}11–12	29.6.1569 vesperi	J. Aeser	Matth 16	
893	8	^{5}12–13	3.7.1569 ⟨vesperi⟩	D. Schnepff	Symb. fid.	
894	9	^{5}13–15	10.7.1569 ⟨vesperi⟩	D. Schnepff	Symb. fid.	
895	10	^{5}15	17.7.1569 ⟨vesperi⟩	D. Schnepff	Symb. fid.	
896	11	^{5}16–17	24.7.1569 ⟨vesperi⟩	J. Aeser	Symb. fid.	
897	12	^{5}17–18	25.7.1569 ⟨vesperi⟩	J. Aeser	Symb. fid.	
898	13	^{5}18–20	31.7.1569 ⟨vesperi⟩	D. Schnepff	Symb. fid.	
899	14	^{5}20–21	7.8.1569 ⟨vesperi⟩	J. Aeser	Symb. fid.	
900	15	^{5}21–23	14.8.1569 ⟨vesperi⟩	D. Schnepff	Symb. fid.	
901	16	^{5}23–24	24.8.1569 ⟨vesperi⟩	D. Schnepff	Symb. fid.	
902	17	^{5}24–26	28.8.1569 ⟨vesperi⟩	D. Schnepff	Symb. fid.	
903	18	^{5}26–28	4.9.1569 ⟨vesperi⟩	D. Schnepff	Symb. fid.	
904	19	^{5}28–29	11.9.1569 ⟨vesperi⟩	K. Zimmermann	Symb. fid.	
905	20	^{5}30–31	18.9.1569 ⟨vesperi⟩	D. Schnepff	Orat. dom.	
906	21	^{5}32–33	21.9.1569 ⟨vesperi⟩	J. Aeser	EG 344 = Wack 3,41	
907	22	^{5}33–34	25.9.1569 ⟨vesperi⟩	D. Schnepff	Orat. dom.	
908	23	^{5}35–36	2.10.1569 ⟨vesperi⟩	D. Schnepff	Orat. dom.	
909	24	^{5}37–38	9.10.1569 ⟨vesperi⟩	J. Aeser	Orat. dom.	
910	25	^{5}38–39	16.10.1569 ⟨vesperi⟩	J. Aeser	Orat. dom.	
911	26	^{5}39–40	23.10.1569 ⟨vesperi⟩	K. Zimmermann	Orat. dom.	
912	27	^{5}40–42	28.10.1569 ⟨vesperi⟩	J. Aeser	Orat. dom.	
913	28	^{5}42	30.10.1569 ⟨vesperi⟩	J. Aeser	Orat. dom.	
914	29	^{5}42–43	6.11.1569 ⟨vesperi⟩	K. Zimmermann	Orat. dom.	
915	30	^{5}43–44	13.11.1569 ⟨vesperi⟩	J. Aeser	Decal.	
916	31	^{5}45–46	20.11.1569 ⟨vesperi⟩	K. Zimmermann	Decal.	
917	32*	^{5}46–48	27.11.1569 ⟨vesperi⟩	D. Schnepff	Decal.	
918	33*	^{5}48–49	18.12.1569 ⟨vesperi⟩	D. Schnepff	Zweite Ankunft Christi	
919	34	^{5}49–50	21.12.1569	D. Schnepff	Jüngster Tag; Dritte Ankunft Christi	
920	35	^{5}50–51	15.1.1570 ⟨vesperi⟩	D. Schnepff	Decal.	
921	36	^{5}52–53	22.1.1570 ⟨vesperi⟩	J. Aeser	Decal.	
922	37	^{5}53–54	29.1.1570 ⟨vesperi⟩	D. Schnepff	Decal.	
923	38	^{5}54–55	5.2.1570 ⟨vesperi⟩	J. Aeser	Decal.	
924	39*	^{5}56–57	19.2.1570 ⟨vesperi⟩	D. Schnepff	Decal.	

Lfd. Nr.	*Orig. Nr.*	*Seiten*	*Datum*	*Prediger*	*Predigttext*	*Drucke u. Hss.*
925	40	^{5}57–58	5.3.1570 ⟨vesperi⟩	J. Aeser	Coena Dom.	
926	41	^{5}58	12.3.1570 ⟨vesperi⟩	K. Zimmermann	Coena Dom.	
927	42	^{5}59–60	⟨19.⟩3.1570 ⟨vesperi⟩	D. Schnepff	Ies 7	
928	43	^{5}60–61	2.4.1570 ⟨vesperi⟩	J. Aeser	1 Ioan 5	
929	44	^{5}61–62	9.4.1570 ⟨vesperi⟩	D. Schnepff	Potest. clav.	

(p. ^{6}I) Martini Crusij. 1563. Excerpta ex funebribus concionibus, per clarissimos Theologiae Doctores Tybingae publicè et Germanicè habitis.
(p. ^{6}II^{v}) Stichwortsammlung zu pp. ^{6}1–44 (später hinzugefügt).
(p. ^{6}1) Summa ex publicis funebribus concionibus, Tybingae habitis: collecta per M. Crusium. 1563.

Lfd. Nr.	*Orig. Nr.*	*Seiten*	*Datum*	*Prediger*	*Predigttext*	*Drucke u. Hss.*
930	1*	^{6}1–3	24.2.1563 media 4$^{a.}$ pomeridiana	D. Schnepff	Ps 91†	
931	2*	^{6}3–5	22.6.1563	D. Schnepff	Ps 91†	
932	3*	^{6}5	29.1.1564	J. Andreae	Sap 4	
933	4*	^{6}5–6	8.2.1564 post horam 4$^{am.}$ vesperi	D. Schnepff	Matth 10†	
934	5*	^{6}6–8	27.5.1564	J. Andreae	Phil 1†	
935	6*	^{6}8–11	2.9.1564 post horam 8$^{am.}$	J. Andreae	Ps 90†	GG 308–309; Ed1
936	7*	^{6}11–13	26.1.1565	D. Schnepff	Sir 7†	
937	8*	^{6}13–15	1.4.1565	J. Andreae	Luc 5†	
938	9*	^{6}15–18	17.6.1565 hora 8$^{a.}$ antemeridiana	J. Andreae	Matth 16†	Ed2
939	10*	^{6}18–20	4.7.1565	J. Heerbrand	Ies ⟨57⟩†	
940	11*	^{6}20–22	3.9.1565	D. Schnepff	Gen 47†	
941	12*	^{6}22–25	7.10.1565	J. Andreae	1 Tim 1†	
942	13*	^{6}25	23.3.1566	N. Wieland	Rom 13†	
943	14*	^{6}26–27	?.3.1566	D. Schnepff	Rom 14†	
944	15*	^{6}27–28	27.3.1566	Chr. Hermann	Sap 4†	
945	16*	^{6}28–29	13.4.1566	N. Wieland	2 Cor 5†	
946	17*	^{6}29–31	11.5.1566	J. Heerbrand	Ies 3†	
947	18*	^{6}32–33	2.8.1566	Chr. Hermann	Hiob 14†	

(p. ^{6}35) Conciones funebres Tybingae, post reditum Academiae.

Lfd. Nr.	*Orig. Nr.*	*Seiten*	*Datum*	*Prediger*	*Predigttext*	*Drucke u. Hss.*
948	1*	^{6}35–36	3.4.1568	D. Schnepff	Ps 23†	
949	2*	^{6}36–37	8.5.1568	B. Bidembach	1 Petr 1†	GG 301; Ed6
950	3*	^{6}38–39	2.1.1569	J. Heerbrand	Ies 57†	GG 306–307; Ed7; Ed32, 390–419
951	4*	^{6}40–41	28.4.1569	J. Heerbrand	Gen 27†	
952	5*	^{6}42–44	21.8.1569	D. Schnepff	Matth 22†	

(p. ^{6}44) M. Martinus Crusius.

Mc 101

(f. I) M. Martini Crusij. 27. Julij 1571 Tybingae liber ligatus. Summae concionum D. D. Theodorici Snepphij, Parochi Ecclesiae Tybingae, et ibidem Theologiae in Academia Profeßoris. Ab anno 1563 usque in annum Christi 1571 sic à me M. Crusio in templo exceptae. Eae sunt 405.

(f. II^{rv}) Contenta in hoc volumine.

I. In Evangelium Joannis, ab initio, usque in 15$^{m.}$ caput. Etsi etiam aliae (ut et in sequentibus) conciones inspersae sunt. Omnes hae conciones, sunt 120. Quarum 45 priores, Latinae sunt: reliquae verò, Graecae. Prima, habita est 7. Febru. 1563. Postrema verò, 13. Octob. 1566.

II. pag. 217. In Evangelium Matthaei, usque ad 20$^{m.}$ caput: etsi multae aliae interspersae sunt. Omnes hae conciones, Graecae sunt, numero 142. Prima habita est 11. Januar. 1568. Postrema verò, 1. Iulij 1571.

III. In Acta Apostolorum, usque in caput 15$^{m.}$ Hae conciones sunt numero 76. Quarum prima, habita est 4. Febru. 1563. Postrema verò, 19. Octob. 1566. Earum 22 sunt Latinae: reliquae verò, Graecae: quarum prima, 15. Junij 1564 habita est: quo die primum mihi ἐνθουσιασμὸς Graecè in Templo scribendi incidit, pag. 35. *(am Rand:)* Prima concio, à me in templo Graecè coepta scribi.

IIII. pag. 121. Conciones à 24°. Actorum, usque ad finem, et aliae. Omnes, sunt 15 et Graecae. Prima, est habita 8. Ianu. Ultima verò, 16. Septemb. eodem 1568. anno.

V. Buspsalmen. Conciones in 12 primos Psalmos, et in alios hinc inde. Omnes, sunt 52. Quarum prima, 30. Septemb. 1568. Postrema verò, 12. Julij 1571 habita est. Omnes sunt Graecae.

Summae omnium, quae in hoc volumine sunt, concionum, sunt CCCCV.

Harum 67 circiter sunt Latinae, 338 Graecae.

Omnes domi à me correctae, praeter allegationes capitum Scripturae: in quorum numeris fortè saepe erravi, inter festinandum in Templo. Boni consulatur hic facilè emendabilis error. (f. III) Scripsi ideo conciones, 1. ut Thesaurum optimarum rerum mihi colligerem. 2. ut diligentius in Templo auscultarem. 3. ut exemplo alijs essem, scil. Discipulis. 4. ut stylum in re pia exercerem.

(ff. III-V^{v}) Stichwortsammlung zu pp. 1–456 (später hinzugefügt)

(f. IX) M. Martini Crusij. 1563. Diebus Dominicis aut Festis.

Summae ex concionibus D. D. Theodorici Sneppfij, Tybing. Ecclesiae Parochi et in Schola Theol. Profeßoris.

In hoc volumine insunt τεμάχια τῶν μεγάλων λογιωτάτου ἀνδρὸς δείπνων.

D. Cancellarius Jacobus Andreae, haec collectanea mea, Quintam eßentiam appellat *(nachträglich ergänzt:)* ut hilari vultu solet.

(p. 1) In Evangelium Ioannis, excepta in publicis concionibus D. D. Theodorici Snaeppfij, Parochi Ecclesiae Tybingensis. 1563.

Lfd. Nr.	*Orig. Nr.*	*Seiten*	*Datum*	*Prediger*	*Predigttext*	*Drucke u. Hss.*
953	1	1–3	7.2.1563	D. Schnepff	Johannes-Evangelium	
954	2*	3–5	14.2.1563	D. Schnepff	Ioan 1	
955	3	5–7	28.2.1563	D. Schnepff	Ioan 1	
956	4	7–9	7.3.1563	D. Schnepff	Ioan 1	
957	5	9–11	14.3.1563	D. Schnepff	Ioan 1	
958	6	12–14	21.3.1563	D. Schnepff	Ioan 1	
959	7	14–15	8.4.1563 ⟨Gründ.⟩	D. Schnepff	Exod 12	CAn 2,42–45
960	8*	16–19	9.4.1563 ⟨Karfr.⟩ mane media 9$^{a.}$ usque post 10$^{am.}$	D. Schnepff	Ioan 18.19	
961	9	19–21	11.4.1563 ⟨Osters.⟩	D. Schnepff	EG 99 = Wack 2,935 ff.	
962	10	21–23	21.4.1563 ⟨Osterm.⟩	D. Schnepff	Luc 24	
963	11	23–25	25.4.1563	D. Schnepff	Ioan 1	
964	12	25–27	2.5.1563	D. Schnepff	Ioan 1	

Lfd. Nr.	*Orig. Nr.*	*Seiten*	*Datum*	*Prediger*	*Predigttext*	*Drucke u. Hss.*
965	13	27–28	9.5.1563	D. Schnepff	Ioan 1	
966	14	28–30	30.5.1563 ⟨Pfingsts.⟩	D. Schnepff	Act 2; EG 124 = Wack 3,29	
967	15	30–32	6.6.1563	D. Schnepff	Ioan 1	
968	16	32–33	20.6.1563	D. Schnepff	Ioan 1	
969	17	33–35	4.7.1563	D. Schnepff	Ioan 1	
970	18	35–36	18.7.1563	D. Schnepff	Ioan 2	
971	19	36–38	25.7.1563	D. Schnepff	Ioan 2	
972	⟨19a⟩*	38–40	1.8.1563	J. Andreae	Luc 1	
973	20	40–42	8.8.1563	D. Schnepff	Ioan 2	
974	21	42–43	22.8.1563	D. Schnepff	Ioan 3	
975	22	43–44	5.9.1563	D. Schnepff	Ioan 3	
976	23	45–46	3.10.1563	D. Schnepff	Ioan 3	
977	24	46–47	10.10.1563	D. Schnepff	Ioan 3	
978	25	47–49	24.10.1563	D. Schnepff	Ioan 3	
979	26	49–50	31.10.1563	D. Schnepff	Ioan 3	
980	27	51–52	14.11.1563	D. Schnepff	Ioan 3	
981	28	52–54	21.11.1563	D. Schnepff	Ioan 3	
982	29	54–56	5.12.1563	D. Schnepff	Ioan 4	
983	30	56–58	19.12.1563	D. Schnepff	Ioan 4	
984	31	58–60	25.12.1563	D. Schnepff	Gen 3	CC 212–221
985	32	60–62	26.12.1563	D. Schnepff	Ioan 4	
986	33	62–64	1.1.1564	D. Schnepff	Luc 2	
987	34	64–66	9.1.1564	D. Schnepff	Ioan 4	
988	35	66–67	23.1.1564	D. Schnepff	Ioan 4	
989	36	67–69	20.2.1564	D. Schnepff	Ioan 4	
990	37	69–71	5.3.1564	D. Schnepff	Ioan 4	
991	38	71–73	12.3.1564	D. Schnepff	Ioan 4	
992	39	73–74	26.3.1564	D. Schnepff	Matth 21	
993	40	74–77	30.3.1564 vesperi ⟨Gründ.⟩	D. Schnepff	Ioan 18	
994	41*	77–80	31.3.1564 vesperi ⟨Karfr.⟩	D. Schnepff	Ioan 19	
995	42	80–82	2.4.1564 ⟨Osters.⟩	D. Schnepff	Marc 16; EG 99 = Wack 2,935 ff.	
996	43	82–83	2.4.1564 vesperi ⟨Osters.⟩	D. Schnepff	1 Cor 5	
997	44	83–85	28.5.1564	D. Schnepff	Ioan 5	
998	45*	85–86	11.6.1564	J. Heerbrand	Luc 14	
999	46	86–88	18.6.1564	D. Schnepff	Ioan 5	
1000	47	88	25.6.1564	D. Schnepff	Ioan 5	
1001	48	88–91	2.7.1564	D. Schnepff	Ioan 5	
1002	49	91–92	16.7.1564	D. Schnepff	Ioan 5	
1003	50	93–94	23.7.1564	D. Schnepff	Ioan 5	
1004	51	95–97	20.8.1564	D. Schnepff	Ioan 5	
1005	52	97–99	3.9.1564	D. Schnepff	Ioan 5	
1006	53	99–101	17.9.1564	D. Schnepff	Ioan 6	
1007	54	101–103	24.9.1564	D. Schnepff	Ioan 6	
1008	55	103–105	8.10.1564	D. Schnepff	Ioan 5	
1009	56	105–107	17.12.1564	D. Schnepff	Ioan 6	
1010	57	107–109	24.12.1564	D. Schnepff	Ioan 6	
1011	58	109–111	25.12.1564	D. Schnepff	Ies 9	
1012	59	111–112	31.12.1564	D. Schnepff	Gal 4	
1013	60*	113–115	7.1.1565	D. Schnepff	2 Petr 1	
1014	61	115–116	21.1.1565	D. Schnepff	Ioan 6	
1015	62	117–118	4.2.1565	D. Schnepff	Ioan 6	
1016	63*	118–119	18.2.1565	D. Schnepff	Ioan 6	

Lfd. Nr.	*Orig. Nr.*	*Seiten*	*Datum*	*Prediger*	*Predigttext*	*Drucke u. Hss.*
1017	64	120–121	4.3.1565	D. Schnepff	Ioan 7	
1018	65	121–123	11.3.1565	D. Schnepff	Ioan 7	
1019	66	123–124	25.3.1565	D. Schnepff	Ioan 7	
1020	67	124–126	8.4.1565	D. Schnepff	Ioan 7	
1021	68*	126–128	19.4.1565 ⟨Gründ.⟩	D. Schnepff	Ioan 13	
1022	69	128–129	29.4.1565	D. Schnepff	Ioan 7	
1023	70	129–131	13.5.1565	D. Schnepff	Ioan 8	
1024	71	132–133	27.5.1565	D. Schnepff	Ioan 8	
1025	72	133–135	10.6.1565 ⟨Pfingsts.⟩	D. Schnepff	Act 2	
1026	73	135–136	10.6.1565 vesperi ⟨Pfingsts.⟩	N. Wieland	Ioan 14	
1027	74	136–138	11.6.1565 vesperi ⟨Pfingstm.⟩	D. Schnepff	EG 125 = Wack 3,14	
1028	75	138–140	24.6.1565	D. Schnepff	Ps 103	
1029	76	140–142	22.7.1565	D. Schnepff	Ioan 8	
1030	77	142–143	29.7.1565	D. Schnepff	Ioan 8	
1031	78	143–144	5.8.1565	D. Schnepff	Ioan 9	
1032	79	144–145	12.8.1565	D. Schnepff	Ioan 9	
1033	80	146–147	19.8.1565 ⟨vesperi⟩	D. Schnepff	Ioan 9	
1034	81	147–148	2.9.1565	D. Schnepff	Ioan 9	
1035	82	148–150	9.9.1565	D. Schnepff	Ioan 10	CAn 3,77–80
1036	83	150–152	23.9.1565	D. Schnepff	Ioan 10	
1037	84	152–153	14.10.1565	D. Schnepff	Ioan 10	
1038	85	154–155	11.11.1565	D. Schnepff	Ioan 10	
1039	86	155–156	18.11.1565	D. Schnepff	Ioan 11	
1040	87	157–158	25.11.1565	D. Schnepff	Ioan 11	
1041	88	158–159	2.12.1565	D. Schnepff	Ioan 11	
1042	89	159–161	9.12.1565	D. Schnepff	Ioan 11	
1043	90	161–163	16.12.1565	D. Schnepff	Ioan 11	
1044	91	163–165	23.12.1565	D. Schnepff	Ioan 11	
1045	92	165–166	25.12.1565	D. Schnepff	Luc 2	
1046	93	167–169	27.12.1565	D. Schnepff	Ies 7	
1047	94	169–170	30.12.1565	D. Schnepff	Luc 2	
1048	95	170–172	1.1.1566 vesperi	D. Schnepff	Gal 3	
1049	96	172–173	13.1.1566	D. Schnepff	Ioan 12	CAn 2,80–82
1050	97	173–175	20.1.1566	D. Schnepff	Ioan 12	
1051	98	175–176	27.1.1566	D. Schnepff	Ioan 12	CAn 4,244–246
1052	99	176–178	3.2.1566	D. Schnepff	Ioan 12	
1053	100	178–180	10.2.1566	D. Schnepff	Ioan 12	
1054	101	180–181	24.2.1566	D. Schnepff	Ioan 12	
1055	102	182–183	25.3.1566	D. Schnepff	Luc 1	
1056	103	183–185	31.3.1566	D. Schnepff	Ioan 8	
1057	104	185–187	11.4.1566 ⟨Gründ.⟩	D. Schnepff	Ioan 8	
1058	105	187–189	28.4.1566	D. Schnepff	Ioan 13	CAn 2,92–94
1059	106	189–190	5.5.1566	N. Wieland	Ioan 16	
1060	107	191–192	12.5.1566	D. Schnepff	Ioan 13	CAn 2,94–96
1061	108	193–195	19.5.1566	D. Schnepff	⟨Ioan 13⟩	CAn 2,101–103
1062	109	195–196	2.6.1566 ⟨Pfingsts.⟩	D. Schnepff	Act 2	
1063	110	197–198	2.6.1566 vesperi ⟨Pfingsts.⟩	D. Schnepff	Ies 61	
1064	111	198–199	16.6.1566	D. Schnepff	Ioan 14	
1065	112	199–201	30.6.1566	D. Schnepff	Ioan 14	
1066	113	201–203	14.7.1566	D. Schnepff	Ioan 14	
1067	114	203–204	28.7.1566	D. Schnepff	Ioan 14	
1068	115	205–207	11.8.1566	D. Schnepff	Ioan 14	

Lfd. Nr.	Orig. Nr.	Seiten	Datum	Prediger	Predigttext	Drucke u. Hss.
1069	116	207–209	25.8.1566	D. Schnepff	Ioan 15	
1070	117*	209–210	8.9.1566	D. Schnepff	Ioan 15	
1071	118	210–212	22.9.1566	D. Schnepff	Ioan 15	
1072	119	212–214	13.10.1566	D. Schnepff	Ps 79	
1073	120*	214–215	13.10.1566 vesperi	D. Schnepff	Ps 79	

(p. 216) *Notiz ähnlich Mb 19–2,178.* Martinus Crusius.
(p. 217) CONCIONES D. D. THEODORICI Snaepphij, Tybingae habitae, postquam Academia Eßlingâ eò rediißet, exceptae summatim sic in templo à me M. Martino Crusio, Tyb. Profeßore. 1568.

Lfd. Nr.	Orig. Nr.	Seiten	Datum	Prediger	Predigttext	Drucke u. Hss.
1074	1	217–219	11.1.1568	D. Schnepff	Luc 2	
1075	2*	219–220	18.1.1568	D. Schnepff	1 Tim 3	
1076	3	220–222	2.2.1568	D. Schnepff	Matth 5	
1077	4	222–224	2.2.1568 vesperi	D. Schnepff	Mal 3	
1078	5	224–226	15.2.1568	D. Schnepff	Matth 5	
1079	6	226–227	29.2.1568	D. Schnepff	Matth 6	
1080	7	228–229	15.4.1568 ⟨Gründ.⟩	D. Schnepff	Ioan 18 .	
1081	8	229–232	16.4.1568 ⟨Karfr.⟩	D. Schnepff	Ioan 18.19	
1082	9	232–235	16.4.1568 vesperi ⟨Karfr.⟩	D. Schnepff	Ioan 19	
1083	10	235–236	17.4.1568	Hainlin	Ioan 19	
1084	11	236–237	18.4.1568 ⟨Osters.⟩	D. Schnepff	Marc 16	
1085	12	237–238	18.4.1568 vesperi ⟨Osters.⟩	D. Schnepff	Marc 16	
1086	13	238–239	19.4.1568 ⟨Osterm.⟩	J. Dachtler	Luc 24	
1087	14	239–240	19.4.1568 vesperi ⟨Osterm.⟩	J. Aeser	1 Cor 5	
1088	15	240–241	22.4.1568	D. Schnepff	Eph 5	
1089	16	242–243	25.4.1568	D. Schnepff	Ioan 20	
1090	17	243–244	25.4.1568 vesperi	D. Schnepff	1 Ioan 5	
1091	18	245–246	2.5.1568	D. Schnepff	Matth 6	
1092	19	246–247	2.5.1568 vesperi	D. Schnepff	Symb. fid.	
1093	20	247–249	6.6.1568 ⟨Pfingsts.⟩	D. Schnepff	Act 2	
1094	21	249–251	20.6.1568	D. Schnepff	Matth 6	
1095	22	251–253	24.6.1568 vesperi	D. Schnepff	Matth 14	
1096	23	253–254	4.7.1568	D. Schnepff	Matth 6	
1097	24	255–256	18.7.1568	D. Schnepff	Matth 6	
1098	25	257–258	1.8.1568	D. Schnepff	Matth 6	
1099	26	258–260	22.8.1568	D. Schnepff	Matth 7	
1100	27	260–261	29.8.1568	D. Schnepff	Matth 7	
1101	28	261–263	5.9.1568	D. Schnepff	Matth 7	
1102	29*	263–265	19.9.1568	D. Schnepff	Matth 7	
1103	30	265–267	10.10.1568	D. Schnepff	Matth 8	
1104	31	267–268	17.10.1568	D. Schnepff	Matth 8	
1105	32	268–270	24.10.1568	D. Schnepff	Matth 8	
1106	33	270–271	31.10.1568	D. Schnepff	Matth 9	
1107	34	271–273	7.11.1568	D. Schnepff	Matth 9	
1108	35	273–275	5.12.1568	D. Schnepff	Luc 21	
1109	36	275–276	12.12.1568	D. Schnepff	Matth 11	
1110	37*	276–277	26.12.1568	D. Schnepff	Act 7	
1111	38*	277–278	1.1.1569	D. Schnepff	Luc 1	
1112	39	279–280	1.1.1569 vesperi	J. Aeser	Rom 7	
1113	40	280–281	16.1.1569	D. Schnepff	Matth 9	

Lfd. Nr.	*Orig. Nr.*	*Seiten*	*Datum*	*Prediger*	*Predigttext*	*Drucke u. Hss.*
1114	41	281–282	23.1.1569	D. Schnepff	Matth 9	
1115	42	282–284	30.1.1569	D. Schnepff	Matth 9	
1116	43	284–285	6.2.1569	D. Schnepff	Matth 10	
1117	44	285–287	13.2.1569	D. Schnepff	Matth 10	
1118	45	287–288	13.2.1569 vesperi	Hainlin	Ps 50	
1119	46	288–289	20.2.1569	D. Schnepff	Matth 10	
1120	47	289–290	20.2.1569 vesperi	J. Dachtler	1 Cor 13	
1121	48	291–292	24.2.1569	J. Dachtler	Act 1	
1122	49*	292–294	27.2.1569	J. Andreae	Luc 7	
1123	50	294–295	27.2.1569 vesperi	D. Schnepff	Ioël 2	
1124	51	295–297	6.3.1569	D. Schnepff	Matth 10	
1125	52	297–298	6.3.1569 vesperi	J. Dachtler	1 Thess 4	
1126	53	298–299	15.5.1569	D. Schnepff	Matth 10	
1127	54	300–301	19.5.1569 ⟨Himmelf.⟩	D. Schnepff	Ps 68	
1128	55	301–303	29.5.1569 ⟨Pfingsts.⟩	D. Schnepff	Act 2	
1129	56	303–305	30.5.1569 ⟨Pfingstm.⟩	D. Schnepff	1 Cor 6	
1130	57	305–307	24.7.1569	D. Schnepff	Matth 11	
1131	58	307–308	25.7.1569	D. Schnepff	Matth 20	
1132	59	309	7.8.1569	D. Schnepff	Matth 11	
1133	60	310–311	11.9.1569	D. Schnepff	Matth 11	
1134	61	311–313	9.10.1569	D. Schnepff	Matth 12	
1135	62	313–315	23.10.1569	D. Schnepff	Matth 12	
1136	63	315–317	30.10.1569	D. Schnepff	Matth 12	
1137	64	317–318	27.11.1569	D. Schnepff	Matth 12	
1138	65	319–320	4.12.1569	D. Schnepff	Matth 12	
1139	66	321–322	11.12.1569	D. Schnepff	Matth 11	
1140	67	323	24.12.1569	J. Aeser	Rom 13	
1141	68	323–324	25.12.1569	D. Schnepff	Luc 2	
1142	69	325	26.12.1569 vesperi	D. Schnepff	Ies 9	
1143	70	325–326	27.12.1569	D. Schnepff	Matth 2	
1144	71	327–328	1.1.1570	D. Schnepff	Luc 2	
1145	72*	328–329	1.1.1570 vesperi	D. Schnepff	Ies 61	
1146	73	330–331	6.1.1570	D. Schnepff	Gen 49	
1147	74	331–332	8.1.1570	D. Schnepff	Luc 2	
1148	75	333–335	8.1.1570 vesperi	D. Schnepff	Rom 12	
1149	76	335–336	15.1.1570	D. Schnepff	Matth 12	
1150	77	336–337	22.1.1570	D. Schnepff	Matth 12	
1151	78	338–339	29.1.1570	D. Schnepff	Matth 13	
1152	79	339–340	5.2.1570	D. Schnepff	Matth 13	
1153	80	341–342	12.2.1570	D. Schnepff	Matth 13	
1154	81	342–343	19.2.1570	D. Schnepff	Matth 13	
1155	82	344–345	12.3.1570	D. Schnepff	Matth 13	
1156	83	345–347	19.3.1570	D. Schnepff	1 Cor 11	
1157	84	347–348	22.3.1570	K. Zimmermann	1 Cor 11	
1158	85	348–351	23.3.1570 vesperi ⟨Gründ.⟩	D. Schnepff	Ioan 18	
1159	86	351–354	24.3.1570 Mane ⟨Karfr.⟩	D. Schnepff	Ioan 18.19	
1160	87	354–357	24.3.1570 vesperi ⟨Karfr.⟩	J. Heerbrand	Ioan 19	
1161	88	358–359	25.3.1570 vesperi	J. Aeser	Ioan 19	
1162	89	359–361	26.3.1570 ⟨Osters.⟩	D. Schnepff	Marc 16	
1163	90	361–362	26.3.1570 hora tertia ⟨Osterm.⟩	J. Heerbrand	1 Cor 5	
1164	91	363–364	27.3.1570	J. Heerbrand	Act 10	
1165	92	365–366	27.3.1570 vesperi	D. Schnepff	Luc 24	

Mc 101

Lfd. Nr.	*Orig. Nr.*	*Seiten*	*Datum*	*Prediger*	*Predigttext*	*Drucke u. Hss.*
1166	93	366–367	2.4.1570	D. Schnepff	Ioan 20	
1167	94	368–369	16.4.1570	D. Schnepff	Matth 14	
1168	95	369–370	23.4.1570	D. Schnepff	Matth 14	
1169	96	370–372	30.4.1570	D. Schnepff	Matth 15	
1170	97*	372–373	2.5.1570	J. Aeser	1 Tim 2	
1171	98	373–375	7.5.1570	D. Schnepff	Matth 15	
1172	99	375–377	14.5.1570 ⟨Pfingsts.⟩	D. Schnepff	Ioan 14	
1173	100	377–379	14.5.1570 vesperi ⟨Pfingsts.⟩	J. Heerbrand	Act 2	
1174	101	379–381	15.5.1570 vesperi ⟨Pfingstm.⟩	D. Schnepff	EG 124 = Wack 3,29	CAn 3,85–87. Anhang
1175	102	381–382	21.5.1570	D. Schnepff	Ioan 3	
1176	103	382–383	21.5.1570 vesperi	D. Schnepff	Rom 11	
1177	104	383–385	28.5.1570	D. Schnepff	Matth 15	
1178	105	385–387	4.6.1570	D. Schnepff	Matth 15	
1179	106	387–388	11.6.1570	D. Schnepff	Matth 16	
1180	107	389–390	2.7.1570	D. Schnepff	Matth 16	
1181	108	391–392	9.7.1570	D. Schnepff	Matth 16	
1182	109	392–394	16.7.1570	D. Schnepff	Matth 16	
1183	110	394–396	23.7.1570	D. Schnepff	Matth 17	
1184	111	396–398	30.7.1570	D. Schnepff	Matth 17	
1185	112	398–400	6.8.1570	D. Schnepff	Matth 17	
1186	113*	400–401	13.8.1570	D. Schnepff	1 Tim 5	
1187	114	402–403	20.8.1570	D. Schnepff	Matth 18	CAn 4,303–304
1188	115	403–404	27.8.1570	D. Schnepff	Matth 18	
1189	116	405–406	10.9.1570	D. Schnepff	Matth 18	
1190	117	407–408	21.9.1570	D. Schnepff	Matth 9	
1191	118	408–409	24.9.1570	D. Schnepff	Matth 19	
1192	119	410–411	1.10.1570	D. Schnepff	Matth 19	
1193	120	411–413	8.10.1570	D. Schnepff	Matth 19	
1194	121	414–415	15.10.1570	D. Schnepff	Matth 19	CAn 4,58–60
1195	122	416–418	22.10.1570	D. Schnepff	Matth 20	
1196	123	418–419	12.11.1570	D. Schnepff	Matth 20	
1197	124*	419–422	26.11.1570	J. Heerbrand	Ioël 2	
1198	125	422–423	17.12.1570	D. Schnepff	Matth 11	
1199	126	424–426	21.12.1570	D. Schnepff	Ioan 20	
1200	127	426–428	7.1.1571	D. Schnepff	Matth 3	
1201	128	428–430	7.1.1571 vesperi	J. Andreae	Rom 12	
1202	129	430–431	14.1.1571	D. Schnepff	Eph 5	
1203	130	431–433	21.1.1571	D. Schnepff	Amos 3	
1204	131	433–434	2.2.1571	D. Schnepff	Luc 2	
1205	132	435–436	4.2.1571	D. Schnepff	Ps 27	
1206	133	437–438	18.2.1571	D. Schnepff	2 Cor 8	
1207	134	439–440	11.3.1571	D. Schnepff	Dan 9	HsB 64–65^{v}
1208	135	440–442	25.3.1571	D. Schnepff	Luc 1	HsB 68–70^{v}
1209	136	442–444	22.4.1571	D. Schnepff	Ioan 20	
1210	137	444–445	22.4.1571 vesperi	J. Gering	1 Ioan 5	HsB 106^{v}–107^{v}
1211	138	445–447	29.4.1571	D. Schnepff	1 Petr 2	
1212	139	448–450	6.5.1571	D. Schnepff	1 Cor 15	HsB 114^{v}–115^{v}
1213	140	450–452	27.5.1571	D. Schnepff	Iac 5	HsB 131^{v}–133
1214	141	452–454	10.6.1571	D. Schnepff	1 Tim 6	
1215	142	454–456	1.7.1571	D. Schnepff	Prov 10	

(f. ^{2}I) M. Martini Crusij. 1563. 20. Janu: Conciones diebus Jovis habitae.
(f. ^{2}I^{v}) Stichwortsammlung zu pp. ^{2}1–144 (später hinzugefügt).
(p. ^{2}1) Excerpta ex publicis concionibus D. D. Theodorici Snaepphij, Parochi Ecclesiae Tybingensis. 1563. *(am Rand:)* Diebus Jovis, tertia quaque hebdomade, ni quid interveniat.

Lfd. Nr.	*Orig. Nr.*	*Seiten*	*Datum*	*Prediger*	*Predigttext*	*Drucke u. Hss.*
1216	1	^{2}1–2	4.2.1563	D. Schnepff	Apostelgeschichte	
1217	2	^{2}2–4	25.2.1563	D. Schnepff	Act 1	
1218	3	^{2}5–6	11.3.1563	D. Schnepff	Act 1	
1219	4	^{2}6–7	22.4.1563	D. Schnepff	Act 1	
1220	5	^{2}7–9	29.4.1563	D. Schnepff	Act 1	
1221	6	^{2}9–11	13.5.1563	D. Schnepff	Act 1	
1222	7	^{2}11–12	27.5.1563	D. Schnepff	Act 1	
1223	8	^{2}12–14	17.6.1563	D. Schnepff	Act 1	
1224	9	^{2}14–16	1.7.1563	D. Schnepff	Act 2	
1225	10	^{2}16–17	29.7.1563	D. Schnepff	Act 2	
1226	11	^{2}17–18	26.8.1563	D. Schnepff	Act 2	
1227	12	^{2}18–19	7.10.1563	D. Schnepff	Act 2	
1228	13	^{2}19–21	4.11.1563	D. Schnepff	Act 2	
1229	14	^{2}21–22	18.11.1563	D. Schnepff	Act 2	
1230	15	^{2}23–24	25.11.1563	D. Schnepff	Act 2	
1231	16*	^{2}24–26	9.12.1563	D. Schnepff	Act 3	
1232	17	^{2}26–27	30.12.⟨1563⟩	D. Schnepff	Act 3	
1233	18	^{2}27–29	13.1.1564	D. Schnepff	Act 3	
1234	19	^{2}29–30	3.2.1564	D. Schnepff	Act 3	
1235	20	^{2}31–32	2.3.1564	D. Schnepff	Act 4	
1236	21*	^{2}32–33	9.3.1564	D. Schnepff	Act 4	
1237	22	^{2}33–34	23.3.1564	D. Schnepff	Act 4	
1238	23*	^{2}34–36	15.6.1564	D. Schnepff	Act 4	
1239	24	^{2}36–38	6.7.1564	D. Schnepff	Act 4	
1240	25	^{2}38–39	13.7.1564	D. Schnepff	Act 5	
1241	26	^{2}40–41	20.7.1564	D. Schnepff	Act 5	
1242	27*	^{2}41–43	27.7.1564	D. Schnepff	Act 5	
1243	28*	^{2}43–45	17.8.1564	D. Schnepff	Act 5	
1244	29	^{2}46–48	14.9.1564	D. Schnepff	Act 6	
1245	30	^{2}48–50	28.9.1564	D. Schnepff	Act 6	
1246	31	^{2}50–52	2.11.1564	D. Schnepff	Act 7	
1247	32	^{2}52–54	9.11.1564	D. Schnepff	Act 7	
1248	33	^{2}54–56	7.12.1564	D. Schnepff	Act 8	
1249	34	^{2}56–58	14.12.1564	D. Schnepff	Act 8	CAn 3,80–83
1250	35	^{2}59–60	11.1.1565	D. Schnepff	Act 8	
1251	36	^{2}60–62	25.1.1565	D. Schnepff	Act 9	
1252	37	^{2}62–64	15.2.1565	D. Schnepff	Act 9	
1253	38	^{2}64–66	8.3.1565	D. Schnepff	Act 9	
1254	39	^{2}66–68	15.3.1565	D. Schnepff	Act 9	
1255	40	^{2}68–69	5.4.1565	D. Schnepff	Act 9	
1256	41	^{2}69–70	18.4.1565	N. Wieland	1 Petr 2	
1257	42	^{2}70–72	10.5.1565	D. Schnepff	Act 9	
1258	43	^{2}72–73	17.5.1565	N. Wieland	1 Petr 2	
1259	44	^{2}73–74	14.6.1565	D. Schnepff	Act 10	
1260	45	^{2}75	12.7.1565	N. Wieland	1 Petr 4	
1261	46	^{2}75–77	19.7.1565	D. Schnepff	Act 10	

Lfd. Nr.	*Orig. Nr.*	*Seiten*	*Datum*	*Prediger*	*Predigttext*	*Drucke u. Hss.*
1262	47	^{2}77	26.7.1565	N. Wieland	1 Petr 5	
1263	48	^{2}78	2.8.1565	Chr. Hermann	Matth 3	
1264	49	^{2}79–80	9.8.1565	D. Schnepff	Act 10	
1265	50*	^{2}80–81	16.8.1565	Chr. Hermann	Matth 3	
1266	51	^{2}81–83	30.8.1565	D. Schnepff	Act 10	
1267	52	^{2}83–84	20.9.1565	D. Schnepff	Act 11	
1268	53	^{2}84–86	18.10.1565	D. Schnepff	Act 11	
1269	54*	^{2}86–87	19.10.1565	N. Wieland	1 Tim 2	
1270	55	^{2}87–89	8.11.1565	D. Schnepff	Act 12	
1271	56	^{2}89–90	29.11.1565	D. Schnepff	Act 12	CAn 4,191–193
1272	57	^{2}90–92	13.12.1565	D. Schnepff	Act 12	
1273	58	^{2}92–94	3.1.1566	D. Schnepff	Matth 2	
1274	59	^{2}94–95	17.1.1566	D. Schnepff	Act 13	
1275	60	^{2}95–96	31.1.1566	D. Schnepff	Act 13	
1276	61	^{2}96–97	7.2.1566	D. Schnepff	Act 13	CAn 2,210–213
1277	62	^{2}98–99	21.2.1566	N. Wieland	Hebr 1	
1278	63	^{2}99	28.2.1566	N. Wieland	Hebr 1	
1279	64	^{2}100–101	21.3.1566	D. Schnepff	Act 13	CAn 2,210–213
1280	65	^{2}101–102	4.4.1566	D. Schnepff	Act 13	
1281	66	^{2}103	18.4.1566	D. Schnepff	Matth ⟨12⟩	
1282	67	^{2}104–105	16.5.1566	D. Schnepff	Act 13	
1283	68	^{2}105–107	30.5.1566	D. Schnepff	Act 14	
1284	69	^{2}107–109	20.6.1566	D. Schnepff	Act 14	
1285	70	^{2}109–110	11.7.1566	D. Schnepff	Act 14	
1286	71	^{2}111–112	18.7.1566	D. Schnepff	Act 15	
1287	72	^{2}112–113	1.8.1566	Chr. Hermann	Matth 7	
1288	73	^{2}113–114	22.8.1566	D. Schnepff	Act 15	
1289	74*	^{2}114–116	12.9.1566	D. Schnepff	Dan 9	
1290	75	^{2}117–118	26.9.1566	D. Schnepff	Ps 50	
1291	76*	^{2}119–120	19.10.1566	N. Wieland	Rom 13	

(p. ^{2}120) *Notiz ähnlich Mb 19–2,178.* Martinus Crusius.
(p. ^{2}121) Conciones D. D. Theodorici Snaeppfij, Tybingae: postquam eò Academia Eßlinga redijt; quarum summas ego Mart. Crusius sic in templo excepi. Anno 1568.

Lfd. Nr.	*Orig. Nr.*	*Seiten*	*Datum*	*Prediger*	*Predigttext*	*Drucke u. Hss.*
1292	1	^{2}121–123	8.1.1568	D. Schnepff	Matth 8	
1293	2	^{2}123–125	22.1.1568	D. Schnepff	Act 24	
1294	3	^{2}125–126	29.1.1568	D. Schnepff	Act 25	
1295	4	^{2}126–128	12.2.1568	D. Schnepff	Act 26	
1296	5	^{2}128–130	26.2.1568	D. Schnepff	Act 26	
1297	6	^{2}130	4.3.1568	D. Schnepff	Act 26	
1298	7	^{2}130–132	18.3.1568	D. Schnepff	Act 26	
1299	8	^{2}132–133	1.4.1568	D. Schnepff	Act 27	
1300	9	^{2}133–134	29.4.1568	J. Andreae	Iud 6	
1301	10	^{2}135–136	17.6.1568	D. Schnepff	Act 27	
1302	11	^{2}136–137	1.7.1568	D. Schnepff	Act 27	
1303	12	^{2}138–139	22.7.1568	D. Schnepff	Act 27	
1304	13*	^{2}139–141	12.8.1568	D. Schnepff	Act 28	
1305	14	^{2}141–142	2.9.1568	D. Schnepff	Act 28	
1306	15*	^{2}142–144	16.9.1568	D. Schnepff	Act 28	

(p. ^{2}144) Finis rerum gestarum Apostolorum. 16. Septemb. 1568. Tybingae. M. Martinus Crusius.
(p. ^{3}1) CONCIONES D. D. Theodorici Snaeppfij, Tybingae Parochi, in templo quidem copiosè ab illo Germanicè habitae: à me verò Martino Crusio ibidem breviter Graecè exceptae. Diebus Jovis.
(p. ^{3}4) Stichwortsammlung zu pp. ^{3}5–95 (später hinzugefügt).
(p. ^{3}5) CONCIONES D. D. THEODORICI Snaeppfij, Parochi Tybingensis, diebus Jovis habitae. 1568. Annotavi ego Mart. Crusius sic in templo.

Lfd. Nr.	*Orig. Nr.*	*Seiten*	*Datum*	*Prediger*	*Predigttext*	*Drucke u. Hss.*
1307	1	^{3}5–6	30.9.1568	D. Schnepff	Ps 11	
1308	2	^{3}6–7	14.10.1568	D. Schnepff	Ps 56	
1309	3	^{3}7–9	28.10.1568	D. Schnepff	Rom 14	
1310	4*	^{3}9–10	4.11.1568	D. Schnepff	Ps 94	
1311	5	^{3}10–12	18.11.1568	J. Heerbrand	Gen 23	
1312	6	^{3}12–13	30.12.1568	D. Schnepff	Ies 9	
1313	7	^{3}13–15	13.1.1569	D. Schnepff	Ps 72	
1314	8	^{3}15–16	27.1.1569	D. Schnepff	Ps 6	
1315	9	^{3}16–17	10.2.1569	D. Schnepff	Ps 32	
1316	10	^{3}18–19	3.3.1569	D. Schnepff	Ps 32	
1317	11	^{3}19–21	26.5.1569	D. Schnepff	Ps 32	
1318	12	^{3}21–22	9.6.1569	D. Schnepff	Ps 38	
1319	13	^{3}23–24	30.6.1569	D. Schnepff	Ps 38	
1320	14*	^{3}24–26	14.7.1569	D. Schnepff	Ps 38	
1321	15	^{3}26–28	15.9.1569	D. Schnepff	Ps 102	
1322	16	^{3}28–29	29.9.1569	D. Schnepff	Ps 102	
1323	17	^{3}30–31	27.10.1569	D. Schnepff	Ps 130	
1324	18	^{3}32–33	24.11.1569	D. Schnepff	Ps 130	
1325	19	^{3}33–35	8.12.1569	D. Schnepff	Ps 130	
1326	20	^{3}35–36	22.12.1569	D. Schnepff	Ps 110	
1327	21	^{3}36–38	5.1.1570	D. Schnepff	Ps 87	
1328	22	^{3}38–40	19.1.1570	D. Schnepff	Ps 143	
1329	23	^{3}40–41	9.2.1570	D. Schnepff	Ps 143	
1330	24	^{3}41–43	23.2.1570	D. Schnepff	Ps 143	
1331	25	^{3}43–45	30.⟨3.⟩1570	D. Schnepff	Ps 16	CAn 2,176–177
1332	26	^{3}45–46	27.4.1570	D. Schnepff	Ps 2	
1333	27	^{3}46–48	11.5.1570	D. Schnepff	Ps 2	
1334	28	^{3}48–49	25.5.1570	D. Schnepff	Ps 2	
1335	29	^{3}49–51	6.7.1570	D. Schnepff	Ps 1	
1336	30	^{3}52–53	20.7.1570	D. Schnepff	Ps 1	
1337	31	^{3}53–55	3.8.1570	D. Schnepff	Ps 1	
1338	32	^{3}56–57	17.8.1570	D. Schnepff	Ps 3	
1339	33	^{3}58–60	31.8.1570	D. Schnepff	Ps 3	
1340	34	^{3}60–62	28.9.1570	D. Schnepff	Ps 4	
1341	35	^{3}62–64	12.10.1570	D. Schnepff	Ps 5	
1342	36	^{3}64–65	26.10.1570	J. Gering	Ioan 15	
1343	37	^{3}65–68	9.11.1570	D. Schnepff	Ps 5	
1344	38*	^{3}68–70	14.12.1570	D. Schnepff	Ps 7	
1345	39	^{3}70–71	28.12.1570	D. Schnepff	Matth 2	
1346	40*	^{3}72–73	18.1.1571	D. Schnepff	Ps 8	
1347	41	^{3}73–75	25.1.1571	J. Andreae	Mich 7	
1348	42*	^{3}75	1.2.1571	D. Schnepff	Ps 8	
1349	43	^{3}76–78	15.2.1571	J. Andreae	Iud 12	
1350	44	^{3}78	22.2.1571	D. Schnepff	Ps 9	

Lfd. Nr.	*Orig. Nr.*	*Seiten*	*Datum*	*Prediger*	*Predigttext*	*Drucke u. Hss.*
1351	45	^{3}78–80	15.3.1571	D. Schnepff	Ps 9	
1352	46	^{3}80–82	22.3.1571	D. Schnepff	Ps 9	
1353	47*	^{3}82–84	29.3.1571	J. Andreae	Ps 145	HsB 72–73^{v}
1354	48	^{3}84–85	3.5.1571	D. Schnepff	Ps 10	
1355	49	^{3}86–87	10.5.1571	J. Gering	Gen 3	
1356	50	^{3}87–88	17.5.1571	D. Schnepff	Ps 10	
1357	51	^{3}88–90	28.6.1571	D. Schnepff	Ps 11	HsB 155–157^{v}
1358	52	^{3}91–93	12.7.1571	D. Schnepff	Ps 12	HsB 165^{v}–167^{v}
1359	53	^{3}93–95	9.8.1571	D. Schnepff	Ps 14	

Mb 19–5

(f. I) M. Martini Crusij. 30. Maij 1573 Tybingae liber ligatus 6 kr.
Summae concionum Theologorum Tybingensium, D. D. Jacobi Andreae Cancell. / Theodorici Snaeppfij / Jacobi Heerbrandi, nec non Diaconorum ibi aliquot: à me M. Crusio sic in templo exceptae. Ab anno Christi 1570 usque in annum 1573. Omnes sunt 332.
(f. II) Contenta in hoc volumine.
I. 48 conciones Catechisticae. Quarum prima, habita fuit 16. April. 1570. Ultima verò 1. April. 1571.
II. 13 conciones, tum in Siracidem, tum aliae. Earum prima, habita, fuit 13. Maii. Ultima verò 19. Augusti 1571.
III. 86 conciones, Eßelingae habitae, praesertim à D. M. Christophoro Heermanno: cùm Academia Tybingensis pestem eò fugißet. Prima habita est 24. Aug. 1571. ultima verò 12. Maij 1572. *(am Rand, später ergänzt:)* Buspsalmen
IIII. 185 conciones, iterum Tybingae habitae, post Academiae eò reditum. [Eorum] prima, habita fuit 24. Maij, [1572. Ultima] verò 24. Maij 1573. [...] *(Textverlust durch Wasserschaden)*
(f. II^{v}) Summa omnium harum concionum, CCCXXXII.
In hoc ergo volumine insunt τεμάχια μεγάλων δείπνων ἀνδρῶν λογιωτάτων.
D. Cancellarius Jac. Andr. haec collectanea mea, Quintam eßentiam appellat, amicè iocans. D. verò Jac. Schegkius, ἀνθολογίας.
Habitae sunt hae conciones ferè diebus Dominicis / festis / Jovis.
Ordinariè enim audire soleo unam concionem die Jovis et 2 [con]ciones die Dominico, an[teme]ridianam [...] *(Textverlust durch Wasserschaden)*
(f. III) Hactenus, in quinque talibus Voluminibus à die 7$^{o.}$ Februar. 1563 usque ad 24$^{m.}$ Maij 1573 continentur conciones M.DC.LXXXVII.
Ex quibus 1452 circiter sunt Graecè scriptae: reliquae verò, Latinè, circiter 235.
Omnia in eis domi correxi: soli numeri locorum Scripturae allegatorum, adhuc fuerint emendandi.
(f. III^{v}) Hochkant eingeklebter Zettel (98 x ca. 160 mm), auf der rechten Seite beschädigt (mit Textverlust): Glückwunsch (8 Zeilen, lat.) von Jakob Andreae an Crusius zur Abfassung der resümierenden Predigtmitschriften (»Anthologiae«). Von Crusius unterschrieben: 1. April. 1574 Tybingae, ad me Martinum Crusium.
(ff. IV^{v}-VII^{v}) Stichwortsammlung zu pp. 1–728 (später hinzugefügt).
(f. VIII) Κατήχησις. 1570. April. 16. M. Crusij. Tybingae.
(p. 1) Catechismus denuò explicari coeptus, Tybingae 1570. Quas conciones ego Mart. Crusius in templo sic breviter excepi.

Lfd. Nr.	*Orig. Nr.*	*Seiten*	*Datum*	*Prediger*	*Predigttext*	*Drucke u. Hss.*
1360	1	1–2	16.4.1570 ⟨vesperi⟩	D. Schnepff	⟨Katechismus⟩	
1361	2	2–3	23.4.1570 ⟨vesperi⟩	D. Schnepff	Quaestio	

Lfd. Nr.	*Orig. Nr.*	*Seiten*	*Datum*	*Prediger*	*Predigttext*	*Drucke u. Hss.*
1362	3	3–5	1.5.1570 ⟨vesperi⟩	⟨D. Schnepff⟩	⟨Bapt.⟩	
1363	4	5–7	4.5.1570 ⟨vesperi⟩ ⟨Himmelf.⟩	⟨D. Schnepff⟩	⟨Himmelfahrt Christi⟩	
1364	5	7–8	7.5.1570 ⟨vesperi⟩	⟨D. Schnepff⟩	Bapt.	
1365	6	8–9	4.6.1570 ⟨vesperi⟩	J. Aeser	Bapt.	
1366	7*	9–11	18.6.1570 ⟨vesperi⟩	⟨D. Schnepff⟩	Symb. fid.	
1367	8	11–13	25.6.1570 ⟨vesperi⟩	D. Schnepff	Symb. fid.	
1368	9	13–14	29.6.1570 ⟨vesperi⟩	D. Schnepff	Symb. fid.	
1369	10	15–16	2.7.1570 ⟨vesperi⟩	D. Schnepff	Symb. fid.	
1370	11	17–18	9.7.1570 ⟨vesperi⟩	D. Schnepff	Symb. fid.	
1371	12	18–20	16.7.1570 ⟨vesperi⟩	D. Schnepff	Symb. fid.	
1372	13	20–22	23.7.1570 ⟨vesperi⟩	D. Schnepff	Symb. fid.	
1373	14	22–24	25.7.1570 ⟨vesperi⟩	D. Schnepff	Symb. fid.	
1374	15	24–25	30.7.1570 ⟨vesperi⟩	D. Schnepff	Symb. fid.	
1375	16*	25–27	6.8.1570 ⟨vesperi⟩	K. Zimmermann	Act 20	
1376	17	27–28	13.8.1570 ⟨vesperi⟩	D. Schnepff	Symb. fid.	
1377	18	29–30	20.8.1570 ⟨vesperi⟩	D. Schnepff	Symb. fid.	
1378	19	30–31	24.8.1570 ⟨vesperi⟩	D. Schnepff	Symb. fid.	
1379	20	31–32	27.8.1570 ⟨vesperi⟩	D. Schnepff	Symb. fid.	
1380	21	33–34	3.9.1570 ⟨vesperi⟩	J. Gering	Symb. fid.	
1381	22	34	10.9.1570 ⟨vesperi⟩	D. Schnepff	Orat. dom.	
1382	23	35–36	17.9.1570 ante meridiem	J. Heerbrand	Luc 14	
1383	24	37–38	17.9.1570 vesperi	D. Schnepff	Orat. dom.	
1384	25*	38–39	24.9.1570 ⟨vesperi⟩	J. Aeser	Orat. dom.	
1385	26	39–41	1.10.1570 ⟨vesperi⟩	D. Schnepff	Orat. dom.	
1386	27	41–43	8.10.1570 ⟨vesperi⟩	D. Schnepff	Orat. dom.	
1387	28	43–45	15.10.1570 ⟨vesperi⟩	D. Schnepff	Orat. dom.	
1388	29	45–47	22.10.1570 ⟨vesperi⟩	D. Schnepff	Orat. dom.	
1389	30	47–48	5.11.1570 ⟨vesperi⟩	J. Dachtler	Decal.	
1390	31	48–49	12.11.1570 ⟨vesperi⟩	J. Gering	Ps 23	
1391	32*	49–50	26.11.1570 ⟨vesperi⟩	J. Gering	Decal.	
1392	33	50–52	3.12.1570 ⟨vesperi⟩	J. Aeser	Ps 41	
1393	34	52–53	17.12.1570 ⟨vesperi⟩	D. Schnepff	Decal.	
1394	35	53–54	21.12.1570 vesperi	J. Gering	Eph 2	CAn 4,280
1395	36	54–55	24.12.1570 ⟨vesperi⟩	J. Dachtler	Decal.	
1396	37	55–57	25.12.1570 vesperi	J. Heerbrand	Tit 3	
1397	38	58–59	14.1.1571 ⟨vesperi⟩	D. Schnepff	Decal.	
1398	39	59–60	21.1.1571 ⟨vesperi⟩	D. Schnepff	Decal.	
1399	40	61–63	28.1.1571 ⟨vesperi⟩	D. Schnepff	Decal.	
1400	41	63–64	4.2.1571 ⟨vesperi⟩	J. Andreae	Decal.	
1401	42	65–66	11.2.1571 ⟨vesperi⟩	D. Schnepff	Decal.	
1402	43*	67–69	24.2.1571 ⟨vesperi⟩	D. Schnepff	Decal.	
1403	44	69–70	25.2.1571 ⟨vesperi⟩	D. Schnepff	Decal.	
1404	45*	71–73	11.3.1571 ⟨vesperi⟩	J. Andreae	Coena Dom.	HsB 66^v–67^v
1405	46	74–75	18.3.1571 ⟨vesperi⟩	D. Schnepff	Coena Dom.	
1406	47	76–79	25.3.1571 ⟨vesperi⟩	J. Andreae	Potest. clav.	CC 126–133
1407	48	79–80	1.4.1571 ⟨vesperi⟩	D. Schnepff	Potest. clav.	HsB 76–78^v

(p. 80) Finis 1571. April. 1.

(p. 83) EXPLICATIO Siracidae. 1571.

Lfd. Nr.	*Orig. Nr.*	*Seiten*	*Datum*	*Prediger*	*Predigttext*	*Drucke u. Hss.*
1408	1	83–84	13.5.1571	D. Schnepff	Sir 1	HsB 118–121
1409	2	85–86	20.5.1571	D. Schnepff	Sir 1	HsB 140^v–143^v

Lfd. Nr.	*Orig. Nr.*	*Seiten*	*Datum*	*Prediger*	*Predigttext*	*Drucke u. Hss.*
1410	3	86–88	27.5.1571	J. Andreae	Sap 1	HsB 137ᵛ–140ᵛ
1411	4	89–91	17.6.1571	J. Andreae	Sap 1	
1412	5	91–92	24.6.1571	J. Andreae	Sir 2	HsB 151–154ᵛ
1413	6	93–95	1.7.1571	J. Andreae	Sir 3	HsB 162–165ᵛ
1414	7	95–97	8.7.1571	D. Schnepff	Sir 3	
1415	8	97–99	15.7.1571	D. Schnepff	Sir 4	
1416	9	99–101	22.7.1571	⟨D. Schnepff⟩	Sir 4	
1417	10	101–103	29.7.1571	⟨D. Schnepff⟩	Ps 91	
1418	11	103–105	5.8.1571	⟨D. Schnepff⟩	Ps 121	
1419	12	105–107	12.8.1571	⟨D. Schnepff⟩	1 Cor 10	
1420	13	107–109	19.8.1571	D. Schnepff	Hab 3	

(p. 110) Conciones Esselingae 1571 habitae: cum eò, propter Tybingensem pestem, Academia Tybingensis confugißet.

Lfd. Nr.	*Orig. Nr.*	*Seiten*	*Datum*	*Prediger*	*Predigttext*	*Drucke u. Hss.*
1421	1	110–112	24.8.1571	Chr. Hermann	Luc 22	
1422	2	112–115	26.8.1571	Chr. Hermann	Luc 8	
1423	3	115–116	26.8.1571 vesperi	G. Weiganmaier	Symb. fid.	
1424	4	116–117	31.8.1571	Chr. Hermann	Ps 51	
1425	5	118–123	2.9.1571	J. Andreae	Marc 7	CAn 3,256–262
1426	6	123	7.9.1571	Chr. Hermann	Ps 32	
1427	7	123–124	9.9.1571	Chr. Hermann	Luc 9	
1428	8	125–126	9.9.1571 vesperi	G. Weiganmaier	Symb. fid.	
1429	9	126–128	14.9.1571	Chr. Hermann	Ps 32	
1430	10	128–129	16.9.1571	Chr. Hermann	Luc 9	
1431	11	129–131	21.9.1571	Chr. Hermann	Matth 9	
1432	12	131–136	23.9.1571	J. Andreae	Ezech 33	
1433	13	136–137	28.9.1571	Chr. Hermann	Ps 32	
1434	14	137–138	5.10.1571	Chr. Hermann	Ps 32	
1435	15*	139–140	7.10.1571	Chr. Hermann	Luc 9	
1436	16	140–141	12.10.1571	Chr. Hermann	Ps 32	
1437	17	141–143	19.10.1571	Chr. Hermann	Ps 32	
1438	18	144–145	26.10.1571	Chr. Hermann	Ps 32	
1439	19	145–147	28.10.1571	Chr. Hermann	Luc 9	
1440	20	147–148	2.11.1571	Chr. Hermann	Ps 102	
1441	21	148–150	4.11.1571	Chr. Hermann	Luc 9	
1442	22	150–152	9.11.1571	Chr. Hermann	Ps 102	
1443	23	152–153	11.11.1571	Chr. Hermann	Luc 9	
1444	24	153–155	16.11.1571	Chr. Hermann	Ps 102	
1445	25	155–156	18.11.1571	J. Heerbrand	Matth 22	
1446	26	157–158	23.11.1571	Chr. Hermann	Ps 102	
1447	27	158–160	25.11.1571	Chr. Hermann	Luc 9	
1448	28	160–161	30.11.1571	⟨Hermann⟩	Luc 9	
1449	29	162–163	2.12.1571	⟨Hermann⟩	Luc 9	
1450	30	163–164	7.12.1571	⟨Hermann⟩	Ps 102	
1451	31	164–165	9.12.1571	⟨Hermann⟩	Luc 9	
1452	32	165–166	14.12.1571	⟨Hermann⟩	Ps 130	
1453	33	167–169	16.12.1571	⟨Hermann⟩	Luc 9	
1454	34	169–171	21.12.1571	⟨Hermann⟩	Ioan 20	
1455	35*	171–173	23.12.1571	⟨Hermann⟩	Luc 9	

Lfd. Nr.	*Orig. Nr.*	*Seiten*	*Datum*	*Prediger*	*Predigttext*	*Drucke u. Hss.*
1456	36	173–175	25.12.1571	Chr. Hermann	Luc 2	
1457	37	175–177	25.12.1571 vesperi	G. Weiganmaier	Luc 2	
1458	38	177–180	26.12.1571	J. Andreae	Act 6.7	
1459	39	181–182	27.12.1571	Chr. Hermann	Ioan 21	
1460	40	183–184	30.12.1571	Chr. Hermann	Luc 10	
1461	41	184–187	1.1.1572	J. Andreae	Lev 26	
1462	42	187–188	4.1.1572	Chr. Hermann	Ps 130	
1463	43	189	11.1.1572	Chr. Hermann	Ps 130	
1464	44	190–191	12.1.1572	⟨Hermann⟩	Luc 10	
1465	45	191–192	18.1.1572	⟨Hermann⟩	Ps 143	
1466	46	192–194	20.1.1572	⟨Hermann⟩	Luc 10	
1467	47*	194–195	25.1.1572	⟨Hermann⟩	Ps 143	
1468	48	196–197	27.1.1572	⟨Hermann⟩	Luc 10	
1469	49	198–199	2.2.1572	⟨Hermann⟩	Luc 2	
1470	50	200–201	3.2.1572	⟨Hermann⟩	Luc 10	
1471	51	201–202	8.2.1572	⟨Hermann⟩	Ps 143	
1472	52	202–204	10.2.1572	⟨Hermann⟩	Luc 10	CAn 4,258–261
1473	53	204–205	15.2.1572	⟨Hermann⟩	Ps 78	
1474	54	205–207	17.2.1572	J. Andreae	Luc 18	
1475	55	207–208	22.2.1572	Chr. Hermann	Ps 78	
1476	56*	208–209	24.2.1572	⟨Chr. Hermann⟩	Luc 11	
1477	57	209–210	29.2.1572	⟨Chr. Hermann⟩	Ps 78	
1478	58	210–212	2.3.1572	⟨Chr. Hermann⟩	Luc 11	
1479	59	213	7.3.1572	⟨Chr. Hermann⟩	Ps 78	
1480	60	214–216	9.3.1572	⟨Chr. Hermann⟩	Luc 11	
1481	61	216–217	14.3.1572	⟨Chr. Hermann⟩	Ps 78	
1482	62	217–219	16.3.1572	⟨Chr. Hermann⟩	Luc 11	
1483	63	219–220	21.3.1572	⟨Chr. Hermann⟩	Ps 78	
1484	64	220–222	23.3.1572	⟨Chr. Hermann⟩	Ioan 18	
1485	65	222–224	25.3.1572	⟨Chr. Hermann⟩	Ioan 18	
1486	66	224–225	28.3.1572	⟨Chr. Hermann⟩	Ioan 18.19	
1487	67	226–228	30.3.1572	⟨Chr. Hermann⟩	Ioan 18	
1488	68	228–230	31.3.1572	⟨Chr. Hermann⟩	Ioan 18	
1489	69	231–233	3.4.1572 ⟨Gründ.⟩	⟨Chr. Hermann⟩	Ioan 18.19	
1490	70	233–236	4.4.1572 ⟨Karfr.⟩	⟨Hermann⟩	Ioan 19	
1491	71	236–238	5.4.1572	S. Mindner	Ioan 19	
1492	72	238–240	6.4.1572 ⟨Osters.⟩	Chr. Hermann	Marc 16	
1493	73	241	6.4.1572 vesperi ⟨Osters.⟩	G. Weiganmaier	1 Cor 5	
1494	74	241–243	7.4.1572 ⟨Osterm.⟩	Chr. Hermann	Luc 24	
1495	75	243–245	13.4.1572	⟨Hermann⟩	Luc 11	
1496	76	245–246	18.4.1572	⟨Hermann⟩	Ps 78	
1497	77	246–248	20.4.1572	⟨Hermann⟩	Luc 11	
1498	78	248–251	25.4.1572	⟨Hermann⟩	Ps 78	
1499	79	251–252	27.4.1572	⟨Hermann⟩	Matth 11	
1500	80*	253	28.4.1572	⟨Hermann⟩	2 Sam 14	
1501	81	254–256	1.5.1572	⟨Hermann⟩	Amos 3	
1502	82*	256–257	2.5.1572	⟨Hermann⟩	Ps 78	
1503	83*	257–260	4.5.1572	J. Andreae	Ioan 16	
1504	84	260–261	9.5.1572	Chr. Hermann	Ps 78	
1505	85	262–263	11.5.1572	⟨Hermann⟩	Luc 11	
1506	86	263–264	12.5.1572	⟨Hermann⟩	2 Sam 14	

(p. 267) SEQUUNTUR ITERUM CONCIONES TYBINGENSES, post Academiae prosperum Tybingam reditum, mense Maio. 1572.

Lfd. Nr.	*Orig. Nr.*	*Seiten*	*Datum*	*Prediger*	*Predigttext*	*Drucke u. Hss.*
1507	1	267–268	24.5.1572	J. Gering	1 Petr 4	
1508	2*	268–271	25.5.1572 ⟨Pfingsts.⟩	J. Heerbrand	Ioan 14	
1509	3	271–274	25.5.1572 vesperi ⟨Pfingsts.⟩	J. Andreae	Act 2	
1510	4	274–276	26.5.1572 ⟨Pfingstm.⟩	J. Heerbrand	Act 10	
1511	5*	276–277	27.5.1572	J. Gering	Sir 10	
1512	6	278–279	29.5.1572	J. Heerbrand	Gen 48	
1513	7	280–282	1.6.1572	J. Heerbrand	Ioan 3	
1514	8	283–284	5.6.1572	J. Heerbrand	Ioan 6	CAn 3,102–105
1515	9	285–288	8.6.1572	J. Heerbrand	Luc 16	
1516	10	288–290	8.6.1572 vesperi	D. Schnepff	Sir 9	
1517	11	290–293	12.6.1572	J. Heerbrand	Gen 48	
1518	12	294–296	15.6.1572	J. Heerbrand	Luc 14	
1519	13	297–298	15.6.1572 vesperi	J. Gering	1 Ioan 3	
1520	14*	299–300	19.6.1572	D. Schnepff	Ezech 3	
1521	15*	300–302	22.6.1572	D. Schnepff	Matth 23	
1522	16*	302–304	22.6.1572 vesperi	J. Dachtler	1 Petr 5	
1523	17	304–308	24.6.1572	J. Heerbrand	Luc 1	
1524	18	308–309	24.6.1572 vesperi	J. Gering	Ies 40	
1525	19	310–313	26.6.1572	J. Heerbrand	Gen 48	
1526	20	313–315	29.6.1572	D. Schnepff	Matth 23	
1527	21	315–316	29.6.1572 vesperi	J. Andreae	Sir 9	
1528	22	317–319	3.7.1572	J. Andreae	Iud 17	
1529	23	319–322	6.7.1572	J. Heerbrand	Luc 5	
1530	24	323–325	6.7.1572 vesperi	D. Schnepff	Sir 10	
1531	25	325–328	10.7.1572	D. Schnepff	Ps 24	
1532	26	328–331	13.7.1572	J. Andreae	Luc 8	
1533	27	332–334	13.7.1572 vesperi	D. Schnepff	Sir 10	
1534	28	334–337	17.7.1572	J. Heerbrand	Gen 48	
1535	29*	338–340	20.7.1572	D. Schnepff	Matth 23	
1536	30*	340–343	20.7.1572 vesperi	J. Andreae	Edikt Herzog Ludwigs; EG 193 = Wack 3,44 ff.	
1537	31	344–346	24.7.1572	D. Schnepff	Ps 25	
1538	32	346–348	25.7.1572	J. Heerbrand	Rom 8	
1539	33*	349–352	25.7.1572 post horam 3.am	J. Andreae	Sir 10	
1540	34*	352–355	27.7.1572	J. Andreae	Luc 8	
1541	35*	355–357	27.7.1572 vesperi	G. Senger	Ioan 14	
1542	36	357–360	31.7.1572	J. Andreae	Iud 18	
1543	37	360–363	7.8.1572	J. Heerbrand	Gen 49	
1544	38*	364–366	10.8.1572	J. Andreae	Luc 9	
1545	39	366–368	10.8.1572 vesperi	D. Schnepff	Sir 12	
1546	40	369–370	17.8.1572	D. Schnepff	Matth 24	
1547	41	371–373	17.8.1572 vesperi	J. Andreae	Sir 13	
1548	42	374–375	21.8.1572	D. Schnepff	Ps 25	
1549	43*	376–378	24.8.1572	J. Andreae	Luc 9	
1550	44	379–380	24.8.1572 vesperi	D. Schnepff	Sir 13.14	
1551	45	381–383	28.8.1572	J. Andreae	Iud 19	
1552	46	384–387	31.8.1572	D. Schnepff	Matth 24	
1553	47	387–390	31.8.1572 vesperi	J. Andreae	Sir 14	
1554	48	390–393	4.9.1572	J. Heerbrand	Gen 49	

Lfd. Nr.	*Orig. Nr.*	*Seiten*	*Datum*	*Prediger*	*Predigttext*	*Drucke u. Hss.*
1555	49	394–396	7.9.1572	J. Andreae	Luc 9	
1556	50	397–400	7.9.1572 vesperi	D. Schnepff	Sir 15	CAn 4,50–54
1557	51	400–403	14.9.1572	J. Andreae	Luc 9	
1558	52	404–406	14.9.1572 vesperi	D. Schnepff	Sir 15	CAn 4,54–55
1559	53	406–409	18.9.1572	J. Andreae	Iud 20	
1560	54	409–412	21.9.1572	D. Schnepff	Matth 24	
1561	55	413–415	21.9.1572 vesperi	J. Dachtler	Sir 16	
1562	56	415–420	25.9.1572	J. Heerbrand	Gen 49	
1563	57	420–423	28.9.1572	D. Schnepff	Matth 25	GG 324–325
1564	58	423–425	28.9.1572 vesperi	J. Dachtler	Sir 17	
1565	59	425–428	5.10.1572	D. Schnepff	Matth 25	
1566	60	428–430	5.10.1572 vesperi	J. Andreae	Sir 17	
1567	61	431–432	9.10.1572	D. Schnepff	Ps 26	
1568	62	432–436	12.10.1572	J. Andreae	Luc 9	
1569	63*	436–437	12.10.1572 vesperi	D. Schnepff	Sir 18†	
1570	64	438–440	16.10.1572	J. Heerbrand	Gen 49	
1571	65	440–442	19.10.1572	D. Schnepff	Matth 25	
1572	66	442–444	19.10.1572 vesperi	J. Andreae	Sir 18.19	
1573	67*	445–446	20.10.1572	E. Benignus	Num 16	
1574	68	446–448	23.10.1572	D. Schnepff	Ps 27	
1575	69	448–450	26.10.1572	J. Andreae	Luc 9	
1576	70	451–452	26.10.1572 vesperi	D. Schnepff	Sir 19	
1577	71	453–455	28.10.1572	J. Heerbrand	Ioan 15	CAn 4,331–333
1578	72	456–457	28.10.1572 vesperi	J. Dachtler	1 Petr 1	CAn 4,334–335
1579	73	457–459	30.10.1572	J. Andreae	Iud 20	
1580	74	460–462	2.11.1572	J. Andreae	1 Thess 4	
1581	75	462–464	2.11.1572 vesperi	J. Andreae	Sir 20	
1582	76	464–466	6.11.1572	D. Schnepff	Ps 27	
1583	77	466–469	9.11.1572	J. Andreae	Luc 9	
1584	78	470–471	9.11.1572 vesperi	D. Schnepff	Sir 20	
1585	79	471–474	13.11.1572	J. Heerbrand	Gen 49.50	
1586	80*	474–476	15.11.1572	D. Schnepff	Gen 25†	
1587	81	477–479	16.11.1572	D. Schnepff	Matth 25	
1588	82	479–481	16.11.1572 vesperi	J. Andreae	Sir 20	
1589	83	482–484	20.11.1572	J. Andreae	Iud 21	
1590	84*	484–486	23.11.1572	J. Andreae	Luc 9	
1591	85	487–488	23.11.1572 vesperi	J. Dachtler	Sir 20	
1592	86*	489–491	30.11.1572	D. Schnepff	Luc 24	
1593	87	491–493	30.11.1572 vesperi	J. Andreae	Dan 9	
1594	88	494–495	4.12.1572	D. Schnepff	Ps 28	
1595	89	495–497	7.12.1572	D. Schnepff	Ier 33	CAn 1,82–84
1596	90	497–499	7.12.1572 vesperi	D. Schnepff	Dan 7	CAn 1,84–87
1597	91	500–502	11.12.1572	J. Heerbrand	Gen 50	
1598	92	502–505	14.12.1572	J. Andreae	Ps 110	
1599	93	505–507	14.12.1572 vesperi	D. Schnepff	Ies 42	
1600	94	508–509	18.12.1572	J. Andreae	Ies 26	
1601	95	510–512	21.12.1572	J. Heerbrand	Ioan 1	
1602	96*	513–515	21.12.1572 vesperi	J. Gering	1 Cor 4	
1603	97	515	24.12.1572	E. Benignus	Mich 2	
1604	98*	516–517	25.12.1572	D. Schnepff	Luc 2	
1605	99*	517–519	25.12.1572 vesperi	J. Andreae	Ies 9	
1606	100	519–521	26.12.1572	J. Heerbrand	Act 7	

Lfd. Nr.	*Orig. Nr.*	*Seiten*	*Datum*	*Prediger*	*Predigttext*	*Drucke u. Hss.*
1607	101	521–523	27.12.1572	J. Heerbrand	Ioan 1	CAn 1,136–140
1608	102	524–526	27.12.1572 vesperi	D. Schnepff	Hebr 1	
1609	103	526–528	28.12.1572	J. Heerbrand	Matth 2	
1610	104*	529–530	1.1.1573	J. Heerbrand	Luc 2	
1611	105	530–532	1.1.1573 vesperi	D. Schnepff	Gal 3	
1612	106*	532–533	4.1.1573	D. Schnepff	Ioan 1	
1613	107	533–534	4.1.1573 vesperi	D. Schnepff	1 Tim 1	
1614	108*	535–538	6.1.1573	J. Heerbrand	Matth 2	
1615	109*	538–539	6.1.1573 vesperi	E. Benignus	2 Reg 5	
1616	110	539–541	8.1.1573	D. Schnepff	Ps 28	
1617	111*	541–542	10.1.1573	J. Liebler	Ies 38†	
1618	112	543–545	11.1.1573	J. Heerbrand	Luc 2	
1619	113	546–548	11.1.1573 vesperi	D. Schnepff	Quaestio; Bapt.	
1620	114	548–550	15.1.1573	J. Heerbrand	Exod 1	
1621	115	550–553	18.1.1573	J. Heerbrand	Matth 20	
1622	116	553–555	18.1.1573 vesperi	D. Schnepff	Symb. fid.	CC 28–35
1623	117	555–557	22.1.1573	D. Schnepff	Ps 29	
1624	118*	558–560	25.1.1573	J. Heerbrand	Act 9	CAn 4,61–66
1625	119	561–563	25.1.1573 vesperi	D. Schnepff	Orat. dom.	
1626	120	563–565	29.1.1573	D. Schnepff	Ps 30	
1627	121*	565–567	1.2.1573	J. Andreae	Luc 18	
1628	122	567–569	1.2.1573 vesperi	D. Schnepff	Orat. dom.; EG 344 = Wack 3,41	
1629	123	570–572	2.2.1573	J. Heerbrand	Luc 2	
1630	124	573–575	2.2.1573 vesperi	D. Schnepff	Decal.	
1631	125	576–578	5.2.1573	J. Heerbrand	⟨Exod 1⟩	Or 1602 II (A)
1632	126	578–580	8.2.1573	D. Schnepff	Matth 4	
1633	127	580–581	12.2.1573	D. Schnepff	Ps 30	
1634	128*	581–584	15.2.1573	J. Heerbrand	Matth 15	
1635	129*	584–586	15.2.1573 vesperi	D. Schnepff	Decal.	
1636	130	587–588	19.2.1573	D. Schnepff	Ps 31	
1637	131	589–591	22.2.1573	D. Schnepff	Luc 11	
1638	132	591–594	22.2.1573 vesperi	D. Schnepff	Coena Dom.	
1639	133	594–597	24.2.1573	J. Heerbrand	Luc 3	
1640	134	597–598	24.2.1573 vesperi	E. Benignus	Eccl 3	
1641	135	598–601	26.2.1573	J. Heerbrand	Exod 1	Or 1602 II (A)
1642	136*	601–603	1.3.1573	J. Heerbrand	Luc 17	
1643	137	604–606	1.3.1573 vesperi	D. Schnepff	Coena Dom.	
1644	138	606–609	5.3.1573	D. Schnepff	Ps 31	
1645	139*	609–611	8.3.1573	J. Heerbrand	Ioan 8	
1646	140	611–613	8.3.1573 vesperi	D. Schnepff	1 Cor 11	CAn 3,107–109
1647	141	614–616	12.3.1573	J. Heerbrand	Exod 2	
1648	142	616–619	15.3.1573	J. Andreae	1 Cor 11	
1649	143	619–620	15.3.1573 vesperi	E. Benignus	Ioan 18	
1650	144	620–621	18.3.1573	J. Liebler	Ies 53	
1651	145	621–624	19.3.1573 ⟨Gründ.⟩	J. Andreae	Ioan 13	
1652	146	624–628	19.3.1573 vesperi ⟨Gründ.⟩	D. Schnepff	Ioan 18	
1653	147	628–632	20.3.1573 ⟨Karfr.⟩	J. Heerbrand	Ioan 18.19	
1654	148	632–636	20.3.1573 vesperi ⟨Karfr.⟩	D. Schnepff	Ioan 19	
1655	149	637–638	21.3.1573	E. Benignus	Ioan 19	
1656	150	638–641	22.3.1573 ⟨Osters.⟩	J. Andreae	Matth 28	
1657	151	641–643	22.3.1573 vesperi ⟨Osters.⟩	D. Schnepff	EG 99 = Wack 2,935 ff.	CAn 2,184–187
1658	152	643–646	23.3.1573 ⟨Osterm.⟩	J. Heerbrand	Luc 24	

Lfd. Nr.	*Orig. Nr.*	*Seiten*	*Datum*	*Prediger*	*Predigttext*	*Drucke u. Hss.*
1659	153	647–649	23.3.1573 vesperi ⟨Osterm.⟩	J. Andreae	Act 10	
1660	154	649–652	25.3.1573	J. Andreae	Luc 1	
1661	155*	652–653	25.3.1573 vesperi	J. Dachtler	Luc 24	
1662	156	653–655	26.3.1573	J. Heerbrand	1 Cor 5	
1663	157	656–657	29.3.1573	D. Schnepff	Ioan 20	
1664	158	658–660	29.3.1573 vesperi	J. Andreae	Luc 24	CAn 2,206–208
1665	159	660–662	2.4.1573	J. Andreae	Ruth 1	Or 1602 I (A)
1666	160*	662–665	5.4.1573	J. Andreae	Ioan 10	TG 411–414
1667	161	665–667	5.4.1573 vesperi	D. Schnepff	Potest. clav.	
1668	162*	667–671	9.4.1573	J. Heerbrand	Exod 2	
1669	163	671–673	12.4.1573	D. Schnepff	Marc 1	
1670	164	673–676	12.4.1573 vesperi	J. Andreae	Sir 21	
1671	165	676–679	16.4.1573	D. Schnepff	Ps 31	
1672	166*	679–681	19.4.1573	D. Schnepff	Marc 1	
1673	167	681–683	19.4.1573 vesperi	D. Schnepff	Sir 21	
1674	168*	683–685	23.4.1573	D. Schnepff	Ps 33	
1675	169*	685–689	25.4.1573	J. Heerbrand	Ioan 16	
1676	170	689–691	30.4.1573 ⟨Himmelf.⟩	J. Heerbrand	Marc 16	
1677	171	692–694	30.4.1573 vesperi ⟨Himmelf.⟩	J. Andreae	Eph 4	CAn 2,313–315
1678	172	694–698	1.5.1573	J. Heerbrand	Ioan 14	
1679	173*	698–699	2.5.1573	J. Liebler	Deut 16	
1680	174	699–701	3.5.1573	D. Schnepff	Marc 1	
1681	175	701–703	7.5.1573	J. Andreae	Ruth 2	Or 1602 I (A)
1682	176	703–704	9.5.1573	J. Liebler	1 Petr 4	
1683	177	705–707	10.5.1573 ⟨Pfingsts.⟩	D. Schnepff	Act 2	
1684	178	707–710	10.5.1573 vesperi ⟨Pfingsts.⟩	J. Andreae	Heiliger Geist	
1685	179	710–713	11.5.1573 ⟨Pfingstm.⟩	J. Heerbrand	Act 10	
1686	180*	714–715	11.5.1573 vesperi ⟨Pfingstm.⟩	J. Schopper	Ioël ⟨3⟩; Act 2	
1687	181	716–718	14.5.1573	J. Heerbrand	Act 10	
1688	182	718–721	17.5.1573	J. Heerbrand	Ioan 3	
1689	183	721–724	17.5.1573 vesperi	J. Andreae	Sir 21	
1690	184	724–727	24.5.1573	D. Schnepff	Marc 1	
1691	185	727–728	24.5.1573 vesperi	J. Dachtler	Sir 22	

(p. 728) Finis 24. Maij 1573. M. Martini Crusij, Tybingae Professoris.

Mb 19–6

(f. I) M. Martini Crusij.
Liber 2. Januar. 1575 Tybingae ab Joan. Gerstenmaiero ligatus 9 kr.
SUMMAE concionum Theologorum Tybingensium, D. D. Jac. Andreae Cancell. / Theod. Snaeppfij Parochi: / Jac. Heerbrandi Decani:
Item Diaconorum aliquot, quas ego M. Crusius sic αὐτολεξεὶ in Templo S. Georgij excepi.
Ab anno Christi 1573 usque ad exitum ferè 1574.
Additis aliquot Funebribus concionibus.
Omnes ergo conciones huius voluminis, sunt 313.
(ff. II-III) CONTENTA IN HOC volumine. I. Conciones, diebus Jovis et Dominicis, item festis, habitae 295. *(am Rande später hinzugefügt, kurzer Index)*
II. Funebres conciones 18.
Omnes ergo sunt 313.

In hoc ergo volumine insunt τεμάχια μεγάλων δείπνων ἀνδρῶν λογιωτάτων.
D. Cancell. Jac. Andreae, talia mea collectanea, amico ioco appellat Quintam eßentiam.
Doctor verò Jac. Schegkius, ἀνθολογίας.
Iam, cùm in prioribus 5 voluminibus insint conciones 1687 et in hoc sexto volumine 313 omnes omnium 6 voluminum conciones sunt BIS MILLE.
Eas omnes, quotiescumque domum è Templo redij, statim singulas relegi, et correxi, ita ut nihil eis desit, nisi hoc unum: quod in citationibus, seu allegationibus, locorum Scripturae, verba Textus Graeci non habui in memoria: et ideo ad Sensum tantùm illa loca scripsi, non ad verbum. Non etiam emendavi numeros capitum (quod plusculum [?] res [...] do in eis [...] hoc interea co [...] difficult [...] *(Textverlust durch Wasserschaden)* Quanto tempore scripta sunt haec duo Millia concionum: cùm ordinariè soleam 3 conciones hebdomadatim (nisi quando dies festi, ad plures me invitarunt) audire?
À die 7.° Februar. 1563 usque ad 24.^{m} Decemb. 1574. Quod tempus facit 12 Annos, minus 6 Hebdomadibus.
Cur autem eas scripsi?

1. quia res multas pias, et sapientissimè tractatas, continent. Hic est meus charissimus Thesaurus. Nisi scripsißem, mox oblitus eßem.
2. quia sic, dum in Templo scripsi, attentius auscultavi: cùm alioqui Diabolus cogitationes meas aliò evagari impulißet.
3. quia iuventutem studiosam, conciones scribentem, in bono hoc proposito confirmare volui.
4. quia me, cùm Graeca Scripta in hac Academia explicem, in Graeca extemporali scriptione exercere volui: quae res iampridem mihi facilimè, quasi nullo labore, procedit. Tanta vis est τῆς ἕξεως, ut mihi videar, etiamsi vellem, vix errare poße. Omnia statim ἀκριβέστατα, et φανερώτατα, suis στιγμαῖς distincta sunt. βραχέα μὲν, τὰ πάντα, ἔμψυχα δέ. [...] sei [...] *(Textverlust durch Wasserschaden)* lob und danck ewiglich.

Κ(ύρι)ε ἰ(ησο)ῦ χ(ριστ)έ,
Conserva Ecclesiam nostram, Principem nostrum, Scholam nostram, Theologos nostros. Miserere piorum alibi afflictorum: contunde Mahometam et Papam: converte errantes. Amen.
(f. IV) Stichwortsammlung, zwei Eintragungen (später hinzugefügt).
(p. 3) CONCIONES, QUAE TYBINGAE IN TEMPLO SUNT à Theologis Germanicè habitae, à me Martino Crusio, ibi Scholae Profeßore, Graecè inter audiendum exceptae.
Anno Domini 1573.

Lfd. Nr.	*Orig. Nr.*	*Seiten*	*Datum*	*Prediger*	*Predigttext*	*Drucke u. Hss.*
1692	1	3–5	28.5.1573	J. Andreae	Ruth 3	
1693	2	5–9	31.5.1573	J. Heerbrand	Luc 14	
1694	3	9–11	31.5.1573 vesperi	J. Dachtler	Sir 22	
1695	4	11–14	4.6.1573	J. Heerbrand	Exod 2	
1696	5	14–17	7.6.1573	J. Heerbrand	Luc 15	
1697	6*	17–19	7.6.1573 vesperi	J. Andreae	Sir 22	
1698	7	19–22	11.6.1573	D. Schnepff	Ps 33	
1699	8	22–25	14.6.1573	J. Heerbrand	Luc 6	
1700	9	25–26	14.6.1573 vesperi	J. Andreae	Sir 22	
1701	10*	27–28	18.6.1573	J. Andreae	Ruth 4	
1702	11	28–31	21.6.1573	J. Andreae	Luc 9	
1703	12	31–32	21.6.1573 vesperi	D. Schnepff	Sir 23	
1704	13	33–36	24.6.1573	J. Heerbrand	Luc 1	
1705	14	36–38	24.6.1573 vesperi	J. Dachtler	Marc 6	
1706	15	38–41	25.6.1573	J. Heerbrand	Exod 3	
1707	16	42–44	28.6.1573	D. Schnepff	Marc 1	

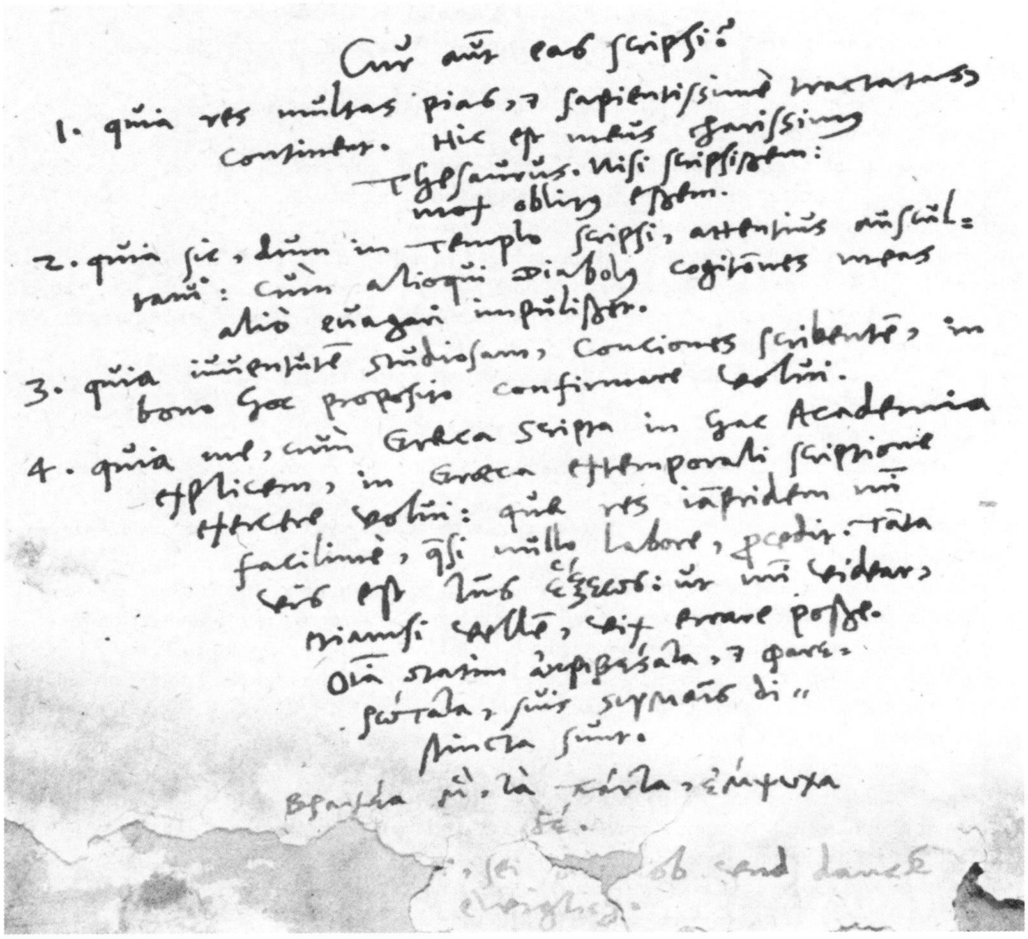

Warum aber habe ich sie mitgeschrieben?

1. Weil sie viele fromme und weise behandelte Dinge enthalten. Dies ist mein liebster Schatz. Hätte ich sie nicht mitgeschrieben, so hätte ich sie bald vergessen.
2. Weil ich so, während ich in der Kirche schrieb, aufmerksamer zuhörte; andernfalls hätte der Teufel erreicht, daß meine Gedanken abschweifen.
3. Weil ich die studierende Jugend beim Nachschreiben der Predigten in ihrem guten Vorsatz bestärken wollte.
4. Weil ich mich, da ich an dieser Universität Griechisch lehre, im freien Griechisch-Schreiben üben wollte, was mir schon lange ganz leicht und mühelos vonstatten ging. So groß ist die Macht der Übung, daß ich wohl, selbst wenn ich es wollte, keine Fehler machen könnte.

(Mb 19–6, II^v; vgl. S. 69)

Lfd. Nr.	*Orig. Nr.*	*Seiten*	*Datum*	*Prediger*	*Predigttext*	*Drucke u. Hss.*
1708	17	45–47	28.6.1573 vesperi	D. Schnepff	Sir 23	
1709	18	47–49	29.6.1573	J. Dachtler	Matth 16	
1710	19*	49–51	29.6.1573 vesperi	J. Liebler	Act 12	
1711	20	51–54	2.7.1573	D. Schnepff	Ps 33	
1712	21*	54–56	5.7.1573	J. Andreae	Luc 9	
1713	22	57–59	5.7.1573 vesperi	D. Schnepff	Sir 24	
1714	23	59–62	9.7.1573	J. Heerbrand	Exod 3	
1715	24	62–65	12.7.1573	D. Schnepff	Marc 1	
1716	25	65–67	12.7.1573 vesperi	J. Liebler	Rom 8	
1717	26	67–70	16.7.1573	J. Heerbrand	Exod 4	
1718	27*	70–73	19.7.1573	J. Heerbrand	Luc 16	
1719	28	74–76	19.7.1573 vesperi	D. Schnepff	Sir 24	CAn 4,264–266
1720	29	77–79	23.7.1573	J. Andreae	Ruth 4	GG 268–269
1721	30*	79–83	25.7.1573	J. Heerbrand	Matth 20	
1722	31	83–85	25.7.1573 vesperi	D. Schnepff	Sir 25	
1723	32	85–88	26.7.1573	D. Schnepff	Marc 1	
1724	33*	88–91	26.7.1573 vesperi	D. Schnepff	Sir 25	
1725	34	91–94	30.7.1573	D. Schnepff	Ps 34	
1726	35*	94–96	2.8.1573	D. Schnepff	Marc 1	
1727	36*	97–98	2.8.1573 vesperi	J. Dachtler	Sir 25	
1728	37*	99–102	6.8.1573	J. Heerbrand	Exod 4	
1729	38	102–104	9.8.1573	J. Andreae	Luc 9	
1730	39	104–106	9.8.1573 vesperi	J. Dachtler	Sir 26	
1731	40	106–108	13.8.1573	D. Schnepff	Ps 34	
1732	41*	108–112	16.8.1573	J. Andreae	Luc 9	
1733	42	112–114	16.8.1573 vesperi	J. Andreae	Sir 26	
1734	43	115–117	20.8.1573	J. Andreae	1 Sam 1	Or 1602 I (A)
1735	44*	118–120	23.8.1573	D. Schnepff	Marc 1	
1736	45	120–122	23.8.1573 vesperi	D. Schnepff	Sir 27	
1737	46*	123–127	24.8.1573	J. Heerbrand	Luc 22	CAn 4,274–277
1738	47	127–129	24.8.1573 vesperi	J. Andreae	Sir 27	
1739	48*	130–132	27.8.1573	J. Flinner	Gal 6	
1740	49	132–135	30.8.1573	J. Andreae	Luc 9	
1741	50	135–138	30.8.1573 vesperi	J. Dachtler	Sir 27	
1742	51	138–142	3.9.1573	J. Heerbrand	Exod 4	
1743	52	142–145	6.9.1573	D. Schnepff	Marc 2	
1744	53	145–147	6.9.1573 vesperi	J. Andreae	Sir 27	
1745	54*	147–150	10.9.1573	D. Schnepff	Ps 34	
1746	55*	150–152	13.9.1573	D. Schnepff	Marc 2	
1747	56	152–155	13.9.1573 vesperi	J. Andreae	Sir 28	
1748	57*	155–158	17.9.1573	J. Andreae	1 Reg 21	
1749	58*	159–162	20.9.1573	J. Andreae	Ps 85	
1750	59	162–165	20.9.1573 vesperi	D. Schnepff	Ies 28	
1751	60*	165–169	21.9.1573	J. Andreae	Matth 9	CAn 4,287–291
1752	61	169–172	21.9.1573 vesperi	D. Schnepff	Sir 28	
1753	62*	172–176	24.9.1573	J. Heerbrand	Exod 5	
1754	63	176–179	27.9.1573	D. Schnepff	Marc 2	
1755	64	179–180	27.9.1573 vesperi	J. Dachtler	Sir 28	
1756	65*	180–183	1.10.1573	D. Schnepff	Ps 35	
1757	66	183–186	4.10.1573	D. Schnepff	Marc 2	
1758	67	187–188	⟨4.10.1573 vesperi⟩	D. Schnepff	Sir 29	
1759	68	189–191	8.10.1573	J. Andreae	1 Sam 1	Or 1602 I (A)

Lfd. Nr.	*Orig. Nr.*	*Seiten*	*Datum*	*Prediger*	*Predigttext*	*Drucke u. Hss.*
1760	69*	191–195	11.10.1573	J. Andreae	Luc 9	
1761	70	195–199	11.10.1573 vesperi	D. Schnepff	Sir 29	
1762	71*	199–202	15.10.1573	J. Heerbrand	Exod 5	
1763	72	203–205	18.10.1573	D. Schnepff	Marc 2	
1764	73	205–208	18.10.1573 vesperi	J. Andreae	Sir 29	
1765	74*	208–213	19.10.1573	J. Andreae	Dan 4	GG 273–274
1766	75	213–216	22.10.1573	D. Schnepff	Ps 35	
1767	76	217–220	25.10.1573	D. Schnepff	Marc 3	
1768	77	220–223	25.10.1573 vesperi	D. Schnepff	Sir 30	
1769	78	223–227	28.10.1573	D. Schnepff	Marc 3	
1770	79*	227–229	28.10.1573 vesperi	J. Dachtler	1 Petr 1	
1771	80	229–232	29.10.1573	D. Schnepff	Ps 35	
1772	81	232–236	1.11.1573	J. Andreae	Luc 9	
1773	82	236–238	1.11.1573 vesperi	D. Schnepff	Sir 30	
1774	83*	238–239	5.11.1573	J. Pappus	Ps 1	
1775	84	240–242	8.11.1573	D. Schnepff	Marc 3	
1776	85	242–244	8.11.1573 vesperi	J. Andreae	Sir 31	
1777	86	245–247	12.11.1573	J. Heerbrand	Exod 5	
1778	87*	248–250	15.11.1573	J. Andreae	Luc 9	
1779	88*	250–251	15.11.1573 vesperi	J. Pappus	Luc 19	
1780	89	251–253	19.11.1573	J. Heerbrand	Exod 6	
1781	90	254–256	22.11.1573	J. Heerbrand	Matth 5	CAn 4,338–342
1782	91*	257	22.11.1573 vesperi	J. Pappus	Mich 6	
1783	92	258–260	26.11.1573	J. Andreae	1 Sam 2	Or 1602 I (A)
1784	93	260–262	29.11.1573	J. Andreae	Luc 9	
1785	94	262–263	29.11.1573 vesperi	J. Andreae	Sir 31	
1786	95	263–265	30.11.1573	J. Heerbrand	Matth 4	CC 136–143
1787	96*	266–267	30.11.1573 vesperi	J. Andreae	Sir 32	
1788	97	267–270	6.12.1573	J. Andreae	Lev 15	
1789	98	270–272	10.12.1573	D. Schnepff	Ps 36	
1790	99	272–274	13.12.1573	D. Schnepff	Matth 11	
1791	100	274–276	13.12.1573 vesperi	J. Andreae	Rom 15	
1792	101	276–277	17.12.1573	J. Andreae	1 Sam 2	Or 1602 I (A)
1793	102*	278–280	20.12.1573	J. Andreae	Ioan 1	
1794	103	280–282	20.12.1573 vesperi	D. Schnepff	Ies 55	
1795	104	282–285	21.12.1573	J. Heerbrand	Ioan 20	
1796	105	285–286	21.12.1573 vesperi	J. Andreae	Ps 127	
1797	106*	286–288	24.12.1573 vesperi	J. Heerbrand	Ies 7; ⟨Matth 1⟩	CAn 1,65–67
1798	107	289–291	25.12.1573	D. Schnepff	Luc 2	
1799	108*	291–293	25.12.1573 vesperi	J. Andreae	Luc 2	
1800	109	293–296	26.12.1573	J. Heerbrand	Act 6	
1801	110	296–297	26.12.1573 vesperi	D. Schnepff	Tit 2	
1802	111	298–300	27.12.1573	J. Heerbrand	Ioan 21	
1803	112*	300–302	27.12.1573 vesperi	J. Andreae	Luc 2	
1804	113*	303–305	1.1.1574	J. Andreae	Luc 2	
1805	114*	305–306	1.1.1574 vesperi	D. Schnepff	Rom 13	
1806	115*	307–309	3.1.1574	D. Schnepff	Luc 2	CC 142–147
1807	116	309–311	3.1.1574 vesperi	J. Andreae	Gal 4	CAn 1,160–162
1808	117*	311–313	6.1.1574	J. Heerbrand	Ies 60	CAn 1,196–198
1809	118	313–315	7.1.1574	D. Schnepff	Matth 2	
1810	119	315–317	10.1.1574	J. Andreae	Luc 9	
1811	120	318–319	10.1.1574 vesperi	D. Schnepff	Katechismus	

Lfd. Nr.	*Orig. Nr.*	*Seiten*	*Datum*	*Prediger*	*Predigttext*	*Drucke u. Hss.*
1812	121	320–322	14.1.1574	J. Andreae	1 Sam 2	
1813	122*	322–325	17.1.1574 post horam octavam	D. Schnepff	Marc 3	
1814	123*	325–329	17.1.1574 vesperi	J. Andreae	Bapt.	
1815	124	329–331	21.1.1574	J. Heerbrand	Exod 7	
1816	125	331–333	24.1.1574	D. Schnepff	Marc 3	
1817	126	334–337	24.1.1574 vesperi	D. Schnepff	Symb. fid.	
1818	127	337–339	28.1.1574	D. Schnepff	Ps 36	
1819	128	339–342	31.1.1574	J. Heerbrand	Matth 8	CAn 1,252–255
1820	129	342–344	31.1.1574 vesperi	D. Schnepff	Symb. fid.	
1821	130	344–347	2.2.1574	J. Heerbrand	Luc 2	
1822	131	347–349	2.2.1574 vesperi	D. Schnepff	Luc 2	
1823	132	350–351	4.2.1574	D. Schnepff	Ps 37	
1824	133	352–353	7.2.1574	J. Heerbrand	Matth 20	
1825	134	354–356	7.2.1574 vesperi	D. Schnepff	Orat. dom.	
1826	135	356–358	11.2.1574	J. Andreae	1 Sam 2	
1827	136*	358–360	14.2.1574	J. Andreae	Luc 10	
1828	137	360–362	14.2.1574 vesperi	D. Schnepff	Decal.	
1829	138*	363–364	18.2.1574	J. Heerbrand	Exod 7	
1830	139	364–366	21.2.1574	J. Andreae	Luc 10	
1831	140	366–369	21.2.1574 vesperi	J. Andreae	Decal.	
1832	141	370–372	24.2.1574	J. Heerbrand	Matth 11	
1833	142*	372–374	24.2.1574 vesperi	J. Andreae	Decal.	
1834	143	375–377	25.2.1574	J. Andreae	1 Sam 2	
1835	144*	377– 381	28.2.1574	J. Andreae	Luc 10	TG 416–419
1836	145	381–384	28.2.1574 vesperi	J. Andreae	Decal.	
1837	146*	385–387	4.3.1574	J. Heerbrand	Exod 8	
1838	147	387–389	7.3.1574	D. Schnepff	Matth 15	
1839	148	389–391	7.3.1574 vesperi	D. Schnepff	Coena Dom.	
1840	149	392–394	11.3.1574	D. Schnepff	Ps 37	
1841	150	394–397	14.3.1574	J. Andreae	Luc 11	
1842	151	397–399	14.3.1574 vesperi	D. Schnepff	Coena Dom.	
1843	152	400–402	18.3.1574	J. Andreae	1 Sam 3	
1844	153*	403–404	21.3.1574	D. Schnepff	Ioan 6	
1845	154	404–407	21.3.1574 vesperi	J. Andreae	Potest. clav.	
1846	155*	407–410	25.3.1574	J. Heerbrand	Luc 1	
1847	156	410–411	25.3.1574 vesperi	J. Dachtler	Luc 1	
1848	157*	412–415	28.3.1574	J. Andreae	1 Cor 11	
1849	158*	416–418	28.3.1574 vesperi	J. Heerbrand	1 Petr 2†	
1850	159	419–421	1.4.1574	D. Schnepff	Ps 37	
1851	160	421–424	4.4.1574	D. Schnepff	Matth 21	
1852	161*	424–426	4.4.1574 vesperi	A. Hunnius	Ioan 19	
1853	162	426–428	7.4.1574	J. Liebler	Ies 53	
1854	163*	428–431	8.4.1574 ⟨Gründ.⟩	J. Heerbrand	Ioan 13	
1855	164	431–435	8.4.1574 vesperi ⟨Gründ.⟩	D. Schnepff	Ioan 18	
1856	165	436–440	9.4.1574 ⟨Karfr.⟩	J. Andreae	Ioan 18.19	
1857	166	440–445	9.4.1574 vesperi ⟨Karfr.⟩	D. Schnepff	Ioan 19	
1858	167	445–447	10.4.1574 vesperi	J. Heerbrand	Ioan 19	CAn 2,154–156
1859	168	447–451	11.4.1574 ⟨Osters.⟩	D. Schnepff	Marc 16	
1860	169	451–454	11.4.1574 vesperi ⟨Osters.⟩	J. Andreae	1 Cor 5	
1861	170	454–457	12.4.1574 ⟨Osterm.⟩	J. Heerbrand	Luc 24	
1862	171	457–461	12.4.1574 vesperi ⟨Osterm.⟩	J. Andreae	Act 10	
1863	172*	462–464	15.4.1574	J. Andreae	1 Sam 4	

Lfd. Nr.	*Orig. Nr.*	*Seiten*	*Datum*	*Prediger*	*Predigttext*	*Drucke u. Hss.*
1864	173*	464–465	18.4.1574	J. Andreae	Luc 10	
1865	174*	466–467	18.4.1574 vesperi	D. Schnepff	Sir 32	
1866	175	467–470	22.4.1574	J. Heerbrand	Exod 8	
1867	176*	470–472	25.4.1574	D. Schnepff	Marc 4	
1868	177	472–475	25.4.1574 vesperi	J. Andreae	Sir 33	
1869	178	476–477	29.4.1574	D. Schnepff	Ps 37	
1870	179	478–481	1.5.1574	J. Heerbrand	Eph 2	
1871	180*	481–483	1.5.1574 vesperi	D. Schnepff	Sir 33	
1872	181*	483–487	2.5.1574	J. Andreae	Rom 13	
1873	182	487–489	2.5.1574 vesperi	D. Schnepff	Sir 33	
1874	183	490–493	6.5.1574	J. Andreae	1 Sam 5	
1875	184	493–495	9.5.1574	D. Schnepff	Marc 4	
1876	185	496–498	9.5.1574 vesperi	J. Andreae	Sir 33	
1877	186	498–500	13.5.1574	J. Heerbrand	Exod 9	
1878	187	500–503	16.5.1574	J. Andreae	Luc 10	
1879	188	503–505	16.5.1574 vesperi	D. Schnepff	Sir 34	
1880	189	505–508	20.5.1574 ⟨Himmelf.⟩	J. Heerbrand	Act 1	
1881	190	508–511	20.5.1574 vesperi ⟨Himmelf.⟩	D. Schnepff	Ioan 3	CAn 2,310–312
1882	191*	511–512	23.5.1574	J. Andreae	Luc 10	
1883	192	513–514	23.5.1574 vesperi	J. Dachtler	EKG 91 = Wack 3,682	
1884	193*	515–518	27.5.1574	J. Heerbrand	Exod 10	
1885	194*	518–521	30.5.1574 ⟨Pfingsts.⟩	J. Andreae	Ioan 14	
1886	195*	521–524	30.5.1574 vesperi ⟨Pfingsts.⟩	J. Heerbrand	Act 2	GG 129–130
1887	196*	524–526	3.6.1574	D. Schnepff	Ps 38	
1888	197	526–528	6.6.1574	D. Schnepff	Marc 4	
1889	198	529–531	6.6.1574 vesperi	J. Andreae	Sir 35	
1890	199	531–533	10.6.1574	J. Heerbrand	Exod 11	
1891	200*	533–536	13.6.1574	J. Heerbrand	Luc 16	
1892	201*	537–540	13.6.1574 vesperi	J. Andreae	Sir 36	
1893	202	540–542	17.6.1574	J. Andreae	1 Sam 6	
1894	203	543–546	20.6.1574	J. Andreae	Luc 10	CAn 4,261–263
1895	204	546–549	20.6.1574 vesperi	J. Andreae	Sir 37	
1896	205	549–552	24.6.1574	J. Heerbrand	Matth 14	
1897	206	552–554	24.6.1574 vesperi	D. Schnepff	Luc 1	
1898	207	554–556	27.6.1574	D. Schnepff	Marc 4	
1899	208	557–559	27.6.1574 vesperi	J. Andreae	Sir 37	
1900	209*	559–561	29.6.1574 vesperi	J. Andreae	Sir 38	
1901	210	561–563	1.7.1574	D. Schnepff	Ps 38	
1902	211	563–567	4.7.1574	J. Andreae	Luc 11	
1903	212	567–570	4.7.1574 vesperi	D. Schnepff	Sir 38	
1904	213	570–573	8.7.1574	J. Heerbrand	Exod 12	
1905	214	573–576	11.7.1574	J. Andreae	Luc 11	
1906	215	577–579	11.7.1574 vesperi	J. Andreae	Sir 40	
1907	216	579–582	15.7.1574	J. Heerbrand	Exod 12	
1908	217*	582–584	18.7.1574	M. Tinctorius	Matth 5	
1909	218	584–586	18.7.1574 vesperi	D. Schnepff	Sir 40	
1910	219	586–588	22.7.1574	D. Schnepff	Ps 39	
1911	220	588–592	25.7.1574	J. Andreae	Luc 11	
1912	221	592–594	25.7.1574 vesperi	D. Schnepff	Sir 41	
1913	222	594–597	29.7.1574	D. Schnepff	Ps 40	
1914	223	597–599	1.8.1574	D. Schnepff	Marc 5	
1915	224	599–602	1.8.1574 vesperi	J. Andreae	Sir 41	

Lfd. Nr.	*Orig. Nr.*	*Seiten*	*Datum*	*Prediger*	*Predigttext*	*Drucke u. Hss.*
1916	225	603–606	5.8.1574	J. Heerbrand	Exod 13	
1917	226	606–608	8.8.1574	J. Andreae	Luc 11	
1918	227	609–611	8.8.1574 vesperi	D. Schnepff	Sir 42	
1919	228	611–614	12.8.1574	D. Schnepff	Ps 40	
1920	229	614–617	15.8.1574	D. Schnepff	Marc 5	
1921	230	617–620	15.8.1574 vesperi	J. Dachtler	Sir 42	
1922	231*	620–623	19.8.1574	J. Heerbrand	Exod 13	
1923	232*	623–628	22.8.1574	D. Schnepff	Marc 5	
1924	233	628–631	22.8.1574 vesperi	D. Schnepff	Sir 42	
1925	234*	631–635	24.8.1574	J. Heerbrand	Luc 22	CAn 4,268–272
1926	235	636–639	24.8.1574 vesperi	J. Andreae	Sir 43	
1927	236	639–641	26.8.1574	J. Andreae	1 Sam 7	
1928	237	642–644	29.8.1574	J. Andreae	Luc 11	
1929	238	644–647	29.8.1574 vesperi	D. Schnepff	Sir 43	
1930	239	648–650	2.9.1574	D. Schnepff	Ps 41	
1931	240*	650–651	5.9.1574	D. Schnepff	Marc 6	
1932	241*	652–653	5.9.1574 vesperi	J. Dachtler	Sir 44	
1933	242	653–656	9.9.1574	J. Heerbrand	Exod 14	
1934	243	656–659	12.9.1574	J. Andreae	Luc 11	
1935	244	660–662	12.9.1574 vesperi	D. Schnepff	Sir 44	
1936	245*	662–665	16.9.1574	J. Andreae	1 Sam 7	
1937	246*	665–668	19.9.1574	D. Schnepff	Marc 6	
1938	247	668–670	19.9.1574 vesperi	D. Schnepff	Sir 45	
1939	248	670–673	21.9.1574	J. Heerbrand	Matth 9	CAn 4,294–296
1940	249	673–675	21.9.1574 vesperi	J. Dachtler	Sir 45	
1941	250	675–677	23.9.1574	D. Schnepff	Ps 41	
1942	251	678–680	26.9.1574	J. Andreae	Luc 11	
1943	252	681–682	26.9.1574 vesperi	J. Dachtler	Sir 45	
1944	253	682–686	30.9.1574	J. Heerbrand	Gen 32	
1945	254	686–689	3.10.1574	D. Schnepff	Marc 6	
1946	255	689–692	3.10.1574 vesperi	J. Andreae	Sir 46	
1947	256*	692–694	7.10.1574	D. Schnepff	Ps 41	
1948	257	694–696	10.10.1574	D. Schnepff	Marc 6	
1949	258	697–699	10.10.1574 vesperi	D. Schnepff	Sir 46	
1950	259	700–701	17.10.1574	J. Andreae	Luc 11	
1951	260	702–703	17.10.1574 vesperi	D. Schnepff	Sir 47	
1952	261*	703–704	19.10.1574	A. Hunnius	1 Petr 2	
1953	262	705–707	21.10.1574	J. Andreae	1 Sam 8	
1954	263	707–709	24.10.1574	D. Schnepff	Marc 6	
1955	264	709–710	24.10.1574 vesperi	A. Hunnius	Sir 47	
1956	265	711–713	28.10.1574	J. Heerbrand	Ioan 15	
1957	266	713–715	28.10.1574 vesperi	J. Dachtler	Sir 47	
1958	267*	715–716	31.10.1574	J. Andreae	Luc 11	
1959	268	716–718	31.10.1574 vesperi	J. Dachtler	Sir 47	
1960	269	718–721	4.11.1574	J. Heerbrand	Exod 14	
1961	270	721–723	7.11.1574	D. Schnepff	Marc 7	
1962	271*	724–726	7.11.1574 vesperi	J. Andreae	Sir 48	
1963	272	726–728	11.11.1574	D. Schnepff	Ps 42	
1964	273	728–731	14.11.1574	J. Andreae	Luc 11	
1965	274	732–733	14.11.1574 vesperi	J. Dachtler	Sir 48	
1966	275	733–736	18.11.1574	J. Heerbrand	Exod 15	Or 1602 II (A)
1967	276	736–739	21.11.1574	J. Heerbrand	Matth 9	

Lfd. Nr.	*Orig. Nr.*	*Seiten*	*Datum*	*Prediger*	*Predigttext*	*Drucke u. Hss.*
1968	277*	739–741	21.11.1574 vesperi	J. Andreae	Sir 48	
1969	278	741–743	25.11.1574	J. Andreae	1 Sam 8	
1970	279	743–745	28.11.1574	D. Schnepff	Matth 21	
1971	280	745–748	28.11.1574 vesperi	J. Andreae	Matth 21	
1972	281	748–751	30.11.1574	J. Heerbrand	Rom 10	CAn 4,8–11
1973	282	751–753	30.11.1574 vesperi	J. Andreae	Sir 49	
1974	283	754–756	2.12.1574	D. Schnepff	Ps 42	
1975	284	756–759	5.12.1574	J. Andreae	Luc 21	
1976	285*	759–760	5.12.1574 vesperi	J. Heerbrand	Sir 49	
1977	286*	761–763	9.12.1574	J. Heerbrand	Exod 15	
1978	287	763–764	12.12.1574	D. Schnepff	Matth 11	
1979	288	765–766	12.12.1574 vesperi	J. Andreae	Mal 3	CAn 1,37–40
1980	289	767–768	16.12.1574	J. Andreae	1 Sam 9	
1981	290	769–772	19.12.1574	J. Andreae	Ioan 1	
1982	291	772–775	19.12.1574 vesperi	D. Schnepff	Dan 7	CAn 1,87–89
1983	292	775–777	21.12.1574	J. Andreae	Ioan 21	
1984	293	778	21.12.1574 vesperi	J. Liebler	Eph 1	
1985	294	779–780	23.12.1574	D. Schnepff	Ps 42	
1986	295	780–782	24.12.1574	J. Liebler	Ies 7	

(p. 782) 24. Decemb. 1574 Tybingae. M. Martinus Crusius.
(p. ^{2}3) Ex Funebribus concionibus à me Martino Crusio excepta Tybingae. 1570.

Lfd. Nr.	*Orig. Nr.*	*Seiten*	*Datum*	*Prediger*	*Predigttext*	*Drucke u. Hss.*
1987	1*	^{2}3–4	8.2.1570	D. Schnepff	Ps 91†	Ed8
1988	2*	^{2}5–6	21.2.1570	K. Zimmermann	Ioan 11†	
1989	3*	^{2}6–7	27.4.1570	D. Schnepff	1 Tim 6†	
1990	4*	^{2}8–10	28.5.1570 vesperi	D. Schnepff	Ies 3†	
1991	5*	^{2}10–13	22.8.1570	D. Schnepff	Ps 116†	
1992	6*	^{2}13–17	29.10.1570	D. Schnepff	1 Cor 15†	
1993	7*	^{2}17–20	27.4.1571	⟨D. Schnepff⟩	Ioan 1†	GG 314–316
1994	8*	^{2}20–21	4.5.1571	J. Gering	Col 3†	
1995	9*	^{2}21–23	22.7.1571	J. Heerbrand	Ies 5†	
1996	10	^{2}23–25	25.7.1571	J. Heerbrand	Ies 5† (?)	
1997	11*	^{2}26–27	27.7.1571	J. Gering	2 Cor 5†	
1998	12*	^{2}27–32	21.5.1572 hora media 4^{a}	J. Heerbrand	Gen 35†	GG 334–342; CH 2–23; Ed9
1999	13*	^{2}32–34	⟨Mai–Juli⟩1572	D. Schnepff	Sap 3†	
2000	14*	^{2}34–36	10.3.1573	J. Liebler	Ps 68†	
2001	15*	^{2}36–39	14.6.1574	J. Liebler	Ps 23†	
2002	16*	^{2}39–41	13.9.1574	J. Liebler	Ps 118†	
2003	17*	^{2}42–43	4.11.1574	A. Hunnius	Sap 2†	
2004	18*	^{2}43–45	10.12.1574	J. Liebler	Hiob 16†	

(p. ^{2}46) Hactenus ergo, à 7$^{o.}$ Februar. 1563 usque ad 24$^{m.}$ Decemb. 1574. Conciones M. M.
(pp. ^{2}47–57) Stichwortsammlung zu pp. 3–782 und pp. ^{2}3–45 (später hinzugefügt).

Mb 19–7

(f. I) M. Martini Crusij, Tybingae Profeßoris utriusque linguae. 1574/5.
Ligatura 4 Bac.
Conciones 200.
(ff. II-IV') Stichwortsammlung zu pp. 3–506 (später hinzugefügt).
(p. 3) CONCIONES, TYBINGAE à me M. Martino Crusio, ibi Professore, in Templo S. Georgij sic summatim exceptae. ANNO DOMINI M.D.LXXV à Die natali 25. Decemb. 1574 incipiendo.

Lfd. Nr.	*Orig. Nr.*	*Seiten*	*Datum*	*Prediger*	*Predigttext*	*Drucke u. Hss.*
2005	1	3–5	25.12.1574	D. Schnepff	Luc 2	CC 254–261
2006	2	5–7	25.12.1574 vesperi	J. Andreae	Luc 2	
2007	3	7–10	26.12.1574	J. Andreae	Act 7	
2008	4	10–12	26.12.1574 vesperi	J. Heerbrand	Tit 2	CC 262–265
2009	5	12–15	27.12.1574	J. Heerbrand	Ioan 1	
2010	6	15–16	27.12.1574 vesperi	D. Schnepff	Hebr 1	CAn 1,148–150
2011	7*	17–19	30.12.1574	J. Heerbrand	Matth 2	CAn 1,200–203
2012	8	19–21	31.12.1574	A. Hunnius	Ies 9	
2013	9*	21–24	1.1.1575	J. Andreae	Luc 2	
2014	10	25–27	1.1.1575 vesperi	D. Schnepff	Ies 9	
2015	11	27–30	2.1.1575	J. Heerbrand	Luc 2	
2016	12*	30–33	2.1.1575 vesperi	J. Andreae	Luc 2	
2017	13	33–36	6.1.1575	J. Heerbrand	Matth 2	
2018	14*	36–39	6.1.1575 vesperi	J. Andreae	Ies 60	
2019	15	39–41	9.1.1575	J. Andreae	Luc 2	
2020	16	41–44	9.1.1575 vesperi	D. Schnepff	Matth 3	
2021	17	44–45	13.1.1575	J. Andreae	1 Sam 9	
2022	18*	46–47	16.1.1575	D. Schnepff	Marc 7	
2023	19	47–48	16.1.1575 vesperi	J. Andreae	Sir 49	
2024	20	49–50	20.1.1575	D. Schnepff	Ps 43	
2025	21*	51–53	23.1.1575	D. Schnepff	Marc 7	
2026	22	53–54	23.1.1575 vesperi	D. Schnepff	Sir 50	
2027	23	55–57	27.1.1575	J. Heerbrand	Exod 16	
2028	24	57–59	30.1.1575	D. Schnepff	Marc 7	
2029	25	59–60	30.1.1575 vesperi	A. Hunnius	Sir 50	
2030	26	61–63	2.2.1575	J. Heerbrand	Luc 2	
2031	27	63–65	2.2.1575 vesperi	J. Andreae	Sir 50	
2032	28	65–67	3.2.1575	D. Schnepff	Ps 44	
2033	29	68–70	6.2.1575	J. Andreae	Luc 8	
2034	30	70–72	6.2.1575 vesperi	D. Schnepff	Sir 50	
2035	31	73–74	10.2.1575	J. Andreae	1 Sam 9	
2036	32	75–77	13.2.1575	D. Schnepff	Marc 8	
2037	33	77–80	13.2.1575 vesperi	J. Andreae	Eph 5	
2038	34	80–82	17.2.1575	J. Heerbrand	Ioël 2	CAn 1,393–396
2039	35*	82–85	20.2.1575	J. Heerbrand	Matth 4	
2040	36	85–88	20.2.1575 vesperi	D. Schnepff	Katechismus	CC 2–9
2041	37	88–90	24.2.1575	J. Heerbrand	Act 1	
2042	38	91–93	24.2.1575 vesperi	D. Schnepff	Quaestio	CC 8–15
2043	39	93–95	27.2.1575	J. Heerbrand	Matth 15	
2044	40	96–98	27.2.1575 vesperi	D. Schnepff	Bapt.	CC 14–21
2045	41	98–101	3.3.1575	D. Schnepff	Ps 44	
2046	42	101–103	6.3.1575	J. Heerbrand	Luc 11	

Lfd. Nr.	*Orig. Nr.*	*Seiten*	*Datum*	*Prediger*	*Predigttext*	*Drucke u. Hss.*
2047	43	103–105	6.3.1575 vesperi	D. Schnepff	Bapt.	CC 20–27
2048	44*	106–107	10.3.1575	J. Dachtler	Ier 4	CAn 1,392–393
2049	45	107–110	13.3.1575	J. Heerbrand	Ioan 6	
2050	46	110–112	13.3.1575 vesperi	J. Dachtler	Symb. fid.	CC 34–41
2051	47	113–115	17.3.1575	J. Heerbrand	Exod 16	
2052	48	116–119	20.3.1575	J. Andreae	Ioan 8	
2053	49	119–121	20.3.1575 vesperi	D. Schnepff	Symb. fid.	CC 40–47
2054	50	121–124	24.3.1575	D. Schnepff	Ps 45	
2055	51	124–127	25.3.1575	J. Heerbrand	Luc 1	
2056	52	127–130	25.3.1575 vesperi	D. Schnepff	Symb. fid.	CC 46–53
2057	53	131–133	26.3.1575	J. Liebler	Phil 2	CAn 2,54–56
2058	54	133–135	27.3.1575 mane 6ª	J. Liebler	Ioan 18	
2059	55*	135–138	27.3.1575 post horam 8am.	J. Andreae	Matth 21	
2060	56	138–140	27.3.1575 meridie post prandium	A. Hunnius	Ioan 18.19	
2061	57	140–142	27.3.1575 vesperi	A. Hunnius	Ioan 19	
2062	58*	142–144	30.3.1575	J. Heerbrand	Luc 13	
2063	59	145–147	31.3.1575 ⟨Gründ.⟩	D. Schnepff	Ioan 13	
2064	60	147–149	31.3.1575 vesperi ⟨Gründ.⟩	J. Dachtler	Ioan 18	CAn 2,105–107
2065	61	149–153	1.4.1575 ⟨Karfr.⟩	D. Schnepff	Ioan 18.19	CAn 2,107–111
2066	62	153–155	1.4.1575 vesperi ⟨Karfr.⟩	J. Liebler	Ioan 19	CAn 2,111–113
2067	63*	155–156	2.4.1575	A. Hunnius	Ioan 19	CAn 2,113–114
2068	64*	157–159	3.4.1575 ⟨Osters.⟩	D. Schnepff	Marc 16	CAn 2,156–159
2069	65	160–161	3.4.1575 vesperi ⟨Osters.⟩	J. Dachtler	1 Cor 3	
2070	66*	162–164	4.4.1575 ⟨Osterm.⟩	D. Schnepff	Luc 24	
2071	67*	164–165	4.4.1575 vesperi ⟨Osterm.⟩	A. Hunnius	Rom 6	CAn 2,215–217
2072	68*	166–172	5.4.1575	L. Osiander	Eccl 12†	GG 321–323; Ed11
2073	69*	173–176	7.4.1575	J. Andreae	1 Sam 9	
2074	70*	177–180	10.4.1575	J. Andreae	Ioan 20	
2075	71	181–183	10.4.1575 vesperi	D. Schnepff	Symb. fid.	CC 52–61
2076	72	184–187	14.4.1575	D. Schnepff	Ps 45	
2077	73	187–189	17.4.1575	D. Schnepff	Marc 8	
2078	74	190–192	17.4.1575 vesperi	J. Andreae	Symb. fid.	CC 60–67
2079	75	193–195	21.4.1575	D. Schnepff	Ps 46	
2080	76	196–198	24.4.1575	D. Schnepff	Marc 8	
2081	77	199–200	24.4.1575 vesperi	J. Dachtler	Orat. dom.	CC 78–83
2082	78	201–203	28.4.1575	J. Heerbrand	Exod 17	
2083	79	203–205	1.5.1575	D. Schnepff	Marc 8	
2084	80	205–207	1.5.1575 vesperi	A. Hunnius	Orat. dom.	CC 84–89
2085	81*	207–209	2.5.1575	⟨Andreae ?⟩	1 Petr 2	
2086	82	209–211	5.5.1575	D. Schnepff	Ps 47	
2087	83	212–214	8.5.1575	D. Schnepff	Marc 8	
2088	84	214–216	8.5.1575 vesperi	J. Dachtler	Decal.	
2089	85	217–219	12.5.1575 ⟨Himmelf.⟩	D. Schnepff	Act 1	
2090	86	219–220	12.5.1575 vesperi ⟨Himmelf.⟩	J. Dachtler	Col 3	
2091	87	221–223	15.5.1575	J. Andreae	Luc 12	
2092	88	224–226	15.5.1575 vesperi	J. Dachtler	Decal.	
2093	89	226–229	19.5.1575	J. Heerbrand	Exod 17	
2094	90	229–230	21.5.1575	J. Liebler	⟨1 Cor 11⟩	CAn 3,46–48
2095	91	231–233	22.5.1575 ⟨Pfingsts.⟩	D. Schnepff	Act 2	
2096	92*	234–236	22.5.1575 vesperi ⟨Pfingsts.⟩	J. Schopper	Ioan 14	
2097	93	237–240	23.5.1575 ⟨Pfingstm.⟩	J. Heerbrand	Act 2	CAn 3,6–9
2098	94*	240–241	23.5.1575 vesperi ⟨Pfingstm.⟩	J. Dachtler	Ps 51	CAn 3,42–43

Lfd. Nr.	*Orig. Nr.*	*Seiten*	*Datum*	*Prediger*	*Predigttext*	*Drucke u. Hss.*
2099	95*	241–243	26.5.1575	D. Schnepff	Ps 47	CAn 3,43–46
2100	96	244–246	29.5.1575	J. Heerbrand	Ioan 3	Ed10; Ed32, 228–266
2101	97	247–249	29.5.1575 vesperi	J. Andreae	Decal.	
2102	98	250–252	2.6.1575	J. Heerbrand	Exod 18	
2103	99*	253–254	5.6.1575	D. Schnepff	Marc 9	
2104	100	255–257	5.6.1575 vesperi	J. Andreae	Decal.	
2105	101	258–259	9.6.1575	J. Liebler	Lam 1	
2106	102*	259–261	12.6.1575	D. Schnepff	Marc 9	
2107	103	262–264	12.6.1575 vesperi	J. Andreae	Decal.	
2108	104*	265–267	16.6.1575	J. Andreae	1 Sam 9	
2109	105*	267–270	19.6.1575	J. Andreae	Luc 12	
2110	106	270–273	19.6.1575 vesperi	D. Schnepff	Decal.	
2111	107	273–275	23.6.1575	D. Schnepff	Ps 48	
2112	108	275–277	24.6.1575	J. Heerbrand	Luc 1	
2113	109	278–279	24.6.1575 vesperi	J. Andreae	Coena Dom.	
2114	110	280–282	26.6.1575	D. Schnepff	Marc 9	
2115	111*	282–283	26.6.1575 vesperi	J. Dachtler	Coena Dom.	
2116	112	283–286	29.6.1575	J. Heerbrand	Act 12	
2117	113	286–288	29.6.1575 vesperi	D. Schnepff	Act 9	
2118	114	289–291	30.6.1575	J. Heerbrand	Exod 18	
2119	115	292–295	3.7.1575	J. Heerbrand	Luc 1	
2120	116	295–297	3.7.1575 vesperi	D. Schnepff	Coena Dom.	
2121	117*	297–299	7.7.1575	D. Schnepff	Ps 49	
2122	118*	300–302	10.7.1575	J. Heerbrand	Matth 5	
2123	119*	302–304	10.7.1575 vesperi	D. Schnepff	Potest. clav.	
2124	120	305–307	14.7.1575	D. Schnepff	Ps 50	
2125	121	307–310	17.7.1575	J. Heerbrand	Marc 8	
2126	122	311–313	17.7.1575 vesperi	D. Schnepff	Ps 145	
2127	123	313–315	21.7.1575	D. Schnepff	Ps 50	
2128	124*	315–317	24.7.1575	D. Schnepff	Marc 9	
2129	125	317–319	24.7.1575 vesperi	A. Hunnius	Rom 8	
2130	126	320–322	25.7.1575	D. Schnepff	Marc 9	
2131	127	322–324	25.7.1575 vesperi	J. Dachtler	Ioan 6	
2132	128	325–327	28.7.1575	J. Andreae	1 Sam 10	
2133	129	327–329	31.7.1575	D. Schnepff	Marc 10	
2134	130	329–331	31.7.1575 vesperi	J. Dachtler	Morgen- und Abendgebet	
2135	131	331–333	4.8.1575	J. Heerbrand	Exod 19	
2136	132	334–336	7.8.1575	J. Heerbrand	Luc 19	
2137	133	336–338	7.8.1575 vesperi	D. Schnepff	1 Tim 3; Tit 1	
2138	134*	339–341	11.8.1575	D. Schnepff	Ps 50	
2139	135	342–344	14.8.1575	J. Heerbrand	Luc 18	
2140	136	344–346	14.8.1575 vesperi	D. Schnepff	Rom 13; 1 Petr 2	
2141	137*	347–349	18.8.1575	J. Andreae	1 Sam 10	
2142	138*	349–351	21.8.1575	D. Schnepff	Marc 10	
2143	139	352–354	21.8.1575 vesperi	J. Dachtler	1 Petr 3; Col 3; Eph 5	
2144	140*	354–357	24.8.1575	J. Heerbrand	Luc 22	CC 148–157
2145	141	358–359	24.8.1575 vesperi	J. Dachtler	⟨1 Petr 3⟩; Col 3; Eph 5	
2146	142	360–362	25.8.1575	J. Heerbrand	Exod 19	
2147	143	362–364	28.8.1575	D. Schnepff	Marc 10	
2148	144	364–365	28.8.1575 vesperi	D. Schnepff	Eph 6; Col 3	
2149	145	366–368	1.9.1575	D. Schnepff	Ps 51	

Lfd. Nr.	*Orig. Nr.*	*Seiten*	*Datum*	*Prediger*	*Predigttext*	*Drucke u. Hss.*
2150	146	368–371	4.9.1575	J. Andreae	Luc 12	
2151	147	371–373	4.9.1575 vesperi	D. Schnepff	Eph 6	
2152	148*	374–375	5.9.1575	J. Liebler	Ioan 14†	CC 162–167
2153	149	376–378	8.9.1575	J. Andreae	1 Sam 11	
2154	150*	378–380	8.9.1575 vesperi	D. Schnepff	Ps 90†	
2155	151	380–382	11.9.1575	D. Schnepff	Marc 10	
2156	152	382–384	11.9.1575 vesperi	A. Hunnius	Eph 6; Col 3; 1 Petr 2	
2157	153*	384–385	13.9.1575	A. Hunnius	1 Cor 15†	
2158	154	385–388	15.9.1575	J. Heerbrand	Exod 20	
2159	155	389–391	18.9.1575	J. Andreae	Luc 12	
2160	156	391–393	18.9.1575 vesperi	D. Schnepff	Eph 6	
2161	157	393–395	21.9.1575	D. Schnepff	Matth 9	
2162	158	395–396	21.9.1575 vesperi	J. Liebler	1 Petr 5	
2163	159	397–398	22.9.1575	D. Schnepff	Ps 51	
2164	160	399–401	25.9.1575	D. Schnepff	Marc 10	
2165	161	401–402	25.9.1575 vesperi	J. Liebler	1 Tim 5	
2166	162	403–405	29.9.1575	J. Heerbrand	Matth 18	
2167	163*	406–408	2.10.1575	J. Andreae	Luc 12	
2168	164	408–409	2.10.1575 vesperi	D. Schnepff	Matth 22; Rom 13; 1 Tim 2	
2169	165	410–412	6.10.1575	D. Schnepff	Ps 51	
2170	166	413–415	9.10.1575	D. Schnepff	Marc 11	
2171	167	415–418	9.10.1575 vesperi	J. Andreae	Gesetz und Evangelium	
2172	168*	418–420	16.10.1575	J. Andreae	Eph 4	
2173	169*	421–422	20.10.1575	J. Andreae	⟨1 Sam 11⟩	
2174	170	423–425	23.10.1575	D. Schnepff	Marc 11	
2175	171	425–427	23.10.1575 vesperi	J. Andreae	Katechismus; Quaestio	
2176	172	428–430	27.10.1575	J. Heerbrand	Exod 20	
2177	173	431–434	28.10.1575	J. Heerbrand	Ps 65	
2178	174	434–436	28.10.1575 vesperi	D. Schnepff	Quaestio	
2179	175	436–438	30.10.1575	J. Andreae	Luc 12	
2180	176	439–441	30.10.1575 vesperi	D. Schnepff	Bapt.	
2181	177	441–443	3.11.1575	D. Schnepff	Ps 51	
2182	178*	444–446	6.11.1575	D. Schnepff	Marc 11	
2183	179	446–447	6.11.1575 vesperi	J. Dachtler	1 Tim 2	
2184	180	448–450	10.11.1575	J. Heerbrand	Exod 21	
2185	181	450–452	13.11.1575	D. Schnepff	Marc 11	CC 156–163
2186	182*	453	13.11.1575 vesperi	J. Dachtler	Bapt.	
2187	183	454–455	17.11.1575	J. Heerbrand	Exod 21	
2188	184	456–457	20.11.1575	J. Dachtler	Matth 13	
2189	185	457–458	20.11.1575 vesperi	J. Liebler	Bapt.	
2190	186	459–461	24.11.1575	J. Andreae	1 Sam 11	
2191	187*	461–465	27.11.1575	J. Andreae	Gen 3	
2192	188	465–467	27.11.1575 vesperi	D. Schnepff	Symb. fid.	
2193	189	468–472	30.11.1575	J. Heerbrand	Gen 15	
2194	190	473–474	30.11.1575 vesperi	J. Dachtler	Symb. fid.	
2195	191	475–477	1.12.1575	J. Andreae	1 Sam 12	
2196	192*	478–481	4.12.1575	D. Schnepff	Gen 49	
2197	193*	481–484	4.12.1575 vesperi	J. Andreae	Symb. fid.†	
2198	194*	485–487	8.12.1575	J. Heerbrand	Exod 22	
2199	195*	488–491	11.12.1575	J. Andreae	Ies 7	CAn 4,109–113
2200	196	492–494	11.12.1575 vesperi	D. Schnepff	Symb. fid.	
2201	197	495–497	15.12.1575	D. Schnepff	Ps 52	

Lfd. Nr.	*Orig. Nr.*	*Seiten*	*Datum*	*Prediger*	*Predigttext*	*Drucke u. Hss.*
2202	198*	497–499	15.12.1575 vesperi	D. Schnepff	Phil 1†	
2203	199	499–502	18.12.1575	D. Schnepff	Dan 9	
2204	200	503–506	18.12.1575 vesperi	J. Andreae	Symb. fid.	

(p. 506) Ita à 25. Decemb. 1574 usque ad 18. Decemb. 1575 in hoc volumine sunt conciones CC à me M. Mart. Crusio Tybingae in Templo S. Georgij exceptae, (*am Rand ergänzt:* ἐπὶ τῶν γονάτων μου γεγραμμέναι) in hoc praesenti Exemplari: et domi diligenter postea relectae, ac per omnia correctae. τῷ Θεῷ δόξα.

Mb 19–8

(f. I) M. Martini Crusij, Tybingae Profeßoris utriusque linguae. 1575/6.
Ligatura 4 Bac.
Conciones 200.
(ff. II-V) Stichwortsammlung zu pp. 1–531 (später hinzugefügt).
(p. 1) Concionum, à Theologis Tybingae, in S. Georgii Templo, prolixè et eloquenter habitarum, idque lingua Germanica, Epitome: à me M. Martino Crusio, utriusque in hac Academia linguae Profeßore, facta, Graecè sic in ipso Templo exceptarum.

Lfd. Nr.	*Orig. Nr.*	*Seiten*	*Datum*	*Prediger*	*Predigttext*	*Drucke u. Hss.*
2205	1	1–3	21.12.1575	J. Heerbrand	Num 21	
2206	2	4–5	21.12.1575 vesperi	J. Liebler	⟨Num 21⟩	
2207	3	5–7	22.12.1575	J. Andreae	1 Sam 13	
2208	4	8–9	24.12.1575	J. Liebler	Tit 2	
2209	5	9–12	25.12.1575	J. Andreae	Luc 2; ⟨1 Tim 3⟩	CAn 1,111–113
2210	6	13–15	25.12.1575 vesperi	D. Schnepff	Luc 2	
2211	7	16–19	26.12.1575	J. Heerbrand	Act 6.7	
2212	8	19–21	26.12.1575 vesperi	J. Andreae	Matth 23	
2213	9	21–24	27.12.1575	J. Heerbrand	Ioan 21	
2214	10	24–26	27.12.1575 vesperi	D. Schnepff	Matth 2	
2215	11*	27	29.12.1575	J. Heerbrand	Tit 3†	CAn 1,134–135
2216	12*	28–29	1.1.1576	J. Heerbrand	Luc 2	
2217	13*	30–31	1.1.1576 vesperi	D. Schnepff	Ioan 1†	
2218	14	32–34	5.1.1576	D. Schnepff	Gal 6	
2219	15	34–36	6.1.1576	J. Heerbrand	Matth 2	
2220	16	37–38	6.1.1576 vesperi	J. Dachtler	2 Petr 1	
2221	17	38–41	8.1.1576	D. Schnepff	Luc 2	
2222	18	41–43	8.1.1576 vesperi	A. Hunnius	Matth 3	
2223	19	43–45	12.1.1576	J. Heerbrand	Exod 22	
2224	20	46–48	15.1.1576	J. Heerbrand	Ioan 2	
2225	21*	49–52	15.1.1576 vesperi	D. Schnepff	Orat. dom.	
2226	22	52–55	19.1.1576	D. Schnepff	Ps 54	
2227	23	55–58	22.1.1576	J. Heerbrand	Matth 8	
2228	24	59–62	22.1.1576 vesperi	D. Schnepff	Orat. dom.	
2229	25	62–65	29.1.1576	D. Schnepff	Marc 12	
2230	26	65–67	29.1.1576 vesperi	A. Hunnius	Orat. dom.	
2231	27	67–71	2.2.1576	J. Heerbrand	Mal 3	
2232	28	71–73	2.2.1576 vesperi	D. Schnepff	Luc 2	
2233	29	74–77	5.2.1576	J. Heerbrand	Matth 13	CAn 1,261–264
2234	30	78–80	5.2.1576 vesperi	D. Schnepff	Decal.	

Lfd. Nr.	*Orig. Nr.*	*Seiten*	*Datum*	*Prediger*	*Predigttext*	*Drucke u. Hss.*
2235	31*	81–83	9.2.1576	D. Schnepff	Ps 55	
2236	32	84–87	12.2.1576	D. Schnepff	Marc 12	
2237	33	87–89	12.2.1576 vesperi	J. Liebler	Decal.	
2238	34	89–91	16.2.1576	D. Schnepff	Ps 55	
2239	35	92–94	19.2.1576	D. Schnepff	Marc 12	
2240	36	95–96	19.2.1576 vesperi	A. Hunnius	Decal.	
2241	37	97–99	23.2.1576	D. Schnepff	Ps 55	
2242	38	99–103	24.2.1576	J. Heerbrand	Matth 11	
2243	39	103–106	24.2.1576 vesperi	D. Schnepff	Decal.	
2244	40*	106–107	26.2.1576	J. Heerbrand	Luc 8	
2245	41	108–110	26.2.1576 vesperi	D. Schnepff	Decal.	
2246	42	110–112	1.3.1576	D. Schnepff	Ps 56	
2247	43*	113–116	4.3.1576	D. Schnepff	Marc 12	
2248	44	117–118	4.3.1576 vesperi	J. Dachtler	Eph 5	
2249	45*	119–121	8.3.1576	J. Heerbrand	Exod 22	
2250	46*	121–123	9.3.1576 hora fere 4ª	J. Liebler	Ps 68†	CAn 1,135–136
2251	47	124–126	11.3.1576	D. Schnepff	Marc 12	CAn 1,407–409
2252	48	127–129	11.3.1576 vesperi	J. Dachtler	Decal.	
2253	49	129–131	15.3.1576	D. Schnepff	Ps 57	
2254	50*	132–133	16.3.1576	J. Liebler	Ps 71†	
2255	51	134–137	18.3.1576	D. Schnepff	Marc 12	CAn 1,410–412
2256	52	137–138	18.3.1576 vesperi	J. Dachtler	Decal.	
2257	53*	139	22.3.1576	J. Heerbrand	Exod 22	
2258	54*	140–142	25.3.1576	D. Schnepff	Marc 12	CAn 1,413–415
2259	55	143–144	25.3.1576 vesperi	J. Dachtler	Decal.	
2260	56	145–147	29.3.1576	D. Schnepff	Ps 58	
2261	57*	148–149	1.4.1576	D. Schnepff	Marc 12	CAn 1,415–417
2262	58*	150–153	1.4.1576 vesperi	Chr. Neuberger	1 Cor 11	CAn 2,36–40
2263	59	154–156	5.4.1576	J. Heerbrand	Exod 23	
2264	60	157–160	8.4.1576	J. Heerbrand	Ioan 8	CAn 1,417–420
2265	61	160–162	8.4.1576 vesperi	J. Dachtler	Decal.	
2266	62	163–165	12.4.1576	D. Schnepff	Ps 59	
2267	63	165–167	15.4.1576 mane media VII. hora	J. Liebler	⟨Ioan 18⟩	
2268	64	168–171	15.4.1576 post horam VIII.	D. Schnepff	1 Cor 11	
2269	65	171–173	15.4.1576 post prandium	A. Hunnius	⟨Ioan 18.19⟩	
2270	66*	174–177	15.4.1576 vesperi post mediam IIII.	A. Hunnius	⟨Ioan 19⟩	
2271	67	177–178	18.4.1576 vesperi	A. Hunnius	1 Petr 3	
2272	68*	178–181	19.4.1576 ⟨Gründ.⟩	J. Heerbrand	Ioan 13	CAn 2,46–49
2273	69	182–185	19.4.1576 vesperi ⟨Gründ.⟩	D. Schnepff	Ioan 18	
2274	70*	186–190	20.4.1576 ⟨Karfr.⟩	J. Heerbrand	Ioan 18.19	
2275	71	190–194	20.4.1576 vesperi ⟨Karfr.⟩	D. Schnepff	Ioan 19	
2276	72	195	21.4.1576	J. Liebler	Ioan 19	
2277	73	195–198	22.4.1576 ⟨Osters.⟩	J. Heerbrand	Marc 16	
2278	74	199–202	22.4.1576 vesperi ⟨Osters.⟩	D. Schnepff	Ps 16	CAn 2,177–180
2279	75*	202–205	23.4.1576 ⟨Osterm.⟩	J. Heerbrand	Frostschaden an Reben	CAn 2,220–222
2280	76	206–208	23.4.1576 vesperi ⟨Osterm.⟩	D. Schnepff	Ioan 21	
2281	77	208–210	26.4.1576	D. Schnepff	Ps 59	
2282	78*	211–214	29.4.1576	J. Heerbrand	Ioan 20	
2283	79	214–217	29.4.1576 vesperi	D. Schnepff	EG 99 = Wack 2,935 ff.	
2284	80	217–220	1.5.1576	D. Schnepff	Ioan 14	
2285	81	220–221	1.5.1576 vesperi	J. Dachtler	Eph 2	
2286	82*	222–223	2.5.1576	J. Liebler	Ps 47	

Lfd. Nr.	*Orig. Nr.*	*Seiten*	*Datum*	*Prediger*	*Predigttext*	*Drucke u. Hss.*
2287	83	224–227	3.5.1576	J. Heerbrand	Exod 23	
2288	84	228–230	6.5.1576	J. Heerbrand	Ioan 10	
2289	85	231–233	6.5.1576 vesperi	D. Schnepff	Eph 6	
2290	86	234–236	10.5.1576	D. Schnepff	Ps 60	
2291	87	236–240	13.5.1576	J. Heerbrand	Ioan 16	
2292	88*	240–242	13.5.1576 vesperi	D. Schnepff	Quaestio	
2293	89	242–244	16.5.1576	J. Heerbrand	Exod 23	
2294	90	244–248	20.5.1576	J. Heerbrand	Ioan 16	
2295	91	249–251	20.5.1576 vesperi	D. Schnepff	Bapt.	
2296	92*	251–253	24.5.1576	D. Schnepff	Ps 60	
2297	93	254–257	27.5.1576	J. Heerbrand	Ioan 16	
2298	94	257–259	27.5.1576 vesperi	D. Schnepff	Bapt.	
2299	95	260–263	31.5.1576 ⟨Himmelf.⟩	J. Heerbrand	Act 1	
2300	96	264–266	31.5.1576 vesperi ⟨Himmelf.⟩	J. Dachtler	⟨Erhöhung Christi⟩	
2301	97	266–269	3.6.1576	J. Heerbrand	Ioan 15.16	
2302	98	270–272	3.6.1576 vesperi	D. Schnepff	Symb. fid.	
2303	99*	273–274	7.6.1576	D. Schnepff	Ps 61	
2304	100	275–277	10.6.1576 ⟨Pfingsts.⟩	J. Heerbrand	Act 2	
2305	101	278–280	10.6.1576 vesperi ⟨Pfingsts.⟩	D. Schnepff	Eph 4	CAn 3,18–21
2306	102	280–283	11.6.1576 ⟨Pfingstm.⟩	J. Heerbrand	Act 10	CAn 3,68–71
2307	103*	283–285	11.6.1576 vesperi ⟨Pfingstm.⟩	J. Dachtler	Col 3; Eph 5	CAn 3,83–84
2308	104	285–288	17.6.1576	D. Schnepff	Ioan 3	
2309	105*	288–289	17.6.1576 vesperi	A. Hunnius	1 Cor 2	
2310	106	290–291	21.6.1576	J. Liebler	Mich 5	
2311	107	291–295	24.6.1576	J. Heerbrand	Luc 16	
2312	108	295–297	24.6.1576 vesperi	J. Liebler	Symb. fid.	
2313	109	298–299	28.6.1576	J. Liebler	Mich 5	
2314	110*	299–303	29.6.1576	P. Leyser	Matth 16	CAn 4,179–182
2315	111	303–305	29.6.1576 vesperi	J. Liebler	Act 12	
2316	112	306–308	1.7.1576	D. Schnepff	Luc 1	
2317	113	309–310	1.7.1576 vesperi	Th. Löher	Symb. fid.	
2318	114*	311–312	5.7.1576	G. Mylius	1 Petr 5	
2319	115*	313–316	6.7.1576 hora 5ª· usque ad 6ᵃᵐ· vesperi	D. Schnepff	2 Tim 4†	Abb. S. 84
2320	116	317–319	8.7.1576	D. Schnepff	Marc 13	
2321	117	320–321	8.7.1576 vesperi	J. Liebler	Symb. fid.	
2322	118	322–324	12.7.1576	D. Schnepff	Ps 62	
2323	119*	324–326	15.7.1576	D. Schnepff	Marc 13	
2324	120*	326	15.7.1576 vesperi	D. Schnepff	Symb. fid.	
2325	121	327–330	22.7.1576	D. Schnepff	Marc 13	
2326	122*	330–332	22.7.1576 vesperi	Th. Löher	Orat. dom.	
2327	123*	332	25.7.1576	J. Heerbrand	Act 12	
2328	124	333–335	25.7.1576 vesperi	D. Schnepff	Rom 8	
2329	125	335–338	26.7.1576	J. Heerbrand	Exod 23	
2330	126	338–342	29.7.1576	J. Heerbrand	Matth 5	
2331	127	343–345	29.7.1576 vesperi	D. Schnepff	Orat. dom.	
2332	128*	345–348	2.8.1576	D. Schnepff	Ps 63	
2333	129*	348–351	5.8.1576	D. Schnepff	Marc 8	
2334	130	351–354	5.8.1576 vesperi	P. Leyser	Ioan 8	
2335	131	354–356	9.8.1576	D. Schnepff	Ps 63	
2336	132	357–359	12.8.1576	D. Schnepff	Matth 7	
2337	133	360–362	12.8.1576 vesperi	D. Schnepff	Orat. dom.	

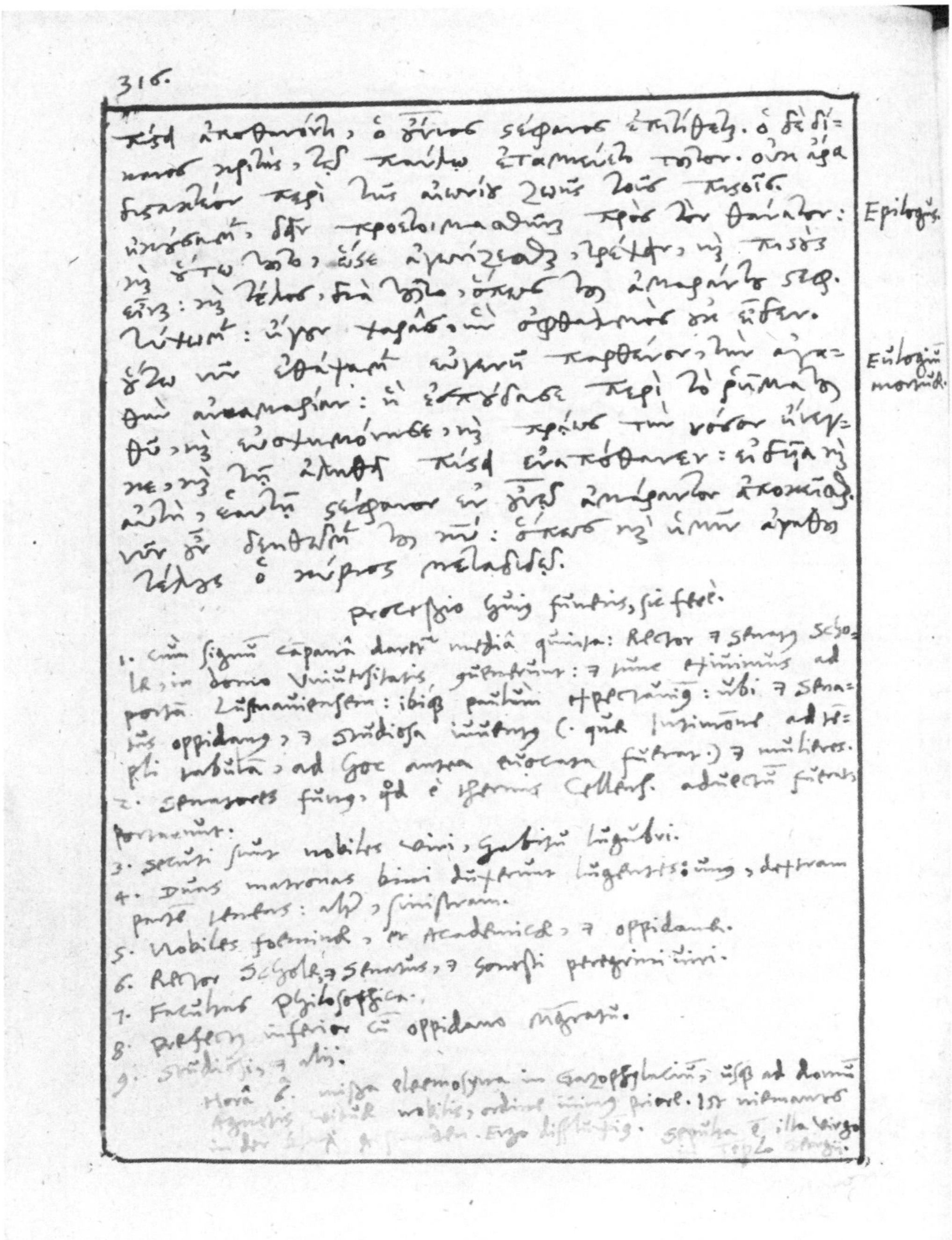

Griechische Mitschrift der Leichenpredigt für Anna Maria von Anweiler (Predigt Nr. 2319). Am Schluß Beschreibung der Leichenzugsordnung, 6. Juli 1576. Tübingen UB: Mb 19–8, p. 316

Lfd. Nr.	*Orig. Nr.*	*Seiten*	*Datum*	*Prediger*	*Predigttext*	*Drucke u. Hss.*
2338	134*	362–364	16.8.1576	D. Schnepff	Ps 64	
2339	135*	364–366	19.8.1576	D. Schnepff	Luc 16	
2340	136*	367–369	19.8.1576 vesperi	D. Schnepff	Orat. dom.	
2341	137	369–371	23.8.1576	D. Schnepff	Ps 65	
2342	138	372–374	24.8.1576	D. Schnepff	Luc 22	CAn 2,96–98
2343	139	375–376	24.8.1576 vesperi	J. Dachtler	2 Cor 4	
2344	140	376–379	26.8.1576	D. Schnepff	Luc 19	
2345	141*	379–380	26.8.1576 vesperi	J. Dachtler	Orat. dom.	
2346	142	381–383	30.8.1576	D. Schnepff	Ps 65	
2347	143	383–385	2.9.1576	D. Schnepff	Luc 18	
2348	144	386–388	2.9.1576 vesperi	J. Dachtler	Orat. dom.	
2349	145	388–391	6.9.1576	J. Heerbrand	Exod 23	
2350	146	391–394	9.9.1576	J. Andreae	Marc 7	
2351	147	394–396	9.9.1576 vesperi	J. Dachtler	Orat. dom.	
2352	148	396–398	13.9.1576	J. Liebler	Ps 103	
2353	149	398–400	16.9.1576	J. Liebler	Luc 10	
2354	150	400–402	16.9.1576 vesperi	J. Dachtler	Orat. dom.	
2355	151	402–404	20.9.1576	D. Schnepff	Ps 66	
2356	152	405–407	21.9.1576	D. Schnepff	Matth 9	
2357	153	408–410	21.9.1576 vesperi	D. Schnepff	Decal.	
2358	154	410–412	23.9.1576	D. Schnepff	Luc 17	
2359	155	413–415	23.9.1576 vesperi	J. Liebler	Decal.	
2360	156	416–418	27.9.1576	J. Heerbrand	Exod 24	
2361	157*	419–422	30.9.1576	J. Heerbrand	Apoc 12	CAn 4,311–314
2362	158	423–425	30.9.1576 vesperi	D. Schnepff	Decal.	
2363	159	425–428	4.10.1576	D. Schnepff	Ps 66	
2364	160	428–431	7.10.1576	D. Schnepff	Luc 7	
2365	161	432–433	7.10.1576 vesperi	J. Liebler	Decal.	
2366	162*	434–436	11.10.1576	J. Heerbrand	Exod 24	
2367	163*	436–438	13.10.1576	Th. Löher	Gen 5†	
2368	164	438–441	14.10.1576	J. Heerbrand	Luc 14	
2369	165	441–444	14.10.1576 vesperi	D. Schnepff	Decal.	
2370	166*	444–446	16.10.1576	J. Liebler	Ies 57†	
2371	167	447–449	18.10.1576	D. Schnepff	Ps 6	
2372	168*	449–451	19.10.1576	Th. Löher	Exod 22	
2373	169	451–454	21.10.1576	D. Schnepff	Matth 22	
2374	170	454–457	21.10.1576 vesperi	J. Liebler	Decal.	
2375	171	457–459	25.10.1576	J. Heerbrand	Exod 25	
2376	172	460–462	28.10.1576	D. Schnepff	Matth 9	
2377	173*	462–464	28.10.1576 vesperi	Th. Löher	Decal.	
2378	174	464–466	1.11.1576	J. Liebler	Ps 34	
2379	175*	467–469	4.11.1576	D. Schnepff	Matth 22	CAn 3,386–388
2380	176*	470–472	4.11.1576 vesperi	J. Liebler	Decal.	
2381	177	473–475	8.11.1576	J. Liebler	Ies 3	
2382	178*	475–476	11.11.1576 vesperi	J. Dachtler	Decal.	
2383	179	477–479	15.11.1576	J. Heerbrand	Exod 25	
2384	180	480–482	18.11.1576	J. Heerbrand	Matth 18	
2385	181	483–484	18.11.1576 vesperi	Th. Löher	Decal.	
2386	182*	485–487	22.11.1576	J. Heerbrand	Exod 25	
2387	183*	488–490	25.11.1576	D. Schnepff	Matth 9	
2388	184	490–491	25.11.1576 vesperi	Th. Löher	Decal.	
2389	185	492–494	29.11.1576	D. Schnepff	Ps 67	

Lfd. Nr.	*Orig. Nr.*	*Seiten*	*Datum*	*Prediger*	*Predigttext*	*Drucke u. Hss.*
2390	186*	495–496	30.11.1576	J. Liebler	Ies 48	
2391	187*	497–499	30.11.1576 vesperi	D. Schnepff	Ies 3 †	
2392	188	500–502	2.12.1576	D. Schnepff	Zach 9	
2393	189*	503–504	2.12.1576 vesperi	Th. Löher	Decal.	
2394	190	505–507	6.12.1576	J. Heerbrand	Exod 25	
2395	191	507–510	9.12.1576	J. Heerbrand	Luc 21	
2396	192	510–511	9.12.1576 vesperi	J. Dachtler	Decal.	
2397	193	512–514	13.12.1576	D. Schnepff	Ps 68	
2398	194	514–517	16.12.1576	D. Schnepff	Matth 11	
2399	195	517–518	16.12.1576 vesperi	J. Dachtler	Decal.	
2400	196	519–521	20.12.1576	J. Heerbrand	Exod 26	
2401	197	521–524	21.12.1576	J. Heerbrand	Ioan 20	
2402	198	525–526	21.12.1576 vesperi	Th. Löher	Coena Dom.	
2403	199	527–529	23.12.1576	D. Schnepff	Ioan 1	
2404	200	529–531	23.12.1576 vesperi	Th. Löher	Coena Dom.	

(p. 532) Has CC conciones, Tybingae in Templo S. Georgij, hoc modo in hisce chartis, ἐπὶ τῶν μου γονάτων positis, ex ore eloquentium et copiosorum Theologorum nostrorum summatim excepi: quos ὁ τῶν ὅλων πρύτανις, καὶ φιλάνθρωπος θεὸς, quam divitißime incolumes conservet: avertens omnem impiam et crudelem hostium nostrorum ἐφεδρείαν à nobis: Ecclesiae nutritios et alumnos paternè tuens. Amen. Μαρτῖνος ὁ Κρούσιος, ἑκατέρας γλώσσης ἐν τυβίγγῃ διδάσκαλος.
(am Rand:) À 21. Decemb. 1575 usque ad 23. Decemb. 1576.
Domi relectae, et per omnia correctae.

Mb 19–9

(Spiegel vorn) Stichwortsammlung, zwei Eintragungen zu pp. 1–448.
(f. I) Conciones Anni 1577/1578/ et aliquot 1579. omnes, 406. Μαρτινοκρούσιος.
(ff. II, III) Stichwortsammlung, wenige Eintragungen zu pp. 1–448 (später hinzugefügt).
(p. 1) Concionum summae, ex ore Tybingensium Theologorum, copiosè et ornatè Germanicè ad populum habitarum, à me M. Martino Crusio, utriusque in hac Academia linguae Profeßore, sic in Templo S. Georgij exceptae.

Lfd. Nr.	*Orig. Nr.*	*Seiten*	*Datum*	*Prediger*	*Predigttext*	*Drucke u. Hss.*
2405	1	1–2	24.12.1576	Th. Löher	Tit 2	
2406	2	2–5	25.12.1576	J. Heerbrand	Luc 2	
2407	3	5–7	25.12.1576 vesperi	D. Schnepff	Ioan 1	CAn 1,143–145
2408	4	8–11	26.12.1576	D. Schnepff	Act 6.7	
2409	5	11–13	26.12.1576 vesperi	J. Dachtler	Tit 2	CAn 1,128–130
2410	6	13–17	27.12.1576	J. Heerbrand	Ioan 21	CAn 4,46–50
2411	7*	17–19	27.12.1576 vesperi	A. Varnbühler	Hebr 1	
2412	8	19–21	30.12.1576	D. Schnepff	Ioan 1	
2413	9	22–23	30.12.1576 vesperi	J. Dachtler	Gal 4	
2414	10	23–26	1.1.1577	J. Heerbrand	Luc 2	
2415	11*	26–28	1.1.1577 vesperi	D. Schnepff	Ies 61	CAn 1,178–181
2416	12*	29–31	3.1.1577	D. Schnepff	Ps 68	
2417	13	31–33	6.1.1577	D. Schnepff	Matth 2	
2418	14	34–35	6.1.1577 vesperi	A. Varnbühler	Ies 60	
2419	15	35–38	10.1.1577	J. Heerbrand	Exod 31	
2420	16	38–40	13.1.1577	J. Heerbrand	Luc 2	

Lfd. Nr.	*Orig. Nr.*	*Seiten*	*Datum*	*Prediger*	*Predigttext*	*Drucke u. Hss.*
2421	17	41–42	13.1.1577 vesperi	D. Schnepff	Coena Dom.	
2422	18	43–45	17.1.1577	D. Schnepff	Ps 68	
2423	19	45–48	20.1.1577	D. Schnepff	Ioan 2	
2424	20	48–49	20.1.1577 vesperi	A. Varnbühler	Potest. clav.	
2425	21*	50–52	24.1.1577	D. Schnepff	Ps 68	
2426	22	52–54	27.1.1577	J. Heerbrand	Matth 8	CAn 1,243–246
2427	23	55–57	27.1.1577 vesperi	D. Schnepff	Katechismus	
2428	24	57–59	31.1.1577	J. Heerbrand	Exod 31	
2429	25	60–62	2.2.1577	D. Schnepff	Luc 2	CAn 4,69–72
2430	26	62–63	2.2.1577 vesperi	Th. Löher	Quaestio	
2431	27	64–66	3.2.1577	J. Heerbrand	Matth 20	
2432	28	66–68	3.2.1577 vesperi	D. Schnepff	Bapt.	
2433	29	69–70	7.2.1577	D. Schnepff	Ps 68	
2434	30	71–73	10.2.1577	D. Schnepff	Luc 8	
2435	31	74–75	10.2.1577 vesperi	J. Dachtler	Bapt.	
2436	32	75–77	14.2.1577	J. Heerbrand	Exod 32	
2437	33	78–80	17.2.1577	J. Heerbrand	Luc 18	
2438	34	80–83	17.2.1577 vesperi	D. Schnepff	Symb. fid.	
2439	35	83–86	21.2.1577	D. Schnepff	Ps 69	
2440	36*	86–88	24.2.1577	D. Schnepff	Matth 4	
2441	37	89–90	24.2.1577 vesperi	Th. Löher	Symb. fid.	
2442	38	91–92	28.2.1577	J. Heerbrand	Exod 32	
2443	39	93–95	3.3.1577	J. Heerbrand	Matth 15	CAn 1,336–339
2444	40	95–96	3.3.1577 vesperi	J. Dachtler	Symb. fid.	
2445	41	96–99	7.3.1577	D. Schnepff	Ps 69	
2446	42	99–101	10.3.1577	D. Schnepff	Luc 11	
2447	43*	102–103	10.3.1577 vesperi	J. Dachtler	Symb. fid.	
2448	44*	104–105	13.3.1577	J. Dachtler	1 Tim 4†	
2449	45	106–108	14.3.1577	J. Heerbrand	Exod 32	
2450	46	108–110	17.3.1577	J. Heerbrand	Ioan 6	
2451	47	111–113	17.3.1577 vesperi	D. Schnepff	Luc 2	
2452	48	113–115	21.3.1577	D. Schnepff	Ps 69	
2453	49	115–117	24.3.1577	D. Schnepff	Ps 69	
2454	50	118–119	24.3.1577 vesperi	J. Dachtler	⟨Abendmahl⟩	
2455	51*	120–122	25.3.1577	J. Heerbrand	Luc 13	CAn 1,403–406
2456	52	123–124	25.3.1577 vesperi	Th. Löher	Eph 5	CAn 1,358–359
2457	53	124–126	28.3.1577	D. Schnepff	Ps 69	
2458	54*	126–127	30.3.1577	A. Varnbühler	Ies 53	CAn 2,35–36
2459	55*	128–130	31.3.1577 post horam 6$^{am.}$	J. Wesenbeck	Ioan 18	
2460	56	130–132	⟨31.3.⟩1577 post 8$^{am.}$	D. Schnepff	Matth 21	
2461	57	132–134	⟨31.3.⟩1577 post 11$^{am.}$	Th. Löher	Ioan 18.19	
2462	58	134–135	⟨31.3.⟩1577 vesperi	Varnbühler	Ioan 19	
2463	59	136	3.4.1577 vesperi	Th. Löher	Exod 12	
2464	60	137–138	4.4.1577 ⟨Gründ.⟩	J. Dachtler	Ioan 13	
2465	61	138–141	4.4.1577 vesperi ⟨Gründ.⟩	D. Schnepff	Ioan 18	
2466	62	141–144	5.4.1577 ⟨Karfr.⟩	D. Schnepff	Ioan 18.19	
2467	63	145–148	5.4.1577 vesperi ⟨Karfr.⟩	J. Wesenbeck	Ioan 19	
2468	64*	148–149	6.4.1577	Th. Löher	Ioan ⟨19⟩	
2469	65	150–152	7.4.1577 ⟨Osters.⟩	D. Schnepff	Marc 16	
2470	66	152–154	7.4.1577 vesperi ⟨Osters.⟩	J. Dachtler	1 Cor 5	
2471	67	154–156	8.4.1577 ⟨Osterm.⟩	D. Schnepff	Luc 24	
2472	68	157–158	8.4.1577 vesperi ⟨Osterm.⟩	Th.Löher	Hiob 19	CAn 2,180–181

Lfd. Nr.	*Orig. Nr.*	*Seiten*	*Datum*	*Prediger*	*Predigttext*	*Drucke u. Hss.*
2473	69	159, 162	11.4.1577	D. Schnepff	Ps 70	
2474	70*	163–165	14.4.1577	J. Heerbrand	Ioan 20	
2475	71	165–167	14.4.1577 vesperi	D. Schnepff	Symb. fid.	
2476	72	167–168	18.4.1577	J. Dachtler	1 Ioan 5	
2477	73	168–170	21.4.1577	D. Schnepff	Ioan 10	
2478	74	171–172	21.4.1577 vesperi	Th. Löher	Symb. fid.	
2479	75	172–174	25.4.1577	J. Heerbrand	Exod 32	
2480	76*	174–176	28.4.1577	Ph. Hailbronner	Ioan 16	
2481	77	176–177	28.4.1577 vesperi	D. Schnepff	Symb. fid.	
2482	78*	178–180	1.5.1577	J. Hailbronner	Ioan 14	
2483	79	180–181	1.5.1577 vesperi	Th. Löher	Symb. fid.	
2484	80*	182–183	2.5.1577	D. Schnepff	Ps 71	
2485	81*	184–186	5.5.1577	D. Schnepff	Ioan 16	
2486	82*	186–188	9.5.1577 post horam 8$^{am.}$	D. Schnepff	Eph 4	
2487	83	188–190	12.5.1577	J. Heerbrand	Ioan 16	
2488	84*	191–192	12.5.1577 vesperi	J. Dachtler	Iac 1	
2489	85	193–195	16.5.1577 ⟨Himmelf.⟩	D. Schnepff	Act 1	CAn 3,2–6
2490	86	195–196	16.5.1577 vesperi ⟨Himmelf.⟩	A. Varnbühler	Symb. fid.	
2491	87	197–199	19.5.1577	D. Schnepff	Ioan 15.16	
2492	88	199–200	19.5.1577 vesperi	Th. Löher	Symb. fid.	
2493	89	201–202	23.5.1577	J. Dachtler	1 Petr 4	
2494	90	202–203	25.5.1577	A. Varnbühler	Ies 52	CAn 3,1–2
2495	91	203–206	26.5.1577 ⟨Pfingsts.⟩	J. Heerbrand	Act 2	
2496	92	207–208	26.5.1577 vesperi ⟨Pfingsts.⟩	J. Dachtler	Act 2	CAn 3,12–14
2497	93	209–211	27.5.1577 ⟨Pfingstm.⟩	D. Schnepff	Ioan 3	
2498	94	212–213	27.5.1577 vesperi ⟨Pfingstm.⟩	J. Wesenbeck	Eph 4	
2499	95	214–216	30.5.1577	J. Heerbrand	Exod 33	
2500	96	217–219	2.6.1577	J. Heerbrand	Ioan 3	
2501	97	220–222	6.6.1577	J. Heerbrand	Exod 33	
2502	98	222–226	9.6.1577	J. Heerbrand	Luc 16	
2503	99	226–228	9.6.1577 vesperi	J. Wesenbeck	Orat. dom.	
2504	100*	228–230	15.6.1577	J. Dachtler	2 Tim 4†	
2505	101*	231–234	16.6.1577	J. Heerbrand	Luc 14	
2506	102	234–236	20.6.1577	D. Schnepff	Ps 71	
2507	103*	236–239	23.6.1577	D. Schnepff	Luc 15	
2508	104	239–240	23.6.1577 vesperi	J. Wesenbeck	Orat. dom.	
2509	105	241–243	24.6.1577	J. Heerbrand	Luc 1	
2510	106	244–246	24.6.1577 vesperi	J. Wesenbeck	Marc 6	
2511	107	246–248	27.6.1577	D. Schnepff	Ps 71	
2512	108*	248–251	28.6.1577	D. Schnepff	Hiob 19†	
2513	109*	251–253	29.6.1577	D. Schnepff	Matth 16	
2514	110	254–256	29.6.1577 vesperi	J. Wesenbeck	Act 9	
2515	111	256–258	30.6.1577	D. Schnepff	Luc 6	
2516	112	258–259	30.6.1577 vesperi	J. Dachtler	Orat. dom.	
2517	113*	260–261	1.7.1577	D. Schnepff	Ps 13†	
2518	114	262–264	4.7.1577	J. Heerbrand	Exod 34	
2519	115	264–267	7.7.1577	J. Heerbrand	Luc 5	CAn 3,165–170
2520	116	267–269	7.7.1577 vesperi	D. Schnepff	Orat. dom.	
2521	117	269–271	11.7.1577	D. Schnepff	Ps 72	
2522	118	271–273	14.7.1577	D. Schnepff	Matth 5	
2523	119	273–274	14.7.1577 vesperi	J. Wesenbeck	Orat. dom.	
2524	120	275–276	18.7.1577	J. Heerbrand	Exod 34	

Lfd. Nr.	*Orig. Nr.*	*Seiten*	*Datum*	*Prediger*	*Predigttext*	*Drucke u. Hss.*
2525	121	277–279	21.7.1577	J. Heerbrand	Marc 8	
2526	122	279–281	21.7.1577 vesperi	D. Schnepff	Orat. dom.	
2527	123	281–283	25.7.1577	D. Schnepff	Matth 20	
2528	124	283–285	25.7.1577 vesperi	A. Varnbühler	Act 12	
2529	125	285–287	28.7.1577	D. Schnepff	Matth 7	
2530	126*	287–288	28.7.1577 vesperi	J. Plieninger	Matth 7	
2531	127	289–291	1.8.1577	D. Schnepff	Ps 72	
2532	128	291–293	4.⟨8.⟩1577	J. Heerbrand	Luc 16	
2533	129	294–296	4.⟨8.⟩1577 vesperi	D. Schnepff	Orat. dom.	
2534	130	296–298	8.8.1577	J. Heerbrand	Exod 35	
2535	131	299–301	11.8.1577	D. Schnepff	Luc 19	
2536	132	301–302	11.8.1577 vesperi	J. Dachtler	Orat. dom.	
2537	133	303–305	15.8.1577	D. Schnepff	Ps 72	
2538	134	305–308	18.8.1577	J. Heerbrand	Luc 18	
2539	135	308–310	22.8.1577	D. Schnepff	Ps 73	
2540	136	310–311	24.8.1577 vesperi	J. Dachtler	Decal.	
2541	137	311–312	25.8.1577	D. Schnepff	Marc 7	
2542	138	313–314	29.8.1577	D. Schnepff	Ps 73	
2543	139	315–317	1.9.1577	D. Schnepff	Luc 10	
2544	140	317–318	5.9.1577	J. Dachtler	Luc 10	
2545	141*	318–320	6.9.1577 post horam 3$^{am.}$	Th. Löher	Luc 13†	
2546	142	320–322	8.9.1577	J. Heerbrand	Luc 17	
2547	143*	322–324	9.9.1577 post tertiam vesperi	J. Wesenbeck	1 Cor 15†	
2548	144	325–326	12.9.1577	J. Heerbrand	Num 1	
2549	145*	326–328	15.9.1577	D. Schnepff	Matth 6	
2550	146	329–331	21.9.1577	J. Heerbrand	Matth 9	
2551	147	331–333	21.9.1577 vesperi	D. Schnepff	Decal.	
2552	148	333–336	22.9.1577	D. Schnepff	Luc 7	
2553	149*	336–339	26.9.1577	J. Heerbrand	Num 2	
2554	150*	339–342	29.9.1577	J. Heerbrand	Matth 18	CAn 4,300–303
2555	151	342–344	⟨3.10.1577⟩	D. Schnepff	Ps 74	
2556	152	345–347	6.10.1577	D. Schnepff	Matth 22	Or 1604,30–32
2557	153	347–349	6.10.1577 vesperi	J. Wesenbeck	Decal.	
2558	154	350–352	10.10.1577	J. Heerbrand	Num 3	
2559	155	352–354	13.10.1577	J. Heerbrand	Matth 9	
2560	156	355–356	13.10.1577 vesperi	J. Wesenbeck	Decal.	
2561	157*	357–358	15.10.1577	Th. Löher	Ies 40†	
2562	158	358–360	17.10.1577	D. Schnepff	Ps 74	
2563	159*	361–364	20.10.1577	D. Schnepff	Matth 22	
2564	160*	364–366	20.10.1577 vesperi	D. Schnepff	Decal.	
2565	161*	367–368	22.10.1577	Th. Löher	Eph 6†	
2566	162	369–370	24.10.1577	J. Heerbrand	Num 3	
2567	163*	371–373	27.10.1577	J. Heerbrand	Ioan 4	CAn 3,398–401
2568	164	374–375	27.10.1577 vesperi	J. Wesenbeck	Decal.	
2569	165*	375–377	28.10.1577	D. Schnepff	Ioan 15	
2570	166	377–378	28.10.1577 vesperi	J. Dachtler	Decal.	
2571	167	379–380	31.10.1577	D. Schnepff	Ps 74	
2572	168*	380–382	2.11.1577	A. Varnbühler	Phil 1	
2573	169*	382–384	3.11.1577	J. Heerbrand	Matth 18	
2574	170*	385–386	3.11.1577 vesperi	J. Wesenbeck	Coena Dom.	
2575	171	386–388	7.11.1577	J. Heerbrand	Num 3	
2576	172	389–390	10.11.1577	D. Schnepff	Matth 22	

Lfd. Nr.	*Orig. Nr.*	*Seiten*	*Datum*	*Prediger*	*Predigttext*	*Drucke u. Hss.*
2577	173	391–392	10.11.1577 vesperi	J. Wesenbeck	Coena Dom.	
2578	174	393–395	14.11.1577	D. Schnepff	Ps 74	
2579	175*	395–397	17.11.1577	J. Heerbrand	Matth 9	Ed12; Ed32, 480–494; CAn 1,22–24
2580	176*	398–399	17.11.1577 vesperi	J. Wesenbeck	Potest. clav.	
2581	177	400–401	21.11.1577	J. Heerbrand	Num 4	
2582	178*	402–404	24.11.1577	J. Heerbrand	Matth 24	CAn 3,460–466
2583	179	404–406	24.11.1577 vesperi	J. Wesenbeck	Potest. clav.	
2584	180	406–408	28.11.1577	D. Schnepff	Ps 75	
2585	181	408–410	30.11.1577	D. Schnepff	Matth 4	CAn 4,1–3
2586	182	410–411	30.11.1577 vesperi	Th. Löher	Rom 13	
2587	183	411–413	1.12.1577	J. Heerbrand	Matth 21	
2588	184	414–415	1.12.1577 vesperi	J. Wesenbeck	Matth 25	
2589	185	416–417	5.12.1577	J. Heerbrand	Num 4	
2590	186	418–419	8.12.1577	D. Schnepff	Luc 21	CAn 1,16–19
2591	187	420–421	8.12.1577 vesperi	D. Schnepff	Rom 15	CAn 1,27–30
2592	188	421–423	12.12.1577	D. Schnepff	Ps 75	
2593	189	424–425	15.12.1577	J. Heerbrand	Matth 11	
2594	190	426–427	15.12.1577 vesperi	D. Schnepff	Katechismus	
2595	191	427–428	19.12.1577	D. Schnepff	Ps 76	
2596	192	429–430	21.12.1577	D. Schnepff	Ioan 20	CAn 4,18–20
2597	193	431	21.12.1577 vesperi	A. Varnbühler	Phil 4	
2598	194	431–433	22.12.1577	D. Schnepff	Ioan 1	
2599	195	433–434	22.12.1577 vesperi	J. Wesenbeck	Eph 1	
2600	196	435–436	24.12.1577	A. Varnbühler	Matth 1	
2601	197	436–438	25.12.1577	D. Schnepff	Luc 2	CAn 1,97–99
2602	198	438–439	25.12.1577 vesperi	J. Wesenbeck	Tit 2	
2603	199	439–441	26.12.1577	D. Schnepff	Act 6.7	
2604	200	441–443	26.12.1577 vesperi	J. Wesenbeck	Hebr 1	
2605	201	443–445	27.12.1577	D. Schnepff	Ies 11	CAn 1,79–81
2606	202	445–447	27.12.1577 vesperi	J. Wesenbeck	1 Tim 1	
2607	203*	447–448	29.12.1577	D. Schnepff	Luc 2	

(pp. 450–457) Stichwortsammlung zu pp. 1–448 *(später hinzugefügt).*
(p. ^{2}1) CONCIONES, EX ORE TYBING. THEOLOGORUM, in Templo S. Georgij sic αὐτοχειρὶ summatim à me M. Martino Crusio exceptae. 1578.

Lfd. Nr.	*Orig. Nr.*	*Seiten*	*Datum*	*Prediger*	*Predigttext*	*Drucke u. Hss.*
2608	1*	^{2}1–2	5.1.1578	D. Schnepff	Hos 2	CAn 1,198–199
2609	2	^{2}3–4	5.1.1578 vesperi	A. Varnbühler	Gal 3	
2610	3	^{2}4–6	6.1.1578	J. Heerbrand	Matth 2	
2611	4	^{2}6–8	6.1.1578 vesperi	J. Wesenbeck	Matth 3	
2612	5	^{2}8–9	9.1.1578	D. Schnepff	Ps 77	
2613	6	^{2}9–11	12.1.1578	D. Schnepff	Luc 2	
2614	7	^{2}11–12	12.1.1578 vesperi	J. Wesenbeck	Bapt.	
2615	8	^{2}13–14	16.1.1578	J. Heerbrand	Num 5	
2616	9	^{2}15–17	19.1.1578	J. Heerbrand	Ioan 2	Ed14; Ed32, 63–84
2617	10	^{2}17–19	19.1.1578 vesperi	J. Wesenbeck	Symb. fid.	
2618	11	^{2}19–21	23.1.1578	D. Schnepff	Ps 77	
2619	12	^{2}21–23	26.1.1578	D. Schnepff	Matth 8	
2620	13	^{2}23–25	26.1.1578 vesperi	J. Wesenbeck	Symb. fid.	

Lfd. Nr.	*Orig. Nr.*	*Seiten*	*Datum*	*Prediger*	*Predigttext*	*Drucke u. Hss.*
2621	14	^{2}25–27	30.1.1578	J. Heerbrand	Num 5	
2622	15	^{2}27–30	2.2.1578	J. Heerbrand	Luc 2	
2623	16	^{2}30–32	2.2.1578 vesperi	D. Schnepff	Mal 3	
2624	17*	^{2}32–35	6.2.1578	D. Schnepff	Ps 78	
2625	18	^{2}35–36	9.2.1578	D. Schnepff	Luc 18	
2626	19*	^{2}37–38	9.2.1578 vesperi	J. Wesenbeck	Symb. fid.	
2627	20*	^{2}39–41	16.2.1578	J. Heerbrand	Matth 4	CAn 1,327–330; Ed15; Ed32, 136–159
2628	21	^{2}41–42	16.2.1578 vesperi	D. Schnepff	Symb. fid.	
2629	22*	^{2}43–48	20.2.1578	J. Heerbrand	Luc 7	Ed13; Ed32, 452–479

(p. ^{2}49) Ganzseitige Eintragung über die offiziellen Festlichkeiten (20./21. Februar 1578) zum Jahrhundertjubiläum der Universität Tübingen und den Besuch Herzog Ludwigs von Württemberg.

Lfd. Nr.	*Orig. Nr.*	*Seiten*	*Datum*	*Prediger*	*Predigttext*	*Drucke u. Hss.*
2630	23*	^{2}50	22.2.1578 hora 3^{a}	D. Schnepff	Rom 8†	
2631	24*	^{2}51–53	23.2.1578	D. Schnepff	Matth 15	
2632	25*	^{2}54–57	24.2.1578	J. Heerbrand	Matth 11	
2633	26*	^{2}57–59	24.2.1578 vesperi	A. Varnbühler	Act 1	
2634	27	^{2}59–61	27.2.1578	D. Schnepff	Ps 78	
2635	28	^{2}62–64	2.3.1578	D. Schnepff	Luc 11	
2636	29	^{2}65–66	2.3.1578 vesperi	J. Wesenbeck	Decal.	
2637	30*	^{2}66–68	6.3.1578	D. Schnepff	Ps 78	
2638	31	^{2}68–71	9.3.1578	J. Heerbrand	Ioan 6	CAn 1,363–367
2639	32	^{2}72–73	9.3.1578 vesperi	J. Wesenbeck	Decal.	
2640	33	^{2}74–77	13.3.1578	J. Heerbrand	Num 6	CAn 4,429–434
2641	34*	^{2}77–79	16.3.1578	D. Schnepff	Ioan 8	CAn 1,382–384
2642	35	^{2}79–81	16.3.1578 vesperi	J. Wesenbeck	Decal.	
2643	36	^{2}81–83	20.3.1578	D. Schnepff	Ps 78	
2644	37	^{2}83–84	22.3.1578	A. Varnbühler	⟨Sünde und Erlösung⟩	
2645	38	^{2}84–86	23.3.1578 mane media 7^{a}	J. Wesenbeck	Ioan 18	
2646	39	^{2}86–88	23.3.1578 hora fere 9^{a}	J. Heerbrand	Matth 21	
2647	40	^{2}89–90	23.3.1578 post prandium	A. Varnbühler	Ioan 18.19	
2648	41	^{2}91–92	23.3.1578 vesperi	Th. Löher	Ioan 19	
2649	42	^{2}93–95	25.3.1578	D. Schnepff	Luc 1	
2650	43	^{2}96–97	25.3.1578 vesperi	J. Wesenbeck	Ies 7	
2651	44	^{2}98–99	26.3.1578	Th. Löher	1 Cor 11	
2652	45*	^{2}99–102	27.3.1578 ⟨Gründ.⟩	J. Heerbrand	Ioan 13	CC 280–289
2653	46	^{2}102–106	27.3.1578 vesperi ⟨Gründ.⟩	D. Schnepff	Ioan 18	
2654	47	^{2}106–110	28.3.1578 ⟨Karfr.⟩	J. Heerbrand	Ioan 18.19	
2655	48	^{2}111–115	28.3.1578 vesperi ⟨Karfr.⟩	J. Wesenbeck	Ioan 19	
2656	49	^{2}115–116	29.3.1578	J. Dachtler	Matth 27	
2657	50	^{2}117–120	30.3.1578 ⟨Osters.⟩	J. Heerbrand	Marc 16	CAn 2,165–169
2658	51	^{2}121–123	30.3.1578 vesperi ⟨Osters.⟩	D. Schnepff	Matth 12	CAn 2,173–175
2659	52	^{2}124–126	31.3.1578 ⟨Osterm.⟩	J. Wesenbeck	Ies 53	CAn 2,32–34
2660	53	^{2}126–127	31.3.1578 vesperi ⟨Osterm.⟩	J. Dachtler	Luc 24	
2661	54	^{2}128–129	3.4.1578	J. Dachtler	Ioan 21	CAn 2,213–215
2662	55	^{2}129–132	6.4.1578	J. Heerbrand	Ioan 20	CAn 2,226–229
2663	56	^{2}132–134	6.4.1578 vesperi	J. Wesenbeck	Decal.	

Lfd. Nr.	*Orig. Nr.*	*Seiten*	*Datum*	*Prediger*	*Predigttext*	*Drucke u. Hss.*
2664	57*	^{2}134–137	9.4.1578	D. Schnepff	Col 1†	
2665	58	^{2}137–138	10.4.1578	D. Schnepff	Ps 78	
2666	59	^{2}139–141	13.4.1578	D. Schnepff	Ioan 10	
2667	60	^{2}141–143	13.4.1578 vesperi	J. Wesenbeck	Decal.	
2668	61*	^{2}143–146	20.4.1578	J. Heerbrand	Ioan 16	CAn 2,253–256
2669	62*	^{2}146–147	20.4.1578 vesperi	J. Wesenbeck	Coena Dom.	
2670	63	^{2}148–149	24.4.1578	D. Schnepff	Ps 78	
2671	64*	^{2}149–151	27.4.1578	D. Schnepff	Ioan 16	CAn 2,267–270
2672	65*	^{2}152–154	30.4.1578	D. Schnepff	Ies 40†	
2673	66	^{2}154–156	1.5.1578	D. Schnepff	Ioan 14	
2674	67*	^{2}156–157	2.5.1578	J. Wesenbeck	Rom 13	
2675	68*	^{2}158–160	4.5.1578	D. Schnepff	Ioan 16	
2676	69	^{2}160–161	4.5.1578 vesperi	J. Wesenbeck	Ps 145	
2677	70	^{2}162–164	8.5.1578 ⟨Himmelf.⟩	D. Schnepff	Act 1	CAn 2,301–304
2678	71	^{2}164–166	8.5.1578 vesperi ⟨Himmelf.⟩	J. Wesenbeck	Ps 68	CAn 2,306–308
2679	72	^{2}167–168	11.5.1578	D. Schnepff	Ioan 15.16	
2680	73	^{2}169–170	11.5.1578 vesperi	Th. Löher	1 Petr 4	CAn 2,322–324
2681	74	^{2}170–172	15.5.1578	D. Schnepff	Ps 79	
2682	75	^{2}172–173	17.5.1578	A. Varnbühler	Rom 8	CAn 3,48–49
2683	76*	^{2}174–176	18.5.1578 ⟨Pfingsts.⟩	D. Schnepff	Luc 2	
2684	77	^{2}176–178	18.5.1578 vesperi ⟨Pfingsts.⟩	J. Wesenbeck	1 Cor 6	CAn 3,16–18
2685	78	^{2}178–181	19.5.1578 ⟨Pfingstm.⟩	D. Schnepff	Act 2	CAn 3,9–12
2686	79	^{2}181–182	19.5.1578 vesperi ⟨Pfingstm.⟩	J. Wesenbeck	Ioan 14	
2687	80	^{2}183–185	25.5.1578	D. Schnepff	Ioan 3	
2688	81	^{2}186–187	25.5.1578 vesperi	J. Wesenbeck	Rom 11	
2689	82	^{2}188–189	29.5.1578	J. Wesenbeck	Hebr 12	
2690	83	^{2}190–191	1.6.1578	J. Wesenbeck	Luc 16	
2691	84	^{2}192–193	1.6.1578 vesperi	A. Varnbühler	1 Ioan 4	CAn 3,125–128
2692	85*	^{2}193–195	5.6.1578	A. Varnbühler	Luc 10	
2693	86*	^{2}195–197	22.6.1578	D. Schnepff	Luc 6	
2694	87*	^{2}197–199	22.6.1578 vesperi	J. Wesenbeck	Rom 8	
2695	88*	^{2}200–202	24.6.1578	D. Schnepff	Matth 14	CAn 4,158–161
2696	89	^{2}203–204	24.6.1578 vesperi	Th. Löher	Ies 40	
2697	90*	^{2}205–206	26.6.1578	D. Schnepff	Ps 80	
2698	91*	^{2}207–209	29.6.1578	J. Heerbrand	Luc 5	TG 473–475
2699	92	^{2}210–212	29.6.1578 vesperi	D. Schnepff	Act 12	CAn 4,186–189
2700	93*	^{2}212–214	3.7.1578	J. Heerbrand	Luc 1	CAn 4,205–207
2701	94*	^{2}215–217	6.7.1578	D. Schnepff	Matth 5	
2702	95	^{2}217–219	6.7.1578 vesperi	Th. Löher	Rom 6	
2703	96	^{2}219–221	10.7.1578	D. Schnepff	Ps 80	
2704	97	^{2}222–223	13.7.1578	J. Heerbrand	Marc 8	
2705	98	^{2}224–226	13.7.1578 vesperi	D. Schnepff	Rom 6	CAn 3,206–208
2706	99	^{2}226–228	17.7.1578	J. Heerbrand	Num 8	
2707	100	^{2}229–231	20.7.1578	D. Schnepff	Matth 7	
2708	101	^{2}231–233	20.7.1578 vesperi	J. Wesenbeck	Rom 8	CAn 3,218–220
2709	102*	^{2}234–236	24.7.1578	D. Schnepff	Ps 81	
2710	103	^{2}236–239	25.7.1578	J. Heerbrand	Rom 8	CAn 4,241–244
2711	104*	^{2}239–241	27.7.1578	D. Schnepff	Luc 16	
2712	105*	^{2}242–243	27.7.1578 vesperi	J. Wesenbeck	1 Cor 10	
2713	106*	^{2}244–247	28.7.1578	D. Schnepff	Ioël 2†	
2714	107	^{2}247–249	31.7.1578	J. Heerbrand	Num 9	
2715	108	^{2}250–252	3.8.1578	J. Heerbrand	Luc 19	CAn 3,234–238

Mb 19–9

Lfd. Nr.	Orig. Nr.	Seiten	Datum	Prediger	Predigttext	Drucke u. Hss.
2716	109	^{2}253–255	3.8.1578 vesperi	D. Schnepff	1 Cor 12	CAn 3,240–243
2717	110*	^{2}255–257	7.8.1578	D. Schnepff	Ps 91	
2718	111*	^{2}258–260	10.8.1578	D. Schnepff	Luc 18	
2719	112*	^{2}261–262	10.8.1578 vesperi	J. Wesenbeck	1 Cor 15	
2720	113	^{2}263–265	14.8.1578	J. Heerbrand	Num 9	
2721	114*	^{2}265–268	17.8.1578	J. Heerbrand	Marc 7	
2722	115*	^{2}268–271	17.8.1578 vesperi	D. Schnepff	2 Cor 3	CAn 3,265–268
2723	116*	^{2}271–273	24.8.1578	G. Coelestinus	Luc 10	
2724	117	^{2}273–276	24.8.1578 vesperi	D. Schnepff	Gal 3	CAn 3,283–285
2725	118*	^{2}276–277	28.8.1578	J. Heerbrand	Num 10	
2726	119	^{2}278–280	31.8.1578	D. Schnepff	Luc 17	
2727	120	^{2}281–282	31.8.1578 vesperi	J. Wesenbeck	Gal 5	
2728	121	^{2}283–284	4.9.1578	D. Schnepff	Ps 82	
2729	122	^{2}285–287	7.9.1578	J. Heerbrand	Matth 6	
2730	123	^{2}288–290	7.9.1578 vesperi	D. Schnepff	Gal 6	
2731	124	^{2}291–292	11.9.1578	J. Heerbrand	Num 10	
2732	125	^{2}292–295	14.9.1578	D. Schnepff	Luc 7	
2733	126	^{2}295–297	14.9.1578 vesperi	J. Wesenbeck	Eph 3	
2734	127	^{2}297–299	18.9.1578	D. Schnepff	Ps 82	
2735	128*	^{2}299–301	21.9.1578	J. Heerbrand	Luc 14	
2736	129*	^{2}302–306	21.9.1578 vesperi	J. Andreae	Eph 4	CAn 3,346–350
2737	130	^{2}306–309	25.9.1578	J. Heerbrand	Num 10	
2738	131	^{2}309–312	28.9.1578	D. Schnepff	1 Cor 1	CAn 3,364–366
2739	132	^{2}312–314	28.9.1578 vesperi	J. Wesenbeck	Matth 18	
2740	133	^{2}315–317	5.10.1578	J. Heerbrand	Matth 9	
2741	134	^{2}318–320	5.10.1578 vesperi	D. Schnepff	Eph 4	CAn 3,376–379
2742	135	^{2}321–323	9.10.1578	J. Heerbrand	Num 10	
2743	136	^{2}323–326	12.10.1578	D. Schnepff	Matth 22	
2744	137	^{2}326–329	12.10.1578 vesperi	J. Wesenbeck	Eph 5	CAn 3,392–395
2745	138	^{2}329–330	16.10.1578	D. Schnepff	Ps 84	
2746	139*	^{2}331–332	19.10.1578	J. Heerbrand	Ioan 4	
2747	140	^{2}332–335	19.10.1578 vesperi	D. Schnepff	Eph 6	CAn 3,407–410
2748	141	^{2}335–338	26.10.1578	D. Schnepff	Matth 18	
2749	142	^{2}338–341	26.10.1578 vesperi	J. Wesenbeck	Phil 1	
2750	143	^{2}341.344–346	28.10.1578	J. Heerbrand	Ioan 15	CAn 4,328–331
2751	144*	^{2}346–347.350–351	28.10.1578 vesperi	D. Schnepff	1 Petr 1	

(p. ^{2}348–349) Notizen über das Erscheinen seiner griechisch-lateinischen Predigtsammlung »Civitas coelestis« und über diesbezügliche Glückwünsche des Bebenhausener Abts Eberhard Bidembach vom 12. Januar 1579.

Lfd. Nr.	Orig. Nr.	Seiten	Datum	Prediger	Predigttext	Drucke u. Hss.
2752	145*	^{2}352–354	2.11.1578	D. Schnepff	Matth 22	CAn 3,429–432
2753	146	^{2}355–356	2.11.1578 vesperi	J. Dachtler	Phil 3.⟨4⟩	CAn 3,439–441
2754	147	^{2}357–359	6.11.1578	D. Schnepff	Ps 84	
2755	148*	^{2}359–362	9.11.1578	J. Heerbrand	Deut 26	CAn 3,456–459; Ed16; Ed32, 342–364
2756	149	^{2}363–365	9.11.1578 vesperi	D. Schnepff	Col 1	CAn 3,459–460
2757	150*	^{2}365–368	16.11.1578	D. Schnepff	Matth 24	CAn 3,466–468
2758	151	^{2}369–371	16.11.1578 vesperi	J. Wesenbeck	1 Thess 4	

Lfd. Nr.	*Orig. Nr.*	*Seiten*	*Datum*	*Prediger*	*Predigttext*	*Drucke u. Hss.*
2759	152	^{2}371–373	20.11.1578	J. Heerbrand	Num 11	
2760	153*	^{2}374–376	23.11.1578	J. Heerbrand	Matth 25	
2761	154*	^{2}377–378	23.11.1578 vesperi	J. Wesenbeck	2 Petr 3	CAn 3,477–479
2762	155	^{2}379–381	27.11.1578	J. Heerbrand	Num 11	
2763	156	^{2}381–384	30.11.1578	J. Heerbrand	Matth 21	
2764	157	^{2}385–387	30.11.1578 vesperi	J. Wesenbeck	Rom 13	CAn 1,13–15
2765	158*	^{2}387–389	4.12.1578	D. Schnepff	Ps 84	
2766	159	^{2}389–392	7.12.1578	D. Schnepff	Luc 21	
2767	160*	^{2}392–394	7.12.1578 vesperi	J. Wesenbeck	Rom 15	
2768	161*	^{2}394–396	11.12.1578	J. Heerbrand	Num 11	
2769	162	^{2}397–399	14.12.1578	J. Heerbrand	Matth 11	
2770	163	^{2}400–402	14.12.1578 vesperi	D. Schnepff	1 Cor 4	
2771	164	^{2}402–404	18.12.1578	J. Wesenbeck	Rom 1	
2772	165	^{2}405–407	21.12.1578	D. Schnepff	Ioan 20	
2773	166	^{2}407–409	21.12.1578 vesperi	J. Wesenbeck	Eph 1	CAn 4,23–25
2774	167	^{2}410–412	25.12.1578	J. Heerbrand	Luc 2	CAn 1,94–97
2775	168	^{2}413–415	25.12.1578 vesperi	J. Wesenbeck	Hebr 1	CAn 1,145–148
2776	169	^{2}416–418	26.12.1578	D. Schnepff	Act 6.7	CAn 4,34–36
2777	170	^{2}419–420	26.12.1578 vesperi	J. Dachtler	Act 6.7	CAn 4,37–39
2778	171	^{2}420–423	27.12.1578	J. Heerbrand	Ioan 21; Luc 2	
2779	172	^{2}423–425	27.12.1578 vesperi	D. Schnepff	Matth 1	
2780	173*	^{2}425–427	28.12.1578	D. Schnepff	Luc 2	
2781	174	^{2}428–430	28.12.1578 vesperi	J. Wesenbeck	Matth 2	
2782	175*	^{2}430–432	31.12.1578	J. Dachtler	Tit 2	
2783	176*	^{2}432–435	1.1.1579	J. Heerbrand	Luc 2	
2784	177	^{2}435–437	1.1.1579 vesperi	D. Schnepff	Ies 8	CAn 1,181–183
2785	178	^{2}438–441	4.1.1579	D. Schnepff	Ioan 1	
2786	179	^{2}441–443	4.1.1579 vesperi	J. Wesenbeck	Rom 12	
2787	180	^{2}444–447	6.1.1579	D. Schnepff	Matth 2	
2788	181*	^{2}447–448	6.1.1579 vesperi	J. Dachtler	Matth 3	
2789	182*	^{2}448–450	8.1.1579	J. Wesenbeck	Act 19	
2790	183	^{2}450–453	11.1.1579	D. Schnepff	Luc 2	
2791	184	^{2}454–456	15.1.1579	D. Schnepff	Ps 85	
2792	185	^{2}456–458	18.1.1579	D. Schnepff	Ioan 2	
2793	186	^{2}458–461	18.1.1579 vesperi	J. Wesenbeck	Rom 12	
2794	187	^{2}461–463	22.1.1579	J. Wesenbeck	Act 19	
2795	188	^{2}464–466	25.1.1579	Th. Löher	Matth 8	
2796	189*	^{2}466–468	29.1.1579	D. Schnepff	Ps 85	
2797	190	^{2}469–471	1.2.1579	D. Schnepff	Matth 8	CAn 1,255–257
2798	191	^{2}471–474	2.2.1579	D. Schnepff	Luc 2	
2799	192	^{2}474–476	5.2.1579	D. Schnepff	Ps 86	
2800	193	^{2}476–479	8.2.1579	J. Wesenbeck	Matth 13	
2801	194	^{2}479–482	8.2.1579 vesperi	D. Schnepff	Col 3	CAn 1,267–271
2802	195	^{2}482–484	12.2.1579	D. Schnepff	Ps 86	
2803	196*	^{2}484–487	15.2.1579	D. Schnepff	Matth 20	
2804	197	^{2}487–489	19.2.1579	D. Schnepff	Ps 86	
2805	198*	^{2}490–492	22.2.1579	D. Schnepff	Luc 8	
2806	199*	^{2}493–496	1.3.1579	D. Schnepff	Luc 18	
2807	200	^{2}496–498	1.3.1579 vesperi	J. Wesenbeck	Ioël 2	
2808	201	^{2}499–500	5.3.1579	J. Wesenbeck	Act 20	
2809	202	^{2}500–503	8.3.1579	J. Heerbrand	Matth 4	
2810	203	^{2}503–506	8.3.1579 vesperi	J. Wesenbeck	2 Cor 6	CAn 1,330–332

(p. ^{2}506) Τέλος. Μαρτινοκρούσιος ἐν τυβίγγῃ. ᾳφοθ. μηνὸς μαρτίου η΄.
Joanni Gerstenmaiero, pro ligatura 5 Bacij.
(pp. ^{2}508–515) Stichwortsammlung zu pp. ^{2}1–506 *(später hinzugefügt)*.

Mb 19–10

(f. I) Conciones Anni 1579/1580. omnes 261. Μαρτινοκρούσιος
(ff. I^{v}-III^{v}) Stichwortsammlung zu pp. 1–648 (später hinzugefügt).
(p. 1) SUMMAE CONCIONUM, GERMAnicè in Templo Tybingensi à Theologis nostris habitarum, à me M. Martino Crusio, Academiae ibi Profeßore, Graecè subitò exceptae. Anno Christi 1579.

Lfd. Nr.	*Orig. Nr.*	*Seiten*	*Datum*	*Prediger*	*Predigttext*	*Drucke u. Hss.*
2811	1	1–3	12.3.1579	J. Heerbrand	Num 12	Or 1602 II (A)
2812	2	4–6	15.3.1579	J. Wesenbeck	Matth 15	
2813	3	6–7	15.3.1579 vesperi	J. Dachtler	1 Thess 4	
2814	4	8–9	19.3.1579	D. Schnepff	Ps 88	
2815	5	10–12	22.3.1579	J. Heerbrand	Luc 11	
2816	6	13–15	25.3.1579	D. Schnepff	Luc 1	CAn 4,103–106
2817	7	16–18	26.3.1579	J. Heerbrand	Num 13	
2818	8	18–21	29.3.1579	J. Heerbrand	Ioan 6	
2819	9	21–23	2.4.1579	D. Schnepff	Ps 88	
2820	10	23–26	5.4.1579	J. Heerbrand	Ioan 8	CAn 1,375–379
2821	11	26–28	9.4.1579	J. Heerbrand	Num 13	
2822	12*	28–30	11.4.1579	Chr. Staehelin	Ioan 6	
2823	13*	30–33	12.4.1579	D. Schnepff	Matth 21	
2824	14*	33–34	12.4.1579 vesperi	Chr. Staehelin	Ioan 19	
2825	15	35–36	15.4.1579	J. Dachtler	1 Cor 11	CAn 2,86–88
2826	16	36–38	16.4.1579 ⟨Gründ.⟩	D. Schnepff	Ioan 13	CAn 2,90–92
2827	17	38–41	16.4.1579 vesperi ⟨Gründ.⟩	J. Wesenbeck	Ioan 18	
2828	18	41–44	17.4.1579 ⟨Karfr.⟩	D. Schnepff	Ioan 18.19	
2829	19	44–47	17.4.1579 vesperi ⟨Karfr.⟩	J. Wesenbeck	Ioan 19	
2830	20	47–48	18.4.1579	J. Dachtler	Matth 27	
2831	21	48–51	19.4.1579 ⟨Osters.⟩	J. Heerbrand	Marc 16	
2832	22	51–53	19.4.1579 vesperi ⟨Osters.⟩	D. Schnepff	1 Cor 5	
2833	23	54–55	20.4.1579 ⟨Osterm.⟩	J. Wesenbeck	Luc 24	
2834	24	55–56	20.4.1579 vesperi ⟨Osterm.⟩	J. Dachtler	Act 10	CAn 2,204–205
2835	25	56–58	26.4.1579	J. Heerbrand	Ioan 20	
2836	26	59–61	26.4.1579 vesperi	D. Schnepff	1 Ioan 5	
2837	27	62–63	30.4.1579	D. Schnepff	Ps 89	
2838	28	64–66	1.5.1579	D. Schnepff	Ioan 14	CAn 4,126–129
2839	29*	66–68	2.5.1579	J. Wesenbeck	Rom 13	
2840	30*	69–71	3.5.1579	J. Heerbrand	Ioan 10	
2841	31*	71–73	10.5.1579	J. Wesenbeck	Ioan 16	
2842	32*	74–76	14.5.1579	D. Schnepff	Ps 89	
2843	33	76–78	4.6.1579	D. Schnepff	Ps 89	
2844	34*	78–81	7.6.1579 ⟨Pfingsts.⟩	J. Heerbrand	Ioan 14	
2845	35	81–83	7.6.1579 vesperi ⟨Pfingsts.⟩	D. Schnepff	Exod 19	CAn 3,37–39
2846	36	83–84	⟨8.6.1579⟩ ⟨Pfingstm.⟩	J. Wesenbeck	Ioan 3	
2847	37*	85–86	8.6.1579 vesperi ⟨Pfingstm.⟩	J. Dachtler	EG 124 = Wack 3,29	
2848	38	86–88	11.6.1579	D. Schnepff	Ps 89	
2849	39*	88–90	14.6.1579	D. Schnepff	Ioan 3	
2850	40	91–93	14.6.1579 vesperi	J. Wesenbeck	Rom 11	

Lfd. Nr.	*Orig. Nr.*	*Seiten*	*Datum*	*Prediger*	*Predigttext*	*Drucke u. Hss.*
2851	41	93–95	18.6.1579	J. Dachtler	1 Thess 5	
2852	42*	95–96	21.6.1579	J. Heerbrand	Luc 16; ⟨Blitzschlag⟩	CAn 3,119–125; Ed17; Ed32, 495–513
2853	43	97–98	21.6.1579 vesperi	J. Wesenbeck	1 Ioan 4	
2854	44	99–101	24.6.1579	J. Heerbrand	Luc 1	
2855	45	101–103	25.6.1579	J. Heerbrand	Num 14	
2856	46	103–105	28.6.1579	D. Schnepff	Luc 14	
2857	47	105–107	28.6.1579 vesperi	J. Wesenbeck	1 Ioan 3	
2858	48*	107–109	29.6.1579	J. Heerbrand	Matth 16	
2859	49	110–111	2.7.1579	D. Schnepff	Ps 89	
2860	50	112–114	5.7.1579	D. Schnepff	Luc 15	
2861	51	114–116	9.7.1579	D. Schnepff	Ps 89	
2862	52	116–119	12.7.1579	D. Schnepff	Luc 6	
2863	53*	119–120	12.7.1579 vesperi	A. Varnbühler	Quaestio	
2864	54	121–122	16.7.1579	D. Schnepff	Ps 89	
2865	55	123–124	19.7.1579	D. Schnepff	Luc 5	
2866	56*	125–127	19.7.1579 vesperi	J. Wesenbeck	Bapt.	
2867	57	128–130	23.7.1579	D. Schnepff	Ps 90	
2868	58	130–132	25.7.1579	D. Schnepff	Matth 20	
2869	59*	132–134	26.7.1579	D. Schnepff	Ezech 3	
2870	60	134–135	26.7.1579 vesperi	J. Dachtler	Symb. fid.	
2871	61	136–137	30.7.1579	J. Heerbrand	Num 14	
2872	62	138–140	2.8.1579	J. Heerbrand	Marc 8	CAn 3,195–199
2873	63*	141–142	6.8.1579	D. Schnepff	Ps 90	
2874	64	142–144	9.8.1579	D. Schnepff	Matth 7	
2875	65	144–146	9.8.1579 vesperi	J. Wesenbeck	Symb. fid.	
2876	66	146–149	13.8.1579	J. Heerbrand	Num 14	
2877	67*	149–153	16.8.1579	J. Andreae	Luc 16	
2878	68	153–155	16.8.1579 vesperi	D. Schnepff	Symb. fid.	
2879	69	155–157	20.8.1579	D. Schnepff	Ps 90	
2880	70	158–160	23.8.1579	J. Heerbrand	Luc 19	
2881	71	161–163	23.8.1579 vesperi	D. Schnepff	Symb. fid.	
2882	72	163–165	24.8.1579	D. Schnepff	Luc 22	CAn 2,99–101
2883	73	166–168	27.8.1579	J. Heerbrand	Num 15	
2884	74	169–171	30.8.1579	J. Heerbrand	Luc 18	
2885	75	171–173	30.8.1579 vesperi	D. Schnepff	Symb. fid.	
2886	76	174–176	3.9.1579	D. Schnepff	Ps 91	
2887	77	176–178	6.9.1579	D. Schnepff	Marc 7	
2888	78*	179–181	13.9.1579	J. Heerbrand	Luc 10	
2889	79	182–185	13.9.1579 vesperi	J. Andreae	Symb. fid.	
2890	80	185–187	17.9.1579	D. Schnepff	Ps 91	CAn 4,308–311
2891	81	188–192	20.9.1579	J. Andreae	Luc 17	CAn 3,289–295
2892	82	193–194	20.9.1579 ⟨vesperi⟩	J. Wesenbeck	Symb. fid.	
2893	83	195–197	21.9.1579	D. Schnepff	Matth 9	CAn 4,291–293
2894	84	198–200	24.9.1579	J. Heerbrand	Num 15	
2895	85*	200–202	26.9.1579	Chr. Staehelin	1 Cor 11†	
2896	86	202–205	27.9.1579	J. Heerbrand	Matth 6	CAn 3,301–305
2897	87	205–208	4.10.1579	D. Schnepff	Luc 7	CAn 3,320–323
2898	88	208–210	8.10.1579	J. Wesenbeck	1 Tim 6	
2899	89	211–213	11.10.1579	J. Heerbrand	Luc 14	
2900	90	214–216	15.10.1579	D. Schnepff	Ps 92	

Lfd. Nr.	*Orig. Nr.*	*Seiten*	*Datum*	*Prediger*	*Predigttext*	*Drucke u. Hss.*
2901	91	217–219	18.10.1579	D. Schnepff	Matth 22	CAn 3,358–361
2902	92*	220–221	19.10.1579	J. Dachtler	1 Sam 26	
2903	93	222–224	22.10.1579	J. Heerbrand	Num 16	
2904	94*	224–227	25.10.1579	J. Heerbrand	Matth 9	
2905	95	227–229	25.10.1579 vesperi	D. Schnepff	Orat. dom.	
2906	96	229–231	28.10.1579	D. Schnepff	Ioan 15	CAn 4,325–328
2907	97	231–235	1.11.1579	J. Heerbrand	Matth 22	
2908	98*	235–239	8.11.1579	St. Gerlach	Ioan 4	
2909	99*	239–242	8.11.1579 vesperi	J. Wesenbeck	Orat. dom.	
2910	100*	243–246	12.11.1579	J. Heerbrand	Num 16	
2911	101	247–250	26.11.1579	D. Schnepff	Ps 92	
2912	102	250–253	29.11.1579	D. Schnepff	Matth 21	
2913	103	253–255	29.11.1579 vesperi	J. Wesenbeck	Orat. dom.	
2914	104	256–258	30.11.1579	St. Gerlach	Matth 4	
2915	105	258–259	30.11.1579 vesperi	J. Dachtler	Orat. dom.	
2916	106	259–262	6.12.1579	J. Heerbrand	Luc 21	
2917	107	263–264	6.12.1579 vesperi	St. Gerlach	Orat. dom.	
2918	108*	265–267	10.12.1579	J. Heerbrand	Num 17	
2919	109	267–269	13.12.1579	J. Heerbrand	Matth 11	
2920	110	270–272	17.12.1579	St. Gerlach	Gen 49	CAn 1,63–65
2921	111	272–274	20.12.1579	J. Heerbrand	Ioan 1	CAn 1,43–46
2922	112	275–276	20.12.1579 vesperi	St. Gerlach	Orat. dom.	
2923	113	277–278	21.12.1579	J. Wesenbeck	Ioan 20	
2924	114	279–281	21.12.1579 vesperi	Chr. Staehelin	Decal.	
2925	115	281–284	25.12.1579	J. Heerbrand	Luc 2	
2926	116	285–287	25.12.1579 vesperi	J. Wesenbeck	Gal 3	
2927	117	287–290	26.12.1579	D. Schnepff	Act 6.7	Ed21
2928	118*	290–292	26.12.1579 vesperi	St. Gerlach	Ies 11	
2929	119*	293–296	27.12.1579	D. Schnepff	Ioan 1	
2930	120	296–300	17.1.1580	J. Heerbrand	Ioan 2	CAn 1,223–227; Ed20; Ed32, 85–135
2931	121	300–302	17.1.1580 vesperi	D. Schnepff	Decal.	
2932	122	302–303	21.1.1580	J. Heerbrand	Num 18	
2933	123	304–306	24.1.1580	J. Heerbrand	Matth 8	CAn 1,227–230
2934	124*	307	28.1.1580	J. Heerbrand	Num 18	
2935	125*	308–310	31.1.1580	D. Schnepff	Matth 20	
2936	126	310–312	31.1.1580 vesperi	J. Wesenbeck	Decal.	
2937	127	312–314	2.2.1580	J. Heerbrand	Luc 2	
2938	128	315–316	2.2.1580 vesperi	St. Gerlach	Decal.	
2939	129	317–318	4.2.1580	D. Schnepff	Ps 94	
2940	130	318–321	7.2.1580	D. Schnepff	Luc 8	
2941	131	321–322	11.2.1580	J. Dachtler	1 Cor 9	
2942	132	322–324	14.2.1580	J. Heerbrand	Luc 18	CAn 1,309–313
2943	133	324–326	14.2.1580 vesperi	D. Schnepff	Decal.	
2944	134	327–328	21.2.1580	D. Schnepff	Matth 4	
2945	135*	329–231!	24.2.1580	J. Heerbrand	Matth 11	
2946	136	332–333	24.2.1580 vesperi	J. Dachtler	Decal.	
2947	137	333–335	25.2.1580	Chr. Staehelin	Prov 18	
2948	138*	335–337	26.2.1580	A. Varnbühler	Hiob 19†	
2949	139*	339–341	28.2.1580	D. Schnepff	Matth 15	
2950	140	341–343	10.3.1580	D. Schnepff	Ps 94	
2951	141	343–345	13.3.1580 vesperi	St. Gerlach	Decal.	

Lfd. Nr.	*Orig. Nr.*	*Seiten*	*Datum*	*Prediger*	*Predigttext*	*Drucke u. Hss.*
2952	142	345–347	17.3.1580	J. Heerbrand	Num 19	
2953	143	348–350	20.3.1580	J. Heerbrand	Ioan 8	
2954	144*	350–352	20.3.1580 vesperi	D. Schnepff	Coena Dom.	
2955	145	352–354	25.3.1580	D. Schnepff	Luc 1	
2956	146	355–356	25.3.1580 vesperi	St. Gerlach	Coena Dom.	CC 292–297
2957	147*	356–358	27.3.1580	J. Heerbrand	Matth 21	
2958	148	359–361	27.3.1580 vesperi	Chr. Staehelin	Ioan 19	
2959	149	361–363	31.3.1580 ⟨Gründ.⟩	D. Schnepff	Ioan 13	CAn 2,49–51
2960	150	363–366	31.3.1580 vesperi ⟨Gründ.⟩	D. Schnepff	Ioan 18	
2961	151	366–368	1.4.1580 ⟨Karfr.⟩	St. Gerlach	Ioan 18.19	
2962	152	368–371	1.4.1580 vesperi ⟨Karfr.⟩	D. Schnepff	Ioan 19	
2963	153	371–372	2.4.1580	A. Varnbühler	Matth 27	
2964	154	373–375	3.4.1580 ⟨Osters.⟩	D. Schnepff	Marc 16	
2965	155	376–377	3.4.1580 vesperi ⟨Osters.⟩	St. Gerlach	1 Cor 5	CAn 2,187–188
2966	156	378–380	4.4.1580 ⟨Osterm.⟩	D. Schnepff	Luc 24	
2967	157	380–382	4.4.1580 vesperi ⟨Osterm.⟩	St. Gerlach	Act 10	
2968	158	382–383	7.4.1580	A. Varnbühler	Luc 24	CAn 2,209–210
2969	159*	384–386	10.4.1580	J. Heerbrand	Ioan 20	
2970	160	386–388	14.4.1580	J. Heerbrand	Num 20	Or 1602 II (A); Or 1604,30 (A)
2971	161	389–392	17.4.1580	J. Heerbrand	Ioan 10	CAn 2,240–244
2972	162	393–394	17.4.1580 vesperi	St. Gerlach	Quaestio	
2973	163	395–397	21.4.1580	D. Schnepff	Ps 95	
2974	164	397–399	24.4.1580	D. Schnepff	⟨Ioan 16⟩	
2975	165	399–401	24.4.1580 vesperi	St. Gerlach	Quaestio	
2976	166*	401–403	1.5.1580	J. Heerbrand	Ioan 14	Ed18; Ed32, 159–196
2977	167	403–405	1.5.1580 vesperi	St. Gerlach	Bapt.	
2978	168*	405–408	2.5.1580	D. Schnepff	Prov 20	
2979	169*	408–411	5.5.1580	D. Schnepff	Ps 96	
2980	170	412–414	8.5.1580	D. Schnepff	Ioan 16	
2981	171	415–416	8.5.1580 vesperi	St. Gerlach	Bapt.	
2982	172	416–418	12.5.1580 ⟨Himmelf.⟩	J. Heerbrand	Marc 16	CAn 2,291–294; Ed19; Ed32, 197–228
2983	173	419–421	12.5.1580 vesperi ⟨Himmelf.⟩	D. Schnepff	EKG 91 = Wack 3,682	
2984	174	421–423	15.5.1580	D. Schnepff	Ioan 15.16	
2985	175	424–426	15.5.1580 vesperi	St. Gerlach	Symb. fid.	
2986	176	426–429	19.5.1580	D. Schnepff	Ps 97	
2987	177	429–430	21.5.1580	J. Dachtler	Eph 4	
2988	178*	430–433	22.5.1580 ⟨Pfingsts.⟩	J. Heerbrand	Ioan 14	CC 428–437
2989	179*	434–436	22.5.1580 vesperi ⟨Pfingsts.⟩	D. Schnepff	Zach 12	CAn 3,35–37
2990	180	437–439	23.5.1580 ⟨Pfingstm.⟩	D. Schnepff	Ies 52	CAn 3,74–76
2991	181	440–441	23.5.1580 vesperi ⟨Pfingstm.⟩	St. Gerlach	Act 10	
2992	182	441–443	26.5.1580	D. Schnepff	Ps 98	
2993	183	444–447	29.5.1580	J. Heerbrand	Ioan 3	CAn 3,87–91
2994	184	447–449	29.5.1580 vesperi	St. Gerlach	Symb. fid.	
2995	185	450–452	2.6.1580	J. Heerbrand	Num 20	
2996	186	452–455	5.6.1580	J. Heerbrand	Luc 16	
2997	187	456–458	5.6.1580 vesperi	St. Gerlach	Symb. fid.	
2998	188	458–460	9.6.1580	J. Heerbrand	Num 20	
2999	189	461–463	12.6.1580	D. Schnepff	Luc 14	CAn 3,130–134

Lfd. Nr.	*Orig. Nr.*	*Seiten*	*Datum*	*Prediger*	*Predigttext*	*Drucke u. Hss.*
3000	190	464–466	12.6.1580 vesperi	St. Gerlach	Symb. fid.	
3001	191	466–468	16.6.1580	D. Schnepff	Ps 99	
3002	192	468–472	19.6.1580	J. Andreae	Luc 15	
3003	193	473–474	19.6.1580 vesperi	J. Dachtler	Symb. fid.	
3004	194	474–477	23.6.1580	J. Heerbrand	Num 21	
3005	195*	477–480	24.6.1580	J. Heerbrand	Luc 1	
3006	196*	480–484	26.6.1580	J. Andreae	Luc 6	
3007	197*	484–486	29.6.1580	A. Varnbühler	Matth 16	
3008	198	486–488	29.6.1580 vesperi	Chr. Staehelin	Symb. fid.	
3009	199	488–491	3.7.1580	D. Schnepff	Luc 5	
3010	200*	491	6.7.1580	D. Schnepff	Ps 99	
3011	201	492–494	10.7.1580	D. Schnepff	Matth 5	
3012	202	495–497	10.7.1580 vesperi	St. Gerlach	Symb. fid.	
3013	203*	497–499	13.7.1580	A. Varnbühler	Phil 1†	
3014	204	499–501	14.7.1580	J. Dachtler	Luc 13	
3015	205*	501–503	17.7.1580	D. Schnepff	Marc 8	
3016	206	504–505	17.7.1580 vesperi	J. Dachtler	Symb. fid.	
3017	207	505–507	21.7.1580	D. Schnepff	Ps 100	
3018	208*	508–510	24.7.1580	J. Heerbrand	Matth 7	
3019	209*	510–513	24.7.1580 vesperi	J. Dachtler	⟨Auferstehung⟩†	GG 327–328
3020	210*	514–517	25.7.1580	D. Schnepff	Act 12†	
3021	211	517–519	25.7.1580 vesperi	Chr. Staehelin	Symb. fid.	
3022	212	520–523	28.7.1580	J. Heerbrand	Num 21	
3023	213*	523–525	30.7.1580	A. Varnbühler	1 Cor 10†	
3024	214	525–528	31.7.1580	J. Heerbrand	Luc 16	
3025	215*	529–530	31.7.1580 meridie	Chr. Staehelin	⟨Luc 16; Taufe⟩†	
3026	216*	531–533	31.7.1580 vesperi	D. Schnepff	Symb. fid.	
3027	217	534–536	4.8.1580	J. Heerbrand	Num 21	
3028	218	537–540	7.8.1580	D. Schnepff	Luc 19	
3029	219	540	11.8.1580	D. Schnepff	Ps 101	
3030	220	541–543	14.8.1580	J. Heerbrand	Luc 18	
3031	221	544–546	14.8.1580 vesperi	D. Schnepff	Orat. dom.	
3032	222*	546–548	18.8.1580	J. Heerbrand	Num 21	
3033	223	549–552	21.8.1580	D. Schnepff	Marc 7	CAn 3,262–265
3034	224	552–553	21.8.1580 vesperi	J. Dachtler	Orat. dom.	
3035	225	553–555	24.8.1580	D. Schnepff	Luc 22	CAn 4,272–274
3036	226	555–556	24.8.1580 vesperi	St. Gerlach	Orat. dom.	
3037	227	557–559	28.8.1580	J. Heerbrand	Luc 10	
3038	228	559–561	1.9.1580	D. Schnepff	Ps 102	
3039	229	562–565	4.9.1580	D. Schnepff	Luc 17	
3040	230	565–567	8.9.1580	D. Schnepff	Ps 102	
3041	231	567–570	11.9.1580	J. Heerbrand	Matth 6	
3042	232	570–573	15.9.1580	J. Heerbrand	Num 22	
3043	233*	573–576	18.9.1580	D. Schnepff	Luc 7	
3044	234	576–578	18.9.1580 vesperi	St. Gerlach	Orat. dom.	
3045	235	579–582	21.9.1580	J. Heerbrand	Matth 9	
3046	236*	582–584	21.9.1580 vesperi	St. Gerlach	Orat. dom.	
3047	237	584–587	25.9.1580	J. Heerbrand	Luc 14	CAn 3,334–338
3048	238*	588–590	2.10.1580	J. Heerbrand	Matth 24	
3049	239	591	2.10.1580 vesperi	J. Dachtler	Decal.	
3050	240	592–593	6.10.1580	Chr. Staehelin	Apoc 14	
3051	241*	594–596	9.10.1580	J. Heerbrand	Matth 9	CAn 3,367–370

Lfd. Nr.	*Orig. Nr.*	*Seiten*	*Datum*	*Prediger*	*Predigttext*	*Drucke u. Hss.*
3052	242*	597–599	14.10.1580 post horam 3$^{am.}$	A. Varnbühler	Luc 2†	
3053	243	600–602	16.10.1580	J. Heerbrand	Matth 22	CAn 3,381–385
3054	244*	603–604	20.10.1580	D. Schnepff	Prov 21	
3055	245*	605–607	23.10.1580	D. Schnepff	Ioan 4	CAn 3,401–404
3056	246	608–610	23.10.1580 vesperi	A. Varnbühler	Decal.	
3057	247	610–612	28.10.1580	D. Schnepff	Ioan 15	
3058	248	613–615	30.10.1580	J. Heerbrand	Matth 18	CAn 3,413–417
3059	249	616–617	30.10.1580 vesperi	St. Gerlach	Decal.	
3060	250	618–621	3.11.1580	J. Heerbrand	Num 22	
3061	251	621–623	6.11.1580	D. Schnepff	Matth 22	
3062	252	624	17.11.1580	J. Heerbrand	Num 23	
3063	253	625–627	20.11.1580	J. Heerbrand	Matth 24	
3064	254	627–629	24.11.1580	D. Schnepff	Ps 103	
3065	255	630–632	27.11.1580	D. Schnepff	Matth 21	
3066	256	633–635	30.11.1580	J. Heerbrand	Matth 4	
3067	257*	636–638	4.12.1580	D. Schnepff	Luc 21	
3068	258	639–641	8.12.1580	D. Schnepff	Ps 103	
3069	259*	642	11.12.1580	J. Heerbrand	Matth 11	
3070	260	643–645	11.12.1580 vesperi	D. Schnepff	Coena Dom.	
3071	261	646–648	15.12.1580	J. Heerbrand	Num 23	

(p. 648) M. Mart. Crusius, Tybingae. Pro ligatura, Joanni Gerstenmaiero iiiij Bac.

Mb 19–11

(f. I) Τῷ Θεῷ δόξα. 216 ὁμιλίαι: quas M. Martinus Crusius à 18. Decemb. 1580 usque ad 11. April. 1582 in Templo S. Georgij Tybing. excepi, scribens in chartis his, supra genua mea positis.
(ff. II-IV) Stichwortsammlung zu pp. 1–578 *(später hinzugefügt)*.
(p. 1) CONCIONUM SUMMAE, à me M. Martino Crusio, Tybingae in Templo sic exceptae, ex Germanica lingua. 1580.

Lfd. Nr.	*Orig. Nr.*	*Seiten*	*Datum*	*Prediger*	*Predigttext*	*Drucke u. Hss.*
3072	1*	1–3	18.12.1580	D. Schnepff	Ioan 1	
3073	2*	3–5	21.12.1580	J. Heerbrand	Ioan 20	
3074	3	6–7	24.12.1580	A. Varnbühler	Tit 2	
3075	4	7–9	25.12.1580	D. Schnepff	Luc 2	
3076	5	10–12	25.12.1580 vesperi	St. Gerlach	Ies 9	
3077	6	12–14	26.12.1580	J. Heerbrand	Matth 23	
3078	7	15–17	26.12.1580 vesperi	D. Schnepff	Ies 7	CAn 1,67–69
3079	8	17–20	27.12.1580	D. Schnepff	Ioan 21	
3080	9	21–23	29.12.1580	D. Schnepff	Matth 2	
3081	10	23–24	31.12.1580	Chr. Staehelin	Gal 3	
3082	11*	25–27	1.1.1581	J. Heerbrand	Luc 2	CAn 1,162–165
3083	12	28–29	1.1.1581 vesperi	D. Schnepff	1 Cor 1	CAn 1,176–178
3084	13	30–33	6.1.1581	D. Schnepff	Matth 2	
3085	14	33–36	8.1.1581	J. Heerbrand	Luc 2	CAn 1,212–215
3086	15	36–38	8.1.1581 vesperi	D. Schnepff	Potest. clav.	
3087	16	39–41	12.1.1581	J. Heerbrand	Num 24	
3088	17	41–44	15.1.1581	D. Schnepff	Ioan 2	
3089	18	44–47	15.1.1581 vesperi	St. Gerlach	Tit 1	

Lfd. Nr.	*Orig. Nr.*	*Seiten*	*Datum*	*Prediger*	*Predigttext*	*Drucke u. Hss.*
3090	19	47–49	19.1.1581	D. Schnepff	Ps 103	
3091	20	50–51	22.1.1581	D. Schnepff	Matth 20	
3092	21*	52–53	22.1.1581 vesperi	St. Gerlach	Rom 13	
3093	22	54–56	26.1.1581	D. Schnepff	Act 9	
3094	23	56–60	29.1.1581	J. Andreae	Luc 8	CAn 1,286–292
3095	24	60–62	29.1.1581 vesperi	St. Gerlach	1 Petr 3	
3096	25	63–65	2.2.1581	J. Heerbrand	Luc 2	CAn 4,75–78
3097	26	66–68	2.2.1581 vesperi	D. Schnepff	Ier 23	CAn 4,81–83
3098	27	68–70	5.2.1581	D. Schnepff	Luc 18	CAn 1,306–309
3099	28	71–73	5.2.1581 vesperi	D. Schnepff	Pflicht der Eltern	
3100	29	73–75	9.2.1581	D. Schnepff	Ps 104	
3101	30	76–78	12.2.1581	D. Schnepff	Matth 4	CAn 1,320–324
3102	31	79–80	12.2.1581 vesperi	St. Gerlach	Pflicht der Eltern und Kinder	
3103	32	81–83	16.2.1581	D. Schnepff	Ps 104	
3104	33*	83–84	24.2.1581! vesperi	St. Gerlach	Eph 6	
3105	34*	85–86	19.2.1581	D. Schnepff	Matth 15	
3106	35	87–88	19.2.1581 vesperi	St. Gerlach	Eph 6	
3107	36	89–92	24.2.1581	J. Andreae	Matth 11	CAn 4,88–92
3108	37	93–95	26.2.1581	D. Schnepff	Luc 11	CAn 1,348–351
3109	38	95–97	2.3.1581	J. Heerbrand	Num 24	
3110	39*	97–99	4.3.1581	Chr. Staehelin	Ps 90†	
3111	40*	99–103	5.3.1581	J. Andreae	Ioan 6	CAn 1,367–370
3112	41*	103–105	5.3.1581 vesperi	St. Gerlach	1 Tim 5	
3113	42	105–107	9.3.1581	D. Schnepff	Ps 104	
3114	43	108–110	12.3.1581	D. Schnepff	Ioan 8	
3115	44	110–112	12.3.1581 vesperi	A. Varnbühler	Haustafel	
3116	45	113–116	17.3.1581	J. Heerbrand	Luc 1	
3117	46	116–117	18.3.1581	A. Varnbühler	Phil 2	
3118	47	118–121	19.3.1581	J. Andreae	Matth 21	CAn 1,5–8
3119	48	121–123	22.3.1581	A. Varnbühler	1 Cor 11	
3120	49*	123–126	23.3.1581 ⟨Gründ.⟩	J. Heerbrand	Ies 53	CAn 2,26–32
3121	50	127–130	23.3.1581 vesperi ⟨Gründ.⟩	D. Schnepff	Ioan 18	CC 304–313
3122	51	130–135	24.3.1581 ⟨Karfr.⟩	J. Andreae	Ioan 18.19	CC 330–345
3123	52*	135–140	24.3.1581 vesperi ⟨Karfr.⟩	J. Andreae	Ioan 19	CC 354–369
3124	53	140–142	25.3.1581	Chr. Staehelin	Ioan 19	CC 374–379
3125	54	142–146	26.3.1581 ⟨Osters.⟩	J. Andreae	Marc 16	CC 380–391
3126	55	147–149	26.3.1581 vesperi ⟨Osters.⟩	D. Schnepff	1 Cor 5	
3127	56	149–152	27.3.1581 ⟨Osterm.⟩	J. Heerbrand	Luc 24	CAn 2,191–197
3128	57*	153–155	27.3.1581 vesperi ⟨Osterm.⟩	St. Gerlach	Act 10†	CAn 2,201–204
3129	58	156–158	30.3.1581	St. Gerlach	Luc 24	
3130	59	158–161	2.4.1581	D. Schnepff	Ioan 20	CAn 2,223–226
3131	60	161–163	6.4.1581	D. Schnepff	Ps 105	
3132	61	164–168	9.4.1581	J. Andreae	Ioan 10	CAn 2,244–247
3133	62	168–170	9.4.1581 vesperi	D. Schnepff	1 Petr 2	CAn 2,248–250
3134	63*	171–173	13.4.1581	J. Heerbrand	Num 24	
3135	64*	174–177	16.4.1581	D. Schnepff	Ioan 16	
3136	65	177–180	16.4.1581 vesperi	J. Andreae	1 Petr 2	CAn 2,259–262
3137	66	181–183	20.4.1581	D. Schnepff	Ps 105	
3138	67*	183–187	23.4.1581	J. Andreae	Ioan 16	
3139	68	188–190	23.4.1581 vesperi	D. Schnepff	1 Cor 15	
3140	69	191–193	27.4.1581	J. Andreae	1 Sam 12	
3141	70	193–196	30.4.1581	D. Schnepff	Ioan 16	CAn 2,284–286

Lfd. Nr.	*Orig. Nr.*	*Seiten*	*Datum*	*Prediger*	*Predigttext*	*Drucke u. Hss.*
3142	71	197–200	30.4.1581 vesperi	J. Andreae	1 Cor 15	CAn 3,323–327
3143	72*	201–203	1.5.1581	D. Schnepff	Ioan 14	CAn 4,129–132
3144	73	203–205	1.5.1581 vesperi	St. Gerlach	Eph 2	CAn 4,132–134
3145	74*	205–206	2.5.1581	J. Dachtler	1 Sam 15	
3146	75	207–209	4.5.1581 ⟨Himmelf.⟩	D. Schnepff	Marc 16	CAn 2,294–297
3147	76	210–211	4.5.1581 vesperi ⟨Himmelf.⟩	St. Gerlach	Act 1	CAn 2,304–306
3148	77	212–214	7.5.1581	D. Schnepff	Ioan 15.16	CAn 2,315–317
3149	78	214–216	7.5.1581 vesperi	St. Gerlach	1 Petr 4	
3150	79	217–218	11.5.1581	J. Dachtler	Ps 119	
3151	80	218–220	13.5.1581	A. Varnbühler	Ies 52	
3152	81	221–224	14.5.1581 ⟨Pfingsts.⟩	J. Andreae	Act 2	
3153	82	225–227	15.5.1581 ⟨Pfingstm.⟩	D. Schnepff	Ioan 3	
3154	83	227–228	15.5.1581 vesperi ⟨Pfingstm.⟩	J. Dachtler	Act 10	
3155	84*	229–231	18.5.1581	J. Andreae	1 Sam 13	
3156	85	231–235	28.5.1581	J. Andreae	Luc 16	CAn 3,110–115
3157	86	236–238	28.5.1581 vesperi	St. Gerlach	1 Ioan 4	CAn 3,128–130
3158	87*	238–240	1.6.1581	D. Schnepff	Ps 105	
3159	88*	240–244	4.6.1581	J. Andreae	Luc 14	
3160	89	245–248	4.6.1581 vesperi	St. Gerlach	1 Ioan 3	
3161	90*	248–252	8.6.1581	J. Andreae	Phil 1†	
3162	91	252–255	11.6.1581	J. Andreae	Luc 19	
3163	92	255–258	15.6.1581	J. Andreae	1 Sam 13	
3164	93	258–261	18.6.1581	D. Schnepff	Luc 6	CAn 3,154–157
3165	94	261–263	18.6.1581 vesperi	J. Andreae	Rom 8	
3166	95	263–265	22.6.1581	D. Schnepff	Ps 106	
3167	96	265–268	24.6.1581	J. Andreae	Luc 1	CAn 4,144–148
3168	97	269–271	24.6.1581 vesperi	J. Dachtler	Marc 6	
3169	98	271–273	25.6.1581	D. Schnepff	Luc 5	
3170	99*	274–276	25.6.1581 vesperi	J. Andreae	1 Petr 3	
3171	100*	276–279	29.6.1581	J. Heerbrand	Matth 16	CAn 4,175–178
3172	101	279–281	29.6.1581 vesperi	St. Gerlach	Act 12	CAn 4,189–191
3173	102	282–284	2.7.1581	J. Andreae	Matth 5	CAn 3,181–186
3174	103	285–287	2.7.1581 vesperi	D. Schnepff	Rom 6	
3175	104	287–289	6.7.1581	J. Heerbrand	Num 25	
3176	105	290–292	9.7.1581	D. Schnepff	Marc 8	
3177	106*	292–293	13.7.1581	J. Andreae	1 Sam 14	
3178	107	294–297	16.7.1581	J. Heerbrand	Matth 7	CAn 3,208–212
3179	108	297–299	16.7.1581 vesperi	D. Schnepff	Rom 8	CAn 3,213–215
3180	109	299–301	20.7.1581	D. Schnepff	Ps 106	
3181	110	301–304	23.7.1581	St. Gerlach	Luc 16	
3182	111	304–306	25.7.1581	D. Schnepff	Matth 20	
3183	112*	306–308	27.7.1581	D. Schnepff	Ps 106	
3184	113*	309–311	30.7.1581	J. Heerbrand	Luc 19	
3185	114	312–314	30.7.1581 vesperi	D. Schnepff	1 Cor 12	
3186	115	314–316	3.8.1581	J. Heerbrand	Num 26	
3187	116*	316–319	6.8.1581	J. Heerbrand	Luc 18	
3188	117	319–321	6.8.1581 vesperi	D. Schnepff	1 Cor 15	CAn 3,253–256
3189	118	322–324	10.8.1581	D. Schnepff	Ps 106	
3190	119*	325–327	13.8.1581	D. Schnepff	Marc 7	
3191	120	327–330	17.8.1581	J. Heerbrand	Num 26	
3192	121*	331–333	20.8.1581	D. Schnepff	Luc 10	CAn 3,278–280
3193	122	333–335	20.8.1581 vesperi	Chr. Staehelin	Gal 3	CAn 3,280–283

Lfd. Nr.	*Orig. Nr.*	*Seiten*	*Datum*	*Prediger*	*Predigttext*	*Drucke u. Hss.*
3194	123	335–338	24.8.1581	J. Heerbrand	Matth 22	
3195	124	338–341	27.8.1581	D. Schnepff	Luc 17	
3196	125	341–342	27.8.1581 vesperi	St. Gerlach	Gal 5	
3197	126	343–345	3.9.1581	J. Andreae	Matth 6	
3198	127	346–348	3.9.1581 vesperi	D. Schnepff	Gal 6	
3199	128	348–350	7.9.1581	St. Gerlach	1 Tim 4	
3200	129*	351–353	8.9.1581	A. Varnbühler	2 Tim 4†	
3201	130*	354–355	10.9.1581	D. Schnepff	Luc 7	
3202	131*	356–358	14.9.1581	D. Schnepff	Ps 107	
3203	132*	358–361	17.9.1581	J. Andreae	Luc 14	
3204	133	362–364	17.9.1581 vesperi	St. Gerlach	Eph 4	
3205	134*	364–366	19.9.1581 media 4ª	A. Varnbühler	Phil 3†	
3206	135	367–369	21.9.1581	D. Schnepff	Matth 9	
3207	136	369–371	21.9.1581 vesperi	St. Gerlach	Eph 4	
3208	137*	371	24.9.1581	D. Schnepff	Matth 22	
3209	138*	372–374	27.9.1581	J. Dachtler	Ioan 12†	
3210	139	374–376	28.9.1581	St. Gerlach	Ps 32	
3211	140	377–379	1.10.1581	J. Andreae	Matth 9	CAn 3,370–373
3212	141	379–382	15.10.1581	J. Andreae	Ioan 4	CAn 3,404–407
3213	142*	382–385	19.10.1581	J. Andreae	1 Petr 2	CAn 2,264–267
3214	143	386–388	22.10.1581	D. Schnepff	Matth 18	
3215	144	388–390	26.10.1581	D. Schnepff	Ps 107	
3216	145	390–392	28.10.1581	J. Heerbrand	Ioan 15	
3217	146	392–394	29.10.1581	D. Schnepff	Matth 22	
3218	147	394–397	5.11.1581	D. Schnepff	Matth 9	
3219	148	397–399	5.11.1581 vesperi	St. Gerlach	Col 1	CAn 3,452–455
3220	149*	399–401	9.11.1581	J. Heerbrand	Num 27	
3221	150	401–403	12.11.1581	D. Schnepff	Matth 24	
3222	151*	404–405	12.11.1581 vesperi	Chr. Staehelin	1 Thess 4	CAn 3,468–471
3223	152	405–408	19.11.1581	D. Schnepff	Matth 25	
3224	153	408–411	23.11.1581	J. Heerbrand	Num 27	
3225	154	411–413	26.11.1581	J. Heerbrand	Matth 24	
3226	155	413–415	30.11.1581	J. Heerbrand	Matth 4	CAn 4,5–7
3227	156	416–418	3.12.1581	D. Schnepff	Matth 21	CAn 1,1–4
3228	157	418–420	7.12.1581	D. Schnepff	Ps 108	
3229	158*	420–423	10.12.1581	J. Heerbrand	Luc 21	
3230	159	424–426	14.12.1581	J. Heerbrand	Num 27	
3231	160*	426–428	17.12.1581	J. Andreae	Matth 11	CAn 1,31–34
3232	161*	429–431	21.12.1581	J. Heerbrand	Ioan 20	CAn 4,12–15
3233	162	432–434	24.12.1581	D. Schnepff	Ioan 1	
3234	163	434–435	24.12.1581 vesperi	St. Gerlach	Phil 4	CAn 1,54–57
3235	164*	436–438	25.12.1581	J. Heerbrand	Luc 2	Ed22; Ed32, 35–60
3236	165*	439–441	25.12.1581 vesperi	J. Andreae	Ies 9	CAn 1,69–73
3237	166	441–445	26.12.1581	J. Andreae	Act 6.7	CAn 4,29–34
3238	167	445	26.12.1581 vesperi	J. Dachtler	Matth 23	
3239	168	446–448	27.12.1581	St. Gerlach	Ioan 21	
3240	169*	448–449	27.12.1581 vesperi	Chr. Staehelin	Luc 2	CAn 1,130–132
3241	170*	450–452	31.12.1581	D. Schnepff	Luc 2	
3242	171	453–454	31.12.1581 vesperi	St. Gerlach	Gal 4	
3243	172	455–458	1.1.1582	J. Andreae	⟨Gegen die Astrologie⟩	
3244	173	458–460	4.1.1582	D. Schnepff	Ps 109	
3245	174	461–464	6.1.1582	J. Heerbrand	Matth 2	

Lfd. Nr.	*Orig. Nr.*	*Seiten*	*Datum*	*Prediger*	*Predigttext*	*Drucke u. Hss.*
3246	175	464–468	7.1.1582	J. Andreae	Luc 2	CAn 1,218–221
3247	176*	468–470	7.1.1582 vesperi	St. Gerlach	Rom 12	CAn 1,221–223
3248	177	471–474	11.1.1582	J. Andreae	1 Sam 14	
3249	178	474–477	14.1.1582	D. Schnepff	Ioan 2	CAn 1,232–235
3250	179	477–480	14.1.1582 vesperi	J. Andreae	Rom 12	CAn 2,235–240
3251	180	480–483	18.1.1582	J. Heerbrand	Num 28	
3252	181*	483–486	21.1.1582	J. Andreae	Matth 8	CAn 1,247–250
3253	182	487–488	21.1.1582 vesperi	D. Schnepff	Rom 12	CAn 1,250–252
3254	183*	489–490	25.1.1582	D. Schnepff	Act 9	
3255	184	490–493	28.1.1582 vesperi	J. Andreae	Rom 13	CAn 1,257–260
3256	185*	493–496	29.1.1582	D. Schnepff	Phil 3†	
3257	186*	496–498	30.1.1582	St. Gerlach	Gen 47†	
3258	187	499–501	2.2.1582	J. Heerbrand	Luc 2	CAn 4,72–75
3259	188	502–505	4.2.1582	J. Andreae	Matth 13	CAn 1,264–266
3260	189	506–507	4.2.1582 vesperi	J. Dachtler	Col 3	
3261	190*	508–510	8.2.1582	St. Gerlach	Ps 32	
3262	191*	510–513	11.2.1582	B. Steiner	Matth 20	
3263	192	513–515	15.2.1582	Chr. Staehelin	Ion 2	
3264	193	515–518	18.2.1582	D. Schnepff	Luc 8	
3265	194	518–519	18.2.1582 vesperi	St. Gerlach	2 Cor 11.12	CAn 1,296–299
3266	195	520–522	22.2.1582	J. Heerbrand	Num 28	
3267	196	522–524	24.2.1582	J. Heerbrand	Matth 11	
3268	197	525–527	24.2.1582 vesperi	St. Gerlach	1 Cor 1	CAn 4,95–97
3269	198	528–531	25.2.1582	J. Andreae	Luc 18	CAn 1,303–306
3270	199	532–534	1.3.1582	D. Schnepff	Ps 109	
3271	200	534–537	4.3.1582	D. Schnepff	Matth 4	
3272	201	537–539	4.3.1582 vesperi	A. Varnbühler	2 Cor 6	CAn 1,333–336
3273	202	540–542	8.3.1582	J. Heerbrand	Num 28	CAn 3,39–42
3274	203*	543–545	11.3.1582	D. Schnepff	Matth 15	CAn 1,339–342
3275	204	546–547	11.3.1582 vesperi	J. Dachtler	1 Thess 4	CAn 1,343–345
3276	205	548–549	15.3.1582	D. Schnepff	Ps 109	
3277	206	550–554	18.3.1582	J. Andreae	Luc 11	
3278	207	554–556	18.3.1582 vesperi	St. Gerlach	Eph 5	CAn 1,359–363(A)
3279	208	556–559	22.3.1582	J. Andreae	1 Sam 14	
3280	209	559–561	25.3.1582	D. Schnepff	Luc 1	CC 232–239
3281	210	562–564	25.3.1582 vesperi	⟨?⟩	Prov 12	
3282	211	565–567	29.3.1582	J. Heerbrand	Num 29	
3283	212*	568–570	1.4.1582	D. Schnepff	Ioan 8	
3284	213	570–572	1.4.1582 vesperi	St. Gerlach	Marc 1	
3285	214	573–575	5.4.1582	D. Schnepff	Ps 109	
3286	215	575–577	8.4.1582	J. Andreae	Matth 21	CAn 2,1–3
3287	216*	578	11.4.1582	Chr. Staehelin	Ioan 13	

(p. 578) Μαρτῖνος ὁ Κρούσιος. ͵αφπβʹ. ἐν τυβίγγῃ.

(p. 579) Ligat. 15. Maij 1582 Tyb. à Joan. Gerstenmaiero 5 bacijs.

Mb 19–12

(f. I) Τῷ Θεῷ δόξα. 250 ὁμιλίαι: quas ego M. Martinus Crusius Tybingae in Templo, ex ore Theologorum nostrorum, Germanicè populo concionantium, his chartis super genua mea positis, Graecè sic excepi, à 12. April. 1582 usque ad 29. Septemb. 1583. natus 19. Septemb. 1526.
(ff. I^v-III^v) Stichwortsammlung zu pp. 1–730 *(später hinzugefügt)*.
(p. 1) CONCIONUM SUMMAE, à me M. Martino Crusio, Tybingae in Templo sic exceptae, ex Germanica lingua. 1582. *(am Rand:)* Non relegi hunc Tomum. Ideo menda inerunt, quae boni consulantur.

Lfd. Nr.	*Orig. Nr.*	*Seiten*	*Datum*	*Prediger*	*Predigttext*	*Drucke u. Hss.*
3288	1	1–4	12.4.1582 ⟨Gründ.⟩	J. Heerbrand	Ioan 18	
3289	2	4–6	12.4.1582 vesperi ⟨Gründ.⟩	D. Schnepff	Ioan 18	
3290	3	7–10	13.4.1582 ⟨Karfr.⟩	J. Andreae	Ioan 19	
3291	4	11–13	13.4.1582 vesperi ⟨Karfr.⟩	St. Gerlach	Ioan 19	
3292	5	13–15	14.4.1582	Chr. Staehelin	Ps 16	
3293	6	16–18	15.4.1582 ⟨Osters.⟩	D. Schnepff	Marc 16	
3294	7	18–21	15.4.1582 vesperi ⟨Osters.⟩	J. Andreae	1 Cor 5	CAn 2,189–191
3295	8	21–24	16.4.1582 ⟨Osterm.⟩	J. Heerbrand	Luc 24	
3296	9*	24–26	16.4.1582 vesperi ⟨Osterm.⟩	D. Schnepff	Ioan 21	
3297	10	26–29	22.4.1582	J. Andreae	Ioan 20	CAn 2,229–232
3298	11	30–31	22.4.1582 vesperi	St. Gerlach	1 Cor 3	
3299	12	32–34	26.4.1582	D. Schnepff	Ps 110	CAn 2,15–18
3300	13	35–37	29.4.1582	J. Andreae	Ioan 10	
3301	14*	38–40	1.5.1582	J. Heerbrand	Ioan 14	
3302	15	40–42	1.5.1582 vesperi	D. Schnepff	Bapt.	
3303	16*	42–44	2.5.1582	D. Schnepff	Exod 22	
3304	17	44–46	3.5.1582	J. Heerbrand	Num 29	
3305	18	46–48	6.5.1582	D. Schnepff	Ioan 16	
3306	19*	47!–48	6.5.1582 vesperi	St. Gerlach	Bapt.	
3307	20	48–51	10.5.1582	D. Schnepff	Ps 110	CAn 2,18–22
3308	21*	51–54	13.5.1582	D. Schnepff	Act 2	
3309	22	54–57	13.5.1582 vesperi	St. Gerlach	Symb. fid.	
3310	23*	57–60	17.5.1582	A. Varnbühler	Rom 8†	
3311	24*	61–62	20.5.1582	D. Schnepff	Ioan 16	
3312	25	63–66	20.5.1582 vesperi	St. Gerlach	Symb. fid.	
3313	26	66–68	24.5.1582 ⟨Himmelf.⟩	J. Heerbrand	Marc 16; Matth 28	
3314	27*	68–70	24.5.1582 vesperi ⟨Himmelf.⟩	D. Schnepff	Apoc 14†	CAn 1,209–212
3315	28*	71–73	27.5.1582	D. Schnepff	Ioan 15.16	CAn 2,317–319
3316	29	73–75	27.5.1582 vesperi	St. Gerlach	Symb. fid.	
3317	30	76–78	31.5.1582	J. Heerbrand	Num 30	
3318	31	78–80	3.6.1582 ⟨Pfingsts.⟩	J. Dachtler	Ioan 14	CAn 3,21–23
3319	32	81–82	3.6.1582 vesperi ⟨Pfingsts.⟩	D. Schnepff	Act 2	
3320	33	83–85	4.6.1582 ⟨Pfingstm.⟩	St. Gerlach	Ioan 3	
3321	34	86–88	4.6.1582 vesperi ⟨Pfingstm.⟩	A. Varnbühler	Act 2	
3322	35	88–90	7.6.1582	D. Schnepff	Ps 110	CAn 2,22–24
3323	36	90–92	10.6.1582	St. Gerlach	Ioan 3	
3324	37	92–94	10.6.1582 vesperi	Chr. Staehelin	Symb. fid.	
3325	38*	95–97	14.6.1582	J. Andreae	Matth 28	
3326	39	98–101	17.6.1582	J. Andreae	Luc 16	
3327	40	102–104	17.6.1582 vesperi	St. Gerlach	Symb. fid.	
3328	41	104–106	21.6.1582	J. Heerbrand	Num 21	

Lfd. Nr.	*Orig. Nr.*	*Seiten*	*Datum*	*Prediger*	*Predigttext*	*Drucke u. Hss.*
3329	42*	107–109	24.6.1582	J. Heerbrand	Luc 1	CAn 4,149–151
3330	43	110–112	24.6.1582 vesperi	St. Gerlach	Symb. fid.	
3331	44*	113–116	29.6.1582	J. Heerbrand	Matth 16	
3332	45*	117–118	5.7.1582	D. Schnepff	Ps 110	CAn 2,24–26
3333	46*	119–122	8.7.1582	J. Andreae	Luc 6	CAn 3,157–161
3334	47	122–125	8.7.1582 vesperi	D. Schnepff	Symb. fid.	
3335	48	125–128	12.7.1582	J. Andreae	1 Sam 14	
3336	49	128–130	15.7.1582	D. Schnepff	Luc 5	CAn 3,175–177
3337	50	131–134	15.7.1582 vesperi	J. Andreae	Symb. fid.	
3338	51*	134–138	22.7.1582	J. Andreae	Matth 5	
3339	52	138–141	22.7.1582 vesperi	St. Gerlach	Symb. fid.	
3340	53*	141–143	24.7.1582	A. Varnbühler	Ps 144†	
3341	54	144–146	25.7.1582	J. Heerbrand	Matth 20	CAn 4,230–233
3342	55	146–149	29.7.1582	J. Andreae	Marc 8	
3343	56	149–152	2.8.1582	J. Heerbrand	Num 31	
3344	57	152–155	5.8.1582	J. Heerbrand	Matth 7	
3345	58	155–156	5.8.1582 vesperi	J. Dachtler	Symb. fid.	
3346	59	156–159	9.8.1582	J. Andreae	1 Sam 15	
3347	60*	160–163	12.8.1582	J. Andreae	Luc 16	CAn 3,224–228
3348	61*	163–165	12.8.1582 vesperi	St. Gerlach	Symb. fid.	
3349	62	165–167	16.8.1582	A. Varnbühler	Orat. dom.	
3350	63	167–171	19.8.1582	J. Andreae	Luc 19	
3351	64	172–174	19.8.1582 vesperi	St. Gerlach	Orat. dom.	
3352	65	174–176	24.8.1582 vesperi	D. Schnepff	Orat. dom.	
3353	66*	176–179	26.8.1582	D. Schnepff	Luc 18	CAn 3,246–250
3354	67	179–182	2.9.1582	J. Andreae	Marc 7	
3355	68	183–185	⟨6.⟩9.1582	St. Gerlach	Ps 32	
3356	69*	185–188	9.9.1582	J. Andreae	Luc 10	
3357	70	188–191	13.9.1582	D. Schnepff	Ps 112	
3358	71*	191–193	16.9.1582	D. Schnepff	Luc 17	CAn 3,295–297
3359	72*	194–196	21.9.1582	J. Heerbrand	Matth 9	
3360	73	197–198	23.9.1582	D. Schnepff	Matth 6	
3361	74	199–200	23.9.1582 vesperi	St. Gerlach	Orat. dom.	
3362	75	201–203	27.9.1582	J. Heerbrand	Num 31	
3363	76	203–205	30.9.1582	D. Schnepff	Luc 7	
3364	77	206–207	30.9.1582 vesperi	St. Gerlach	Decal.	
3365	78	207–209	4.10.1582	D. Schnepff	Ps 112	
3366	79*	210–212	14.10.1582	D. Schnepff	Matth 22	CAn 3,355–358
3367	80	212–213	18.10.1582	J. Heerbrand	Num 32	
3368	81*	214–216	19.10.1582	D. Schnepff	Rom 13	
3369	82	216–218	21.10.1582	D. Schnepff	Matth 9	
3370	83*	218–219	21.10.1582 vesperi	J. Dachtler	Decal.	
3371	84	220–222	25.10.1582	J. Andreae	1 Sam 15	
3372	85	223–226	28.10.1582	J. Heerbrand	Matth 22	
3373	86*	226–228	1.11.1582	D. Schnepff	Ps 113	
3374	87	228–231	4.11.1582	J. Heerbrand	Ioan 4	
3375	88*	231–233	8.11.1582	J. Heerbrand	Num 32	
3376	89	234–236	11.11.1582	D. Schnepff	Matth 18	
3377	90	236–238	11.11.1582 vesperi	J. Andreae	Decal.	
3378	91	239–241	15.11.1582	J. Andreae	1 Sam 15	
3379	92*	241–244	18.11.1582	J. Heerbrand	Matth 22	CAn 3,432–435
3380	93	244–247	22.11.1582	J. Andreae	1 Sam 15	

Lfd. Nr.	*Orig. Nr.*	*Seiten*	*Datum*	*Prediger*	*Predigttext*	*Drucke u. Hss.*
3381	94	247–250	25.11.1582	D. Schnepff	Matth 9	CAn 3,450–452
3382	95	250–252	25.11.1582 vesperi	St. Gerlach	Decal.	
3383	96*	252–253	2.12.1582	D. Schnepff	Matth 21	
3384	97	254–255	2.12.1582 vesperi	D. Schnepff	Decal.	
3385	98	255–257	6.12.1582	D. Schnepff	Ps 114	
3386	99	257–259	9.12.1582	J. Heerbrand	Luc 21	CAn 1,19–21
3387	100	260–261	13.12.1582	J. Heerbrand	Num 33	
3388	101*	262–265	16.12.1582	J. Andreae	Dan 9	CAn 1,46–51
3389	102*	266–268	21.12.1582	J. Andreae	Ioan 20	CAn 4,16–18
3390	103*	269–271	23.12.1582	J. Andreae	Ioan 1	CAn 1,51–53
3391	104	272–273	23.12.1582 vesperi	St. Gerlach	Coena Dom.	
3392	105	273–274	24.12.1582	A. Varnbühler	Tit 2	
3393	106	274–277	25.12.1582	J. Andreae	Luc 2	CC 242–253
3394	107	278–280	25.12.1582 vesperi	St. Gerlach	1 Tim 1	
3395	108	280–283	26.12.1582	J. Heerbrand	Matth 23	
3396	109	283–285	26.12.1582 vesperi	J. Dachtler	Act 6.7	
3397	110	285–287	27.12.1582	D. Schnepff	Ioan 21	CAn 4,39–43
3398	111	287–289	27.12.1582 vesperi	Chr. Staehelin	Luc 2	CAn 1,106–108
3399	112	290–292	30.12.1582	J. Heerbrand	Luc 2	CAn 1,150–153
3400	113*	292–294	31.12.1582	J. Dachtler	⟨Gebet zum Abendmahl⟩†	
3401	114	294–297	1.1.1583	D. Schnepff	Luc 2	CAn 1,170–173
3402	115	297–300	1.1.1583 vesperi	J. Andreae	Gal 3	CAn 1,173–176
3403	116	301–303	3.1.1583	D. Schnepff	Matth 2	
3404	117	303–306	6.1.1583	J. Heerbrand	Matth 2	CAn 1,188–191
3405	118	306–309	6.1.1583 vesperi	J. Andreae	Ies 60	CAn 1,191–194
3406	119	309–312	10.1.1583	J. Andreae	1 Sam 15	
3407	120	313–317	13.1.1583	J. Andreae	Luc 2	
3408	121*	317–319	13.1.1583 vesperi	D. Schnepff	Coena Dom.	
3409	122	319–322	17.1.1583	J. Heerbrand	Num 33	
3410	123*	322–325	20.1.1583	J. Heerbrand	Ioan 2	
3411	124	325–327	24.1.1583	D. Schnepff	Act 9	CAn 4,66–68
3412	125*	328–330	27.1.1583	D. Schnepff	Matth 20	CAn 1,272–276
3413	126	331–334	27.1.1583 vesperi	J. Andreae	1 Cor 9.10	CAn 1,280–284
3414	127	335–337	31.1.1583	J. Andreae	1 Sam 16	
3415	128	338–340	2.2.1583	J. Heerbrand	Luc 2	
3416	129	341–343	2.2.1583 vesperi	D. Schnepff	Mal 3	CAn 4,78–81
3417	130*	343–346	⟨3.2.⟩1583	J. Brenz d. J.	Luc 8	
3418	131	347–349	7.2.1583	J. Heerbrand	Num 33	
3419	132	349–351	10.2.1583	D. Schnepff	Luc 18	CAn 1,299–302
3420	133	352–355	10.2.1583 vesperi	J. Andreae	1 Cor 13	CAn 1,313–318
3421	134	356–358	14.2.1583	D. Schnepff	Ps 115	
3422	135	358–362	17.2.1583	J. Brenz d. J.	Matth 4	
3423	136	362–365	21.2.1583	J. Andreae	1 Sam 16	
3424	137	365–367	24.2.1583	J. Heerbrand	Matth 11	
3425	138	368–370	28.2.1583	J. Heerbrand	Num 33	
3426	139	371–376	3.3.1583	J. Andreae	Luc 11	
3427	140	376–379	3.3.1583 vesperi	St. Gerlach	Eph 5	CAn 1,359–363(A)
3428	141	380–381	7.3.1583	D. Schnepff	Ps 115	
3429	142	382–384	10.3.1583	D. Schnepff	Ioan 6	
3430	143	384–387	10.3.1583 vesperi	J. Andreae	Mal 1	CAn 1,396–399
3431	144	387–390	14.3.1583	D. Schnepff	Ps 116	
3432	145	390–394	17.3.1583	J. Brenz d. J.	Ioan 8	

Lfd. Nr.	*Orig. Nr.*	*Seiten*	*Datum*	*Prediger*	*Predigttext*	*Drucke u. Hss.*
3433	146*	394–397	17.3.1583 vesperi	D. Schnepff	Hebr 9	CAn 1,387–390
3434	147	398–401	21.3.1583	J. Heerbrand	Num 33	
3435	148*	401–402	23.3.1583	A. Varnbühler	1 Cor 11	CAn 2,40–41
3436	149*	403–406	24.3.1583	D. Schnepff	Zach 9	
3437	150*	406	24.3.1583 vesperi	A. Varnbühler	Ioan 19	
3438	151*	407–410	25.3.1583	J. Heerbrand	Luc 1	CAn 4,98–103
3439	152	411–413	25.3.1583 vesperi	St. Gerlach	Ies 7	
3440	153*	413	27.3.1583	Chr. Staehelin	Zach 3	CC 268–277
3441	154	414–418	28.3.1583 ante prandium ⟨Gründ.⟩	J. Heerbrand	Ioan 18	
3442	155*	419–420	28.3.1583 vesperi ⟨Gründ.⟩	D. Schnepff	Ioan 18	
3443	156	421–425	29.3.1583 ⟨Karfr.⟩	J. Andreae	Ioan 18.19	
3444	157	425–430	29.3.1583 vesperi ⟨Karfr.⟩	J. Brenz d. J.	Ioan 19	
3445	158	431–434	30.3.1583	Chr. Staehelin	Ioan 19	CAn 2,129–132
3446	159	434–438	31.3.1583 ⟨Osters.⟩	J. Heerbrand	Marc 16	
3447	160	438–441	31.3.1583 vesperi ⟨Osters.⟩	D. Schnepff	1 Cor 5	
3448	161	441–446	1.4.1583 ⟨Osterm.⟩	J. Andreae	Luc 24	CAn 2,197–201
3449	162	447–449	1.4.1583 vesperi ⟨Osterm.⟩	St. Gerlach	Col 3	CAn 2,217–220
3450	163	450–452	4.4.1583	J. Andreae	1 Sam 16	
3451	164*	453–455	7.4.1583	D. Schnepff	Ioan 20	CAn 2,232–234
3452	165	455–458	7.4.1583 vesperi	J. Andreae	1 Ioan 5	CAn 2,235–238
3453	166*	459–462	11.4.1583	D. Schnepff	Ps 116	
3454	167	462–465	14.4.1583	J. Brenz d. J.	Ioan 10	
3455	168	466–468	14.4.1583 vesperi	St. Gerlach	1 Petr 2	CAn 2,250–252
3456	169	468–470	18.4.1583	D. Schnepff	Ps 117	
3457	170*	470–473	21.4.1583	D. Schnepff	Ioan 16	
3458	171	473–476	21.4.1583 vesperi	J. Andreae	1 Petr 2	
3459	172	476–479	25.4.1583	J. Heerbrand	Num 33	
3460	173*	479–482	28.4.1583	J. Andreae	Ioan 16	CAn 2,272–276
3461	174	482–485	28.4.1583 vesperi	St. Gerlach	Iac 1	CAn 2,276–279
3462	175	486–489	1.5.1583	J. Heerbrand	Ioan 14	
3463	176	489–491	1.5.1583 vesperi	J. Dachtler	Eph 2	CAn 4,134–136
3464	177*	491–495	2.5.1583	J. Brenz d. J.	Rom 13	
3465	178	495–497	5.5.1583	J. Heerbrand	Ioan 16	CAn 2,280–284
3466	179	498–500	5.5.1583 vesperi	St. Gerlach	Iac 1	CAn 2,289–291
3467	180	500–503	9.5.1583 ⟨Himmelf.⟩	J. Heerbrand	Marc 16	
3468	181	504–507	9.5.1583 vesperi ⟨Himmelf.⟩	D. Schnepff	EKG 91 = Wack 3,682	
3469	182*	507–511	12.5.1583	J. Brenz d. J.	Ioan 15.16	
3470	183	511–514	12.5.1583 vesperi	St. Gerlach	1 Petr 4	CAn 2,324–327
3471	184*	515–520	13.5.1583	D. Schnepff	Rom 8†	
3472	185	520–521	16.5.1583	J. Dachtler	1 Ioan 3	
3473	186	522–525	19.5.1583 ⟨Pfingsts.⟩	J. Heerbrand	Ioan 14	CAn 3,23–27
3474	187	526–529	19.5.1583 vesperi ⟨Pfingsts.⟩	J. Brenz d. J.	Act 2	CC 440–451
3475	188	529–533	20.5.1583 ⟨Pfingstm.⟩	D. Schnepff	Ioan 3	CAn 3,65–68
3476	189	534–538	20.5.1583 vesperi ⟨Pfingstm.⟩	J. Andreae	Act 2	
3477	190	539–541	23.5.1583	D. Schnepff	Ps 118	
3478	191*	542–546	26.5.1583	D. Schnepff	Ioan 3	CAn 3,92–95
3479	192	546–548	26.5.1583 vesperi	St. Gerlach	Rom 11	CAn 3,96–98
3480	193*	548–554	29.5.1583	L. Osiander	Eccl 7†	GG 330–332; Ed24
3481	194	554–558	30.5.1583	J. Brenz d. J.	Ps 23	
3482	195	558–562	2.6.1583	J. Brenz d. J.	Luc 16	CAn 3,115–119
3483	196	563–566	6.6.1583	J. Andreae	1 Sam 17	
3484	197*	566–571	9.6.1583	J. Andreae	Luc 14	CAn 3,134–138

Lfd. Nr.	*Orig. Nr.*	*Seiten*	*Datum*	*Prediger*	*Predigttext*	*Drucke u. Hss.*
3485	198	571–574	9.6.1583 vesperi	D. Schnepff	1 Ioan 3	CAn 3,138–141
3486	199	574–577	13.6.1583	D. Schnepff	Ps 118	
3487	200*	577–581	16.6.1583	J. Brenz d. J.	Luc 15	CAn 3,142–146
3488	201	581–584	16.6.1583 vesperi	St. Gerlach	1 Petr 5	CAn 3,151–154
3489	202	584	20.6.1583	J. Heerbrand	Num 33	
3490	203*	585–588	23.6.1583	D. Schnepff	Luc 6	
3491	204*	589–592	23.6.1583 vesperi	J. Andreae	Rom 8	CAn 3,161–165
3492	205	593–596	24.6.1583	J. Heerbrand	Luc 1	CAn 4,149–151
3493	206*	597–600	29.6.1583	J. Heerbrand	Matth 16	CAn 4,182–185; Ed25; Ed32, 295–322
3494	207	600–602	29.6.1583 vesperi	J. Dachtler	Act 12	CAn 4,239–240
3495	208	602–605	30.6.1583	J. Andreae	Luc 5	
3496	209	605–608	30.6.1583 vesperi	D. Schnepff	1 Petr 3	
3497	210	608–610	4.7.1583	D. Schnepff	Ps 117	
3498	211	610–613	7.7.1583	D. Schnepff	Matth 5	
3499	212	613–616	7.7.1583 vesperi	St. Gerlach	Rom 6	CAn 3,193–195
3500	213*	616–618	11.7.1583	D. Schnepff	Ps 118	
3501	214	618–621	14.7.1583	J. Brenz d. J.	Marc 8	CAn 3,199–203
3502	215	622–624	14.7.1583 vesperi	St. Gerlach	Rom 6	CAn 3,203–206
3503	216	625–627	18.7.1583	J. Brenz d. J.	Gal 5	
3504	217*	628	18.7.1583 media hora 1ª	Chr. Staehelin	Ps 90†	
3505	218	629–633	21.7.1583	J. Andreae	Matth 7	
3506	219	634–636	21.7.1583 vesperi	St. Gerlach	Rom 8	
3507	220*	636–640	25.7.1583	A. Varnbühler	Phil 1†	
3508	221	640–642	25.7.1583 vesperi	St. Gerlach	Rom 8	
3509	222	643–645	28.7.1583	J. Heerbrand	Luc 16	CAn 3,220–224
3510	223	646–648	28.7.1583 vesperi	A. Varnbühler	1 Cor 10	CAn 3,228–231
3511	224	649–651	1.8.1583	J. Heerbrand	Num 33	
3512	225*	651–654	3.8.1583	Chr. Staehelin	Ies 40†	
3513	226	654–657	4.8.1583	J. Heerbrand	Luc 19	
3514	227	658–660	4.8.1583 vesperi	A. Varnbühler	1 Cor 12	
3515	228	660–664	8.8.1583	J. Brenz d. J.	1 Petr 4	
3516	229	665–668	11.8.1583	J. Brenz d. J.	Luc 18	
3517	230	668–670	15.8.1583	D. Schnepff	Ps 119	
3518	231*	671–673	18.8.1583	D. Schnepff	Marc 7	
3519	232	674–676	18.8.1583 vesperi	St. Gerlach	2 Cor 3	CAn 3,268–269
3520	233	676–678	22.8.1583	D. Schnepff	Ps 119	
3521	234*	679–681	24.8.1583	J. Heerbrand	Ion 3	CAn 1,25–27; Ed23; Ed32, 322–342
3522	235	682–684	24.8.1583 vesperi	St. Gerlach	2 Cor 4	
3523	236	684–687	25.8.1583	J. Brenz d. J.	Luc 10	CAn 3,270–274
3524	237	687–690	25.8.1583 vesperi	D. Schnepff	Gal 3	CAn 3,285–288
3525	238	691–693	29.8.1583	J. Heerbrand	Num 33	
3526	239*	693–695	1.9.1583	D. Schnepff	Luc 17	
3527	240	696–698	1.9.1583 vesperi	St. Gerlach	Gal 5	
3528	241*	698–701	8.9.1583	D. Schnepff	Ezech 22	
3529	242	701–704	12.9.1583	J. Heerbrand	Num 33	
3530	243	704–706	15.9.1583	J. Brenz d. J.	Luc 7	CAn 3,313–317
3531	244	707–710	15.9.1583 vesperi	D. Schnepff	Eph 3	CAn 3,327–331
3532	245	710–714	21.9.1583	J. Heerbrand	Ioël 2	
3533	246	714–718	21.9.1583 vesperi	D. Schnepff	1 Cor 12	

Lfd. Nr.	Orig. Nr.	Seiten	Datum	Prediger	Predigttext	Drucke u. Hss.
3534	247	718–721	22.9.1583	D. Schnepff	Luc 14	CAn 3,338–341
3535	248	721–724	22.9.1583 vesperi	St. Gerlach	Eph 4	CAn 3,350–355
3536	249	724–727	29.9.1583	D. Schnepff	Ps 34	CAn 4,305–308
3537	250	728–730	29.9.1583 vesperi	St. Gerlach	1 Cor 1	CAn 3,361–364

(p. 750) M. Μαρτῖνος ὁ Κρούσιος, αφπγ΄. ἐν τυβίγγῃ. Τῷ Θεῷ δόξα.

Mb 19–13

(f. I) Anno 1583/4/5. Conciones 350. Graecè à M. Mart. Crusio, Tybingae in Templo exceptae. Non autem domi relectae. Exceptis + signatis, quas denuò aliò descripsi, scil. ad Evangel. et Epistulas Dominicales ac Festorum.
(ff. I^v-III^v) Stichwortsammlung zu pp. 1–748 *(später hinzugefügt)*.
(p. 1) CONCIONUM SUMMAE, à me M. Martino Crusio, Tybingae in Templo S. Georgij sic exceptae, ex Germanica lingua. 1583.

Lfd. Nr.	Orig. Nr.	Seiten	Datum	Prediger	Predigttext	Drucke u. Hss.
3538	1	1–4	6.10.1583	D. Schnepff	Matth 9	
3539	2*	4–7	10.10.1583	J. Heerbrand	Num 33	
3540	3	8–11	13.10.1583	D. Schnepff	Matth 22	CAn 3,388–392
3541	4	12–14	13.10.1583 vesperi	St. Gerlach	Eph 5	CAn 3,395–397
3542	5	14–17	17.10.1583	D. Schnepff	Ps 119	
3543	6*	17–20	20.10.1583	J. Brenz d. J.	Ioan 4	
3544	7	20–21	20.10.1583 vesperi	J. Dachtler	Eph 6	
3545	8*	22–24	24.10.1583	J. Heerbrand	Num 33	
3546	9*	24–27	27.10.1583	D. Schnepff	Matth 18	CAn 3,420–423
3547	10*	27–31	27.10.1583 vesperi	J. Brenz d. J.	Phil 1	CAn 3,423–426
3548	11	31–34	28.10.1583	J. Heerbrand	Ioan 15	
3549	12	34–37	28.10.1583 vesperi	St. Gerlach	1 Petr 1	CAn 4,336–338
3550	13	37–40	31.10.1583	J. Brenz d. J.	1 Cor 12	
3551	14	40–42	3.11.1583	D. Schnepff	Matth 22	
3552	15	43–46	10.11.1583	St. Gerlach	Matth 9	CAn 3,447–450
3553	16*	46	10.11.1583 vesperi	Chr. Staehelin	Col 1	CAn 3,455
3554	17*	47–50	14.11.1583	J. Heerbrand	Num 33	
3555	18*	50–51	14.11.1583 vesperi	A. Varnbühler	Ps 145†	
3556	19	52–54	17.11.1583	J. Heerbrand	Matth 24	
3557	20	55–57	17.11.1583 vesperi	St. Gerlach	1 Thess 4	CAn 3,471–473
3558	21	57–59	21.11.1583	D. Schnepff	Ps 119	
3559	22*	60–63	24.11.1583	T. Bruno	Matth 25	CAn 3,473–477
3560	23	63–65	28.11.1583	D. Schnepff	Ps 119	
3561	24	66–69	30.11.1583	J. Heerbrand	Matth 4	
3562	25	69–71	30.11.1583 vesperi	A. Varnbühler	Rom 10	CAn 4,11–12
3563	26	71–75	1.12.1583	J. Brenz d. J.	Matth 21	CAn 2,3–5
3564	27	75–78	5.12.1583	J. Heerbrand	Num 33	
3565	28*	78–82	8.12.1583	J. Heerbrand	Luc 21	
3566	29*	82–84	8.12.1583 vesperi	Chr. Staehelin	Rom 15	
3567	30*	85–87	12.12.1583	D. Schnepff	Ps 119	
3568	31	87–90	15.12.1583	D. Schnepff	Matth 11	CAn 1,34–37
3569	32*	90–93	15.12.1583 vesperi	St. Gerlach	1 Cor 4	CAn 1,40–42
3570	33	93–95	19.12.1583	A. Varnbühler	⟨Gal 6⟩	

Lfd. Nr.	Orig. Nr.	Seiten	Datum	Prediger	Predigttext	Drucke u. Hss.
3571	34*	95	20.12.1583	Chr. Staehelin	Phil 1†	
3572	35	96–99	21.12.1583	J. Heerbrand	Ioan 20	
3573	36	99–101	21.12.1583 vesperi	St. Gerlach	Eph 1	CAn 4,20–23
3574	37	102–105	22.12.1583	J. Brenz d. J.	Ioan 1	CAn 1,57–60
3575	38	105–108	22.12.1583 vesperi	D. Schnepff	Gen 3	CAn 1,60–62
3576	39	109–112	25.12.1583	J. Heerbrand	Luc 2	CAn 1,103–106
3577	40	113–115	25.12.1583 vesperi	D. Schnepff	EKG 18 = Wack 3,573	CAn 1,108–111
3578	41*	116–117	26.12.1583	J. Brenz d. J.	Act 6.7	
3579	42	117–120	26.12.1583 vesperi	St. Gerlach	Tit 2	CAn 1,125–127
3580	43	120–124	27.12.1583	J. Heerbrand	Ioan 1	CAn 1,140–143
3581	44	124–127	29.12.1583	J. Brenz d. J.	Luc 2	CAn 1,153–156
3582	45	127–129	29.12.1583 vesperi	St. Gerlach	Gal 4	CAn 1,158–160
3583	46	130–132	1.1.1584	D. Schnepff	Luc 2	CAn 1,165–168
3584	47	133–135	1.1.1584 vesperi	A. Varnbühler	Gal 3	CAn 1,168–170
3585	48	135–138	2.1.1584	J. Brenz d. J.	1 Petr 2	
3586	49	138–141	5.1.1584	D. Schnepff	Matth 3	
3587	50*	141–144	5.1.1584 vesperi	Chr. Staehelin	Ies 60	
3588	51	144–147	6.1.1584	J. Brenz d. J.	Matth 2	CAn 1,194–196
3589	52	147–150	6.1.1584 vesperi	D. Schnepff	Matth 2	
3590	53	151–155	12.1.1584	J. Heerbrand	Luc 2	
3591	54	155–157	16.1.1584	D. Schnepff	Ps 119	
3592	55	158–160	19.1.1584	D. Schnepff	Ioan 2	
3593	56*	161.163–164	19.1.1584 vesperi	A. Varnbühler	Rom 12	
3594	57*	164–167	23.1.1584	D. Schnepff	Ps 119	
3595	58*	168–169	7.2.1584	D. Schnepff	Ies 22†	Ed27
3596	59	170–172	9.2.1584	J. Brenz d. J.	Matth 13	
3597	60	173–176	13.2.1584	D. Schnepff	Ps 119	
3598	61*	177–181	14.2.1584	A. Varnbühler	2 Cor 11†	CAn 4,377–381
3599	62	181–183	16.2.1584	D. Schnepff	Matth 20	
3600	63	184–186	16.2.1584 vesperi	St. Gerlach	1 Cor 9	CAn 1,284–286
3601	64	187–189	20.2.1584	A. Varnbühler	Ps 138	
3602	65	189–192	23.2.1584	D. Schnepff	Luc 8	
3603	66	192–196	25.2.1584	J. Heerbrand	Matth 11	CAn 4,84–88
3604	67	196–199	25.2.1584 vesperi	St. Gerlach	Act 1	CAn 4,92–95
3605	68	199–202	27.2.1584	D. Schnepff	Ps 119	
3606	69	202–205	1.3.1584	D. Schnepff	Luc 18	
3607	70	205–207	1.3.1584 vesperi	D. Schnepff	1 Cor 13	CAn 1,318–320
3608	71	208–211	5.3.1584	J. Heerbrand	Num 33	CAn 4,369–370
3609	72	211–214	8.3.1584	J. Brenz d. J.	Matth 4	CAn 1,324–327
3610	73*	214–217	15.3.1584	D. Schnepff	Matth 15	
3611	74	218–220	15.3.1584 vesperi	St. Gerlach	1 Thess 4	CAn 1,345–348
3612	75	221–223	19.3.1584	J. Heerbrand	Num 34	
3613	76*	223–226	22.3.1584	J. Brenz d. J.	Luc 11	
3614	77*	226–228	24.3.1584	A. Varnbühler	Iac 4†	
3615	78	229–232	25.3.1584	J. Heerbrand	Luc 1	CAn 4,107–109
3616	79	232–235	25.3.1584 vesperi	D. Schnepff	Gen 49	CAn 4,113–116
3617	80	236–238	29.3.1584	D. Schnepff	Ioan 6	
3618	81	238–240	29.3.1584 vesperi	St. Gerlach	Gal 4	CAn 1,373–375
3619	82	241–244	5.4.1584	J. Brenz d. J.	Ioan 8	CAn 1,379–382
3620	83	244–246	5.4.1584 vesperi	A. Varnbühler	Hebr 9	CAn 1,390–391
3621	84	247–249	9.4.1584	J. Heerbrand	Num 33	CAn 3,14–16
3622	85*	249–252	11.4.1584	A. Varnbühler	1 Cor 2	CAn 2,56–58

Lfd. Nr.	*Orig. Nr.*	*Seiten*	*Datum*	*Prediger*	*Predigttext*	*Drucke u. Hss.*
3623	86	252–256	16.4.1584 ⟨Gründ.⟩	J. Heerbrand	Ioan 18	CAn 2,114–118
3624	87	257–260	16.4.1584 vesperi ⟨Gründ.⟩	D. Schnepff	Ioan 18	CAn 2,118–121
3625	88	260–265	17.4.1584 ⟨Karfr.⟩	J. Brenz d. J.	Ioan 18.19	CAn 2,121–124
3626	89	266–269	17.4.1584 vesperi ⟨Karfr.⟩	St. Gerlach	Ioan 19	CAn 2,124–127
3627	90	269–272	18.4.1584	A. Varnbühler	Ioan 19	CAn 2,127–129
3628	91*	272–276	19.4.1584 ⟨Osters.⟩	J. Andreae	Marc 16	CAn 2,159–162
3629	92	276–279	23.4.1584	D. Schnepff	Hos 13	CAn 2,182–184
3630	93	279–281	26.4.1584	D. Schnepff	Ioan 20	
3631	94	282–283	26.4.1584 vesperi	St. Gerlach	1 Ioan 5	CAn 2,239–240
3632	95	284–287	1.5.1584	J. Heerbrand	Ioan 14	
3633	96*	287–290	1.5.1584 vesperi	A. Varnbühler	Eph 2	
3634	97*	290–294	2.5.1584	Chr. Staehelin	Lam 4	
3635	98	295–297	3.5.1584	D. Schnepff	Ioan 10	
3636	99	298–300	3.5.1584 vesperi	St. Gerlach	1 Petr 2	
3637	100	301–304	7.5.1584	J. Heerbrand	Num 35	
3638	101	304–307	10.5.1584	J. Brenz d. J.	Ioan 16	CAn 2,257–259
3639	102	307–309	10.5.1584 vesperi	St. Gerlach	1 Cor 15	CAn 2,262–264
3640	103	310–312	14.5.1584	D. Schnepff	Ps 122	
3641	104*	312–314	17.5.1584	D. Schnepff	Ioan 16	CAn 2,270–272
3642	105*	315–317	17.5.1584 vesperi	St. Gerlach	Iac 1	
3643	106*	318	24.5.1584	J. Brenz d. J.	Ioan 16	
3644	107	318–320	24.5.1584 vesperi	J. Dachtler	Iac 1	CAn 2,286–289
3645	108	320–324	28.5.1584 ⟨Himmelf.⟩	J. Heerbrand	Marc 16	CAn 2,297–301
3646	109	324–326	28.5.1584 vesperi ⟨Himmelf.⟩	D. Schnepff	Ps 68	CAn 2,308–310
3647	110	327–330	4.6.1584	J. Brenz d. J.	1 Cor 10	
3648	111*	331–334	8.6.1584 ⟨Pfingstm.⟩	J. Heerbrand	Ioan 3	
3649	112*	334	2.7.1584	D. Schnepff	Ps 124	
3650	113	335–337	5.7.1584	D. Schnepff	Luc 15	
3651	114	338–340	5.7.1584 vesperi	St. Gerlach	1 Petr 5	
3652	115	341–343	9.7.1584	D. Schnepff	Ps 125	
3653	116	344–346	12.7.1584	D. Schnepff	Luc 6	
3654	117	347–350	16.7.1584	J. Brenz d. J.	Ioan 14	
3655	118*	350–355	17.7.1584 post $12^{\text{am.}}$ pomeridianam	Chr. Staehelin	1 Tim 1†	
3656	119	355–359	19.7.1584	J. Brenz d. J.	Luc 5	
3657	120	359–361	23.7.1584	D. Schnepff	Ps 126	
3658	121	361–363	25.7.1584	D. Schnepff	⟨Matth⟩ 20	CAn 4,236–238
3659	122	364–367	26.7.1584	J. Brenz d. J.	Matth 5	CAn 3,186–189
3660	123	367–369	30.7.1584	D. Schnepff	Ps 127	
3661	124*	370–372	2.8.1584	D. Schnepff	Marc 8	
3662	125	372–374	2.8.1584 vesperi	St. Gerlach	Rom 6	
3663	126	315!–318	6.8.1584	D. Schnepff	Ps 128	
3664	127	318–321	9.8.1584	J. Brenz d. J.	Matth 7	
3665	128	321–323	13.8.1584	J. Heerbrand	Num 36	
3666	129	324–326	16.8.1584	D. Schnepff	Luc 16	
3667	130	326–328	16.8.1584 vesperi	St. Gerlach	Quaestio	
3668	131	328–330	20.8.1584	J. Heerbrand	Deut 1	
3669	132	331–335	23.8.1584	J. Brenz d. J.	Luc 19	
3670	133	335–337	23.8.1584 vesperi	St. Gerlach	Quaestio	
3671	134	337–340	24.8.1584	J. Heerbrand	Luc 22	
3672	135	341–342	24.8.1584 vesperi	J. Dachtler	Bapt.	
3673	136	342–345	27.8.1584	D. Schnepff	Ps 129	
3674	137	345–348	30.8.1584	J. Heerbrand	Luc 18	

Lfd. Nr.	*Orig. Nr.*	*Seiten*	*Datum*	*Prediger*	*Predigttext*	*Drucke u. Hss.*
3675	138*	348–352	3.9.1584	J. Heerbrand	Deut 1	
3676	139	352–354	10.9.1584	D. Schnepff	Ps 130	
3677	140	355–357	17.9.1584	A. Varnbühler	1 Cor 15	
3678	141*	357–361	20.9.1584	J. Andreae	Num 11	
3679	142*	361–364	20.9.1584 vesperi	L. Osiander	Rom 14†	Ed26
3680	143	365–367	21.9.1584	J. Heerbrand	Matth 9	
3681	144	368–371	24.9.1584	J. Heerbrand	Deut 1	
3682	145	371–375	27.9.1584	J. Brenz d. J.	Matth 6	
3683	146	376–379	4.10.1584	D. Schnepff	Luc 7	
3684	147	380–381	4.10.1584 vesperi	St. Gerlach	Symb. fid.	
3685	148	382–384	22.10.1584	J. Heerbrand	Deut 1	
3686	149	384–386	25.10.1584	D. Schnepff	Matth 9	
3687	150*	386–388	28.10.1584	J. Heerbrand	Ps 65	Ed29; Ed32, 364–390
3688	151	389–392	1.11.1584	J. Brenz d. J.	Matth 5	
3689	152*	392–394	5.11.1584	D. Schnepff	Ps 132	
3690	153	394–396	8.11.1584	D. Schnepff	Ioan 4	
3691	154	397–399	12.11.1584	J. Heerbrand	Deut 1	
3692	155	399–401	15.11.1584	J. Brenz d. J.	Matth 18	
3693	156	401–403	22.11.1584	J. Heerbrand	Matth 22	
3694	157	404–405	26.11.1584	J. Dachtler	Luc 12	
3695	158	405–408	29.11.1584	D. Schnepff	Matth 21	
3696	159	408–411	10.12.1584	D. Schnepff	Ps 133	
3697	160*	411–413	13.12.1584	D. Schnepff	Matth 11	
3698	161	414–416	17.12.1584	J. Heerbrand	Deut 2	
3699	162	416–419	20.12.1584	J. Brenz d. J.	Ioan 1	
3700	163	419–420	21.12.1584	J. Heerbrand	Ioan 20	
3701	164*	421–425	25.12.1584	J. Andreae	Luc 2	CAn 1,100–103
3702	165	425–428	26.12.1584	J. Brenz d. J.	Matth 23	
3703	166	428–430	26.12.1584 vesperi	J. Dachtler	Act 6.7	
3704	167	430–433	27.12.1584	J. Heerbrand	Ioan 21	
3705	168	434–436	27.12.1584 vesperi	Chr. Staehelin	Luc 2	
3706	169*	437–439	1.1.1585	D. Schnepff	Luc 2	
3707	170	440–442	1.1.1585 vesperi	Chr. Staehelin	1 Tim 1	
3708	171	442–445	3.1.1585	J. Brenz d. J.	Ioan 1	Ed28
3709	172	446–449	6.1.1585	J. Heerbrand	Matth 2	
3710	173	449–451	10.1.1585	D. Schnepff	Luc 2	CAn 1,216–217
3711	174*	452–455	17.1.1585	D. Schnepff	Ioan 2	CAn 1,230–232
3712	175*	455–456	17.1.1585 vesperi	J. Dachtler	Orat. dom.	
3713	176*	456–458	21.1.1585	J. Heerbrand	Deut 1	
3714	177	459–462	24.1.1585	J. Brenz d. J.	Matth 8	
3715	178	463–467	7.2.1585	J. Brenz d. J.	Matth 20	CAn 1,276–280
3716	179	468–471	14.2.1585	D. Schnepff	Luc 8	CAn 1,292–295
3717	180*	472–476	16.2.1585	Chr. Staehelin	Sir 26	CC 556–567
3718	181*	477–480	18.2.1585	J. Heerbrand	Deut 3	
3719	182*	480–484	21.2.1585	M. Pflacher	Luc 18	
3720	183	485–487	3.4.1585	Chr. Staehelin	Zach 3	
3721	184*	487–491	4.4.1585	D. Schnepff	Matth 21	
3722	185	491–493	7.4.1585	J. G. Sigwart	Phil 2	CAn 2,51–54
3723	186*	494–498	8.4.1585 ⟨Gründ.⟩	J. Heerbrand	Ioan 18	CAn 2,132–135
3724	187	498–503	8.4.1585 vesperi ⟨Gründ.⟩	D. Schnepff	Ioan 18	CAn 2,135–140
3725	188	503–509	9.4.1585 ⟨Karfr.⟩	J. Andreae	Ioan 18.19	CAn 2,140–144

Lfd. Nr.	*Orig. Nr.*	*Seiten*	*Datum*	*Prediger*	*Predigttext*	*Drucke u. Hss.*
3726	189	509–516	9.4.1585 vesperi ⟨Karfr.⟩	J. Brenz d. J.	Ioan 19	CAn 2,144–152
3727	190	517–519	10.4.1585	J. G. Sigwart	Ioan 19	CAn 2,152–154
3728	191	520–525	11.4.1585 ⟨Osters.⟩	J. Andreae	Marc 16	CAn 2,162–165
3729	192	525–529	11.4.1585 vesperi ⟨Osters.⟩	St. Gerlach	1 Cor 5	CC 394–403
3730	193	529–533	12.4.1585 ⟨Osterm.⟩	J. Heerbrand	Luc 24	
3731	194	533–537	12.4.1585 vesperi ⟨Osterm.⟩	Chr. Staehelin	EG 99 = Wack 2,935 ff.	
3732	195	537–540	18.4.1585	D. Schnepff	Ioan 20	
3733	196	541–544	22.4.1585	J. Heerbrand	Deut 3	
3734	197	544–547	25.4.1585	J. Brenz d. J.	Ioan 10	
3735	198*	547–550	28.4.1585	J. G. Sigwart	2 Cor 5 †	CAn 3,479–483
3736	199*	550–552	29.4.1585	D. Schnepff	Ps 139	
3737	200*	553–557	1.5.1585	J. Heerbrand	Ioan 14	CAn 4,119–124
3738	201*	557–562	2.5.1585	J. Andreae	Ier 18	CAn 1,399–403
3739	202	562–564	6.5.1585	J. Brenz d. J.	Ioan 14	CAn 4,124–126
3740	203*	565–568	13.5.1585	D. Schnepff	Ps 139	
3741	204	568–571	16.5.1585	St. Gerlach	Ioan 16	
3742	205	572–576	20.5.1585 ⟨Himmelf.⟩	J. Heerbrand	Marc 16	CC 406–417
3743	206	577–580	23.5.1585	J. Brenz d. J.	Ioan 15.16	CAn 2,319–322
3744	207	581–584	27.5.1585	J. Andreae	1 Sam 17	
3745	208	584–589	30.5.1585 ⟨Pfingsts.⟩	J. Andreae	Act 2	CAn 3,49–53
3746	209	590–593	30.5.1585 vesperi ⟨Pfingsts.⟩	D. Schnepff	Ies 2	CAn 3,53–56
3747	210	593–596	31.5.1585 ⟨Pfingstm.⟩	J. Heerbrand	Ioan 3	CAn 3,62–65
3748	211	597–599	31.5.1585 vesperi ⟨Pfingstm.⟩	D. Schnepff	Act 10	CAn 3,71–74
3749	212*	600–602	3.6.1585	D. Schnepff	Ps 139	
3750	213*	603–608	6.6.1585 vesperi	J. Andreae	Rom 11	CAn 3,98–102
3751	214*	608–612	7.6.1585 post horam 3[am.]	Chr. Staehelin	Eccl 12 †	CC 578–609; SA 10–43; Ed30
3752	215	612–617	13.6.1585	J. Andreae	Luc 16	
3753	216	617–622	17.6.1585	J. Andreae	1 Sam 17	
3754	217	622–626	20.6.1585	D. Schnepff	Luc 14	
3755	218	626–629	24.6.1585	J. Heerbrand	Luc 1	CAn 4,152–154
3756	219*	630–633	24.6.1585 vesperi	D. Schnepff	Matth 14	CAn 4,154–158; CD 4–11; Ed42
3757	220	633–636	27.6.1585	J. Andreae	Luc 15	CAn 3,147–150
3758	221	637–640	29.6.1585	J. Heerbrand	Matth 16	
3759	222	641–644	29.6.1585 vesperi	D. Schnepff	Act 12	
3760	223	644–647	8.⟨7.⟩1585	J. Heerbrand	Deut 4	
3761	224	648.650–652	11.7.1585	J. Andreae	Luc 5	CAn 3,170–175
3762	225	653–655	11.7.1585 vesperi	D. Schnepff	1 Petr 3	CAn 3,177–181
3763	226	655–659	15.7.1585	J. Andreae	1 Sam 17	
3764	227*	659–662	18.7.1585	D. Schnepff	Matth 5	
3765	228	662–666	18.7.1585 vesperi	J. Andreae	Rom 6	CAn 3,189–192
3766	229	666–669	22.7.1585	D. Schnepff	Ps 141	
3767	230*	670–674	25.7.1585	J. Andreae	Matth 20	CAn 4,233–236
3768	231	674–677	29.7.1585	J. Heerbrand	Deut 4	
3769	232	677–680	1.8.1585	D. Schnepff	Matth 7	CAn 3,215–218
3770	233	680–684	8.8.1585	J. Andreae	Luc 16	
3771	234	684–687	8.8.1585 vesperi	D. Schnepff	1 Cor 10	CAn 3,231–234
3772	235	688–691	12.8.1585	J. Andreae	1 Sam 18	
3773	236	692–695	15.8.1585	D. Schnepff	Luc 19	CAn 3,238–240
3774	237	695–699	15.8.1585 vesperi	J. Andreae	1 Cor 12	CAn 3,243–246
3775	238	699–702	19.8.1585	D. Schnepff	Ps 143	

Lfd. Nr.	Orig. Nr.	Seiten	Datum	Prediger	Predigttext	Drucke u. Hss.
3776	239*	702–706	20.8.1585	Chr. Staehelin	Ioan 11†	
3777	240	706–710	22.8.1585	J. Andreae	Luc 18	CAn 3,250–253
3778	241	710–714	22.8.1585 vesperi	D. Schnepff	1 Cor 15	
3779	242	714–718	24.8.1585	J. Heerbrand	Luc 22	
3780	243*	718–722	24.8.1585 vesperi	D. Schnepff	2 Cor 4	CAn 4,283–286
3781	244*	722–725	29.8.1585	D. Schnepff	Marc 7	
3782	245	725–729	2.9.1585	J. Brenz d. J.	Ioan 14	
3783	246	729–732	5.9.1585	J. Andreae	Luc ⟨10⟩	CAn 3,274–278
3784	247*	733–736	12.9.1585	D. Schnepff	Luc 17	
3785	248*	736–740	12.9.1585 vesperi	J. Andreae	Gal 5	CAn 3,297–301
3786	249	741–744	19.9.1585	J. Brenz d. J.	Matth 6	CAn 3,305–308
3787	250*	745–748	19.9.1585 vesperi	D. Schnepff	Gal 5.⟨6⟩	CAn 3,308–313

(p. 748) Finis. 19. Septemb. 1585.

Mb 17

(f. I) Anno 1585/6/7. Conciones 200.
(ff. Iv-IIIv) Stichwortsammlung zu pp. 1–532 *(später hinzugefügt)*.
(p. 1) Conciones, quas Tybingae in templo S. Georgij excepi, ex ore Theologorum nostrorum, Germanicè concionantium, scribens super genua mea.
M. Martinus Crusius 19. Septembris die (meo natali 1526) anno praesenti 1585. Nunc agens LX^{m}. aetatis annum.

Lfd. Nr.	Orig. Nr.	Seiten	Datum	Prediger	Predigttext	Drucke u. Hss.
3788	1*	1–5	21.9.1585	J. Andreae	Matth 9	
3789	2*	5–9	23.9.1585	J. Heerbrand	Deut 4	
3790	3	10–13	26.9.1585	D. Schnepff	Luc 7	CAn 3,317–320
3791	4	13–16	26.9.1585 vesperi	St. Gerlach	Eph 3	CAn 3,331–333
3792	5	17–20	30.9.1585	D. Schnepff	Ps 91	
3793	6*	20–25	3.10.1585	Chr. Frei	Luc 14	CAn 3,341–346
3794	7	25–29	3.10.1585 vesperi	St. Gerlach	Eph 4	
3795	8	30–32	7.10.1585	D. Schnepff	Ps 144	
3796	9	33–36	17.10.1585	D. Schnepff	Matth 9	CAn 3,373–376
3797	10	36–39	17.10.1585 vesperi	St. Gerlach	Eph 4	CAn 3,379–381
3798	11*	40–42	19.10.1585	J. G. Sigwart	Rom 13	
3799	12	43–46	21.10.1585	J. Brenz d. J.	Ioan 14	
3800	13	46–51	24.10.1585	J. Andreae	Matth 24	
3801	14	52–55	31.10.1585	D. Schnepff	Ioan 4	
3802	15	56–60	31.10.1585 vesperi	J. Andreae	Eph 6	CAn 3,410–413
3803	16	61–64	7.11.1585	D. Schnepff	Matth 18	CAn 3,417–420
3804	17*	65–68	7.11.1585 vesperi	St. Gerlach	Phil 1	CAn 3,426–429
3805	18	69–71	11.11.1585	J. Dachtler	Luc 12	CAn 4,371–373
3806	19*	71–75	14.11.1585	J. Andreae	Matth 22	CAn 3,435–439
3807	20	76–78	14.11.1585 vesperi	D. Schnepff	Phil 3.⟨4⟩	CAn 3,441–444
3808	21	79–81	18.11.1585	J. Heerbrand	Deut 4	
3809	22	82–86	21.11.1585	J. Andreae	Matth 9	CAn 3,444–447
3810	23*	86	28.11.1585	D. Schnepff	Matth 21	
3811	24*	87	28.11.1585 vesperi	St. Gerlach	Rom 13	CAn 2,6
3812	25*	88–90	30.11.1585	J. Heerbrand	Matth 4	CAn 4,3–5

Lfd. Nr.	*Orig. Nr.*	*Seiten*	*Datum*	*Prediger*	*Predigttext*	*Drucke u. Hss.*
3813	26*	91–92	12.12.1585	D. Schnepff	Matth 11	
3814	27	92–96	16.12.1585	J. Heerbrand	Deut 4	
3815	28	96–100	26.12.1585	J. Heerbrand	Matth 23	
3816	29	100–104	27.12.1585	J. Brenz d. J.	Ioan 21	CAn 4,43–45
3817	30*	104–106	27.12.1585 vesperi	Chr. Staehelin	Num 24	CAn 4,56–58
3818	31*	106–110	15.1.1586 hora 9ᵃ·	D. Schnepff	Gen 25 †	
3819	32	111–112	6.2.1586	D. Schnepff	Luc 8	
3820	33	113–115	6.2.1586 vesperi	J. G. Sigwart	2 Cor 11.12	
3821	34	115–116	10.2.1586	D. Schnepff	Ps 146	
3822	35*	117	13.2.1586	D. Schnepff	Luc 18	
3823	36*	117	13.2.1586 vesperi	J. G. Sigwart	1 Cor 13	
3824	37	118	17.2.1586	J. Andreae	1 Sam 19	
3825	38	118–121	20.2.1586	J. Andreae	Matth 4	
3826	39*	122	20.2.1586 vesperi	D. Schnepff	2 Cor 6	
3827	40*	122	24.2.1586	J. Heerbrand	Matth 11	
3828	41	123	27.2.1586	D. Schnepff	Matth 15	
3829	42*	124	27.2.1586 vesperi	Chr. Staehelin	1 Thess 4 †	
3830	43	124–126	10.3.1586	D. Schnepff	Ps 147	
3831	44*	127–130	13.3.1586	J. Brenz d. J.	Ioan 6	
3832	45	130–133	17.3.1586	J. Brenz d. J.	Ioan 14	
3833	46*	133–136	20.3.1586	D. Schnepff	Ioan 8	
3834	47	136–139	25.3.1586	J. Heerbrand	Luc 1	
3835	48	140–142	25.3.1586 vesperi	D. Schnepff	Ioan 1	CAn 4,116–118
3836	49	143–147	31.3.1586 ⟨Gründ.⟩	D. Schnepff	Ioan 18	
3837	50	147–151	31.3.1586 vesperi ⟨Gründ.⟩	J. Brenz d. J.	Ioan 18	
3838	51	151–155	1.4.1586 ⟨Karfr.⟩	J. Heerbrand	Ioan 18.19	
3839	52	156–159	1.4.1586 vesperi ⟨Karfr.⟩	St. Gerlach	Ioan 19	
3840	53	159–161	2.4.1586	Chr. Staehelin	Ioan 19	
3841	54	161–165	3.4.1586 ⟨Osters.⟩	J. Heerbrand	Marc 16	
3842	55	166–168	3.4.1586 vesperi ⟨Osters.⟩	D. Schnepff	Ioan 11	
3843	56	168–171	4.4.1586 ⟨Osterm.⟩	St. Gerlach	Luc 24	
3844	57*	171–172	4.4.1586 vesperi ⟨Osterm.⟩	Chr. Staehelin	Luc 24	
3845	58	173–176	7.4.1586	St. Gerlach	Ies 53	
3846	59	176–179	10.4.1586	J. Brenz d. J.	Ioan 20	
3847	60	179–182	14.4.1586	J. Andreae	1 Sam 19	
3848	61*	182–187	17.4.1586	J. Andreae	Ioan 10	
3849	62	187–189	21.4.1586	D. Schnepff	Ps 147	
3850	63	190–191	24.4.1586	D. Schnepff	Ioan 16	
3851	64	192–195	28.4.1586	J. Andreae	1 Sam 19	
3852	65	195–197	1.5.1586	J. Andreae	Ioan 16	
3853	66	198–200	1.5.1586 vesperi	D. Schnepff	1 Cor 15	
3854	67*	201–204	2.5.1586	J. Andreae	Rom 13	
3855	68	205–208	5.5.1586	D. Schnepff	Ps 148	
3856	69	209–211	8.5.1586	J. Heerbrand	Ioan 16	
3857	70	212–214	8.5.1586 vesperi	St. Gerlach	Iac 1	
3858	71	214–218	12.5.1586 ⟨Himmelf.⟩	J. Heerbrand	Marc 16	
3859	72	218–220	12.5.1586 vesperi ⟨Himmelf.⟩	St. Gerlach	Act 1	CC 420–425
3860	73	221–224	15.5.1586	J. Andreae	Ioan 15.16	
3861	74	225–227	19.5.1586	Chr. Staehelin	Ion 2	
3862	75	228–231	22.5.1586 ⟨Pfingsts.⟩	J. Andreae	Ioan 14	
3863	76*	231	22.5.1586 vesperi ⟨Pfingsts.⟩	D. Schnepff	Ps 142	
3864	77	232–236	23.5.1586 ⟨Pfingstm.⟩	J. Heerbrand	Ioan 3	HsG 142–151ᵛ

Lfd. Nr.	*Orig. Nr.*	*Seiten*	*Datum*	*Prediger*	*Predigttext*	*Drucke u. Hss.*
3865	78	236–239	26.5.1586	J. Heerbrand	Deut 4	
3866	79	239–243	29.5.1586	J. Heerbrand	Ioan 3	
3867	80	243–247	2.6.1586	J. Heerbrand	Deut 4	
3868	81	247–251	5.6.1586	J. Brenz d. J.	Luc 16	
3869	82	251–256	9.6.1586	J. Brenz d. J.	Luc 16	
3870	83*	256–258	12.6.1586	D. Schnepff	Luc 14	
3871	84	258–261	12.6.1586 vesperi	St. Gerlach	1 Ioan 3	
3872	85*	261–263	13.6.1586	J. Dachtler	Apoc 16†	
3873	86	264–267	16.6.1586	D. Schnepff	Ps 149	
3874	87	267–269	19.6.1586	D. Schnepff	Luc 15	
3875	88	270–272	19.6.1586 vesperi	St. Gerlach	1 Petr 5	
3876	89	273–275	24.6.1586	D. Schnepff	Luc 1	
3877	90*	276–279	26.6.1586	D. Schnepff	Luc 6	
3878	91	279	26.6.1586 vesperi	St. Gerlach	Rom 8	
3879	92	280–283	29.6.1586	D. Schnepff	Matth 16	
3880	93	284	29.6.1586 vesperi	Chr. Staehelin	Act 12	
3881	94*	285–288	30.6.1586	J. Andreae	2 Tim 4†	Ed31
3882	95	289–291	3.7.1586	D. Schnepff	Luc 5	
3883	96	291–295	7.7.1586	D. Schnepff	Ps 150	
3884	97	295–299	10.7.1586	J. Brenz d. J.	Matth 5	
3885	98	299, ^{2}200–^{2}202	14.7.1586	J. Heerbrand	Deut 5	
3886	99	^{2}203–206	17.7.1586	D. Schnepff	Marc 8	
3887	100	^{2}206–209	21.7.1586	D. Schnepff	Lukas-Evangelium	
3888	101	^{2}209–213	24.7.1586	J. Brenz d. J.	Matth 7	
3889	102	^{2}213–217	25.7.1586	J. Heerbrand	Matth 20	
3890	103	^{2}217–220	28.7.1586	J. Brenz d. J.	Matth 7	
3891	104	^{2}221–224	31.7.1586	D. Schnepff	Luc 16	
3892	105	^{2}224–226	4.8.1586	J. G. Sigwart	Prov 15	
3893	106	^{2}227–230	7.8.1586	J. Andreae	Luc 19	
3894	107*	^{2}230–233	11.8.1586	J. Heerbrand	Deut 5	
3895	108*	^{2}234–236	14.8.1586	D. Schnepff	Luc 18	
3896	109	^{2}237–239	18.8.1586	D. Schnepff	Luc 1	
3897	110	^{2}240–242	21.8.1586	D. Schnepff	Marc 7	
3898	111	^{2}242–245	24.8.1586	J. Heerbrand	Ezech 22	
3899	112*	^{2}245–249	28.8.1586	J. Andreae	Luc 10	
3900	113	^{2}250–252	1.9.1586	J. Brenz d. J.	Ioan 14	
3901	114	^{2}253–255	4.9.1586	D. Schnepff	Luc 17	
3902	115*	^{2}255–260	8.9.1586	J. Andreae	Ps 133	
3903	116	^{2}260–262	2.10.1586	D. Schnepff	Matth 22	
3904	117	^{2}262–265	6.10.1586	D. Schnepff	Luc 1	
3905	118	^{2}265–268	13.10.1586	J. Andreae	1 Sam 20	
3906	119	^{2}269–271	16.10.1586	D. Schnepff	Luc 15	
3907	120*	^{2}272–274	20.10.1586	D. Schnepff	Prov 24	
3908	121*	^{2}275–278	23.10.1586	J. Andreae	Ioan 4	
3909	122*	^{2}279–281	27.10.1586	D. Schnepff	Luc 1	
3910	123	^{2}281	28.10.1586	J. Heerbrand	Ioan 15	
3911	124	^{2}282–284	30.10.1586	J. Andreae	Matth 18	
3912	125	^{2}285–287	3.11.1586	J. Heerbrand	Deut 5	
3913	126*	^{2}288–291	6.11.1586	J. Brenz d. J.	Matth 22	
3914	127	^{2}291–292	10.11.1586	J. Dachtler	Marc 9	
3915	128*	^{2}293–296	10.11.1586 vesperi	J. Andreae	Ies 3†	Ed33
3916	129*	^{2}297–299	20.11.1586	J. Andreae	Matth 24	

Lfd. Nr.	*Orig. Nr.*	*Seiten*	*Datum*	*Prediger*	*Predigttext*	*Drucke u. Hss.*
3917	130*	^{2}299–301	4.12.1586	J. Andreae	Luc 21	
3918	131	301–305	11.12.1586	J. Andreae	Matth 11	CC 454–463
3919	132	306–308	18.12.1586	J. Andreae	Ioan 1	
3920	133	308–310	21.12.1586	J. Heerbrand	Ioan 20	
3921	134	310–313	25.12.1586	J. Andreae	Luc 2	
3922	135*	314–316	26.12.1586	J. Heerbrand	Act 6.7	
3923	136	317–319	27.12.1586	J. Brenz d. J.	Ioan 20	
3924	137	320–323	1.1.1587	J. Andreae	Luc 2	
3925	138	323	6.1.1587	J. Andreae	Matth 2	
3926	139	324–325	6.1.1587 vesperi	St. Gerlach	Ies 60	
3927	140	326–329	8.1.1587	J. Andreae	Luc 2	
3928	141	329–331	12.1.1587	Chr. Staehelin	2 Reg 2	
3929	142	332–335	15.1.1587	J. Andreae	Ioan 2	CAn 1,240–243
3930	143	336–339	22.1.1587	J. Andreae	Matth 8	
3931	144	339–342	26.1.1587	J. Brenz d. J.	Matth 19	
3932	145*	342–345	5.2.1587	J. Andreae	Matth 13	
3933	146*	345–346	9.2.1587	J. Brenz d. J.	Ioan 14	
3934	147*	346–349	12.2.1587	J. Andreae	Matth 20	
3935	148	350	12.2.1587 vesperi	J. G. Sigwart	Symb. fid.	
3936	149	351	16.2.1587	J. Heerbrand	Decal.	
3937	150*	352	19.2.1587	J. Andreae	Luc 8	
3938	151	353	24.2.1587	J. Heerbrand	Matth 11	
3939	152	354–356	24.2.1587 vesperi	Chr. Staehelin	Symb. fid.	
3940	153	356–359	26.2.1587	J. Brenz d. J.	Luc 18	
3941	154*	359–361	1.3.1587	J. G. Sigwart	Hiob 1 †	
3942	155	361–363	2.3.1587	J. Heerbrand	Decal.	
3943	156	364–366	5.3.1587	J. Andreae	Matth 4	
3944	157	366–368	5.3.1587 vesperi	J. G. Sigwart	Symb. fid.	
3945	158	369–372	12.3.1587	J. Andreae	Matth 15	
3946	159	373–375	16.3.1587	Chr. Staehelin	Marc 6	
3947	160	376–380	19.3.1587	J. Andreae	Luc 11	
3948	161	380–382	19.3.1587 vesperi	Chr. Staehelin	Symb. fid.	
3949	162	383–386	23.3.1587	J. Brenz d. J.	Ioan 14	
3950	163	387–389	25.3.1587	J. Heerbrand	Luc 2	
3951	164	390–392	25.3.1587 vesperi	Chr. Staehelin	Symb. fid.	
3952	165	392–394	26.3.1587	J. Andreae	Ioan 6	
3953	166	394–396	6.4.1587	J. Brenz d. J.	Ioan 14	
3954	167	397	9.4.1587	J. Andreae	Ioan 18.19	
3955	168	398–400	13.4.1587 ⟨Gründ.⟩	J. Heerbrand	Ioan 18	HsG 28–38
3956	169*	400–403	13.4.1587 vesperi ⟨Gründ.⟩	J. Brenz d. J.	Ioan 18	
3957	170	404–407	14.4.1587 ⟨Karfr.⟩	J. Heerbrand	Ioan 18.19	
3958	171	407–409	14.4.1587 vesperi ⟨Karfr.⟩	St. Gerlach	Ioan 19	
3959	172	410–412	16.4.1587 ⟨Osters.⟩	J. Heerbrand	Marc 16	HsG 38^{v}–62^{v} (?)
3960	173	413–416	16.4.1587 vesperi ⟨Osters.⟩	J. Brenz d. J.	1 Cor 5	
3961	174	416–419	17.4.1587 ⟨Osterm.⟩	J. Brenz d. J.	Luc 24	
3962	175	419–422	20.4.1587	St. Gerlach	Ps 38	
3963	176	422	23.4.1587	J. Heerbrand	Ioan 20	
3964	177*	423–426	23.4.1587 vesperi	J. G. Sigwart	Orat. dom. †	
3965	178	426–428	30.4.1587	J. Brenz d. J.	Ioan 10	
3966	179	429–431	30.4.1587 vesperi	Chr. Staehelin	Orat. dom.	
3967	180	431–434	1.5.1587	St. Gerlach	Ioan 14	
3968	171	^{2}434–436	1.5.1587 vesperi	Chr. Staehelin	Orat. dom.	

Lfd. Nr.	*Orig. Nr.*	*Seiten*	*Datum*	*Prediger*	*Predigttext*	*Drucke u. Hss.*
3969	172*	^{2}436–440	2.5.1587	J. G. Sigwart	Prov 20	CC 532–545; HsG 12–25^{v}
3970	173	^{2}440–443	4.5.1587	J. Heerbrand	Deut 5	
3971	174*	^{2}443–444	7.5.1587	J. Heerbrand	Ioan 16	
3972	175*	^{2}445–448	10.5.1587	J. G. Sigwart	Gen 25 †	
3973	176	^{2}448–451	11.5.1587	J. Brenz d. J.	Ioan 14	
3974	177	^{2}451–453	14.5.1587	J. Heerbrand	Ioan 16	
3975	178	^{2}454–456	18.5.1587	Chr. Staehelin	Marc 13	
3976	179*	^{2}457–460	21.5.1587	J. Heerbrand	Ioan 16	
3977	180	^{2}461–464	25.5.1587 ⟨Himmelf.⟩	J. Brenz d. J.	Act 1	
3978	181	464–467	28.5.1587	J. Heerbrand	Ioan 15.16	
3979	182	467–470	4.6.1587 ⟨Pfingsts.⟩	J. Heerbrand	Ioan 14	
3980	183	470–472	4.6.1587 vesperi ⟨Pfingsts.⟩	St. Gerlach	Act 2	
3981	184*	473	5.6.1587 ⟨Pfingstm.⟩	J. Brenz d. J.	Ioan 3	HsG 74^{v}–84^{v}
3982	185	474–476	11.6.1587	J. Heerbrand	Ioan 3	
3983	186	477–479	15.6.1587	J. Heerbrand	Deut 6	
3984	187*	480–482	18.6.1587	J. Heerbrand	Luc 16	
3985	188	482–485	22.6.1587	J. Brenz d. J.	Ioan 14	
3986	189*	486–489	24.6.1587	J. Brenz d. J.	Matth 14	
3987	190	489–492	25.6.1587	J. Heerbrand	Luc 14	
3988	191	493–496	29.6.1587	J. Heerbrand	Matth 16	
3989	192*	497–501	2.7.1587	J. Heerbrand	Luc 1	
3990	193*	502–506	13.7.1587	J. Heerbrand	Deut 6	
3991	194*	507–511	16.7.1587	J. Andreae	Luc 6	
3992	195	512–514	16.7.1587 vesperi	Chr. Staehelin	Decal.	
3993	196	514–517	20.7.1587	J. Brenz d. J.	Ioan 14	
3994	197*	517–521	23.7.1587	J. Andreae	Matth 5	
3995	198	521–524	25.7.1587	J. Andreae	Matth 20	
3996	199	525–527	25.7.1587 vesperi	J. G. Sigwart	Decal.	
3997	200*	528–532	30.7.1587	J. Andreae	Marc 8	

Mb 19–14

(f. I) Anno 1587/8/9. Conciones 260. Explicuit D. D. Brentius Prophet. Jonam.
(ff. I^{v}-V^{v}) Stichwortsammlung zu pp. 1–760 *(später hinzugefügt)*.
(p. 1) CONCIONES, QUAS ego M. Martinus Crusius, Academiae Tybing. Profeßor Graecolatinus 1587 incepi supra genua mea, in Templo S. Georgij, ex ore Theologorum nostrorum excellentium, Germanicè concionantium, conscribere: anno aetatis meae LXI°.

Lfd. Nr.	*Orig. Nr.*	*Seiten*	*Datum*	*Prediger*	*Predigttext*	*Drucke u. Hss.*
3998	1*	1–6	3.8.1587	J. Brenz d. J.	Ioan 15	
3999	2	6–10	6.8.1587	J. Andreae	Matth 7	
4000	3	10–14	6.8.1587 vesperi	Chr. Staehelin	Decal.	
4001	4*	14–16	10.8.1587	J. G. Sigwart	Act 1	
4002	5*	17–20	13.8.1587	J. Andreae	Luc 16	
4003	6	20–22	13.8.1587 vesperi	Chr. Staehelin	Decal.	
4004	7	22–24	17.8.1587	J. G. Sigwart	Act 1	
4005	8*	24–27	20.8.1587	J. Heerbrand	Luc 19	
4006	9*	27–32	20.8.1587 vesperi	Chr. Staehelin	Decal.	
4007	10	33–36	24.8.1587	J. Brenz d. J.	Luc 22	
4008	11	37–39	24.8.1587 vesperi	St. Gerlach	Decal.	

Lfd. Nr.	*Orig. Nr.*	*Seiten*	*Datum*	*Prediger*	*Predigttext*	*Drucke u. Hss.*
4009	12*	39–43	27.8.1587	J. Heerbrand	Luc 18	
4010	13	43–45	31.8.1587	J. G. Sigwart	Act 2	
4011	14*	45–51	3.9.1587	J. Heerbrand	Marc 7	
4012	15	52	7.9.1587	J. Heerbrand	Deut 6	
4013	16	53–56	10.9.1587	J. Heerbrand	Luc 10	
4014	17	56–59	10.9.1587 vesperi	J. G. Sigwart	Coena Dom.	
4015	18*	59–61	14.9.1587	J. Dachtler	Luc 10	
4016	19*	61–65	17.9.1587	J. Heerbrand	Luc 17	
4017	20*	65–68	24.9.1587	J. Andreae	Matth 6	
4018	21	68–71	28.9.1587	J. G. Sigwart	Matth 18	
4019	22	71–74	1.10.1587	J. Andreae	Luc 7	
4020	23	75–77	1.10.1587 vesperi	J. G. Sigwart	Eph 3	
4021	24	77–80	5.10.1587	J. Heerbrand	Deut 6	
4022	25	81–84	8.10.1587	J. Heerbrand	Luc 14	
4023	26	84–87	12.10.1587	J. G. Sigwart	Act 2	
4024	27	87–90	15.10.1587	J. G. Sigwart	Matth 22	
4025	28*	90–92	19.10.1587	J. G. Sigwart	Act 2	CC 612–619
4026	29*	93–95	22.10.1587	J. Brenz d. J.	Luc 5; Matth 9; Marc 2	
4027	30	96–98	26.10.1587	J. G. Sigwart	Act 2	
4028	31	99–102	28.10.1587	J. G. Sigwart	Ioan 15	
4029	32*	102	28.10.1587 vesperi	St. Gerlach	1 Petr 1	
4030	33	103–106	29.10.1587	J. Heerbrand	Matth 22	
4031	34	107–110	2.11.1587	J. Heerbrand	1 Thess 4	
4032	35	110–112	5.11.1587	J. Brenz d. J.	Ioan 4	
4033	36*	113–115	9.11.1587	J. Brenz d. J.	Luc 12	
4034	37	115–118	12.11.1587	J. Heerbrand	Matth 18	
4035	38	119–121	16.11.1587	J. G. Sigwart	Act 2	
4036	39	121–123	23.11.1587	J. Heerbrand	Deut 6	
4037	40	124–126	26.11.1587	J. Heerbrand	Matth 9	
4038	41*	126–127	28.11.1587	E. Bidembach d. J.	Ps 31†	
4039	42	128–131	30.11.1587	J. Brenz d. J.	Matth 4	
4040	43*	131–134	3.12.1587	J. Brenz d. J.	Gen 3	
4041	44	134–136	3.12.1587 vesperi	J. G. Sigwart	Rom 13	HsG 152–160
4042	45	137–139	7.12.1587	J. G. Sigwart	Act 2	
4043	46	140–142	10.12.1587	J. G. Sigwart	Luc 21	
4044	47	142–144	10.12.1587 vesperi	St. Gerlach	Rom 15	
4045	48	144–147	14.12.1587	J. Heerbrand	Deut 6	
4046	49	147–150	17.12.1587	J. Heerbrand	Ioan 11	
4047	50	150–152	20.12.1587	J. Brenz d. J.	Ioan 20	
4048	51	153–155	20.12.1587 vesperi	J. G. Sigwart	Eph 1	HsG 160^v–171^v
4049	52	155–158	24.12.1587	J. Brenz d. J.	Ies 7	
4050	53	158	24.12.1587 vesperi	J. G. Sigwart	Phil 4	HsG 172–175^v, 186–192^v
4051	54	159–162	25.12.1587	J. Heerbrand	Luc 2	
4052	55	163	25.12.1587 vesperi	St. Gerlach	Ies 9	
4053	56	164–166	26.12.1587	J. G. Sigwart	Act 6.7	
4054	57	166–169	27.12.1587	St. Gerlach	Ioan 21	
4055	58	169–171	31.12.1587	J. Brenz d. J.	Luc 2	
4056	59*	172–175	31.12.1587 vesperi	J. G. Sigwart	Gal 4†	
4057	60*	175–178	1.1.1588	J. Heerbrand	Luc 2	
4058	61	179–181	1.1.1588 vesperi	J. G. Sigwart	Ps 65	
4059	62	182–184	4.1.1588	J. G. Sigwart	Act 2	

Lfd. Nr.	*Orig. Nr.*	*Seiten*	*Datum*	*Prediger*	*Predigttext*	*Drucke u. Hss.*
4060	63	185	6.1.1588	J. Brenz d. J.	Matth 2	
4061	70!	186–188	6.1.1588 vesperi	J. G. Sigwart	Matth 3	
4062	71*	188–191	7.1.1588	J. Heerbrand	Luc 2	
4063	72	191–192	7.1.1588 vesperi	J. Dachtler	Rom 12	
4064	73*	193–194	9.1.1588	J. Dachtler	Luc 2†	
4065	74*	195–197	11.1.1588	J. Brenz d. J.	Matth 12	
4066	75	198–200	14.1.1588	J. Brenz d. J.	Ps 46	
4067	76	201–203	14.1.1588 vesperi	J. G. Sigwart	Rom 12	
4068	77	203	18.1.1588	J. G. Sigwart	Act 2	
4069	78	204–206	21.1.1588	J. Heerbrand	Matth 8	
4070	79	206–209	25.1.1588	J. G. Sigwart	Act 9	
4071	80	209–212	28.1.1588	J. Brenz d. J.	Ps 79	
4072	81*	212–215	2.2.1588	J. G. Sigwart	Deut 28	
4073	82*	215–217	2.2.1588 vesperi	E. Bidembach d. J.	Luc 2†	
4074	83	217–220	4.2.1588	J. Heerbrand	Ioël 2	
4075	84	220–222	4.2.1588 vesperi	J. G. Sigwart	1 Cor 9.10	
4076	85	222–225	8.2.1588	J. Heerbrand	Deut 7	
4077	86*	225–229	11.2.1588	J. Brenz d. J.	Ps 124	
4078	87	229–231	11.2.1588 vesperi	J. G. Sigwart	2 Cor 11.12	
4079	88	232–235	15.2.1588	J. Brenz d. J.	Ion 1	
4080	89*	235–238	16.2.1588 post horam 3[am.]	E. Bidembach d. J.	Marc 13†	
4081	90*	238–240	18.2.1588	J. Heerbrand	Luc 18	
4082	91	241–243	18.2.1588 vesperi	J. G. Sigwart	1 Cor 13	
4083	92	244–246	22.2.1588	J. G. Sigwart	Act 3	
4084	93	246–249	24.2.1588	St. Gerlach	Matth 11	
4085	94	249–250	24.2.1588 vesperi	J. Dachtler	Act 1	
4086	95*	251–254	25.2.1588	J. Brenz d. J.	Matth 4	
4087	96*	255	10.3.1588	J. Brenz d. J.	Luc 11	
4088	97*	256	10.3.1588 vesperi	J. G. Sigwart	Eph 5	
4089	98*	257	31.3.1588	J. Heerbrand	Matth 21	
4090	99	258–261	14.4.1588	J. Andreae	Ioan 20	
4091	100*	262–264	14.4.1588 vesperi	J. G. Sigwart	1 Ioan 5	
4092	101*	264–267	21.4.1588	J. Andreae	Ioan 10	
4093	102	267–269	21.4.1588 vesperi	J. G. Sigwart	1 Petr 2	
4094	103	269–274	28.4.1588	J. Andreae	Ioan 16	
4095	104	274	28.4.1588 vesperi	J. G. Sigwart	1 Petr 2	
4096	105	275–278	1.5.1588	J. Heerbrand	Ioan 14	HsG 128–141^{v}
4097	106*	278–281	2.5.1588	J. Andreae	1 Sam 20	
4098	107	282–285	5.5.1588	J. Andreae	Ioan 16	
4099	108	285–288	9.5.1588	J. G. Sigwart	Act 3	
4100	109	288–291	12.5.1588	J. Andreae	Ioan 16	
4101	110	291–293	12.5.1588 vesperi	J. G. Sigwart	Iac 1	
4102	111*	294–296	14.5.1588	Chr. Staehelin	Gen 3	
4103	112	297	16.5.1588 ⟨Himmelf.⟩	J. Heerbrand	Marc 16	
4104	113	298–300	16.5.1588 vesperi ⟨Himmelf.⟩	J. G. Sigwart	Ioan 3	HsG 85–97^{v}, 176–185^{v}
4105	114*	300–304	19.5.1588	J. Andreae	Ioan 15.16	
4106	115	304–306	19.5.1588 vesperi	J. G. Sigwart	1 Petr 4	
4107	116	307–310	23.5.1588	J. Brenz d. J.	Ion 1	
4108	117	310–315	2.6.1588	J. Andreae	Ioan 3	
4109	118	315–319	9.6.1588	J. Brenz d. J.	Luc 16	
4110	119	319–322	9.6.1588 vesperi	J. G. Sigwart	1 Ioan 4	

Lfd. Nr.	*Orig. Nr.*	*Seiten*	*Datum*	*Prediger*	*Predigttext*	*Drucke u. Hss.*
4111	120	322–325	13.6.1588	J. Heerbrand	Deut 7	
4112	121*	325–331	14.6.1588	J. G. Sigwart	Hiob 19†	Ed35; HsG 210–264
4113	122	331–336	16.6.1588	J. Andreae	Luc 14	
4114	123*	336–339	20.6.1588	J. Brenz d. J.	Ion 2	
4115	124*	339–344	23.6.1588	J. Andreae	Luc 15	
4116	125*	345–348	23.6.1588 vesperi	J. G. Sigwart	1 Petr 5	
4117	126	348–351	24.6.1588	J. Heerbrand	Luc 1	
4118	127	352–355	24.6.1588 vesperi	J. G. Sigwart	Marc 6	
4119	128*	355–360	27.6.1588	J. G. Sigwart	Act 4	
4120	129*	361–364	29.6.1588	J. Heerbrand	Matth 16	
4121	130*	364–367	29.6.1588 vesperi	J. G. Sigwart	Act 12	
4122	131	367–370	4.7.1588	J. Andreae	1 Sam 20	
4123	132*	370–373	7.7.1588	J. Andreae	Luc 5	
4124	133	374–376	11.7.1588	J. Heerbrand	Deut 7	
4125	134	377–381	14.7.1588	J. Andreae	Matth 5	
4126	135	382–384	18.7.1588	J. Brenz d. J.	Ion 2	
4127	136*	384–388	21.7.1588	J. Andreae	Marc 8	
4128	137	388–392	28.7.1588	J. Brenz d. J.	Matth ⟨7⟩	
4129	138*	392	28.7.1588 vesperi	J. G. Sigwart	Rom 8	
4130	139	393–395	1.8.1588	J. G. Sigwart	Act 4	
4131	140	396–399	8.8.1588	J. G. Sigwart	Act 4	
4132	141*	399–400	11.8.1588	J. Andreae	Luc 19	
4133	142	401–404	15.8.1588	J. Heerbrand	Luc 10	
4134	143	404–408	18.8.1588	J. Andreae	Luc 18	
4135	144	409–412	22.8.1588	J. Brenz d. J.	Ion 2	
4136	145*	412–413	24.8.1588	S. Huber	2 Petr 2	
4137	146	413–415	24.8.1588 vesperi	E. Bidembach d. J.	2 Cor 4	
4138	147	416–418	25.8.1588	J. Brenz d. J.	Marc 7	
4139	148	419–421	25.8.1588 vesperi	J. G. Sigwart	2 Cor 3	
4140	149	421–424	29.8.1588	J. G. Sigwart	Act 4	
4141	150*	425–427	1.9.1588	J. Heerbrand	Luc 10	
4142	151	428–430	1.9.1588 vesperi	J. G. Sigwart	Gal 3	
4143	152	431–433	5.9.1588	J. Heerbrand	Deut 8	
4144	153	433–437	12.9.1588	J. Brenz d. J.	Ion 3	
4145	154	437–440	15.9.1588	J. G. Sigwart	Matth 6	
4146	155*	440–443	19.9.1588	J. G. Sigwart	Act 5	
4147	156	443–445	21.9.1588	St. Gerlach	Matth 9	
4148	157	445–448	22.9.1588	J. Brenz d. J.	Luc 7	
4149	158*	449–451	26.9.1588	J. Heerbrand	Deut 8	
4150	159	452–454	29.9.1588	J. G. Sigwart	Luc 14	
4151	160	454–455	3.10.1588	S. Huber	Ps 78	
4152	161	455–458	6.10.1588	J. G. Sigwart	Matth 22	
4153	162	458–461	10.10.1588	J. G. Sigwart	Act 5	
4154	163	461–465	13.10.1588	J. G. Sigwart	Matth 9	
4155	164*	465–467	17.10.1588	J. Heerbrand	Deut 8†	
4156	165*	467–471	20.10.1588	J. Andreae	Matth 22	
4157	166	471–473	24.10.1588	J. Brenz d. J.	Ion 3	
4158	167	473–476	27.10.1588	J. G. Sigwart	Ioan 4	
4159	168	476–479	28.10.1588	J. Heerbrand	Ioan 15	
4160	169	479–482	31.10.1588	J. G. Sigwart	Act 5	
4161	170	482–486	3.11.1588	J. Andreae	Matth 18	
4162	171*	486–490	5.⟨11.⟩1588	E. Bidembach d. J.	Ps 128	

Lfd. Nr.	*Orig. Nr.*	*Seiten*	*Datum*	*Prediger*	*Predigttext*	*Drucke u. Hss.*
4163	172	491–494	10.11.1588	J. Andreae	Matth 22	
4164	173*	494–496	11.11.1588	E. Bidembach d. J.	Matth 17†	
4165	174	496–499	14.11.1588	J. Andreae	1 Sam 21	
4166	175	499–503	17.11.1588	J. Andreae	Matth 9; Konzil zu Trient	
4167	176	504–506	21.11.1588	J. Heerbrand	Deut 9	
4168	177	507–511	24.11.1588	J. Andreae	Matth 24	
4169	178	511–514	30.11.1588	J. Brenz d. J.	Matth 4	
4170	179	515–518	1.12.1588	J. Heerbrand	Matth 21	
4171	180	518–520	5.12.1588	J. G. Sigwart	Act 5	
4172	181*	521–524	8.12.1588	J. Andreae	Luc 21	
4173	182*	524–527	12.12.1588	J. Brenz d. J.	Ion 3	
4174	183	528–531	15.12.1588	J. Andreae	Matth 11	
4175	184*	532–534	21.12.1588	J. Heerbrand	Ioan 20	
4176	185*	534–535	22.12.1588	J. Andreae	Ioan 1	
4177	186*	535–537	25.12.1588	J. Andreae	Luc 2	
4178	187*	537–539	26.12.1588	J. Heerbrand	Act 6.7	
4179	188*	539–541	27.12.1588	J. Brenz d. J.	Ioan 21	
4180	189	542–544	29.12.1588	J. Andreae	Luc 2	
4181	190	544–547	1.1.1589	J. Andreae	Luc 2	
4182	191	548–549	1.1.1589 vesperi	J. G. Sigwart	Eph 5	
4183	192	550–552	2.1.1589	J. Brenz d. J.	Ion 4	
4184	193	552–554	5.1.1589	J. Andreae	Luc 2	
4185	194*	554–556	6.1.1589	J. Heerbrand	Matth 2	
4186	195*	556–558	9.1.1589	J. G. Sigwart	Matth 11†	
4187	196*	559–563	10.1.1589	J. Andreae	Eph 3†	AS III,826 f.(A)
4188	197	564–567	12.1.1589	J. Andreae	Luc 2	
4189	198	567–569	16.1.1589	Chr. Staehelin	Ps 50	
4190	199	570–572	19.1.1589	J. Andreae	Ioan 2	
4191	200	573–575	23.1.1589	J. Brenz d. J.	Ion 4	
4192	201*	575–578	25.1.1589	E. Bidembach d. J.	Apoc 14†	
4193	202	579–580	26.1.1589	J. Brenz d. J.	Matth 20	
4194	203*	581–583	28.1.1589	Chr. Staehelin	Ruth 2	
4195	204*	584–585	30.1.1589	J. G. Sigwart	Act 5	
4196	205	586–589	2.2.1589	J. Andreae	Luc 8	
4197	206	589–591	6.2.1589	J. Andreae	1 Sam 22	
4198	207*	591–593	8.2.1589	E. Bidembach d. J.	Matth 10†	
4199	208*	594–596	9.2.1589	J. G. Sigwart	Luc 18	
4200	209	596–598	13.2.1589	J. Heerbrand	Deut 9	
4201	210*	598–599	14.2.1589	Chr. Staehelin	1 Cor 15†	
4202	211*	600–602	16.2.1589	J. Andreae	Matth 4	
4203	212*	603–604	21.2.1589	Chr. Staehelin	1 Cor 15†	
4204	213	605–608	23.2.1589	J. Andreae	Matth 15	
4205	214	608–611	24.2.1589	J. Heerbrand	Matth 11	
4206	215	611–613	27.2.1589	J. G. Sigwart	Act 6	
4207	216*	613–616	2.3.1589	L. Osiander	Luc 11	
4208	217*	617–618	6.3.1589	J. Andreae	1 Sam 21	
4209	218	619–621	9.3.1589	J. Andreae	Ioan 6	
4210	219	621–626	16.3.1589	J. Andreae	Ioan 8	
4211	220*	627–630	18.3.1589	J. Heerbrand	Luc 1	
4212	221	630–632	20.3.1589	J. Brenz d. J.	Ion 4	
4213	222*	633–635	20.3.1589 vesperi	J. G. Sigwart	Eccl 7†	
4214	223	636–638	23.3.1589	J. Andreae	Matth 21	

Lfd. Nr.	*Orig. Nr.*	*Seiten*	*Datum*	*Prediger*	*Predigttext*	*Drucke u. Hss.*
4215	224	639–641	27.3.1589 ⟨Gründ.⟩	J. Heerbrand	Ioan 18	
4216	225	642–645	27.3.1589 vesperi ⟨Gründ.⟩	J. Brenz d. J.	Ioan 18	
4217	226	645–650	28.3.1589 ⟨Karfr.⟩	J. Andreae	Ioan 18	
4218	227	650–653	28.3.1589 vesperi ⟨Karfr.⟩	J. G. Sigwart	Ioan 18.⟨19⟩	
4219	228	654–658	30.3.1589 ⟨Osters.⟩	J. Andreae	Marc 16	
4220	229*	658–661	30.3.1589 vesperi ⟨Osters.⟩	St. Gerlach	1 Cor 5	
4221	230	661–664	31.3.1589 ⟨Osterm.⟩	J. Heerbrand	Luc 24	
4222	231	665–667	31.3.1589 vesperi ⟨Osterm.⟩	J. G. Sigwart	1 Cor 15	
4223	232	668–670	3.4.1589	Chr. Staehelin	Luc 24	
4224	233	670–674	6.4.1589	J. Andreae	Ioan 20	
4225	234	674–677	10.4.1589	J. Andreae	1 Sam 21	
4226	235	677–680	13.4.1589	J. Andreae	Ioan 10	
4227	236	681–683	17.4.1589	J. Heerbrand	Deut 9	
4228	237	683–686	20.4.1589	J. G. Sigwart	Ioan 16	
4229	238*	686	20.4.1589 vesperi	J. G. Sigwart	Decal.	
4230	239	687–690	27.4.1589	J. Andreae	Ioan 16	
4231	240	690–693	1.5.1589	J. G. Sigwart	Ioan 14	
4232	241*	693–695	2.5.1589	J. G. Sigwart	Sir 10	
4233	242*	696–698	4.5.1589	J. Brenz d. J.	Ioan 16	
4234	243	698–701	29.5.1589	J. Heerbrand	Deut 10	
4235	244*	702–706	1.6.1589	J. Andreae	Luc 16	
4236	245	706–709	5.6.1589	J. Brenz d. J.	Nah 1	
4237	246*	710–715	9.6.1589	L. Osiander	Rom 8†	Ed36
4238	247	716–719	12.6.1589	J. G. Sigwart	Act 7	
4239	248*	720–722	13.6.1589	E. Bidembach d. J.	Hiob 14†	
4240	249	723–727	15.6.1589	J. Andreae	Luc 15	
4241	250	727–731	19.6.1589	J. Heerbrand	Deut 10	
4242	251	731–735	22.6.1589	J. Andreae	Luc 6	
4243	252*	735–738	24.6.1589	J. Heerbrand	Luc 1	
4244	253	739–741	26.6.1589	J. Brenz d. J.	Nah 2	
4245	254	741–743	29.6.1589	J. G. Sigwart	Luc 5	
4246	255	744–746	3.7.1589	J. Andreae	1 Sam 21	
4247	256	747–750	6.7.1589	J. Andreae	Matth 5	
4248	257*	750–753	7.7.1589	Chr. Staehelin	Gen 23†	
4249	258	753–755	10.7.1589	J. G. Sigwart	Act 7	
4250	259	755–758	13.7.1589	J. Brenz d. J.	Marc 8	
4251	260*	758–760	17.7.1589	J. G. Sigwart	Act 7	

(p. 760) Krusius ego, natus 19. Septemb. 1526. Τέλος. Τῷ Θεῷ δόξα. 1589. anno.

Mb 19–15

(f. I) Anno 1589/90/91. Conciones 301.

(ff. Iᵛ-IIᵛ) Stichwortsammlung zu pp. 3–725 *(später hinzugefügt)*.

(p .1) CONCIONES, QUAS ego M. Martinus Crusius, Graecolatinus Academiae Tybing. Professor 1589 coepi supra genua mea, in Templo S. Georgij, ex ore Theologorum nostrorum excellentium, Germanicè concionantium ad populum, conscribere: anno aetatis meae LXIII. gemino scilicet climacterico.

Lfd. Nr.	*Orig. Nr.*	*Seiten*	*Datum*	*Prediger*	*Predigttext*	*Drucke u. Hss.*
4252	1	3–8	20.7.1589	J. Andreae	Matth 7	
4253	2*	8–12	24.7.1589	J. Brenz d. J.	Nah 1	

Lfd. Nr.	*Orig. Nr.*	*Seiten*	*Datum*	*Prediger*	*Predigttext*	*Drucke u. Hss.*
4254	3*	13–16	25.7.1589	J. Brenz d. J.	Matth 20	
4255	4	17–19	27.7.1589	J. G. Sigwart	Luc 16	
4256	5	19–21	31.7.1589	J. Brenz d. J.	Nah 1	
4257	6	22–25	3.8.1589	J. Andreae	Luc 19	
4258	7*	26–28	3.8.1589 vesperi	J. G. Sigwart	Hiob 1	
4259	8	28–31	7.8.1589	J. G. Sigwart	Act 7	
4260	9*	31–35	10.8.1589	J. Andreae	Luc 18	
4261	10	35–38	10.8.1589 vesperi	J. G. Sigwart	Hiob 1	
4262	11	38–41	14.8.1589	J. Brenz d. J.	Nah 1	
4263	12	42–45	17.8.1589	J. G. Sigwart	Marc 7	
4264	13	45–47	17.8.1589 vesperi	Chr. Staehelin	Hiob 1	
4265	14	48–51	21.8.1589	J. G. Sigwart	Act 7	
4266	15	51–54	24.8.1589	J. Brenz d. J.	Luc 10	
4267	16	54–57	24.8.1589 vesperi	J. G. Sigwart	Hiob 1	
4268	17	57–60	28.8.1589	J. Brenz d. J.	Nah 1	
4269	18	60–64	31.8.1589	J. G. Sigwart	Luc 17	
4270	19	64–67	31.8.1589 vesperi	J. G. Sigwart	Hiob 1	
4271	20	67–70	4.9.1589	J. G. Sigwart	Act 7	
4272	21	70–73	7.9.1589	J. Brenz d. J.	Matth 6	
4273	22	73–76	7.9.1589 vesperi	J. G. Sigwart	Hiob 2	
4274	23	76–78	11.9.1589	J. Brenz d. J.	Nah 2	
4275	24	79–82	14.9.1589	J. G. Sigwart	Luc 7	
4276	25	83–85	14.9.1589 vesperi	Chr. Staehelin	Hiob 2	
4277	26*	85–88	18.9.1589	J. Heerbrand	Deut 11	
4278	27	88–90	21.9.1589	J. Andreae	Luc 14	
4279	28	90–93	21.9.1589 vesperi	Chr. Staehelin	Hiob 2	
4280	29	93–96	25.9.1589	Chr. Staehelin	Apoc 22	
4281	30*	97–100	28.9.1589	J. G. Sigwart	Matth 22	
4282	31	100–103	28.9.1589 vesperi	J. G. Sigwart	Hiob 2	
4283	32	103–105	9.10.1589	J. Brenz d. J.	Nah 2	
4284	33	105–108	12.10.1589	J. G. Sigwart	Matth 22	
4285	34	108–110	12.10.1589 vesperi	J. G. Sigwart	Hiob 2	
4286	36!	110–112	16.10.1589	J. Heerbrand	Deut 11	
4287	37*	113–116	19.10.1589	J. Andreae	Prov 20	
4288	38	116–119	19.10.1589 vesperi	J. G. Sigwart	Hiob 3	
4289	39	119–122	21.10.1589	Chr. Staehelin	Philem	
4290	40	122–124	26.10.1589	J. Andreae	Matth 18	
4291	41	125–126	26.10.1589 vesperi	J. G. Sigwart	Hiob 4	
4292	42	126–128	28.10.1589	J. Andreae	Ioan 15	
4293	43	129–131	30.10.1589	J. G. Sigwart	Act 7	
4294	44	131–134	2.11.1589	J. Brenz d. J.	Matth 22	
4295	45*	134–137	2.11.1589 vesperi	J. G. Sigwart	Hiob 4	
4296	46	137–141	6.11.1589	J. Brenz d. J.	Nah 2	
4297	47	141–144	9.11.1589	J. G. Sigwart	Matth 9	
4298	48	144–146	9.11.1589 vesperi	J. G. Sigwart	Hiob 4	
4299	49*	146–149	13.11.1589	J. G. Sigwart	Act 7	
4300	50*	149–152	16.11.1589	J. Brenz d. J.	Matth 21	
4301	51*	152–156	16.11.1589 post horam 3am.	J. G. Sigwart	Apoc 16†	
4302	52	156–159	20.11.1589	J. Brenz d. J.	Nah 3	
4303	53*	159–160	23.11.1589	J. G. Sigwart	Matth 25	
4304	54*	161–163	27.11.1589	J. G. Sigwart	Act 7	
4305	55	163–166	30.11.1589	J. Brenz d. J.	Matth 21	

Lfd. Nr.	*Orig. Nr.*	*Seiten*	*Datum*	*Prediger*	*Predigttext*	*Drucke u. Hss.*
4306	56	166–169	7.12.1589	J. Andreae	Luc 21	
4307	57*	170	7.12.1589 vesperi	J. G. Sigwart	Hiob 5	
4308	58*	170–172	14.12.1589	J. Andreae	Ioan 5	
4309	59*	172–175	21.12.1589	J. Brenz d. J.	Ioan 1	
4310	60*	175–177	21.12.1589 vesperi	J. G. Sigwart	Hiob 6	
4311	61	177	25.12.1589	J. Heerbrand	Luc 2	
4312	62*	178–179	25.12.1589 vesperi	St. Gerlach	Ier 33	
4313	63	179	26.12.1589	J. Brenz d. J.	Act 6.7	
4314	64	180–182	27.12.1589	J. G. Sigwart	Ioan 21	
4315	65	182–184	28.12.1589	St. Gerlach	Matth 2	
4316	66	184–186	28.12.1589 vesperi	E. Bidembach d. J.	Luc 2	
4317	67*	186	1.1.1590	J. Heerbrand	Luc 2	
4318	68	187–189	1.1.1590 vesperi	J. G. Sigwart	Ies 7	
4319	69	189–191	4.1.1590	J. G. Sigwart	Matth 2	
4320	70	191–193	4.1.1590 vesperi	Chr. Staehelin	Hagg 2	
4321	71*	193–196	6.1.1590	J. Brenz d. J.	Matth 2	
4322	72*	196–198	6.1.1590 vesperi	J. G. Sigwart	Luc 2	
4323	73	199–201	8.1.1590	J. G. Sigwart	Act 8	
4324	74*	202–208	9.1.1590	L. Osiander	2 Tim 4†	Ed37
4325	75	209–211	11.1.1590	J. Brenz d. J.	Luc 2	
4326	76	211–214	11.1.1590 vesperi	J. G. Sigwart	Hiob 6	
4327	77	214–217	18.1.1590	J. G. Sigwart	Ioan 2	
4328	78*	217–219	22.1.1590	J. G. Sigwart	Act 8	
4329	79	219–222	25.1.1590	J. Heerbrand	Act 9	
4330	80	222–224	29.1.1590	J. Heerbrand	Deut 11	
4331	81	224–226	1.2.1590	J. Brenz d. J.	Matth 8	
4332	82	226–228	1.2.1590 vesperi	J. G. Sigwart	Hiob 7	
4333	83	228–230	2.2.1590	St. Gerlach	Luc 2	
4334	84	230–232	5.2.1590	J. Brenz d. J.	Nah 3	
4335	85	232–234	8.2.1590	J. G. Sigwart	Matth 13	
4336	86	234–236	12.2.1590	J. G. Sigwart	Act 8	
4337	87*	237–239	15.2.1590	J. Brenz d. J.	Matth 20	
4338	88	239–240	19.2.1590	J. Heerbrand	Deut 12	
4339	89	241–243	22.2.1590	J. Heerbrand	Matth 13; Luc 8	
4340	90	243	22.2.1590 vesperi	J. G. Sigwart	Hiob 8	
4341	91	244–246	24.2.1590	St. Gerlach	Matth 11	
4342	92*	246	26.2.1590	Chr. Staehelin	Matth 25	
4343	93*	247–249	1.3.1590	J. G. Sigwart	Luc 18	
4344	94	249–250	5.3.1590	Chr. Staehelin	Gen 18	
4345	95*	251–253	8.3.1590	J. Heerbrand	Matth 4	
4346	96*	253–256	10.3.1590	J. G. Sigwart	Phil 1†	
4347	97	256–259	12.3.1590	J. Brenz d. J.	Prophet Habakuk	
4348	98	259–262	15.3.1590	J. Brenz d. J.	Matth 15	
4349	99*	262–265	19.3.1590	J. G. Sigwart	Act 8	
4350	100*	265–267	22.3.1590	St. Gerlach	Luc 11	
4351	101*	267–270	25.3.1590	J. G. Sigwart	Luc 1	
4352	102	270–271	25.3.1590 vesperi	E. Bidembach d. J.	Gen 22	
4353	103	272–274	29.3.1590	J. Heerbrand	Ioan 6	
4354	104	274–276	2.4.1590	J. Heerbrand	Deut 12	
4355	105*	277–279	5.4.1590	J. Brenz d. J.	Ioan 8	
4356	106	279–281	5.4.1590 vesperi	J. G. Sigwart	Hiob 13	
4357	107	282–284	9.4.1590	J. G. Sigwart	Act 8	

Lfd. Nr.	*Orig. Nr.*	*Seiten*	*Datum*	*Prediger*	*Predigttext*	*Drucke u. Hss.*
4358	108*	284	12.4.1590	J. Heerbrand	1 Cor 11	
4359	109	285–288	16.4.1590 ⟨Gründ.⟩	J. Brenz d. J.	Ioan 18	
4360	110	288–291	16.4.1590 vesperi ⟨Gründ.⟩	J. G. Sigwart	Ioan 18	
4361	111	291–294	17.4.1590 ⟨Karfr.⟩	J. Heerbrand	Ioan 18.19	
4362	112	295–297	17.4.1590 vesperi ⟨Karfr.⟩	St. Gerlach	Ioan 19	
4363	113	298–299	18.4.1590	Chr. Staehelin	Ioan 19	
4364	114	300–302	19.4.1590 ⟨Osters.⟩	J. Heerbrand	Marc 16	
4365	115	303–304	19.4.1590 vesperi ⟨Osters.⟩	J. G. Sigwart	1 Cor 5	
4366	116	305–307	20.4.1590 ⟨Osterm.⟩	J. Brenz d. J.	Luc 24	
4367	117*	307–310	20.4.1590 vesperi ⟨Osterm.⟩	J. G. Sigwart	1 Sam 17	
4368	118	310–312	23.4.1590	J. Heerbrand	Mich 1	
4369	119*	312–314	26.4.1590	J. G. Sigwart	Ioan 20	
4370	120*	315–317	26.4.1590 vesperi	Chr. Staehelin	Ioan 20	
4371	121	317–319	30.4.1590	J. Brenz d. J.	Hab 1	
4372	122	319–322	1.5.1590	J. G. Sigwart	Ioan 14	
4373	123	323–325	1.5.1590 vesperi	J. Dachtler	Eph 2	
4374	124*	325–327	2.5.1590	J. G. Sigwart	1 Tim 2	
4375	125	327–331	3.5.1590	J. Brenz d. J.	Ioan 10	
4376	126	331–332	7.5.1590	J. G. Sigwart	Act 8	
4377	127	333–335	10.5.1590	St. Gerlach	Ioan 16	
4378	128	335–336	14.5.1590	J. Heerbrand	Deut 14	
4379	129	337–339	17.5.1590	J. Heerbrand	Ioan 16	
4380	130	339–341	17.5.1590 vesperi	J. G. Sigwart	Hiob 16	
4381	131	342–345	24.5.1590	J. Brenz d. J.	Ioan 16	
4382	132*	345–346	24.5.1590 vesperi	J. G. Sigwart	Hiob 17	
4383	133*	347–349	25.5.1590	E. Bidembach d. J.	Rom 3†	
4384	134	349–352	28.5.1590 ⟨Himmelf.⟩	St. Gerlach	Marc 16	
4385	135	352–355	31.5.1590	J. G. Sigwart	Ioan 15.16	
4386	136	355–357	4.6.1590	J. G. Sigwart	Act 8	
4387	137*	357–359	7.6.1590 ⟨Pfingsts.⟩	J. Heerbrand	Act 2	
4388	138	360–362	7.6.1590 vesperi ⟨Pfingsts.⟩	J. G. Sigwart	Eph 4	
4389	139*	362–365	8.6.1590 ⟨Pfingstm.⟩	J. Brenz d. J.	Amos 7	
4390	140*	365	11.6.1590	J. Heerbrand	Act 2	
4391	141	366–368	14.6.1590	St. Gerlach	Ioan 3	
4392	142	368–370	21.6.1590	J. G. Sigwart	Luc 16	
4393	143	371–373	24.6.1590	J. Heerbrand	Luc 1	
4394	144	373–376	28.6.1590	J. Brenz d. J.	Luc 14	
4395	145	376	2.7.1590	J. G. Sigwart	Luc 1	
4396	146	377–379	5.7.1590	J. G. Sigwart	Luc 15	
4397	147	380–382	9.7.1590	J. Heerbrand	Deut 12	
4398	148*	382–385	10.7.1590	Chr. Staehelin	Ezech 37†	
4399	149	385–388	12.7.1590	J. Heerbrand	Matth 6	
4400	150*	388–391	18.7.1590	Chr. Staehelin	Gen 35†	
4401	151	391–394	19.7.1590	J. Brenz d. J.	Luc 5	
4402	152*	395–396	23.7.1590	E. Bidembach d. J.	Matth 7	
4403	153	397–399	25.7.1590	St. Gerlach	Matth 20	
4404	154	399–401	26.7.1590	J. Heerbrand	Matth 7	
4405	155	402–404	30.7.1590	J. Heerbrand	Deut 13	
4406	156*	404–407	2.8.1590	J. Brenz d. J.	Marc 8	
4407	157	407–410	9.8.1590	St. Gerlach	Matth 7	
4408	158*	410–412	13.8.1590	J. G. Sigwart	Act 8	
4409	159	412–414	16.8.1590	J. G. Sigwart	Luc 16	

Lfd. Nr.	*Orig. Nr.*	*Seiten*	*Datum*	*Prediger*	*Predigttext*	*Drucke u. Hss.*
4410	160*	414–418	20.8.1590	J. Brenz d. J.	Hab 2	
4411	161	418–421	23.8.1590	J. Heerbrand	Luc 19	
4412	162*	421–424	24.8.1590	J. Brenz d. J.	Luc 22	
4413	163*	424–426	30.8.1590	J. G. Sigwart	Luc 18	
4414	164	426–429	6.9.1590	St. Gerlach	Marc 7	
4415	165	429–432	10.9.1590	J. Brenz d. J.	Hab 2	
4416	166*	432–434	13.9.1590	J. Heerbrand	Luc 10	
4417	167	434–436	13.9.1590 vesperi	J. G. Sigwart	Ios 1	
4418	168*	436–438	17.9.1590	J. G. Sigwart	Act 9	
4419	169	438–441	20.9.1590	J. Brenz d. J.	Luc 17	
4420	170	441–443	20.9.1590 vesperi	J. G. Sigwart	Ios 1	
4421	171	443–445	21.9.1590	St. Gerlach	Matth 9	
4422	172*	445–447	21.9.1590 vesperi	J. G. Sigwart	Ios 2	Or 1602 II (A)
4423	173	448–450	27.9.1590	J. G. Sigwart	Matth 6†	
4424	174	450–452	1.10.1590	J. Heerbrand	Deut 14	
4425	175	452–454	4.10.1590	J. Heerbrand	Luc 13	
4426	176	455–457	4.10.1590 vesperi	J. G. Sigwart	Ios 2	Or 1602 II (A)
4427	177*	457–459	5.10.1590	E. Bidembach d. J.	Hiob 7†	
4428	178	459–461	8.10.1590	J. G. Sigwart	Act 9	
4429	179	462–463	⟨11.⟩10.1590	J. Brenz d. J.	Luc 14	
4430	180	464–466	⟨11.⟩10.1590 vesperi	J. G. Sigwart	Ios 2	Or 1602 II (A)
4431	181	466–468	⟨15.10.⟩1590	J. Brenz d. J.	Hab 2	
4432	182*	469–471	17.10.1590	Chr. Staehelin	Ioan 11†	
4433	183	472–474	18.10.1590	St. Gerlach	Matth 22	
4434	184	474–476	18.10.1590 vesperi	J. G. Sigwart	Ios 3	
4435	185*	477–479	19.10.1590	J. Brenz d. J.	Rom 13	
4436	186	479–481	22.10.1590	J. Heerbrand	Deut 14	
4437	187	481–483	25.10.1590	J. G. Sigwart	Matth 9	
4438	188*	484–486	29.10.1590	J. G. Sigwart	Act 9	
4439	189	486–488	1.11.1590	J. Brenz d. J.	Matth 22	
4440	190	489–490	1.11.1590 vesperi	J. G. Sigwart	Ios 3	
4441	191	491–493	5.11.1590	J. Brenz d. J.	Hab 2	
4442	192*	493–496	8.11.1590	J. Magirus	Hebr 13	
4443	193	497–499	8.11.1590 vesperi	J. G. Sigwart	Ios 4	
4444	194	499–501	12.11.1590	J. Heerbrand	Deut 14	
4445	195	501	15.11.1590	St. Gerlach	Matth 18	
4446	196	502–504	15.11.1590 vesperi	J. G. Sigwart	Ios 5	
4447	197	504–506	19.11.1590	J. G. Sigwart	Act 9	
4448	198	506–509	22.11.1590	J. G. Sigwart	Matth 22	
4449	199*	509–511	29.11.1590	J. Heerbrand	Matth 21	
4450	200*	511–512	29.11.1590 vesperi	J. G. Sigwart	Ios 5	
4451	201*	513–514	30.11.1590	St. Gerlach	Matth 4	
4452	202*	514–515	30.11.1590 vesperi	J. G. Sigwart	Ios 5	
4453	203	516–517	3.12.1590	J. Heerbrand	Deut 15	
4454	204	518–520	6.12.1590	J. Brenz d. J.	Luc 21	
4455	205	520–522	6.12.1590 vesperi	J. G. Sigwart	Ios 5	
4456	206	523–525	13.12.1590	J. G. Sigwart	Matth 11	
4457	207	525–527	17.12.1590	J. Brenz d. J.	Hab 2	
4458	208*	527	20.12.1590 vesperi	J. G. Sigwart	Ios 5	
4459	209	528–530	21.12.1590	St. Gerlach	Ioan 20	
4460	210*	530	24.12.1590 vesperi	E. Bidembach d. J.	Gal 4	
4461	211*	530–531	25.12.1590	J. Heerbrand	Luc 2	

Lfd. Nr.	*Orig. Nr.*	*Seiten*	*Datum*	*Prediger*	*Predigttext*	*Drucke u. Hss.*
4462	212	531–533	25.12.1590 vesperi	J. G. Sigwart	1 Tim 3	
4463	213	533–535	26.12.1590	J. Brenz d. J.	Act 6.7	
4464	214	535–537	26.12.1590 vesperi	J. G. Sigwart	Matth 23	
4465	215	537	27.12.1590	St. Gerlach	Luc 2	
4466	216	537–540	1.1.1591	J. Heerbrand	Luc 2	
4467	217	540–542	1.1.1591 vesperi	J. G. Sigwart	1 Cor 1	
4468	218	543–545	3.1.1591	J. Brenz d. J.	Matth 3	
4469	219	546–548	6.1.1591	St. Gerlach	Matth 2	
4470	220	548	6.1.1591 vesperi	J. G. Sigwart	Eph 2	
4471	223!*	549–551	10.1.1591	J. Heerbrand	Luc 2	
4472	224	551–553	17.1.1591	J. Heerbrand	Ioan 2	
4473	225	553	17.1.1591 vesperi	J. G. Sigwart	Ios 6	
4474	226	554–556	24.1.1591	J. Heerbrand	Matth 8	
4475	227	556	24.1.1591 vesperi	J. G. Sigwart	Ios 6	
4476	228	557–559	28.1.1591	J. Brenz d. J.	Hab 2	
4477	229*	559–561	30.1.1591	Chr. Staehelin	Ps 31†	
4478	230	562–564	31.1.1591	J. G. Sigwart	Matth 20	
4479	231	565–566	2.2.1591	St. Gerlach	Luc 2	
4480	232	566–567	2.2.1591 vesperi	J. G. Sigwart	Ios 6	
4481	233	568–570	4.2.1591	J. G. Sigwart	Act 10	
4482	234	570–572	7.2.1591	J. Heerbrand	Luc 8	
4483	235	572–575	11.2.1591	J. Brenz d. J.	Hab 3	
4484	236	575–577	14.2.1591	J. Heerbrand	Luc 18	
4485	237	577	14.2.1591 vesperi	J. G. Sigwart	Ios 7	
4486	238	578–580	18.2.1591	J. G. Sigwart	Act 10	
4487	239	580–582	⟨21.2.⟩1591 vesperi	J. G. Sigwart	Ios 7	
4488	240*	582–584	27.2.1591	J. Dachtler	Ps 73†	
4489	241	584–587	⟨28.⟩2.1591	J. Heerbrand	Matth 15	
4490	242*	587–588	3.3.1591	E. Bidembach d. J.	Ioan 11†	
4491	243	588–591	7.3.1591	J. Heerbrand	Luc 11	
4492	244*	591–594	7.3.1591 vesperi	J. G. Sigwart	Hiob 14†	
4493	245*	594–596	14.3.1591	J. Heerbrand	Ioan 6	
4494	246	597–599	14.3.1591 vesperi	J. G. Sigwart	Ios 7	
4495	247	599–601	18.3.1591	J. Brenz d. J.	Hab 3	
4496	248	602–604	21.3.1591	J. G. Sigwart	Ioan 8	
4497	249*	604–607	21.3.1591 vesperi	Chr. Staehelin	Ioan 3	
4498	250	607–608	25.3.1591	St. Gerlach	Luc 1	
4499	251*	609	25.3.1591 vesperi	J. G. Sigwart	Ios 8	
4500	252*	609–611	29.3.1591	Chr. Staehelin	Matth 27†	
4501	253	611–614	1.4.1591 ⟨Gründ.⟩	J. Brenz d. J.	⟨Ioan 18⟩	
4502	254	614–617	1.4.1591 vesperi ⟨Gründ.⟩	J. G. Sigwart	Ioan 18	
4503	255	617–619	2.4.1591 ⟨Karfr.⟩	J. Heerbrand	Ioan 18.19	
4504	256	620–622	2.4.1591 vesperi ⟨Karfr.⟩	St. Gerlach	Ioan 19	
4505	257	622–624	3.4.1591	Chr. Staehelin	Ioan 19	
4506	258	624–626	4.4.1591 ⟨Osters.⟩	J. Heerbrand	Marc 16	
4507	259	627–629	4.4.1591 vesperi ⟨Osters.⟩	J. G. Sigwart	1 Cor 5	
4508	260	629–631	5.4.1591 ⟨Osterm.⟩	St. Gerlach	Luc 24	
4509	261	632–634	5.4.1591 vesperi ⟨Osterm.⟩	J. G. Sigwart	Matth 28	
4510	262*	634–636	8.4.1591	J. G. Sigwart	Act 10†	
4511	263	636–638	11.4.1591	J. Heerbrand	Ioan 20	
4512	264	638–640	11.4.1591 vesperi	J. G. Sigwart	Ios 8	
4513	265*	641	15.4.1591	J. Brenz d. J.	Hab 3	

Lfd. Nr.	*Orig. Nr.*	*Seiten*	*Datum*	*Prediger*	*Predigttext*	*Drucke u. Hss.*
4514	266*	642–643	18.4.1591	J. Heerbrand	Ioan 10	
4515	267	644–645	18.4.1591 vesperi	J. G. Sigwart	Ios 8	
4516	268	646–648	22.4.1591	J. G. Sigwart	Act 10	
4517	269*	648–652	23.4.1591	J. G. Sigwart	Phil 3†	
4518	270	652–654	25.4.1591	J. Heerbrand	Ioan 16	
4519	271	655–656	29.4.1591	J. Brenz d. J.	Hab 3	
4520	272*	657–659	1.5.1591	J. G. Sigwart	Ioan 14	
4521	273*	659–661	2.5.1591	J. G. Sigwart	Ioan 16	
4522	274	661–663	2.5.1591 vesperi	Chr. Staehelin	Ioan 14	
4523	275	663–664	6.5.1591	J. G. Sigwart	Act 10	
4524	276*	665–667	9.5.1591	J. Heerbrand	Ioan 16	
4525	277	668–669	9.5.1591 ⟨vesperi⟩	J. G. Sigwart	Ios 9	
4526	278	670–671	13.5.1591 ⟨Himmelf.⟩	St. Gerlach	Marc 16	
4527	279*	671–672	13.5.1591 vesperi ⟨Himmelf.⟩	J. G. Sigwart	Ioan 20	
4528	280*	672–674	16.5.1591	J. Heerbrand	Ioan 15.16	
4529	281	675–677	20.5.1591	J. Brenz d. J.	Hab 3	
4530	282	677–679	23.5.1591 ⟨Pfingsts.⟩	J. Heerbrand	Ioan 14	
4531	283	680–682	23.5.1591 vesperi ⟨Pfingsts.⟩	J. G. Sigwart	Act 2	
4532	284	682–685	24.5.1591 ⟨Pfingstm.⟩	St. Gerlach	Ioan 3	
4533	285	685–687	24.5.1591 vesperi ⟨Pfingstm.⟩	J. G. Sigwart	Rom 8	
4534	286	687–690	27.5.1591	J. G. Sigwart	Act 10	
4535	287*	690–693	30.5.1591	J. Heerbrand	Ioan 3	
4536	288	693–695	30.5.1591 vesperi	J. G. Sigwart	Ios 9	
4537	289	696–698	3.6.1591	J. Brenz d. J.	Hab 3	
4538	290	698–700	6.6.1591	J. Heerbrand	Luc 16	
4539	291	700–702	6.6.1591 vesperi	J. G. Sigwart	Ios 9	
4540	292	702–705	13.6.1591	J. G. Sigwart	Luc 14	
4541	293	705–706	13.6.1591 vesperi	J. Dachtler	1 Ioan 3	
4542	294*	706–709	14.6.1591	E. Bidembach d. J.	Apoc 14†	
4543	295	709–711	17.6.1591	E. Bidembach d. J.	Ioan 11	
4544	296	711–714	20.6.1591	J. Brenz d. J.	Luc 15	
4545	297	714–716	20.6.1591 vesperi	J. G. Sigwart	Ios 10	
4546	298	716–718	24.6.1591	St. Gerlach	Luc 1	
4547	299	718–720	24.6.1591 vesperi	J. G. Sigwart	Marc 6	
4548	300	720–723	27.6.1591	J. G. Sigwart	Luc 6	
4549	301	723–725	27.6.1591 vesperi	J. Dachtler	Rom 8	

(p. 725) Anno 1591 huc usque, σὺν Θεῷ. Tybingae. Haec hactenus, ἐγὼ ὁ Μαρτῖνος ὁ Κρούσιος: natus 19. Sept. 1526.

Mb 19–16

(f. I) Anno 1591/2/3/4. Conciones 501. Siguarti conciones in Iosuam et Judicum. Et in Acta.
(ff. I^v-II) Stichwortsammlung zu pp. 1–714 *(später hinzugefügt).*
(p. 1) SUMMAE CONCIONUM TYBINGENsium Theologorum, à me M. Martino Crusio exceptae sic in Templo S. Georgij, ἐπὶ τῶν γονάτων μου. 1591.

Lfd. Nr.	*Orig. Nr.*	*Seiten*	*Datum*	*Prediger*	*Predigttext*	*Drucke u. Hss.*
4550	1*	1–2	29.6.1591	St. Gerlach	Matth 16	
4551	2	3–4	29.6.1591 vesperi	J. G. Sigwart	Ios 10	

Lfd. Nr.	*Orig. Nr.*	*Seiten*	*Datum*	*Prediger*	*Predigttext*	*Drucke u. Hss.*
4552	3	4–6	1.7.1591	J. G. Sigwart	Act 11	
4553	4	7–9	4.7.1591	J. Heerbrand	Luc 5	
4554	5	9–10	4.7.1591 vesperi	J. G. Sigwart	Ios 10	
4555	6	11–13	8.7.1591	J. Brenz d. J.	Hab 3	
4556	7*	13–15	8.7.1591 vesperi	E. Bidembach d. J.	Ps 91†	
4557	8	15–18	11.7.1591	J. Heerbrand	Matth 7	
4558	9	18–20	11.7.1591 vesperi	J. G. Sigwart	Ios 10	
4559	10	20–22	15.7.1591	J. G. Sigwart	Act 11	
4560	11	22–24	18.7.1591	J. Heerbrand	Marc 8	
4561	12	24–26	18.7.1591 vesperi	J. G. Sigwart	Ios 11	
4562	13*	26–28	22.7.1591	J. G. Sigwart	Act 11	
4563	14*	29–32	23.7.1591	J. G. Sigwart	Gen 47†	Ed40
4564	15	32	25.7.1591	J. Heerbrand	Matth 7	
4565	16	33–34	25.7.1591 vesperi	J. Dachtler	Rom 8	
4566	17*	34–37	29.7.1591	J. Dachtler	Iac 5	
4567	18*	37–40	1.8.1591	J. Brenz d. J.	Act 20	
4568	19	41–42	1.8.1591 ⟨vesperi⟩	J. Dachtler	1 Cor 10	
4569	20*	42–44	3.8.1591	J. Dachtler	1 Thess 4†	
4570	21	44–47	5.8.1591	J. G. Sigwart	Act 11	
4571	22*	47–49	8.8.1591	J. Heerbrand	Luc 19	
4572	23	49–51	8.8.1591 vesperi	J. G. Sigwart	Ios 11	
4573	24*	51–54	12.8.1591	J. G. Sigwart	Act 12	
4574	25	54–56	15.8.1591	J. Heerbrand	Luc 18	
4575	26	57–58	15.8.1591 vesperi	J. G. Sigwart	Ios 12	
4576	27	59–60	19.8.1591	J. G. Sigwart	Act 12	
4577	28*	60–62	20.8.1591 hora 4ª	J. D. Schnepff	1 Cor 10†	
4578	29*	63–64	22.8.1591	J. Heerbrand	Marc 7	
4579	30	65–66	22.8.1591 vesperi	J. G. Sigwart	Ios 13	
4580	31*	67–71	23.8.1591	J. G. Sigwart	Rom 8†	
4581	32*	71–73	24.8.1591	St. Gerlach	Luc 22	
4582	33	74–75	24.8.1591 vesperi	J. G. Sigwart	Ios 14	
4583	34	76	26.8.1591	J. G. Sigwart	Act 12	
4584	35*	76–79	29.8.1591	J. Heerbrand	Luc 10	
4585	36	79	29.8.1591 vesperi	J. G. Sigwart	Ios 14	
4586	37	80–81	2.9.1591	J. G. Sigwart	Act 12	
4587	38	82–84	5.9.1591	J. Heerbrand	Luc 17	
4588	39	85–88	12.9.1591	J. Heerbrand	Matth 6	
4589	40	88–89	12.9.1591 vesperi	J. G. Sigwart	Ios 17	
4590	41	90–93	16.9.1591	J. G. Sigwart	Act 12	
4591	42*	93–96	17.9.1591	J. G. Sigwart	Ps 23†	
4592	43*	97–100	19.9.1591	J. G. Sigwart	Luc 7	
4593	44	100–102	19.9.1591 vesperi	J. Dachtler	Eph 6	
4594	45	102–105	21.9.1591	St. Gerlach	Matth 9	
4595	46	106–108	21.9.1591 vesperi	J. G. Sigwart	Ios 18	
4596	47	108–111	23.9.1591	J. G. Sigwart	Act 13	
4597	48	111–112	26.9.1591	J. Heerbrand	Luc 14	
4598	49*	113–115	3.10.1591	J. Heerbrand	Matth 22	
4599	50	115	3.10.1591 vesperi	J. G. Sigwart	Ios 20	
4600	51	116–117	7.10.1591	J. G. Sigwart	Act 13	
4601	52*	118–120	10.10.1591	J. Heerbrand	Matth 9	
4602	53*	121–123	10.10.1591 vesperi	J. G. Sigwart	Ios 21	
4603	54	123–125	14.10.1591	J. G. Sigwart	Act 13	

Lfd. Nr.	*Orig. Nr.*	*Seiten*	*Datum*	*Prediger*	*Predigttext*	*Drucke u. Hss.*
4604	55	126–128	17.10.1591	J. Heerbrand	Matth 22	
4605	56*	129–131	19.10.1591	J. G. Sigwart	Act 13	
4606	57	131–134	21.10.1591	J. G. Sigwart	Act 13	
4607	58	134–136	24.10.1591	J. Heerbrand	Ioan 4	
4608	59	137–139	24.10.1591 vesperi	J. G. Sigwart	Ios 22	
4609	60	140–142	28.10.1591	St. Gerlach	Ioan 17	
4610	61	142–144	28.10.1591 vesperi	J. G. Sigwart	Ios 22	
4611	62	145–147	31.10.1591	J. Heerbrand	Matth 18	Ed38
4612	63	148–149	4.11.1591	J. G. Sigwart	Act 13	
4613	64	150–152	7.11.1591	J. Heerbrand	Allerseelen	Ed39; AS III,369 (A)
4614	65	153–155	11.11.1591	J. G. Sigwart	Act 13	
4615	66	156–158	18.11.1591	J. G. Sigwart	Act 13	
4616	67	159–160	21.11.1591	J. G. Sigwart	Matth 24	
4617	68	161–163	25.11.1591	J. G. Sigwart	Act 13	
4618	69	163–165	28.11.1591	J. Heerbrand	Matth 21	
4619	70	165	30.11.1591	St. Gerlach	Matth 4	
4620	71*	166–168	30.11.1591	J. G. Sigwart	2 Cor 4†	
4621	72*	169	2.12.1591	J. G. Sigwart	Act 13	
4622	73	169–171	5.12.1591	J. Heerbrand	Luc 21	
4623	74	172	⟨9.⟩12.1591	J. G. Sigwart	Act 13	
4624	75	172	12.12.1591	J. Heerbrand	Matth 11	
4625	76	173–174	16.12.1591	J. Dachtler	Luc 19	
4626	77	174–175	19.12.1591	J. Heerbrand	Ioan 1	
4627	78	176	21.12.1591	St. Gerlach	Ioan 20	
4628	79	177–178	23.12.1591	J. G. Sigwart	Act 14	
4629	80*	178–180	25.12.1591	J. Heerbrand	Luc 2	
4630	81	180–181.184	25.12.1591 vesperi	J. G. Sigwart	Gal 4	
4631	82	182	26.12.1591	St. Gerlach	Act 6.7	
4632	83	183	26.12.1591 vesperi	J. G. Sigwart	Matth 23	
4633	84	185–186	27.12.1591	J. G. Sigwart	Ier 23	
4634	85	187–186!	27.12.1591 vesperi	J. Dachtler	Tit 2	
4635	86	186–188	30.12.1591	J. G. Sigwart	Act 14	
4636	87	188–190	1.1.1592	J. Heerbrand	Luc 2	
4637	88	191–192	2.1.1592	J. G. Sigwart	Matth 2	
4638	89	193–195	6.1.1592	St. Gerlach	Matth 2	
4639	90	195–196	6.1.1592 vesperi	J. G. Sigwart	Matth 3	
4640	91	197–199	9.1.1592	J. Heerbrand	Luc 2	
4641	92	199–200	13.1.1592	J. G. Sigwart	Act 14	
4642	93	201–202	16.1.1592	J. Heerbrand	Ioan 2	
4643	94	202–204	20.1.1592	J. G. Sigwart	Act 14	
4644	95	204–206	23.1.1592	J. Heerbrand	Matth 20	
4645	96	207–209	23.1.1592 vesperi	J. G. Sigwart	Ios 24	
4646	97	209–211	27.1.1592	J. G. Sigwart	Act 14	
4647	98	211–213	30.1.1592	J. Heerbrand	Luc 8	
4648	99	213–215	2.2.1592	St. Gerlach	Luc 2	
4649	100*	215–216	2.2.1592 vesperi	J. G. Sigwart	Ios 24	
4650	101	216–219	6.2.1592	J. Heerbrand	Luc 18	
4651	102*	219–221	6.2.1592 vesperi	J. G. Sigwart	Ios 24	
4652	103	221–222	10.2.1592	J. G. Sigwart	Act 14	
4653	104	223–224	13.2.1592	J. Heerbrand	Matth 4	
4654	105	225–226	17.2.1592	J. G. Sigwart	Act 15	

Lfd. Nr.	*Orig. Nr.*	*Seiten*	*Datum*	*Prediger*	*Predigttext*	*Drucke u. Hss.*
4655	106*	226–228	20.2.1592	J. Heerbrand	Matth 15	
4656	107*	228–230	20.2.1592 vesperi	J. G. Sigwart	Iud 1†	
4657	108	230–231	24.2.1592	J. G. Sigwart	Matth 11	
4658	109*	232–233	27.2.1592	J. Heerbrand	Luc 11	
4659	110	234–235	27.2.1592 vesperi	J. G. Sigwart	Iud 1	
4660	111	235–237	2.3.1592	J. G. Sigwart	Act 15	
4661	112	237–239	5.3.1592	J. Heerbrand	Ioan 6; Marc 6; Luc 9; Matth 14	
4662	113	239–240	5.3.1592 vesperi	J. G. Sigwart	Iud 1	
4663	114	241–242	9.3.1592	J. G. Sigwart	Act 15	
4664	115*	242–244	12.3.1592	J. G. Sigwart	Ioan 8	
4665	116	244–246	17.3.1592	St. Gerlach	Luc 1†	
4666	117	247–248	17.3.1592 vesperi	J. G. Sigwart	Iud 2	
4667	118*	249–250	19.3.1592	J. Heerbrand	Matth 21	
4668	119	251–252	23.3.1592 ⟨Gründ.⟩	St. Gerlach	Ioan 18	
4669	120	252–254	23.3.1592 vesperi ⟨Gründ.⟩	J. G. Sigwart	Ioan 18	
4670	121	254	24.3.1592 ⟨Karfr.⟩	J. Heerbrand	Ioan 19	
4671	122	255–256	24.3.1592 vesperi ⟨Karfr.⟩	J. G. Sigwart	Ioan 19	
4672	123	256–257	25.3.1592	J. D. Schnepff	Ioan 19	
4673	124*	257–259	26.3.1592 ⟨Osters.⟩	J. Heerbrand	Marc 16	
4674	125	260–261	26.3.1592 vesperi ⟨Osters.⟩	J. G. Sigwart	Matth 12	
4675	126	262–263	27.3.1592 ⟨Osterm.⟩	St. Gerlach	Luc 24	
4676	127	263–265	30.3.1592	J. G. Sigwart	Act 15	
4677	128*	'266–267[12]	2.4.1592	J. Heerbrand	Ioan 20	
4678	129*	'268–270	6.4.1592	J. G. Sigwart	Act 15†	
4679	130	'270–272	9.4.1592	J. Heerbrand	Ioan 10	
4680	131	'272–274	9.4.1592 vesperi	J. G. Sigwart	Iud 2	
4681	132	'274–275	13.4.1592	J. G. Sigwart	Act 15	
4682	133	'275–276	16.4.1592	J. Heerbrand	Ioan 16	
4683	134	'276–278	16.4.1592 vesperi	J. G. Sigwart	Iud 3	
4684	135	'278–279	20.4.1592	J. G. Sigwart	Act 15	
4685	136*	'280–281	23.4.1592	J. Heerbrand	Ioan 16	
4686	137	'282–283	23.4.1592 vesperi	J. G. Sigwart	Iud 3	
4687	138*	'283–286	27.4.1592	J. G. Sigwart	Act 15	
4688	139*	'286–288	30.4.1592	J. Heerbrand	Ioan 16	
4689	140*	'288–289	30.4.1592 vesperi	J. G. Sigwart	Iud 3	
4690	141*	'290–291	1.5.1592	J. G. Sigwart	Ioan 14	
4691	142	'291–292	1.5.1592 vesperi	J. D. Schnepff	⟨Gotteswort als Schatz⟩	
4692	143*	'292	2.5.1592	T. Lothar	Luc 1	
4693	144*	'292–294	4.5.1592 ⟨Himmelf.⟩	St. Gerlach	Marc 16	
4694	145	'294	4.5.1592 vesperi ⟨Himmelf.⟩	J. G. Sigwart	Mich 2	
4695	146*	'295–296	7.5.1592	J. Heerbrand	Ioan 15.16	
4696	147*	'297–298	7.5.1592 vesperi	J. G. Sigwart	Iud 3	
4697	148*	'298–300	11.5.1592	J. G. Sigwart	Act 15	
4698	149	'300–302	14.5.1592 ⟨Pfingsts.⟩	J. G. Sigwart	Act 2	
4699	150*	'303–305	14.5.1592 vesperi ⟨Pfingsts.⟩	J. G. Sigwart	1 Sam 25†	
4700	151	'306–308	15.5.1592 ⟨Pfingstm.⟩	J. G. Sigwart	Ioan 3	
4701	152	'308–310	15.5.1592 vesperi ⟨Pfingstm.⟩	T. Lothar	Zach 12	
4702	153	'310–312	18.5.1592	J. G. Sigwart	Act 15	
4703	154	'312	21.5.1592	J. G. Sigwart	Ioan 3	

12 Crusius' Seitenzählung springt von 366 zurück nach 267. S. 267–366 kommen also zweimal vor.

Lfd. Nr.	*Orig. Nr.*	*Seiten*	*Datum*	*Prediger*	*Predigttext*	*Drucke u. Hss.*
4704	155	^{1}313	21.5.1592 vesperi	J. G. Sigwart	Rom 11	
4705	156	^{1}313–315	25.5.1592	J. G. Sigwart	Act 16	
4706	157	^{1}315–317	28.5.1592	J. G. Sigwart	Luc 16	
4707	158	^{1}317–319	28.5.1592 vesperi	J. D. Schnepff	Ioan 3	
4708	159*	^{1}319–320	30.5.1592	T. Lothar	Phil 1†	
4709	160	^{1}321–322	1.6.1592	J. G. Sigwart	Act 16	
4710	161*	^{1}322–325	4.6.1592	J. G. Sigwart	Luc 14	
4711	162	^{1}325–327	4.6.1592 vesperi	J. G. Sigwart	Iud 3	
4712	163	^{1}327–328	8.6.1592	J. G. Sigwart	Act 16	
4713	164	^{1}329–330	11.6.1592	J. G. Sigwart	Luc 15	
4714	165*	^{1}330–332	15.6.1592	J. G. Sigwart	Act 16	
4715	166	^{1}332–334	18.6.1592	J. G. Sigwart	Luc 6	
4716	167	^{1}334–336	18.6.1592 vesperi	J. D. Schnepff	Luc 15	
4717	168*	^{1}337–338	22.6.1592	J. G. Sigwart	Act 16	
4718	169	^{1}339–340	24.6.1592	St. Gerlach	Luc 1	
4719	170	^{1}340–342	25.6.1592	J. G. Sigwart	Luc 5	
4720	171	^{1}342	25.6.1592 vesperi	J. D. Schnepff	Luc 5	
4721	172	^{1}342–344	29.6.1592	J. G. Sigwart	Matth 16	
4722	173*	^{1}344–346	29.6.1592 vesperi	J. G. Sigwart	Iud 4†	Or 1602 II (A)
4723	174*	^{1}346–348	2.7.1592	J. Heerbrand	Luc 1	
4724	175	^{1}348–349	2.7.1592 vesperi	J. G. Sigwart	Iud 4	Or 1602 II (A)
4725	176*	^{1}349–351	6.7.1592	J. G. Sigwart	Act 14†	
4726	177*	^{1}351–353	9.7.1592	J. Heerbrand	Marc 8	
4727	178	^{1}353–355	9.7.1592 vesperi	J. G. Sigwart	Iud 4	Or 1602 II (A)
4728	179	^{1}355–357	13.⟨7.⟩1592⟩	J. G. Sigwart	Act 16	
4729	180*	^{1}357–359	16.7.1592	M. Hafenreffer	Matth 7	
4730	181	^{1}359–360	16.7.1592 vesperi	J. G. Sigwart	Iud 5	Or 1602 II (A)
4731	182	^{1}360–362	20.7.1592	J. G. Sigwart	Act 16	
4732	183*	^{1}362–364	23.7.1592	J. Heerbrand	Luc 7	
4733	184	^{1}364–365	23.7.1592 vesperi	J. G. Sigwart	Iud 5	
4734	185*	^{1}365–^{2}267	25.7.1592	G. Fleck	Matth 20	
4735	186	^{2}267–268	27.7.1592	J. D. Schnepff	Ioan 8	
4736	187	^{2}269.272[13]	30.7.1592	J. Heerbrand	Luc 19	
4737	188	^{2}272	30.7.1592 vesperi	J. G. Sigwart	Iud 5	
4738	189*	^{2}273–275	3.8.1592	J. G. Sigwart	Act 16	
4739	190*	^{2}275–276	6.8.1592	J. Heerbrand	Luc 18	
4740	191	^{2}276–278	6.8.1592 vesperi	J. G. Sigwart	Iud 6	
4741	192	^{2}278–279	10.8.1592	J. G. Sigwart	Act 16	
4742	193*	^{2}279–281	13.8.1592	J. Heerbrand	Marc 7	
4743	184!	^{2}281–282	13.8.1592 vesperi	J. G. Sigwart	Iud 6	
4744	185	^{2}282–284	17.8.1592	J. G. Sigwart	Act 17	
4745	186*	^{2}284–285	20.8.1592	A. Osiander	Luc 10	
4746	187*	^{2}285–287	20.8.1592 vesperi	J. G. Sigwart	Iud 6	
4747	188	^{2}287–289	24.8.1592	L. Osiander	Luc 22	
4748	189	^{2}289–291	24.8.1592 vesperi	J. G. Sigwart	⟨Iud 6⟩	
4749	190*	^{2}291–293	27.8.1592	J. G. Sigwart	Luc 17	
4750	191	^{2}293	27.8.1592 vesperi	M. Hafenreffer	Gal 5	
4751	192	^{2}294–295	31.8.1592	J. G. Sigwart	Act 16	

13 S. 270–271 Notizen (auch über einen Traum) und Gebete (Juli bis September 1592) im Zusammenhang mit der Druckerlaubnis für seine »Annales Suevici«.

Lfd. Nr.	*Orig. Nr.*	*Seiten*	*Datum*	*Prediger*	*Predigttext*	*Drucke u. Hss.*
4752	193	^{2}295–297	⟨3.9.⟩1592	M. Hafenreffer	Matth 6	
4753	194*	^{2}297	⟨3.9.⟩1592 vesperi	J. G. Sigwart	Iud 6	
4754	195	^{2}298–299	7.9.1592	J. G. Sigwart	Act 17	
4755	196	^{2}300–302	10.9.1592	G. Fleck	Luc 7	
4756	197	^{2}302–303	10.9.1592 vesperi	J. G. Sigwart	Iud 6	
4757	198*	^{2}303–304	17.9.1592	J. G. Sigwart	Luc 14	
4758	199	^{2}304–305	17.9.1592 vesperi	M. Hafenreffer	Eph 4	
4759	200	^{2}306–307	21.9.1592	St. Gerlach	Matth 9	
4760	201	^{2}307–308	21.9.1592 vesperi	J. G. Sigwart	Iud 6	
4761	202	^{2}308–310	24.9.1592	M. Hafenreffer	Matth 22	
4762	203*	^{2}310–312	24.9.1592 vesperi	J. G. Sigwart	Iud 7	
4763	204	^{2}312–314	28.9.1592	J. G. Sigwart	Act 17	
4764	205	^{2}314–315	1.10.1592	J. Heerbrand	Matth 18	
4765	206*	^{2}316–317	1.10.1592 vesperi	J. G. Sigwart	Iud 7	
4766	207	^{2}318–319	5.10.1592	J. G. Sigwart	Act 17	
4767	208	^{2}319–321	8.10.1592	M. Hafenreffer	Matth 22	
4768	209	^{2}321–323	8.10.1592 vesperi	J. G. Sigwart	Iud 7	
4769	210	^{2}323–324	12.10.1592	J. G. Sigwart	Act 17	
4770	211	^{2}324–326	15.10.1592	J. Heerbrand	Ioan 4	
4771	212*	^{2}326–327	15.10.1592 vesperi	J. G. Sigwart	Iud 7	
4772	213*	^{2}328–329	19.10.1592	J. G. Sigwart	Act 17	
4773	214*	^{2}329–330	22.10.1592	J. Heerbrand	Matth 18	
4774	215	^{2}331	22.10.1592 vesperi	J. G. Sigwart	Iud 8	
4775	216	^{2}332–333	26.10.1592	J. G. Sigwart	Act 17	
4776	217	^{2}333–334	28.10.1592	St. Gerlach	Ioan 14	
4777	218	^{2}335–336	29.10.1592	J. Heerbrand	Matth 22	
4778	219	^{2}336–337	29.10.1592 vesperi	J. G. Sigwart	Iud 8	
4779	220	^{2}338–339	2.11.1592	J. G. Sigwart	Act 17	
4780	221	^{2}339–341	5.11.1592	J. Heerbrand	Matth 9	
4781	222	^{2}341	5.11.1592 vesperi	J. G. Sigwart	Iud 8	
4782	223	^{2}342–343	9.11.1592	J. G. Sigwart	Act 17	
4783	224	^{2}343–344	12.11.1592	J. Heerbrand	Matth 25	
4784	225	^{2}345–346	16.11.1592	J. G. Sigwart	Act 18	
4785	226	^{2}346–347	19.11.1592	J. Heerbrand	Matth 25	
4786	227	^{2}348	19.11.1592 vesperi	J. G. Sigwart	Iud 8	
4787	228	^{2}349–350	23.11.1592	J. G. Sigwart	Act 18	
4788	229	^{2}351	26.11.1592	M. Hafenreffer	Matth 17	
4789	230*	^{2}351	26.11.1592 vesperi	J. G. Sigwart	Iud 8	
4790	231	^{2}352–353	30.11.1592	St. Gerlach	Matth 4	
4791	232	^{2}353	30.11.1592 vesperi	J. G. Sigwart	Iud 9	
4792	234!*	^{2}354	3.12.1592	J. Heerbrand	Matth 1	
4793	235	^{2}354–355	3.12.1592 vesperi	J. G. Sigwart	Iud 9	
4794	236	^{2}355	7.12.1592	J. G. Sigwart	Act 18	
4795	237*	^{2}355	10.12.1592	J. Heerbrand	Luc 21	
4796	238	^{2}356	10.12.1592 vesperi	J. G. Sigwart	Iud 9	
4797	239	^{2}357	14.12.1592	J. G. Sigwart	Act 18	
4798	240*	^{2}357–358	17.12.1592	J. G. Sigwart	Matth 11	
4799	241	^{2}358	21.12.1592	St. Gerlach	Ioan 20	
4800	242	^{2}358	21.12.1592 vesperi	J. G. Sigwart	Iud 9	
4801	243*	^{2}359	24.12.1592	M. Hafenreffer	Ioan 1	
4802	244	^{2}359	25.12.1592	J. Heerbrand	Luc 2	
4803	245	^{2}360	25.12.1592 hora tertia	J. G. Sigwart	Ioan 1	

Lfd. Nr.	*Orig. Nr.*	*Seiten*	*Datum*	*Prediger*	*Predigttext*	*Drucke u. Hss.*
4804	246	²360	26.12.1592	St. Gerlach	Act 6.7	
4805	247	²360	26.12.1592 vesperi	M. Hafenreffer	Ps 2	
4806	248	²361	27.12.1592	St. Gerlach	Ioan 21	
4807	249	²361	27.12.1592 vesperi	J. G. Sigwart	Matth 2	
4808	250*	²362	31.12.1592	J. G. Sigwart	Luc 2	
4809	251	²362	31.12.1592 vesperi	M. Hafenreffer	Gal 4	
4810	252*	²363	1.1.1593	J. Heerbrand	Luc 2	
4811	253	²363	1.1.1593 vesperi	J. G. Sigwart	1 Petr 5	
4812	254*	²364	4.1.1593	J. G. Sigwart	Act 18	
4813	255	²364–365	6.1.1593	St. Gerlach	Matth 4	
4814	256	²365	6.1.1593 vesperi	M. Hafenreffer	Ies 60	
4815	257	²366	7.1.1593	J. Heerbrand	Luc 2	
4816	258	²366	7.1.1593 vesperi	J. G. Sigwart	Iud 9	
4817	259*	367–368	11.1.1593	J. G. Sigwart	Act 18	
4818	260	368–369	14.1.1593	M. Hafenreffer	Ioan 2	
4819	261*	370–371	14.1.1593 vesperi	J. G. Sigwart	Iud 9	
4820	262	371–372	18.1.1593	J. G. Sigwart	Act 18	
4821	263	373–374	21.1.1593	J. Heerbrand	Matth 8	
4822	264*	374	21.1.1593 vesperi	J. D. Schnepff	2 Cor 2	
4823	265	374	25.1.1593	M. Hafenreffer	Act 9	
4824	266*	375	28.1.1593 vesperi	J. G. Sigwart	Iud 9	
4825	267*	376–377	4.2.1593	J. G. Sigwart	Matth 13	
4826	268	377–378	8.2.1593	J. G. Sigwart	Act 18	
4827	269	379–380	11.2.1593	M. Hafenreffer	Matth 20	
4828	270	380	11.2.1593 vesperi	J. G. Sigwart	Iud 10	
4829	271	380–381	15.2.1593	J. G. Sigwart	Act 19	
4830	272*	381	18.2.1593	J. G. Sigwart	Luc 8	
4831	273*	381–382	18.2.1593 vesperi	M. Hafenreffer	2 Cor 11.12	
4832	274	382–384	22.2.1593	J. G. Sigwart	Act 19	
4833	275	385	24.2.1593	St. Gerlach	Act 1	
4834	276	385–386	24.2.1593 vesperi	J. G. Sigwart	Iud 10	
4835	277	386–387	25.2.1593 vesperi	J. G. Sigwart	Iud 10	
4836	278	387	11.3.1593	M. Hafenreffer	Matth 15	
4837	279	387–388	11.3.1593 vesperi	J. G. Sigwart	Iud 11	
4838	280	388–389	15.3.1593	J. G. Sigwart	Act 15	
4839	281	389–390	18.3.1593	J. Heerbrand	Matth 3	
4840	281	391	18.3.1593 vesperi	J. G. Sigwart	Iud 11	
4841	282	391–392	22.3.1593	J. G. Sigwart	Act 19	
4842	283	392	25.3.1593	J. Heerbrand	Matth 3	
4843	284	392–393	25.3.1593 vesperi	J. G. Sigwart	Iud 11	
4844	285	393	1.4.1593	J. Heerbrand	Matth 3	
4845	286	394	1.4.1593 vesperi	J. G. Sigwart	Iud ⟨11⟩	
4846	287*	394	5.4.1593	J. G. Sigwart	Act 20	
4847	288*	394–395	29.4.1593	J. Heerbrand	Ioan 10	
4848	289	396–397	29.4.1593 vesperi	⟨Sigwart⟩	Iud 11	
4849	290	397–398	1.5.1593	St. Gerlach	Ioan 14	
4850	291	399–400	1.5.1593 vesperi	J. G. Sigwart	Iud 12	
4851	292*	400–402	2.5.1593	T. Lothar	Ps 82	
4852	293*	402	3.5.1593	J. G. Sigwart	Act 20†	
4853	294*	403–404	6.5.1593	J. Heerbrand	Ioan 16	
4854	295*	404–405	6.5.1593 vesperi	J. G. Sigwart	Iud 12	
4855	296	405–407	10.5.1593	J. G. Sigwart	Act 20	

Lfd. Nr.	*Orig. Nr.*	*Seiten*	*Datum*	*Prediger*	*Predigttext*	*Drucke u. Hss.*
4856	297*	407–408	13.5.1593	M. Hafenreffer	Ioan 16	
4857	298	409–410	13.5.1593 vesperi	J. G. Sigwart	Iud 12	
4858	299*	410–412	17.5.1593	J. G. Sigwart	Act 20	
4859	300	412–414	20.5.1593	J. G. Sigwart	Ioan 16	
4860	301	414–415	20.5.1593 vesperi	M. Hafenreffer	Iac 1	
4861	302	415	24.5.1593 ⟨Himmelf.⟩	St. Gerlach	Marc 16	
4862	303	416–417	24.5.1593 vesperi ⟨Himmelf.⟩	J. G. Sigwart	Matth 28	
4863	304	417–419	27.5.1593	M. Hafenreffer	Ioan 15.16	
4864	305	419–420	27.5.1593 vesperi	J. G. Sigwart	Iud 13	
4865	306	421–422	31.5.1593	J. G. Sigwart	Act 20	
4866	307	422–423	3.6.1593 ⟨Pfingsts.⟩	J. Heerbrand	Act 2	
4867	308	424–425	3.6.1593 vesperi ⟨Pfingsts.⟩	J. G. Sigwart	Ioan 14	
4868	309*	425–426	4.6.1593 ⟨Pfingstm.⟩	St. Gerlach	Ioan 3	
4869	310	427–428	4.6.1593 vesperi ⟨Pfingstm.⟩	J. G. Sigwart	Act 2	
4870	311*	428	10.6.1593 vesperi	J. G. Sigwart	Iud 13	
4871	312*	428–429	14.6.1593	M. Hafenreffer	Rom 11	
4872	313	429–430	17.6.1593	J. Heerbrand	Luc 16	
4873	314	430	17.6.1593 vesperi	T. Lothar	1 Ioan 4	
4874	315	431–432	21.6.1593	M. Hafenreffer	Luc 16	
4875	316	432–433	24.6.1593	J. Heerbrand	Luc 14	
4876	317	433–435	1.7.1593	J. Heerbrand	Luc 15	
4877	318	435	1.7.1593 vesperi	M. Hafenreffer	1 Petr 5	
4878	319*	436–437	8.7.1593	J. Heerbrand	Luc 6	
4879	320	438–439	8.7.1593 vesperi	⟨Sigwart⟩	Iud 13	
4880	321*	439–440	12.7.1593	J. G. Sigwart	Act 20	
4881	322	441–442	15.7.1593	J. Heerbrand	Luc 5	
4882	323	442–444	19.7.1593	J. G. Sigwart	Act 20	
4883	324	444–445	22.7.1593	J. G. Sigwart	Matth 5	
4884	325	445	22.7.1593 vesperi	M. Hafenreffer	Rom 6	
4885	326	446–447	25.7.1593	St. Gerlach	Matth 20	
4886	327	447–449	25.7.1593 vesperi	J. G. Sigwart	Iud 13	
4887	328	449–450	29.7.1593	J. Heerbrand	Marc 8	
4888	329	450–451	29.7.1593 vesperi	J. G. Sigwart	Iud 14	
4889	330	451–453	2.8.1593	J. G. Sigwart	Act 20	
4890	331*	453	3.8.1593	J. H. Wieland	Ps 23†	
4891	332*	454	5.8.1593 vesperi	J. G. Sigwart	Iud 14†	
4892	333*	454–456	9.8.1593	J. G. Sigwart	Act 21	
4893	334	456	12.8.1593	J. Heerbrand	Luc 16	
4894	335	457	12.8.1593 vesperi	M. Hafenreffer	1 Cor 10	
4895	336	457–459	16.8.1593	J. G. Sigwart	Act 21	
4896	337	459–460	19.8.1593 vesperi	J. G. Sigwart	1 Cor 12	
4897	338	461–462	23.8.1593	J. G. Sigwart	Act 21	
4898	339*	462	23.8.1593	T. Lothar	1 Reg 14†	
4899	340*	463–468	⟨24.8.1593⟩	L. Osiander	Ps 7†	Ed41
4900	341*	468–469	⟨24.8.1593⟩ vesperi	T. Lothar	Luc 2†	
4901	342*	470–471	26.8.1593	J. Heerbrand	Luc 18	
4902	343	472–473	26.8.1593 vesperi	J. G. Sigwart	1 Cor 15	
4903	344	474–475	30.8.1593	J. G. Sigwart	Act 21	
4904	345	476–477	2.9.1593	J. Heerbrand	Marc 7	
4905	346	477–478	2.9.1593 vesperi	J. G. Sigwart	Iud 14	
4906	347*	479–480	6.9.1593	J. G. Sigwart	Act 21	
4907	348	480–481	9.9.1593	J. Heerbrand	Luc 10	

Lfd. Nr.	*Orig. Nr.*	*Seiten*	*Datum*	*Prediger*	*Predigttext*	*Drucke u. Hss.*
4908	349	482–483	9.9.1593 vesperi	J. G. Sigwart	Iud 14	
4909	350	483–484	13.9.1593	J. G. Sigwart	Act 21	
4910	351	485–486	16.9.1593	J. Heerbrand	Luc 17	
4911	352*	487–488	16.9.1593 vesperi	J. G. Sigwart	Iud 14	
4912	353	488–489	21.9.1593	St. Gerlach	Matth 9	
4913	354	490–491	21.9.1593 vesperi	J. G. Sigwart	Iud 15	
4914	355*	491–492	27.9.1593	J. G. Sigwart	Act 21	
4915	356*	492–493	30.9.1593 vesperi	J. G. Sigwart	Iud 15	
4916	357	494–495	4.10.1593	J. G. Sigwart	Act 22	
4917	358	495–496	7.10.1593	J. Heerbrand	Luc 14	
4918	359	497–498	7.10.1593 vesperi	J. G. Sigwart	Iud 15	
4919	360	499–500	11.10.1593	J. G. Sigwart	Act 22	
4920	361	500–501	14.10.1593	J. Heerbrand	Matth 22	
4921	362	501–502	14.10.1593 vesperi	J. G. Sigwart	Iud 16	
4922	363	502–504	18.10.1593	J. G. Sigwart	Act 22	
4923	364	504–506	21.10.1593	J. G. Sigwart	Matth 9	
4924	365	506	21.10.1593 vesperi	M. Hafenreffer	Eph 4	
4925	366	507–508	25.10.1593	J. G. Sigwart	Act 22	
4926	367	508–510	28.10.1593	J. Heerbrand	Matth 22	
4927	368	510–511	28.10.1593 vesperi	J. G. Sigwart	Iud 16	
4928	369	511–513	1.11.1593	J. G. Sigwart	Matth 5	
4929	370	513–515	4.11.1593	J. Heerbrand	Ioan 4	
4930	371	515	4.11.1593 vesperi	J. G. Sigwart	Iud 16	
4931	372	515–516	8.11.1593	J. G. Sigwart	Act 22	
4932	373*	517–518	11.11.1593	J. Heerbrand	Matth 18	
4933	374	518–519	11.11.1593 vesperi	J. G. Sigwart	Iud 16	
4934	375	519	15.11.1593	J. G. Sigwart	Act 23	
4935	376	520–521	18.11.1593	J. Heerbrand	Matth 22	
4936	377*	521–522	18.11.1593 vesperi	J. G. Sigwart	Iud 16	
4937	378	522–523	25.11.1593	M. Hafenreffer	Matth 9	
4938	379	523	25.11.1593 vesperi	J. G. Sigwart	Iud 17	
4939	380*	524	30.11.1593	St. Gerlach	Matth 4	
4940	381	524	30.11.1593 vesperi	J. G. Sigwart	Iud 17	
4941	382	525	2.12.1593	J. Heerbrand	Matth 21	
4942	383	525	2.12.1593 vesperi	J. G. Sigwart	Iud 17	
4943	384	526	6.12.1593	J. G. Sigwart	Act 23	
4944	385*	527–528	9.12.1593	J. Heerbrand	Luc 21	
4945	386	528	9.12.1593 vesperi	J. G. Sigwart	Iud 18	
4946	387	529	13.12.1593	J. G. Sigwart	Act 23	
4947	388	529–530	16.12.1593	J. Heerbrand	Matth 11	
4948	389	530–531	16.12.1593 vesperi	J. G. Sigwart	Iud 18	
4949	390	531–532	21.12.1593	M. Hafenreffer	Ioan 20	
4950	391	533	21.12.1593 vesperi	J. G. Sigwart	Iud 18	
4951	392	533–534	23.12.1593	J. Heerbrand	Ioan 1	
4952	393	534–535	23.12.1593 vesperi	M. Hafenreffer	Phil 4	
4953	394	535	24.12.1593	T. Lothar	1 Tim 3	
4954	395*	536–537	25.12.1593	J. Heerbrand	Luc 2	
4955	396	537	25.12.1593 vesperi	J. G. Sigwart	Luc 1	
4956	397	538–539	26.12.1593	St. Gerlach	Act 6.7	
4957	398	539	26.12.1593 vesperi	M. Hafenreffer	Ies 7	
4958	399	539–541	27.12.1593	J. G. Sigwart	Ioan 21	
4959	400	541	27.12.1593 vesperi	M. Hafenreffer	Ies 9	

Lfd. Nr.	*Orig. Nr.*	*Seiten*	*Datum*	*Prediger*	*Predigttext*	*Drucke u. Hss.*
4960	401*	542	30.12.1593	M. Hafenreffer	Luc 2	
4961	402	543–544	1.1.1594	J. Heerbrand	Luc 2	
4962	403	545	1.1.1594 vesperi	J. G. Sigwart	Ier 4	
4963	404	545	3.1.1594	J. G. Sigwart	Act 23	
4964	405	546–548	6.1.1594	St. Gerlach	Matth 2	
4965	406	548	6.1.1594 vesperi	J. G. Sigwart	Matth 2	
4966	407*	549	10.1.1594	J. G. Sigwart	Act 23	
4967	408*	549–550	13.1.1594	J. Heerbrand	Luc 2	
4968	409	551	13.1.1594 vesperi	J. G. Sigwart	Iud 18	
4969	410	551–552	17.1.1594	J. G. Sigwart	Act 23	
4970	411	552–553	20.1.1594	J. Heerbrand	Ioan 2	
4971	412	553–554	20.1.1594 vesperi	J. G. Sigwart	Iud 18	
4972	413*	554–555	24.1.1594	J. G. Sigwart	Act 23	
4973	414	556	27.1.1594	J. G. Sigwart	Matth 20	
4974	415*	556–557	27.1.1594 vesperi	M. Hafenreffer	1 Cor 9	
4975	416	557	31.1.1594	J. G. Sigwart	Act 24	
4976	417*	558	2.2.1594	St. Gerlach	Luc 2	
4977	418	558	3.2.1594 vesperi	J. G. Sigwart	Iud 18	
4978	419	559	7.2.1594	J. G. Sigwart	Act 24	
4979	420	559–560	10.2.1594 vesperi	J. G. Sigwart	Iud 19	
4980	421*	560	17.2.1594	J. Heerbrand	Matth 4	
4981	422	560–561	17.2.1594 vesperi	J. G. Sigwart	Iud 19	
4982	423	561–562	21.2.1594	J. G. Sigwart	Act 24	
4983	424*	562	24.2.1594	St. Gerlach	Matth 15	
4984	425	563	24.2.1594 vesperi	J. G. Sigwart	Iud 19	
4985	426	563	28.2.1594	J. G. Sigwart	Act 24	
4986	427*	564–565	3.3.1594	J. Heerbrand	Luc 11	
4987	428	566–567	3.3.1594 vesperi	J. G. Sigwart	Iud 19	
4988	429	567–569	7.3.1594	J. G. Sigwart	Act 24	
4989	430	569–571	10.3.1594	J. Heerbrand	Ioan 6	
4990	431*	571–573	10.3.1594 vesperi	T. Lothar	Luc 15†	
4991	432	573–574	17.3.1594	J. Heerbrand	Act 26	
4992	433*	574–576	22.3.1594	St. Gerlach	Luc 1	
4993	434	576	27.3.1594	T. Lothar	Ioan 13	
4994	435	577–578	28.3.1594 ⟨Gründ.⟩	St. Gerlach	Ioan 18	
4995	436	578–580	28.3.1594 vesperi ⟨Gründ.⟩	M. Hafenreffer	Ioan 18	
4996	437	580–582	29.3.1594 ⟨Karfr.⟩	M. Hafenreffer	Ioan 18.19	
4997	438	582–584	29.3.1594 vesperi ⟨Karfr.⟩	M. Hafenreffer	Ioan 19	
4998	439	585	30.3.1594	J. H. Wieland	Ioan 19	
4999	440	585–586	31.3.1594 ⟨Osters.⟩	St. Gerlach	Marc 16	
5000	441*	587–588	31.3.1594 vesperi ⟨Osters.⟩	J. G. Sigwart	1 Cor 5	
5001	442	588–590	1.4.1594 ⟨Osterm.⟩	M. Hafenreffer	Luc 24	
5002	443	591–592	1.4.1594 vesperi ⟨Osterm.⟩	T. Lothar	Luc 24	
5003	444	593	4.4.1594	M. Hafenreffer	Rom 4	
5004	445	594	7.4.1594	M. Hafenreffer	Ioan 20	
5005	446	594–595	7.4.1594 vesperi	J. G. Sigwart	Iud 19	
5006	447	596	11.4.1594	J. G. Sigwart	Act 24	
5007	448	596–597	14.4.1594	J. G. Sigwart	Ioan 10	
5008	449	597–598	14.4.1594 vesperi	M. Hafenreffer	1 Petr 2	
5009	450*	598–599	17.4.1594	J. H. Wieland	Ps 42†	
5010	451	600	18.4.1594	J. G. Sigwart	Act 25	
5011	452	601	21.4.1594	L. Osiander	Ioan 16	

Lfd. Nr.	*Orig. Nr.*	*Seiten*	*Datum*	*Prediger*	*Predigttext*	*Drucke u. Hss.*
5012	453	602	21.4.1594 vesperi	J. G. Sigwart	Iud 19	
5013	454*	602–604	28.4.1594	J. Heerbrand	Ioan 16	
5014	455	604–605	28.4.1594 vesperi	J. G. Sigwart	Iud 20	
5015	456	605–606	1.5.1594	St. Gerlach	Ioan 14	
5016	457	607	1.5.1594 vesperi	J. G. Sigwart	Iud 20	
5017	458*	608–609	2.5.1594	J. G. Sigwart	Act 25	
5018	459*	610–611	30.5.1594	J. G. Sigwart	Act 26	
5019	460	611	2.6.1594	J. Heerbrand	Luc 16	
5020	461	611–612	2.6.1594 vesperi	J. G. Sigwart	Iud 20	
5021	462	613–614	6.6.1594	J. G. Sigwart	Act 26	
5022	463	614–616	9.6.1594	M. Hafenreffer	Luc 14	
5023	464	616	9.6.1594 vesperi	J. G. Sigwart	Iud 20	
5024	465	617–618	13.6.1594	J. G. Sigwart	Act 26	
5025	466	619–620	16.6.1594	J. Heerbrand	Luc 15	
5026	467	620–621	16.6.1594 vesperi	J. G. Sigwart	Iud 21	
5027	468*	621–622	20.6.1594	J. G. Sigwart	Act 26	
5028	469	623–624	23.6.1594	J. Heerbrand	Luc 6	
5029	470*	624	23.6.1594 vesperi	J. G. Sigwart	Iud 21	
5030	471	625–626	24.6.1594	St. Gerlach	Luc 1	
5031	472	667!–668	24.6.1594 vesperi	J. G. Sigwart	Iud 21	
5032	473	668–669	27.6.1594	J. G. Sigwart	Act 26	
5033	474*	670–671	29.6.1594	St. Gerlach	Matth 16	
5034	475	671–672	29.6.1594 vesperi	M. Hafenreffer	Act 12	
5035	476	672–673	30.6.1594 vesperi	J. G. Sigwart	Iud 21	
5036	477	673–675	4.7.1594	J. G. Sigwart	Act 27	
5037	478	675–676	7.7.1594 vesperi	J. G. Sigwart	1 Sam 1	
5038	479	676–677	11.7.1594	M. Hafenreffer	Rom 6	
5039	480	677–678	14.7.1594	J. Heerbrand	Marc 7	
5040	481*	679–680	14.7.1594 vesperi	J. G. Sigwart	1 Sam 1	
5041	482	680–682	18.7.1594	J. G. Sigwart	Act 27	
5042	483	682–684	21.7.1594	J. G. Sigwart	Matth 7	
5043	484	684–685	21.7.1594 vesperi	M. Hafenreffer	Rom 8	
5044	485	685–687	25.7.1594	M. Hafenreffer	Matth 20	
5045	486	687–689	25.7.1594 vesperi	J. G. Sigwart	1 Sam 1	Or 1602 I (A)
5046	487	689–690	28.7.1594	J. G. Sigwart	Luc 16	
5047	488	690–692	28.7.1594 vesperi	M. Hafenreffer	1 Cor 10	
5048	489	692–693	1.8.1594	J. G. Sigwart	Act 27	
5049	490	693–695	4.8.1594	J. G. Sigwart	1 Sam 1	Or 1602 I (A)
5050	491	695–696	8.8.1594	J. G. Sigwart	Act 27	
5051	492*	697–698	11.8.1594	J. Heerbrand	Luc 18	
5052	493	698–700	11.8.1594 vesperi	M. Hafenreffer	1 Cor 15	
5053	494	700–701	15.8.1594	J. G. Sigwart	Act 27	
5054	495	702–703	18.8.1594	M. Hafenreffer	Marc 7	
5055	496	703–705	18.8.1594 vesperi	J. G. Sigwart	1 Sam 1	
5056	497	705–707	22.8.1594	J. G. Sigwart	Act 27	
5057	498	707–709	24.8.1594	J. G. Sigwart	Luc 22	
5058	499	709–710	24.8.1594 vesperi	M. Hafenreffer	1 Cor 11	
5059	500	711–712	25.8.1594	J. Heerbrand	Luc 10	
5060	501*	712–714	25.8.1594 vesperi	J. G. Sigwart	1 Sam 1	

(p. 714) Finis huius codicis, 25. Aug. 1594. M. Mart. Crusius, Tybingae in Ecclesia scriptor eius.

Mb 19–17

(f. I) Anno 1594/5/6/7. (ff. I, II) Stichwortsammlung zu pp. 1–786.
(f. IV) SUMMAE CONCIONUM TYBINGENSIUM Theologorum: à me M. MARTINO CRUSIO, sic in Templo S. Georgij, medio subsellio (ut et priores omnes) Profeßorum Universitatis, exceptae, ἐπὶ τῶν μου γονάτων, σὺν Θεῷ. 1594.
Ἐτέχθην δὲ 19. Septemb. 1526. Das walt Gott.
Conciones 507.

Lfd. Nr.	*Orig. Nr.*	*Seiten*	*Datum*	*Prediger*	*Predigttext*	*Drucke u. Hss.*
5061	1	1–2	29.8.1594	J. G. Sigwart	Act 27	
5062	2	2–4	1.9.1594	M. Hafenreffer	Luc 17	
5063	3	4–5	1.9.1594 vesperi	J. G. Sigwart	1 Sam 1	
5064	4	5–7	5.9.1594	J. G. Sigwart	Act 27	
5065	5*	7	8.9.1594	J. G. Sigwart	Matth 6	
5066	6	7–8	8.9.1594 vesperi	T. Lothar	Matth 11	
5067	7*	8–9	13.9.1594	J. Esthofer	1 Sam 17	
5068	8	9	15.9.1594	J. Esthofer	Act 14	
5069	9*	10	21.9.1594	J. Esthofer	Act 15	
5070	10*	10	22.9.1594	J. Esthofer	Act 15	
5071	11*	10–11	24.9.1594	J. Esthofer	Ps 119†	
5072	12*	11–12	27.9.1594	J. Esthofer	1 Sam 17	
5073	13	12	29.9.1594	J. Esthofer	Act 15	
5074	14	13	4.10.1594	J. Esthofer	1 Sam 17	
5075	15	13	6.10.1594	J. Esthofer	Act 15	
5076	16	14	11.10.1594	J. Esthofer	1 Sam 17	
5077	17	14	13.10.1594	J. Esthofer	Act 15	
5078	18	14–15	25.10.1594	J. Esthofer	1 Sam 18	
5079	19	15	27.10.1594	J. Esthofer	Act 15	
5080	20	15	28.10.1594	J. Esthofer	Act 15	
5081	21	16	1.11.1594	J. Esthofer	1 Sam 18	
5082	22	16	3.11.1594	J. Esthofer	Act 15	
5083	23	17	8.11.1594	J. Esthofer	1 Sam 18	
5084	24	17–18	10.11.1594	M. Hafenreffer	1 Cor 11	
5085	25	18	17.11.1594	J. Esthofer	Act 16	
5086	26	18–19	22.11.1594	B. Greiner	Phil 4	
5087	27	19	24.11.1594	M. Hafenreffer	Matth 25	
5088	28	20	30.11.1594	J. Esthofer	Act 15	
5089	29	20	1.12.1594	M. Hafenreffer	1 Cor 11	
5090	30	20	8.12.1594	J. Esthofer	Act 15	
5091	31	21	13.12.1594	J. Esthofer	1 Sam 18	
5092	32	21	15.12.1594	J. Esthofer	Act 15	
5093	33	22	21.12.1594	J. Esthofer	Act 16	
5094	34*	22–23	21.12.1594 hora 2ª·	J. Bürer	Orat. dom.	
5095	35	23	22.12.1594	M. Hafenreffer	1 Cor 11	
5096	36*	24	25.12.1594	M. Hafenreffer	Ioan 1	
5097	37	24–25	25.12.1594 vesperi	M. Beringer	Mich 5; Matth 2	
5098	38	25	26.12.1594	J. Esthofer	Hagg 2	
5099	39	25	27.12.1594	S. Magirus	Ioan 1	
5100	40	26	29.12.1594	J. Esthofer	Hagg 2	
5101	41*	26–27	1.1.1595	M. Hafenreffer	Luc 2	
5102	42	27	3.1.1595	J. Esthofer	1 Sam 18	

Lfd. Nr.	*Orig. Nr.*	*Seiten*	*Datum*	*Prediger*	*Predigttext*	*Drucke u. Hss.*
5103	43	27	5.1.1595	J. Esthofer	Act 16	
5104	44	28	6.1.1595	M. Hafenreffer	Eph 2	
5105	45	28	10.1.1595	J. Esthofer	1 Sam 18	
5106	46	29	12.1.1595	J. Esthofer	Act 16	
5107	47	29	19.1.1595	M. Hafenreffer	1 Cor 11	
5108	48*	30	24.1.1595	J. Esthofer	1 Sam 18	
5109	49*	30–31	26.1.1595	J. Esthofer	Act 16	
5110	50	31	31.1.1595	J. Esthofer	1 Sam 19	
5111	51*	32	2.2.1595	J. Esthofer	Act 16	
5112	52*	32–33	4.2.1595 post horam 2.	J. Esthofer	Ps 119†	
5113	53	33	7.2.1595	J. Esthofer	1 Sam 19	
5114	54*	34	9.2.1595	J. Esthofer	Act 16	
5115	55*	34	14.2.1595	J. Esthofer	1 Sam 19	
5116	56	34–36	16.2.1595	M. Hafenreffer	1 Cor 11	
5117	57*	36	16.2.1595 vesperi	B. Greiner	Decal.	
5118	58*	37	20.2.1595	J. G. Sigwart	Ion 1	
5119	59*	37–38	23.2.1595	J. G. Sigwart	Luc 8	
5120	60*	38–39	23.2.1595 vesperi	T. Lothar	Luc 4	
5121	61	39–41	24.2.1595	J. G. Sigwart	Matth 11	
5122	62	41–42	24.2.1595 vesperi	J. H. Wieland	Matth 21	
5123	63*	42–44	27.2.1595	J. G. Sigwart	Ion 1	
5124	64*	44–45	2.3.1595	M. Hafenreffer	Luc 18	
5125	65*	46	2.3.1595 vesperi	J. G. Sigwart	1 Sam 2	
5126	66*	46–47	6.3.1595	J. G. Sigwart	Ion 1	
5127	67*	48–49	9.3.1595	J. G. Sigwart	Matth 4	
5128	68	49–50	9.3.1595 vesperi	M. Hafenreffer	2 Cor 6	
5129	69	50–51	13.3.1595	J. G. Sigwart	Ion 2	
5130	70*	52–53	16.3.1595	M. Hafenreffer	Matth 15	
5131	71*	53–54	20.3.1595	J. G. Sigwart	Ion 2	
5132	72	55–56	23.3.1595	J. G. Sigwart	Luc 11	
5133	73	57–58	25.3.1595	St. Gerlach	Ies 7	
5134	74	59–60	27.3.1595	J. G. Sigwart	Ion 2	
5135	75	60–61	30.3.1595	M. Hafenreffer	Ioan 6	
5136	76	62	3.4.1595	J. G. Sigwart	Ion 2	
5137	77*	63–65	6.4.1595	J. G. Sigwart	Ioan 8	
5138	78	65–66	6.4.1595 vesperi	M. Hafenreffer	Hebr 9	
5139	79*	66–68	10.4.1595	J. G. Sigwart	Ion 3	
5140	80*	68	13.4.1595 mane 6^{a}	J. G. Sigwart	Ioan 18	
5141	81	69	13.4.1595 mox post horam $8^{am.}$	M. Hafenreffer	1 Cor 11	
5142	82*	69	13.4.1595 vesperi	T. Lothar	Ioan 19	
5143	83	70–71	17.4.1595 ⟨Gründ.⟩	J. G. Sigwart	Ioan 18	
5144	84	72–73	17.4.1595 vesperi ⟨Gründ.⟩	M. Hafenreffer	Ioan 18	
5145	85	73–76	18.4.1595 ⟨Karfr.⟩	M. Hafenreffer	Ioan 18.19	
5146	86	76–78	18.4.1595 vesperi ⟨Karfr.⟩	J. G. Sigwart	Ioan 19	
5147	87	78–79	19.4.1595	T. Lothar[14]	Ioan 19	
5148	88	79–81	20.4.1595 ⟨Osters.⟩	J. G. Sigwart	Marc 16	
5149	89	82–83	20.4.1595 vesperi ⟨Osters.⟩	M. Hafenreffer	1 Cor 5	
5150	90	83–85	21.4.1595 ⟨Osterm.⟩	J. G. Sigwart	Luc 24	
5151	91	85–87	21.4.1595 vesperi ⟨Osterm.⟩	T. Lothar	Marc 16	

14 »vel Ioan. Henr. Wielandi«.

Lfd. Nr.	*Orig. Nr.*	*Seiten*	*Datum*	*Prediger*	*Predigttext*	*Drucke u. Hss.*
5152	92	87–89	24.4.1595	J. G. Sigwart	Ion 4	
5153	93	89–91	27.4.1595	M. Hafenreffer	Ioan 20	
5154	94	91–92	1.5.1595	J. G. Sigwart	Ioan 14	
5155	95*	93	2.5.1595	J. G. Sigwart	Rom 13	
5156	96*	93–95	4.5.1595	J. G. Sigwart	Ioan 10	
5157	97	96–97	4.5.1595 vesperi	M. Hafenreffer	1 Petr 2	
5158	98*	97	6.5.1595	T. Lothar	Luc 4	
5159	99	98–99	11.5.1595	M. Hafenreffer	Ioan 16	
5160	100	99–100	11.5.1595 vesperi	J. G. Sigwart	1 Sam 2	
5161	101	100–102	15.5.1595	J. G. Sigwart	Ion 4	
5162	102	102–103	18.5.1595	J. G. Sigwart	Ioan 16	
5163	103	104–105	18.5.1595 vesperi	M. Hafenreffer	Iac 1	
5164	104*	105–107	22.5.1595	J. G. Sigwart	Rom 1	
5165	105	107–109	29.5.1595 ⟨Himmelf.⟩	St. Gerlach	Marc 16	
5166	106	109–110	29.5.1595 vesperi ⟨Himmelf.⟩	J. G. Sigwart	Matth 18	
5167	107	111–113	1.6.1595	J. G. Sigwart	Ioan 15.16	
5168	108	113.115.117	1.6.1595 vesperi	M. Hafenreffer	1 Petr 4	
5169	109	117–120	5.6.1595	J. G. Sigwart	Rom 1	
5170	110	120–121.123.125	8.6.1595 ⟨Pfingsts.⟩	St. Gerlach	Act 2	
5171	111	125–126	8.6.1595 vesperi ⟨Pfingsts.⟩	J. G. Sigwart	1 Cor 3	
5172	112	126–129	9.6.1595 ⟨Pfingstm.⟩	J. G. Sigwart	Ioan 3	
5173	113	129–130	9.6.1595 vesperi ⟨Pfingstm.⟩	J. H. Wieland	Eph 4	
5174	114	130–132	12.6.1595	J. G. Sigwart	Rom 1	
5175	115*	132–135	15.6.1595	M. Hafenreffer	Ioan 3	
5176	116	135–137	15.6.1595 vesperi	J. G. Sigwart	1 Sam 3	
5177	117	137–140	19.6.1595	J. G. Sigwart	Rom 1	
5178	118	140–142	22.6.1595	J. Heerbrand	Luc 16	
5179	119	142–143	22.6.1595 vesperi	J. G. Sigwart	1 Sam 3	
5180	120	144–146	24.6.1595	St. Gerlach	Luc 1	
5181	121	146–147	24.6.1595 vesperi	M. Hafenreffer	Matth 3	
5182	122	147–149	26.6.1595	M. Hafenreffer	Ies 40	
5183	123	149–151	29.6.1595	J. Heerbrand	Luc 14	
5184	124	151–153	29.6.1595 vesperi	M. Hafenreffer	Matth 16	
5185	125	153–154	3.7.1595	J. G. Sigwart	Rom 1	
5186	126	155–157	6.7.1595	J. G. Sigwart	1 Sam 3	
5187	127	157–158	10.7.1595	M. Hafenreffer	1 Petr 5	
5188	128	159–160	13.7.1595	J. Heerbrand	Luc 6	
5189	129	161–162	17.7.1595	M. Hafenreffer	Ies 1	
5190	130	162–163	20.7.1595	J. Heerbrand	Luc 5	
5191	131	164–165	20.7.1595 vesperi	M. Hafenreffer	1 Petr 3	
5192	132	165–167	25.7.1595	St. Gerlach	Matth 20	
5193	133	167–169	25.7.1595 vesperi	M. Hafenreffer	Act 12	
5194	134	169–170	27.7.1595	J. Heerbrand	Matth 5	
5195	135	170–172	27.7.1595 vesperi	M. Hafenreffer	Rom 6	
5196	136	172–173	31.7.1595	M. Hafenreffer	Ps 126	
5197	137	174–175	3.8.1595	J. G. Sigwart	1 Sam 4	
5198	138	175–177	7.8.1595	J. G. Sigwart	Rom 1	
5199	139	177–179	10.8.1595	M. Hafenreffer	Matth 7	
5200	140	180–182	10.8.1595 vesperi	J. G. Sigwart	1 Sam 4	
5201	141	182–184	14.8.1595	J. G. Sigwart	Rom 1	
5202	142*	184–186	17.8.1595	J. G. Sigwart	Luc 16	
5203	143	186–188	17.8.1595 vesperi	M. Hafenreffer	1 Cor 10	

Lfd. Nr.	*Orig. Nr.*	*Seiten*	*Datum*		*Prediger*	*Predigttext*	*Drucke u. Hss.*
5204	144	188–189	21.8.1595		J. G. Sigwart	Rom 1	
5205	145	190–192	24.8.1595		M. Hafenreffer	Luc 19	
5206	146	192–194	24.8.1595	vesperi	J. G. Sigwart	1 Sam 4	
5207	147	194–196	28.8.1595		J. G. Sigwart	Rom 1	
5208	148*	197	31.8.1595		M. Hafenreffer	1 Cor 15	
5209	149	197–199	4.9.1595		J. G. Sigwart	Rom 1	
5210	150	199–201	7.9.1595		M. Hafenreffer	Marc 7	
5211	151	202–204	7.9.1595	vesperi	J. G. Sigwart	1 Sam 5	
5212	152	204–205	11.9.1595		J. G. Sigwart	Rom 1	
5213	153	206	14.9.1595	vesperi	M. Hafenreffer	Gal 3	
5214	154*	207–208	18.9.1595		J. G. Sigwart	Rom 2	
5215	155*	209–210	21.9.1595		J. Heerbrand	Matth 9	
5216	156	210–211	21.9.1595	vesperi	J. G. Sigwart	1 Sam 5	
5217	157	211–213	25.9.1595		J. G. Sigwart	Rom 2	
5218	158	213–215	28.9.1595		J. G. Sigwart	Matth 6	
5219	159	215	28.9.1595	vesperi	M. Hafenreffer	Engel	
5220	160	216–217	2.10.1595		J. G. Sigwart	Rom 2	
5221	161*	217–219	5.10.1595		M. Hafenreffer	Luc 7	
5222	162	219	5.10.1595	vesperi	J. G. Sigwart	1 Sam 6	
5223	163*	220–222	9.10.1595		J. G. Sigwart	Rom 2	
5224	164	222–224	12.10.1595		J. G. Sigwart	Luc 14	
5225	165	224–225	16.10.1595		J. G. Sigwart	Rom 2	
5226	166*	226–228	19.10.1595		J. G. Sigwart	Matth 22	
5227	167	228–230	26.10.1595		M. Hafenreffer	Matth 9	
5228	168	230–232	26.10.1595	vesperi	J. G. Sigwart	1 Sam ⟨6⟩	
5229	169	232–233	28.10.1595		St. Gerlach	Ioan 15	
5230	170	233–235	28.10.1595	vesperi	J. G. Sigwart	1 Sam 6	
5231	171	235–237	30.10.1595		J. G. Sigwart	Rom 3	
5232	172	238–239	2.11.1595		J. G. Sigwart	Matth 22	
5233	173	239–241	2.11.1595	vesperi	M. Hafenreffer	Eph 5	
5234	174	241–243	6.11.1595		J. G. Sigwart	Rom 3	
5235	175*	243–245	9.11.1595		M. Hafenreffer	Ioan 4	
5236	176*	245	9.11.1595	vesperi	J. G. Sigwart	1 Sam 7	
5237	177	245–246	13.11.1595		J. G. Sigwart	Rom 3	
5238	178	247–248	16.11.1595		J. G. Sigwart	Matth 18	
5239	179*	248–249	16.11.1595	vesperi	M. Hafenreffer	Phil 1	
5240	180	249–250	23.11.1595		M. Hafenreffer	Matth 22	
5241	181*	250	23.11.1595	vesperi	J. G. Sigwart	1 Sam 7†	
5242	182	251–253	27.11.1595		J. G. Sigwart	Rom 3	
5243	183	253–255	30.11.1595		J. G. Sigwart	Matth 21	
5244	184	255	30.11.1595	vesperi	T. Lothar	Matth 4	
5245	185	256–258	4.12.1595		J. G. Sigwart	Rom 3	
5246	186	258–259	7.12.1595		M. Hafenreffer	Luc 21	
5247	187	260	7.12.1595	vesperi	J. G. Sigwart	1 Sam 7	
5248	188	260–262	11.12.1595		J. G. Sigwart	Rom 3	
5249	189	262	14.12.1595		M. Hafenreffer	Ies 35	
5250	190*	263	18.12.1595		J. G. Sigwart	Rom 3	
5251	191	263–265	21.12.1595		St. Gerlach	Ioan 1	
5252	192	265–267	25.12.1595		St. Gerlach	Luc 2	
5253	193	267–268	25.12.1595	vesperi	M. Hafenreffer	Gen 49	
5254	194	268–270	26.12.1595		J. G. Sigwart	Act 6.7	
5255	195	270	26.12.1595	vesperi	M. Hafenreffer	Mich 5	

Lfd. Nr.	*Orig. Nr.*	*Seiten*	*Datum*	*Prediger*	*Predigttext*	*Drucke u. Hss.*
5256	196	271–272	27.12.1595	J. G. Sigwart	Ioan 21	
5257	197	272–273	27.12.1595 vesperi	M. Hafenreffer	Ies 9	
5258	198*	273–275	28.12.1595	St. Gerlach	Luc 2	
5259	199	275	28.12.1595 vesperi	J. G. Sigwart	Matth 1	
5260	200*	275–278	1.1.1596	J. G. Sigwart	Luc 2	
5261	201*	278	1.1.1596 vesperi	M. Hafenreffer	Ps 67	
5262	202*	278–279	4.1.1596	M. Hafenreffer	Matth 3	
5263	203	279–280	4.1.1596 vesperi	J. G. Sigwart	Matth 2	
5264	204	280–282	6.1.1596	St. Gerlach	Matth 2	
5265	205	282–284	6.1.1596 vesperi	J. G. Sigwart	Matth 2	
5266	206	284–286	8.1.1596	J. G. Sigwart	Rom 4	
5267	207*	286–288	11.1.1596	J. G. Sigwart	Luc 2	
5268	208*	288–289	11.1.1596 vesperi	J. H. Wieland	Rom 12	
5269	209	290–291	15.1.1596	J. G. Sigwart	Rom 4	
5270	210*	292–294	18.1.1596	M. Hafenreffer	Ioan 2	
5271	211	294–295	18.1.1596 vesperi	J. G. Sigwart	1 Sam 7	
5272	212*	296–297	22.1.1596	J. G. Sigwart	Rom 4	
5273	213*	297–298	1.2.1596	M. Hafenreffer	Matth 8	
5274	214	298–299	1.2.1596 vesperi	J. G. Sigwart	1 Sam 7	
5275	215	299	2.2.1596 vesperi	J. G. Sigwart	1 Sam 8	
5276	216	300	5.2.1596	J. G. Sigwart	Rom 4	
5277	217*	300–301	8.2.1596 vesperi	M. Hafenreffer	1 Cor 9.10	
5278	218*	301	12.2.1596	J. G. Sigwart	Rom 4	
5279	219	302	15.2.1596	M. Hafenreffer	Luc 8	
5280	220	303	15.2.1596 vesperi	J. G. Sigwart	1 Sam 8	
5281	221*	303	19.2.1596	J. G. Sigwart	Rom 4	
5282	222*	304–305	22.2.1596	J. G. Sigwart	Luc 18	
5283	223	305	22.2.1596 vesperi	M. Hafenreffer	1 Cor 13	
5284	224	306	25.2.1596	St. Gerlach	Matth 11	
5285	225	306	25.2.1596 vesperi	M. Hafenreffer	1 Petr 4	
5286	226	307x	26.2.1596	J. G. Sigwart	Rom 4	
5287	227	307	29.2.1596	M. Hafenreffer	Matth 4	
5288	228	308	29.2.1596 vesperi	J. G. Sigwart	1 Sam 8	
5289	229	309	4.3.1596	J. G. Sigwart	Rom 4	
5290	230*	309	5.3.1596	S. Magirus	Ps 90†	
5291	231*	310	7.3.1596	J. G. Sigwart	Matth 15	
5292	232*	310–311	7.3.1596 vesperi	T. Lothar	Matth 5	
5293	233	312	11.3.1596	J. G. Sigwart	Rom 4	
5294	234*	313	14.3.1596	M. Hafenreffer	Luc 11	
5295	235	313–314	14.3.1596 vesperi	J. G. Sigwart	1 Sam 8	
5296	236	314–315	18.3.1596	J. G. Sigwart	Rom 5	
5297	237*	315–317	21.3.1596	J. G. Sigwart	Ioan 6	
5298	238*	317–318	21.3.1596 vesperi	M. Hafenreffer	Sir 7†	
5299	239	319–320	25.3.1596	St. Gerlach	Luc 1	
5300	240	320–322	25.3.1596 vesperi	J. G. Sigwart	1 Sam 8	
5301	241	322–324	28.3.1596	M. Hafenreffer	Ioan 8	
5302	242	324–326	28.3.1596 vesperi	J. G. Sigwart	1 Sam 8	
5303	243	326–328	1.4.1596	J. G. Sigwart	Rom 5	
5304	244*	328–331	4.4.1596	J. G. Sigwart	1 Cor 11	
5305	245	331	7.4.1596	S. Magirus	Ioan 3	
5306	246*	331–334	8.4.1596 ⟨Gründ.⟩	J. G. Sigwart	Ioan 18	
5307	247	334–336	8.4.1596 vesperi ⟨Gründ.⟩	M. Hafenreffer	Ioan 18	

Lfd. Nr.	*Orig. Nr.*	*Seiten*	*Datum*	*Prediger*	*Predigttext*	*Drucke u. Hss.*
5308	248	336–338	9.4.1596 ⟨Karfr.⟩	St. Gerlach	Ioan 19	
5309	249	338–341	9.4.1596 vesperi ⟨Karfr.⟩	M. Hafenreffer	Ioan 19	
5310	250	341–342	10.4.1596	J. H. Wieland	Ioan 19	
5311	251*	342–345	11.4.1596 ⟨Osters.⟩	M. Hafenreffer	Marc 16	
5312	252	345	11.4.1596 vesperi ⟨Osters.⟩	J. G. Sigwart	1 Cor 5	
5313	253*	346–348	12.4.1596 ⟨Osterm.⟩	St. Gerlach	Luc 24	
5314	254	348–350	12.4.1596 vesperi ⟨Osterm.⟩	J. G. Sigwart	Ioan 20	
5315	255	350–352	15.4.1596	J. G. Sigwart	Rom 5	
5316	256	352–355	18.4.1596	J. G. Sigwart	Ioan 20	
5317	257	355–356	18.4.1596 vesperi	M. Hafenreffer	1 Ioan 5	
5318	258	356–358	22.4.1596	J. G. Sigwart	Rom 5	
5319	259*	358–360	25.4.1596	M. Hafenreffer	Ioan 10	
5320	260*	360–362	25.4.1596 vesperi	J. G. Sigwart	1 Sam 10	
5321	261	362–364	29.4.1596	J. G. Sigwart	Rom 5	
5322	262	364–366	1.5.1596	St. Gerlach	Ioan 14	
5323	263	366–367	1.5.1596 vesperi	S. Magirus	Eph 3	
5324	264*	367–369	2.5.1596	J. G. Sigwart	Prov 20	
5325	265	369–371	2.5.1596 vesperi	M. Hafenreffer	1 Petr 2	
5326	266	371–372	6.5.1596	J. G. Sigwart	Rom 5	
5327	267	373–374	9.5.1596	M. Hafenreffer	Ioan 16	
5328	268*	375–376	9.5.1596 vesperi	J. G. Sigwart	1 Sam 9	
5329	269*	376–377	16.5.1596	J. G. Sigwart	Ioan 16	
5330	270*	377–378	20.5.1596 ⟨Himmelf.⟩	St. Gerlach	Marc 16	
5331	271	378	23.5.1596	M. Hafenreffer	Ioan 15.16	
5332	272*	379	27.5.1596	J. G. Sigwart	Rom 6	
5333	273	379	30.5.1596 ⟨Pfingsts.⟩	J. G. Sigwart	Act 2	
5334	274	380	31.5.1596 ⟨Pfingstm.⟩	St. Gerlach	Ioan 3	
5335	275*	380–381	3.6.1596	J. G. Sigwart	Rom 6	
5336	276*	381–382	6.6.1596	M. Hafenreffer	Num 6	
5337	277	383–384	6.6.1596 vesperi	J. G. Sigwart	1 Sam 9	
5338	278	384–386	10.6.1596	J. G. Sigwart	Rom 6	
5339	279	387–388	13.6.1596	J. G. Sigwart	Luc 16	
5340	280	389–390	13.6.1596 vesperi	M. Hafenreffer	1 Ioan 4	
5341	281	390–391	17.6.1596	M. Hafenreffer	Prov 30	
5342	282	392–393	20.6.1596	M. Hafenreffer	Luc 14	
5343	283*	394–395	20.6.1596 vesperi	J. G. Sigwart	1 Sam 9	
5344	284	396–398	24.6.1596	St. Gerlach	Ies 40	
5345	285*	398–400	27.6.1596	J. G. Sigwart	Luc 15	
5346	286	401–403	27.6.1596 vesperi	⟨?⟩	1 Petr 5	
5347	287	403–405	29.6.1596	M. Hafenreffer	Matth 16	
5348	288	405–407	29.6.1596 vesperi	M. Hafenreffer	Act 12	
5349	289	407–408	1.7.1596	J. G. Sigwart	Rom 6	
5350	290*	409–410	4.7.1596	M. Hafenreffer	Luc 6	
5351	291	411–413	4.7.1596 vesperi	J. G. Sigwart	1 Sam 10	
5352	292*	413–415	8.7.1596	M. Hafenreffer	Rom 8	
5353	293*	415–417	11.7.1596	J. G. Sigwart	Luc 5	
5354	294*	418	11.7.1596 vesperi	M. Hafenreffer	1 Petr 3	
5355	295	418–421	18.7.1596	M. Hafenreffer	Ps 147	
5356	296	421–423	18.7.1596 vesperi	J. G. Sigwart	1 Sam 10	
5357	297	423–425	22.7.1596	J. G. Sigwart	Rom 6	
5358	298*	426–428	25.7.1596	J. G. Sigwart	Marc 8	
5359	299*	428–430	25.7.1596 vesperi	M. Hafenreffer	Matth 20	

Lfd. Nr.	*Orig. Nr.*	*Seiten*	*Datum*	*Prediger*	*Predigttext*	*Drucke u. Hss.*
5360	300	430–432	29.7.1596	J. G. Sigwart	Rom 7	
5361	301*	432–434	1.8.1596	J. G. Sigwart	Matth 7	
5362	302	434–436	1.8.1596 vesperi	M. Hafenreffer	Rom 8	
5363	303	436–438	5.8.1596	J. G. Sigwart	Rom 7	
5364	304*	438–440	8.8.1596	M. Hafenreffer	Luc 16	
5365	305	440	8.8.1596 vesperi	J. G. Sigwart	1 Sam 10	
5366	306	441–443	12.8.1596	J. G. Sigwart	Rom 7	
5367	307	443–445	15.8.1596	J. G. Sigwart	Luc 19	
5368	308	445–447	15.8.1596 vesperi	M. Hafenreffer	1 Cor 12	
5369	309	447–449	19.8.1596	J. G. Sigwart	Rom 7	
5370	310	449–451	22.8.1596	M. Hafenreffer	Luc 18	
5371	311*	451–452	22.8.1596 vesperi	J. G. Sigwart	1 Sam 10	
5372	312	452–454	24.8.1596	St. Gerlach	Matth 20	
5373	313	454–455	24.8.1596 vesperi	J. G. Sigwart	1 Sam 10	
5374	314	456–458	26.8.1596	J. G. Sigwart	Rom 7	
5375	315	458–460	29.8.1596	J. G. Sigwart	Marc 7	
5376	316*	461–462	29.8.1596 vesperi	M. Hafenreffer	2 Cor 3	
5377	317	462–464	2.9.1596	J. G. Sigwart	Rom 7	
5378	318	464–467	5.9.1596	M. Hafenreffer	Luc 10	
5379	319	467–468	5.9.1596 vesperi	J. G. Sigwart	1 Sam 10	
5380	320*	468–471.474	6.9.1596	M. Hafenreffer	2 Sam 1†	
5381	421!	472–473	9.9.1596	J. G. Sigwart	Rom 8	
5382	322	474	12.9.1596	J. G. Sigwart	Luc 17	
5383	323	474–475	12.9.1596 vesperi	M. Hafenreffer	Gal 5	
5384	324	476–478	16.9.1596	J. G. Sigwart	Rom 8	
5385	325*	478–480	19.9.1596	M. Hafenreffer	Matth 6	
5386	326	480–482	19.9.1596 vesperi	J. G. Sigwart	1 Sam 11	
5387	327	482–484	21.9.1596 vesperi	J. G. Sigwart	1 Sam 11	
5388	328*	484–486	23.9.1596	J. G. Sigwart	Rom 8	
5389	329	486–488	26.9.1596	J. G. Sigwart	Luc 7	
5390	330	489–490	26.9.1596 vesperi	M. Hafenreffer	Eph 3	
5391	331	490	30.9.1596	J. G. Sigwart	Rom 8	
5392	332	491–492	3.10.1596	M. Hafenreffer	Luc 14	
5393	333*	492–494	3.10.1596 vesperi	J. H. Wieland	Matth 9†	
5394	334	494–496	7.10.1596	J. G. Sigwart	Rom 8	
5395	335	496–497	10.10.1596 vesperi	M. Hafenreffer	1 Cor 1	
5396	336	497–499	14.10.1596	J. G. Sigwart	Rom 8	
5397	337*	499–501	17.10.1596	M. Hafenreffer	Matth 9	
5398	338	501–503	17.10.1596 vesperi	J. G. Sigwart	1 Sam 11	
5399	339*	503–505	19.10.1596	J. G. Sigwart	Exod 22	
5400	340	505–507	21.10.1596	J. G. Sigwart	Rom 8	
5401	341*	507–508	24.10.1596	J. G. Sigwart	Matth 22	
5402	342	508–509	24.10.1596 vesperi	M. Hafenreffer	Eph 5	
5403	343*	509	28.10.1596 vesperi	J. G. Sigwart	1 Sam 11	
5404	344*	510	1.11.1596	J. H. Wieland	1 Sam 25†	
5405	345	511	4.11.1596	J. G. Sigwart	Rom 8	
5406	346	511–512	7.11.1596 vesperi	M. Hafenreffer	Phil 1	
5407	347	512	11.11.1596	J. G. Sigwart	Rom 8	
5408	348*	513	14.11.1596	M. Hafenreffer	Matth 22	
5409	349	513–514	14.11.1596 vesperi	J. G. Sigwart	1 Sam 11	
5410	350*	514–516	18.11.1596	J. G. Sigwart	Rom 8	
5411	351*	516–517	21.11.1596	J. G. Sigwart	Matth 9	

Lfd. Nr.	*Orig. Nr.*	*Seiten*	*Datum*	*Prediger*	*Predigttext*	*Drucke u. Hss.*
5412	352	517–519	25.11.1596	J. G. Sigwart	Rom 8	
5413	353*	519–521	28.11.1596	M. Hafenreffer	Matth 21	
5414	354	521	28.11.1596 vesperi	J. G. Sigwart	1 Sam 12	
5415	355	522–524	30.11.1596	St. Gerlach	Dan 9	
5416	356	524	30.11.1596 vesperi	J. G. Sigwart	1 Sam 12	
5417	357	525–526	2.12.1596	J. G. Sigwart	Rom 8	
5418	358	526	5.12.1596	J. G. Sigwart	Luc 21	
5419	359*	527	5.12.1596 vesperi	M. Hafenreffer	Num 24	
5420	360	527–530	9.12.1596	J. G. Sigwart	Rom 8	
5421	361*	530–532	12.12.1596	M. Hafenreffer	Matth 11	
5422	362*	532	12.12.1596 vesperi	J. G. Sigwart	1 Sam 12	
5423	363	532–535	16.12.1596	J. G. Sigwart	Rom 8	
5424	364*	535–537	19.12.1596	J. G. Sigwart	Ioan 3	
5425	365	537	19.12.1596 vesperi	M. Hafenreffer	Ies 40	
5426	366	538–540	21.12.1596	M. Hafenreffer	Ioan 20	
5427	367	540	21.12.1596 vesperi	J. H. Wieland	Hagg 2	
5428	368	541–542	23.12.1596	J. G. Sigwart	Rom 8	
5429	369*	543–545	25.12.1596	J. G. Sigwart	Luc 2	
5430	370	545	25.12.1596 vesperi	M. Hafenreffer	Mich 5	
5431	371	546–548	26.12.1596	St. Gerlach	Luc 2	
5432	372	548	26.12.1596 vesperi	M. Hafenreffer	Hebr 11	
5433	373	549–550	27.12.1596	M. Hafenreffer	Ioan 21	
5434	374*	551	27.12.1596 vesperi	J. G. Sigwart	Ioan 11†	
5435	375*	551	30.12.1596	J. G. Sigwart	2 Cor 8	
5436	376*	552–553	1.1.1597	St. Gerlach	Luc 2	
5437	377*	554–555	1.1.1597 vesperi	J. G. Sigwart	Ies 7	
5438	378	556–557	2.1.1597	M. Hafenreffer	Matth 2	
5439	379*	557–558	2.1.1597 vesperi	J. G. Sigwart	Matth 2; Iud 13	
5440	380*	559–560	6.1.1597	St. Gerlach	Matth 2	
5441	381*	560–561	6.1.1597 vesperi	M. Hafenreffer	EG 67 = Wack 3,67	
5442	382*	562–563	9.1.1597	M. Hafenreffer	Luc 2	
5443	383	563–566	12.1.1597	J. G. Sigwart	Rom 9	
5444	384*	566–568	16.1.1597	J. G. Sigwart	⟨Ioan 2⟩	
5445	385*	568–570	16.1.1597 vesperi	M. Hafenreffer	2 Tim 3	
5446	386	570–572	20.1.1597	J. G. Sigwart	Rom 9	
5447	387	572–574	23.1.1597	M. Hafenreffer	Matth 20	
5448	388	575–577	27.1.1597	J. G. Sigwart	Rom 9	
5449	389	578–579	30.1.1597	J. G. Sigwart	Luc 8	
5450	390	580–582	30.1.1597 vesperi	M. Hafenreffer	Gen 1.2	
5451	391*	582–584	3.2.1597	J. G. Sigwart	Rom 9	
5452	392*	584–585	6.2.1597	M. Hafenreffer	1 Reg 18	
5453	393	585–587	10.2.1597	J. G. Sigwart	Rom 9	
5454	394*	588	13.2.1597	J. G. Sigwart	Matth 4	
5455	395	589–590	13.2.1597 vesperi	M. Hafenreffer	Gen 3–5	
5456	396	590–592	17.2.1597	J. G. Sigwart	Rom 9	
5457	397	592–595	20.2.1597	J. G. Sigwart	Matth 15	
5458	398	595	20.2.1597 vesperi	J. H. Wieland	1 Thess 4	
5459	399	596–597	24.2.1597 vesperi	J. G. Sigwart	1 Sam 13	
5460	400*	598	27.2.1597	J. G. Sigwart	Luc 11	
5461	401*	598–599	3.3.1597	J. G. Sigwart	Rom 9	
5462	402	599–601	6.3.1597	M. Hafenreffer	Ioan 6	
5463	403	602–603	6.3.1597 vesperi	J. G. Sigwart	1 Sam 13	

Lfd. Nr.	*Orig. Nr.*	*Seiten*	*Datum*	*Prediger*	*Predigttext*	*Drucke u. Hss.*
5464	404	604–606	⟨13.3.⟩1597	J. G. Sigwart	Ioan 8	
5465	405	606	⟨13.3.⟩1597 vesperi	M. Hafenreffer	Gen 11–25	
5466	406*	607	19.3.1597 vesperi	J. H. Wieland	1 Ioan 1	
5467	407*	607–611[15]	20.3.1597 mane ante 7^am.	J. G. Sigwart	Ioan 18	
5468	408	611–612	20.3.1597 hora 9^a.	M. Hafenreffer	1 Cor 11	
5469	409*	612–614	20.3.1597 vesperi	S. Magirus	Ioan 19	
5470	410	614	23.3.1597	J. H. Wieland	Ioan 13	
5471	411	614–617	24.3.1597 ⟨Gründ.⟩	St. Gerlach	Ioan 18	
5472	412	617	24.3.1597 vesperi ⟨Gründ.⟩	M. Hafenreffer	Ioan 18	
5473	413	618–620	25.3.1597 ⟨Karfr.⟩	M. Hafenreffer	Ioan 18.19	
5474	414	620–622	25.3.1597 vesperi ⟨Karfr.⟩	J. G. Sigwart	Ioan 19	
5475	415	622–623	26.3.1597	J. H. Wieland	Ioan 19	
5476	416	624–626	27.3.1597 ⟨Osters.⟩	J. G. Sigwart	Marc 16	
5477	417	626–628	27.3.1597 vesperi ⟨Osters.⟩	M. Hafenreffer	EG 101 = Wack 3,15	
5478	418	628–629	28.3.1597 ⟨Osterm.⟩	St. Gerlach	Luc 24	
5479	419	630–632	28.3.1597 vesperi ⟨Osterm.⟩	J. G. Sigwart	1 Cor 15	
5480	420	632–634	3.4.1597	M. Hafenreffer	Ioan 20	
5481	421*	635–637	3.4.1597 vesperi	J. G. Sigwart	1 Sam 14	
5482	422	637–639	7.4.1597	J. G. Sigwart	Rom 10	
5483	423*	639–642	10.4.1597	J. G. Sigwart	Ioan 10	
5484	424	642–643	10.4.1597 vesperi	M. Hafenreffer	Gen 25	
5485	425	644–646	14.4.1597	J. G. Sigwart	Rom 10	
5486	426*	647–650	17.4.1597	M. Hafenreffer	Ioan 16	
5487	427*	650–651	17.4.1597 vesperi	J. G. Sigwart	1 Sam 14	
5488	428	652–653	21.4.1597	J. G. Sigwart	Rom 8	
5489	429*	653–656	24.4.1597	J. G. Sigwart	Ioan 16	
5490	430	656–658	28.4.1597	J. G. Sigwart	Rom 10	
5491	431*	658–661	1.5.1597	M. Hafenreffer	Ioan 16	
5492	432	661–663	1.5.1597 vesperi	J. G. Sigwart	1 Sam 14	
5493	433*	663	3.5.1597	M. Hafenreffer	Exod 7	
5494	435!	664–666	5.5.1597 ⟨Himmelf.⟩	St. Gerlach	Act 1	
5495	436	666–669	8.5.1597	J. G. Sigwart	Ioan 15.16	
5496	437*	669	8.5.1597 vesperi	M. Hafenreffer	Gen 37–50	
5497	438	670–672	12.5.1597	J. G. Sigwart	Rom 10	
5498	439	673–674	15.5.1597 ⟨Pfingsts.⟩	St. Gerlach	Act 2	
5499	440	674–676	15.5.1597 vesperi ⟨Pfingsts.⟩	J. G. Sigwart	Ioël 3; Zach 12	
5500	441	676–678	16.5.1597 ⟨Pfingstm.⟩	M. Hafenreffer	Ioan 3	
5501	442	679–681	16.5.1597 vesperi ⟨Pfingstm.⟩	J. G. Sigwart	EG 124 = Wack 3,29	
5502	443	681–683	19.5.1597	M. Hafenreffer	Ps 51	
5503	444*	683–686	22.5.1597	M. Hafenreffer	2 Cor 13	
5504	445*	686–688	22.5.1597 vesperi	J. H. Wieland	Eph 4	
5505	446*	688–690	29.5.1597	M. Hafenreffer	Luc 16	
5506	467!	691–693	2.6.1597	J. G. Sigwart	Rom 10	
5507	468	693–695	5.6.1597	J. G. Sigwart	Luc 14	
5508	469	695–697	5.6.1597 vesperi	M. Hafenreffer	Gen 1	
5509	470	697–700	9.6.1597	J. G. Sigwart	Rom 11	
5510	471	700–702	12.6.1597	J. G. Sigwart	Luc 15	
5511	472	702–704	12.6.1597 vesperi	M. Hafenreffer	Gen 1	
5512	473*	704–706	16.6.1597	J. G. Sigwart	Rom 11	

15 Seite 608 f. drei Bibelverse, griech.

Lfd. Nr.	*Orig. Nr.*	*Seiten*	*Datum*	*Prediger*	*Predigttext*	*Drucke u. Hss.*
5513	474	706–709	19.6.1597	St. Gerlach	Luc 6	
5514	475	709–710	19.6.1597 vesperi	J. G. Sigwart	1 Sam 14	
5515	476	711–713	24.6.1597	J. G. Sigwart	Luc 1	
5516	477	713–715	26.6.1597	J. G. Sigwart	Luc 5	
5517	478*	715–717	26.6.1597 vesperi	J. H. Wieland	Sir 41†	
5518	479	717–719	3.7.1597	J. G. Sigwart	Matth 5	
5519	480	720–722	3.7.1597 vesperi	J. H. Wieland	Rom 6	
5520	481	722–724	7.7.1597	J. G. Sigwart	Rom 11	
5521	482	725–726	10.7.1597	M. Hafenreffer	Marc 8	
5522	483	727	10.7.1597 vesperi	J. G. Sigwart	1 Sam 14	
5523	484	727–729	14.7.1597	J. G. Sigwart	Rom 11	
5524	485*	729–731	17.7.1597 vesperi	J. G. Sigwart	1 Sam 14	
5525	486	731–733	21.7.1597	J. G. Sigwart	Rom 11	
5526	487*	734–736	24.7.1597	J. G. Sigwart	Luc 16	
5527	488	736–738	24.7.1597 vesperi	M. Hafenreffer	Gen 1	
5528	489	738–741	25.7.1597	St. Gerlach	Matth 20	
5529	490	741–743	25.7.1597 vesperi	J. G. Sigwart	1 Sam 14	
5530	491	743–746	28.7.1597	J. G. Sigwart	Rom 11	
5531	492	746–748	31.7.1597	M. Hafenreffer	Luc 19	
5532	493	748–750	31.7.1597 vesperi	J. G. Sigwart	1 Sam 15	
5533	494	750–753	4.8.1597	J. G. Sigwart	Rom 11	
5534	495	753–756	7.8.1597	J. G. Sigwart	Luc 18	
5535	496	756–758	7.8.1597 vesperi	M. Hafenreffer	Gen 1	
5536	497*	758–761	11.8.1597	J. G. Sigwart	Rom 11	
5537	498	761–764	14.8.1597	M. Hafenreffer	Marc 7	
5538	499	764–766	14.8.1597 vesperi	J. G. Sigwart	1 Sam 15	
5539	500	766–769	18.8.1597	J. G. Sigwart	Rom 12	
5540	501	769–772	21.8.1597	J. G. Sigwart	Ier 7	
5541	502	772–774	21.8.1597 vesperi	M. Hafenreffer	Gen 1	
5542	503	774–775	24.8.1597 vesperi	J. H. Wieland	Luc 10	
5543	504*	776–777	25.8.1597	S. Magirus	Ies 40†	
5544	505	777–780	28.8.1597	M. Hafenreffer	Luc 17	
5545	506	780–782	28.8.1597 vesperi	J. G. Sigwart	1 Sam 15	
5546	507*	782–786	30.8.1597	J. G. Sigwart	Ps 138; Ps	Ed43, 50

(p. 786) Τῷ κυρίῳ δόξα. M. Martinus Crusius, Tybing. Acad. Profeßor.

Mb 19–18

(f. I) Conciones A. 1597/8/9. 387. In Evangelia Dominicalia, Genesin, librum 1. Samuelis.
(f. IV) Summae concionum Tybingensium Theologorum: à me M. Martino Crusio, sic Tybingae in Templo SS. Georgij et Martini, inter Professores Acad. sedendo, exceptae, ἐπὶ τῶν γονάτων μου σὺν Θεῷ. 1597 in autumno inceptae.
Ἐτέχθην δὲ 19. Septemb. 1526. Das walt Gott.

Lfd. Nr.	*Orig. Nr.*	*Seiten*	*Datum*	*Prediger*	*Predigttext*	*Drucke u. Hss.*
5547	1	1–3	1.9.1597	J. G. Sigwart	Rom 12	
5548	2	3–6	4.9.1597	J. G. Sigwart	Matth 4	
5549	3	6–8	4.9.1597 vesperi	M. Hafenreffer	Gen 1	
5550	4*	9–10	7.9.1597	J. H. Wieland	Gen 35†	

Lfd. Nr.	*Orig. Nr.*	*Seiten*	*Datum*	*Prediger*	*Predigttext*	*Drucke u. Hss.*
5551	5	11–14	8.9.1597	J. G. Sigwart	Rom 12	
5552	6*	14–15	10.9.1597	J. H. Wieland	Luc 2†	
5553	7*	16–19	11.9.1597	M. Hafenreffer	Gen 23†	
5554	8	20–23	15.9.1597	J. G. Sigwart	Rom 12	
5555	9	23–25	18.9.1597	J. G. Sigwart	Luc 14	
5556	10*	26–28	21.9.1597	St. Gerlach	⟨Matth 9⟩	
5557	11	28–30	21.9.1597 vesperi	J. G. Sigwart	1 Sam 15	
5558	12	31–33	22.9.1597	J. G. Sigwart	Rom 12	
5559	13*	33–36	25.9.1597	M. Hafenreffer	Matth 22	
5560	14	36–38	25.9.1597 vesperi	J. H. Wieland	1 Cor 1	
5561	15	38–40	29.9.1597	M. Hafenreffer	Dan 10	
5562	16*	41–43	2.10.1597	J. G. Sigwart	Matth 9	
5563	17*	43.46	2.10.1597 vesperi	M. Hafenreffer	Gen 2	
5564	18	44–45	6.10.1597	J. G. Sigwart	Rom 12	
5565	19	47–49	9.10.1597	M. Hafenreffer	Matth 22	
5566	20*	49–52	9.10.1597 vesperi	J. G. Sigwart	1 Sam 15	
5567	21	52–55	13.10.1597	J. G. Sigwart	Rom 12	
5568	22	55–57	16.10.1597	J. G. Sigwart	Ioan 4	
5569	23*	58–60	16.10.1597 vesperi	M. Hafenreffer	Gen 2	
5570	24*	60	20.10.1597	J. G. Sigwart	Matth 5	
5571	25*	61	23.10.1597	M. Hafenreffer	Matth 18	
5572	26*	62–63	25.10.1597	J. H. Wieland	Ps 73†	
5573	27	64	28.10.1597	St. Gerlach	Ioan 17	
5574	28*	65	28.10.1597 vesperi	J. H. Wieland	Rom 8†	
5575	29*	65–67	30.10.1597	M. Hafenreffer	Matth 22	
5576	30	68	30.10.1597 vesperi	S. Magirus	Phil 3	
5577	31*	68–69	1.11.1597	J. H. Wieland	Ps 119†	
5578	32*	70–73	2.11.1597 hora media 3.	M. Hafenreffer	Ps 119†	
5579	33	73–75	3.11.1597	M. Hafenreffer	Matth 5	Ed44, 1–16
5580	34*	75–76	6.11.1597 vesperi	M. Hafenreffer	Gen 2†	
5581	35	77–78	10.11.1597	M. Hafenreffer	1 Petr 2	Ed44, 17–32
5582	36	79–80	13.11.1597	M. Hafenreffer	Matth 24	
5583	37*	81	15.11.1597	J. H. Wieland	Matth 10†	
5584	38	81–83	17.11.1597	M. Hafenreffer	Luc 7	Ed44, 33–52
5585	39	84–85	20.11.1597	M. Hafenreffer	Matth 25	
5586	40	86	24.11.1597	M. Hafenreffer	Gen 49	
5587	41*	87–88	27.11.1597	J. G. Sigwart	Matth 21	
5588	42	89	27.11.1597 vesperi	M. Hafenreffer	Gen 2	
5589	43*	90	30.11.1597	St. Gerlach	Matth 4	
5590	44	91–92	30.11.1597 vesperi	J. G. Sigwart	1 Sam 15	
5591	45*	93–94	4.12.1597	M. Hafenreffer	Luc 21	
5592	46*	95	11.12.1597	J. G. Sigwart	Matth 11	
5593	47	96	11.12.1597 vesperi	M. Hafenreffer	Gen 2	
5594	48*	97	15.12.1597	J. G. Sigwart	Rom 12	
5595	49*	98	15.12.1597 vesperi	J. G. Sigwart	Ps 42†	
5596	50	99–101	18.12.1597	M. Hafenreffer	Ioan 1	
5597	51	101	18.12.1597 vesperi	J. G. Sigwart	1 Sam 15	
5598	52	102–103	21.12.1597	St. Gerlach	Ioan 20	
5599	53	104	24.12.1597	J. H. Wieland	Gal 4	
5600	54*	105–107	25.12.1597	J. G. Sigwart	Luc 2	
5601	55	108	25.12.1597 vesperi	M. Hafenreffer	Luc 2	
5602	56	108–110	26.12.1597	J. G. Sigwart	Matth ⟨24⟩	

Lfd. Nr.	*Orig. Nr.*	*Seiten*	*Datum*	*Prediger*	*Predigttext*	*Drucke u. Hss.*
5603	57	111	26.12.1597 vesperi	M. Hafenreffer	Act 6.7	
5604	58	112–114	27.12.1597	M. Hafenreffer	Ioan 21	
5605	59	114–115	27.12.1597 vesperi	J. G. Sigwart	Luc 2	
5606	60	115–118	29.12.1597	J. G. Sigwart	Hebr 2	
5607	61*	118–120	1.1.1598	M. Hafenreffer	Luc 24	
5608	62*	120	6.1.1598 vesperi	M. Hafenreffer	Ps 67	
5609	63*	121	8.1.1598 vesperi	M. Hafenreffer	Gen 2	Or 1601 II (A)
5610	64	122	12.1.1598	J. G. Sigwart	Rom 12	
5611	65	123–125	15.1.1598	M. Hafenreffer	Ioan 2	
5612	66	125–126	19.1.1598	J. G. Sigwart	Rom 12	
5613	67	127–129	22.1.1598	J. G. Sigwart	Matth 8	
5614	68	129–131	22.1.1598 vesperi	M. Hafenreffer	Gen 2	Or 1601 II (A)
5615	69	131–133	29.1.1598	M. Hafenreffer	Matth 8	
5616	70	133	29.1.1598 vesperi	J. G. Sigwart	1 Sam 15	
5617	71	134–136	2.2.1598	St. Gerlach	Luc 2	
5618	72	137–139	2.2.1598 vesperi	J. G. Sigwart	1 Sam 15	
5619	73	139–141	5.2.1598	J. G. Sigwart	Matth 13	
5620	74	141–143	5.2.1598 vesperi	M. Hafenreffer	Gen 2	
5621	75	143–146	12.2.1598	J. G. Sigwart	Matth 20	
5622	76	146–149	12.2.1598 vesperi	M. Hafenreffer	Gen 3	
5623	78!	149	16.2.1598	J. G. Sigwart	Rom 13	
5624	79	150–152	24.2.1598	M. Hafenreffer	Matth 11	
5625	80	152–155	26.2.1598	J. G. Sigwart	Luc 18	
5626	81	155–157	26.2.1598 vesperi	M. Hafenreffer	Gen 3	
5627	82	157	2.3.1598	J. G. Sigwart	Rom 13	
5628	83	158–159	5.3.1598	M. Hafenreffer	Matth 4	
5629	84*	160	5.3.1598 vesperi	J. G. Sigwart	1 Sam 16	
5630	85	160–162	12.3.1598	J. G. Sigwart	Matth 15	
5631	86	163–164	12.3.1598 vesperi	M. Hafenreffer	Gen 3	
5632	87	165–166	16.3.1598	J. G. Sigwart	Rom 13	
5633	88*	167–169	19.3.1598	M. Hafenreffer	Luc 11	
5634	89	169–171	19.3.1598 vesperi	J. G. Sigwart	1 Sam 16	
5635	90	171–173	23.3.1598	J. G. Sigwart	Rom 13	
5636	91	173–175	25.3.1598	St. Gerlach	Luc 1	
5637	92	175–176	25.3.1598 vesperi	J. G. Sigwart	1 Sam 16	
5638	93	177–179	26.3.1598	J. G. Sigwart	Ioan 6	
5639	94	179–181	26.3.1598 vesperi	M. Hafenreffer	Gen 3	
5640	95*	181	2.4.1598	M. Hafenreffer	Ioan 8	
5641	96	182–183	2.4.1598 vesperi	J. G. Sigwart	1 Sam 16	
5642	97	184–185	6.4.1598	J. G. Sigwart	Rom 13	
5643	98	186	8.4.1598	S. Magirus	Gal 2	
5644	99	186–187	9.4.1598 mane post horam 6. usque ad mediam 8$^{am.}$	M. Hafenreffer	Matth 26.27; Marc 14.15; Luc 22.23; Ioan 18	
5645	100*	187–188	9.4.1598 post horam 8.	J. G. Sigwart	1 Cor 11	
5646	101	188–189	9.4.1598 hora 12. usque ad 1$^{am.}$	J. H. Wieland	Ioan 18.19	
5647	102*	189–190	9.4.1598 vesperi	S. Magirus	Ioan 19	
5648	103*	190–192	13.4.1598 ⟨Gründ.⟩	St. Gerlach	Ioan 18.19	
5649	104*	192–194	13.4.1598 vesperi ⟨Gründ.⟩	M. Hafenreffer	Ioan 18	
5650	105	194–197	14.4.1598 ⟨Karfr.⟩	J. G. Sigwart	Ioan 19	
5651	106	198–200	14.4.1598 vesperi ⟨Karfr.⟩	M. Hafenreffer	Ioan 19	
5652	107	200–203	16.4.1598 ⟨Osters.⟩	St. Gerlach	Marc 16	
5653	108	203–205	16.4.1598 vesperi ⟨Osters.⟩	J. G. Sigwart	Ps 118	

Lfd. Nr.	*Orig. Nr.*	*Seiten*	*Datum*	*Prediger*	*Predigttext*	*Drucke u. Hss.*
5654	109	205–207	17.4.1598 ⟨Osterm.⟩	M. Hafenreffer	Luc 24	
5655	110	208–210	17.4.1598 vesperi ⟨Osterm.⟩	J. G. Sigwart	Rom 6	
5656	111	210–211	20.4.1598	J. G. Sigwart	Rom 13	
5657	112	212–215	23.4.1598	J. G. Sigwart	Ioan 20	
5658	113*	215–217	23.4.1598 vesperi	M. Hafenreffer	Gen 3†	
5659	114	217–219	27.4.1598	J. G. Sigwart	Rom 14	
5660	115*	220–222	30.4.1598	St. Gerlach	Ioan 10	
5661	116	222–224	30.4.1598 vesperi	J. G. Sigwart	1 Sam 16	
5662	117	224–227	1.5.1598 vesperi	J. G. Sigwart	1 Sam 16	
5663	118*	227–228	2.5.1598	S. Magirus	Luc 7	
5664	119	229–231	4.5.1598	J. G. Sigwart	Rom 14	
5665	120*	231	28.5.1598	M. Hafenreffer	Ioan 15.16	
5666	121	232	28.5.1598 vesperi	J. G. Sigwart	1 Sam 17	
5667	122	233–234	1.6.1598	J. G. Sigwart	Rom 14	
5668	123	234–237	4.6.1598 ⟨Pfingsts.⟩	St. Gerlach	Act 2	
5669	124	237–239	4.6.1598 vesperi ⟨Pfingsts.⟩	M. Hafenreffer	Exod 19	
5670	125	239–241	5.6.1598 ⟨Pfingstm.⟩	M. Hafenreffer	Ioan 3	
5671	126	242–244	5.6.1598 vesperi ⟨Pfingstm.⟩	J. G. Sigwart	Gal 6	
5672	127	244–246	8.6.1598	J. G. Sigwart	Rom 15	
5673	128	246–249	11.6.1598	J. G. Sigwart	Ioan 3	
5674	129*	249–251	11.6.1598 vesperi	M. Hafenreffer	Gen 3	Or 1601 II (A)
5675	130	251–254	15.6.1598	M. Hafenreffer	1 Cor 11	
5676	131	254–256	18.6.1598	M. Hafenreffer	Luc 16	
5677	132	257–258	18.6.1598 vesperi	S. Magirus	1 Ioan 4	
5678	133	258–260	22.6.1598	M. Hafenreffer	Lev 26	
5679	134	260–262	24.6.1598	St. Gerlach	Luc 1	
5680	135	263–264	24.6.1598 vesperi	M. Hafenreffer	Gen 4	
5681	136	264–266	25.6.1598	St. Gerlach	Luc 14	
5682	137	267–269	25.6.1598 vesperi	M. Hafenreffer	Gen 4	
5683	138	269–271	29.6.1598	St. Gerlach	Matth 16	
5684	139	271–273	29.6.1598 vesperi	M. Hafenreffer	Gen 4	
5685	140*	273–275	2.7.1598	M. Hafenreffer	Luc 15	
5686	141	276–279	9.7.1598	J. G. Sigwart	Luc 6	
5687	142	279–280	9.7.1598 vesperi	M. Hafenreffer	Gen 4	
5688	143	280–283	13.7.1598	J. G. Sigwart	Rom 14	
5689	144*	283–285	16.7.1598	St. Gerlach	Luc 5	
5690	145	286–287	16.7.1598 vesperi	J. G. Sigwart	1 Sam 17	
5691	146	287–289	20.7.1598	J. G. Sigwart	Rom 14	
5692	147*	290–291	23.7.1598	J. G. Sigwart	Matth 5	
5693	148	292–293	23.7.1598 vesperi	M. Hafenreffer	Gen 4	
5694	149	293–295	⟨25.7.⟩1598	St. Gerlach	Matth 20	
5695	150	296–297	⟨25.7.⟩1598 vesperi	J. G. Sigwart	1 Sam 17	
5696	151*	298–299	27.7.1598	J. G. Sigwart	Rom 14	
5697	152	300–301	30.7.1598	M. Hafenreffer	Marc 8	
5698	153	301–303	30.7.1598 vesperi	J. G. Sigwart	1 Sam 17	
5699	154	303–305	3.8.1598	J. G. Sigwart	Rom 15	
5700	155	305–306	6.8.1598 vesperi	M. Hafenreffer	Gen 4	
5701	156	306–308	13.8.1598	M. Hafenreffer	Luc 16	
5702	157	309–310	13.8.1598 vesperi	J. G. Sigwart	1 Sam 17	
5703	158	310–312	17.8.1598	J. G. Sigwart	Rom 15	
5704	159	313–315	20.8.1598	J. G. Sigwart	Luc 19	
5705	160*	315.318	20.8.1598 vesperi	M. Hafenreffer	Gen 4	

Lfd. Nr.	*Orig. Nr.*	*Seiten*	*Datum*	*Prediger*	*Predigttext*	*Drucke u. Hss.*
5706	161*	316–318	24.8.1598 vesperi	J. G. Sigwart	1 Sam 17	
5707	162	318–320	27.8.1598	M. Hafenreffer	Luc 18	
5708	163*	320–322	27.8.1598 vesperi	J. G. Sigwart	1 Sam 17	
5709	164	322–324	31.8.1598	J. G. Sigwart	Rom 15	
5710	165	325–327	3.9.1598	J. G. Sigwart	Marc 7	
5711	166	327–329	3.9.1598 vesperi	M. Hafenreffer	Gen 4	
5712	167	329–332	10.9.1598	M. Hafenreffer	Luc 10	
5713	168	332–334	10.9.1598 vesperi	J. G. Sigwart	1 Sam 17	
5714	169*	334–336	14.9.1598	J. G. Sigwart	Rom 15	
5715	170	336–339	17.9.1598	J. G. Sigwart	Luc 17	
5716	171*	339–341	17.9.1598 vesperi	M. Hafenreffer	Gen 4	
5717	172*	341–343	21.9.1598	St. Gerlach	Matth 9	
5718	173	344	21.9.1598 vesperi	J. G. Sigwart	1 Sam 18	
5719	174	345–346	24.9.1598 vesperi	J. G. Sigwart	1 Sam 18	
5720	175	346–348	28.9.1598	J. G. Sigwart	Rom 15	
5721	176	348–350	1.10.1598	J. G. Sigwart	Luc 7	
5722	177	351–353	1.10.1598 vesperi	M. Hafenreffer	Gen 5	
5723	178	353	5.10.1598	J. G. Sigwart	Rom 15	
5724	179*	354–355	8.10.1598 vesperi	J. G. Sigwart	1 Sam 18	
5725	180	355–356	12.10.1598	M. Hafenreffer	Eph 4	
5726	181	357	15.10.1598 vesperi	M. Hafenreffer	Gen 5	
5727	182*	358	18.10.1598	J. G. Sigwart	Sap 4†	Ed45
5728	182!	359	19.10.1598	J. G. Sigwart	Rom 16	
5729	183	359–361	22.10.1598	M. Hafenreffer	Matth 9	
5730	184	362–363	22.10.1598 vesperi	J. G. Sigwart	1 Sam 18	
5731	185	364–366	26.10.1598	J. G. Sigwart	Rom 16	
5732	186	366–368	28.10.1598	St. Gerlach	Ioan 15	
5733	187	368–369	28.10.1598 vesperi	J. G. Sigwart	1 Sam 18	
5734	188	370–372	29.10.1598	J. G. Sigwart	Matth 22	
5735	189	372–374	29.10.1598 vesperi	M. Hafenreffer	Gen 6	
5736	190	375–377	2.11.1598	J. G. Sigwart	Rom 16	
5737	191*	377–379	5.11.1598	M. Hafenreffer	Ioan 4	
5738	192	379–381	5.11.1598 vesperi	J. G. Sigwart	1 Sam 19	
5739	193	381–382	9.11.1598	J. G. Sigwart	Rom 16	
5740	194	383–384	12.11.1598	J. G. Sigwart	Matth 18	
5741	195*	385	12.11.1598 vesperi	M. Hafenreffer	Gen 6	
5742	196*	385–386	15.11.1598	J. H. Wieland	Ps 90†	
5743	197	387	19.11.1598 vesperi	J. G. Sigwart	1 Sam 19	
5744	198	388–391	23.11.1598	J. G. Sigwart	1 Cor 1	
5745	199	391–393	26.11.1598	J. G. Sigwart	Matth 9	
5746	200	393–395	26.11.1598 vesperi	M. Hafenreffer	Gen 6	
5747	201*	395–397	30.11.1598 vesperi	J. G. Sigwart	1 Sam 19	
5748	202*	397–398	2.12.1598 vesperi	J. H. Wieland	Ps 51†	
5749	203	399–400	3.12.1598	M. Hafenreffer	Matth 21	
5750	204	401	3.12.1598 vesperi	J. G. Sigwart	1 Sam 19	
5751	205	402–404	7.12.1598	J. G. Sigwart	1 Cor 1	
5752	206*	405–406	10.12.1598	J. G. Sigwart	Luc 21	
5753	207*	407	10.12.1598 vesperi	M. Hafenreffer	Gen 6	
5754	208	408	17.12.1598	M. Hafenreffer	Matth 11	
5755	209	409	17.12.1598 vesperi	J. G. Sigwart	1 Sam 19	
5756	210	410–412	21.12.1598	St. Gerlach	Ioan 20	
5757	211	412–416	21.12.1598 vesperi	J. G. Sigwart	1 Sam 19	

Lfd. Nr.	*Orig. Nr.*	*Seiten*	*Datum*	*Prediger*	*Predigttext*	*Drucke u. Hss.*
5758	212	416–419	24.12.1598	J. G. Sigwart	Ioan 1	
5759	213	419–421	24.12.1598 vesperi	J. H. Wieland	Matth 26; Marc 14; Luc 22; 1 Cor 11	
5760	214*	422–424	25.12.1598	St. Gerlach	Luc 2	
5761	215	424–426	25.12.1598 vesperi	M. Hafenreffer	Luc 2	
5762	216	427–429	26.12.1598	M. Hafenreffer	Act 6.7	
5763	217	430–432	26.12.1598 vesperi	J. G. Sigwart	Luc 2	
5764	218	432–436	27.12.1598	St. Gerlach	Ioan 1	
5765	219	436–438	27.12.1598 vesperi	J. G. Sigwart	1 Ioan 3	
5766	220*	439–440	31.12.1598	J. G. Sigwart	Luc 2	
5767	221*	441	31.12.1598 vesperi	J. H. Wieland	Matth 24; Marc 13; Luc 21	
5768	222	442–444	1.1.1599	St. Gerlach	Luc 2	
5769	223	444	1.1.1599 vesperi	J. G. Sigwart	Ps 85	
5770	224	445	4.1.1599	J. G. Sigwart	Ies 9	
5771	225	446–448	6.1.1599	St. Gerlach	Ies 60	
5772	226*	448–451	6.1.1599 vesperi	⟨?⟩	Matth 2	
5773	227	451–454	7.1.1599	J. G. Sigwart	Luc 2	
5774	228	454–455	7.1.1599 vesperi	S. Magirus	Rom 12	
5775	229	456	11.1.1599	J. G. Sigwart	1 Cor 1	
5776	230	456–458	14.1.1599 vesperi	S. Magirus	Ioan 2	
5777	231*	458–460	18.1.1599	J. G. Sigwart	1 Cor 1	
5778	232	461–463	21.1.1599	J. G. Sigwart	Matth 8	
5779	233	464–465	21.1.1599 vesperi	M. Hafenreffer	Gen 6	
5780	234	466–468	25.1.1599	J. G. Sigwart	1 Cor 1	
5781	235	468–470	2.2.1599	M. Hafenreffer	Luc 2	
5782	236	470–472	2.2.1599 vesperi	J. G. Sigwart	1 Sam 20	
5783	237	472–473	4.2.1599 vesperi	J. G. Sigwart	1 Sam 20	
5784	238	473–475	8.2.1599	J. G. Sigwart	1 Cor 1	
5785	239	475–478	11.2.1599	J. G. Sigwart	Luc 8	
5786	240	479–480	11.2.1599 vesperi	M. Hafenreffer	Gen 7	
5787	241*	481	15.2.1599	J. G. Sigwart	1 Cor 1	
5788	242	481–483	18.2.1599	M. Hafenreffer	Luc 18	
5789	243	483–485	18.2.1599 vesperi	J. G. Sigwart	1 Sam 20	
5790	244	485–487	22.2.1599	J. G. Sigwart	1 Cor 2	
5791	245	487–489	25.2.1599	J. G. Sigwart	Matth 4	
5792	246	489–490	25.2.1599 vesperi	M. Hafenreffer	Gen 8	
5793	247	491–493	1.3.1599	J. G. Sigwart	1 Cor 2	
5794	248*	493–496	4.3.1599	M. Hafenreffer	Matth 15	
5795	249	496–497	4.3.1599 vesperi	S. Magirus	1 Thess 4	
5796	250	498–500	8.3.1599	J. G. Sigwart	1 Cor 2	
5797	251*	500–503	11.3.1599	J. G. Sigwart	Luc 11	
5798	252*	503–504	11.3.1599 vesperi	M. Hafenreffer	Gen 8	
5799	253	505–507	15.3.1599	J. G. Sigwart	1 Cor 2	
5800	254	507–509	18.3.1599	M. Hafenreffer	Ioan 6	
5801	255	509–511	18.3.1599 vesperi	J. G. Sigwart	1 Sam 21	
5802	256	511–513	22.3.1599	J. G. Sigwart	1 Cor 3	
5803	257*	513–515	25.3.1599 vesperi	M. Hafenreffer	Gen 7	
5804	258	515–517	29.3.1599	J. G. Sigwart	1 Cor ⟨3⟩	
5805	259	517	1.4.1599 mane media H. 7.	J. G. Sigwart	Ioan 18.19	
5806	260	518–519	1.4.1599 hora media 9.	M. Hafenreffer	1 Cor 11	
5807	261*	520	1.4.1599 vesperi	S. Magirus	Ioan 19	
5808	262*	521–522	4.4.1599	J. H. Wieland	Tit 2	
5809	263	522–524	5.4.1599 ⟨Gründ.⟩	St. Gerlach	Ioan 18	

Lfd. Nr.	*Orig. Nr.*	*Seiten*	*Datum*	*Prediger*	*Predigttext*	*Drucke u. Hss.*
5810	264	524–526	5.4.1599 ⟨vesperi⟩ ⟨Gründ.⟩	J. G. Sigwart	Ioan 18	
5811	265	527–529	6.4.1599 ⟨Karfr.⟩	M. Hafenreffer	Ioan 18.19	
5812	266	529–533	6.4.1599 vesperi ⟨Karfr.⟩	J. G. Sigwart	Ioan 19	
5813	267	533–534	7.4.1599	J. H. Wieland	Ioan 19	
5814	268	535–537	8.4.1599 ⟨Osters.⟩	St. Gerlach	Marc 16	
5815	269	537–539	8.4.1599 vesperi ⟨Osters.⟩	M. Hafenreffer	1 Cor 5	
5816	270	539–542	9.4.1599 vesperi ⟨Osterm.⟩	J. G. Sigwart	Luc 24	
5817	271	542–545	12.4.1599	J. G. Sigwart	1 Cor 3	
5818	272	545–547	15.4.1599 vesperi	J. G. Sigwart	1 Sam 21	
5819	273	547–551	19.4.1599	J. G. Sigwart	1 Cor 3	
5820	274*	551–553	22.4.1599	J. G. Sigwart	Ioan 10	
5821	275	554–556	22.4.1599 vesperi	M. Hafenreffer	Gen 8	
5822	276	556–558	26.4.1599	J. G. Sigwart	1 Cor 3	
5823	277*	559–561	29.4.1599	J. G. Sigwart	Ioan 16	
5824	278	561–563	29.4.1599 vesperi	S. Magirus	2 Cor 4	
5825	279	563–566	1.5.1599	J. G. Sigwart	Ioan 14	
5826	280	566–568	1.5.1599 vesperi	S. Magirus	Eph 2	
5827	281*	568–570	2.5.1599	J. H. Wieland	Rom 13	
5828	282	570–571	3.5.1599	J. G. Sigwart	1 Cor 4	
5829	283*	571–573	4.5.1599	J. H. Wieland	Sir 38†	
5830	284*	573–575	6.5.1599	J. G. Sigwart	Ioan 16	
5831	285	575–576	6.5.1599 vesperi	S. Magirus	Iac 1	
5832	286*	576–578	10.5.1599	J. G. Sigwart	1 Cor 4	
5833	287*	579–582	13.5.1599	J. G. Sigwart	Ioan 16†	
5834	288	582–584	20.5.1599	J. G. Sigwart	Ioan 15.16	
5835	289	585–586	20.5.1599 vesperi	J. H. Wieland	1 Cor 11	
5836	290	587–589	24.5.1599	J. G. Sigwart	1 Cor 4	
5837	291	589–590	26.5.1599	S. Magirus	Ioan 7	
5838	292	591–593	27.5.1599 ⟨Pfingsts.⟩	St. Gerlach	Act 2	
5839	293	593–595	27.5.1599 vesperi ⟨Pfingsts.⟩	J. G. Sigwart	Act 2	
5840	294	595–598	28.5.1599 ⟨Pfingstm.⟩	J. G. Sigwart	Ioan 3	
5841	295	598–600	28.5.1599 vesperi ⟨Pfingstm.⟩	S. Magirus	Eph 4	
5842	396!	600–602	31.5.1599	J. G. Sigwart	1 Cor 4	
5843	297	603–605	3.6.1599	J. G. Sigwart	Ioan 3	
5844	298	605–607	3.6.1599 ⟨vesperi⟩	M. Hafenreffer	Gen 9	
5845	299	607–609	7.6.1599	J. G. Sigwart	Ioan 6	
5846	300	610–611	10.6.1599	J. G. Sigwart	Luc 16	
5847	301	612–613	10.6.1599 vesperi	M. Hafenreffer	Gen 9	
5848	302	614–616	14.6.1599	J. G. Sigwart	1 Cor 5	
5849	303	616–619	17.6.1599	M. Hafenreffer	Luc 14	
5850	304	619–621	17.6.1599 vesperi	J. G. Sigwart	1 Sam 22	
5851	305*	621–624	21.6.1599	J. G. Sigwart	1 Cor 5	
5852	306	625–626	24.6.1599 vesperi	S. Magirus	Luc 1	
5853	307*	626–629	29.6.1599	St. Gerlach	Matth 16	
5854	308*	629–630	29.6.1599 vesperi	M. Hafenreffer	Rom 12†	
5855	309	630–632	1.7.1599	M. Hafenreffer	Luc 6	
5856	310	632–634	1.7.1599 vesperi	⟨?⟩	Matth 7	
5857	311	634–636	8.7.1599	J. G. Sigwart	Luc 5	
5858	312	636–638	8.7.1599 vesperi	M. Hafenreffer	Gen 9	
5859	313*	639–640	10.7.1599	S. Magirus	Rom 8†	
5860	314	641–642	12.7.1599	J. G. Sigwart	1 Cor 5	
5861	315	643–645	15.7.1599	M. Hafenreffer	Matth 5	

Lfd. Nr.	*Orig. Nr.*	*Seiten*	*Datum*	*Prediger*	*Predigttext*	*Drucke u. Hss.*
5862	316	645–646	15.7.1599 vesperi	J. G. Sigwart	1 Sam 22	
5863	317*	647	22.7.1599	J. G. Sigwart	Marc 8	
5864	318*	648–649	22.7.1599 vesperi	M. Hafenreffer	Gen 10	
5865	319*	650–652	29.7.1599	St. Gerlach	Matth 7	
5866	320*	652–654	29.7.1599 vesperi	J. H. Wieland	Matth 18	
5867	321*	655–656	31.7.1599	S. Magirus	Ps 23†	
5868	322	657–659	2.8.1599	J. G. Sigwart	1 Cor 6	Ed51, 1–14^{v}
5869	323	659–662	5.8.1599	J. G. Sigwart	Luc 15	
5870	324	662–664	5.8.1599 vesperi	M. Hafenreffer	Gen 11	
5871	325	664–666	9.8.1599	J. G. Sigwart	1 Cor 6	Ed51, 15–30
5872	326	667–669	12.8.1599	M. Hafenreffer	Luc 19	
5873	327	670–672	12.8.1599 vesperi	J. G. Sigwart	1 Sam 22	
5874	328*	673–676	16.8.1599	J. G. Sigwart	1 Cor 6	Ed51, 30^{v}–48^{v}
5875	329*	676–677	16.8.1599 vesperi	J. Hauber	1 Sam 3†	
5876	330	678–679	19.8.1599 vesperi	M. Hafenreffer	Gen 11	
5877	331	679–682	24.8.1599	St. Gerlach	Matth 20	
5878	332	682–684	26.8.1599	M. Hafenreffer	Marc 7	
5879	333	685–686	26.8.1599 vesperi	J. G. Sigwart	1 Sam 22	
5880	334	687–689	30.8.1599	J. G. Sigwart	1 Cor 6	Ed51, 77v–98v
5881	335*	689–692	2.9.1599	J. G. Sigwart	Luc 10	
5882	336	693–694	2.9.1599 vesperi	M. Hafenreffer	Gen 11	Or 1601 II (A)
5883	337	695–696	6.9.1599	J. G. Sigwart	1 Cor 6	Ed51, 99–120
5884	338	697–700	9.9.1599	M. Hafenreffer	Luc 17	
5885	339	700–702	9.9.1599 vesperi	J. G. Sigwart	1 Sam 23	
5886	340	702–705	13.9.1599	J. G. Sigwart	1 Cor 6	Ed51, 120v–142v
5887	341	705–708	16.9.1599	J. G. Sigwart	Matth 6	
5888	342	709–711	16.9.1599 vesperi	M. Hafenreffer	Gen 12	Or 1601 II (A)
5889	343*	711–713	21.9.1599	St. Gerlach	⟨Matth 9⟩	
5890	344	714–715	21.9.1599 vesperi	J. G. Sigwart	1 Sam 23	
5891	345	716–718	23.9.1599	M. Hafenreffer	Luc 7	
5892	346	718–721	23.9.1599 vesperi	J. G. Sigwart	1 Sam 23	
5893	347	721–724	27.9.1599	J. G. Sigwart	1 Cor 6	Ed51, 143–156v
5894	348*	724–726	30.9.1599	J. G. Sigwart	Luc 14	
5895	349*	726–728	30.9.1599	J. Hauber	Ps 90†	
5896	350*	728–730	1.10.1599	S. Magirus	Luc 7†	
5897	351	730–732	4.10.1599	J. G. Sigwart	1 Cor 6	Ed51, 157–167v
5898	352	732	7.10.1599 vesperi	J. G. Sigwart	1 Sam 23	
5899	353	733–734	11.10.1599	J. G. Sigwart	1 Cor 6	Ed51, 168–173v
5900	354*	735–738	14.10.1599	J. G. Sigwart	Matth 9	
5901	355	739–740	14.10.1599 vesperi	M. Hafenreffer	Gen 12	
5902	356*	741–744	18.10.1599	J. G. Sigwart	1 Cor 7	
5903	357	744–745	21.10.1599 vesperi	J. G. Sigwart	1 Sam 24	
5904	358	745–747	25.10.1599	J. G. Sigwart	1 Cor 7	
5905	359	748–750	28.10.1599	J. G. Sigwart	Ioan 4	
5906	360*	751–752	28.10.1599 vesperi	M. Hafenreffer	Gen 12	Or 1601 II (A)
5907	361	752–755	1.11.1599	J. G. Sigwart	1 Cor 7	
5908	362	755–757	4.11.1599	M. Hafenreffer	Matth 18	
5909	363*	757–758	4.11.1599 vesperi	J. G. Sigwart	1 Sam 24	
5910	364	759–761	8.11.1599	J. G. Sigwart	1 Cor 7	
5911	365	761–763	11.11.1599	J. G. Sigwart	Matth 22	
5912	366	764	11.11.1599 vesperi	M. Hafenreffer	Gen 13	
5913	367	765–767	18.11.1599	M. Hafenreffer	Matth 9	

Lfd. Nr.	*Orig. Nr.*	*Seiten*	*Datum*	*Prediger*	*Predigttext*	*Drucke u. Hss.*
5914	368	767	18.11.1599 vesperi	J. G. Sigwart	1 Sam 24	
5915	369	768–770	22.11.1599	J. G. Sigwart	1 Cor 7	
5916	370	770–772	25.11.1599 vesperi	M. Hafenreffer	Gen 13	
5917	371	772–774	30.11.1599	St. Gerlach	Matth 4	
5918	372*	774–775	30.11.1599 vesperi	J. G. Sigwart	1 Sam 25	
5919	373	775–777	6.12.1599	J. G. Sigwart	1 Cor 7	
5920	374*	778–780	9.12.1599 vesperi	M. Hafenreffer	Gen 13	
5921	380!*	780–782	16.12.1599	J. G. Sigwart	1 Sam 25	Or 1604 (A)
5922	381*	782	20.12.1599	S. Magirus	Iud 3	
5923	382*	782	21.12.1599	St. Gerlach	Ioan 20	
5924	383	783	21.12.1599 vesperi	J. G. Sigwart	1 Sam 25	Or 1604 (A)
5925	384*	783	22.12.1599	J. Hauber	Iud 4	
5926	385	784–786	23.12.1599	J. G. Sigwart	Ioan 1	
5927	386*	786	23.12.1599 vesperi	M. Hafenreffer	Ps 24	
5928	387	787–788	24.12.1599	S. Magirus	Gal 4	

(p. 788) Ita conclusi, Dei gratiâ, 1599^m. annum Salutis: novum 1600. annum σὺν Θεῷ cras (die ♂) incepturus. Tybingae. M. Martinus Crusius, anno 74. aetatis.
(p. 789) Hactenus in 19 Tomis conciones 6039.
(pp. 800–812) Stichwortsammlung zu pp. 1–788.

Mb 19–19

(f. III) Summae concionum, quas in Templo Tybingae S. Georgij et Martini, ex ore Theologorum, quolibet tempore, inter Profeßores Acad. in medio quodam subsellio sedens, ego M. Martinus Crusius, LXXIIII°. aetatis meae anno, excepi. L. Deo. Natus fui 19. Septemb. 1526. Ubi ante 70 annos unquam cogitaßem, me XVI. seculum Christi vivendo aßecuturum ita, ut id finirem? Insunt in hoc codice conciones: Anno 1600 135, 1601 111, 1602 120. Summatim 366.

Lfd. Nr.	*Orig. Nr.*	*Seiten*	*Datum*	*Prediger*	*Predigttext*	*Drucke u. Hss.*
5929	1*	1–2	25.12.1599	St. Gerlach	Luc 2	
5930	2*	3–4	25.12.1599 vesperi	J. G. Sigwart	Ies 9	
5931	3*	5	26.12.1599 vesperi	M. Hafenreffer	Ies 9	
5932	4*	6–8	27.12.1599	St. Gerlach	Ioan 20	
5933	5	8	27.12.1599 vesperi	M. Hafenreffer	Ies 9	
5934	6	9–11	30.⟨12.⟩1599 vesperi	J. G. Sigwart	1 Tim 1	
5935	7	11	31.12.1599 vesperi	S. Magirus	Luc 13	
5936	8*	12–14	1.1.1600	M. Hafenreffer	Num 4	Ed46
5937	9*	15–17	1.1.1600 vesperi	J. G. Sigwart	Luc 2	
5938	10	17–20	3.1.1600	J. G. Sigwart	Ies 61	
5939	11	20–22	6.1.1600 vesperi	M. Hafenreffer	Ies 35	
5940	12*	23–24	10.1.1600	J. G. Sigwart	1 Cor 8	
5941	13*	25	13.1.1600 vesperi	J. G. Sigwart	1 Sam 25	
5942	14	25–26	17.1.1600	J. G. Sigwart	1 Cor 8	
5943	15	27–29	20.1.1600	J. G. Sigwart	Matth 20	
5944	16	29–31	20.1.1600 vesperi	M. Hafenreffer	Gen 14	
5945	17*	31	27.1.1600 vesperi	J. G. Sigwart	1 Sam 25	Or 1604 (A)
5946	18*	32	31.1.1600	J. G. Sigwart	Ps 90†	
5947	19	33	2.2.1600	J. G. Sigwart	1 Sam 25	Or 1604 (A)
5948	20	34–35	3.2.1600	J. Hauber	1 Petr 4	

Lfd. Nr.	*Orig. Nr.*	*Seiten*	*Datum*	*Prediger*	*Predigttext*	*Drucke u. Hss.*
5949	21	35–36	7.2.1600	M. Hafenreffer	Ps 147	
5950	22*	37	10.2.1600 vesperi	J. Hauber	Ps 90†	
5951	23	38–40	14.2.1600	J. G. Sigwart	1 Cor 8	
5952	24	40–42	17.2.1600	J. G. Sigwart	Matth 15	
5953	25	43–45	24.2.1600	M. Hafenreffer	Luc 11	
5954	26	45–47	24.2.1600 vesperi	J. G. Sigwart	1 Sam 25	Or 1604 (A)
5955	27	47–49	25.2.1600 vesperi	J. G. Sigwart	1 Sam 25	Or 1604 (A)
5956	28	50–52	28.2.1600	J. G. Sigwart	1 Cor 9	
5957	29*	52	2.3.1600	J. G. Sigwart	Ioan 6	
5958	30	53–45!	2.3.1600 vesperi	S. Magirus	Matth 6	
5959	31*	54–56	9.3.1600 vesperi	J. G. Sigwart	1 Sam 25	Or 1604 (A)
5960	32	57–58	13.3.1600	M. Hafenreffer	Ier 8	
5961	33*	58–59	16.3.1600 mane, hora 7.	M. Hafenreffer	Ioan 18	
5962	34	59–61	16.3.1600 hora 8.	St. Gerlach	Matth 21	
5963	35*	61–62	16.3.1600 ab hora 12. usque ad 1^am.	S. Magirus	Ioan 18.19	
5964	36*	63–64	16.3.1600 vesperi	J. G. Sigwart	Matth 23; Ioan 19†	
5965	37*	65–67	20.3.1600 ⟨Gründ.⟩	M. Hafenreffer	Ioan 19	
5966	38	67–69	20.3.1600 vesperi ⟨Gründ.⟩	M. Hafenreffer	Ioan 19	
5967	39*	69–71	21.3.1600 ⟨Karfr.⟩	St. Gerlach	Ioan 19	
5968	40*	71–73	21.3.1600 vesperi ⟨Karfr.⟩	J. G. Sigwart	Ioan 19	
5969	41	73–74	22.3.1600	S. Magirus	Ioan 19	
5970	42*	75–77	23.3.1600 ⟨Osters.⟩	M. Hafenreffer	Marc 16	
5971	43	77–80	23.3.1600 vesperi ⟨Osters.⟩	J. G. Sigwart	Ps 110	
5972	44	80–81	24.3.1600 vesperi ⟨Osterm.⟩	M. Hafenreffer	Luc 24	
5973	45	81–84	25.3.1600 vesperi	J. G. Sigwart	Luc 1	
5974	46	84–87	30.3.1600	J. G. Sigwart	Ioan 20	
5975	47*	87.86!–87	30.3.1600 vesperi	M. Hafenreffer	Gen 14†	
5976	48	88–89	3.4.1600	J. G. Sigwart	1 Cor 10	
5977	49	90–92	6.4.1600	J. G. Sigwart	1 Sam 25	Or 1604 (A)
5978	50	92–94	10.4.1600	J. G. Sigwart	1 Cor 10	
5979	51	94–95	13.4.1600	M. Hafenreffer	Gen 15	
5980	52	96–98	17.4.1600	J. G. Sigwart	1 Cor 10	
5981	53	99–101	20.4.1600	M. Hafenreffer	Ioan 16	
5982	54	101–103	20.4.1600 vesperi	S. Magirus	Ioan 16	
5983	55	103–105	24.4.1600	J. G. Sigwart	1 Cor 10	
5984	56	106–107	27.4.1600	M. Hafenreffer	Gen 15	
5985	57	108–110	1.5.1600 ⟨Himmelf.⟩	St. Gerlach	⟨Act 1⟩	
5986	58	110–112	1.5.1600 vesperi ⟨Himmelf.⟩	J. G. Sigwart	Ioan 14	
5987	59*	112–113	2.5.1600	S. Magirus	Lev 17	
5988	60	113–114	4.5.1600 vesperi	J. G. Sigwart	1 Sam 25	Or 1604 (A)
5989	61	115–117	8.5.1600	J. G. Sigwart	1 Cor 10	
5990	62	117–118	10.5.1600	J. Hauber	Eph 4	
5991	63*	119–121	11.5.1600 ⟨Pfingsts.⟩	J. G. Sigwart	Act 2	
5992	64	121–122	11.5.1600 vesperi ⟨Pfingsts.⟩	M. Hafenreffer	EG 125 = Wack 3,14	
5993	65	123–125	12.5.1600 ⟨Pfingstm.⟩	St. Gerlach	Ioan 3	
5994	66	125–128	12.5.1600 vesperi ⟨Pfingstm.⟩	J. G. Sigwart	Ps 51	
5995	67	128–130	18.5.1600	J. G. Sigwart	1 Sam 25	
5996	68*	130–132	25.5.1600	S. Magirus	Matth 6	
5997	69*	132–134	1.6.1600	M. Hafenreffer	Luc 14	
5998	70	135–136	1.6.1600 vesperi	J. G. Sigwart	1 Sam 25	
5999	71*	137–139	5.6.1600	J. G. Sigwart	1 Cor 11	Ed53, 1–9^v
6000	72	140–142	8.6.1600	J. G. Sigwart	Luc 15	

Lfd. Nr.	Orig. Nr.	Seiten	Datum	Prediger	Predigttext	Drucke u. Hss.
6001	73	142–143	8.6.1600 vesperi	M. Hafenreffer	Gen 15	
6002	74	144–146	12.6.1600	J. G. Sigwart	1 Cor 11	Ed53, 10–16ᵛ
6003	75	146–147	15.6.1600	M. Hafenreffer	Marc 6	
6004	76	147–149	15.6.1600 vesperi	J. G. Sigwart	1 Sam 26	
6005	77	149–152	19.6.1600	J. G. Sigwart	1 Cor 11	Ed53, 17–25
6006	78	152–153	22.6.1600	St. Gerlach	Luc 5	
6007	79	153	22.6.1600 vesperi	S. Magirus	Luc 5	
6008	80	154–155	24.6.1600	M. Hafenreffer	Luc 1	
6009	81*	156–157	24.6.1600 ⟨vesperi⟩	J. G. Sigwart	1 Sam 26	
6010	82	157–160	26.6.1600	J. G. Sigwart	1 Cor 11	Ed53, 25ᵛ–38
6011	83*	160–162	29.6.1600	J. G. Sigwart	Matth 5	
6012	84	162–164	29.6.1600 vesperi	M. Hafenreffer	Gen 16	
6013	85	164–167	3.7.1600	J. G. Sigwart	1 Cor 15	Ed53, 38ᵛ–52
6014	86*	167–168	5.7.1600	S. Magirus	Phil 1†	
6015	87*	169–171	6.7.1600	M. Hafenreffer	Marc 8	
6016	88	171–173	6.7.1600 vesperi	J. G. Sigwart	1 Sam 26	
6017	89	174–176	10.7.1600	J. G. Sigwart	1 Cor 15	Ed53, 52ᵛ–65
6018	90	177–178	13.7.1600 vesperi	M. Hafenreffer	Gen 16	
6019	91	178–180	17.7.1600	J. G. Sigwart	1 Cor 15	Ed53, 65ᵛ–75
6020	92	181–182	20.7.1600	M. Hafenreffer	Luc 16	
6021	93	182–184	20.7.1600 vesperi	J. G. Sigwart	1 Sam 26	
6022	94	184–187	25.7.1600	St. Gerlach	Matth 20	
6023	95	187–188	25.7.1600 vesperi	M. Hafenreffer	Gen 17	
6024	96*	189–191	27.7.1600	M. Hafenreffer	Luc 19	
6025	97*	192–193	27.7.1600 vesperi	M. Hafenreffer	Gen 17	
6026	98*	193–194	31.⟨7.⟩1600	M. Hafenreffer	1 Cor 12†	
6027	99*	194–196	3.8.1600	St. Gerlach	Luc 18	
6028	100*	197–198	3.8.1600 vesperi	⟨S. Magirus⟩	Gen 17	
6029	101*	199–201	4.8.1600 hora 3.	M. Hafenreffer	Sir 7†	
6030	102	202–203	7.8.1600	J. Hauber	1 Cor 15	
6031	103	203–205	10.8.1600	St. Gerlach	Marc 7	
6032	104	206–209	10.8.1600 vesperi	J. Hauber	⟨Marc 7⟩	
6033	105*	209–211	14.8.1600	S. Magirus	2 Cor 3†	
6034	106*	211–214	17.8.1600	J. G. Sigwart	Luc 10	
6035	107	214–217	17.8.1600 vesperi	M. Hafenreffer	Gen 17	
6036	108	217–219	21.8.1600	J. Hauber	Gal 3	
6037	109*	219–221.224	24.8.1600	M. Hafenreffer	Luc 17	
6038	110	222–223	24.8.1600 vesperi	S. Magirus	Luc 22	
6039	111	224–227	28.8.1600	J. G. Sigwart	1 Cor 15	Ed53, 75ᵛ–88ᵛ
6040	112	228–230	31.8.1600	M. Hafenreffer	Matth 6	
6041	113	230–232	31.8.1600 vesperi	J. G. Sigwart	1 Sam 26	
6042	114	232–235	4.9.1600	J. G. Sigwart	1 Cor 11	Ed53, 89–99ᵛ
6043	115	235–237	7.9.1600	J. G. Sigwart	Luc 7	
6044	116	238–239	7.9.1600 vesperi	M. Hafenreffer	Gen 17	
6045	117	239–243	11.9.1600	J. G. Sigwart	1 Cor 15	Ed53, 100–110ᵛ
6046	118	243–244	14.9.1600	M. Hafenreffer	Luc 14	
6047	119	245–247	14.9.1600 vesperi	J. G. Sigwart	1 Sam 26	
6048	120*	247–249	18.9.1600	J. G. Sigwart	1 Cor 15	Ed53, 111–119ᵛ
6049	121*	250–252	21.9.1600	J. G. Sigwart	Matth 9	
6050	122	253–254	21.9.1600 vesperi	M. Hafenreffer	Gen 17	
6051	103!	254–257	25.9.1600	J. G. Sigwart	1 Cor 15	Ed53, 120–130ᵛ
6052	104*	258–260	28.9.1600	M. Hafenreffer	Matth 9	

Lfd. Nr.	*Orig. Nr.*	*Seiten*	*Datum*	*Prediger*	*Predigttext*	*Drucke u. Hss.*
6053	105	260–262	28.9.1600 vesperi	J. G. Sigwart	1 Sam 27	
6054	106	263–267	2.10.1600	J. G. Sigwart	1 Cor 15	Ed53, 131–148v
6055	107	267–270	5.10.1600	J. G. Sigwart	Matth 22	
6056	108*	270–271	5.10.1600 vesperi	M. Hafenreffer	Gen 18	
6057	109*	272–276	9.10.1600	J. G. Sigwart	1 Cor 11	Ed53, 149–169v
6058	110*	276–278	12.10.1600	M. Hafenreffer	Ioan 4	
6059	111	279–281	12.10.1600 vesperi	J. G. Sigwart	1 Sam 27	
6060	112	281–284	16.10.1600	J. G. Sigwart	1 Cor 15	
6061	113	284–287	19.10.1600	J. G. Sigwart	Matth 18	
6062	114*	288–290	19.10.1600 vesperi	M. Hafenreffer	Gen 18	
6063	115	290–293	23.10.1600	J. G. Sigwart	1 Cor 12	
6064	116*	293–296	26.10.1600 vesperi	J. G. Sigwart	1 Sam 27	
6065	117*	296–298	28.10.1600	M. Hafenreffer	Ioan 15	
6066	118	299–302	30.10.1600	J. G. Sigwart	1 Cor 12	
6067	119*	302–305	2.⟨11.1600⟩	J. G. Sigwart	Gen 9	
6068	120	305–307	2.11.1600 vesperi	M. Hafenreffer	Gen 18	
6069	121	307–309	6.11.1600	J. G. Sigwart	1 Cor 12	
6070	122*	310	9.11.1600 vesperi	J. G. Sigwart	1 Sam 28	
6071	123*	311–313.316	13.11.1600	J. G. Sigwart	1 Cor 12	
6072	124	314–315	16.11.1600	J. G. Sigwart	Matth 25	
6073	125	316	16.11.1600 vesperi	M. Hafenreffer	Gen 18	
6074	126*	317–319	20.11.1600	J. G. Sigwart	1 Cor 13	
6075	127	319–321	23.11.1600 vesperi	J. G. Sigwart	1 Sam 28	
6076	128	321	27.11.1600	J. G. Sigwart	1 Cor 13	
6077	129	322–324	30.11.1600	J. G. Sigwart	Matth 21	
6078	130	325–326	30.11.1600 vesperi	M. Hafenreffer	Gen 18	
6079	131*	327–329	11.12.1600	J. G. Sigwart	1 Cor 13	
6080	132*	329–332	14.12.1600	J. G. Sigwart	Matth 11	
6081	133	332–334	14.12.1600 vesperi	M. Hafenreffer	Gen 19	
6082	134*	334–335	21.12.1600	J. G. Sigwart	Ioan 20	
6083	135	335–337	21.12.1600 vesperi	J. Hauber	Ioan 1	

(p. 337) Hactenus conciones, quas in decimosexto seculo Christi completo (ab anno 1563 usque ad 1600. annum) scribendo Tybingae excepi.
Sunt conciones 6174 in Tomis 19 quartae formae.
(p. 339) SUMMAE CONCIOnum, quas ego M. Martinus Crusius Tybingae, in Ecclesia SS. Georgij et Martini excepi more meo, anno DOMINI M.DC.I. id est, ab initio septimidecimi à Christo nato seculi: anno aetatis meae 75. Natus enim sum 19. Septemb. 1526 in Sepulchretis, Germanicè Grebernis, pagi Noriberg. Haupersbrunni: ubi Pater meus beatus, Evangelicus Pastor erat Ecclesiae, patriâ Bottensteinensi. Unde me etiam ex eo loco scribo, de voluntate parentum: quod non licebat mihi Bottensteini nasci, sub Episcopo Papist. Babenbergensi. Duxerat Pater meus, D. Mart. Kraus, matrem meam virginem MariaMagdalenam, ex pago prope Bottensteinum Groh, etc. Locus circa Templum, ubi parochialis domus, in qua natus sum, vocatur Grebern (a proelio, ut putatur, quodam ibi commißo) pagus verò, Haupersbrunna. Infans vidi patriam, nec memini: postea numquam vidi, Patre ad Ecclesiam in Bruck, 2. mill. à Noriberga, translato, etc.
(p. 340) Ταύτης τοι πάτρης, καὶ αἵματος εὔχομαι εἶναι.

Lfd. Nr.	*Orig. Nr.*	*Seiten*	*Datum*	*Prediger*	*Predigttext*	*Drucke u. Hss.*
6084	1*	341–343	25.12.1600	St. Gerlach	Luc 2	
6085	2*	344	25.12.1600 vesperi	M. Hafenreffer	EG 23 = Wack 3,9	

Lfd. Nr.	*Orig. Nr.*	*Seiten*	*Datum*	*Prediger*	*Predigttext*	*Drucke u. Hss.*
6086	3*	345–347	26.12.1600	St. Gerlach	Matth 23	
6087	4	347–350	27.12.1600	M. Hafenreffer	Ioan 21	
6088	5*	350–351	27.12.1600 vesperi	J. G. Sigwart	1 Cor 1	
6089	6	352	28.12.1600 vesperi	M. Hafenreffer	Ier 31; Matth 2	
6090	7*	353	1.2.1601	M. Hafenreffer	Matth 8	
6091	8	354	2.2.1601	St. Gerlach	Luc 2	
6092	9	355	5.2.1601	J. G. Sigwart	1 Cor 13	
6093	10*	356–358	8.2.1601	J. G. Sigwart	Matth 20	
6094	11*	358–360	8.2.1601 vesperi	M. Hafenreffer	Gen 19†	
6095	12	360–362	12.2.1601	J. G. Sigwart	1 Cor 14	
6096	13	362	15.2.1601 vesperi	J. G. Sigwart	1 Sam 28	
6097	14	363	19.2.1601	J. G. Sigwart	1 Cor 14	
6098	15*	364	22.2.1601	J. G. Sigwart	Luc 18	
6099	16*	364–366	24.2.1601	St. Gerlach	Matth 11	
6100	17	367	24.2.1601 vesperi	J. G. Sigwart	1 Sam 28	
6101	18*	368–370	1.3.1601	J. G. Sigwart	Matth 4	
6102	19	370–372	1.3.1601 vesperi	M. Hafenreffer	Gen 19	
6103	20	373–375	5.3.1601	J. G. Sigwart	1 Cor 14	
6104	21	375–377	8.3.1601	M. Hafenreffer	Matth 15	
6105	22	378–380	8.3.1601 vesperi	J. G. Sigwart	1 Sam 28	
6106	23*	380	15.3.1601	J. G. Sigwart	Luc 11	
6107	24*	381	15.3.1601 vesperi	M. Hafenreffer	Gen 19†	
6108	25	381–383	22.3.1601	M. Hafenreffer	Ioan 6	
6109	26*	383–386	1.5.1601	St. Gerlach	Ioan 14	
6110	27	386–388	1.5.1601 vesperi	J. G. Sigwart	1 Sam 28	
6111	28*	388	2.5.1601	J. Hauber	Rom 13	
6112	29*	389–390	3.5.1601	M. Hafenreffer	Ioan 15	
6113	30*	390–393	31.5.1601 ⟨Pfingsts.⟩	St. Gerlach	Ioan 14	
6114	31	393–396	31.5.1601 vesperi ⟨Pfingsts.⟩	J. G. Sigwart	Eph 4	
6115	32*	396–398	1.6.1601 ⟨Pfingstm.⟩	M. Hafenreffer	Ioan 3	
6116	33	398–400	1.6.1601 vesperi ⟨Pfingstm.⟩	J. G. Sigwart	Act 10	
6117	34	400–402	4.6.1601	J. G. Sigwart	1 Cor 15	Ed50, 1–10
6118	35	402–405	7.6.1601	J. G. Sigwart	Ioan 3	
6119	36	405–406	7.6.1601 vesperi	M. Hafenreffer	Gen 20	
6120	37	407–410	11.6.1601	J. G. Sigwart	1 Cor 15	Ed50, 10ᵛ–18ᵛ
6121	38	410–412	14.6.1601	M. Hafenreffer	Luc 16	
6122	39	413–414	14.6.1601 vesperi	J. G. Sigwart	1 Sam 29	
6123	40	414–418	18.6.1601	J. G. Sigwart	1 Cor 15	Ed50, 19–28
6124	41	418–420	21.6.1601	J. G. Sigwart	Luc 14	
6125	42*	420–422	21.6.1601 vesperi	M. Hafenreffer	Gen 20†	
6126	43	423–424	24.6.1601	St. Gerlach	Luc 1	
6127	44	425–427	24.6.1601 vesperi	J. G. Sigwart	Marc 6	
6128	45	428–430	28.6.1601	J. G. Sigwart	1 Sam 30	
6129	46*	430–433	29.6.1601	M. Hafenreffer	Matth 16	
6130	47	433–436	29.6.1601 vesperi	J. G. Sigwart	1 Sam ⟨30⟩	
6131	48	436–439	2.7.1601	J. G. Sigwart	1 Cor 15	Ed50, 28ᵛ–36ᵛ
6132	49*	439–442	5.7.1601	J. G. Sigwart	Luc 6	
6133	50*	443–444	5.7.1601 vesperi	M. Hafenreffer	Gen 21	
6134	51	445–448	9.7.1601	J. G. Sigwart	1 Cor 15	Ed50, 37–43ᵛ
6135	52	448–451	16.7.1601	J. G. Sigwart	1 Cor 15	Ed50, 44–57ᵛ
6136	53	451–454	19.7.1601	⟨?⟩	Matth 5	
6137	54*	454–455	19.7.1601 vesperi	M. Hafenreffer	Gen 21	

Lfd. Nr.	*Orig. Nr.*	*Seiten*	*Datum*	*Prediger*	*Predigttext*	*Drucke u. Hss.*
6138	55	456–459	23.7.1601	J. G. Sigwart	1 Cor 15	Ed50, 58–67ᵛ
6139	56	459–461	25.7.1601 vesperi	J. G. Sigwart	1 Sam 30	
6140	57	461–463	26.7.1601	St. Gerlach	Marc 8	
6141	58	463–465	26.7.1601 vesperi	J. G. Sigwart	1 Sam 30	
6142	59	466–469	30.7.1601	J. G. Sigwart	1 Cor 15	Ed50, 68–75ᵛ
6143	60	469–472	2.8.1601	J. G. Sigwart	Matth 7	
6144	61	473–475	2.8.1601 vesperi	M. Hafenreffer	Gen 21	
6145	62	475–476	6.8.1601	J. G. Sigwart	1 Cor 15	Ed50, 76–85
6146	63*	477–478	6.8.1601 vesperi	S. Magirus	Rom 14†	
6147	64	478–480	9.8.1601	M. Hafenreffer	Luc 12	
6148	65*	481–483	9.8.1601 vesperi	J. G. Sigwart	1 Sam 31	
6149	66	483–486	13.8.1601	J. G. Sigwart	1 Cor 15	Ed50, 85ᵛ–96ᵛ
6150	67	486–489	16.8.1601	J. G. Sigwart	Luc 19	
6151	68	489–493	20.8.1601	J. G. Sigwart	1 Cor 15	Ed50, 97–105ᵛ
6152	69	493–496	23.8.1601	J. G. Sigwart	1 Sam 31	
6153	70	496–499	24.8.1601	J. G. Sigwart	1 Sam 31	
6154	71	499–502	27.8.1601	J. G. Sigwart	1 Cor 15	Ed50, 106–116
6155	72*	502–505	30.8.1601	J. G. Sigwart	Marc 7	
6156	73	505–507	30.8.1601 vesperi	M. Hafenreffer	Gen 31	
6157	74	508	3.9.1601	J. G. Sigwart	1 Cor 15	Ed50, 116ᵛ–127
6158	75*	509–511	6.9.1601	M. Hafenreffer	Luc 10	
6159	76*	512–514	6.9.1601 vesperi	J. G. Sigwart	1 Sam 31	
6160	77	514–517	10.9.1601	J. G. Sigwart	1 Cor 15	Ed50, 127ᵛ–137ᵛ
6161	78	517–522	13.9.1601	J. G. Sigwart	Luc 21	Ed47
6162	79	522–524	13.9.1601 vesperi	M. Hafenreffer	Gen 22	
6163	80*	524–527	17.9.1601	J. G. Sigwart	1 Cor 15	Ed50, 138–146ᵛ
6164	81*	527–529	20.9.1601	St. Gerlach	Matth 6	
6165	82	530–533	20.9.1601 ⟨vesperi⟩	J. G. Sigwart	Hebr 1	
6166	83	533–536	21.9.1601	M. Hafenreffer	Matth 9	
6167	84	536–538	21.9.1601 vesperi	J. G. Sigwart	2 Sam 1	
6168	85*	538–539	24.9.1601	J. G. Sigwart	1 Cor 15	Ed50, 147–157
6169	86	539–540	27.9.1601 vesperi	M. Hafenreffer	Gen 22	
6170	87	540–543	1.10.1601	J. G. Sigwart	1 Cor 15	Ed50, 157ᵛ–166ᵛ
6171	88	544	4.10.1601 vesperi	J. G. Sigwart	2 Sam 1	
6172	89*	545–549	8.10.1601	J. G. Sigwart	1 Cor 15	Ed50, 167–176ᵛ
6173	90	549–552	15.10.1601	J. G. Sigwart	1 Cor 15	Ed50, 177–184ᵛ
6174	91	552–554	18.10.1601	M. Hafenreffer	Matth 9	
6175	92	555	18.10.1601 vesperi	J. G. Sigwart	2 Sam 1	
6176	93*	555–557	19.10.1601	S. Magirus	Ioan 10	
6177	94	558–559	22.10.1601	J. G. Sigwart	1 Cor 15	Ed50, 185–193ᵛ
6178	95	559–561	28.10.1601	St. Gerlach	Ioan 15	
6179	96	562–564	28.10.1601 vesperi	J. G. Sigwart	2 Sam 1	
6180	97	564–566	1.11.1601	J. G. Sigwart	Ioan 4	
6181	98	567–569	5.11.1601	J. G. Sigwart	1 Cor 16	
6182	99*	569–570	12.11.1601	J. G. Sigwart	1 Cor 16	
6183	100	570	15.11.1601	J. G. Sigwart	Matth 22	
6184	101	571–572	29.11.1601	M. Hafenreffer	Matth 21	
6185	102	573–575	30.11.1601	St. Gerlach	Matth 4	
6186	103*	575–576	3.12.1601	J. G. Sigwart	1 Cor 16	
6187	104	577–579	6.12.1601	J. G. Sigwart	Luc 21	
6188	105	579–581	10.12.1601	J. G. Sigwart	1 Cor 16	
6189	106*	582–584	13.12.1601	M. Hafenreffer	Matth 11	

Lfd. Nr.	*Orig. Nr.*	*Seiten*	*Datum*	*Prediger*	*Predigttext*	*Drucke u. Hss.*
6190	107*	584–585	13.12.1601 vesperi	J. G. Sigwart	2 Sam 2	
6191	107!	585–587	17.12.1601	J. G. Sigwart	1 Cor 16	
6192	108*	588	20.12.1601	J. G. Sigwart	Ioan 1	
6193	109	588	21.12.1601	St. Gerlach	⟨Ioan 20⟩	
6194	110	589	21.12.1601 vesperi	J. G. Sigwart	2 Sam 2	
6195	111	589	24.12.1601	J. Hauber	Ies 40	

(p. 591) Concionum summae, à me M. Martino Crusio (1526. Sept. 19. nato) in Templo S. Georgij exceptae, Tybingae. M.DC.II. Christi.

Lfd. Nr.	*Orig. Nr.*	*Seiten*	*Datum*	*Prediger*	*Predigttext*	*Drucke u. Hss.*
6196	1*	591–593	25.12.1601	St. Gerlach	Luc 2	
6197	2	593	25.12.1601 vesperi	M. Hafenreffer	Luc 2	
6198	3*	594–596	26.12.1601	M. Hafenreffer	Act 6.7	
6199	4*	596	27.12.1601	St. Gerlach	Luc 2	
6200	5*	597	27.12.1601 vesperi	J. G. Sigwart	Ies 9	
6201	6	597	10.1.1602	St. Gerlach	Matth 3	
6202	7	597–598	10.1.1602 vesperi	J. G. Sigwart	2 Sam 3	
6203	8*	598–600	14.1.1602	J. G. Sigwart	2 Cor 1	
6204	9	600–602	17.1.1602	M. Hafenreffer	Ioan 2	
6205	10*	602	21.1.1602	J. G. Sigwart	2 Cor 1	
6206	11	602–603	24.1.1602	M. Hafenreffer	Matth 8	
6207	12	603–604	24.1.1602 vesperi	J. G. Sigwart	2 Sam 3	
6208	13	604–607	28.1.1602	J. G. Sigwart	2 Cor 1	
6209	14	608–609	2.2.1602	St. Gerlach	Luc 2	
6210	15*	610–611	2.2.1602 vesperi	J. Hauber	Ps 4†	
6211	16*	611–613	4.2.1602	J. G. Sigwart	2 Cor 1	
6212	17	614–615	7.2.1602	M. Hafenreffer	Gen 23	
6213	18*	616–619	11.2.1602	J. G. Sigwart	Mich 7†	
6214	19*	619–621	14.2.1602	M. Hafenreffer	Ezech 8	
6215	20*	621–623	14.2.1602 vesperi	J. G. Sigwart	Ios 7	
6216	21	623–626	18.2.1602	J. G. Sigwart	2 Cor 1	
6217	22	626–627	21.2.1602 vesperi	M. Hafenreffer	Gen 23	
6218	23	628–630	24.2.1602	M. Hafenreffer	Matth 11	
6219	24	630–632	24.2.1602 vesperi	J. G. Sigwart	2 Sam 3	
6220	25	632–634	28.2.1602	St. Gerlach	Matth 15	
6221	26	634–636	28.2.1602 vesperi	J. G. Sigwart	2 Sam 3	
6222	27	636–638	7.3.1602	J. G. Sigwart	Luc 11	
6223	28	639–640	7.3.1602 vesperi	M. Hafenreffer	Gen 24	
6224	29	641–643	11.3.1602	J. G. Sigwart	2 Cor 2	
6225	30	644–645	14.3.1602 vesperi	J. G. Sigwart	2 Sam 3	
6226	31	645–648	21.3.1602	J. G. Sigwart	Ioan 8	
6227	32	648–649	21.3.1602 vesperi	M. Hafenreffer	Gen 24	
6228	33	649–651	25.3.1602 vesperi	J. G. Sigwart	2 Sam 3	
6229	34*	652–654	28.3.1602 Mane hora media 7.	J. G. Sigwart	Ioan 18; Matth 26; Marc 14; Luc 22	
6230	35*	654–657	28.3.1602 Hora post 8$^{am.}$	M. Hafenreffer	Matth 21	
6231	36	657–658	28.3.1602 vesperi	J. Hauber	⟨Ioan 19⟩	
6232	37*	658–659	31.3.1602 vesperi	S. Magirus	Ioan 15	
6233	38*	659–601!	1.4.1602 ⟨Gründ.⟩	St. Gerlach	Ioan 18	
6234	39*	601–664!	1.4.1602 vesperi ⟨Gründ.⟩	M. Hafenreffer	Ioan 18	
6235	40*	664	2.4.1602 ⟨Karfr.⟩	J. G. Sigwart	Ioan 18.19	

Lfd. Nr.	*Orig. Nr.*	*Seiten*	*Datum*	*Prediger*	*Predigttext*	*Drucke u. Hss.*
6236	41	665–667	2.4.1602 vesperi ⟨Karfr.⟩	M. Hafenreffer	Ioan 19	
6237	42	667–668	3.4.1602	S. Magirus	Ioan 19	
6238	43*	668–672	4.4.1602 ⟨Osters.⟩	J. G. Sigwart	Marc 16	
6239	44	672–674	4.4.1602 vesperi ⟨Osters.⟩	M. Hafenreffer	1 Cor 5	
6240	45	674–676	5.4.1602 ⟨Osterm.⟩	St. Gerlach	Luc 24	
6241	46	676–679	5.4.1602 vesperi ⟨Osterm.⟩	J. G. Sigwart	2 Cor 5	
6242	47	679–682	8.4.1602	J. G. Sigwart	2 Cor 3	
6243	48	682–685	11.4.1602	St. Gerlach	Ioan 20	
6244	49	685–687	11.4.1602 vesperi	J. G. Sigwart	2 Sam 3	
6245	50	687–689	15.4.1602	J. G. Sigwart	2 Cor 3	
6246	51	690–692	18.4.1602	M. Hafenreffer	Ioan 10	
6247	52	692–694	18.4.1602 vesperi	J. G. Sigwart	2 Sam 3	
6248	53	695–697	22.4.1602	J. G. Sigwart	2 Cor 3	
6249	54	654!–656	25.4.1602	J. G. Sigwart	Hos 2	Ed49
6250	55	657–659	1.5.1602	J. G. Sigwart	Ioan 14	
6251	56	659–661	1.5.1602 vesperi	J. Hauber	Ioan 14	
6252	57	661–664	2.5.1602	J. G. Sigwart	Ioan 16	
6253	58	664–665	2.5.1602 vesperi	S. Magirus	Ioan 16	
6254	59	666–668	6.5.1602	J. G. Sigwart	2 Cor 3	
6255	60	669–671	9.5.1602	J. G. Sigwart	Ioan 16	
6256	61	672–674	9.5.1602 vesperi	S. Magirus	Ioan 16	
6257	62	674–676	13.5.1602 vesperi ⟨Himmelf.⟩	S. Magirus	Luc 27	
6258	63*	677–679	16.5.1602	J. G. Sigwart	Ioan 15.16	
6259	64	679–681	16.5.1602 vesperi	J. Hauber	1 Petr 4	
6260	65	681–683	20.5.1602	J. G. Sigwart	2 Cor 4	
6261	66	684–686	23.5.1602 ⟨Pfingsts.⟩	St. Gerlach	Ioan 14	
6262	67	686–688	23.5.1602 vesperi ⟨Pfingsts.⟩	M. Hafenreffer	Act 2	
6263	68	688–690	24.5.1602 ⟨Pfingstm.⟩	M. Hafenreffer	Ioan 3	
6264	69	690–693	24.5.1602 vesperi ⟨Pfingstm.⟩	J. G. Sigwart	Gal 5	
6265	70	693–696	26.5.1602	M. Hafenreffer	Rom 8	
6266	71	696–699	30.5.1602	M. Hafenreffer	Ioan 3	
6267	72	699–702	30.5.1602 vesperi	J. G. Sigwart	2 Sam 3	
6268	73	702–704	6.6.1602	J. G. Sigwart	Luc 16	
6269	74	704–705	6.6.1602 vesperi	M. Hafenreffer	Gen 24	
6270	75	706–707	10.6.1602	J. G. Sigwart	2 Cor 4	
6271	76	708–710	13.6.1602	M. Hafenreffer	Luc 14	
6272	77	710–712	13.6.1602 vesperi	J. G. Sigwart	2 Sam 4	
6273	78	712–715	17.6.1602	J. G. Sigwart	2 Cor 4	
6274	79	715–718	20.6.1602	J. G. Sigwart	Luc 15	
6275	80*	718–719	20.6.1602 vesperi	M. Hafenreffer	Gen 24	
6276	81	720–722	24.6.1602	St. Gerlach	Luc 1	
6277	82*	722–724	24.6.1602 vesperi	J. G. Sigwart	2 Sam 4	
6278	83	725–727	27.6.1602	M. Hafenreffer	Luc 6	
6279	84	727–729	27.6.1602 vesperi	J. G. Sigwart	2 Sam 4	
6280	85*	729–732	29.6.1602	M. Hafenreffer	Matth 16	
6281	86	733–735	29.6.1602 vesperi	J. G. Sigwart	2 Sam 4	
6282	87	735–737	1.7.1602	J. G. Sigwart	2 Cor 4	
6283	88*	737–739	4.7.1602	J. G. Sigwart	Luc 5	
6284	89	740–742	4.7.1602 vesperi	M. Hafenreffer	Gen 24	
6285	90	742–744	8.7.1602	J. Hauber	1 Petr 3	
6286	91*	744–747	11.7.1602	M. Hafenreffer	Matth 5	
6287	92	747–749	11.7.1602 vesperi	J. G. Sigwart	2 Sam 5	

Lfd. Nr.	*Orig. Nr.*	*Seiten*	*Datum*	*Prediger*	*Predigttext*	*Drucke u. Hss.*
6288	93	749–752	15.7.1602	J. G. Sigwart	2 Cor 4	
6289	94	753–755	18.7.1602	J. G. Sigwart	Marc 8	
6290	95	756–757	18.7.1602 vesperi	M. Hafenreffer	Gen 24	
6291	96	757–760	22.7.1602	J. G. Sigwart	Luc 7	
6292	97*	760–763	25.7.1602	M. Hafenreffer	Matth 7	
6293	98	763–765	25.7.1602 vesperi	J. G. Sigwart	2 Sam 5	
6294	99*	765–767	1.8.1602	J. G. Sigwart	Luc 16	
6295	100	768–769	1.8.1602 vesperi	M. Hafenreffer	Gen 24	
6296	101	769–771	5.8.1602	J. G. Sigwart	2 Cor 4	
6297	102	772–774	8.8.1602	M. Hafenreffer	Luc 19	
6298	103	775–777	8.8.1602 vesperi	J. G. Sigwart	2 Sam 5	
6299	104	777–780	12.8.1602	J. G. Sigwart	2 Cor 5	
6300	105	780–782	15.8.1602 vesperi	M. Hafenreffer	Gen 25	
6301	106	782–784	19.8.1602	J. G. Sigwart	2 Cor 5	
6302	107	784–786	22.8.1602	M. Hafenreffer	Marc 7	
6303	108	786–788	22.8.1602 vesperi	J. G. Sigwart	2 Sam 5	
6304	109	788–790	24.8.1602	St. Gerlach	Luc 22	
6305	110	790–792	24.8.1602 vesperi	J. G. Sigwart	2 Sam 5	
6306	111	793–795	26.8.1602	J. G. Sigwart	2 Cor 5	
6307	112	795–798	29.8.1602	J. G. Sigwart	Luc 10	
6308	113	798–800	29.8.1602 vesperi	M. Hafenreffer	Gen 24	
6309	114*	800–803	5.9.1602	M. Hafenreffer	Luc 17	
6310	115*	803–806	5.9.1602 vesperi	J. G. Sigwart	2 Sam 6	
6311	116*	806–809	9.9.1602	J. G. Sigwart	2 Cor 5	
6312	117*	810–812	12.9.1602	J. G. Sigwart	Matth 6	
6313	118*	813–815	12.9.1602 vesperi	M. Hafenreffer	Gen 24	
6314	119	815–818	16.9.1602	J. G. Sigwart	2 Cor 5	
6315	120*	819–822	19.9.1602	J. G. Sigwart	Luc 7	

(p. 822) Sequentes conciones, in sequenti libro.

Mb 19–20

(f. IV) SUMMAE CONCIONUM, quas in Templo Tybing. SS. Georgij et Martini, ex Theologis nostris sanctis, in subsellio (si à statione Rectoris magn. despicias) quarto (habens ante me adhuc 2 subsellia) Profeßorum sedens, ego M. Martinus Crusius sic Graecè excepi: exorsus mediâ hora 4. vesperi, Die ☉: qua media 4. horâ, complevi annum aetatis meae LXXVI. et mox inibi 77^{m}. aetatis annum, singulari beneficio Dei. Natus enim 19. Septemb. 1526 fueram: et exorsus sum scribere 19. Septemb. 1602.

Lfd. Nr.	*Orig. Nr.*	*Seiten*	*Datum*	*Prediger*	*Predigttext*	*Drucke u. Hss.*
6316	1*	1–4	19.9.1602 vesperi hora media 4.	J. G. Sigwart	2 Sam 6	
6317	2*	4–6	21.9.1602	St. Gerlach	Matth 9	
6318	3	6–9	21.9.1602 vesperi	J. G. Sigwart	2 Sam 6	
6319	4	9–12	23.9.1602	J. G. Sigwart	2 Cor 5	
6320	5	12–14	26.9.1602	J. G. Sigwart	Luc 14	
6321	6	15–16	26.9.1602 vesperi	M. Hafenreffer	Gen 24	
6322	7	16–19	3.10.1602	M. Hafenreffer	Matth 22	
6323	8	20–22	3.10.1602 vesperi	J. G. Sigwart	2 Sam 6	
6324	9	22–25	7.10.1602	J. G. Sigwart	2 Cor 6	

Lfd. Nr.	*Orig. Nr.*	*Seiten*	*Datum*	*Prediger*	*Predigttext*	*Drucke u. Hss.*
6325	10	25–29	10.10.1602	J. G. Sigwart	Matth 9	
6326	11*	29–31	10.10.1602 vesperi	M. Hafenreffer	Gen 24	
6327	12	32–33	14.10.1602	J. G. Sigwart	2 Cor 6	
6328	13	34–36	17.10.1602	M. Hafenreffer	Matth 22	
6329	14	37–39	17.10.1602 vesperi	J. G. Sigwart	2 Sam 6	
6330	15*	39–40	19.10.1602	S. Magirus	2 Par 2	
6331	16	41–43	21.10.1602	J. G. Sigwart	2 Cor 6	
6332	17*	43–46	24.10.1602	J. G. Sigwart	Ioan 4	
6333	18*	47–48	24.10.1602 vesperi	M. Hafenreffer	Gen 24	
6334	19*	48–50	28.10.1602 vesperi	J. G. Sigwart	2 Sam 6	
6335	20	50–52	31.10.1602	St. Gerlach	Matth 18	
6336	21	53–54	31.10.1602 vesperi	J. G. Sigwart	2 Sam 6	
6337	22	55–57	4.11.1602	J. G. Sigwart	2 Cor 7	
6338	23	57–59	7.11.1602	M. Hafenreffer	Gen 25	
6339	24*	59–61	11.11.1602	J. G. Sigwart	Luc 12	
6340	25*	61–64	14.11.1602	M. Hafenreffer	Matth 9	
6341	26*	64–65	14.11.1602 vesperi	J. G. Sigwart	2 Sam 7	
6342	27	66–68	21.11.1602	M. Hafenreffer	Matth 21	
6343	28*	68–69	21.11.1602 vesperi	J. G. Sigwart	2 Sam 7	
6344	29*	70–72	25.11.1602	J. G. Sigwart	Matth 13	
6345	30*	72–74	28.11.1602	J. G. Sigwart	Matth 21	
6346	31	74–76	30.11.1602	M. Hafenreffer	Matth 4	
6347	32*	76–77	30.11.1602 vesperi	J. G. Sigwart	2 Sam 7	
6348	33	77–79	2.12.1602	J. G. Sigwart	2 Cor 7	
6349	34	80–82	5.12.1602	St. Gerlach	Luc 21	
6350	35*	82–84	5.12.1602 vesperi	J. G. Sigwart	2 Sam 7	
6351	36	84–86	9.12.1602	J. G. Sigwart	2 Cor 8	
6352	37	86–88	12.12.1602	J. G. Sigwart	Matth 11	
6353	38	89–91	16.12.1602	J. G. Sigwart	2 Cor 8	
6354	39*	91	19.12.1602 vesperi	J. G. Sigwart	2 Sam 7	
6355	40*	92–94	9.1.1603	J. G. Sigwart	Luc 2	
6356	41	95–97	13.1.1603	J. G. Sigwart	2 Cor 8	
6357	42*	97	16.1.1603	St. Gerlach	Ioan 2	
6358	43	98–100	16.1.1603 vesperi	J. G. Sigwart	2 Sam 7	
6359	44	100–102	20.1.1603	J. G. Sigwart	2 Cor 9	
6360	45*	102–103	30.1.1603	J. G. Sigwart	Matth 8	
6361	46	103–105	2.2.1603	St. Gerlach	Luc 2	
6362	47	105–107	2.2.1603 vesperi	J. G. Sigwart	2 Sam 8	
6363	48	107–109	6.2.1603	St. Gerlach	Matth 13	
6364	49	110–112	10.2.1603	J. G. Sigwart	2 Cor 10	
6365	50	112–113	17.2.1603	S. Magirus	1 Cor 9.10	
6366	51	113–115	20.2.1603	J. G. Sigwart	Matth 20	
6367	52	116–117	20.2.1603 vesperi	J. Hauber	Ies 5	
6368	53	118–120	24.2.1603	J. G. Sigwart	Matth 11	
6369	54	120–121	24.2.1603 vesperi	J. Hauber	Act 1	
6370	55	121–123	27.2.1603	St. Gerlach	Luc 8	
6371	56	124–125	27.2.1603 vesperi	J. G. Sigwart	2 Sam 8	
6372	57*	126–128	6.3.1603	J. G. Sigwart	Luc 18	
6373	58*	128–130	3.4.1603	J. G. Sigwart	Ioan 6	
6374	59	131–133	7.4.1603	J. G. Sigwart	2 Cor 10	
6375	60*	133–136	10.4.1603	J. G. Sigwart	Ioan 8	
6376	61	136–138	10.4.1603 vesperi	S. Magirus	Hebr 9	

Lfd. Nr.	*Orig. Nr.*	*Seiten*	*Datum*	*Prediger*	*Predigttext*	*Drucke u. Hss.*
6377	62*	139–140	14.4.1603	J. Hauber	Ier 31	
6378	63	141	16.4.1603 vesperi	J. Hauber	Luc 18	
6379	64	141–144	17.4.1603	J. G. Sigwart	Ioan 18; Matth 26; Marc 14; Luc 22	
6380	65	144–145	17.4.1603 ante prandium	St. Gerlach	Matth 21	
6381	66	146	17.4.1603 hora 12.	S. Magirus	Ioan 18.19	
6382	66!	146–148	17.4.1603 vesperi	J. Hauber	⟨Ioan 19⟩	
6383	67	148–149	20.4.1603	S. Magirus	Ioan 13	
6384	68*	150–153	21.4.1603 ⟨Gründ.⟩	J. G. Sigwart	Ioan 18	
6385	69	153–155	21.4.1603 vesperi ⟨Gründ.⟩	J. Hauber	Ioan 18	
6386	70	156–159	22.4.1603 ⟨Karfr.⟩	J. G. Sigwart	Ioan 18.19	
6387	71*	159–160	22.4.1603 vesperi ⟨Karfr.⟩	S. Magirus	Ioan 19	
6388	72	160–162	23.4.1603	S. Magirus	Ioan 19	
6389	73	162–164	24.4.1603 ⟨Osters.⟩	J. G. Sigwart	Marc 16	
6390	74	165–166	24.4.1603 vesperi ⟨Osters.⟩	S. Magirus	1 Cor 5	
6391	75	166–169	25.4.1603 ⟨Osterm.⟩	J. G. Sigwart	Luc 24	
6392	76	169–171	25.4.1603 vesperi ⟨Osterm.⟩	S. Magirus	2 Tim 2	
6393	77*	171–173	28.4.1603	J. G. Sigwart	2 Cor 11	
6394	78*	174–176	1.5.1603	J. G. Sigwart	Ioan 20	
6395	79	176–178	1.5.1603 vesperi	S. Magirus	Ioan 14	
6396	80*	178–180	5.5.1603	J. G. Sigwart	2 Cor 11	
6397	81	180–183	8.5.1603	J. G. Sigwart	Ioan 10	
6398	82	183–187	12.5.1603	J. G. Sigwart	2 Cor 11	
6399	83	187–189	15.5.1603	J. G. Sigwart	Ioan 16	
6400	84*	190–192	19.5.1603	J. G. Sigwart	2 Cor 11	
6401	85	192–195	22.5.1603	J. G. Sigwart	Ioan 16	
6402	86*	195–198	22.5.1603 vesperi	J. Hauber	Iac 1	
6403	87*	198–200	24.5.1603	J. Hauber	Hiob 14†	
6404	88	200–203	26.5.1603	J. G. Sigwart	2 Cor 11	
6405	89	203–206	29.5.1603	J. G. Sigwart	Ioan 16	
6406	90*	206	29.5.1603 vesperi	S. Magirus	Iac 1	
6407	91	207–209	2.6.1603 ⟨Himmelf.⟩	J. G. Sigwart	Marc 16	
6408	92	210–212	2.6.1603 vesperi ⟨Himmelf.⟩	S. Magirus	Mich 2	
6409	93	213–215	5.6.1603 vesperi	S. Magirus	1 Petr 4	
6410	94	215–218	9.6.1603	J. G. Sigwart	2 Cor 11	
6411	95*	218–221	12.6.1603 ⟨Pfingsts.⟩	M. Hafenreffer	Ioan 14	
6412	96	222–225	12.6.1603 vesperi ⟨Pfingsts.⟩	J. G. Sigwart	Act 2	
6413	97	225–227	13.6.1603 ⟨Pfingstm.⟩	J. G. Sigwart	Ioan 3	
6414	98	228–229	13.6.1603 vesperi ⟨Pfingstm.⟩	J. Hauber	1 Cor 3	
6415	99	230–232	16.6.1603	J. G. Sigwart	2 Cor 11	
6416	100	232–235	19.6.1603	J. G. Sigwart	Ioan 3	
6417	101*	235–237	19.6.1603 vesperi	M. Hafenreffer	Gen 25	
6418	102*	237–241	29.6.1603	J. G. Sigwart	Matth 16	
6419	103	241–242	29.6.1603 vesperi	M. Hafenreffer	Gen 25	
6420	104	243–244	3.7.1603 vesperi	M. Hafenreffer	Gen 25	
6421	105*	245–248	7.7.1603	J. G. Sigwart	2 Cor 12	
6422	106*	248–251	10.7.1603	M. Hafenreffer	Luc 15	
6423	107	251–253	10.7.1603 vesperi	J. G. Sigwart	2 Sam 10	
6424	108	253–356!	14.7.1603	J. G. Sigwart	2 Cor 12	
6425	109	356–360	17.7.1603	J. G. Sigwart	Luc 6	
6426	110	360–362	17.7.1603 vesperi	M. Hafenreffer	Gen 25	
6427	111*	362–365	21.7.1603	M. Hafenreffer	Rom 8	
6428	112*	365–368	24.7.1603	St. Gerlach	Luc 5	

Lfd. Nr.	*Orig. Nr.*	*Seiten*	*Datum*	*Prediger*	*Predigttext*	*Drucke u. Hss.*
6429	113*	368–370	24.7.1603 vesperi	M. Hafenreffer	Gen 25	
6430	114	370–373	25.7.1603	M. Hafenreffer	Matth 20	
6431	115*	374–377	25.7.1603 vesperi	S. Magirus	Rom 8†	
6432	116*	377–380	28.7.1603	J. G. Sigwart	2 Cor 12	
6433	117	380–384	31.7.1603	J. G. Sigwart	Matth 5	
6434	118	384–387	31.7.1603 vesperi	M. Hafenreffer	Gen 25	
6435	119	387–390	4.8.1603	J. G. Sigwart	2 Cor 12	
6436	120	390–392	7.8.1603	M. Hafenreffer	Marc 8	
6437	121	393–394	7.8.1603 vesperi	J. G. Sigwart	2 Sam 10	
6438	122	394–397	11.8.1603	J. G. Sigwart	2 Cor 12	
6439	123	398–400	14.8.1603	J. G. Sigwart	Matth 7	
6440	124	401–402	14.8.1603 vesperi	M. Hafenreffer	Gen 25	
6441	125	403–405	18.8.1603	J. G. Sigwart	2 Cor 13	
6442	126*	406–408	21.8.1603	M. Hafenreffer	Luc 16	
6443	127	408–410	21.8.1603 vesperi	J. G. Sigwart	2 Sam 10	
6444	128	410–413	24.8.1603	M. Hafenreffer	Luc 22	
6445	129	413–415	24.8.1603 vesperi	J. G. Sigwart	2 Sam 10	
6446	130	415–417	28.8.1603 vesperi	M. Hafenreffer	Gen 25	
6447	131	417–420	1.9.1603	J. G. Sigwart	2 Cor 13	
6448	132*	420–422	4.9.1603	St. Gerlach	Luc 18	
6449	133	422–424	4.9.1603 vesperi	J. G. Sigwart	2 Sam 10	
6450	134*	424–426	8.9.1603	J. G. Sigwart	2 Cor 13	
6451	135	427–429	11.9.1603	J. G. Sigwart	Marc 7	
6452	136	430–431	11.9.1603 vesperi	M. Hafenreffer	Gen 25	
6453	137	432–434	15.9.1603	J. G. Sigwart	2 Cor 13	
6454	138*	435–437	18.9.1603	M. Hafenreffer	Luc 10	
6455	139*	437–439	18.9.1603 vesperi	J. G. Sigwart	2 Sam 11	
6456	140*	439–442	21.9.1603	M. Hafenreffer	Matth 9	
6457	141	442–444	21.9.1603 vesperi	J. G. Sigwart	2 Sam 11	
6458	142*	444–445	25.9.1603	J. G. Sigwart	Luc 17	
6459	143	445–447	25.9.1603 vesperi	M. Hafenreffer	Gen 25	
6460	144*	447–449	2.10.1603	St. Gerlach	Matth 6	
6461	145	449–451	2.10.1603 vesperi	J. G. Sigwart	2 Sam 11	
6462	146	451–453	6.10.1603	J. G. Sigwart	Matthäus-Evangelium	
6463	147*	454–455	9.10.1603 vesperi	M. Hafenreffer	Gen 25	
6464	148	455–457	13.10.1603	J. G. Sigwart	Matth 1	
6465	141!	458–459	16.10.1603 vesperi	J. G. Sigwart	2 Sam 11	
6466	142	459–461	20.10.1603	J. G. Sigwart	Matth 1	
6467	143*	461–463	23.10.1603	J. G. Sigwart	Matth 22	
6468	144*	464–465	23.10.1603 vesperi	M. Hafenreffer	Gen 25	
6469	145*	465–467	28.10.1603	M. Hafenreffer	Luc 13†	
6470	146*	467–469	28.10.1603 vesperi	J. G. Sigwart	2 Sam 11	
6471	147	469–471	30.10.1603 vesperi	J. G. Sigwart	2 Sam 11	
6472	148	471–473	3.11.1603	J. G. Sigwart	Matth 1	
6473	149*	474–475	6.11.1603	J. G. Sigwart	Matth 22	
6474	150*	476	6.11.1603 vesperi	M. Hafenreffer	Gen 26	
6475	151*	476–478	10.11.1603	J. G. Sigwart	Matth 1	
6476	152	478–480	13.11.1603	M. Hafenreffer	Ioan 4	
6477	153	481–482	13.11.1603 vesperi	J. G. Sigwart	2 Sam 11	
6478	154*	482–483	17.11.1603	J. G. Sigwart	Matth 1	
6479	155*	484	20.11.1603 vesperi	M. Hafenreffer	Gen 26†	
6480	156*	484–485	23.11.1603	J. G. Sigwart	Rom 14†	Ed52

Lfd. Nr.	*Orig. Nr.*	*Seiten*	*Datum*	*Prediger*	*Predigttext*	*Drucke u. Hss.*
6481	157*	486	27.11.1603	St. Gerlach	Matth 21	
6482	158*	486–487	27.11.1603 vesperi	J. G. Sigwart	2 Sam 11	
6483	159*	487	30.11.1603 vesperi	J. G. Sigwart	2 Sam 11	
6484	160	488–489	4.12.1603	J. G. Sigwart	Luc 21	
6485	161*	490	4.12.1603 vesperi	M. Hafenreffer	Gen 25	
6486	162*	490–491	8.12.1603	M. Hafenreffer	Rom 15	
6487	163*	491–492	11.12.1603	M. Hafenreffer	Matth 21	
6488	164*	493	11.12.1603 vesperi	J. G. Sigwart	2 Sam 11	
6489	165*	494–495	15.12.1603	J. G. Sigwart	Matth 1	
6490	166*	496	18.12.1603	J. G. Sigwart	Ioan 1	
6491	167	497	18.12.1603 vesperi	M. Hafenreffer	Gen 26	
6492	168*	498	21.12.1603	St. Gerlach	Ioan 20	
6493	169	498	21.12.1603 vesperi	S. Magirus	Ioan 20	
6494	170	499	24.12.1603 vesperi	J. Hauber	Luc 9	
6495	171*	499–501	25.12.1603	St. Gerlach	Luc 2	
6496	172	501	25.12.1603 vesperi	J. G. Sigwart	Ies 11	
6497	173	502–504	26.12.1603	J. G. Sigwart	Matth 23	
6498	174	504–505	26.12.1603 vesperi	M. Hafenreffer	Gen 26	
6499	175	506–507	27.12.1603	St. Gerlach	Ioan 21	
6500	176	507–509	27.12.1603 vesperi	J. G. Sigwart	Ies 11	
6501	177	509–511	29.12.1603	J. G. Sigwart	Matth 1	
6502	178	511–513	1.1.1604	M. Hafenreffer	Luc 2	
6503	179*	514	1.1.1604 vesperi	J. G. Sigwart	Eph 4	
6504	180	515–517	6.1.1604	St. Gerlach	Matth 2	
6505	181	517–520	8.1.1604	J. G. Sigwart	Luc 2	
6506	182*	520	15.1.1604	J. G. Sigwart	Ioan 2	
6507	183	521	15.1.1604 vesperi	M. Hafenreffer	Gen 26	
6508	184	521–522	19.1.1604	J. G. Sigwart	Matth 1	
6509	185	522–524	22.1.1604	M. Hafenreffer	Matth 8	
6510	186	524–525	22.1.1604 vesperi	J. G. Sigwart	2 Sam 11	
6511	187	525–526	26.1.1604	J. G. Sigwart	Matth 1	
6512	188	527–528	29.1.1604	M. Hafenreffer	Matth 8	
6513	189*	528–529	29.1.1604 vesperi	S. Magirus	Rom 13	
6514	190*	529–530	2.2.1604 vesperi	J. G. Sigwart	2 Sam 11	
6515	191	531	5.2.1604 vesperi	J. G. Sigwart	2 Sam 11	
6516	192*	532–534	9.2.1604	J. G. Sigwart	Matth 1	
6517	193	534–535	16.2.1604	J. G. Sigwart	Matth 1	
6518	194*	536	19.2.1604 vesperi	J. G. Sigwart	2 Sam 11	
6519	195	536–537	23.2.1604	J. G. Sigwart	Matth 1	
6520	196	537	25.2.1604 vesperi	J. G. Sigwart	2 Sam 12	
6521	197	537–539	1.3.1604	J. G. Sigwart	Matth 1	
6522	198*	539–541	4.3.1604	M. Hafenreffer	Matth 15	
6523	199	541–543	4.3.1604 vesperi	J. G. Sigwart	2 Sam 12	
6524	200	543–545	8.3.1604	J. G. Sigwart	Matth 1	
6525	201*	545–547	11.3.1604	J. G. Sigwart	Luc 11	
6526	202	547–549	11.3.1604 vesperi	M. Hafenreffer	Gen 26	
6527	223!	549–551	15.3.1604	J. G. Sigwart	Matth 1	
6528	204	551–553	18.3.1604	M. Hafenreffer	Ioan 6	
6529	205*	553–555	25.3.1604	J. G. Sigwart	Ioan 8	
6530	206	556–557	25.3.1604 vesperi	M. Hafenreffer	Gen 26	
6531	207	558–559	29.3.1604	J. Hauber	Phil 2	
6532	208	559–561	8.4.1604 ⟨Osters.⟩	J. G. Sigwart	Marc 16	

Lfd. Nr.	*Orig. Nr.*	*Seiten*	*Datum*	*Prediger*	*Predigttext*	*Drucke u. Hss.*
6533	209	562–564	8.4.1604 ⟨Osters.⟩ ⟨vesperi⟩	M. Hafenreffer	Ioan 1	
6534	210	564–566	9.4.1604 ⟨Osterm.⟩	St. Gerlach	Luc 24	
6535	211	566–569	15.4.1604	M. Hafenreffer	Ioan 20	
6536	212	569–571	15.4.1604 vesperi	J. G. Sigwart	2 Sam 12	
6537	213	571–574	19.4.1604	J. G. Sigwart	Matth 1	
6538	214	574–575	22.4.1604	M. Hafenreffer	Gen 26	
6539	215	575–578	26.4.1604	J. G. Sigwart	Matth 1	
6540	216*	578–580	29.4.1604	St. Gerlach	Ioan 16	
6541	217	580–581	29.4.1604 vesperi	J. G. Sigwart	2 Sam 12	
6542	218	582–583	1.5.1604	M. Hafenreffer	Ioan 14	
6543	219	584–585	1.5.1604 vesperi	J. G. Sigwart	2 Sam 12	
6544	220*	585–587	3.5.1604	J. G. Sigwart	Matth 1	
6545	221	588–590	6.5.1604	J. G. Sigwart	Ioan 16	
6546	222*	590–591	6.5.1604 vesperi	G. Zeämann	Ioan 16	
6547	223	591–592	10.5.1604	J. G. Sigwart	Matth 1	
6548	224*	592–594	13.5.1604	F. Bidembach d. Ä.	Ioan 16	
6549	225	594	13.5.1604 vesperi	G. Rosa	Ioan 16	
6550	226*	595–596	17.5.1604 ⟨Himmelf.⟩	M. Hafenreffer	Marc 16	
6551	227	596–597	17.5.1604 vesperi ⟨Himmelf.⟩	J. G. Sigwart	Act 1	
6552	228*	597–599	20.5.1604	J. G. Sigwart	Ioan 15.16	
6553	229	599–600	20.5.1604 vesperi	M. Hafenreffer	Gen 27	
6554	230	600–601	24.5.1604	J. G. Sigwart	Matth 1	
6555	231	602–603	27.5.1604 ⟨Pfingsts.⟩	M. Hafenreffer	Ioan 14	
6556	232	603–604	27.5.1604 vesperi ⟨Pfingsts.⟩	J. G. Sigwart	Act 2	
6557	233	604	28.5.1604 ⟨Pfingstm.⟩	M. Hafenreffer	Ps 51	
6558	234	605–606	31.5.1604	J. G. Sigwart	Matth 1	
6559	235	606–609	3.6.1604	M. Hafenreffer	Ioan 3	
6560	236	609–610	3.6.1604 vesperi	J. G. Sigwart	2 Sam 12	
6561	237	610–611	7.6.1604	J. G. Sigwart	Matth 1	
6562	238	612–613	10.6.1604	J. G. Sigwart	Luc 16	
6563	239	613–614	10.6.1604 vesperi	M. Hafenreffer	Gen 27	
6564	240	614–616	14.6.1604	J. G. Sigwart	Matth 1	
6565	241	616–617	17.6.1604	M. Hafenreffer	Luc 16	
6566	242	617–618	17.6.1604 vesperi	J. G. Sigwart	2 Sam 12	
6567	243*	619–621	24.6.1604	J. G. Sigwart	Luc 15	
6568	244	621–623	24.6.1604 vesperi	M. Hafenreffer	Gen 27	
6569	245*	623–624	29.6.1604	M. Hafenreffer	Matth 16	
6570	246	625	29.6.1604 vesperi	J. G. Sigwart	2 Sam 12	
6571	247*	626–627	1.7.1604	St. Gerlach	Luc 6	
6572	248	627–629	1.7.1604 vesperi	M. Hafenreffer	Gen 27	
6573	249	629–631	5.7.1604	J. G. Sigwart	Matth 1	
6574	250	631–633	8.7.1604	J. G. Sigwart	Luc 5	
6575	251	633–634	8.7.1604 vesperi	J. Hauber	Ioan 21	
6576	252	634–636	15.7.1604	M. Hafenreffer	Matth 5	
6577	253	636–637	15.7.1604 vesperi	J. G. Sigwart	2 Sam 12	
6578	254*	638	29.7.1604	M. Hafenreffer	Matth 7	
6579	255	639	29.7.1604 vesperi	J. G. Sigwart	2 Sam 12	
6580	256	640	2.8.1604	J. G. Sigwart	Matth 2	
6581	257	641	9.8.1604	M. Hafenreffer	Gen 28	
6582	258	641–642	12.8.1604	M. Hafenreffer	Luc 19	
6583	259	643–644	16.8.1604	J. G. Sigwart	Matth 2	
6584	260	644–647	19.8.1604	J. G. Sigwart	Luc 18	

Lfd. Nr.	*Orig. Nr.*	*Seiten*	*Datum*	*Prediger*	*Predigttext*	*Drucke u. Hss.*
6585	261*	647	19.8.1604 vesperi	M. Schäfer	Sir 1	
6586	262*	647–648	26.8.1604 vesperi	⟨Sigwart⟩	2 Sam 13	
6587	263*	649	16.9.1604	J. G. Sigwart	Matth 6	
6588	264	650	16.9.1604 vesperi	M. Schäfer	Sir 1	

(p. 650) Μαρτῖνος ὁ Κρούσιος, τῇ ιθ′. σεπτεμβ. ͵αφκς′. τεχθείς. Τῷ κυρίῳ, τιμὴ καὶ δόξα.
(p. 651) Hactenus in 21 Tomis quartae formae, ligatis, Conciones scriptae 6804. L. Deo. Al. 6669.

PREDIGTDRUCKE

Drucke der von Crusius nachgeschriebenen Predigten in chronologischer Reihenfolge

1 **Andreae, Jakob**: Ein Christliche Predig über der Leich der Durchleüchtigen Hochgebornen Fürstin und Frawen, Fraw Sabina Hertzogin zů Würtemberg, gebornen Hertzogin in Bayern : hochlöblicher und seliger gedächtnuß, zů Tübingen den 2. Septemb. Anno 1564. gehalten ... – Tübingen : Ulrich Morhart Witwe, 1564. – 39 S. ; 4°

VD 16 A 2521; Index Aurel. 105.255. – Tübingen UB u. a.

2 **Andreae, Jakob**: Ein Christliche Leichpredig bey der Begrebnuß des wolgebornen Herrn, Hern Hansen Ungnaden, Freyherrn zů Sonneck, etc. : Rö. Kay. Ma. Weiland Rhat, und des hochlöblichen Hauß von Osterreich alten trewen diener, etc. Wolseliger gedechtnuß auff den Sontag Trinitatis, Anno 1565. gehalten ... – Tübingen : Ulrich Morhart Witwe, 1565. – 47 S. ; 4°

VD 16 A 2507; Index Aurel. 105.264. – Tübingen UB u. a.

3 **Andreae, Jakob**: Christliche, notwendige und ernstliche Erinnerung, Nach dem Lauff der jrdischen Planeten gestelt: : Darauß ein jeder einfeltiger Christ zusehen, was für glück oder unglück, Teutschland diser zeit zugewarten. Auß der vermanung Christi Luc. 21. in fünff Predigen verfasset. Dadurch hoch unnd nider stands, Päpstische und Lutherische, vom Fressen, Sauffen, Geitz, Abgötterey, lösterung des Namens Gottes, Unzucht, Sicherheit, verachtung Gottes Worts, unnd andern Sünden, zůr warhafftigen Bůß und ernstlichem Gebett vermanet werden / gestellt ... – Tübingen : Ulrich Morhart d. Ä., 1567. – 207 S. ; 4°

VD 16 A 2509; Index Aurel. 105.273. – Tübingen UB u. a.

4 **Andreae, Jakob**: Dreyunddreissig Predigten, Von den fürnembsten Spaltungen in der Christlichen Religion, so sich zwischen den Bäpstlischen, Lutherischen, Zwinglischen / Schwenckfeldern und Widerteuffern halten. In Wölchen jedes theils Meinung und Grund trewlich gesetzt, unnd ein einfaltiger Bericht unnd Anleittung auß den sechs Hauptstucken Christlicher Lehr gegeben würdt, wie ein jeder einfaltiger Lay, in solchem allem die Warheit erkennen, und sich Christlich darein schicken soll, daß er in kein Sect verführet werde. Allen frommen Christen und einfaltigen Pfarrern nutzlich zulesen. Geprediget zu Eßlingen, durch Jacobum Andree D. Probst zu Tübinge, und bey der Universitet daselbsten Kantzlern. – Tübingen : Ulrich Morhart d. Ä., 1568. – 6 Bl., 562 S., 2 Bl., 80 S., 2 Bl., 99, 203 S., 2 Bl. ; 4°

VD 16 A 2609; Index Aurel. 105.275. – Tübingen UB u. a.

5 **Andreae, Jakob**: Dreyzehen Predigen vom Türcken : In wölchen gehandelt würdt von seines Regiments Ursprung, Glauben und Religion, Vom Türckischen Alcoran, unnd desselben grundtlicher Widerlegung durch sein selbs des Alcorans Zeugnussen, Von seinem Glück und Wolfart, warumb jme Gott so lange zeit wider sein arme Christenheit zůgesehen, Wie jhme zubegegnen, und wider jhne glücklich zustreitten, Unnd von seinem endtlichen Undergang. Allen Christen, besonders an deen Türckischen Gräntzen, nutzlich unnd trötlich zulesen / geprediget durch Jacobum Andree, D. Probst zů Tübingen, unnd bey der Universitet daselbsten Cantzlern. – Tübingen : Ulrich Morhart Witwe, 1568. – 477 S. ; 4°

VD 16 A 2613; Index Aurel. 105.279. – Tübingen UB u. a.

6 **Bidembach, Balthasar**: Leichpredig, Bey der Begrebnuß, weilund deß Durchleuchtigen, Hochgebornen Fürsten unnd Herrn, Herrn Eberhardten, Hertzogen zů Würtemberg und Theck, Graven zů Mümpelgart, etc. : gethon zu Tübingen den 8. Maij, Anno 1568. / durch Balthasarn Bidenbach, Würtembergischen Hofprediger. – Tübingen : Ulrich Morhart Witwe, 1568. – 30 S. ; 4°

VD 16 B 5350; Index Aurel. 119.050. – Tübingen UB u. a.

7 **Heerbrand, Jakob**: Leichpredig Bey der Begrebnuß weilund des Durchleuchtigen, Hochgebornen Fürsten und Herrn, Herrn Christoffs, Hertzogen zů Würtemberg und Theck, Graven zů Mümpelgart, etc. : hochlöblicher unnd seliger Gedechtnuß, zů Tübingen in der Stiffts oder Pfarrkirchen, da die Leich zů der Erden bestattet / durch Jacob Heerbrand, Doctor unnd Professor der H. Schrifft bey der Hohenschůl Tübingen, auch Prediger der Kirchen daselbst. Den andern Tag Jenners, Anno Domini, M.D.LXIX. gethon. – Tübingen : Alexander Hock, 1569. – 33 S. ; 4°

VD 16 H 1043. – Tübingen UB u. a.

Auch in: J. Heerbrand, Achtzehen Christlicher Predigen ... (Nr. 32). – S. 390–419.

8 **Schnepff, Dietrich**: Ein Leichpredig auß dem ein und neüntzigsten Psalmen : Gehalten uber der Begrebnuß des Edlen und Vesten Hansen von Bueren, zů Tübingen. Neben ettlichen angehenckten Epicedijs / durch Den Ehrwürdigen, Hochgelehrten Herrn Dietterich Schnepffen, der heiligen Schrifft Doctorn und Professorn, auch selbiger zeit Rectorn daselbst, den achten Februarij, M.D.LXX. – Tübingen : Ulrich Morhart d. Ä. Erben, 1570. – XLI, [5] S. ; 4°

Kein bibliographischer Nachweis. – Tübingen UB.

9 **Heerbrand, Jakob**: Concio D. D. Iacobi Herbrandi, Theologiae in Academia Tubingensi Professoris : habita in funere honestissimae matronae, Barbarae Brentiae: Reuerendi et Clarissimi D. Ioannis Brentij Theologi filiae: D. D. Theodorici Sneppfij, Tubing. Ecclesiae Parochi, et Academiae Professoris Theologi, coniugis / a Martino Crusio in templo excepta. Accesserunt Carmina et Epicedia doctißimorum virorum, in honorem eiusdem matronae. – Tübingen, 1572. – 43 S. ; 4°

VD 16 H 976. – Tübingen UB u. a.

10 **Heerbrand, Jakob**: Ein Christliche Predig Auff den Sontag der heiligen Dreyfaltigkeit : über das Euangelium Johannis am 3. Cap. von der H. Dreyfaltigkeit, Widergeburt, Erbsünd, Verdienst Christi, Rechtfertigung des Glaubens, und einigen Weg zu dem ewigen leben, Zů Tübingen gehalten / durch Jacob Heerbrand, Doctor und Professor der heiligen Schrifft bey der hohen Schůl daselbst. – Tübingen : Georg Gruppenbach, 1575. – 41 S. ; 4°

VD 16 H 964. – Tübingen UB u. a.

Auch in: J. Heerbrand, Achtzehen Christlicher Predigen ... (Nr. 32). – S. 228–266.

11 **Osiander, Lukas**: Ein Christliche Predig Uber der Leich der Weilund Durchleüchtigen Hochgebornen Fürstin und Fräwlin, Fräwlin Eva Christina, Grävin zu Würtemberg, etc. : Des auch Durchleüchtigen Hochgebornen Fürsten und Herrn, Herrn Georgen, Graven zu Würtemberg und Mümpelgarten, hochlöblicher seliger gedechtnuß, geliebten Tochter. Gehalten zů Tübingen den 5. Aprilis Anno 1575 / Lucas Osiander D. – Tübingen : Georg Gruppenbach, 1575. – 22 S. ; 4°

VD 16 O 1185. – Tübingen UB u. a.

12 **Heerbrand, Jakob**: Ein Predig, Von dem erschrockenlichen Wunderzeichen am Himmel, dem newen Cometen, oder Pfawenschwantz : Gehalten zu Tübingen den 24. Sontag nach Trinitatis, wölcher ist der 17. Wintermonats / durch Jacob Heerbrand, der heiligen Schrifft Doctorn und Professorn daselbsten. – Tübingen : Georg Gruppenbach, 1577. – 17 Bl. ; 4°

VD 16 H 1064. – Tübingen UB u. a.

Auch in: J. Heerbrand, Achtzehen Christlicher Predigen ... (Nr. 32). – S. 480–494.

13 **Heerbrand, Jakob**: Ein Predig, Von der hohen Schul zů Tübingen, Christlichen Jubel Jar, den 20. tag Hornungs gehalten : In gegenwertigkeit des Durchleuchtigen hochgebornen

Fürsten unnd Herren, Herren Ludwigs Hertzogen zu Wirtemberg unnd Teck, Graffen zu Mümpelgart etc. Sampt seiner Fürstlichen Gnaden geliebten Gemählin, auch anderer verwandten Fürsten, Graffen, Herren, etc. / durch Jacob Heerbrand, der heiligen Schrifft Doctorn und Professorn daselbsten. – Tübingen : Alexander Hock, 1578. – 31 S. ; 4°

VD 16 H 1068. – Tübingen UB u. a.

Auch in: J. Heerbrand, Achtzehen Christlicher Predigen ... (Nr. 32). – S. 452–479.

14 **Heerbrand, Jakob**: Ein Predig, Von der Keuschheit : Am andern Sontag nach Epiphania gehalten zu Tübingen / durch Jacob Heerbrand, der heiligen Schrifft Doctorn und Professorn daselbsten. – Tübingen : Alexander Hock, 1578. – 15 Bl. ; 4°

VD 16 H 1072. – Tübingen UB u. a.

Auch in: J. Heerbrand, Achtzehen Christlicher Predigen ... (Nr. 32). – S. 63–84.

15 **Heerbrand, Jakob**: Ein Predig, Von Fasten : An dem ersten Sontag in der fasten, Inuocavit genandt, zu Tübingen gehalten / durch Jacob Heerbrand, der heiligen Schrifft Doctorn und Professorn daselbsten. – Tübingen : Alexander Hock, 1578. – 14 Bl. ; 4°

VD 16 H 1073. – Tübingen UB u. a.

Neuaufl. 1584

VD 16 H 1074. – Wolfenbüttel HAB.

Auch in: J. Heerbrand, Achtzehen Christlicher Predigen ... (Nr. 32). – S. 136–159.

16 **Heerbrand, Jakob**: Ein Erndt und Herbst Predig : Auß dem 26. Capittel, des fünfften Buch Mosis. Zur Dancksagūg für die reiche Ernd vñ Herbst, dises gegenwertigen Jars. Geschehen den 9. Wintermonats zů Tübingen / durch Jacob Heerbrand, Doctor und Professorn der H. Schrifft daselbst. – Tübingen : Alexander Hock, 1579. – 13 S. ; 4°

VD 16 H 1034. – Tübingen UB u. a.

Neuaufl. 1584

VD 16 H 1035. – Tübingen UB u. a.

Auch in: J. Heerbrand, Achtzehen Christlicher Predigen ... (Nr. 32). – S. 343–364.

17 **Heerbrand, Jakob**: Ein Predig Vom Straal, so zů Tübingen den XIX. Brachmonats, diß 1579. Jar eingeschlagen : Gehalten den ersten Sontag nach Trinitatis zů Tübingen / durch Jacob Heerbrand, der H. Schrifft Doctor. – Tübingen : Alexander Hock, 1579. – 12 S. ; 4°

VD 16 H 1060. – Tübingen UB u. a.

Auch in: J. Heerbrand, Achtzehen Christlicher Predigen ... (Nr. 32). – S. 495–513.

18 **Heerbrand, Jakob**: Ein Predig Von dem einigen richtigen Weg, zu dem ewigen leben : Zu Tübingen, am tag der heyligen Apostel, Philippi und Jacobi, Anno 1580. uber den schönen Herlichen spruch, Joannis am 14. Capitel. Ich bin der Weg, die warheit, unnd das leben / durch Jacob Heerbrand, der heiligen schrifft Doctorn, gehalten. – Tübingen : Alexander Hock, 1580. – 30 Bl. ; 4°

VD 16 H 1063. – Tübingen UB u. a.

Auch in: J. Heerbrand, Achtzehen Christlicher Predigen ... (Nr. 32). – S. 159–196.

19 **Heerbrand, Jakob**: Ein Predigt Von der herrlichen gnadenreich Sighafften und Tröstlichen Himmelfahrt Christi : Am tage der Himmelfahrt, zu Tübingen gehalten: Sampt einer beygetruckten Vorred, An Herren Melchiorn Jäger, Fürstlichen Würtembergischen Obersten Cammer Secretarium / durch Jacob Heerbrand der heyligen Schrifft Doctorn. – Tübingen :

Alexander Hock, 1580. – 26 Bl. ; 4°

VD 16 H 1067. – Tübingen UB u. a.

Auch in: J. Heerbrand, Achtzehen Christlicher Predigen ... (Nr. 32). – S. 197–228.

20 **Heerbrand, Jakob**: Von dem Heyligen Göttlichen Eheorden : Ein Predig, auff den andern Sonntag nach Epiphania, von der Hochzeit zů Cana inn Gallilea, gehalten zů Tübingen / durch Jacobum Heerbrandum, der heyligen Schrifft Doctorn. – Tübingen : Alexander Hock, 1580. – 30 Bl. ; 4°

Kein bibliographischer Nachweis. – Tübingen UB.

Auch in: J. Heerbrand, Achtzehen Christlicher Predigen ... (Nr. 32). – S. 85–135.

21 **Schnepff, Dietrich**: Eine Tröstliche Predigt : Am tage des H. Stephani, Anno sibentzig neune: Auß dem sechsten unnd sibenden Capitel der Apostelgeschichte. Darinnen meniglich zu stehter betrachtung des Todts, und bereittung zu einem seligen End ermanet würdt. In Truck verordnet, Den Ernuesten, Wolgeachten, und sonders fürnemen Herren, Paulo Fören, und Johan Guffern, der löblichen Reichstatt Kempten erwelten Burgermeistern. Deßgleichen Melchiorn Schmeltz, und Joseph Künig, des geheimen Rahts daselbsten, zu Ehrn und Gunst: Auch nutz und trost allen frommen Christen, durch M. Johan Crapner / von Herren Theodorico Schnepffio der H. Schrifft Doctorn, Professorn und Pfarrherrn zu Tübingen gehalten. – Tübingen : Georg Gruppenbach, 1580. – 27 S. ; 4°

Kein bibliographischer Nachweis. – Tübingen UB.

22 **Heerbrand, Jakob**: Ein Predig Von dem Christkindlein, auff den Christag zu Tübingen gehalten : Dem Heyligen Christkindlein zu lob, Ehr und Preiß / durch Jacob Heerbrand, Doctorn und Professorn der Heyligen Schrifft daselbst. – Tübingen : Alexander Hock, 1582. – 18 Bl. ; 4°

Kein bibliographischer Nachweis. – Tübingen UB.

Auch in: J. Heerbrand, Achtzehen Christlicher Predigen ... (Nr. 32). – S. 35–60.

23 **Heerbrand, Jakob**: Ein Bußpredig, Auß dem dritten Capitel, deß Heiligen Propheten Jonas : Von wegen der jetzigen gefahrlichen und geschwinden zeit und Leuff. Gehalten zu Tübingen, an S. Bartholomeus, deß H. Apostels tag / durch Jacob Heerbrand, Doctor und Professor der heiligen Schrifft daselbsten. – Tübingen : Alexander Hock, 1583. – 26 S. ; 4°

Kein bibliographischer Nachweis. – Tübingen UB.

Auch in: J. Heerbrand, Achtzehen Christlicher Predigen ... (Nr. 32). – S. 322–342.

24 **Osiander, Lukas**: Ein Predig, Uber die Leich der Durchleuchtigen Hochgebornen Fürstin und Frawen, Frawen Dorothea Ursula, Hertzogin zu Würtenberg, etc. gebornen Marggrävin zu Baden unnd Hohenberg, etc. : Gehalten zu Tübingen den 29. May, Anno, etc. 83 / Lucas Osiander D. – Tübingen : Georg Gruppenbach, 1583. – 25 S. ; 4°

Nicht identisch mit VD 16 O 1244 und O 1245. – Tübingen UB.

Tübingen : Alexander Hock, 1584. – 24 S. : andere Aufl.

Tübingen UB.

25 **Heerbrand, Jakob**: Ein Predig Von der einig wahren und seligmachenden Religion, unnd glauben : Auff S. Petri unnd Paulitag, gehalten zu Tübingen / durch Jacob Heerbranden, Doctorn unnd Professorn, der heiligen Schrifft daselbsten. – Tübingen : Alexander Hock, 1584. – [16] Bl. ; 4°

VD 16 H 1065. – Tübingen UB u. a.

Auch in: J. Heerbrand, Achtzehen Christlicher Predigen ... (Nr. 32). – S. 295–322.

26 **Osiander, Lukas**: Ein Predig Uber der Leich des Edlen und Vesten, Junckhern Bernharden von Rhor, Churfürstlichen Brandenburgischen Rhat und Hauptman auff dem Ampt Ziesar: und auff diser Reise zugeordneten Fürstlichen Lignitzischen Rhat und Marschalck : Gehalten zu Tübingen in der Pfarrkirch, den 20. Septembris, Anno etc. 84. In gegenwertigkeit des Durchleuchtigen, Hochgebornen Fürsten und Herrn, Herrn Johan Georgen, Hertzogen in Schlesien, zur Lignitz und Brigen, etc. auch S. F. G. geliebten Gemahelin, und anderm Fürstlichen Frawenzimmer, auch Fürstlichen Gesandten und Hoffgesind / durch Lucam Osiandrum D. Würtenbergischen Hoffpredigern. – Tübingen : Georg Gruppenbach, 1584. – 20 S. ; 4°

VD 16 O 1240. – Tübingen UB u. a.

27 **Schnepff, Dietrich**: Leichpredig, Bey der Begrebnus des Edlen Vesten unnd Hochgelehrten, Herrn M. Caspars Wilden seeligen, Fürstlichen Württenbergischen Raht, und der Universitet zu Tübingen Comissarij daselbsten, den 7. tag Februarij Anno 84. gehalten / durch Dieterich Schnepfen D. – Tübingen : Alexander Hock, 1584. – 11 Bl. ; 4°

VD 16 S 3300. – Tübingen UB u. a.

28 **Brenz, Johannes d. J.**: Ein Christliche Predig Von dem Lemble Gottes, wölches die Sünd der Welt tregt : am ersten Sontag, nach der Beschneidung unsers Herrn Jhesu Christi, gehalten zu Tübingen / durch Johann Brentzen, Doctorn und Professorn der heiligen Schrifft daselbst. – Tübingen : Alexander Hock, 1585. – 14 Bl. ; 4°

VD 16 B 7997. – Tübingen UB u. a.

29 **Heerbrand, Jakob**: Ein Predig und außlegung uber den fünff und sechtzigsten Psalmen davids : Zur dancksagungg gegen Gott für manigfeltige seine gnad und gaben, Und von wegen deß Reichen Herpsts dises Jars. Am tag Simonis und Judee, zu Tübingen gethon / durch D. Jacoben Heerbrand. – Tübingen : Alexander Hock, 1585. – 26 S. ; 4°

Kein bibliographischer Nachweis. – Stuttgart LB.

Auch in: J. Heerbrand, Achtzehen Christlicher Predigen ... (Nr. 32). – S. 564–590.

30 **Staehelin, Christoph**: Scripta Aliquot Consolatoria Doctorum Virorum et Iuvenum : Ad Clarissimum Virum, M. Georgium Hitzlerum, Oratoriae Et Linguae Graecae in Academia Tubingensi Professorem, Collegij Philosophici Decanum: de tristissimo obitu charissimae Coniugis eius, Elisabetae, piae et honestissimae matronae: VI die Iunij, S. Trinitati sacro, anno M.D.LXXXV. ex hac mortali vita, in illam sempiternam beatitudinem translatae / a Martino Crusio, Utriusque linguae in eadem Academia Professore, edita. – Tübingen : Georg Gruppenbach, 1585. – 85 S. ; 4°

Kein bibliographischer Nachweis. – Tübingen UB.

31 **Andreae, Jakob**: Christliche Leichpredig, Bey der Begraebnus des Ehrwuerdigen und Hochgelehrten Herrn, Primus Trubern : weilund einer Ersamen Euangelischen Landtschafft, im Hochloeblichen Hertzogthumb Crain, bestellten Predigers, geweßnen Pfarrers zu Derendingen, bey Tuebingen. Gehalten den 29. Junij, im Jar 1586. – Tübingen : Georg Gruppenbach, 1586. – [8] Bl., 62 S. ; 4°

VD 16 A 2506. – Tübingen UB; Wolfenbüttel HAB (2 Ex.).

32 **Heerbrand, Jakob**: Achtzehen Christlicher Predigen, Von mancherley Gottseliger Materien : Zu Tübingen, nach und nach zu underschiedlichen zeitten gehalten / durch Jacobum Heerbrandum D. und Professorn der Heyligen Schrifft daselbsten. – Tübingen : Alexander Hock, 1586. – 513 S. ; 4°

VD 16 H 951. – Tübingen EvStift u. a.

33 **Andreae, Jakob**: Leichpredig, Bey der Begräbnus des Ehrwürdigen Hochgelerten Herrn Dieterich Snepffen, der heiligen Schrifft Doctorn, unnd Professorn, Pfarrers unnd General Superintendenten zu Tübingen : Den 10. tag Novembris Anno, etc. 86. gehalten. Darinnen Teutschland der grossen gnad und gaben Gottes, undancks gegen denselben, ihres glücks und unglücks erinnert worden ... – Tübingen : Alexander Hock, 1587. – 28 Bl. ; 4°

VD 16 A 2658; Index Aurel. 105.354. – Tübingen UB u. a.

34 **Crusius, Martin**: Πολίτευμα οὐράνιον. Civitas coelestis, seu catecheticae conciones : Item, Trium Summorum Anniversariorum Festorum Conciones: Aliquot denique Orationes et Epistolae: / a Martino Crusio editae. – Tübingen : Georg Gruppenbach, 1588. – 698 S. ; 4°

Siehe Bibliogr. Nr. 64

35 **Sigwart, Johann Georg**: Ein Predig Uber der Leych, der Ehrn unnd Tugentsamen Frawen, Anna Maria : des Ehrnuesten unnd Hochgelehrten, Herrn Hieronymi Gerharden, beyder Rechten Doctoris, Fürstlichen Würtenbergischen Rahts, zu Stuttgarten, und des Fürstlichen Hofgerichts zu Tübingen Assessoris, gewesner Ehlichen Haußfrawen, den 15. Junij, zu Tübingen gehalten / durch M. Joannem Georgium Sigwardten Pfarrern daselbst. – Tübingen : Alexander Hock, 1588. – 32 Bl. ; 4°

VD 16 S 6464. – Tübingen UB u. a.

36 **Osiander, Lukas**: Ein Tröstliche Predigt : Bey der Fürstlichen Leich, weilund der Durchleuchtigen Hochgebornen Fürstin und Frawen, Frawen Anna Maria, Hertzogin zu Würtenberg, etc. geborne Marggrävin zu Brandenburg, etc. Christseliger Gedechtnus, in beysein des auch Durchleuchtigen Hochgebornen Fürsten und Herrn, Herrn Ludwigen, Hertzogen zu Würtenberg unnd Teck, Graven zu Mümpelgarten, etc. Ihrer F. G. Herrn Sohns, auch S. F. G. hochlöblichen Christlichen geliebten Gemahelin, unnd des Fürstlichen Würtenbergischen Hoffgesinds. Gehalten zu Tübingen, den 9. Junij, Anno, etc. 89 / durch Lucam Osiandrum D. Würtenbergischen Hoffpredigern. – Tübingen : Georg Gruppenbach, 1589. – 19 S. ; 4°

VD 16 O 1261. – Tübingen EvStift u. a.

37 **Osiander, Lukas**: Ein Predig, Bey der Leych, des Ehrwürdigen und Hochgelehrten Herrn, Jacobi Andreae, der heyligen Schrifft Doctorn, Probsts und Cantzlers bey der Universitet zu Tübingen : Sampt einem kurtzen Summarischen bericht, welcher gestaldt, Ehrngedachter Herr, D. Jacobus Andreae seinen Abschied, von Magnifico Domino Rectore unnd Senatu der Universitet zu Tübingen, Christlich und Selig genommen. Gehalten zu Tübingen, den 9. Januarij, Anno 1590 / durch Lucam Osiandrum D. Würtenbergischen Hoffpredigern. – Tübingen : Alexander Hock, 1590. – 20 Bl. ; 4°

VD 16 O 1236. – Tübingen UB u. a.

38 **Heerbrand, Jakob**: Ein Predigt Von aller Heiligen Tag unnd Fest, auff den 22. Sontag nach Trinitatis, welcher war der letste Weinmonats : Gehalten zu Tübingen / durch Jacob Heerbranden, der heiligen Schrifft Doctoren, Propst unnd Cantzler bey der Hohenschul daselbst. – Tübingen : Georg Gruppenbach, 1591. – 22 S. ; 4°

VD 16 H 1061. – Tübingen EvStift u. a.

39 **Heerbrand, Jakob**: Ein Predig Von aller Seelentag und was demselbigen anhängig, Nemblich dem Fegfewer : Vom ursprung desselbigen, auch was, und wo es seye, Item wie den armen Seelen darauß geholffen, sampt der Widerlegnung dessen allem, gehandlet / durch Jacob Heerbranden, Doctorn unnd Professern der H. Schrifft, auch Probst und Cantzlern bey der Hohenschul zu Tübingen. – Tübingen : Alexander Hock, 1592. – [12] Bl. ; 4°

VD 16 H 1062. – Tübingen EvStift u. a.

40 **Sigwart, Johann Georg**: Leichpredigt, Bey der Begräbnus Weiland des Ehruesten, Hochgelehrten Herrn Anastasij Demlers, der Rechten Doctoris unnd Professoris ordinarij der löblichen Universitet zu Tübingen, welcher den 22. Julij, Anno 1591. seliglichen in Gott verschieden, gehalten / durch Joannem Georgium Sigwart, der H. Schrifft Doctorn und Pfarrern daselbst. – Tübingen : Georg Gruppenbach, 1592. – 22 S. ; 4°

VD 16 S 6461. – Tübingen UB u. a.

41 **Osiander, Lukas**: Vier Christliche Predigten, Uber der Leich, weilund des Durchleuchtigen, Hochgebornen Fürsten und Herrn, Herrn Ludwigen, Hertzogen zu Würtenberg und Teck, Graven zu Mümpelgart, etc : Hochlöblicher und Christseliger gedachtnus, wie sie nach einander gehalten. ... – Tübingen : Georg Gruppenbach, 1593. – 159 S. ; 4°

Kein bibliographischer Nachweis. – Tübingen EvStift.

42 **Schnepff, Dietrich**: Conciones duae de die festo Ioannis Baptistae : Una: Theodorici Sneppfii, sacrae theologiae D. piae M. de morte huius sancti, ex Matth. XIIII. Altera: Joannis Brentii D. hodie Hirsaugiensis abbatis, ex Esa. XL. / a professore Tybingensis academiae, Martino Crusio, Graece et Latine editae. – Tübingen : Georg Gruppenbach, 1593. – 25 S. ; 4°

VD 16 S 3277. – Tübingen UB u. a.

43 **Sigwart, Johann Georg**: Nobilis, clarissimi, et consultissimi Viri, D. Nicolai Varenbüleri Sen. [...] Et Nobilis, praestantissimae, laudatissimaeque foeminae, Reginae VValtherin [...] Coniugum Quinquagenariorum: Gratulationibus [...] Concione nuptiali [...] suo loco addita ... – Tübingen : Erhard Cellius, 1597 ; 4°

Kein bibliographischer Nachweis. – Nürtingen K*.

44 **Hafenreffer, Matthias**: Drey Christliche Predigten, von dreyen fürnemen Jarfesten : Die I. Von dem Fest Aller Heyligen. Die II. Von dem Fest Aller Seelen. Die III. Von dem heiligen Bischoff Martino. In welchen nicht allein die hieuorige Päpstische Irrthumb und Abgötterey, so auff solche Fest getriben, auß derselben eignen Scribenten, trewlich angezeigt: sondern, wie wir dagegen gemelte Fest, nach innhalt Göttlichen Worts, Christlich begehen und halten sollen, kurtzlich vermeldet unnd gelehret würdt. Gehalten zu Tübingen / durch Matthiam Hafenrefferum D. – Tübingen : Georg Gruppenbach, 1598. – 52 S. ; 4°

VD 16 H 150. – Tübingen EvStift u. a.

45 **Sigwart, Johann Georg**: [1. Predigt in:] Vier Christliche Leuch- und Ehrenpredigen : Sampt einer Trostschrifft, unnd Waldeckischen Wildungischen Schwanen Gesang: ahn die Wolgeborne Fraw, Fraw Margaretha, geborne Gräfin zu Gleichen, unnd Thoma, Gräffin unnd Witwe zu Waldeck: Uber dem Gottseeligen Absterben, deß Weylund auch Wolgebornen Herrn, Herrn Wilhelm Ernsten, Grafen und Herrn zu Waldeck, etc. Wolgemelter Fraw Gräfin, und Wittiben vielgeliebten Herrn Sohns, etc. Christseeliger gedächtnůß: Wölcher den 16. Sept. Anno 1598. bey der Löblichen Weitberümbten hochen Schul zu Tübingen seeliglich in dem Herrn entschlaffen, unnd in die Himmelische hoche Schul deß Sohns Gottes versetzet ist worden ... / durch Erhardum Cellium. – Tübingen : Erhard Cellius, 1600. – 138 Bl. ; 4°

Kein bibliographischer Nachweis. – Tübingen UB.

46 **Hafenreffer, Matthias**: Concio Secularis : Das ist: Erinnerungs, unnd Danckpredigt, wegen der vielfältigen und grossen Gutthaten, welche der Allmechtige Gott, uns in den nächst abgelauffenen hundert Jaren, Nämlich von Anno 1500., biß auff Annum 1600. von der Seeligmachenden Geburt, unsers lieben HErrn und Heylands Jesu Christi gezelet, zu Seel und Leib, Vätterlich und Reichlich erzeigt hat. Gehalten zu Tübingen auff den Newen Jarstag deß eingehenden 1600. Jars / durch Matthiam Hafenreffern, der H. Schrifft Doctorn

und Professorn daselbsten. – Tübingen : Erhard Cellius, 1601. – 24 Bl. ; 4°

Vgl. VD 16 H 147.

47 **Sigwart, Johann Georg**: Ein Predigt Von den Erdbidemen : Als den Achten Septemb. dieses 1601. Jahrs, das Erdreich an vil underschidlichen orten hefftig gebebet. Meniglichen zu Christlichen underricht, Ernstlicher Warnung und Täglicher Besserung deß Lebens, den nächst darauff erfolgten Sontag Dominica 14. Trinit. zu Tübingen gehalten. Von Newem ubersehen und corrigirt / durch Joannem Georgium Sigwarten, Doctorn, Pfarrern und Professorn daselbsten. – Tübingen : Erhard Cellius, 1601. – 25 Bl. ; 4°

Kein bibliographischer Nachweis. – Tübingen UB.

48 **Crusius, Martin**: Στέφανος τοῦ ἐνιαυτοῦ. Corona Anni : Hoc est, Explicatio Evangeliorum et Epistolarum, quae Diebus Dominicis et Festis in Ecclesia proponuntur: e Tybingensium, et aliorum Theologorum Concionibus / a Martino Crusio Tybingensis Academiae Professore, Quatuor Tomis conscripta. – Wittenberg : Lorenz Seuberlich, 1602 – 1603. – T. 1 – 4 ; 2°

Siehe Bibliogr. Nr. 98

49 **Sigwart, Johann Georg**: Ein Predigt, vom Reiffen und Gefröst : Den 25. Aprilis, Dominica Iubilate, Anno 1602. (als die nächste Tag zuuor, nämblich den 21. 22. und 23. gemelten Monds, das Rebwerck erfroren) zu Tübingen gehalten / durch Johannem Georgium Sigwarten, der H. Schrifft Doctorn, Pfarrern und Professorn daselbsten. – Tübingen : Erhard Cellius, 1602. – 15 Bl. ; 4°

Kein bibliographischer Nachweis. – Stuttgart LB.

50 **Sigwart, Johann Georg**: Zweintzig Predigten, Uber Das Fünffzehende Cap. der Ersten Epistel S. Pauli an die Corinthier : Darin fürnämlich von Aufferstehung der Todten unnd Ewiger Seeligkeit gehandelt würdt. Zu Tübingen gehalten. / durch Johannem Georgium Sigwartten D. Pfarrern unnd Professorn daselbsten. – Tübingen : Erhard Cellius, 1602. – 193 Bl. ; 4°

Kein bibliographischer Nachweis. – Tübingen UB.

51 **Sigwart, Johann Georg**: Eilff Predigten, Von den Vornemesten unnd zu ieder zeit in der Welt gemeinesten Lastern, sampt derenselben entgegen gesetzten Tugenten, bey der Außlegung der Ersten Epistel S. Pauli an die Corinthier, auß dem Sechsten Capitul : Anno 1599 zu Tübingen gehalten. / durch Johannem Georgium Sigwartten, D. Pfarrern unnd Professorn daselbsten. – Tübingen : Erhard Cellius, 1603. – 173 Bl. ; 4°

Kein bibliographischer Nachweis. – Tübingen UB.

52 **Sigwart, Johann Georg**: Leichpredigt, Bey der Begräbnuß Der Edlen unnd Tugentsamen Frawen, Regina Varenbühlerin, gebornen Waltherin von Augspurg, deß Edlen, Ehrnuesten und Hochlährten Herrn Nicolai Varenbühlers, deß Eltern, beeder Rechten Doctoris, und bey der Löblichen Universitet zu Tübingen, Erlebten Professoris, auch Fürstlichen Würtembergischen Rhats, Ehlichen Haußfrawen : Welche, Nach dem sie 76. Jahr und 8. Monat in ihrem Alter erreicht, und 56. Jahr und 3. Monat in Erster Ehe gelebt, den 18. Novemb. Anno 1603. seeliglich entschlaffen, und hernach den 23. Tag gemelts Monats, in S. Georgen Kirchen zu Tübingen, Ehrlich zur Erden bestattet worden. Praefixum est magnifici Dn. Rectoris Programma siue Funeris et Concionis huius Indictio / gehalten Durch Johannem Georgium Sigwartten D. Pfarrherrn und Professorn der H. Schrifft daselbsten. – Tübingen : Erhard Cellius, 1603. – 37 S. ; 4°

Kein bibliographischer Nachweis. – Tübingen UB.

53 **Sigwart, Johann Georg**: Vierzehen Predigten: Darin die gantze Lehr Vom H. Abendtmal, Aus der Ersten Epistel S. Pauli an die Corinther, ordenlich zusamen verfaßt : Zu Tübingen gehalten. Von Newem durch den Authorem selbs widerumb ubersehen / durch Johannem Georgium Sigwartten D. Pfarrern unnd Professorn daselbsten. – Tübingen : Erhard Cellius, 1603. – 169 Bl. ; 4°

Kein bibliographischer Nachweis. – Tübingen UB.

HANDSCHRIFTEN

1 Nachschriften theologischer Vorlesungen von Johannes Marbach
Straßburg, 27. Juni 1546 – 21. Januar 1547 (180 Bl.). – Erklärung des Matthäusevangeliums (Kap. 26–28) und des Johannesevangeliums
Tübingen UB: Mc 181. – Kat. lat. Hss., II., 98.

2 Nachschriften philosophischer Vorlesungen von Jost Welsens und Johannes Sturm
Straßburg, 8. April 1547 – 1549 (206 Bl.). – Erklärung der Politica des Aristoteles von Jost Welsens und des 1. Idylls Theokrits von Johannes Sturm. Eingeschoben (fol. 95–96^{v}) die Nachschrift einer Vorlesung von Paulus Fagius (Büchelin) über den Leviticus (Kap. 26)
Tübingen UB: Mc 222. – Kat. lat. Hss., II., 141.

3 Übersetzungs- und Stilübungen, lat./griech. (Prosa und Poesie)
[Straßburg,] 12. Mai 1547 – 11. November 1550
Tübingen UB: Mc 224. – Kat. lat. Hss., II., 144. Bücher im Wandel der Zeiten. Tübingen 1977 (Ausstellungskataloge der Universität Tübingen; 6), 12 (Nr. 7).

4 Nachschriften philologischer, philosophischer und theologischer Vorlesungen; verschiedene griech. und lat. Texte (Poesie und Prosa). 182 Bl.
[Straßburg,] 4. November 1549 – 20. April 1552
Tübingen UB: Mc 223. – Kat. lat. Hss., II., 142.

5 Brief an Philipp und Anton von Werthern, [Straßburg]
Ulm, 19. Mai 1551
Hamburg SUB: Sup. ep. 104, fol. 22. – Krüger, Supellex 1,200.

6 Brief an Philipp und Anton von Werthern, [Straßburg]
Ulm, 20. Mai 1551
Hamburg SUB: Sup. ep. 104, fol. 23. – Krüger, Supellex 1,200.

7 Notizen zur Musiktheorie und kleine Komposition
Juni 1551 – 1. August 1594. – Randbemerkungen und Anhang zu folgendem Druck: Lampadius: Compendium musices ... Bern: Matthias Apiarius, 16. August 1541 (VD 16 L 179)
Tübingen UB: De 4. – Kat. lat. Hss., II., 298.

8 Vorlesungsnachschriften (74 Bl.)
[Straßburg,] 25. August 1552 – 16. September 1553. – Vorlesungen von Ludwig Rabus über Melanchthons Loci communes und über den Galaterbrief
Tübingen UB: Mc 45. – Kat. lat. Hss., I., 138.

9 Brief an Philipp von Werthern, [Straßburg]
Straßburg, [..] August 1553
Hamburg SUB: Sup. ep. 104, fol. 24–25. – Krüger, Supellex 1,200.

10 Brief an Ratsherr Felix Pfost, Memmingen
Straßburg, 4. März 1554
Memmingen StArch: A 398/3

11 Besitzeintragung, lat./griech. (auf Bl. I des Druckes)
Memmingen, 1554; Tübingen, 1586 und 1595. – Biblia, NT. (dt., Martin Luther). Straßburg: Johannes Schott [1523] (VD 16 B 4333). Mit überaus zahlreichen hss. Anmerkungen und Ergänzungen von Martin Kraus (Vater)
Tübingen UB: Ga LIII 54. – Kat. lat. Hss., II., 301.

12 Indices, ital./lat., zu lateinischen, italienischen und französischen Werken
Memmingen, 9. November 1555 – 15. November 1558 (96 Bl.). – Indices zu Werken von Galeatius Capella, Haymo Halberstatensis, Juan de Flores, Leonbattista Alberti, Simone

Fornari und Paulo Rosso (italienische Sueton-Übersetzung)
Tübingen UB: Mc 208. – Kat. lat. Hss., II., 130.

13 Inhaltsübersicht zu Homers Ilias (34 Bl.)
[Memmingen,] vor 6. April 1556. – Crusius erhielt diese seine Handschrift am 6. April 1556 von Jakob Fabricius aus Meißen zurück.
Tübingen UB: Mc 209. – Kat. lat. Hss., II., 131.

14 Notizen, ital./lat., passim und auf losem Zettel
Memmingen, nicht vor 30. Mai 1556. – Notizen zum Werk von Bernardino Corio *L'Historia di Milano volgarmente scritta* ..., Venedig: Giovan Maria Bonelli, 1554
Tübingen UB: Fo IV 40.4

15 Notizen, ital./lat., passim und auf losem Zettel
Memmingen, nicht vor 30. Mai 1556
Tübingen UB: Mc 208. – Kat. lat. Hss., II., 130.

16 *Martini Crusij Tybingae. Catalogus discipulorum.*
1559–1570. – Hörerverzeichnis (61 Bl.)
Stuttgart LB: Cod. hist. 8° 81. – Heyd, Hist. Hss., II., 163 (Nr. 81).

17 Argumenta singulorum librorum Baldi, quorum 25 scripsit Merlinus Cocaius.
Februar 1559. – Doppelblatt, eingeklebt in: Ariosto, Lodovico: Le premier volume de Roland Furieux ... (Orlando Furioso, frz.) Paris: Michel de Vascosan, 1555 (Index Aurel. 107.462). Im Besitz von Crusius seit 22. Dezember 1556.
Tübingen UB: Dk III 12.4

18 Zwei Notizen
[nicht vor 24. April 1559]. – Johannes Benignus Leichenrede für Herzog Ulrich, 17. Dezember 1550. Leichenrede von Georg Liebler für Matthias Garbitius Flacius Illyricus, 1559. Handschrift (unbekannte Hand), 49 Bl.
Tübingen UB: Mh 196, fol. 1 und 32^{v}. – Kat. lat. Hss., II., 260.

19 Brief an Coelius Secundus Curio, Basel
Tübingen, 8. November 1559
Basel ÖB: G I 66, fol. 131–132. Abschriften: G I 28a, fol. 29–30; G^{2} I 22,1, fol. 77–78; G^{2} II 40, fol. 153^{v}–160. Weitere Abschrift: Hamburg SUB, Sup. ep. 59, fol. 81^{v}–82^{v}

20 Exzerpte *De Gog et Magog, ex chronologia Bibliandri* (Bibliander, Theodor: De ratione temporum [...] Liber unus [...] Demonstrationum Chronologicarum liber alius. Basel: Johann Oporinus, 1551. – VD 16 B 5322/5331) auf den leeren Seiten am Ende, außerdem Randbemerkungen
[Tübingen,] Januar 1561. – In: Sibyllinorum Oraculorum Libri VIII. Addita Sebastiani Castalionis interpretatione Latina ... Basel: Johann Oporinus, 1555. – VD 16 S 6278
Dresden LB: Lit.x Gr. A 1675. – Falkenstein, Karl: Beschreibung der Königlichen Öffentlichen Bibliothek zu Dresden. Dresden 1839, S. 527.

21 Notizen (auf fol. 1)
[nicht vor 31. März] 1563. – Nachschrift einer Vorlesung von Samuel Hailand über die Ethica (VIII-X) des Aristoteles (137 Bl.). Von Kaspar Herter für Crusius abgeschrieben.
Tübingen UB: Mc 22. – Kat. lat. Hss., I., 103 f.

22 Anmerkungen (passim)
18. April 1563 – 6. Juni 1565. – Vorlesungsnachschriften (von Jakob Schopper, Peter Hainlin, Ludwig Linck, Georg Schnepff u. a., 1, 242 Seiten): Georg Liebler über de anima des Aris-

toteles
Tübingen UB: Mc 33. – Kat. lat. Hss., I., 127 f.

23 Brief an Ludwig Lavater, Zürich
Tübingen, 27. August 1563. – Abschrift von unbekannter Hand, Anfang 19. Jh.
Utrecht BU: Hs. 11.C.10, fol. 27

24 Dekanatsakten
8. Oktober 1564–1606. – Aufzeichnungen von Crusius (424 Seiten)
Stuttgart LB: Cod. hist. 4° 300. – Heyd, Hist. Hss., II., 124 (Nr. 300).

25 Brief an Johann Oporinus, Basel
[Tübingen, ca. 1563/1564]
Basel ÖB: Frey-Gryn Ms. II 8, Nr. 539.

26 Eintragung, lat./griech., im Stammbuch des Hieronymus Köhler
[Tübingen,] 31. März 1564. – Zur Widmung eine *Summa concionis D. Iacobi Heerbrandi Theologi [...] 30. Martij ...«* Nachschrift dieser Predigt in Mb 19,3, pp. 32–34
London BL: MS 1184, fol. 133. – Klose, Corpus Alborum Amicorum 19 (61.COE.HIE).

27 Nachschrift der Aristoteles-Vorlesung von Georg Liebler
Tübingen, 9. Mai 1564 – 13. Februar 1565 (–1574). – Erklärung der Parva naturalia, περὶ μνήμης, de somno et vigilia, de insomniis, de longa et brevi vita, de iuventute et senectute
Tübingen UB: Mc 182. – Kat. lat. Hss., II., 99–100.

28 Anmerkungen, griech./lat.
Tübingen, Juni 1564 – ca. 1581. – Zahlreiche Anmerkungen zu den folgenden vier Drucken (neugriechische Werke): 1. Rarturos, Alexios: Διδαχαί. Venedig: Alexios Rarturos, 1560. – Papadopoulos Nr. 5098. 2. Mpergades: Ἀπόκοπος. Venedig: Stephan Sabio, 1534. – Papadopoulos Nr. 1034. 3. Alexandros ὁ Μακεδών. Venedig: Giovan Antonio et Fratelli da Sabbio für Damiano de Santa Maria, 1529. – Papadopoulos Nr. 205. 4. Homer, Βατραχομυομαχία, neugriech. [Venedig: Giovan Antonio et Fratelli de Sabio (für Damiano de Santa Maria?)] 1539. – Papadopoulos Nr. 2753.
Jena ULB: Op. th. II, q. 43

29 Verschiedenartige Eintragungen (passim)
[Tübingen,] ca. 1565 – ca. 1600. – Matrikel der Tübinger Artistenfakultät, 1477–1562
Tübingen UnivArch: 15/11

30 Verschiedenartige Eintragungen, lat./griech. (passim)
[Tübingen,] 15. Juni 1564 – 7. September 1601 . – Matrikel der Tübinger Artistenfakultät, 1563–1639
Tübingen UnivArch: 15/12.

31 Notizzettel, lat./griech.
[nicht vor 1. September 1564]. – Vier Titel von Drucken oder Handschriften
Tübingen UB: Mi III 4

32 Zahlreiche hss. Anmerkungen passim, neugriech./altgriech./lat.
4. Oktober 1564 und ab 20. April 1579. – Handexemplar von Crusius: Thesaurus cornucopiae. Venedig: Aldus Manutius, August 1496 (Hain 15493; BMC V 555)
New Haven UL: The Beinecke Library, Zi + 5551, copy 3. – Babcook, G. Robert und Mark S. Sosower: Learning from the Greeks. An exhibition commemorating the five-hundredth anniversary of the founding of the Aldine Press. New Haven 1994, 67, 71 (Nr. 76).

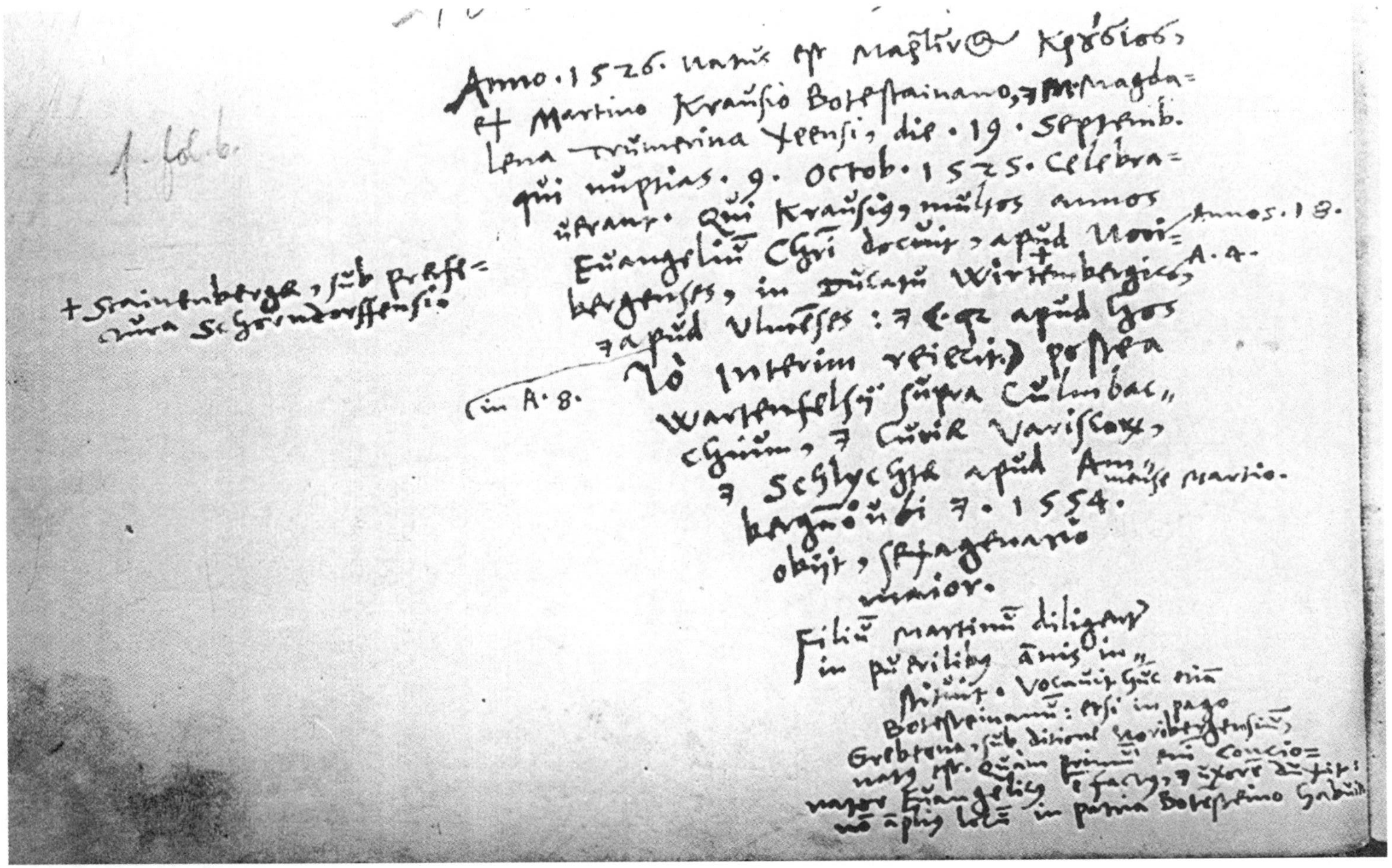

Nr. 29, fol. 26v

33 Brief an Johann Fleischbein (Sarcoterus), Straßburg
Tübingen, 21. Oktober 1564. – Abschrift von unbekannter Hand (Fleischbein?)
Straßburg ArchVille: AST 173, fol. 120

34 Exzerpte, lat./griech., aus Nonnos, Nicephoros Callisthenes und Agathias Scholasticus
Ca. 1565
Tübingen UB: Mh 518, fol. 58

35 Nachschrift der Aristoteles-Vorlesungen von Georg Liebler
Tübingen und Esslingen, 20. Februar 1565 – 8. Mai 1570 (516 und 177 Seiten). – Erklärung der *Physica* und von *De anima*
Tübingen UB: Mc 220. – Kat. lat. Hss., II., 139.

36 Eintragung, griech./lat., im Stammbuch des Valentin Tenner aus Chemnitz
Tübingen, 25. November 1565. – Exzerpt, griech./lat., aus der Vesperpredigt (Katechismus) von Dietrich Schnepff vom 25. November 1565. Nachschrift dieser Predigt in Mb 19,4, pp. 397–98.
Dresden LB: C 511, fol. 3. – Schnorr von Carolsfeld, Franz: Katalog der Handschriften der Königl. Öffentlichen Bibliothek zu Dresden. Bd. 1. Leipzig 1882, 279. Klose, Corpus Alborum Amicorum 14 (58.TEN.VAL)

37 Nachschrift der Aristoteles-Vorlesungen von Jakob Schegk
Tübingen und Esslingen, 26. November 1565 – 28. Januar 1567. – Erklärung der Ersten *Analytica*, Buch I (I., pp. 1–453) und Buch II (II., pp. 1–220), dazu verschiedene biographische Notizen (II., pp. 3 f.)
Tübingen UB: Mc 221. – Kat. lat. Hss., II., 140.

38 Brief, lat./griech., an Johann Jakob Grynaeus, Basel
Tübingen, 26. Juni 1566
Basel ÖB: G I 33, fol. 1. Abschrift: G^2 I 17,2, fol. 49–50

39 Zahlreiche Notizen, lat./griech.
(1558–) Oktober 1566 – Februar 1567 (–1598). – Aufzeichnungen über die Reise nach Basel und die dort vorhandenen Handschriften. Handexemplar von Crusius: Johannes Chrysostomus. Quod multae quidem dignitatis, sed difficile sit episcopum agere, dialogi sex. Tübingen: Ulrich Morhart, 1548 (VD 16 J 456)
Tübingen UB: Gb 98

40 Notizettel, dt.
[1567?]. – Notizen über einige von Otto von Wernsdorf bei Crusius zurückgelassene Gegenstände
Stuttgart LB: Cod. hist. 2° 889–5, fol. 228

41 Brief, griech., an Johann Jakob Grynaeus, Basel
Basel, 22. Januar 1567
Basel ÖB: G II 10, fol. 799–800

42 Brief, griech., an Basilius Amerbach, Basel (Basil Amerbach)
Esslingen, 1. März 1567
Basel ÖB: G II 16, fol. 206–207.

43 Brief an Fürst Mikołai Krzysztof Radziwiłł d. J., Ołyka (Ukraine, ehem. Polen)
Esslingen, 7. September 1567
Warschau BN: Rps 3276, 298–299

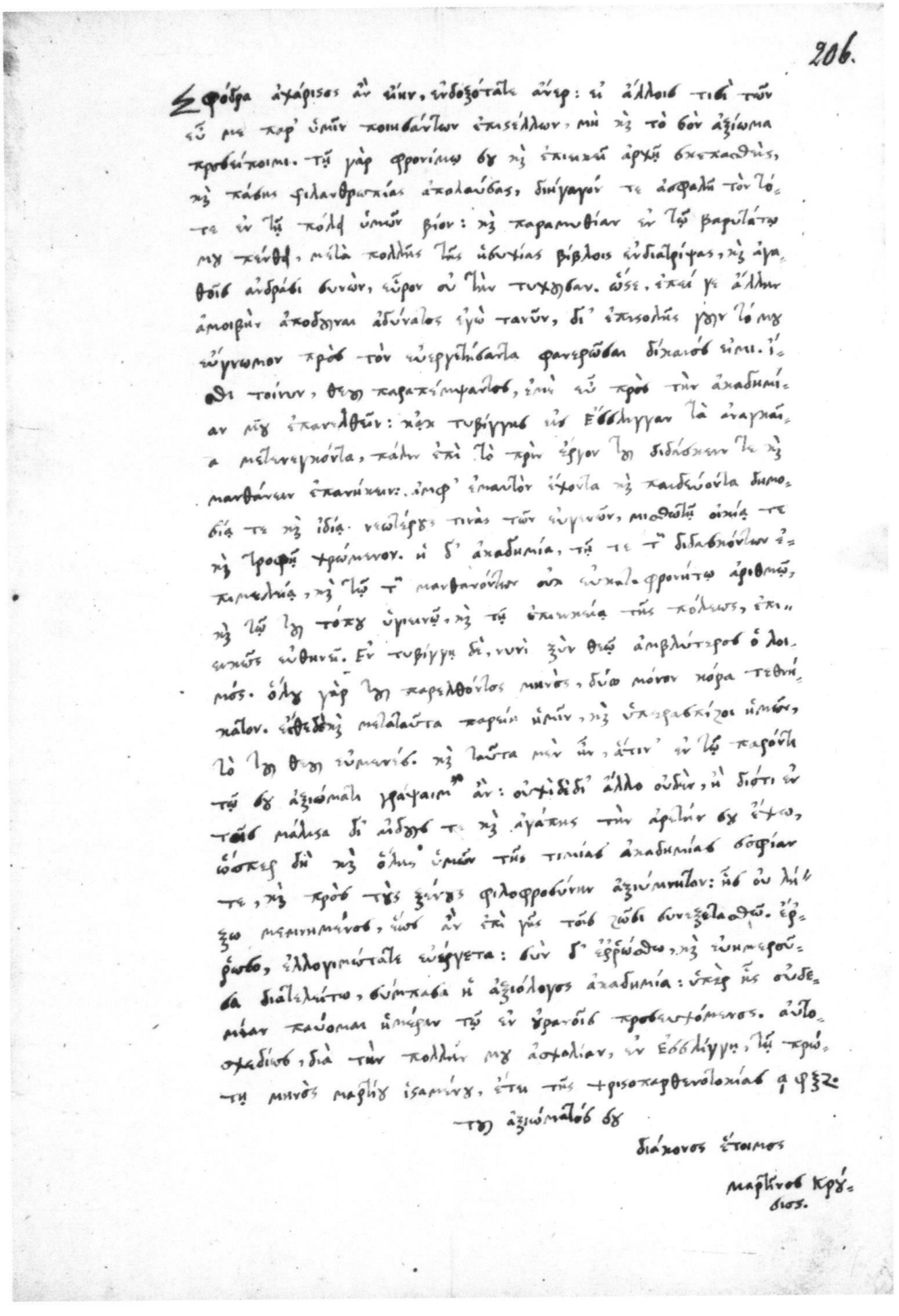

Nr. 42

44 Widmung an die Universität Tübingen
1566. – Widmung auf dem Titelblatt von Crusius' POEMATUM GRAECORUM LIBRI DUO, Basel 1566/1567 (Bibliogr. Nr. 16)
Tübingen UB: Dk I.1.4:1

45 Widmung an die Universität Tübingen
Esslingen, 10. November 1567. – Widmung auf dem Titelblatt von Crusius' SCHOLIA IN POEMATA ET ORATIONES SUAS, Basel 1567 (Bibliogr. Nr. 16)
Tübingen UB: Dk I 2.4

46 Brief an Jakob Zwinger, Basel
Tübingen, 12. August [1568]
Basel ÖB: Frey-Gryn Ms. II 9, Nr. 120

47 Notiz, dt., auf der Rückseite eines Zinsbriefes
[Tübingen,] 27. August 1568. – Zinsbrief der Stadt Esslingen von Urban Vetscher (Schwiegervater), 25. Februar 1567
Esslingen StArch: Reichsstadt Urk. 942

48 Brief von Joachim Camerarius, Leipzig, an Crusius
[Leipzig,] 13. Oktober 1569. – Notizen von Crusius
Berlin SB: Slg. Autographa (z. Z. in Krakau BJ)

49 Verschiedene Notizen, lat./dt.
Ca. 1570 (?)
Tübingen UB: Mi III 4a, fol. 3

50 Brief, lat./griech., an Theodor Zwinger, Basel
Tübingen, 10. Mai 1570
Basel ÖB: Frey-Gryn Ms. II 5a, fol. 27. Abschrift: G II 37, fol. 43

51 Brief an Johann Wolff, Zürich
Tübingen, 20. Juli 1570
Zürich ZB: Ms. F 38, fol. 18

52 Brief an Johann Wolff, Zürich
Tübingen, Dezember 1570
Zürich ZB: Ms. F 42, fol. 55

53 Brief an Johann Jakob Grynaeus, Basel
Tübingen, 25. Dezember 1570
Basel ÖB: G II 10, fol. 789–790

54 Eintragung, griech./lat., im Stammbuch des Wilhelm Dresselberg aus Dänemark
[Tübingen,] 24. März 1571
Kopenhagen KglB: NKS 904 8°, fol. 93ᵛ. – Klose, Corpus Alborum Amicorum 50 (68.DRE.WIL).

55 Eintragung im Stammbuch des Nikolaus Heugel
[1573–1582]
Straßburg (Privatbesitz). – Klose, Corpus Alborum Amicorum 78 (73.HEU.NIC).

56 Diarium, lat., auch griech. und dt. (16, 741 Seiten)
1573 – 10. Februar 1581
Tübingen UB: Mh 466–1. – Kat. lat. Hss., II., 276 f.

57 Diarium, lat., auch griech. und dt. (4, 707 Seiten)
10. November 1577 – 10. Dezember 1582 (–1583)
Tübingen UB: Mh 466–2. – Kat. lat. Hss., II., 277 f.

58 Diarium, lat., auch griech. und dt. (6, 683 Seiten)
5. März 1583 – 14. Februar 1588
Tübingen UB: Mh 466–3. – Kat. lat. Hss., II., 278–280.

59 Diarium, lat., auch griech. und dt. (8, 648 Seiten)
2. Januar 1588 – 31. Dezember 1593 (– 12. Januar 1594)
Tübingen UB: Mh 466–4. – Kat. lat. Hss., II., 280–282.

60 Diarium, lat., auch griech. und dt. (8, 735 Seiten)
1. Januar 1594 – 31. Mai 1596. – Diarium I 1–102
Tübingen UB: Mh 466–5. – Kat. lat. Hss., II., 282 f.

61 Diarium, lat., auch griech. und dt. (4, 840 Seiten)
1. Juni 1596 – 19. September 1598. – Diarium I 102–429; II 1–112
Tübingen UB: Mh 466–6. – Kat. lat. Hss., II., 283.

62 Diarium, lat., auch griech. und dt. (22, 608 Seiten)
19. September 1598 – 31. Dezember 1599. – Diarium II 112– 420
Tübingen UB: Mh 466–7. – Kat. lat. Hss., II., 283.

63 Diarium, lat., auch griech. und dt. (14, 721 Seiten)
1. Januar 1600 – 31. Dezember 1601; 12. März 1594 – 23. August 1596. – Diarium III 1–380
Tübingen UB: Mh 466–8. – Kat. lat. Hss., II., 283 f.

64 Diarium, lat., auch griech. und dt. (20, 718 Seiten)
1. Januar 1602 – 19. September 1604. – Diarium III 382–746
Tübingen UB: Mh 466–9. – Kat. lat. Hss., II., 284.

65 Brief, griech., an Johann Jakob Grynaeus, Basel
Tübingen, 19. März 1573
Basel ÖB: G II 10, fol. 777–778

66 Brief an Basilius Amerbach, Basel
Tübingen, 13. April 1573
Basel ÖB: G II 16, fol. 205

67 Brief, griech., an Johann Jakob Grynaeus, Basel
Tübingen, 1. September 1573
Basel ÖB: G I 33, fol. 7

68 *Loci Communes Philosophici* (1558 Seiten)
[Tübingen,] 22. November 1573
Stuttgart LB: Cod. theol. 2° 57.

69 Brief, griech., des Patriarchen Jeremias II. Tranos an Jakob Andreae und Crusius
1574. – Notizen von Crusius
Gotha FLB: Chart. A 386, fol. 5–6. – Turcograecia 420–422.

70 Brief, griech., mit lat. Übersetzung, an Jeremias II. Tranos, Patriarch von Konstantinopel
Tübingen, 4. März 1574. – Briefentwurf (zwei Doppelblätter), teilweise von anderer Hand geschrieben (mit Ergänzungen von Crusius). Turcograecia 415 f.
Tübingen UB: Mi III 4

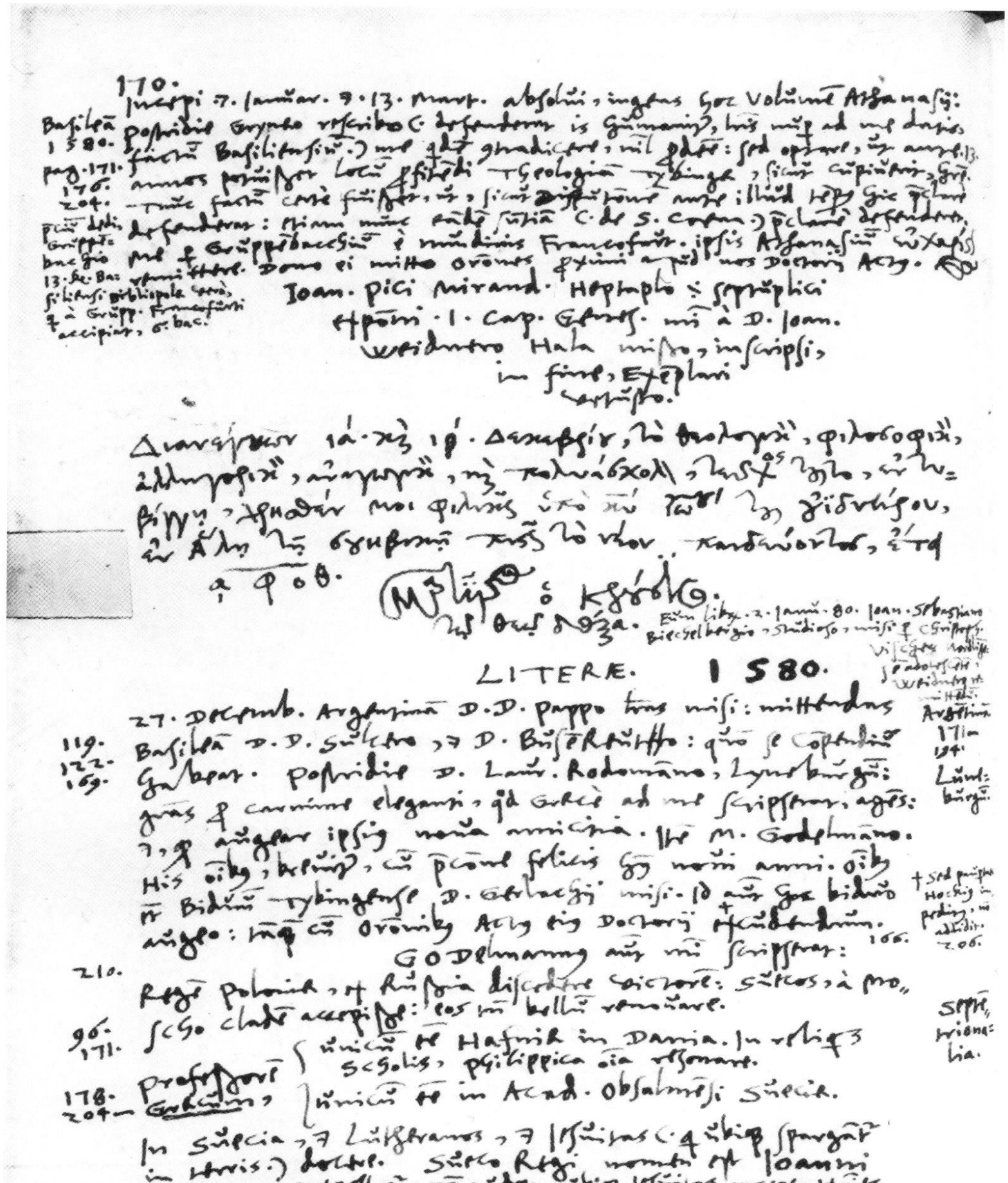

Diarum Bd. 2, p. 170 (Nr. 57)

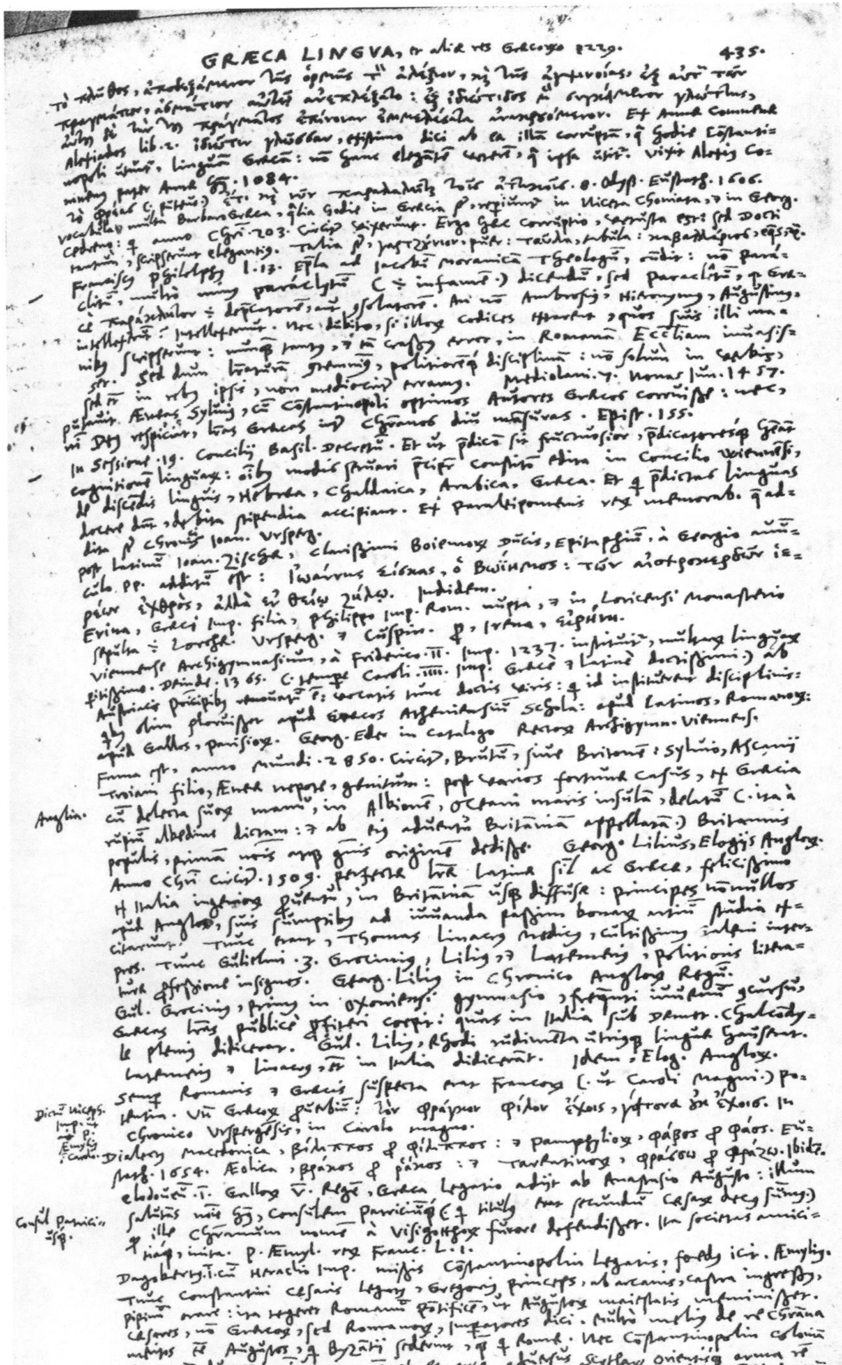
GRÆCA LINGVA, [illegible] 435.

[illegible]

Nr. 68, fol. 435

71 Brief von Crusius und Georg Hitzler an Matthias Ritter, Frankfurt/M.
Tübingen, 24. April 1574. – Abschrift für Uffenbach, vor 1734
Hamburg SUB: Sup. ep. 2, fol. 95–95ᵛ. – Krüger, Supellex 1,200.

72 Brief, lat./griech., an Stephan Gerlach, Konstantinopel
Tübingen, 22. Juni 1575 (von Gerlach empfangen am 17. Oktober 1575)
Gotha FLB: Chart. A 407, fol. 80

73 Brief an Stephan Gerlach, Konstantinopel
Tübingen, 15. August 1575 (von Gerlach empfangen am 23. April 1576)
Gotha FLB: Chart. A 407, fol. 81

74 Eintragung, griech./lat., im Stammbuch des Christoph Dalb aus Pommern
[Tübingen,] 24. August 1575. – 1 Ioan 1
Thorn KsMiejsk: GymnB R 8° 17^b (KM 14)

75 *Catalogus Graecorum librorum comparandorum.*
[1576?]. – Bestellung von 12 griechischen Büchern zuhanden von Stephan Gerlach
Gotha FLB: Chart. A 407, fol. 85

76 Übersetzungsentwürfe zu drei Briefen von Johannes und Theodosius Zygomalas
Tübingen, 18. Januar 1576
Tübingen UB: Mc 210. – Kat. lat. Hss., II., 131.

77 Notiz betr. Empfang der Handschrift und Randnotizen. – Monasterij Hirsaugiensis origo.
[nicht vor 3. Februar 1576]. – Die Handschrift (4 Bl.) wurde von Urban Unger aus Memmingen gefertigt; er schenkte sie am 3. Februar 1576 seinem Lehrer Crusius.
Tübingen UB: Mh 544, fol. 1–4. – Kat. lat. Hss., II., 284.

78 Notizen auf Vorsatz vorn und hinten und fol. 1b
Tübingen, 4. Februar 1576 (–1583). – Koran, Ǧuzʿ 29 und 30 (lückenhaft). Arabische Handschrift (10. Jh.). Papier, 54 Bl. Crusius erwarb die Handschrift am 4. Februar 1576.
Tübingen UB: Ma VI 214. – Weisweiler, Max: Universitätsbibliothek Tübingen. Verzeichnis der arabischen Handschriften. Tübingen 1930, 139 f.

79 Brief an Johann Jakob Grynaeus, Basel
[Tübingen,] 1. April 1576
Basel ÖB: G II 10, fol. 797–798

80 Brief, lat./griech., an Stephan Gerlach, Konstantinopel
Tübingen, 16. April 1576
Gotha FLB: Chart. A 407, fol. 82–83

81 Brief, griech., von Ioannes Zygomalas, Konstantinopel, an Jakob Andreae
Konstantinopel, 15. Mai 1576 (in Tübingen eingetroffen am 18. Juni 1576). – Notizen von Crusius neben der Adresse
Stuttgart LB: Cod. hist. 2° 552/4. – Heyd, Hist. Hss., I.2, 233 (Nr. 552). Annales Suevici III. 754, 757, 775.

82 Notiz (auf fol. 2) in einer von Crusius angefertigten, von einem Studenten abgeschriebenen lat. Übersetzung der dritten Antwort des Patriarchen Jeremias II. Tranos an die Tübinger: *Responsum Constantinopolitani Patriarchae D. Hieremiae, ad Augustanae Confeßionis libellum, Tybingam 1576 mißum. E Graeco a Martino Crusio conversum.*
[Tübingen, nicht vor 18. Juni 1576]. – Abdruck (lat./griech.): Acta et scripta Theologorum Wirtembergensium ..., Wittenberg 1584 (Bibliogr. Nr. 47), 56–143. Vgl. dazu Crusius, Annales Suevici III. 758; Wendebourg, Reformation und Orthodoxie 203–205 und passim
Berlin SB: Ms. theol. lat. Quart. 98 (z.Zt. in Krakau BJ)

83 Brief an Johann Jakob Grynaeus, Basel
[Tübingen, August 1576?]
Basel ÖB: G II 10, fol. 781–782

84 Randbemerkungen
Tübingen, August – November. – Genesis et Exodus, cum glossa, griech. (Pergamentcodex, 14 Jh.)
Basel ÖB: A N III 13. – Wilhelmi, Crusius 29

85 Brief an Stephan Gerlach, Konstantinopel (von Gerlach empfangen am 3. Dezember 1576)
[Tübingen,] 6. August 1576
Gotha FLB: Chart. A 407, fol. 86

86 Brief von Johannes Pappus, Lindau, an Stephan Gerlach, Konstantinopel (von Gerlach empfangen am 10. Juli 1577)
Lindau, 16. August 1576. – Notiz von Crusius (18. August 1576) auf fol. 364v
Gotha FLB: Chart. A 407, fol. 363–364

87 Brief, griech./lat., an Johann Jakob Grynaeus, Basel
[Tübingen,] 6. September 1576
Basel ÖB: G II 10, fol. 779–780

88 Anmerkung zu der im Codex Monac. graec. 3 befindlichen Eintragung τῶν βλαχερνῶν auf fol. 21 unten.
Tübingen, 7. März 1577. – Vgl. dazu die Anmerkung von Crusius in Mb 34, p. 301
München SB: Cod. graec. 3, im vord. Spiegel aufgeklebter Zettel

89 Brief, lat./griech., an Stephan Gerlach, Konstantinopel (von Gerlach empfangen am 10. Juli 1577)
Tübingen, 18. März 1577. – Mit Monokondylon
Gotha FLB: Chart. A 407, fol. 87–88

90 Brief an Johann Jakob Grynaeus, Basel
Tübingen, 1. April 1577
Basel ÖB: G II 10, fol. 791–792

91 Randbemerkungen
Tübingen, 23. April – 1. Mai 1577. – Evangelia IV., griech. (Pergamentcodex, 12. Jh.)
Basel ÖB: A N IV 1. – Wilhelmi, Crusius 29 f.

92 Brief an Stephan Gerlach, Konstantinopel (von Gerlach empfangen 1577)
Tübingen, 27. Mai 1577
Gotha FLB: Chart. A 407, fol. 90

93 Brief an Stephan Gerlach, Konstantinopel (von Gerlach empfangen im November 1577)
Tübingen, 16. Juni 1577
Gotha FLB: Chart. A 407, fol. 89

94 Brief, lat./dt., an Stephan Gerlach, Konstantinopel (von Gerlach empfangen 1577)
Tübingen, 19. Juni 1577
Gotha FLB: Chart. A 407, fol. 91

95 Brief an Johannes Weidner, Schwäbisch Hall
Tübingen, 5. Juli 1577
Stuttgart LB: Cod. hist. 2° 603, fol. 77. – Heyd, Hist. Hss., I., 257 (Nr. 603).

96 Brief an Johannes Weidner, Schwäbisch Hall
Tübingen, 30. August 1577
Stuttgart LB: Cod. hist. 2° 603, fol. 79. – Heyd, Hist. Hss., I., 257 (Nr. 603).

97 Brief von Samuel Heiland an Stephan Gerlach, Konstantinopel
[Tübingen,] 18. September 1577. – Notiz von Crusius auf fol. 232^{v}
Gotha FLB: Chart. A 407, fol. 231–232

98 Brief, lat./griech., an Stephan Gerlach, Konstantinopel (von Gerlach empfangen am 30. Dezember 1577)
Tübingen, 19. September 1577
Gotha FLB: Chart. A 407, fol. 93

99 Brief an Stephan Gerlach, Konstantinopel (von Gerlach empfangen am 30. April 1578)
[Tübingen,] 1. Oktober 1577
Gotha FLB: Chart. A 407, fol. 92

100 Brief an Johannes Weidner, Schwäbisch Hall
Tübingen, 2. Dezember 1577
Stuttgart LB: Cod. hist. 2° 603, fol. 81. – Heyd, Hist. Hss., I., 257 (Nr. 603).

101 Brief an Johannes Weidner, Schwäbisch Hall
Tübingen, 14. Dezember 1577
Stuttgart LB: Cod. hist. 2° 603, fol. 82. – Heyd, Hist. Hss., I., 257 (Nr. 603).

102 Brief, lat./griech., an Dirk Canter, Utrecht
Tübingen, 14. Februar 1578. – Vgl. Mb 29
München SB: Clm 10363.78. – Gruys, J. A.: The correspondence of Theodorus Canterus. An Inventory. Nieuwkoop 1978, 4.

103 Brief an Johannes Weidner, Schwäbisch Hall
Tübingen, 15. Februar 1578
Stuttgart LB: Cod. hist. 2° 603, fol. 85. – Heyd, Hist. Hss., I., 257 (Nr. 603).

104 Randbemerkungen
Tübingen, Februar – Mai 1578 . – Martyrologium, griech. (Pergamentcodex, 14. Jh.)
Basel ÖB: A III 16 (Abb.). – Wilhelmi, Crusius 30 f.

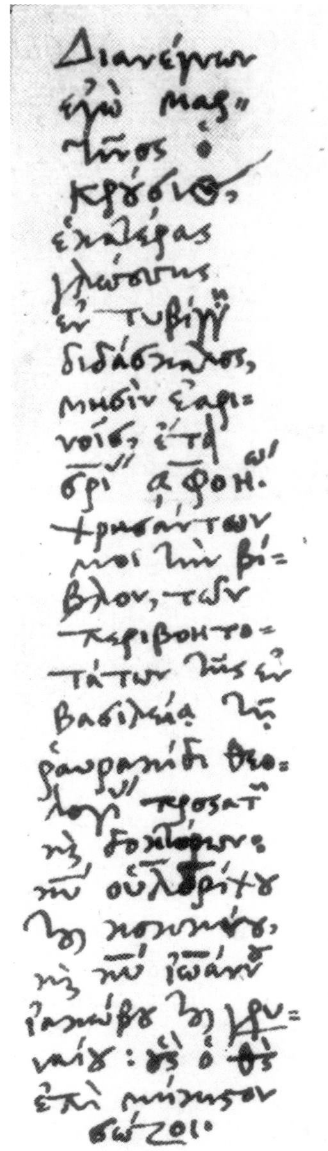

Nr. 104, p. 279

105 Brief an Johann Jakob Grynaeus, Basel
Tübingen, 8. März 1578
Basel ÖB: G II 10, fol. 785–786

106 Brief, lat./griech., an Stephan Gerlach, Konstantinopel (von Gerlach empfangen am 21. Juni 1578)
Tübingen, 18. März 1578
Gotha FLB: Chart. A 407, fol. 94

107 Notiz, dt.
[Tübingen,] 19. Juni 1578. – Zinsbrief der Stadt Esslingen, ausgestellt am 28. März 1570, von

Urban Vetscher
Esslingen StArch: Reichsstadt Urk. 967

108 Brief an Stephan Gerlach, Konstantinopel
Tübingen, 25. Juni 1578
Gotha FLB: Chart. A 407, fol. 95

109 Notiz (auf fol. 139)
31. Juli 1578. – Brief von Stephan Gerlach, Konstantinopel, an Dietrich Schnepff (Abschrift)
Gotha FLB: Chart. A 407, fol. 139–145

110 Brief von Dirk Canter, Utrecht, an Crusius
Utrecht, 29. August [1578] (empfangen am 26. September 1578). – Notizen von Crusius am Rande und neben der Adresse. – Vgl. Mb 29
Leiden BU: BPL 1886. – Gruys, J. A.: The correspondence of Theodorus Canterus. An Inventory. Nieuwkoop 1978, 4.

111 Brief, dt., von Georg Hamberger und Crusius an Bürgermeister und Rat der Stadt Esslingen
Tübingen, 7. Oktober 1578. – Unterschrift von Crusius
Esslingen StArch: Reichsstadt Fasz. 123

112 Randbemerkungen
Tübingen, Oktober – November 1578. – Miszellanhandschrift (Papier, 14. Jh.)
Basel ÖB: F VIII 4. – Wilhelmi, Crusius 31–34

113 Zahlreiche hss. Anmerkungen
[Tübingen,] 4.–29. Mai 1579. – Anonyme byzantinische Chronik. Stephan Gerlach kaufte die Handschrift (15. Jh.), die sich ursprünglich im Besitz des Magnaten Michael Kantakuzenos befand, im Auftrag von Crusius April 1578 in Konstantinopel. Crusius empfing sie am 15 Dezember 1578.
Stuttgart LB: Cod. hist. 4° 129. – Heyd, Hist. Hss., II., 56 f. (Nr. 129).

114 Brief an Johannes Weidner, Schwäbisch Hall
Tübingen, 14. Juni 1579
Stuttgart HSArch: J 1 127 IV, fol. 177–178. – Klein, Hss. HSArch J 1, 179 (Nr. 127/IV).

115 Randbemerkungen
Tübingen, Juni – August 1579. – Gregor von Nazianz, Reden, mit Kommentar des Elias Cretensis, griech. (Pergamentcodex, 12. Jh.)
Basel ÖB: A N I 8. – Wilhelmi, Crusius 34 f.

116 Brief, lat./griech., an Johann Jakob Grynaeus, Basel
Tübingen, 27. August 1579
Basel ÖB: G II 10, fol. 787–788

117 Brief an Simon Sulzer, Basel
Tübingen, 7. November 1579
Basel ÖB: Ms. Kirchen-Arch 22a, fol. 541–542

118 Brief, dt., an Bürgermeister und Rat der Stadt Esslingen
Tübingen, 16. November 1579
Esslingen StArch: Reichsstadt Fasz. 123

119 Randbemerkungen
Tübingen, November 1579 – März 1580. – Athanasius, Cyrillus, Johannes Damascenus, Theodoretus, griech. (Pergamentcodex, 12./13. Jh.)
Basel ÖB: A III 4. – Wilhelmi, Crusius 35

120 Albumblatt (?), griech./lat.
Tübingen, 20. Dezember 1579. – *Alexander M. cum Dario proelium commißurus, ad suos.* 2 Verse (Fünfzehnsilber) neugriech.; darunter 2 Verse altgriech., Übersetzung. Auf der Rückseite 2 lat. Hexameter von Johannes Hochmann (21. Dezember 1579)
Athen NB: Ms. 1838 (pp. 39 f.)

121 Notiz auf fol. 1 (»Papistisch baetbüchlin«)
[ca. 1580]. – Brevier, lat., Pergament (15. Jh.), 109 Bl. 16°
Tübingen UB: Md 221

122 Brief an Polykarp Leyser, Wittenberg
Tübingen, 1580
Philadelphia HistSoc: Dreer Collection

123 Brief an Johann Jakob Grynaeus, Basel
Tübingen, 6. Januar 1580
Basel ÖB: G II 10, fol. 795–796

124 Brief an Johann Jakob Grynaeus, Basel
[Tübingen,] 14. März 1580
Basel ÖB: G II 10, fol. 793–794

125 Brief an Matthias Ritter, Frankfurt/M.
Tübingen, 17. März 1580. – Abschrift für Uffenbach, vor 1734
Hamburg SUB: Sup. ep. 2, fol. 110^v–112. – Krüger, Supellex 1,199.

126 Brief an Matthias Ritter, Frankfurt/M.
Tübingen, 30. April 1580. – Abschrift für Uffenbach, vor 1734
Hamburg SUB: Sup. ep. 2, fol. 86–88. – Krüger, Supellex 1,199.

127 Brief an Matthias Ritter, Frankfurt/M.
Tübingen, 1. Mai 1580. – Abschrift für Uffenbach, vor 1734
Hamburg SUB: Sup. ep. 2, fol. 86. – Krüger, Supellex 1,199.

128 Brief an Matthias Ritter, Frankfurt/M.
Tübingen, 9. Mai 1580. – Abschrift für Uffenbach, vor 1734
Hamburg SUB: Sup. ep. 2, fol. 112–113^v. – Krüger, Supellex 1,199.

129 Brief an Johann Jakob Grynaeus, Basel
[Tübingen,] 1. Juni 1580
Basel ÖB: G I 33, fol. 18. Abschrift: G^2 I 17,1, fol. 44

130 Brief an Johannes Weidner, Schwäbisch Hall
[Tübingen,] 4. Juni 1580
Stuttgart HSArch: J 1 127 IV, fol. 179. – Klein, Hss. HSArch J 1, 179 (Nr. 127/IV).

131 Brief an Matthias Ritter, Frankfurt/M.
Tübingen, 1. September 1580. – Abschrift für Uffenbach, vor 1734
Hamburg SUB: Sup. ep. 2, fol. 109^v–110^v. – Krüger, Supellex 1,199.

132 Brief an Matthias Ritter, Frankfurt/M.
Tübingen, 2. September 1580. – Abschrift für Uffenbach, vor 1734
Hamburg SUB: Sup. ep. 2, fol. 113^v–114^v. – Krüger, Supellex 1,199.

133 Geschenk an Georg Fleck
21. Oktober 1580. – Exemplar von Antoine Geuffroys AULAE TURCICAE OTHOMANNICIQUE IMPERII DESCRIPTIO, Basel 1580. 510 Bl. 8°. Kein bibliographischer Nachweis. Hss. Vermerke

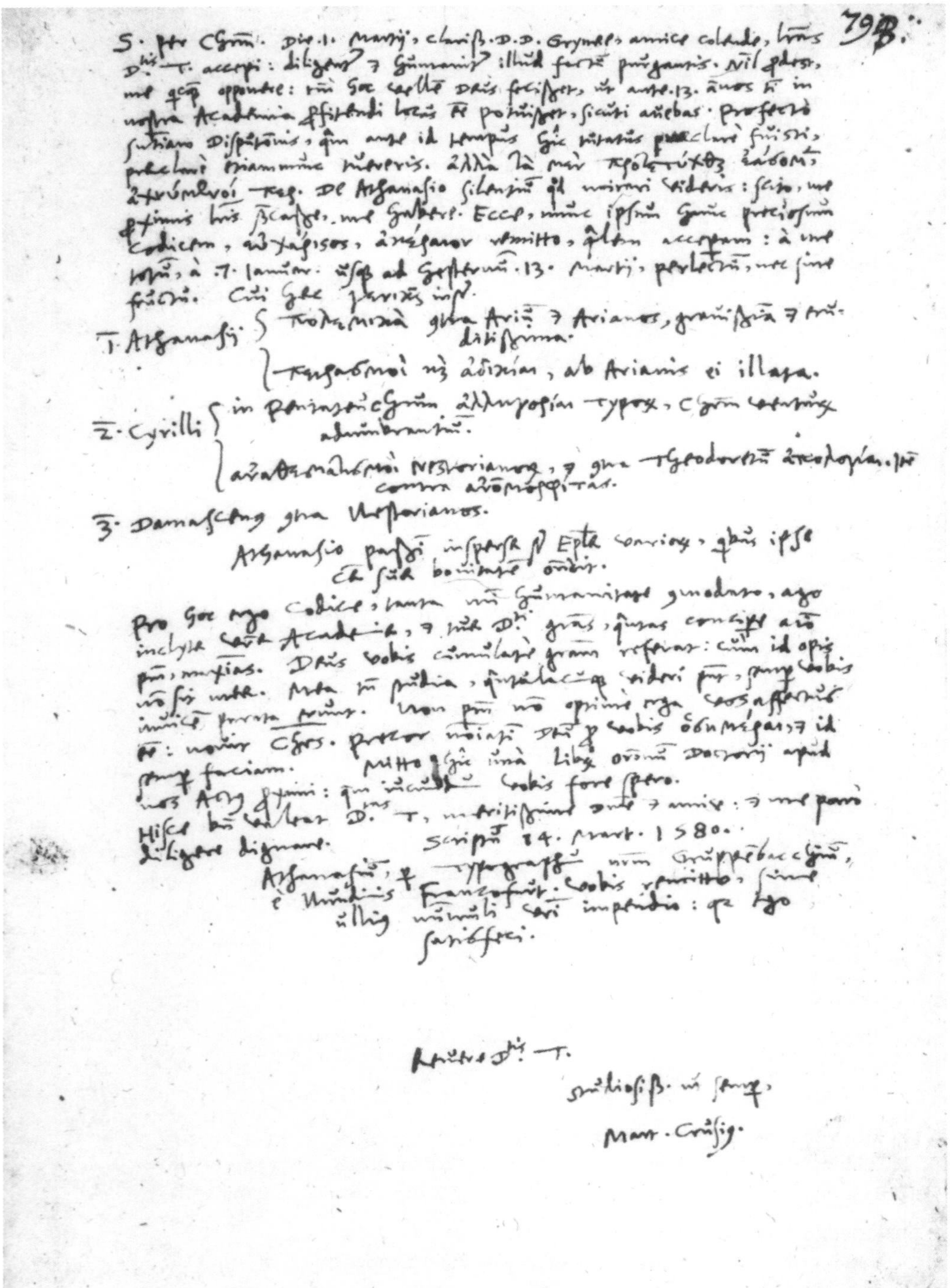
S. [illegible] die 1. Martij, clariss. D.D. Grynaei amici colendi, literas D[illegible] T. accepi: [illegible]
[illegible]
T. Athanasij [illegible]
2. Cyrilli [illegible]
3. Damascenus contra Nestorianos.
[illegible]
Scripsi 14. Mart. 1580.
[illegible]
Mart. Crusius.

Nr. 124

auf dem Titelbl.
Tübingen UB: Fo XI 18

134 Brief an Matthias Ritter, Frankfurt/M.
Tübingen, 5. Dezember 1580. – Abschrift für Uffenbach, vor 1734
Hamburg SUB: Sup. ep. 2, fol. 83–84. – Krüger, Supellex 1,199.

135 Brief an Andreas Wechel, Frankfurt/M.
Tübingen, 15. Dezember 1580. – Abschrift für Uffenbach, vor 1734
Hamburg SUB: Sup. ep. 2, fol. 84–85^{v}. – Krüger, Supellex 1,200.

136 Brief an Matthias Ritter, Frankfurt/M.
Tübingen, 16. Dezember 1580. – Abschrift für Uffenbach, vor 1734
Hamburg SUB: Sup. ep. 2, fol. 80–83. – Krüger, Supellex 1,199.

137 Brief an Matthias Ritter, Frankfurt/M.
[Tübingen,] 27. Dezember 1580 (nicht 1581!). – Abschrift für Uffenbach, vor 1734
Hamburg SUB: Sup. ep. 2, fol. 78–79^{v}. – Krüger, Supellex 1,199.

138 Brief an Matthias Ritter, Frankfurt/M.
[Tübingen,] 27. Dezember 1580 (nicht 1581!). – Abschrift für Uffenbach, vor 1734
Hamburg SUB: Sup. ep. 2, fol. 79^{v}–80. – Krüger, Supellex 1,199.

139 Brief an Polykarp Leyser, Wittenberg
Tübingen, 1581
Philadelphia HistSoc: Dreer Collection

140 Brief an Johannes Pappus, Straßburg
Tübingen, 23. Januar 1581
Berlin SB: Slg. Autographa (z. Z. in Krakau BJ)

141 Notiz (auf fol. 6^{v})
[nicht vor Februar 1581]. – Verzeichnis der Vorlesungen von Professoren der Universitäten Padua und Bologna (1581) und Pisa (1580) (7 Bl.)
Tübingen UB: Mc 92. – Kat. lat. Hss., I., 210.

142 Brief an Matthias Ritter, Frankfurt/M.
[Tübingen,] 7. März 1581. – Abschrift für Uffenbach, vor 1734
Hamburg SUB: Sup. ep. 2, fol. 102–103. – Krüger, Supellex 1,199.

143 Brief an Matthias Ritter, Frankfurt/M.
Tübingen, 7. März 1581. – Abschrift für Uffenbach, vor 1734
Hamburg SUB: Sup. ep. 2, fol. 103–104^{v}. – Krüger, Supellex 1,199.

144 Brief an Matthias Ritter, Frankfurt/M.
Tübingen, 4. April 1581. – Abschrift für Uffenbach, vor 1734
Hamburg SUB: Sup. ep. 2, fol. 108^{v}–109^{v}. – Krüger, Supellex 1,199.

145 Brief an Matthias Ritter, Frankfurt/M.
Tübingen, 28. Mai 1581. – Abschrift für Uffenbach, vor 1734
Hamburg SUB: Sup. ep. 2, fol. 100^{v}–101^{v}. – Krüger, Supellex 1,199.

146 Titel und Anmerkungen
Tübingen, 1. Juli 1581. – Beschreibung einer Reise des Johann König in Malta und Unteritalien, von Johann König für Crusius geschrieben (8 Bl.)
Tübingen UB: Md 91

147 Brief an Matthias Ritter, Frankfurt/M.
Tübingen, 10. Juli 1581. – Abschrift für Uffenbach, vor 1734
Hamburg SUB: Sup. ep. 2, fol. 107–108^{v}. – Krüger, Supellex 1,199.

148 Brief an Matthias Ritter, Frankfurt/M.
Tübingen, 31. Juli/1. August 1581. – Abschrift für Uffenbach, vor 1734
Hamburg SUB: Sup. ep. 2, fol. 106–107. – Krüger, Supellex 1,199.

149 Brief an Johannes Sambucus, Wien
Tübingen, 4. August 1581
Wien NB: Cod. 9736, fol. 12. – Tabulae codicum manu scriptorum VI, 76.

150 Brief an Matthias Ritter, Frankfurt/M.
Tübingen, 4. September 1581. – Abschrift für Uffenbach, vor 1734
Hamburg SUB: Sup. ep. 2, fol. 91–92. – Krüger, Supellex 1,199.

151 Brief, griech., von Theodosius Zygomalas, Konstantinopel, an Crusius
Konstantinopel, 7. April 1581 (empfangen am 29. September 1581). – Notizen von Crusius auf fol. 2^{v} und 6^{v} und passim
Stuttgart LB: Cod. hist. 2° 601. – Heyd, Hist. Hss., I.2, 255 f. (Nr. 601).

152 Brief an Johannes Weidner, Schwäbisch Hall
[Tübingen,] 29. September 1581
Stuttgart LB: Cod. hist. 2° 603, fol. 183. – Heyd, Hist. Hss., I., 257 (Nr. 603).

153 Brief an Matthias Ritter, Frankfurt/M.
Tübingen, 1. Oktober 1581. – Abschrift für Uffenbach, vor 1734
Hamburg SUB: Sup. ep. 2, fol. 94^{v}–95. – Krüger, Supellex 1,199.

154 Brief an Johannes Weidner, Schwäbisch Hall
Tübingen, 27. November 1581
Stuttgart LB: Cod. hist. 2° 603, fol. 192. – Heyd, Hist. Hss., I., 257 (Nr. 603).

155 Brief an Johannes Weidner, Schwäbisch Hall
Tübingen, 1. Dezember 1581
Stuttgart LB: Cod. hist. 2° 603, fol. 191. – Heyd, Hist. Hss., I., 257 (Nr. 603).

156 Brief von Salomon Schweigger, Nürtingen, an Crusius
Nürtingen, 10. März 1582 (empfangen am 12. März 1582). – Notizen von Crusius am Rande
Amsterdam UB: Slg. Diederichs 90 Fl

157 Brief an Matthias Ritter, Frankfurt/M.
Tübingen, 28. März 1582. – Abschrift für Uffenbach, vor 1734
Hamburg SUB: Sup. ep. 2, fol. 92–93. – Krüger, Supellex 1,199.

158 Brief an Johannes Weidner, Schwäbisch Hall
Tübingen, 25. April 1582. – Mit kleinem angefügtem Zettel
Stuttgart LB: Cod. hist. 2° 603, fol. 210. – Heyd, Hist. Hss., I., 257 (Nr. 603).

159 Brief an Kaspar Bauhin, Basel
Tübingen, 7. Mai 1582. – Mit angefügtem Zettel
Basel ÖB: G^{2} I 3, fol. 7

160 Brief von Salomon Schweigger, Nürtingen, an Crusius
Nürtingen, 10. Mai 1582. – Anmerkungen von Crusius
Berlin SB: Slg. Darmstaedter, Asien

161 Brief an Matthias Ritter, Frankfurt/M.
Tübingen, 11. (nicht 12.) Mai 1582. – Abschrift für Uffenbach, vor 1734
Hamburg SUB: Sup. ep. 2, fol. 93–93ᵛ. – Krüger, Supellex 1,199.

162 Brief an Matthias Ritter, Frankfurt/M.
Tübingen, wohl nicht vor 21. Juni 1582. – Abschrift für Uffenbach, vor 1734
Hamburg SUB: Sup. ep. 2, fol. 104ᵛ–106. – Krüger, Supellex 1,199.

163 Brief von Crusius und Jakob Heerbrand an Matthias Ritter, Frankfurt/M.
Tübingen, 26. Juli 1582. – Abschrift für Uffenbach, vor 1734
Hamburg SUB: Sup. ep. 2, fol. 90–91. – Krüger, Supellex 1,200.

164 Brief von Crusius und Jakob Heerbrand an Matthias Ritter, Frankfurt/M.
Tübingen, 3. September 1582. – Abschrift für Uffenbach, vor 1734
Hamburg SUB: Sup. ep. 2, fol. 88–89. – Krüger, Supellex 1,200.

165 Brief an Matthias Ritter, Frankfurt/M.
Tübingen, 6. September 1582. – Abschrift für Uffenbach, vor 1734
Hamburg SUB: Sup. ep. 2, fol. 89ᵛ–90. – Krüger, Supellex 1,199.

166 Widmung an die Universität Tübingen
[1582?]. – Widmung auf dem Titelblatt von Jakob Heerbands COMPENDIUM THEOLOGIAE METHODI QUAESTIONIBUS TRACTATUM ... IDEM A MARTINO CRUSIO ... GRAECE VERSUM, Wittenberg 1582 (Bibliogr. Beiträgertexte Nr. 39)
Tübingen UB: Gf 239.4

167 Brief, lat./griech., an Johannes Weidner, Schwäbisch Hall
Tübingen, 15. September 1582. – Mit kleinem angefügtem Zettel
Stuttgart LB: Cod. hist. 2° 603, fol. 227. – Heyd, Hist. Hss., I., 257 (Nr. 603).

168 Notiz, lat./griech., auf illustriertem Widmungsblatt von Honorius Mägerli (aus Kärnten) an seinen Lehrer Crusius, empfangen am 11. November 1582
Stuttgart LB: Cod. hist. 2° 888–4, fol. 127

169 Brief, lat./griech., an Johannes Weidner, Schwäbisch Hall
Tübingen, 10. Dezember 1582
Stuttgart LB: Cod. hist. 2° 603, fol. 231. – Heyd, Hist. Hss., I., 257 (Nr. 603).

170 Brief, lat./griech., an Matthias Ritter, Frankfurt/M.
Tübingen, 12. März 1583. – Abschrift für Uffenbach, vor 1734
Hamburg SUB: Sup. ep. 2, fol. 93ᵛ–94. – Krüger, Supellex 1,199.

171 Brief an Michael Flach, Kempten
Tübingen, 14. April 1583
Stuttgart LB: Cod. hist. 4° 95/3. – Heyd, Hist. Hss., II., 39 (Nr. 95).

172 Brief, lat./griech., an Johann Jakob Grynaeus, Basel
Tübingen, 13. Mai 1583
Basel ÖB: G II 10, fol. 803–804

173 Brief, lat./dt., an Michael Flach, Kempten
Tübingen, 10. Juni 1583
Stuttgart LB: Cod. hist. 4° 95/3. – Heyd, Hist. Hss., II., 39 (Nr. 95).

174 Brief an Johann Jakob Grynaeus, Basel
Tübingen, 29. Juni 1583
Basel ÖB: G II 10, fol. 773–776

175 Brief, lat./griech., an Johann Jakob Grynaeus, Basel
Tübingen, 9. Juli 1583
Basel ÖB: G II 10, fol. 801–802

176 Brief an Kaspar Bauhin, Basel
Tübingen, 9. Juli 1583
Basel ÖB: G^2 I 4, fol. 70. Abschrift: G II 41, fol. 26

177 Brief an Johann Jakob Grynaeus, Basel
Tübingen, 1. September 1583
Basel ÖB: G II 10, fol. 771–772

178 Brief an Kaspar Bauhin, Basel
Tübingen, 1. September 1583
Basel ÖB: G^2 I 4, fol. 71. Abschrift: G II 41, fol. 27

179 Brief an Matthias Ritter, Frankfurt/M.
Tübingen, 3. September 1583. – Abschrift für Uffenbach, vor 1734
Hamburg SUB: Sup. ep. 2, fol. 95^v–96^v. – Krüger, Supellex 1,199.

180 Brief an Johannes Pappus, Straßburg
Tübingen, 1. Oktober 1583. – Abschrift für Uffenbach, 1716
Hamburg SUB: Sup. ep. 11, fol. 121–122. – Krüger, Supellex 1,199.

181 Brief an Johannes Pappus, Straßburg
Tübingen, 9. Oktober 1583. – Abschrift für Uffenbach, 1716
Hamburg SUB: Sup. ep. 11, fol. 123–123^v. – Krüger, Supellex 1,199.

182 Brief an Polykarp Leyser, Wittenberg
27. Oktober 1583
Cambridge/USA UL (HoughtonL): Ms Lat 305. – Kristeller V 227a.

183 Brief an Theodor Zwinger, Basel
Tübingen, 9. November 1583
Basel ÖB: Frey-Gryn Ms. II 8, fol. 538

184 Brief an Johann Jakob Grynaeus, Basel
Tübingen, 9. November 1583
Basel ÖB: G II 10, fol. 783–784

185 Brief, lat./griech., an Johannes Pappus, Straßburg
Tübingen, 28. Januar 1584. – Abschrift für Uffenbach, 1716
Hamburg SUB: Sup. ep. 11, fol. 119^v–121. – Krüger, Supellex 1,199.

186 Zwei Notizen
[nicht vor 7. Februar 1584]
Tübingen UB: Mh 519, fol. 14 und 53

187 Notizen, lat./griech. (auf Seiten 1 und 3–5)
11. Februar – 26. März 1584. – Vorlesungsnachschriften (verschiedene Hände, 16 Seiten): Georg Burkhard über Isokrates
Tübingen UB: Mc 93. – Kat. lat. Hss., I., 211.

188 Brief an Polykarp Leyser, Dresden
Tübingen, 29. März 1584
London BL: Add. MS 29320, fol. 1

189 Brief an Matthias Ritter, Frankfurt/M.
Tübingen, 30. März 1584. – Abschrift für Uffenbach, vor 1734
Hamburg SUB: Sup. ep. 2, fol. 98ᵛ–99. – Krüger, Supellex 1,199.

190 Brief, dt., an Bernhard Reihing, Bürgermeister der Stadt Esslingen
Tübingen, 19. Juni 1584
Esslingen StArch: Katharinenhospital F. 24

191 Eintragung, griech./lat./span., im Stammbuch des Paul Jenisch aus Antwerpen
[Tübingen,] 2. August 1584. – Ioan 3, 18 griech./lat./span.
Stuttgart LB: Cod. hist. 4° 298, fol. 188ᵛ. – Heyd, Hist. Hss., II., 123 f. (Nr. 298). Bach, Max: Paul Jenisch und seine Stammbücher. In: Zeitschrift für Bücherfreunde 9 (1905/1906), 221–226. Krekler, Ingeborg: Stammbücher bis 1625 (Die Handschriften der Württembergischen Landesbibliothek Stuttgart, Sonderreihe. Bd 3), Wiesbaden 1999, 61.

192 Brief an Matthias Ritter, Frankfurt/M.
Tübingen, 26. August 1584. – Abschrift für Uffenbach, vor 1734
Hamburg SUB: Sup. ep. 2, fol. 99ᵛ–100ᵛ. – Krüger, Supellex 1,199.

193 Brief an Johannes Weidner, Schwäbisch Hall
Tübingen, 30. August 1584
Stuttgart LB: Cod. hist. 2° 603, fol. 289. – Heyd, Hist. Hss., I., 257 (Nr. 603).

194 Exzerpte und Notizen, griech./lat.
Tübingen, September 1584. – *Excerpta, et variae Lectiones ex MS. quodam Eustathii (vel Eumathii) de Ismeniae et Ismenes amoribus ...*
London BL: Harley MS 3521, fol. 45–58ᵛ

195 Brief an Johannes Weidner, Schwäbisch Hall
Tübingen, 21. September 1584
Stuttgart LB: Cod. hist. 2° 603, fol. 292. – Heyd, Hist. Hss., I., 257 (Nr. 603).

196 Brief an Christian Wurstisen und Theodor Zwinger, Basel
Tübingen, 27. Oktober 1584
Basel ÖB: Frey-Gryn Ms. II 8, Nr. 540

197 Notizen zu Onasander, Στρατηγικός
15.–24. November 1584. – Randbemerkungen, griech./lat., passim in einer von Andreas Darmarios geschriebenen Handschrift (84 Bl.) des Στρατηγικός von Onasander (Platoniker des 1. Jhs. n. Chr.). Crusius erwarb diese Handschrift am 8. September 1584 von Andreas Darmarios. Vgl. dazu Mb 37, p. 131
Privatbesitz (Paris). Mikrofilm der ganzen Handschrift in Tübingen UB. – Antiquariat Jürgen Dinter, Katalog Nr. 8 (Mai/Juni 1994), 27–30 (Nr. 21).

198 Confessio Augustana, griech. (150 Bl.)
1584 . – Crusius ließ 1584 im Auftrag Herzog Ludwigs von Württemberg, Jakob Andreaes und Lukas Osianders für Jeremias II. Tranos, Patriarch von Konstantinopel, eine Abschrift der von Paulus Dolscius ins Griechische übersetzten Confessio Augustana anfertigen (von unbekannter Hand), und schickte sie nach Konstantinopel. Unterschrieben ist sie auch von Crusius.
Mailand BAmbros: N 172 sup. (Nr. 559). – Martini/Bassi II., 664 f. (Nr. 559). Zum Vorgang vgl. Wendebourg, Reformation und Orthodoxie (Handschrift dort nicht erwähnt). (Abb.)

199 Kurze Mitteilung an Johann Jakob Grynaeus, Basel
[Tübingen, ca. 1585?]. – Begleitzettel zu einem zurückgegebenen Buch

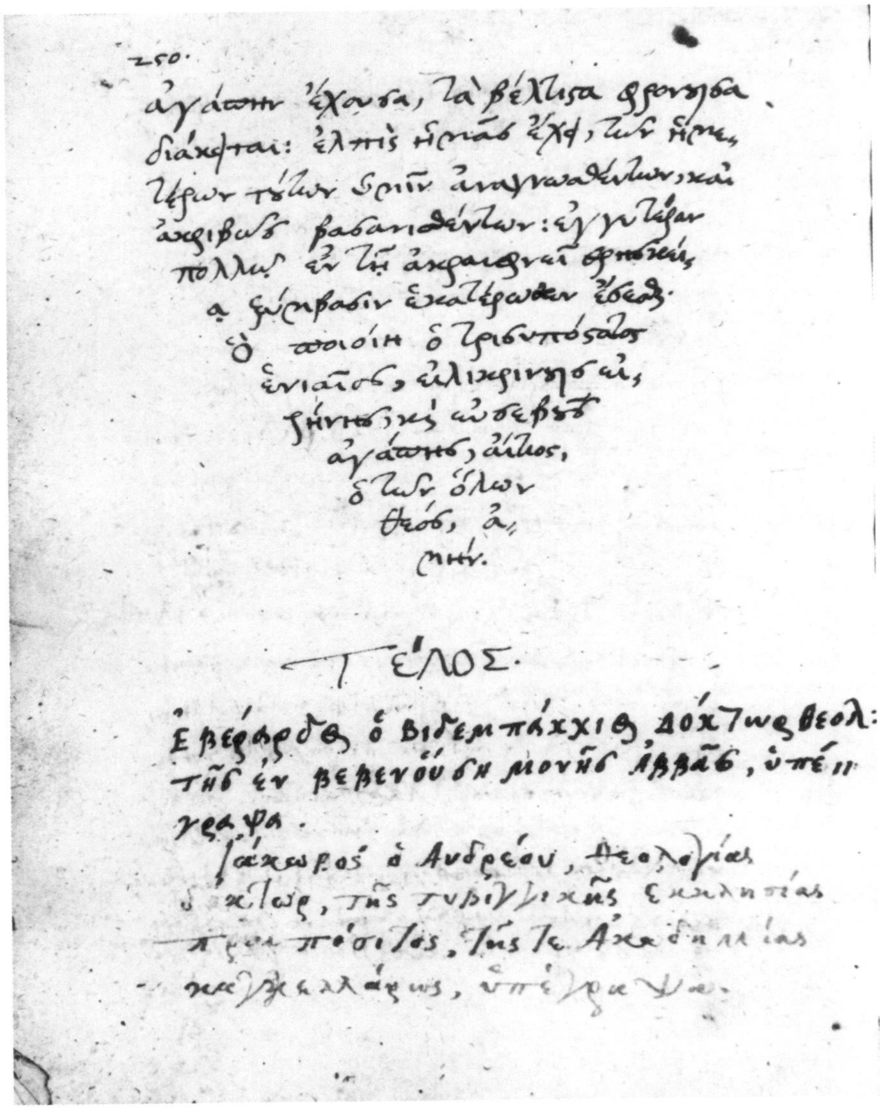

250.

ΤΕΛΟΣ.

Ἰάκωβος ὁ Ἀνδρέου, θεολογίας

Nr. 198, p. 250

Erlangen UB: Briefslg. Trew. – Schmidt-Herrling, El.: Die Briefsammlung des Nürnberger Arztes Christoph Jacob Trew (1695–1769) in der Universitätsbibliothek Erlangen. Erlangen 1940 (Katalog der Handschriften der Universitätsbibliothek Erlangen, Bd. V), 137 f.

200 Brief an Kaspar Bauhin, Basel
Tübingen, 22. Februar 1585
Basel ÖB: G[2] I 4, fol. 72. Abschrift: G II 41, fol. 28

201 Brief an Matthias Ritter, Frankfurt/M.
Tübingen, 24. März 1585. – Abschrift für Uffenbach, vor 1734
Hamburg SUB: Sup. ep. 2, fol. 99–99[v]. – Krüger, Supellex 1,199.

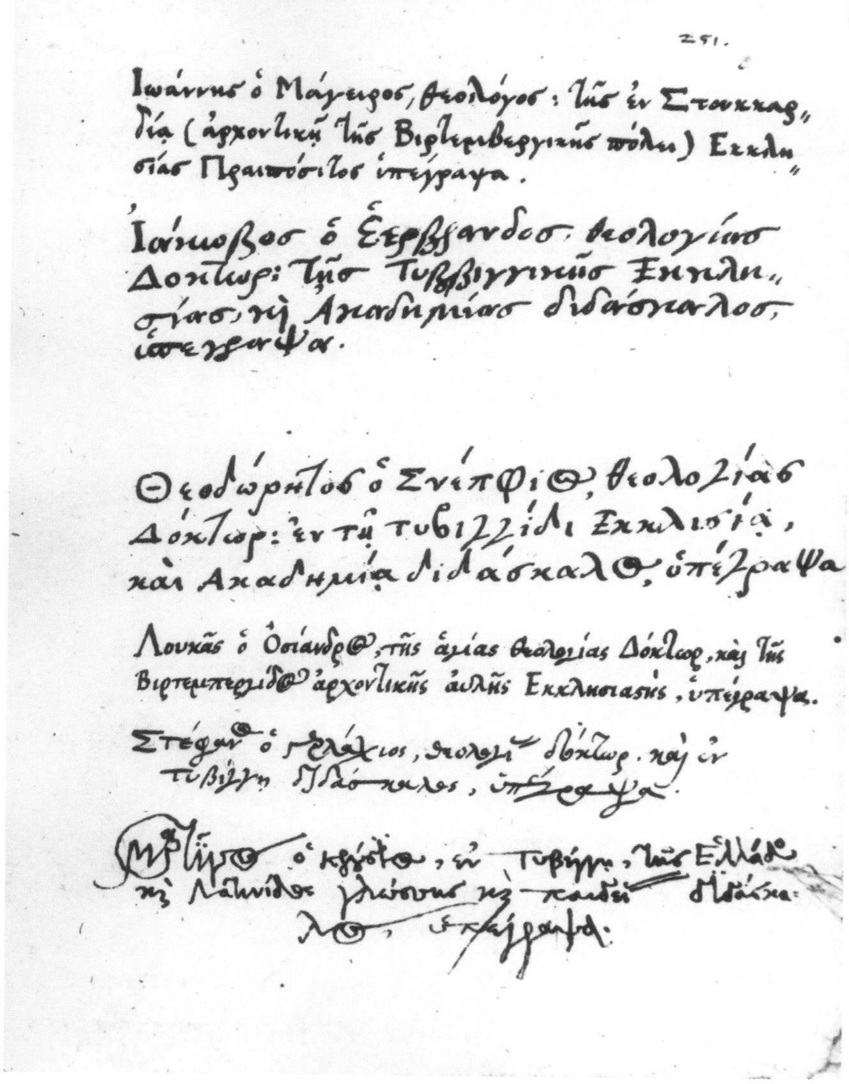
251.

Ἰωάννης ὁ Μάρβαχος, θεολόγος: τῆς ἐν Στρασβουργίᾳ (ἀρχοντικῇ τῆς Βιρτεμβεργικῆς πόλει) Ἐκκλησίας Πρεπόσιτος ὑπέγραψα.

Ἰάκωβος ὁ Ἐρβράνδος, θεολογίας Δοκτωρ: τῆς Τυβιγγικῆς Ἐκκλησίας, καὶ Ἀκαδημίας διδάσκαλος, ὑπέγραψα.

Θεοδώρικος ὁ Σνέπφιος, θεολογίας δόκτωρ: ἐν τῇ Τυβιγγίδι ἐκκλησίᾳ, καὶ Ἀκαδημίᾳ διδάσκαλος, ὑπέγραψα

Λουκᾶς ὁ Ὀσιανδρος, τῆς ἁγίας θεολογίας Δόκτωρ, καὶ τῆς Βιρτεμπεργίδος ἀρχοντικῆς αὐλῆς Ἐκκλησιαστής, ὑπέγραψα.

Στέφανος ὁ Γερλάχιος, θεολογίας δόκτωρ, καὶ ἐν Τυβίγγῃ διδάσκαλος, ὑπέγραψα.

Μαρτῖνος ὁ Κρούσιος, ἐν Τυβίγγῃ, τῆς Ἑλλάδος καὶ Λατινίδος γλώσσης καὶ παιδείας διδάσκαλος, ὑπέγραψα.

Nr. 198, p. 251

202 Brief an Johannes Pappus, Straßburg
Tübingen, 18. Juli 1585. – Abschrift für Uffenbach, 1716
Hamburg SUB: Sup. ep. 11, fol. 122–122ᵛ. – Krüger, Supellex 1,199.

203 Brief von Simon Ostermann, Lauingen, an Crusius
Lauingen, 22. Juli 1585 (empfangen am 26. Juli 1585). – Randbemerkungen
Leipzig UB: Briefslg.

204 Brief an Johannes Weidner, Schwäbisch Hall
Tübingen, 2. [November] 1585
Stuttgart LB: Cod. hist. 2° 603, fol. 311. – Heyd, Hist. Hss., I., 257 (Nr. 603).

205 Loca ex Frischlini Celetismo, et eius Prodromo, contra Mart. Crusium.
13. Dezember 1585 – 20. November 1596. – Aufzeichnungen von Crusius über seinen Streit mit Nikodemus Frischlin (242 Seiten)
Tübingen UB: Mh 197. – Kat. lat. Hss., II., 261. Riggenbach, Rudolf: Der Buchdrucker Frölich, »Plauensis, jetzt Burger zu Basel«. In: Basler Zeitschrift für Geschichte und Altertumskunde 58/59 (1959), 215–229, dort 218 f.

206 Brief an Matthias Ritter, Frankfurt/M.
Tübingen, 13. März 1586. – Abschrift für Uffenbach, vor 1734
Hamburg SUB: Sup. ep. 2, fol. 97–98. – Krüger, Supellex 1,199.

207 Brief an Johannes Weidner, Schwäbisch Hall
Tübingen, 11. Mai 1586
Stuttgart LB: Cod. hist. 2° 603, fol. 337. – Heyd, Hist. Hss., I., 257 (Nr. 603).

208 Brief, lat./griech., an Johannes Weidner, Schwäbisch Hall
Tübingen, 23. Juli 1586
Stuttgart LB: Cod. hist. 2° 603, fol. 343. – Heyd, Hist. Hss., I., 257 (Nr. 603).

209 Brief, lat./griech., an Hugo Blotius, Wien
Tübingen, 4. September 1586
Wien NB: Cod. 9737z 16, fol. 350. – Tabulae codicum manu scriptorum VI, 81.

210 Brief an Matthias Ritter, Frankfurt/M.
Tübingen, 24. September 1586. – Abschrift für Uffenbach, vor 1734
Hamburg SUB: Sup. ep. 2, fol. 96v–97. – Krüger, Supellex 1,199.

211 Widmung an Jakob Maier
3. Oktober 1586. – Exemplar der TURCOGRAECIA, Basel 1584 (Bibliogr. Nr. 49), mit Widmung an Jakob Maier (Bivicensis)
Mannheim UB: Wk 2214

212 Brief an Polykarp Leyser, Wittenberg
26. Oktober 1586
Philadelphia HistSoc: Dreer Collection. – Kristeller V., 367a. Catalogue of the Collection of Autographs formed by F. J. Dreer. Vol. I. Philadelphia 1890, 144.

213 Brief an Johannes Weidner, Schwäbisch Hall
Tübingen, 29. November 1586
Stuttgart LB: Cod. hist. 2° 603, fol. 359. – Heyd, Hist. Hss., I., 257 (Nr. 603).

214 Brief an Johannes Weidner, Schwäbisch Hall
Tübingen, 12. Januar 1587
Stuttgart LB: Cod. hist. 2° 603, fol. 372. – Heyd, Hist. Hss., I., 257 (Nr. 603).

215 Brief, lat., von Joseph Hettler, Straßburg, an Crusius
14. März 1587 (empfangen am 26. März 1587). – Notizen von Crusius neben der Adresse
Stuttgart HSArch: A 274, Bü 47, Nr. 15

216 Brief an Polykarp Leyser, Wittenberg
Tübingen, 28. März 1587
Stuttgart LB: Cod. hist. 4° 333a,86

217 Brief an Johannes Weidner, Schwäbisch Hall
[Tübingen,] 4. April 1587. – Brief mit griech. und lat. Gedicht (je 2 Distichen)
Stuttgart LB: Cod. hist. 2° 603, fol. 394–395. – Heyd, Hist. Hss., I., 257 (Nr. 603).

218 Peregrinatio illustris Wirtembergici Comitis, D. Eberhardi barbati, in terram S. 1468
12.–13. Mai 1587. – Abschrift (1, 17 Bl.) aus einer Handschrift (dt./lat.) des Ulmer Arztes Johannes Münsinger. Annales Suevici III. 424–426
Tübingen UB: Mh 162. – Kat. lat. Hss., II., 258.

219 Brief an Hugo Blotius, Wien
Tübingen, 26. September 1587
Wien NB: Cod. 9737z 17, fol. 14. – Tabulae codicum manu scriptorum VI, 81.

220 Brief an Johannes Weidner, Schwäbisch Hall
[Tübingen,] 3. Oktober 1587
Stuttgart LB: Cod. hist. 2° 603, fol. 440. – Heyd, Hist. Hss., I., 257 (Nr. 603).

221 Denkspruch
1588
Berlin SB: Slg. Autographa (z. Z. in Krakau BJ)

222 Bericht, lat./dt., von Crusius und Stephan Gerlach an Lukas Osiander, Stuttgart, und an Herzog Ludwig von Württemberg
Tübingen, 16. Februar 1588. – Bericht von Crusius über den Patriarchen Gabriel, mit Ergänzungen von Stephan Gerlach
Stuttgart HSArch: A 274, Bü 22

223 Brief, lat./dt., von Johannes Parsimonius, Hirsau, an Crusius
Hirsau, 23. März 1588 (empfangen am 26. März 1588)
Stuttgart HSArch: J 1 383, fol. 1–4. – Klein, Hss. HSArch J 1, 295 (Nr. 383).

224 Anmerkungen (passim)
[nicht vor 26. März] 1588–1589. – Johannes Parsimonius: Kloster Hirsau. Handschrift (1570–1587), 52 Bl.
Tübingen UB: Mh 164. – Kat. lat. Hss., II., 258.

225 Brief an Johann Hartmann Baier (Beyer), Padua
Tübingen, 28. April 1588
Frankfurt/M. StUB: Briefslg., Beyer (Nr. 43)

226 Randbemerkungen zu einem Brief von Oswald Gabelkover
Mai/Juni 1588
Stuttgart HSArch: J 1, 8a, fol. 19–20. – Klein, Hss HSArch J 1, 78 f.

227 Expatiatio M. Martini Crusij, Tybing. Profeßoris, a 25. Maij, usque ad 1. Junij 1588. Tybinga
25. Mai 1588 – Januar 1590. – Beschreibung der Reise nach Lorch an Pfingsten 1588 (2, 22 Seiten). Skizzen im Text (Kloster Adelberg, Burg Hohenstaufen, Kloster Lorch). Annales Suevici III. 813–821. Schmid, Fußwanderung.
Tübingen UB: Mh 160. – Kat. lat. Hss., II., 257.

228 Notiz, griech./lat., auf fol. 1
[Tübingen,] 5. Juni 1588. – Ephraem ⟨Syrus⟩: Sermo in pulcherrimum Joseph. Griech. Handschrift (16. Jh.), Papier, 12 Bl. Crusius empfing die Handschrift am 5. Juni 1588 von Nikolaos Rhales aus Chalkis
Stuttgart LB: Cod. theol. et phil. 8° 135

229 Notiz betr. Empfang der Handschrift und Titel
4. November 1588. – Bertold Dürr: Historia der durchleüchtigsten Frawen Irena Oder Maria Graeca … Crusius empfing die Handschrift am 4. November 1588
Tübingen UB: Mh 544, fol. 11–14^{v}. – Kat. lat. Hss., II., 284.

230 Titelblatt zu Briefauszügen aus Kloster Königsbronn
Tübingen, 18. November 1588. – Briefauszüge (6 Bl. Folio) von anderer Hand, Titelblatt, Bogenzählung, Marginalien (Jahreszahlen) von Crusius
Tübingen UB: Mh 158

231 Von Cunradino, dem letsten Hertzogen aus Schwaben. Ex Nauclero (deutsche Übersetzung). Dazu Brief an David Wolleber, Weiler bei Schorndorf
9. November 1588
Stuttgart HSArch: J 1 292, fol. 6–7. – Klein, Hss. HSArch J 1, 279 (Nr. 292).

232 Brief, dt., von Nikodemus Frischlin, Braunschweig, an Herzog Ludwig von Württemberg
10. Dezember 1588 (von Crusius in Tübingen gesehen am 8. April 1589). – Notiz von Crusius neben der Adresse
Stuttgart HSArch: A 274, Bü 47, Nr. 13

233 Brief an Kaspar Bauhin, Basel
Tübingen, 29. Dezember 1588
Basel ÖB: G^2 I 4, fol. 73. Abschrift: G II 42, fol. 16

234 Randbemerkungen zu einem Brief von Oswald Gabelkover
6. Januar 1589
Stuttgart HSArch: J 1, 8a, fol. 21–22. – Klein, Hss. HSArch J 1, 78 f.

235 Notiz betr. Empfang der Handschrift und Randnotizen
7. Januar 1589. – De Monasterio Hirsaugiensi. Die Handschrift (4 Bl.) wurde von Samuel Magirus aus Maulbronn gefertigt; er schenkte sie Crusius am 7. Januar 1589.
Tübingen UB: Mh 544, fol. 5 und $6–7^v$. – Kat. lat. Hss., II., 284.

236 Historische Sammelhandschrift, lat., auch dt. (10, 626 Seiten)
16. Januar 1589 – 1590
Tübingen UB: Mh 371. – Kat. lat. Hss., II., 272–275.

237 Notizen
23. Februar 1589. – Nikodemus Frischlin: Epigrammata
Tübingen UB: Mh 509, fol. 14–15

238 Brief, dt., an Ludwig Daicker, Vogt in Tübingen
7. April 1589
Tübingen UB: Mi III 4a, fol. 2

239 Historische Sammelhandschrift, lat., auch dt. (2, 620 Seiten)
13. August 1589 – 6. September 1604
Tübingen UB: Mh 370. – Kat. lat. Hss., II., 269–271.

240 Brief, lat./griech., an Johannes Weidner, Schwäbisch Hall
Tübingen, 28. August 1589
Stuttgart LB: Cod. hist. 2° 603, fol. 560. – Heyd, Hist. Hss., I., 257 (Nr. 603).

241 Register (6 Bl.) zu historischer Sammelhandschrift (Mh 371)
[nicht vor 15. September 1589]. – Vermutlich Vorarbeit zu den Annales Suevici
Tübingen UB: Mh 199. – Kat. lat. Hss., II., 262.

242 Brief von Demetrius, Archipresbyter in Larissa, an Crusius
[nicht vor 7. Oktober 1589] / 2. Februar – 19. September 1593 . – Randbemerkungen
Tübingen UB: Mh 545, fol. $56–57^v$. – Kat. lat. Hss., II., 285.

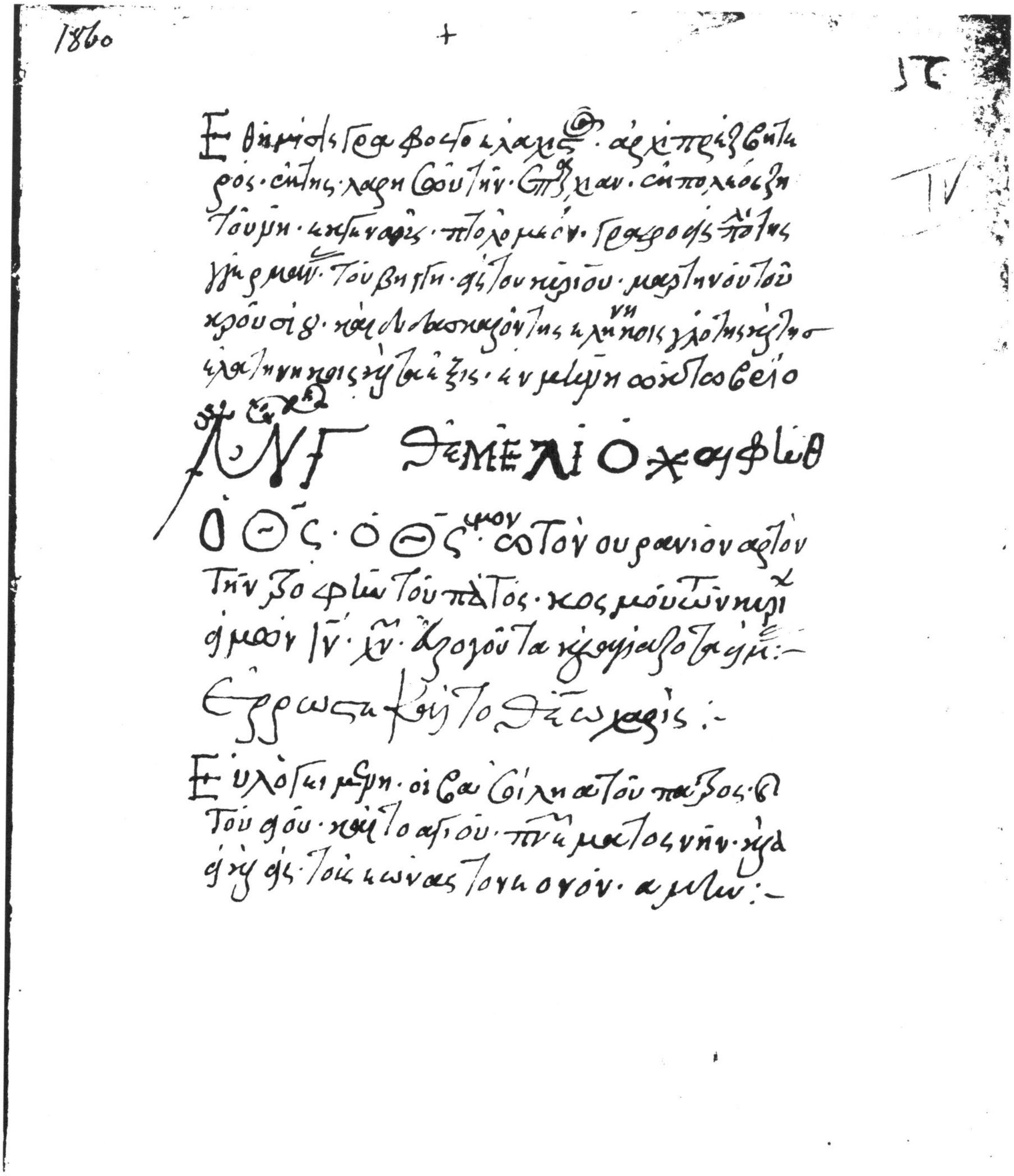

Nr. 242, fol. 56

243 Randbemerkungen zu einem Brief von Oswald Gabelkover
9. Dezember 1589
Stuttgart HSArch: J 1, 8a, fol. 23. – Klein, Hss. HSArch J 1, 78 f.

244 Leichenrede auf Jakob Andreae
[nicht vor 7. Januar 1590]. – Abschrift
Wolfenbüttel HAB, Extravag. 64.32, pp. 153–155. – Otte, Wolf-Dieter: Die neueren Handschriften der Gruppe Extravagantes. Frankfurt/M. 1986–1993. Bd. I, 153. Kristeller, Iter Italicum VI 548a.

245 Brief an Kaspar Bauhin, Basel
Tübingen, 27. Januar 1590
Basel ÖB: G^2 I 4, fol. 74. Abschrift: G II 41, fol. 29

246 Brief an Johannes Weidner, Schwäbisch Hall
Tübingen, 27. Januar 1590
Stuttgart LB: Cod. hist. 2° 603, fol. 577. – Heyd, Hist. Hss., I., 257 (Nr. 603).

247 Brief an Kaspar Bauhin, Basel
Tübingen, 21. Februar 1590
Basel ÖB: G^2 I 3, fol. 8. Abschrift: G II 41, fol. 30

248 Eintragung, lat./griech., in Stammbuch
[Tübingen,] 13. März 1590. – Luc 17, 5
Tübingen UB: Mi III 4b

249 Brief an Johannes Weidner, Schwäbisch Hall
Tübingen, 8. Juni 1590
Stuttgart LB: Cod. hist. 2° 603, fol. 590. – Heyd, Hist. Hss., I., 257 (Nr. 603).

250 Brief an Kaspar Bauhin, Basel
Tübingen, 7. Juli 1590
Basel ÖB: G^2 I 3, fol. 9. Abschrift: G II 41, fol. 31

251 Brief an Johannes Weidner, Schwäbisch Hall
Tübingen, 25. August 1590
Stuttgart LB: Cod. hist. 2° 603, fol. 598. – Heyd, Hist. Hss., I., 257 (Nr. 603).

252 Brief an Kaspar Bauhin, Basel
Tübingen, 5. Oktober 1590
Basel ÖB: G^2 I 3, fol. 10

253 *De obitu Nicodemi Frischlini 1590 in arce HohenAuracensi.*
[nicht vor Dezember 1590]. – Auf der Rückseite des Blattes zwei aus Drucken ausgeschnittene Holzschnitte (Crusius und Frischlin)
Tübingen UB: Mi III 4a, fol. 1

254 Bericht über den Tod von Nikodemus Frischlin
[nicht vor 29. November 1590]
Wolfenbüttel HAB: Extravag. 64.8, p. 120. – Otte, Wolf-Dieter: Die neueren Handschriften der Gruppe Extravagantes. Frankfurt/M. 1986–1993. Bd. I, 120. Kristeller, Iter Italicum IV 547b.

255 Notiz betr. Empfang der Handschrift
5. Januar 1591. – Adamus Straußius: Descriptio Nördlingae (8 Bl.)
Tübingen UB: Mh 195. – Kat. lat. Hss., II., 260.

256 Notiz betr. Empfang der Handschrift
11. Januar 1591. – Consignatio pagorum, qui sub praefectura Neobürgensi continentur. Crusius empfing die Handschrift (6 Bl.) von Simon Scharpff. Annales Suevici Paralip., 39 f.
Tübingen UB: Mh 159. – Kat. lat. Hss., II., 257.

257 Brief, mit 6 Hexametern, an Heinrich Rantzau, Segeberg
Tübingen, 28. Januar 1591
Wien NB: Cod. 9737m, fol. 123. – Tabulae codicum manu scriptorum VI, 78.

258 Brief, dt., an Bürgermeister und Rat der Stadt Esslingen
Tübingen, 6. Februar 1591
Esslingen StArch: Reichsstadt Fasz. 123

259 Notiz betr. Empfang der Handschrift
13. Februar 1591. – Fundatio caenobii Gottesauiensis, ex archivis excerpta. Crusius erhielt die Handschrift am 13. Februar 1591 von Philipp Schopf, Dr. med., aus Durlach.
Tübingen UB: Mh 543, fol. 182–185

260 Brief an Hugo Blotius, Wien
Tübingen, 19. Mai 1591
Wien NB: Cod. 9737z 17, fol. 149. – Tabulae codicum manu scriptorum VI, 81.

261 Brief an Heinrich Rantzau
Tübingen, 28. Juni 1591
Schleswig, Landesarchiv Schleswig-Holstein: Depositum Familienarchiv von Rantzau: Abt. 127.21 (Breitenburg), Nr. Ms. 293, p. 750. – Kristeller IV 506b

262 Notiz betr. Empfang der Handschrift
13. Oktober 1591. – Beschreibung der Stadt Nördlingen; Inschriften. Crusius empfing die Handschrift (8 Bl.) durch Jakob Weiß von Friedrich Frank, Nördlingen
Tübingen UB: Mh 194. – Kat. lat. Hss., II., 259.

263 Brief von Amandus Polanus von Polansdorf, Straßburg, an Crusius
Straßburg, 15. Oktober 1591 (empfangen am 21. Oktober 1591). – Kurze Notizen von Crusius unter der Adresse
Amsterdam Vrije UB: XV. 10185

264 Brief an Hugo Blotius, Wien
Tübingen, 21. Dezember 1592
Wien NB: Cod. 9737z 17, fol. 248. – Tabulae codicum manu scriptorum VI, 81.

265 Argumente für den Druck der griechischen Predigtnachschriften (Corona Anni)
[Tübingen,] 1593
Stuttgart LB: Cod. hist. 2° 552,8 (Doppelblatt). – Heyd, Hist. Hss., I.2., 233 (Nr. 552).

266 Brief an Andreas Osiander und Felix Bidembach, Stuttgart
Tübingen, 3. Januar 1593. – Mit angeklebtem Zettel
Stuttgart LB: Cod. hist. 2° 552,7. – Heyd, Hist. Hss., I.2, 233 (Nr. 552).

267 Προσευχή.
2. Februar 1593 – 12. März 1594. – Gebet, lat., auch dt., mit allerlei Zusätzen
Tübingen UB: Mh 545, fol. 44–47. – Kat. lat. Hss., II., 285.

268 Brief an Johannes Weidner, Schwäbisch Hall
Tübingen, 22. Februar 1593
Stuttgart LB: Cod. hist. 2° 603, fol. 706. – Heyd, Hist. Hss., I., 257 (Nr. 603).

269 2 Blätter (aufgeklebt) aus Stammbuch: 1. Crusius-Bildnis (kolorierter Holzschnitt); 2. Ps 51, 12 (griech./lat.)
[Tübingen,] 1. Juni 1593
Stuttgart LB: Cod. hist. 2° 912–1, fol. 164

270 Notizen
16. Juni 1593 – 6. Juli 1595. – 26 farbige Wappen zur Genealogie von Lutz von Landau, gezeichnet von Johann Baptista Wronna. Crusius erhielt diese Wappensammlung am 16. Juni 1593 von Wilhelm Honold in Weidenstetten.
Stuttgart HSArch: J 1 48h, fol. 315–322. – Klein, Hss. HSArch J 1, 125 (Nr. 48h).

271 Eintragung, lat., im Stammbuch von Hermann und Georg Riedesell von Eisenbach
[Tübingen, zweites Halbjahr 1593]
1983 im Handel. – Catalogue Nine [1983]: A Catalogue of Rare Books and manuscripts important in History and Literature, the German and English Reformation, Science and Medicine. Lawrence Feinberg, Brooklin N. Y.

272 Genealogisch-historische Sammelhandschrift, lat., auch dt. (6, 850 Seiten)
[nicht vor 21. September 1593] – 31. Dezember 1599
Tübingen UB: Mh 369. – Kat. lat. Hss., II., 268 f.

273 Widmung an Johann Georg Müller
18. Januar 1594. – Exemplar von Crusius' GRAMMATICAE GRAECAE, CUM GRAECA CONGRUENTIS, P. I-II. Basel: Johann Oporin, März 1568 (Bibliogr. Nr. 20), mit Widmung an Johann Georg Müller (auf S. 10)
Tübingen UB: Cc 13

274 Brief an Johannes Weidner, Schwäbisch Hall
Tübingen, 2. Mai 1594
Stuttgart LB: Cod. hist. 2° 603, fol. 804. – Heyd, Hist. Hss., I., 257 (Nr. 603).

275 Martinorum duorum, patris et filij, Krausiorum Bottenstainensium, Chronologia, cum historiis permultis, Libris quinque comprehensa. Martino Crusio conscriptore, Tybingae
August 1594 – 31. März 1605. – Zusammenzug aus dem Diarium (Mh 466). 2, 308 Bl., lat./griech. Vgl. Abschrift: Mh 443–1
Tübingen UB: Mh 443–3. – Kat. lat. Hss., II., 275.

276 Martinorum duorum, patris et filii, Krausiorum Bottenstainensium, Chronologia, cum historiis permultis, Libris quinque comprehensa. Martino Crusio conscriptore, Tybingae
August 1594 – 1596. – Abschrift von Mh 443–3, gefertigt im Auftrag von Johannes Brothag für die Artistenfakultät. 1, 201 Bl., lat./griech., zahlreiche hss. Anmerkungen von Crusius
Tübingen UB: Mh 443–1. – Kat. lat. Hss., II., 275.

277 Notiz betr. Empfang der Handschrift
11. August 1594. – Befreyung Newenbürg eynes Jahrmarckhs, und wochenmarckhs halben. Crusius erhielt diese Urkundenabschriften, gefertigt von Sebastian Lanius, am 11. August 1594 von Johann Ulrich Schnitzer aus Neuenbürg.
Tübingen UB: Mh 543, fol. 189–192

278 Bestätigung der Druckerlaubnis von Herzog Friedrich für die »Annales Suevici« von Crusius, ausgestellt von der Universität Tübingen
2. September 1594 (empfangen am 4. September 1594). – Notiz von Crusius auf fol. 6^v
Stuttgart HSArch: J 1 383, fol. 5–6. – Klein, Hss. HSArch J 1, 295 (Nr. 383).

279 Brief an Johann Wilhelm Stucki, Zürich
Tübingen, 11. März 1595
Zürich SArch: E II 358a, fol. 604. – Kristeller V., 138a.

280 Unterschrift
Tübingen, 26. April [ca. 1595/1596?]. – Abschrift der von Crusius verfaßten *Laudatio Solis* (wohl akademische Ansprache), 18 Bl.
Karlsruhe LB: K 649. – Die Karlsruher Handschriften. Erster Band: Nr. 1–1299. Neudruck mit bibliographischen Nachträgen. Wiesbaden 1970, 164 (Nr. 649).

281 Brief von Oswaldus Crollius, Bebenhausen, an Crusius
Bebenhausen, 4. Mai 1595. – Anmerkungen von Crusius
Berlin SB: Slg. Darmstaedter 3i 1570

282 Brief an Johannes Weidner, Schwäbisch Hall
Tübingen, 25. August 1595
Stuttgart LB: Cod. hist. 2° 603, fol. 918. – Heyd, Hist. Hss., I., 257 (Nr. 603).

283 Brief an Wolfgang Roner, Ulm
Tübingen, 2. September 1595. – Abschrift von unbekannter Hand, ca. 1600
Basel ÖB: G^2 I 23c, fol. 90

284 Senatsprotokolle und Diarium, 1595–1605 (94 Bl.)
15. September 1595 – 30. Juni 1605. – Diarium III 747–811
Tübingen UB: Mh 198. – Kat. lat. Hss., II., 261.

285 Brief an Johannes Weidner, Schwäbisch Hall
[Tübingen, nicht vor 14. Dezember] 1595
Stuttgart LB: Cod. hist. 2° 603, fol. 944. – Heyd, Hist. Hss., I., 257 (Nr. 603).

286 Brief an Johannes Pappus, Straßburg
Tübingen, 11. März 1596. – Abschrift für Uffenbach, 1716
Hamburg SUB: Sup. ep. 11, fol. 123^v–125. – Krüger, Supellex 1,199.

287 Brief an Kaspar Bauhin, Basel
Tübingen, 23. März 1596
Basel ÖB: G^2 I 3, fol. 11

288 Brief an Johannes Pappus, Straßburg
Tübingen [Juni 1596?]. – (Fragment) Abschrift für Uffenbach, 1716
Hamburg SUB: Sup. ep. 11, fol. 125–126^v. – Krüger, Supellex 1,199.

289 Brief an Johannes Wesenbeck, Ulm
Tübingen, 2. Juni 1596
Basel ÖB: G I 26, fol. 103–104

290 Widmung an Bibliothek der Stadt Augsburg
Tübingen, 9. Juni 1596. – Widmung auf dem Titelblatt der *Annales Suevici*, Frankfurt/M. 1595–1596 (Bibliogr. Nr. 82). Das Exemplar gelangte im 17. Jh. in die Bibliothek des Benediktinerklosters Wiblingen (Besitzvermerk auf dem Titelblatt), die 1806 säkularisiert wurde. 1897 befand sich der Band im Besitz Hermann Fischers (wohl des Tübinger Germanisten); über das Antiquariat Gerschel, Stuttgart, kam er 1924 in den Besitz des Stadtarchivs Esslingen.
Esslingen StArch: B 2/1

291 Brief an Johannes Kepler, Stuttgart
Tübingen, 9. Juni 1596
Wien NB: Cod. 10702, fol. 57. – Kepler, Johannes: Gesammelte Werke. Band XIII. Briefe 1590–1599. Hrsg. von Max Caspar. München 1945, 88 f. (Nr. 46). – Die Angaben bei Zinner und Kristeller, Iter Italicum IV 169 dürften unzutreffend sein.

292 Brief, dt., an Bürgermeister und Rat der Stadt Esslingen
Tübingen, 23. Juli 1596
Esslingen StArch: Reichsstadt F. 267 Nr. 8

293 Eintragung, griech./lat., im Stammbuch des Johann Konrad Wagner aus Leonberg
Tübingen, 27. September 1596
Tübingen UB: Mh 581, fol. 53

294 Widmung an Andreas Laubmarius
[1596]. – Widmung an Andreas Laubmarius auf dem Titelblatt der ANNALES SUEVICI, Frankfurt/M. 1595–1596 (Bibliogr. Nr. 82).
Tübingen UB: L I 24.2:2

295 Widmung an die Universitätsbibliothek Tübingen
[1596]. – Widmung an die Universitätsbibliothek Tübingen auf dem Titelblatt der ANNALES SUEVICI, Frankfurt/M. 1595–1596 (Bibliogr. Nr. 82).
Tübingen UB: L I 24.2:1

296 Brief an Jakob Zwinger, Basel
Tübingen, 8. November 1596
Basel ÖB: Frey-Gryn Ms. II 8, Nr. 541

297 Eintragung, griech./lat., in Stammbuch (?)
[Tübingen,] 20. November 1596. – Marc 13, 37
Stuttgart LB: Cod. hist. 2° 889–5, fol. 227

298 Brief an Johannes Kepler, Graz
Tübingen, 3. April 1597
Wien NB: Cod. 10702, fol. 58. – Kepler, Johannes: Gesammelte Werke. Band XIII. Briefe 1590–1599. Hrsg. von Max Caspar. München 1945, 120 f. (Nr. 66).

299 Brief, dt., an Bernhard Reihing, Bürgermeister der Stadt Esslingen
Tübingen, 5. April 1597
Esslingen StArch: Reichsstadt F. 22 D

300 Eintragung, griech./lat., in Stammbuch
[Tübingen,] 21. September 1597. – Act 7, 58
Stuttgart LB: Cod. hist. 2° 889–5, fol. 231

301 Brief an Konrad Rittershausen, Altdorf
Tübingen, 21. September 1597
Nürnberg GNM: Archiv, Autographen K 39

302 Eintragung, griech./lat., im Stammbuch Herzog Augusts d. J. von Braunschweig und Lüneburg
Tübingen, 13. November 1597
Wolfenbüttel HAB: 230. Noviss. 8°, fol. 434. – Giermann, Renate: Die neueren Handschriften der Gruppe Novissimi. Frankfurt/M. 1992 (Kataloge der Herzog August Bibliothek Wolfenbüttel 20), 178.

303 *Homiliae LV. hymnodicae, graeco-latinae, mss. 1598–1605. Tubingae.* 55 Liederklärungen, griech./lat.
Tübingen, 1598–1605. – (fol. 1) *Cantiones Germanicae, in Ecclesijs puris cantari solitae, de sex capitibus Religionis Christianae, concionibus octo declaratae. A Martino Crusio.*
Gotha FLB: Chart. A 1027, fol. 1–370. – Homiliae hymnodicae, ed. Johann Christoph Olearius. Arnstadt 1705. (Bibliogr. Nr. 147). Rößler, Martin: Die Liedpredigt. Geschichte einer Predigtgattung. Göttingen 1976, 182–187. Rößler, Martin: Bibliographie der deutschen Liedpredigt. Nieuwkoop 1976, 45, 127 f.

304 Notiz auf Vorsatz
[Tübingen,] nicht vor 22. Januar 1598. – Inschriftensammlungen, lat./griech. Die Handschrift (Ende 15. Jh.) erhielt Crusius am 22. Januar 1598 von Pfarrer Hermann Heinrich Frey, Schweinfurt, durch Vermittlung von Magister Wilhelm Frey als Geschenk.
Stuttgart LB: Cod. hist. 4° 316. – Heyd, Hist. Hss., II., 130–132 (Nr. 316). Mommsen, Theodor: Di una nuova silloge epigrafica del secolo XV. In: Mittheilungen des Kaiserlich Deutschen Archaelogischen Instituts. Römische Abtheilung 5 (1890), 85–91

305 Brief an Johannes Assum, Weikersheim
Tübingen, 14. Juli 1598
Stuttgart LB: Cod. hist. 2° 889–5, fol. 230

306 Brief, an Johannes Assum, Weikersheim
Tübingen, 23. September 1598
Stuttgart LB: Cod. hist. 2° 889–5, fol. 232

307 Brief an Wolfgang Roner, Ulm
Tübingen, 11. Oktober 1598
Hamburg SUB: Literaturarchiv: Crusius, M.

308 Liber septimus chronologiae Crusianae, historiis non paucis interspersis. (Bl. 1–22). Liber octavus ... (Bl. 23–46)
[16. Oktober 1598]. – Abschrift, gefertigt von Johannes Brothag (Bl. 1–22; 16. Oktober 1598) und Johannes Lieb (Bl. 23–46; 8. Juni 1604). Vgl. Diarium II 122
Tübingen UB: Mh 443–2. – Kat. lat. Hss., II., 275.

309 Anmerkungen (passim)
6. Dezember 1598. – *De Comitibus Hohenloensibus.* Geschichte der Grafenfamilie von Hohenlohe. Handschrift (Anfang 16. Jh.), lat./dt. (9 Bl.).
Stuttgart HSArch: J 1 383, fol. 7–15. – Klein, Hss. HSArch J 1, 295 (Nr. 383).

310 Eintragung, griech./lat., im Stammbuch des Konrad Körner aus Zürich
[Tübingen,] 5. Juli 1599. – Luc 17, 5
Zürich ZB: Ms D 209 b, nach p. 88. – Herold-Zollikofer, Eva: Libri Amicorum (Stammbücher) der Zentralbibliothek und des Schweiz. Landesmuseums in Zürich. In: Schweizer Beiträge zur Buchkunde 15 (1939), 13–48 (Nr. 8).

311 Brief, an Jakob Andreae (Sohn), Metzingen
Tübingen, 6. Juli 1599
Stuttgart LB: Cod. hist. 2° 889–5, fol. 229

312 Albumblatt, griech./lat.
[Tübingen,] 21. Juli 1599. – *Senex Symeon, Luc. 2.* (Luc 2, 29–31)
Amsterdam UB: Slg. Diederichs 64 Eo

313 Brief an Polykarp Leyser, Dresden
Tübingen, 30. Dezember 1600
Berlin SB: Slg. Darmstaedter, 2b 1560 (1)

314 Eintragung im Stammbuch des Matthias Bernegger aus Straßburg
[Tübingen, nicht vor 1601]
Berlin SB: Lessing-Slg 4864 (Kriegsverlust?). – Buchholtz, Arend und Ilse Lessing: Karl Robert Lessings Bücher- und Handschriftensammlung. Berlin 1914, 101–104.

315 Brief an Polykarp Leyser, Dresden
Tübingen, 30. März 1601. – Geschrieben im Auftrag von Crusius von dessen Neffen; darunter eigenhändige Notiz von Crusius
Berlin SB: Slg. Darmstaedter, 2b 1560 (1)

316 Brief an Polykarp Leyser, Dresden
Tübingen, 17. Dezember 1601
Basel ÖB: Autogr.-Slg. Geigy-Hagenbach, Nr. 722

317 Brief an Polykarp Leyser, Dresden
[Tübingen, 7. April 1602]. – Abschrift im Diarium III 418
Berlin SB: Slg. Darmstaedter, 2b 1560 (1)

318 Eintragung, lat./griech., in Stammbuch
[Tübingen,] 16. Juni 1602. – Act 7, 58
Tübingen UB: Mi III 4b

319 Eintragung, griech./lat., in Stammbuch
[Tübingen,] 19. August 1602. – Act 7, 58
Stuttgart LB: Cod. hist. 2° 912–2

320 Brief, lat./griech., an Martin Aichmann, Dresden
Tübingen, 21. März 1603
Wittenberg Lutherhalle: II 4/s 167/1415. – Diarium III 552.

321 Brief an Polykarp Leyser, Dresden
Tübingen, 12. Februar 1604
Hamburg SUB: Literaturarchiv: Crusius, M.

322 Brief an Polykarp Leyser, Dresden
Tübingen, 3. Juni 1605
Hamburg SUB: Literaturarchiv: Crusius, M.

323 Testament von Martin Crusius
Tübingen, 19. September 1605. – Hand eines Notars? 32 Seiten. – Hss. Anmerkungen passim und Subskription (auf p. 32) von Crusius
Stuttgart LB: Cod. hist. 2° 453. – Heyd, Hist. Hss., I.2, 205 (Nr. 453).

324 Brief an Paul Rem, Augsburg
Tübingen, 23. Februar 1606
Basel ÖB: G I 26, fol. 117.

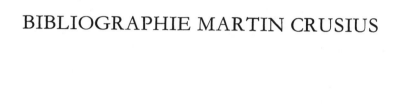

BIBLIOGRAPHIE MARTIN CRUSIUS

GEDRUCKTE WERKE VON MARTIN CRUSIUS

Selbständig erschienene Werke

1 Commentariolum in primam Demosthenis Olynthiacam Sturmianum. Eiusdem Scholia in eandem, et Epitome ex Diodoro Siculo de statu illorum temporum in Graecia. His addita est conversio Ioan. Sturmii. – Straßburg : Blasius Fabricius, 1554 ; 8°

VD 16 D 528; Index Aurel. 147.833. – Berlin SB (Verlust?); Bern StUB; Bologna BU; Dresden LB; Freiburg i. B. UB; Göttingen SUB; Halle/S. ULB; Köln UStB; München SB; New York ColumbiaUL; Posen BU; Tübingen UB*; Wien NB; Wolfenbüttel HAB; Würzburg UB; Zwickau RatsSchB.

2 Poemation de Susanna Helciade, Graece et Latine. – Straßburg : Blasius Fabricius, 1555 ; 4°

VD 16 C 6140; Index Aurel. 147.834. – Dresden LB (2 Ex.); Halle/S. FranckeStift; Nürnberg GNM; Tübingen UB*.

3 Puerilis in lingua Latina institutionis pars prima. Continens principia religionis christianae, prinicipia et etymologiae, nomenclaturam rerum, formulas quasdam loquendi. Pro scholae Memmingensis, classe quarta. – Pars secunda. De Grammaticae partibus, praecipuisque praeceptis Etymologiae. Pro scholae Memmingensis, classe tertia. – Straßburg : Samuel Emmel, 1556/1557 ; 8°

Kein bibliographischer Nachweis. – Augsburg SStB; Dresden LB; Frauenfeld KantB; Memmingen StB; Stuttgart LB; Tübingen UB.

4 Scholia in primam, secundam, ac tertiam Virgilii eclogam Sturmiana. – Straßburg : Blasius Fabricius, 1556 ; 8°

Index Aurel. 147.835. – Bielefeld Gy; Hermannstadt Brukenthal; Paris BN; Prag SB; Thorn BU (2 Ex.); Toulouse BMun; Tübingen UB; Wolfenbüttel HAB.

5 Scholia in primum Theocriti Idyllion Sturmiana. – Straßburg : Blasius Fabricius, [nicht vor Juli 1556] ; 8°

VD 16 T 729. – St. Gallen Vad; Stuttgart LB; Thorn BU; Tübingen UB; Wolfenbüttel HAB.

6 Puerilis in lingua Graeca institutionis Pars prima: Continens principia Orthographiae, Prosodiae, Etymologiae. Item, principia Religionis Christianae. Pro scholae Memmingensis Classe secunda. Pars altera ... – Basel : Johann Oporinus, 1558 ; 8°

VD 16 C 6145; Index Aurel. 147.837. – Augsburg SStB; Basel ÖB; Cambridge UL; Klausenburg Akad(U); München SB; München UB; Neuburg a. D. SB; Regensburg SB; Tübingen UB.

7 Puerilis in lingua Graeca institutionis Pars prima. Pars altera ... – Basel : Johann Oporinus, 1559/1560 ; 8°

Index Aurel. 147.839. – Augsburg SStB; Bologna Gy; Colmar BVille; Krakau BJ; Laibach NUB; St. Gallen Benedikt (Pars II); Stuttgart LB; Warschau BU; Zürich ZB.

8 Grammaticae Graecae, cum Latina congruentis, Pars prima. Pars altera. – Basel : Johann Oporinus, 1562/1563 ; 8°

VD 16 C 6112/C 6114; Index Aurel. 147.841. – Breslau BU (Pars I); Cambridge UL; Colmar BVille; Dolný Kubín ČaplavičKn; Donaueschingen HB; Eichstätt UB (Pars II); Freiburg i. B. UB; Halle/S. FranckeStift (unvollst.); Heidelberg UB; Klausenburg Akad(C); München SB; München UB; Neresheim Benedikt; Oxford Bodl; Paris BN; Rostock UB; St. Gallen Benedikt (Pars I); Stuttgart LB; Warschau BU (Pars II); Warschau Sem (Pars II); Wittenberg Sem; Wolfenbüttel HAB.

9 Grammaticae Graecae, cum Latina congruentis, Pars prima. – Basel : Johann Oporinus, 1562 ; 8°

VD 16 C 6113; Index Aurel. 147.840. – Berlin SB; Bologna Gy; Breslau BU; Cambridge UL; Danzig Akad; Gent BU; Krakau BJ; München SB; München UB (2 Ex.); Prag Strahov; Schlettstadt BVille; Tübingen UB; Warschau BN; Wolfenbüttel HAB.

10 Grammaticae Latinae, cum Graeca congruentis, Pars prima. – Basel : Johann Oporinus, 1563 ; 8°

VD 16 C 6123; Index Aurel. 147.842. – Aschaffenburg HB (unvollst.); Cambridge EmmanuelC; Dresden LB; Krakau BJ; München SB; München UB; Paris BN; Stettin WojewódB.

11 Nomenclatura, Phrasesque Rerum. – Basel : Hieronymus Curio, 1563 ; 2°
In: Hopper, Markus: Latino-Graecum Dictionarium, quo non modo voces simplices quam integrae locutiones Latinae, ex antiquis et optimis Authoribus Graece redduntur ...

VD 16 C 6130. – Dillingen StudB; Graz UB; Klausenburg Akad(C); Montpellier BMun; München SB; Prag SB; Tübingen UB; Zerbst StB.

12 Philippi Melanthonis elementorum Rhetorices Libri duo: Martini Crusii quaestionibus explicati [...]. Adiectis epistolis Pici Mirandulani et Hermolai Barbari contrarijs, una cum Dispositione Philippi Melanchthonis ... – Basel : Johann Oporinus, 1563 ; 8°

VD 16 M 3124. – Basel ÖB; Budapest BN; Emden JALB; Kattowitz BŚląsk; München SB; Nürnberg StB; Straßburg BNU; Stuttgart LB; Thorn BU; Tübingen UB (2 Ex.); Tübingen WStift; Wolfenbüttel HAB.

13 Grammaticae Latinae, cum Graeca congruentis, Pars altera. – Basel : Johann Oporinus, [ca. 1564] ; 8°

VD 16 C 6124; Index Aurel. 147.843. – Breslau BU; München SB; München UB (unvollst.); Stettin WojewódB.

14 Philippi Melanthonis elementorum Rhetorices Libri duo: Martini Crusii Quaestionibus explicati. – Basel : Johann Oporinus, 1564 ; 8°

VD 16 M 3125. – Augsburg SStB; Breslau BU; München SB; Regensburg SB; Tübingen UB.

15 Grammaticae Graecae, cum Latina congruentis, Pars altera. – Basel : Paul Quecus für Johann Oporinus, 1566 ; 8°

VD 16 C 6115; Index Aurel. 147.844. – Basel ÖB; Breslau BU; Budapest BN; Cambridge UL; Danzig Akad; Dresden LB; Emden JALB; Freiburg i. B. UB; Kattowitz BŚląsk; Krakau BJ; Laibach NUB; München SB; Posen BU; Schaffhausen StB; Stuttgart LB; Tübingen UB; Überlingen LeopoldSophienB; Zofingen StB.

16 Poematum Graecorum Libri duo [...]. Orationum Liber Unus. Scholia in Poemata et Orationes suas. – Basel : Johann Oporinus, 1566/1567 ; 4°

VD 16 C 6136/C 6141/C 6150; Index Aurel. 147.848/849. – Augsburg SStB; Basel ÖB; Berlin SB; Brescia BQuerini; Breslau BU; Cambridge EmmanuelC; Cambridge UL; Dolný Kubín ČaplavičKn; Dresden LB; Erfurt WAB; Göttingen SUB; Greifswald UB (unvollst.); Halle/S. FranckeStift; Jena ULB (2 Ex.); Köln UStB; Krakau BJ; Krakau MN; Laibach NUB; Lübeck StB; Memmingen StB; München SB (unvollst.); New Haven UL; Oslo UB; Oxford Bodl; Paris BN (unvollst.); Rudolstadt HistB; Stockholm KglB; Straßburg BNU; Stuttgart LB (2 Ex.); Tübingen UB (2 Ex.); Ulm StB; Weißenfels MarienK; Wolfenbüttel HAB; Würzburg UB; Zürich ZB (unvollst.); Zwickau RatsSchB.

17 Grammaticae Graecae, cum Latina congruentis, Pars prima. – Basel : Johann Oporinus, 1567 ; 8°

Kein bibliographischer Nachweis. – Danzig Akad; Emden JALB; Kattowitz BŚląsk; Prag SB.

18 Philippi Melanthonis elementorum Rhetorices Libri duo: Martini Crusii quaestionibus explicati. – Basel : Johann Oporinus, 1567 ; 8°

VD 16 M 3126. – Breslau BU (2 Ex.); Halle/S. ULB (2 Ex.); Nürnberg StB; Salzwedel KatharinenK.

19 Grammaticae Graecae, cum Latina congruentis, Pars prima. Pars altera. – Basel : Johann Oporinus, 1568/1569 ; 8°

Kein bibliographischer Nachweis. – Rostock UB; Stuttgart LB; Tübingen UB (Pars I); Überlingen LeopoldSophienB (Pars I).

20 Grammaticae Latinae, cum Graeca congruentis, Pars prima. Pars altera. – Basel : Johann Oporinus, März 1568 ; 8°

Index Aurel. 147.850. – Berlin SB; Breslau BU; Erlangen UB; Freiburg/Ü. BCU; Gotha FLB; Jena ULB; Kattowitz BŚląsk; Schaffhausen StB (Pars II); Straßburg GrandSém; Stuttgart LB, Tübingen UB(*).

21 Philippi Melanthonis elementorum Rhetorices Libri duo: Martini Crusii quaestionibus et Scholijs explicati. Adiectis aliquot epistolis et carminibus, a Rhetorico studio non alienis ... – Basel : Johann Oporinus, 1570 ; 8°

VD 16 M 3127. – Breslau BU; Karlsruhe LB; Klausenburg Akad(R); München SB; Nürnberg StB; Paris BN; Schaffhausen StB; Straßburg BNU; Stuttgart LB; Wittenberg Sem.

22 Grammaticae Latinae, cum Graeca congruentis. Pars prima. Pars altera. – Basel : Johann Oporinus, 1571/1572 ; 8°

VD 16 C 6125/C 6126; Index Aurel. 147.851/852. – Breslau BU; München SB; Straßburg BNU; Tübingen EvStift; Überlingen LeopoldSophienB; Wittenberg Sem.

23 Nomenclatura rerum latino-germanica: item, breves aliquot, facilesque, loquendi formulae, cum elementis christianae pietatis et precatiunculis pro pueris ... – [s. l.], 1571 ; 8°

Kein bibliographischer Nachweis. – Augsburg SStB.

24 [Crusius: Übers.] Schnepff, Dietrich: Brevis et perspicua psalmorum Davidis explicatio. Decas tertia et decima. [Predigt von Jakob Heerbrand: pp. 267–289]. – Tübingen : Georg Gruppenbach, 1572 ; 4°

VD 16 S 3273. – Tübingen UB; Wolfenbüttel HAB.

25 [Crusius: Übers.] Heerbrand, Jakob: Concio D. D. Iacobi Herbrandi, Theologiae in Academia Tubingensi Professoris: habita in funere honestissimae matronae, Barbarae Brentiae: Reverendi et Clarissimi D. Ioannis Brentij Theologi filiae: D. D. Theodorici Sneppfij, Tubing. Ecclesiae Parochi, et Academiae Professoris Theologi, coniugis: A Martino Crusio in templo excepta. Accesserunt Carmina et Epicedia doctißimorum virorum, in Honorem eiusdem matronae. – Tübingen, 1572 ; 4°

VD 16 H 976. – Lübeck StB; Tübingen UB; Wittenberg Sem; Wolfenbüttel HAB.

26 Propempticon, Georgio Sigismundo, et Bernhardino, fratribus a Mindorff: Christophoro a Rathmansdorff: nobilitate praeclaris Styrijs: et Georgio Campanae Haidelbergensi: optimae spei Adolescentibus: eorundemque Praeceptori, M. Ioanni Memhardo Herprechthingensi: Tybinga Argentoratum studiorum causa profiscentibus. – Tübingen, 1572 ; 4°

Kein bibliographischer Nachweis. – Freiburg i. B. UB.

27 Grammaticae Graecae, cum Latina congruentis, Pars prima. Pars altera. – Basel : Johann Oporinus, 1573 ; 8°

VD 16 C 6116/C 6117; Index Aurel. 147.854/855. – Basel ÖB; Berlin SB; Breslau BU (2 Ex.); Brünn UKn; Cambridge GonvilleC (Pars II); Cambridge MagdaleneC (Pars II); Cambridge KingC (Pars I); Coburg LB (Pars I); Edinburgh NL (Pars II); Freiburg/Ü. BCU (Pars I); Halle/S. MarienB; Jena ULB; Lublin BU; Lublin Sem; Lund UB; Martin Matica; München SB; Nürtingen K (2 Ex.); Pisa BU; Posen BU; Prag SB (3 Ex.); Prag Strahov (Pars I); Straßburg BNU; Straßburg Wilh; Stuttgart LB; Thorn KsMiejsk; Tübingen UB (2 Ex.); Warschau BN; Warschau BU; Wien NB (Pars II); Wittenberg Sem; Wolfenbüttel HAB (Pars II); Zwickau RatsSchB (Pars II).

28 Philippi Melanthonis Elementorum Rhetorices Libri duo: Martini Crusii quaestionibus et Scholijs explicati in Academia Tybingensi. Adiectis aliquot Epistolis et Carminibus, a Rhetorico studio non alienis. – Basel : Johann Oporinus, 1574 ; 8°

VD 16 M 3130. – Breslau BU; Budapest BN; Lindau StArch; München SB; Nürnberg StB; Nürtingen K; Paris BN; Straßburg BNU; Stuttgart LB; Tübingen UB; Wittenberg Sem (2 Ex.); Wolfenbüttel HAB; Zwickau RatsSchB.

29 Ad illustrissimum Principem ac Dominum, Dominum Ludovicum, Ducem Wirtembergicum [...] Gratulatio nuptialis. – Tübingen : Georg Gruppenbach, 1575 ; 4°

VD 16 C 6100; Index Aurel. 147.856. – Chur KantB; Wolfenbüttel HAB.

30 Grammaticae Graecae, cum Latina congruentis. Pars Prima. Pars altera. – Görlitz : Ambrosius Fritsch, 1577 ; 8°

Index Aurel. 147.858. – Berlin SB (Verlust?); Łódź BU.

31 Πολίτευμα οὐράνιον, ἤτοι κατηχητικαὶ ὁμιλίαι [...] Civitas coelestis, seu Catecheticae Conciones: a Martino Crusio editae. Oratio de officio Parentum. Oratio de officio Liberorum. Oratio de Academia. Orationes scholasticae tres. – Tübingen : Georg Gruppenbach, 1578 ; 4°

VD 16 C 6142; Index Aurel. 147.860. Augsburg SStB; Berlin SB; Breslau BU; Budapest BN; Cambridge UL; Dresden LB; Eisleben AndreasK; Halle/S. ULB; Karlsruhe LB (unvollst.); London BL; München SB; Prag SB; Schaffhausen StB; Stuttgart LB; Zürich ZB; Zwickau RatsSchB.

32 Grammaticae Latinae, cum Graeca congruentis, Pars altera. – Basel : Johann Oporinus, 1578 ; 8°

Kein bibliographischer Nachweis. – Schaffhausen StB; Straßburg Wilh.

33 In sacrum Nuptiale, D. M. Ioannis Langii, Memmingensis, Humanarum divinarumque literarum scientia exquisita viri praestantissimi: et Magdalenae Albertinae [...] celebratum Memmingae, 4. Cal. Iun. Anni 1578. Epithalamia ab amicis conscripta. – Tübingen, 1578 ; 4°

VD 16 C 6128; Index Aurel. 147.859. – München SB.

34 D. Stephani Gerlachii Knitlingensis, qui Constantinopoli fuit, Biduum Tybingense. – Tübingen : Georg Gruppenbach, 1579 ; 4°

Kein bibliographischer Nachweis. – Tübingen EvStift.

35 D. Stephani Gerlachii, Knitlingensis, qui Constantinopoli in Aula Legati Imp. Rom. complures annos Ecclesiasta fuit, Biduum Tybingense. – Tübingen : Georg Gruppenbach, 1580 ; 4°

VD 16 C 6109; Index Aurel. 147.861. – Dresden LB; Karlsruhe LB; München UB; Stuttgart LB; Tübingen UB; Wolfenbüttel HAB.

36 Ad illustrissimum Principem ac Dominum, Dominum Fridericum: Comitem Wirttembergicum et Mompeligardensem [...] Martini Crusii gratulatio Nuptialis. – Tübingen : Georg Gruppenbach, 1581 ; 4°

Kein bibliographischer Nachweis. – Stuttgart LB; Wolfenbüttel HAB.

37 Epithalamium [...] ad D. Gregorium Leonhardum Ulmensem [...] nuptias cum [...] Caecilia Rhorina [...] celebrantem. – Tübingen : Georg Gruppenbach, 1581 ; 4°

Kein bibliographischer Nachweis. – Breslau BU.

38 Martini Crusii quaestionum, in Philippi Melanthonis Elementorum Rhetorices libros duos, Epitome. – Tübingen : Georg Gruppenbach, 1581 ; 8°

VD 16 C 6147; Index Aurel. 147.863. – München SB; Schaffhausen StB.

39 [Crusius: Übers.] Heerbrand, Jakob: Compendium Theologiae Methodi quaestionibus tractatum a Iacobo Heerbrando Doctore et Professore Theologiae in Academia Tubingensi. Idem a Martino Crusio [...] Graece versum. – Wittenberg : Johannes Krafft (Crato) Erben, 1582 ; 4°

VD 16 H 973. – Berlin SB; Brescia BQuerini; Halle/S. ULB; München SB; Nürtingen K*; Oxford Bodl; Rostock UB; Thorn BU; Tübingen UB; Ulm StB; Zwickau RatsSchB.

40 Ad D. Hieronymum Viscerum Vemdingensem, et D. Hieremiam Sengium Nördlingensem, Medicinae Doctores in Academia Tubingensi creatos, gratulatio. – Tübingen : Georg Gruppenbach, 1582 ; 4°

VD 16 C 6099; Index Aurel. 147.867. – München SB; Stuttgart LB.

41 D. Solomoni Schweigkero Sultzensi, qui Constantinopoli in Aula Legati Imp. Rom. aliquot annos Ecclesiasta fuit: et in Aegypto, Palaestina, Syria, peregrinatus est: Gratulatio, scripta a Martino Crusio. Cum Descriptione illius peregrinationis: et Graecorum Patriarcharum, aliorumque [...] Christianorum commendationibus, scriptisque alijs lectu dignissimis. – Straßburg : Nikolaus Wiriot, 1582 ; 4°

VD 16 C 6104/C 6105/C 6111; Index Aurel. 147.866. – Berlin SB (2 Ex.); Budapest BN; Genf BPU; Halle/S. ULB; London BL; München SB; Oxford Bodl; Prag Strahov; Tübingen EvStift; Wien NB; Wolfenbüttel HAB; Zeitz MichaelK.

42 Philippi Melanthonis elementorum Rhetorices Libri duo: Martini Crusii quaestionibus et Scholijs explicati. – Basel : Johann Oporinus, 1582 ; 8°

VD 16 M 3133. – Eichstätt UB; Klausenburg Akad(U); München SB; Nürnberg StB; Prag SB; Straßburg BNU; Tübingen UB; Wilna Akad; Wittenberg Sem.

43 Puerilis in lingua Graeca institutionis, Pars prima, Pars altera. Continens Etymologiae tractationem satis absolutam, in gratiam tenuioris fortunae puerorum seorsim excusam. – Wittenberg : Zacharias Lehmann, 1582 ; 8°

VD 16 C 6118 (Pars I) / VD 16 C 6146 (Pars II); Index Aurel. 147.868/869. – Coburg LB (Pars II); Olmütz SKn; Wolfenbüttel HAB.

44 Grammaticae Graecae, cum Latina congruentis. Pars Prima. Pars Altera. In usum Scholae Gorlicensis edita. – Görlitz : Ambrosius Fritsch, 1583 ; 8°

VD 16 C 6119/C 6120; Index Aurel. 147.871. – Gotha FLB; Stuttgart LB (Pars I unvollst., Pars II).

45 Grammaticae Graecae cum Latina congruentis pars prima. – Basel : Johann Oporinus, 1583 ; 8°

Kein bibliographischer Nachweis. – Zwickau RatsSchB.

46 Quaestionum in Philippi Melanthonis Elementorum rhetorices libros duos, epitome. – Tübingen : Georg Gruppenbach, 1583 ; 8°

Index Aurel. 147.872. – Berlin SB.

47 Acta et scripta Theologorum Wirtembergensium, et Patriarchae Constantinopolitani D. Hieremiae: quae utrique ab Anno M.D.LXXVI. usque ad Annum M.D.LXXXI. de Augustana Confessione inter se miserunt: Graece et Latine ab ijsdem Theologis edita. – Wittenberg : Johannes Krafft (Crato) Erben, 1584 ; 2°

VD 16 A 2491; Index Aurel. 147.876. – Berlin SB; Berlin UB; Bonn ULB; Brandenburg KatharinenK; Brescia BQuerini; Göttingen SUB; Graz UB; Greifswald GeistlMin; Greifswald UB; Halle/S. ULB (2 Ex.); Hermannstadt Brukenthal; Hildesheim StB; Karlsruhe LB; Kiel UB; Lyon BMun; Marburg/L. UB; München SB; Nürtingen K; Paris BN; Schaffhausen StB; Stendal Dom; Stuttgart LB; Thorn BU; Tübingen UB; Urbana UL; Weimar ZB; Wien NB; Wolfenbüttel HAB.

48 Aethiopicae Heliodori Historiae Epitome. Cum observationibus eiusdem. [...] Eiusdem de parentibus suis narratio. [Enthält ferner:] Pulchritudo foeminea (pp. 333–345), Descriptio Alcinae Lud. Ariosti cantu VII (pp. 346–347), Iudicium D. Chrysostomi de vanitate foemineae pulchritudinis (pp. 348–351), Ibidem, Qualis ducenda sit uxor (pp. 351–353), Salomon Schweigger, Brief an Crusius aus Rosseta (Ägypten) (pp. 354–356), Nuptiae imp. Theophili Constantinopoli [...] quod Steph. Gerlachius ex illa urbe Tybingam attulit. M. Crusio interprete (pp. 357–363), Eadem historia [...] Crusio interprete (pp. 363–375), Epistola Mart. Crusii [...] Alexandriam [...] 13.April 1583 D. Meletio Cretensi (pp. 376–381), Responsum ad praecedentem M. Crusii epistolam, allatum e Cairo, 22.Mai 1584 (pp. 382–388). – Frankfurt/M. : Johann Wechel, 1584 ; 8°

VD 16 C 6138; Index Aurel. 147.875. – Ansbach SB; Berlin SB; Breslau BOssoliński; Budapest BN; Cambridge EmmanuelC; Cambridge/USA UL (nur Anhang); Coburg LB; Colmar Consist; Dijon BMun; Erlangen UB; Göttingen SUB; Gotha FLB; Halle/S. MarienB; Halle/S. ULB; Jena ULB; Krakau MN; Löwen KathUB; London BL; Madrid

BN; Metz BMun; München SB; New York ColumbiaUL; Nürnberg StB; Oxford Bodl; Paris BN; Prag SB; Schaffhausen StB; Stralsund ArchB; Straßburg BNU (2 Ex.); Stuttgart LB; Thorn KsMiejsk; Tübingen UB; Venedig BN; Wien NB; Wilna UB; Wittenberg Sem; Wolfenbüttel HAB; Zürich ZB; Zwickau RatsSchB (2 Ex.).

49 Turcograeciae libri octo [...]. Quibus Graecorum status sub imperio Turcico, in Politia et Ecclesia, Oeconomia et Scholis, iam inde ab amissa Constantinopoli, ad haec usque tempora, luculenter describitur. – Basel : Leonhard Ostenius für Sebastian Henricpetri, 1584 ; 2°
Reprint Modena 1972

VD 16 C 6153; Index Aurel. 147.873. – Alençon BMun; Athen Gennad; Athen NB; Augsburg SStB; Basel ÖB (4 Ex.); Bern StUB; Bologna BU; Brescia BQuerini; Breslau BOssoliński (2 Ex.); Budapest BN (3 Ex.); Bukarest BN; Cambridge EmmanuelC; Cambridge TrinityC; Cambridge UL; Cambridge/USA UL; Chicago NewberryL; Coutances BMun; Danzig Akad; Dijon BMun; Dresden LB; Edinburgh NL; Einsiedeln Benedikt; Erfurt WAB; Erlangen UB; Genf BPU; Gent BU; Göttingen SUB; Gotha FLB; Greifswald UB (2 Ex.); Groningen BU; Halle/S. FranckeStift; Halle/S. ULB; Hildesheim StB; Jena ULB (2 Ex.); Klausenburg BU; Krakau BJ (2 Ex.); Krakau MN; Lindau StArch; London BL (2 Ex.); Lublin WojewódB; Lübeck StB; Lund UB; Lyon BMun; Madrid BN (2 Ex.); Mannheim UB; Memmingen StB; München SB; Neuburg a. D. SB; Neumarkt BTeleki; Nürnberg StB; Olmütz SKn; Oslo UB; Oxford Bodl; Paris BN (2 Ex.); Passau SB; Pommersfelden Schönborn; Prag SB; Princeton UL; Regensburg SB; Rostock UB; Santiago BU; Schaffhausen StB (2 Ex.); Schulpforta Gy; Stockholm KglB; Straßburg BNU (3 Ex.); Stuttgart LB; Toulouse BMun; Tübingen UB; Ulm StB; Venedig BN; Warschau BN; Warschau BU (5 Ex.); Washington LC; Weimar ZB; Wien NB; Wolfenbüttel HAB (3 Ex.); Würzburg UB; Zeitz StiftB; Zürich ZB; Zwickau RatsSchB.

50 Epithalamion in nuptias illustrissimi Principis ac Domini, Domini Ludovici, Ducis Wirtembergici [...] cum [...] Ursula: Stutgardiae die X. Maij MDLXXXV. feliciter celebratas ... – Tübingen : Georg Gruppenbach, 1585 ; 4°

Kein bibliographischer Nachweis. – Stuttgart LB; Ulm StB.

51 Germanograeciae libri sex: In quorum prioribus tribus, Orationes: in reliquis Carmina, Graeca et Latina, continentur. – Basel : Leonhard Ostenius für Leonhard Ostenius, [1585] ; 2°

VD 16 C 6110; Index Aurel. 147.877. – Athen NB (2 Ex.); Basel ÖB (2 Ex.); Bern StUB; Breslau BU (2 Ex.); Brünn UKn; Budapest BN (2 Ex.); Cambridge GonvilleC; Cambridge UL; Cambridge/USA UL; Chicago NewberryL; Dijon BMun; Dresden LB; Einsiedeln Benedikt; Genf BPU; Göttingen SUB; Greifswald UB (2 Ex.); Halle/S. FranckeStift; Halle/S. ULB; Hildesheim StB; Jena ULB; Krakau MN; London BL; Memmingen StB; München SB; Neumarkt BTeleki; Oslo UB; Oxford Bodl; Paris BN; Prag SB; Straßburg BNU (2 Ex.); Stuttgart LB; Thorn BU; Tübingen UB; Ulm StB; Venedig BN; Warschau BN; Warschau BU (2 Ex.); Weimar ZB; Wien UB; Wolfenbüttel HAB.

52 Grammaticae Graecae, cum Latina congruentis, Pars altera. – Basel : Johann Oporinus, 1585 ; 8°

VD 16 C 6121; Index Aurel. 147.878. – Augsburg SStB (Pars II); Breslau BU; Erfurt WAB; Halle/S. MarienB; Halle/S. ULB; Jena ULB; München UB; Posen BU; Prag Strahov; Stuttgart LB; Tübingen UB; Warschau BN; Zwickau RatsSchB.

53 Grammaticae Latinae, cum Graeca congruentis, Pars prima. – Basel : Johann Oporinus, 1585 ; 8°

Kein bibliographischer Nachweis. – Schaffhausen StB.

54 Quaestionum in Philippi Melanchthonis elementorum Rhetorices libros duos, Epitome. – Tübingen : Georg Gruppenbach, 1585 ; 8°

Kein bibliographischer Nachweis. – Tübingen UB.

55 Scripta aliquot consolatoria doctorum Virorum et Iuvenum: Ad clarissimum virum, M. Georgium Hitzlerum, oratoriae et linguae Graecae in Academia Tubingensi Professorem: de tristissimo obitu charissimae Coniugis eius, Elisabethae ... – Tübingen : Georg Gruppenbach, 1585 ; 4°

Index Aurel. 147.879. – London BL; Nürtingen K*; Tübingen UB; Ulm StB; Weimar ZB.

56 Grammaticae Graecae, cum Latina congruentis, Pars Prima. In usum scholarum tam Illustrium quam Trivialium, electoratus Saxonici. – Wittenberg : Johannes Krafft (Crato) Erben, 1586 ; 8°

VD 16 C 6122; Index Aurel. 147.881. – Coburg LB.

57 Hodoeporicon sive Itinerarium D. Solomonis Sweigkeri Sultzensis ... – Leipzig : Georg Deffner, 1586 ; 8°
In: Neander, Michael: Orbis terrae partium succincta explicatio ...

VD 16 C 6106. – Berlin SB (Verlust?); Bloomington UL; Budapest BN; Cambridge/USA UL; Dresden LB; Halle/S. ULB; Helsinki UB; Hermannstadt Brukenthal; München SB; München UB; Pommersfelden Schönborn; Reutlingen StB; Ulm StB; Wolfenbüttel HAB; Zeitz StiftB.

58 Libri duo ad Nicodemum Frischlinum, Poetam Laureatum, Comitem Palatinum Caesarium: I. Animadversionum in Grammaticen eius Latinam: II. Ad eiusdem Strigilim Grammaticam, Antistrigilis ... – Straßburg : Josias Rihel, 1586 ; 8°

VD 16 C 6129; Index Aurel. 147.880. – Augsburg SStB; Berlin SB; Dresden LB; Gotha FLB; Halle/S. ULB; Lund UB; München SB; Paris BN; Paris BMaz; Philadelphia UL; Princeton UL; Stralsund ArchB; Straßburg BNU; Stuttgart LB; Tübingen UB; Wolfenbüttel HAB; Zwickau RatsSchB.

59 Πολίτευμα οὐράνιον, ἤτοι κατηχητικαὶ ὁμιλίαι [...] Civitas Coelestis, seu Catecheticae Conciones: Item, trium summorum anniversariorum Festorum Conciones: Aliquot denique Orationes et Epistolae: a Martino Crusio editae. – Tübingen : Georg Gruppenbach, 1587 ; 4°

VD 16 C 6134/C 6143/C 6151; Index Aurel. 147.883. Brescia BQuerini; Esslingen StArch; Göttingen SUB; Gotha FLB; Jena ULB; Konstanz Gy; Nürtingen K*; Straßburg BNU; Straßburg Wilh; Stuttgart LB; Tübingen WStift; Weimar ZB; Wolfenbüttel HAB.

60 Adversus Nicodemi Frischlini [...] quinque rei Grammaticae, et virulentarum calumniarum, Dialogos, anno 1587. editos, Defensio necessaria. – Basel : Huldrych Fröhlich, 1587 ; 8°

VD 16 C 6102; Index Aurel. 147.882. – Augsburg SStB; Berlin SB (2 Ex.); Cambridge/USA UL; Halle/S. ULB; München SB; Paris BN; Princeton UL; Straßburg BNU; Stuttgart LB; Tübingen UB* (2 Ex.); Wien NB; Wolfenbüttel HAB (2 Ex.).

61 De visu et caecitate Oratio: in XXIX. Magistrorum creatione, M.D.XXCVII. habita. – Tübingen : Alexander Hock, 1587 ; 4°

VD 16 C 6154; Index Aurel. 147.885. – München SB; Straßburg BNU; Stuttgart LB; Wolfenbüttel HAB.

62 Maioris suae syntaxeos Graecae, Epitome. – Tübingen : Georg Gruppenbach, 1587 ; 8°

Kein bibliographischer Nachweis. – Tübingen UB.

63 [Crusius: Übers.] Müller, Veit: Disputatio de religione Christiana. Praeside reverendo et clarissimo viro, D. Iacobo Andreae [...] a M. Vito Myllero, linguarum Professore, 30. et 31. Decemb. 1586 publice defensa: et a Martino Crusio Graece conversa. – Tübingen, 1588 ; 4°

Kein bibliographischer Nachweis. – Stuttgart LB.

64 Πολίτευμα οὐράνιον, ἤτοι κατηχητικαὶ ὁμιλίαι [...] Civitas Coelestis; seu Catecheticae Conciones: Item, trium summorum anniversariorum Festorum Conciones: Aliquot denique Orationes et Epistolae: A Martino Crusio editae. – Tübingen : Georg Gruppenbach, 1588 ; 4°

VD 16 C 6135/C 6144/C 6152; Index Aurel. 147.888. – Berlin SB; Breslau BU; Cambridge UL; Gotha FLB; Konstanz Gy; Olmütz SKn; St. Gallen Vad; Soest StB; Stuttgart LB (2 Ex.); Tübingen UB; Wolfenbüttel HAB; Zwickau RatsSchB.

65 Ad ingrati desperatique Nicodemi Frischlini mendacem ac scelestißimum Celetismum, anno 1588. editum, iusta, vera, et postrema responsio. – Basel : Huldrych Fröhlich, 1588 ; 8°

VD 16 C 6101; Index Aurel. 147.886. – Berlin SB; Halle/S. ULB; Paris BN; Trier StB; Tübingen UB*; Ulm StB; Wien BTheres; Wolfenbüttel HAB (2 Ex.).

ΠΟΛΙΤΕΥΜΑ ΟΥ-ΡΑΝΙΟΝ, ΗΤΟΙ ΚΑΤΗΧΗ-τικαὶ ὁμιλίαι:

106, 1 Th.

ΕΤΙ, ΤΩΝ ΚΟΡΥΦΑΙΩΝ ΤΡΙΩΝ τοῦ ἔτους ἑορτῶν ὁμιλίαι:

ΜΑΡΤΙΝΟΥ ΤΟΥ ΚΡΟΥ-σίου ἐκδόντος.

CIVITAS COELE-STIS, SEV CATECHETI-CAE CONCIONES:

ITEM, TRIVM SVMMORVM ANNIVER-sariorum Festorum Conciones:

Aliquot denique Orationes & Epistolæ:

A MARTINO CRVSIO EDITAE.

TVBINGAE,
Apud Georgium Gruppenbachium.
Anno 1587.

Nr. 59, Titelblatt

ΠΟΛΙΤΕΥΜΑ ΟΥΡΑΝΙΟΝ.

ΠΟΛΙΤΕΥΜΑ ΟΥΡΑΝΙΟΝ, ΗΤΟΙ ΚΑΤΗΧΗΤΙΚΑΙ Ομιλίαι.

ΜΑΡΤΙΝΟΥ ΤΟΥ ΚΡΟΥΣΙΟΥ ἐκδόντος.

ΟΜΙΛΙΑ Α.

ΘΕΟΔΩΡΙΚΟΥ ΤΟΥ ΣΝΕΠΦΙΟΥ, Γενικοῦ Τυβιγγέως.

Ὅτι δεῖ τὴν ἄνω πόλιν ζητεῖν, καὶ πῶς.

Κατήχησιν μετὰ χεῖρας ληψόμεθα, κατήχησιν τοῦ χριστιανισμοῦ· ὅπως ἐξ αὐτῆς ἡμῖν εὖ γένηται, καὶ τοῖς ἡμῶν τέκνοις. Θαυμάζοι δ' ἄν τις τῆς ἐπιχειρήσεως· οἰομένων τῶν πολλῶν, δεῖν μᾶλλον οὕτως ἄγειν τοὺς παῖδας· ὅπως τὰ ἐν τῷ κόσμῳ εὖ διαθέσεις ἔχωσι· πολιτευόμενοί τε ἐν τόπῳ βεβαίῳ, καὶ ἱκανὰ τὰ πρὸς τὸν βίον ἔχοντες. Ἀλλὰ χρή, ὦ ἀγαπητοί, βλέπειν μέν, ὅπως ταῦτα τοῖς τέκνοις ὑπάρχῃ· πολὺ δὲ μᾶλλον σπουδάζειν, ὅπως ἐν τῷ οὐρανῷ πολῖται γένωνται, καὶ αὐτάρκεις ὦσιν. ἀτελῆ γάρ, καὶ ἀβέβαια, τὰ ἐπὶ τῆς γῆς. βλέπωμεν οὖν, ποῦ πολίτας οὐ δεῖ εἶναι, καὶ ποῦ εἶναι. Οὐ μὴν οὖν ἡ ἐπίγειος πολιτεία, πρὸς εὐδαιμονίαν ἱκανή· διότι καὶ τοῖς Τούρκοις, καὶ πᾶσι Θεοῦ ἐχθροῖς, αὐτῆς μέτεστιν. ἔτι, καὶ τῷ μικρῷ ζωδίῳ, ταῖς μελίσσαις, πολιτεία τίς ἐστι, καὶ τὰ ἐπιτήδεια. ἄστατά γε μήν, τὰ ἐπιχθόνια πάντα· καὶ οὐδὲν περιγίνεται ἀπὸ ἀνθρώπου θανόντος, ἢ γυμνὸν κρανίον. ἄλλο τοίνυν πολίτευμα ζητεῖν δεῖ· ὃ μόνιμον ἂν ᾖ, καὶ αὐτάρκειαν ἔχον. τοῦτο δέ, ἐν τοῖς οὐρανοῖς ὑπάρχει·

ὅθεν

Τὰ τέκνα ἡμῶν, οὐκ ἀνοπολίτας; ποιητέον.

Ἀληθινὴ γὰρ εὐδαιμονία, τοῦτο μόνον.

CIVITAS COELESTIS, SEV CATECHETICAE CONCIONES: A MARTINO Crusio editæ.

CONCIO I.

THEODORICI SNEPPFII, Generalis Tybing.

Superam ciuitatem quærendam esse, & quomodo.

Catechêsin tractare aggrediemur: Catechêsin, seu institutionem, Religionis Christianæ: vt felicitatis ex ea participes fiamus, & nos, & liberi nostri. Quod institutum nostrum aliquis miretur: cùm plerisque sic potius educandi videantur liberi: vt rationes præsentis vitæ benè collocare possint: dum & domicilium stabile, & eorum, quæ ad victum cultumque pertineant, sufficientem facultatem, habeant. Ad quod respondendum est, dilecti Auditores: operam quidem dandā esse, vt hæc liberis nostris suppeditent: multò verò magis id studendū, vt in cœlestem ciuitatē suscipiantur, vitamque sufficienti copia instructā degāt. Quæcunque. n. in terra sunt, perfectione carent, instabilitatique subiacent. Dispiciamus igitur, vbi non debeamus ciues esse, & vbi ciuitatē habere. Reperiemus, non sufficere ad felicitatē, in terrena ciuitate viuere: eò quòd & Turcis, & quibusuis Dei inimicis, hoc cōtingit. Sed & paruū animalis genus, apes, ciuilē quandā inter se societatem, victusque comparandi rationem, habent. Instabile tamē est, quicquid in terris est: homineque mortuo, nihil restat, nisi caluaria nuda. Alius itaque ius ciuitatis quærendum: quod & stabile sit, & omnibus bonis refertū. Id verò suprà in cœlis est:

vnde

Demus operam, vt liberi nostri in cœlo ciues fiant.

Id enim felicitas vera est solum.

Nr. 59, Griechische Predigtnachschrift von Crusius mit lateinischer Übersetzung

TUBINGÆ.

Apud Georgium Gruppenbachium.

M. D. LXXXVIII.

Martin Crusius. Holzschnitt, 1578. Das Porträt wurde mehrmals abgedruckt, so am Schluß der »Civitas coelestis« (Nr. 59)

66 Hodoeporicon sive Itinerarium D. Solomonis Sweickeri Sultzensis. – Leipzig : Abraham Lamberg, 1589 ; 8°
In: Neander, Michael: Orbis terrae partium succincta explicatio …

VD 16 C 6107. – Ann Arbor UL; Augsburg SStB; Basel ÖB; Breslau BU; München SB; Prag SB; Providence JCBrownL; Stuttgart LB; Washington LC; Wolfenbüttel HAB.

67 Grammaticae Latinae, cum Graeca congruentis, Pars altera. – Basel : Johann Oporinus, 1590 ; 8°

Kein bibliographischer Nachweis. – Lublin BU.

68 Quaestionum, in Philippi Melanchthonis Elementorum Rhetorices libros duos, Epitome. – Tübingen : Georg Gruppenbach, 1590 ; 8°

VD 16 C 6148; Index Aurel. 147.890. – Basel ÖB; Berlin SB; Paris BMaz; Straßburg BNU; Tübingen UB; Wolfenbüttel HAB (unvollst.).

69 Nomenclatura rerum Latino Germanica. Item, breves aliquot, facilesque loquendi formulae: cum elementis Christianae pietatis, et precatiunculis pro pueris, atque Indice. – [s. l.], 1591 ; 8°

Kein bibliographischer Nachweis. – Tübingen UB.

70 Grammaticae Graecae, cum Latina congruentis. Pars Prima pro incipientibus, et altera pro adultioribus continens Etymologiam et Prosodiam. Accesserunt Regulae utiles et perspicuae de Tonis et Contractionibus. – Görlitz : Ambrosius Fritsch, 1592 ; 8°

Index Aurel. 147.892. – Bautzen ZB (z.Zt. in Dresden LB); Breslau BU (2 Ex.); Brünn UKn; Prag Strahov; Warschau BN.

71 Grammaticae Latinae, cum Graeca congruentis, Pars prima. – Basel : Johann Oporinus, 1592 ; 8°

Kein bibliographischer Nachweis. – Lublin BU.

72 Puerilis in lingua Graeca institutionis Pars Altera. – Wittenberg : Zacharias Lehmann, 1592 ; 8°

Kein bibliographischer Nachweis. – Warschau BN.

73 [Crusius: Übers.] Conciones duae de die festo Ioannis Baptistae. Una: Theodorici Sneppfii, sacrae Theologiae D. piae M. de morte huius sancti, ex Matth. XIIII. Altera: Joannis Brentii D. hodie Hirsaugiensis Abbatis, ex Esa. XL. a […] Martino Crusio, Graece et Latine editae. – Tübingen : Georg Gruppenbach, 1593 ; 4°

VD 16 S 3277. – München SB; Stuttgart LB; Tübingen UB; Wolfenbüttel HAB.

74 De Imp. Rom. Friderico Ahenobarbo, vel Barbarossa, et Studiosorum privilegijs officijsque, Oratio. Habita in XXXXI. Magistrorum creatione XI. Cal. Septemb. MDXCIII. Tybingae. – Tübingen : Georg Gruppenbach, 1593 ; 4°

VD 16 C 6127; Index Aurel. 147.893. – Berlin SB (Verlust?); Breslau BU; Budapest BN; Dresden LB (2 Ex.); Göttingen SUB; Greifswald UB; Halle/S. ULB; Jena ULB; Lübeck StB; München SB; Olmütz SKn; Stuttgart LB; Ulm StB; Weimar ZB; Wien NB.

75 Laurus philosophica, secunda et suprema, conlata Tubingae iuvenibus, qua doctrina, qua moribus politißimis. Conferente M. Martino Crusio […] concinente Zacharia Scheffero … – Tübingen : Georg Gruppenbach, 1593 ; 4°

Kein bibliographischer Nachweis. – Stuttgart LB.

76 Oratio de Illustriss. Principe Eberhardo Barbato, primo Wirtembergensi Duce. Habita jn XXXIII. Magistrorum creatione 9. Cal. Mart. 1593. Tybingae. [Anhang:] Eadem Epitaphia musicis modis quinarum vocum, ab honesto et docto iuvene Zacharia Schaeffero […] composita. – Tübingen : Georg Gruppenbach, 1593 ; 4°

VD 16 C 6131; Index Aurel. 147.894. – Augsburg SStB; Berlin SB; Bern StUB; Breslau BU; Budapest BN; Dresden LB;

Edinburgh NL; Göttingen SUB; Greifswald UB; Lübeck StB; München SB; Nürnberg StB; Stuttgart LB; Tübingen EvStift; Tübingen UB; Ulm StB; Wolfenbüttel HAB (2 Ex.).

77 Oratio de Regina Rom. Augusta Irena, vel Maria Graeca: Philippi Suevi, quondam Romani Caesaris, charissima uxore. – Tübingen : Georg Gruppenbach, 1593 ; 4°

VD 16 C 6132; Index Aurel. 147.895. – Augsburg SStB; Berlin SB; Dresden LB; London BL; Mannheim UB; München SB (unvollst.); Stuttgart LB; Tübingen EvStift; Wien NB; Zürich ZB.

78 Rhetoricarum institutionum lib. II ex D. Philippi [Melanchthonis] rhetoricis et D. Crusii commentariis collecti [...] a Matthaeo Badero ... – Frankfurt/M. : Johann Spieß, 1593 ; 8°

BN 34, Sp. 502 f. – Paris BN.

79 Grammaticae Graecae, cum Latina congruentis, Pars prima. – Basel : Johann Oporinus, 1594 ; 8°

Kein bibliographischer Nachweis. – Augsburg SStB.

80 Grammaticae Graecae cum Latina congruentis Pars prima. – Wittenberg : Johannes Krafft (Crato) Erben, 1594 ; 8°

Kein bibliographischer Nachweis. – Dresden LB (verlagert); Warschau BN.

81 In Homerum [...] ad studiosam juventutem prolegomena. Anno MDLXXXI. mense Novembri [bis August 1594]. – [Tübingen], [1594 oder 1595?] ; 2°

Weimar ZB. – Das Exemplar der UB Tübingen (Signatur: Cd 2970 2°), in den alten alphabetischen Katalogen und im Standortkatalog verzeichnet (»Commentatio in tertium Iliados Homeri librum«, 1595), wird seit der Mitte des 19. Jahrhunderts vermißt. Ob das Buch in Tübingen ungenau katalogisiert war (1. statt 3. Buch der Ilias) und mit dem in Weimar aufgefundenen Druck – hier Kommentar zum 1. Buch der Ilias – identisch ist, läßt sich nicht feststellen. – Stahlecker, Reinhold: Martin Crusius, der erste deutsche Verfasser eines Kommentars zum gesamten Homer. In: Philologische Wochenschrift 59 (1939), Sp. 1196–1207.

82 Annales Suevici sive Chronica rerum gestarum antiquissimae et inclytae Suevicae gentis quibus quicquid fere de ea haberi potuit, ex Latinis et Graecis, aliarumque linguarum Auctoribus scriptisque plurimis non editis, comprehenditur, adiunctis interim caeterae quoque Germaniae, Orientis et Occidentis ac vicinarum provinciarum ad nostra usque Tempora, memorabilibus rebus ac scitu dignis. – Frankfurt/M. : Nikolaus Bassaeus, 1595 (Tom. I.II.), 1596 (Tom. III.IV.) ; 2°

VD 16 C 6103/C 6137; Index Aurel. 147.899. – Aarau KantB; Alençon BMun; Athen NB; Augsburg SStB; Basel ÖB; Berlin SB; Bern StUB; Bologna BU; Braunschweig StB; Breslau BU; Budapest BN; Bukarest BN; Cambridge TrinityC; Cambridge UL; Colmar BVille; Danzig Akad; Dillingen StudB; Dresden LB; Düsseldorf ULB; Eichstätt UB; Einsiedeln Benedikt; Esslingen StArch(*); Freiburg/Ü. BCU; Genf BPU; Göttingen SUB; Gotha FLB; Graz UB; Greifswald UB; Halle/S. FranckeStift; Halle/S. MarienB; Halle/S. ULB; Helsinki UB; Jena ULB (3 Ex.); Köln UStB; Krakau BJ; London BL (2 Ex.); Lublin BU; Ludwigsburg SArch; Lübeck StB; Lund UB; Lyon BMun; Madrid BN; Martin Matica (unvollst.); München SB; Neumarkt BTeleki; Nürnberg GNM (2 Ex.); Nürnberg StB; Olmütz SKn; Oxford Bodl; Paris BN; Posen BU; Prag SB; Prag Strahov; Reutlingen StB; Rom BVat; Rostock UB; Rudolstadt HistB; St. Gallen Vad; Schaffhausen StB; Schulpforta Gy; Solothurn ZB; Stockholm KglB; Straßburg BNU (3 Ex.); Straßburg Grand-Sém; Stuttgart HSArch; Stuttgart LB; Trier StB; Tübingen EvStift; Tübingen UB* (4 Ex.); Tübingen WStift; Ulm StB; Warschau BN (3 Ex.); Weimar ZB; Wien NB; Wien SchottenB; Zürich ZB; Zweibrücken BBipont.

83 Martini Crusii Oratio, de vetustissimo Wirtembergensis Ducatus oppido Calva: et de generosis illustribusque eius Rectoribus. Habita ab ipso Tybingae, Christi M.D.XCV. anno [...] Adiectis quibusdam etiam aliis rebus, inde non abhorrentibus, cum Catalogo operum ipsius. – Tübingen : Georg Gruppenbach, 1595 ; 4°

VD 16 C 6133; Index Aurel. 147.900. – Berlin SB; Bern StUB; Dresden LB; Edinburgh NL; Greifswald UB; Krakau BJ; Montbéliard BMun; Neresheim Benedikt; New Haven UL; Nürnberg GNM; Oxford Bodl; Paris BN; Schaffhausen StB; Stuttgart LB; Tübingen UB; Ulm StB; Venedig BN; Wolfenbüttel HAB; Zürich ZB (unvollst.).

84 Laurea juridica cl. v. Caspari Wagnero Franco in Academia Tubingensi, et cum [...?] ad Ph. L. Reichardum adversio ... (Crusius: S. 33–56). – Rostock, 1596 ; 4°

Kein bibliographischer Nachweis. – Dresden LB (verlagert).

85 Hodoeporicon sive Itinerarium D. Solomonis Sweigkeri Sultzensis ... – Leipzig : Abraham Lamberg, 1597 ; 8°
In: Neander, Michael: Orbis terrae partium succincta explicatio.

VD 16 C 6108. – Arnstadt K; Augsburg SStB; Breslau BU; Budapest BN; Freiburg i. B. UB; München SB; Prag SB; Stockholm KglB; Stuttgart LB; Wolfenbüttel HAB.

86 Oratio de Regina Rom. Augusta Irena, vel Maria Graeca: Philippi Suevi, quondam Romani Caesaris, charissima uxore. – Tübingen : Georg Gruppenbach, 1597 ; 4°

Kein bibliographischer Nachweis. – Bamberg SB(*); Greifswald UB; Metz BMun; Nürtingen K*.

87 Quaestionum, in Philippi Melanchthonis Elementorum Rhetorices libros duos, Epitome. Additis duabus eiusdem Orationibus, exempli causa. – Tübingen : Georg Gruppenbach, 1598 ; 8°

Kein bibliographischer Nachweis. – Lindau StArch; Wittenberg Sem.

88 De excellentissima quondam Ostrogotthica Italiae Regina Amalasuenta, et de liberalibus atque Regijs Studijs, Oratio. [Anhang:] Cantio eiusdem epicedii, de Regina Ostrogotthica Italiae, D. Amalasuenta, sex Vocum. Composita a doctissimo viro, M. Zacharia Schaeffero [...] 21. Nov. 98. Tybingae. – Tübingen : Georg Gruppenbach, 1599 ; 4°

NUC 128, 446. – Cambridge/USA UL; Chicago NewberryL; München SB; Nürtingen K*; Stuttgart LB.

89 Grammaticae Graecae, cum Latina congruentis Pars Prima Pro incipientibus, et Altera pro adultioribus, continens Etymologiam et Prosodiam. Accesserunt Regulae utiles et perspicuae de Tonis et Contractionibus. – Görlitz : Johannes Rhamba, 1599 ; 8°

Index Aurel. 147.907. – Berlin SB; Breslau BU; Dresden LB (2 Ex.); Eisleben AndreasK; Genf BPU; Gotha FLB; Krakau BJ; Lublin BUCurie; Lübeck StB; Olmütz SKn; Oppeln WojewódB (2 Ex.); Tübingen UB; Warschau BN; Warschau BU; Weimar ZB; Wilna Akad.

90 Grammaticae Latinae, cum Graeca congruentis, Pars prima. – Basel : Hieronymus Gemusaeus, 1599 ; 8°

Index Aurel. 147.905. – Luxemburg BN; Zwickau RatsSchB.

91 Orationes Scholasticae tres. Prima, De antiquitate scholarum [...] Secunda, De scholarum gradibus, et de Magisterii dignitate. Tertia, De principiis rerum: et de Gradu primae laureae, vel Baccalaureatus, quem appellant. – Tübingen : Erhard Cellius, 1599 ; 4°

Index Aurel. 147.908. – Berlin SB; Breslau BU; Göttingen SUB; Straßburg BNU; Stuttgart LB; Tübingen UB; Ulm StB.

92 Puerilis in lingua Graeca institutionis, Pars Altera. Continens etymologiae tractationem satis absolutam ... – Wittenberg : Bechtold Rab, 1599 ; 8°

Kein bibliographischer Nachweis. – Kollenbey K.

93 Responsum. Adversus Poppysmi Grammatici Dialogum tertium: qui contra Antistrigilim ipsius conscriptus fuit anno 1587. a Nicodemo Frischlino ... – Frankfurt/M. : für Georg Draud, 1599 ; 8°

VD 16 C 6149; Index Aurel. 147.906. – Breslau BU; Dresden LB; Stuttgart LB; Wolfenbüttel HAB.

94 Παρθένος Πουλχέρια Αὐγούστα [...] De virgine serenissima Augusta Pulcheria [...] oratio, cum appendice rerum eodem pertinentium notabilium. [Anhang:] Gratulatio ad Pulcheriam Augustam, 6 Vocum. Composita a Reichardo Mangon Aquisgranensi Belga, Tybingae Or-

ganista. 24. Iul. [1]600. – Tübingen : Georg Gruppenbach, 1600 ; 4°

VD 16 C 6139; Index Aurel. 147.909. – Berlin SB (Verlust?); Dresden LB; London BL; Paris BN; Rostock UB; Schaffhausen StB; Ulm StB; Wolfenbüttel HAB.

95 Grammaticae Latinae, cum Graeca congruentis, Pars altera. – Basel : Hieronymus Gemusaeus, 1600 ; 8°

Kein bibliographischer Nachweis. – Basel ÖB; Zwickau RatsSchB.

96 Orationes duae. De Praestantissimis foeminis tribus. Prima, de virgine Rebecca [...] Altera, de virginibus Lea et Rachela, sororibus ... – Tübingen : Georg Gruppenbach, 1601 ; 4°

Kein bibliographischer Nachweis. – Breslau BU; Dresden LB; Göttingen SUB; Greifswald UB; Schaffhausen StB; Stuttgart LB; Ulm StB.

97 Orationes tres, de illustriss. foeminis tribus. Prima, Περὶ παμμήτορος Εὔας: De prima generis humani matre, Heva. Secunda, De fidelium in Dei (ex genere humano) Ecclesia, foeminarum matre, Sara. Tertia, De infidelium, nempe Agarenorum et Turcarum matre, Agara. – Tübingen : Erhard Cellius, 1601 ; 4°

Kein bibliographischer Nachweis. – Dresden LB(*); Göttingen SUB; Stuttgart LB; Tübingen UB (2 Ex.); Ulm StB; Zerbst StB; Zürich ZB.

98 Στέφανος τοῦ ἐνιαυτοῦ: τουτέστιν, ἐξήγησις εὐαγγελίων καὶ ἐπιστολῶν [...]. Corona Anni: Hoc est, explicatio evangeliorum et epistolarum, quae diebus dominicis et festis in Ecclesia proponuntur: e Tybingensium, et aliorum Theologorum Concionibus. – Wittenberg : Lorenz Seuberlich, 1602 (Pars II-IV), 1603 (Pars I) ; 2°

Kein bibliographischer Nachweis. – Berlin SB; Berlin NicolaiK; Brescia BQuerini; Breslau BU; Dresden LB; Göttingen SUB; Gotha FLB; Halle/S. FranckeStift; Halle/S. MarienB; Lindau StArch (Pars III); Memmingen StB; Lübeck StB; Nürnberg StB; Nürtingen K* (Pars I-II); Passau SB; Posen BU; Saalburg K; St. Gallen Benedikt; Schulpforta Gy; Stralsund ArchB; Straßburg BNU; Stuttgart LB; Tübingen UB; Warschau BU; Weißenfels MarienK; Wittenberg Sem; Wolfenbüttel HAB; Zwickau RatsSchB (2 Ex.).

99 De speciosa et pia Esthera Iudaea, Persarum magnificentißima Regina, Populi Dei conservatrice, Oratio, ad serenissimi Saxoniae Electoris, etc. D. Christiani II. felices nuptias. – Tübingen : Erhard Cellius, 1602 ; 4°

Kein bibliographischer Nachweis. – Dresden LB (2 Ex.); Greifswald UB; Tübingen UB; Wolfenbüttel HAB; Zwickau RatsSchB.

100 Oratio de exeunte decimosexto, et ineunte decimoseptimo seculis a Christo nato: de longitudine vitae: de grata pro acceptis Divinis beneficiis pietate: et de conservandorum quoque eorundem beneficiorum modo. – Frankfurt/M. : Johannes Sauer, 1602 ; 4°

Kein bibliographischer Nachweis. – Dresden LB; Stuttgart LB; Wolfenbüttel HAB.

101 Oratio de Vita et Morte, generosi et illustris Domini, Domini Henrici a Landaw [...]. Die XXIII. mensis Febr. Anno Domini M.DC.II. Tybingae in Aula nova, sive Theologico Auditorio, frequentißima concione, habita. – Tübingen : Erhard Cellius, 1602 ; 4°

Kein bibliographischer Nachweis. – Brescia BQuerini; Dresden LB; Gießen UB; Greifswald UB; Jena ULB; Stuttgart LB; Stuttgart HSArch; Tübingen UB(*).

102 Orationes tres: De praeclaris foeminis tribus: Prima, De Jephthiade virgine: Secunda, De Noemide et Rutha, Socru et Nuru. Tertia, De duabus Hannis: una, Elkanae uxore: altera, Phanuelis Filia. – Tübingen : Erhard Cellius, 1602 ; 4°

Kein bibliographischer Nachweis. – Tübingen UB; Ulm StB; Wolfenbüttel HAB.

103 Orationes tres: De praestantissimis foeminis tribus. Prima, De sorore Mosis Miriamma, vel Maria. Secunda, De Rahaba, exploratorum Israeliticorum hospita. Tertia, De Debora et Iahela. – Tübingen : Georg Gruppenbach, 1602 ; 4°

Kein bibliographischer Nachweis. – Dresden LB; Göttingen SUB; Greifswald UB; Stuttgart LB; Tübingen UB; Ulm StB.

Euangel. Dominica I.

Α Ρ Χ Η INITIUM

ΤΟΥ ΠΡΩΤΟΥ ΤΩ͂Ν ΚΥΡΙΑΚΩΝ Ευαγγελίων καὶ ἐπιστολῶν τόμου. β΄. Ιανουαρ. α φ π έ.	PRIMI DE EVANGELIIS ET EPISTOLIS Dominicis Tomi. Incepi ego Crusius hoc opus 2. Ianuar. 1585. σὺν θεῷ.
ΚΥΡΙΑΚΗ ΠΡΩΤΗ ΕΝ ΧΡΙΣΤΟΥ ΠΑΡΟΥΣΙΑ, περὶ τῆς ὄνου, καὶ τοῦ πώλου.	*DOMINICA I. DE ADVENTU DOMINI: UBI de asina, & pullo asinae.*
ΕΥΑΓΓΕΛΙΟΝ· ΜΑΤΘΑΙΟΥ κ α΄.	EVANGELIUM, Matth. 21.

Anno 42. Christi, Mattheus Euangelium suum scripsit.

Καὶ ὅτε ἤγγισαν εἰς Ἱεροσόλυμα, καὶ ἦλθον εἰς Βηθφαγὴ πρὸς τὸ ὄρος τῶν ἐλαιῶν: τότε ὁ Ἰησοῦς ἀπέστειλε δύο μαθητὰς, λέγων αὐτοῖς, καὶ τὰ λοιπά.

Et cum appropinquassent Hierosolymis: Bethphagenque ad montem olivarum venissent: Ibi Iesus duos misit discipulos, dicens eis. &c.

Mons Olivarum distat ab Hierosolyma 5. stad. Ioseph. 20. antiq. 6.

ΕΚ ΤΟΥΤΩΝ ΟΜΙΛΙΑ ΘΕΟΔΩΡΗΤΟΥ ΤΟΥ Σνεπφίου, γενικοῦ τῆς Τυβιγγαίας ἐκκλησίας, α φ π α. δεκεμβρίου γ΄.

CONCIO DE hoc loco, Theodorici Sneppfii, Generalis in Tybingensi Ecclesia: habita 1581. Decemb. 3.

Moses 1590. annis ante Christum.

μὴ προσκόρες ὑμῖν τὸ θεοῦ ῥῆμα γενέσθω.

Ἀριθ. κα΄. κόρον εἶχεν ὁ λαὸς τοῦ οὐρανόθεν βρεχθέντος ἄρτου, μάννα καλουμένου: καὶ προσώχθιζεν αὐτῷ, ὡς διακένῳ χρήματι: κἀντεῦθεν ὄφεσι θανατηφόροις ἐκολάσθη δεινῶς.

Num: 21. legimus, populum Israeliticum fastidivisse panem, qui de caelo pluerat, quem Manna vocabant: eiusque pertaesum, ut rei vilis, fuisse. Unde Deus serpentibus mortiferis immissis, illos graviter puni-

Caueamus, ne taedio nobis verbum Dei sit. 343

Predigt von Dietrich Schnepff über Matth. 21, vom 3. Dez. 1581. Von Crusius griechisch mitgeschrieben und in der »Corona Anni« P. I publiziert. Handexemplar in der Turmbibliothek Nürtingen. (Bibliogr. Nr. 98; Bibliothek Nr. 180)

M. MARTINVS CRVSIVS.

Martin Crusius. Holzschnitt um 1600. Das Porträt wurde mehrmals abgedruckt, so in den »Orationes tres de praestantissimis foeminis« (Nr. 103)

104 Oratiunculae duae. Prima, In creatione XIIX. Baccalaureorum, die 24. Septemb. 1600. recitata. Altera, In creatione XXI. Baccalaureorum, die 23. Septemb. 1601. habita. Adjecta sunt problemata quaedam, utilia et jucunda, Tybingae publice in utramque partem agitata. – Tübingen : Georg Gruppenbach, 1602 ; 4°

Kein bibliographischer Nachweis. – Berlin SB; Dresden LB; Göttingen SUB; Straßburg BNU; Stuttgart LB; Tübingen UB(*); Ulm StB.

105 Gratiarumactio, Das ist: Zu Gott dem Allmächtigen [...] Auch zu der Durchleuchtigsten, Hochgebornen Sächsischen Churfürstinen unnd Frawen Sophia [...] Für das Buch Corona Anni genannt, von Jhrer Churfürstlichen Gnaden in den Truck gnädigst befürdert [...] Dancksagung. – Tübingen : Erhard Cellius, 1603 ; 4°

BM 46, Sp. 694. – London BL; Tübingen UB*.

106 Oratio De vita et morte clarissimi et doctissimi viri, M. Leonhardi Engelharti [...] Pronuntiata XV. April. M.DC.III. Tybingae in Auditorio Theol. ab ipso Crusio ... – Tübingen : Georg Gruppenbach, 1603 ; 4°

BM 46, Sp. 694. – Gießen UB; Jena ULB; London BL; Stuttgart LB; Ulm StB(*).

BL copy! 48 hours [50 pp] Title page printed in Rund um den Ottilienberg

107 Puerilis in lingua Graeca institutionis, Pars Prima. Pars altera. – Wittenberg : Zacharias Lehmann für Bechtold Rab, 1603 ; 8°

Kein bibliographischer Nachweis. – Jena ULB (unvollst.); Warschau Sem (Pars I); Zwickau RatsSchB.

108 Quaestionum, in Philippi Melanchtonis Elementorum Rhetorices libros duos, Epitome. Additis duabus ejusdem Crusij Orationibus, exempli causa ... – Tübingen : Georg Gruppenbach, 1603 ; 8°

Kein bibliographischer Nachweis. – Basel ÖB; Laibach NUB; Straßburg Wilh.

109 Orationes duae: Una, De Abigaila [...] Altera, de Bathsaeba [...] Quae ambae fuerunt Davidis [...] uxores. Ad illustrissimi Saxoniae Ducis, etc. D. Ioannis Georgii, laetas Nuptias. – Tübingen : Erhard Cellius, 1604 ; 4°

Kein bibliographischer Nachweis. – Dresden LB; Halle/S. MarienB; Halle/S. ULB; Stuttgart LB; Tübingen UB; Ulm StB; Wolfenbüttel HAB.

110 Quaestionum in Phil. Melanchtonis Elementorum rhetorices libros 2. – Montbéliard : Jacques Foillet, 1604 ; 8°

Kein bibliographischer Nachweis. – Besançon BMun.

111 Martini Crusii Annus Aetatis octogesimus. Psalm. XCI. [Daran:] Gratiarum Actio Martini Crusii, XIX. Septemb. die sereniss. ad exoptatissimam coronam convivarum stantem. – Appendix ad priorem libellum, de octogesimo Aetatis Anno Martini Crusii ... – Tübingen : Erhard Cellius, 1606 ; 4°

Kein bibliographischer Nachweis. – Graz UB(*); München UB; Stuttgart LB (nur Appendix).

112 Grammaticae Graecae, cum Latina congruentis, Pars prima. – Basel : Konrad Waldkirch, 1608 ; 8°

Kein bibliographischer Nachweis. – Augsburg SStB; Basel ÖB; Stuttgart LB.

113 Grammaticae Latinae, cum Graeca congruentis, Pars altera. – Basel : Hieronymus Gemusaeus, 1610 ; 8°

Kein bibliographischer Nachweis. – Basel ÖB (2 Ex.); Danzig Akad.

114 Puerilis in lingua Graeca institutionis Pars Altera continens etymologiae tractationem satis absolutam ... – Wittenberg : Georg Müller d. Ä. für Bechtold Rab, 1610 ; 8°

Kein bibliographischer Nachweis. – Helsinki UB

Gratiarumactio,
Das ist:
Zu Gott dem
Allmächtigen / vnd Barmhertzi-
gen: vnsers lieben HErrn vnnd Hey-
landts Jesu Christi / vnnd vnserm,
Himlischen Vatter.
Auch
**Zu der Durchleuchtig-
sten / Hochgebornen Sächsischen**
Churfürstinen vnnd Frawen / Frawen
SOPHIA, Wittiben / meiner
gnädigsten Fürstinen vnd
Frawen.
Für das Buch CORONA ANNI
genannt / von Ihrer Churfürstlichen
Gnaden in den Truck gnädigst
befürdert:
M. MARTINI CRVSII,
der Hochen Schul zu Tübingen alten Professoris, vn-
terthänigste
Dancksagung

Tübingen /
Bey Erhardo Cellio.
1603.

Bibliogr. Nr. 105, Bibliothek Nr. 183

115 De parentum suorum periculis, Quae tempore Smalcaldici belli experti sunt circa annum M.D.XLVI. Narratio scripta anno M.DLI. – Hanau : Claudius Marnius Erben: Johannes und Andreas Marnius und Cons., 1611 ; 2°
In: Freher, Marquard: Germanicarum rerum scriptores aliquot insignes. T. III, 424–446.
Kein bibliographischer Nachweis. – Basel ÖB; Berlin SB; Göttingen SUB; Ulm StB; Wolfenbüttel HAB.

116 Quaestionum in Philippi Melanchtonis elementorum rhetorices libros duos epitome. Additis duabus ejusdem orationibus, exempli causa. – Tübingen : Philipp Gruppenbach, 1611 ; 8°
BN 34, Sp. 502. – Laibach NUB; Paris BN.

117 Commentationes, in I. lib. Iliad. Homeri, Grammaticae, Rhetoricae, Poëticae, Historicae, Philosophicae. E Bibliotheca Sereniß. Electoris Saxoniae etc. primum in lucem editae ... – [Heidelberg] : Gotthard Vögelin, 1612 ; 8°
BN 34, Sp. 501. – Berlin SB; Jena ULB; Paris BN; Prag Strahov; Tübingen UB; Zwickau RatsSchB.

118 Grammaticae Latinae, cum Graeca congruentis, Pars prima. – Basel : Konrad Waldkirch, 1612 ; 8°
Kein bibliographischer Nachweis. – Basel ÖB (2 Ex.); Danzig Akad.

119 Quaestionum, in Philippi Melanchtonis Elementorum Rhetorices libros duos, Epitome. Additis duabus eiusdem Crusij Orationibus, exempli causa. Addita item earundem quaestionum resolutione in tres Tabellas Synopticas. – Leipzig : Michael Lantzenberger, 1612 ; 8°
Georgi I 346(?); Jäck Sp. 191, Nr. 11(?). – Posen BU; Wittenberg Sem.

120 Quaestionum in Philippi Melanchthonis Elementorum Rhetorices libros duos Epitome. – Leipzig : Voigt, 1612 ; 8°
Georgi I 346; Jäck Sp. 191, Nr. 11. – Breslau BU.

121 Grammatica Graeca cum latina congruentis. – Wittenberg : Samuel Seelfisch, 1613 ; 8°
Georgi I 346. – Eisleben AndreasK (vermißt).

122 Grammaticae graecae cum latina congruentis. Pars prima. – Wittenberg : Bechtold Rab, 1613 ; 8°
Kein bibliographischer Nachweis. – Ratzeburg DomArch.

123 Puerilis in lingua Graeca institutionis Pars prima. Pars altera. Continens etymologiae tractationem satis absolutam ... – Wittenberg : Johann Richter für Bechtold Rab, 1614 ; 8°
Kein bibliographischer Nachweis. – Eisleben AndreasK (Pars I); Göttingen SUB (Pars I); Halle/S. MarienB (Pars II).

124 Grammatica Graeca major, pro scholis Ducatus Wyrtembergici, in formam succinctiorem, cuius rationem Epistola ad Lectorem, docebit. Redacta. – Tübingen : Theodor Werlin, 1616 ; 8°
Kein bibliographischer Nachweis. – Heidelberg UB.

125 Grammatica Graeca. – Straßburg, 1616 ; 8°
Georgi I 346. – Kein Exemplarnachweis.

126 Grammaticae graecae cum latina congruentis [...] in usum scholarum [...] nunc correctior et ab [...] mendis typographicis vindicate [...] restituta [...] P. I-II. – Wittenberg : Johann Matthäus für Bechtold Rab Erben, 1617 ; 8°
Kein bibliographischer Nachweis. – Olmütz SKn; Thorn BU.

127 Puerilis in lingua Graeca institutionis pars II. – Wittenberg : Johann Richter für Kaspar Heiden, 1618 ; 8°
Kein bibliographischer Nachweis. – Eisleben AndreasK; Olmütz SKn; Thorn BU.

128 Pyraster et Pyrus [...] Oratio habita Tubingae 19. Mart. A. C. 1589. in promotione 35. Baccalaur. – Hanau : für Johann Aubry Erben und Clemens Schleich, 1619 ; 2°
In: Dornau, Kaspar: Amphitheatrum sapientiae Socraticae joco-seriae, hoc est, Encomia et commentaria autorum, qua veterum, qua recentiorum prope omnium ... T. I, 217 f.
NUC 147, 262. – Brescia BQuerini; Göttingen SUB.

Repr. Goldbach 1995.

129 Grammaticae graecae cum latina congruentis Pars prima. – Wittenberg : Johann Matthäus Witwe für Kaspar Heiden, 1621 ; 8°
Kein bibliographischer Nachweis. – Prag Strahov.

130 Puerilis in lingua Graeca institutionis Pars Altera, continens etymologiae tractationem satis absolutam ... – Wittenberg : Hiob Wilhelm Fincelius für Kaspar Heiden, 1624 ; 8°
Kein bibliographischer Nachweis. – Prag Strahov; Straßburg BNU.

131 Grammaticae Graecae Cum Latina congruentis Pars Prima. In usum scholarum [...] emissa. – Wittenberg : Johannes Gormann für Kaspar Heiden, 1625 ; 8°
Kein bibliographischer Nachweis. – Straßburg BNU.

132 Puerilis in lingua Graeca institutio. Pars II. – Wittenberg : Johannes Röhner für Johann Helwig, 1632 ; 8°
Kein bibliographischer Nachweis. – Breslau BU; Greifswald UB; Wittenberg Sem; Zeitz MichaelK.

133 Grammaticae Graecae cum Latina congruentis Pars prima. – Wittenberg : Johannes Helwig Erben, 1642 ; 8°
Kein bibliographischer Nachweis. – Greifswald UB.

134 Grammaticae Graecae Pars prima. – Wittenberg : Johannes Hake für Johann Friedrich Manstadt, 1649 ; 8°
Kein bibliographischer Nachweis. – Breslau BU.

135 Grammatica graeca cum latina congruens. [...] Accedit huic novae editioni syntaxeos graecae Posselianae compendium cum indice locupletissimo totius grammaticae. – Görlitz : Johann Cundisius, 1661 ; 8°
Kein bibliographischer Nachweis. – Dresden LB; Halle/S. FranckeStift.

136 Epitome grammaticae Graecae. – Görlitz : Christoph Zipper, 1662 ; 8°
Kein bibliographischer Nachweis. – Hermannstadt Brukenthal; Pisa BU; Warschau BU.

137 Grammatica Graeca cum Latina congruens ... – Görlitz : Christoph Zipper für Johann Cundisius, 1663 ; 8°
Kein bibliographischer Nachweis. – Halle/S. ULB; Jena ULB.

138 Epitome Grammaticae Graecae. [...] Nunc denuo edita, et a plurimis mendis typographicis vindicata ... – Görlitz : Christoph Zipper für Johann Cundisius, 1665 ; 12°
Kein bibliographischer Nachweis. – Kollenbey K.

139 Grammatica Graeca major, pro Scholis Ducatus Wyrtembergici, in formam succinctorem, cujus rationem Epistola ad Lectorem docebit, redacta. – Tübingen : Johann Heinrich Reis, 1668 ; 8°
Kein bibliographischer Nachweis. – Göttingen SUB; Stuttgart LB; Tübingen EvStift; Tübingen UB.

140 Grammatica Graeca cum Latina congruens, Jam Quoad dialectos, et alia hic scitu necessaria juxta prius exemplar Görlicense recusa, et auctius edita. Accedit huic novae editioni Syn-

taxeos Graecae Posselio-Rhenanae Novum Compendium Cum Indice locupletissimo totius Grammaticae ... – Leipzig : Georg Heinrich Frommann, 1682 ; 8°

Kein bibliographischer Nachweis. – Görlitz OLB; Halle/S. ULB; Wittenberg Sem; Zeitz MichaelK.

141 Grammatica Graeca cum Prosodia. – Stuttgart : August Metzler, 1682 ; 8°

Georgi I 346. – Kein Exemplarnachweis.

142 Grammatica Graeca Golio-Welleriana. – Tübingen : Cotta, 1682 ; 8°

Georgi I 346. – Kein Exemplarnachweis.

143 Epitome grammaticae graecae. Nunc denuo edita, et a plurimis mendis typographicis vindicata. – Leipzig : Georg Heinrich Frommann, 1685 ; 8°

Kein bibliographischer Nachweis. – Halle/S. FranckeStift.

144 Grammatica Graeca. – Görlitz : [Michael und Jakob Zipper?], 1692 ; 8° ?

Kein bibliographischer Nachweis. – Dresden LB (Verlust).

145 Grammaticae Graecae Epitome. – Leipzig : J. Fritsch, 1694 ; 8°

Georgi I 346. – Kein Exemplarnachweis.

146 Epitome Grammaticae graecae. – Leipzig, 1702

Kein bibliographischer Nachweis. – Dresden LB (Verlust).

147 Homiliae hymnodicae, Quinquaginta quatuor cantica ecclesiae Lutheranae, bene disposita, verbo Dei puro illustrantes; quas e Manuscripto usui dedit publico, cum Praefatione, Adnotationibus nonnullis et Indicibus adjectis, M. Joh. Christoph. Olearius ... – Arnstadt : Heinrich Meurer, 1705 ; 8°

BN 34, Sp. 502. – Augsburg SStB; Göttingen SUB (2 Ex.); Gotha FLB (2 Ex.); Paris BN; Warschau BN; Weimar ZB.

148 Homeri Batrachomyomachia a Demetrio Zeno Zacynthio in vulgarem linguam Graecam rhythmice conversa: Cum B. Martini Crusii [...] Latina versione et Annotationibus. [= Turcograecia 371–390]. – Altdorf : Jodocus Wilhelm Kohles, 1707 ; 8°
In: Lang, Johann Michael: Philologiae Barbaro-Graecae Pars altera [II, 1–64]

BM 46, Sp. 693; BN 34, Sp. 503. – Basel ÖB; Freiburg i. B. UB; Göttingen SUB; Greifswald UB; Jena ULB; London BL; München SB; Oldenburg LB; Paris BN; Pruntrut BCant; Rostock UB; Soest StB; Stuttgart LB.

149 Grammatica Graeca, Ad Ductum D. Martini Crusii [...] Praeceptis brevibus et perspicuis. Methodice comprehensa, per M. Johan. Bregium [...] Cui accedit prosodia Graeca cum dialectologia ... – Tübingen : Hiob Franck, 1709 ; 8°

Kein bibliographischer Nachweis. – Augsburg SStB; Neresheim Benedikt.

150 De parentum suorum periculis, tempore belli Smalcaldici. . – Straßburg : Johann Reinhold Dulssecker, 1717 ; 2°
In: Freher, Marquard: Germanicarum rerum scriptores aliquot insignes. T. III, 497–518

BM 254, Sp. 588; BN 54, Sp. 1239. – Berlin FUB; Bologna BU; Laibach NUB; London BL; Paris BN; Ulm StB.

151 Epitome Grammaticae Graecae [...] nunc denuo edita ... – Leipzig : August Martin, 1724 ; 8°

Kein bibliographischer Nachweis. – Wittenberg Sem.

152 Schwäbische Chronick, Worinnen zu finden ist, was sich von Erschaffung der Welt an biß auf das Jahr 1596. in Schwaben [...] zugetragen [...] Aus dem Lateinischen erstmals übersetzt, und mit einer Continuation vom Jahr 1596. biß 1733. auch einem Vollständigen Register versehen. Nebst einer Vorrede, dem Leben des Autoris und einer Alphabetischen Nachricht von mehr dann tausenden gedruckt- und ungedruckten Schrifften, so Schwaben gantz oder

zum Theil betreffen, Ausgefertiget von Johann Jacob Moser ... – Frankfurt/M. : Metzler und Erhard, 1733 ; 2°

BM 46, Sp. 694. – Augsburg SStB; Bad Wimpfen StArch; Bamberg SB; Basel ÖB; Bern StUB; Beuron Benedikt; Cambridge/USA UL; Chur KantB; Detmold LB; Dresden LB; Düsseldorf ULB; Eichstätt UB; Erlangen UB; Frauenfeld KantB; Freiburg/Ü. BCU; Gotha FLB; Greifswald UB; Halle/S. ULB; Krakau BJ; Lindau StArch; London BL; Lublin Sem; Memmingen StB; Nürnberg GNM; Olmütz SKn; Oslo UB; Passau SB; Ravensburg Kap; Regensburg SB; Rudolstadt HistB; St. Gallen Benedikt; Schaffhausen StB; Sigmaringen SArch; Solothurn ZB; Stralsund ArchB; Tübingen UB; Urbana UL; Wangen Kap; Warschau BU; Weimar ZB; Wolfenbüttel HAB; Würzburg UB; Zeitz StiftB; Zürich ZB; Zweibrücken BBipont.

153 Schwäbische Chronick, Worinnen zu finden ist, was sich von Erschaffung der Welt an biß auf das Jahr 1596. in Schwaben [...] zugetragen [...] Aus dem Lateinischen erstmals übersetzt, und mit einer Continuation vom Jahr 1596. bis 1733. auch einem Vollständigen Register versehen. Nebst einer Vorrede, dem Leben des Autoris und einer Alphabetischen Nachricht von mehr dann tausenden gedruckt- und ungedruckten Schrifften, so Schwaben gantz oder zum Theil betreffen, Ausgefertiget Von Johann Jacob Moser ... – Frankfurt/M. und Leipzig : für Johann Conrad Wohler (Ulm), 1738 ; 2°

Kein bibliographischer Nachweis. – Aarau KantB; Augsburg SStB; Berlin SB; Biberach a. d. R. Kap; Donaueschingen HB; Göttingen SUB; Heidelberg UB; Jena ULB; Neuburg a. D. SB; Nürnberg StB; Rottenburg DiözB; Sigmaringen SArch; Straßburg BNU; Stuttgart LB; Tübingen WStift; Überlingen LeopoldSophienB; Ulm StB; Würzburg UB; Zürich ZB.

154 De comitibus Calvensibus, fundatoribus monasteriorum Hirsaug. et Syndelphing. [Auszug aus:] Oratio de vetustissimo Wirtembergensis Ducatus oppido Calva [Nr. Suevicarum seu dissertationum selectarum. T. III. Dissertatio XVI, 259–269. – Lindau : für Jakob Otto, 1757 ; 2°

BM 254, Sp. 588; BN 219, Sp. 766 f. – Basel ÖB; London BL; Paris BN; Tübingen UB u. a. m.

155 De Imperatore Romano Friderico Ahenobarbo vel Barbarossa oratio. – Lindau : für Jacob Otto, 1757 ; 2°
In: Wegelin, Johann Reinhard: Thesaurus rerum Suevicarum seu dissertationum selectarum. T. II. Dissertatio XX, 308–322

BM 254, Sp. 588; BN 219, Sp. 766 f. – Basel ÖB; London BL; Paris BN; Tübingen UB u. a. m.

156 De Regina Romana Augusta Irena vel Maria Graeca Philippi Suevi, quondam Romani Caesaris uxore. – Lindau : für Jacob Otto, 1757 ; 2°
In: Wegelin, Johann Reinhard: Thesaurus rerum Suevicarum seu dissertationum selectarum. T. II. Dissertatio XXXIV, 482–495

BM 254, Sp. 588; BN 219, Sp. 766 f. – Basel ÖB; London BL; Paris BN; Tübingen UB u. a. m.

157 Annales Suevici seu Chronica rerum gestarum antiquissimae et inclytae Suevicae Gentis etc. Nach der teutschen Ubersetzung Herrn Johann Jacob Mosers ... – Lindau : für Jacob Otto, 1761 ; 4°
In: Lirer, Thomas: Schwäbische Geschichten samt Chronick eines ungenandten Authoris ... [Auszug: II.9, Kap. 16].

BM 138, Sp. 538. – London BL; Tübingen UB u. a. m.

158 Historia politica Constantinopoleos a 1391 usque ad 1578 annum Christi, Latina a Martino Crusio, Tubing. professore, facta. [Nachdruck aus der Turcograecia 1–43; 107–184 ohne Annotationes von Crusius.]. – Bonn, 1849
In: Corpus Scriptorum Historiae Byzantinae [Bd. 46], Historica Politica et Patriarchica Constantinopoleos. Epirotica, ed. I. Bekker, 3–204

159 Martin Crusius' Erzählung von den Gefahren, die seine Eltern zur Zeit des Schmalkaldischen Kriegs um das Jahr 1546 ausgestanden haben, aufgezeichnet 1551. Aus dem Griechischen und Lateinischen übersetzt und mit Anmerkungen begleitet vom Director [Philipp Karl Heß]. – Helmstedt, 1854
In: Programm Gymnasium Helmstedt 1854, 1–18

Unselbständig erschienene Werke (Beiträgertexte)

160 Martinus Scybelius [= Crusius] Kempnicianus. (7 griech. Distichen). – In: Fabricius, Georg: Antiquitatis aliquot monumenta insignia, ex aere, marmoribus, membranisque veteribus descripta atque collecta ... – Straßburg : Blasius Fabricius, 1549 ; 4°
VD 16 F 291. – Tübingen UB*.

161 Martinus Scybelius [= Crusius] Kempnicianus. (7 griech. Distichen). – In: Fabricius, Georg: Antiquitatum Libri III. Ex aere, marmoribus, saxis, membranisve veteribus collecti ... – Basel : Johann Oporinus, [1549?] ; 8°
Kein bibliographischer Nachweis. – München SB.

162 Martini Crusii. (16 griech. Distichen). – In: Fabricius, Georg: Roma. Antiquitatum libri Duo: ex aere, marmoribus, membranisve veteribus collecti, ab eodem. Itinerum lib. I. Auctiora omnia, cum Rerum et verborum in omnibus hisce memorabilium Indicibus. – Basel : Johann Oporinus, [1550?] ; 8°
Kein bibliographischer Nachweis. – Basel ÖB; München SB (unvollst.); München UB (unvollst.); Neuburg a. D. SB.

163 Martini Crusii. (16 griech. Distichen). – In: Fabricius, Georg: Roma. Eiusdem itinerum Liber unus. Antiquitatis Monumenta insignia per eundem collecta, et magna accessione iam auctiora, edita. Accessere locupletes rerum [...] Indices. – Basel : Johann Oporinus, [ca. 1550] ; 8°
VD 16 F 370. – München SB; München UB.

164 Ad eandem [urbem Memmingam] Martinus Crusius M. (8 lat. Distichen). – In: Rabe, Ludwig: Historien. Der Heyligen Außerwölten Gottes Zeügen, Bekennern und Martyrern, so zům theil in angehender Ersten Kirchen Altes und Neüwes Testaments gewesen, zům theyl aber zů diesen unsern letsten zeytten [...] beschriben [...] Der Ander Theyl. – Straßburg : Samuel Emmel, 1554 ; 4°
VD 16 R 34. – München SB; Straßburg BNU; Wolfenbüttel HAB.

165 Ad eandem [urbem Memmingam] Martinus Crusius. (8 lat. Distichen). – In: Rabe, Ludwig: Historien ... [wie oben]. – Straßburg : Samuel Emmel, 1555 ; 4°
VD 16 R 36. – Clausthal-Zellerfeld UB (Calvör); Hamburg SUB; Münster/W. UB (Paulinum); Paris BN; Straßburg BMun (unvollst.); Straßburg BNU.

166 Ad eandem [urbem Memmingam] Martinus Crusius. (8 lat. Distichen). – In: Rabe, Ludwig: Historien ... [wie oben]. – Straßburg : Samuel Emmel, 1556 ; 4°
VD 16 R 40. – Göttingen SUB; München SB.

167 Εἰς Σλειδανὸν τὸν ἱστορικὸν Μαρτίνου Κρούσιου Ἐπίγραμμα. (2 griech. Distichen) – In Sleidanum historicum. Martini Crusij Epigramma. (2 lat. Distichen, Übersetzung). – In: Tabulae in libros historiarum, de Religione et Republica Ioannis Sleidani. – Straßburg : Josias Rihel, 1557 ; 8°
Kein bibliographischer Nachweis. – Hermannstadt Brukenthal; Tübingen UB.

168 Εἰς Σλειδανὸν τὸν ἱστορικὸν Μαρτίνου Κρούσιου Ἐπίγραμμα. (2 griech. Distichen) – In Sleidanum historicum. Martini Crusij Epigramma. (2 lat. Distichen, Übersetzung). – In: Sleidan, Johannes: De statu religionis et reipublicae, Carolo Quinto, Caesare, Commentarij. Addita est apologia ab ipso Authore conscripta. Cum indice locupletißimo ... – Straßburg : [Josias Rihel], 1557 ; 8°

VD 16 S 6678. – Aschaffenburg HB; Hermannstadt Brukenthal; Wolfenbüttel HAB.

169 Εἰς Σλειδανὸν τὸν ἱστορικὸν Μαρτῖνου Κρούσιου Ἐπίγραμμα. (2 griech. Distichen) – In Sleidanum historicum. Martini Crusij Epigramma. (2 lat. Distichen). – In: Tabulae in libros historiarum de Religione et Republica Ioan. Sleidani. Ex postrema authoris recognitione [...] ad posteriorem nostram 1557 Commentariorum aeditionem accomodati. – Straßburg : Josias Rihel, 1558 ; 8°

Ritter, Rép. 2140; Muller, Bibliogr. Rihel 1558 (Nr. 8). – Cambridge CorpChristC; Hermannstadt Brukenthal; München SB; Straßburg BNU (2 Ex.).

170 Ad eandem [urbem Memmingam] Martinus Crusius. M. F. (8 lat. Distichen) – Ad dominum M. D. Ludovicum Rabus (!), huius Martyrologij Autorem, Mart. Crusius M. F. (5 lat. Distichen). – In: Rabe, Ludwig: Historien. Der Heyligen Außerwölten Gottes Zeügen, Bekennern, und Martyrern, so zů͂m theyl in angehender Ersten Kirchen, Altes und Neüwes Testaments gewesen [...] Der Ander Theyl. – Straßburg : Samuel Emmel, 1558 ; 4°

VD 16 R 49. – Augsburg UB; Breslau BU; Halle/S. MarienB; Hamburg SUB; Salzwedel MarienB; Tübingen UB; Wolfenbüttel HAB.

171 Χριστοσεβεὶς πρὸς τοὺς Παποσεβεῖς. (47 griech. Hexameter). – In: Naogeorgus, Thomas: Regnum Papisticum: Nunc postremo recognitum et auctum. Opus lectu iucundum omnibus veritatem amantibus: in quo Papa cum suis membris, vita, fide, cultu, ritibus atque caeremonijs, quantum fieri potuit, vere et breviter describuntur: distinctum in Libros quattuor. – Basel : Johann Oporinus, 1559 ; 8°

VD 16 K 986. – Basel ÖB; Göttingen SUB; Greifswald UB; München SB (unvollst.); Tübingen UB; Wolfenbüttel HAB.

172 Martini Crusii Professoris in Academia Tubingensi Melanthon. (78 griech. Hexameter). – In: Brevia epitaphia dedicata tumulo D. Philippi Melanthonis. A Georgio Sabino. Iohanne Stigelio. Matthaeo Collino. et quibusdam alijs. – Wittenberg : Johannes Krafft (Crato), 1560 ; 4°

VD 16 B 8090. – Brescia BQuerini; München SB; München UB; Wittenberg Sem; Wolfenbüttel HAB (2 Ex.).

173 Martini Crusii. (16 griech. Hexameter). – In: Georgio Fabricio Chemnicensi, et Magdalenae faustae, scriptorum nuptialium Libri II. – Basel : Johann Oporinus, 1560 ; 8°

Kein bibliographischer Nachweis. – Tübingen UB.

174 Martinus Crusius. (7 griech. Distichen). – In: Fabricius, Georg: Antiquitatum libri Duo: ex aere, marmoribus, membranisve veteribus collecti, ab eodem ... – Basel : Johann Oporinus, 1560 ; 8°

VD 16 F 372. – Greifswald UB; München UB; Wolfenbüttel HAB (2 Ex.).

175 Μαρτῖνος Κρούσιος. (4 griech. Distichen). – In: Liebler, Georg: Epitome philosophiae naturalis, ex Aristotelis summi Philosophi libris ita excerpta, ut eorum summas breviter et dilucide explicet ... – Basel : Johann Oporinus, 1561 ; 8°

VD 16 L 1643. – Basel ÖB; Düsseldorf ULB; München SB; Tübingen UB.

176 Martini Crusii Professoris in Academia Tubingensi, Melanthon. (78 griech. Hexameter). – In: Orationes, Epitaphia et scripta, quae edita sunt de morte Philippi Melanthonis omnia ... – Wittenberg : Johannes Krafft (Crato), 1561 ; 8°

VD 16 O 863. – Aschaffenburg HB; Darmstadt LHB; München SB; Tübingen UB*; Wittenberg Sem; Wolfenbüttel HAB.

177 Epigramma. (62 griech. Hexameter). – In: Eisenmenger, Samuel: Libellus Geographicus, locorum numerandi intervalla rationem in lineis rectis et Sphaericis complectens: in Academia inclyta Tubingensi collectus et dictatus. – Tübingen : Ulrich Morhart Witwe, 1562 ; 4°

VD 16 E 865. – Basel ÖB; München SB; Tübingen UB.

178 M. Martinus Crusius. Graecae linguae et Rhetorices Tubingae Professor eximius. (3 griech. Distichen; 3 lat. Distichen, Übersetzung). – In: Engelhart, Leonhard: Lachrymae ad tumulum clarissimi viri, eruditione et pietate praestantissimi, Domini Sebastiani Coccyi, Illustrissimi Principis Eberhardi Ducis VVirtenbergensis etc. Praeceptoris fidelissimi ... Cum obijsset Bebenhusij, Die 28. Septemb. Anno 1562. – Tübingen : [Ulrich Morhart d. J.], 1562 ; 4°

VD 16 E 1239. – Darmstadt LHB; München UB.

179 Μαρτῖνος Κρούσιος. (4 griech. Distichen). – In: Liebler, Georg: Epitome philosophiae naturalis, ex Aristotelis [...] libris ita excerpta, ut eorum capita breviter et dilucide explicet ... – Basel : Johann Oporinus, 1563 ; 8°

VD 16 L 1644. – Basel ÖB (2 Ex.); München SB; Straßburg BNU; Thorn BU; Tübingen UB.

180 Carmen. (4 griech. Distichen). – In: Eisenmenger, Samuel: Oratio de methodo Ἰατρομαθηματικῶν συντάξεων. – Straßburg : Josias Rihel, 1563 ; 8°

VD 16 E 866. – München SB; Tübingen UB(*).

181 Martinus Crusius Martino Rulando suo S. (6 griech. Hexameter). – In: Ruland, Martin d. Ä.: Synonyma. Copia Graecorum verborum omnium absolutißima: antehac nusquam terrarum visa ... – Augsburg : Philipp Ulhart d. Ä., 1563 ; 8°

VD 16 R 3688. – Basel ÖB; Halle/S. ULB; München SB; München UB; Stuttgart LB (2 Ex.); Wolfenbüttel HAB.

182 Ἡσαίου νβ. καὶ νγ. (34 griech. Distichen). – In: Brunn, Augustin: Quaestiones fidei Christianae, Graece et Latine coniunctae. – Tübingen : Ulrich Morhart Witwe, 1564 ; 8°

VD 16 B 7995. – Freiburg i. B. UB; Tübingen UB*.

183 Μαρτῖνος Κρούσιος. (4 griech. Distichen, zweimal abgedruckt; lat. Übersetzung von Erhard Cellius). – In: Liebler, Georg: Epitome philosophiae naturalis, ex Aristotelis summi Philosophi libris ita excerpta, ut eorum Capita breviter et dilucide explicet ... – Basel : Johann Oporinus, 1566 ; 8°

VD 16 L 1645. – Basel ÖB; Wolfenbüttel HAB.

184 Martinus Crusius. (6 griech. Distichen). – In: Hitzler, Georg: Oratio de Vita et Morte Clarissimi Viri, Medici Et Philosophi Praestantissimi, D. Leonharti Fuchsij ... Carmina etiam doctorum aliquot virorum in eiusdem obitum conscripta. – Tübingen : [Erhard Cellius], 1566 ; 4°

VD 16 H 3981. – Tübingen UB (2 Ex.); Wolfenbüttel HAB.

185 Επιγράμματα. Μαρτῖνος ὁ Κρούσιος Φιλέλλησι. (6 griech. Distichen) – Martinus Crusius Graecae doctrinae studiosis. (6 lat. Distichen, Übersetzung). – In: Gregorius von Nyssa: Θαυμαστὴ βίβλος, περὶ κατασκευῆς ἀνθρώπου. Opus admirandum de hominis opificio: Interprete Iohanne Levvenklaio: Annotationibus etiam necessarijs additis ... – Basel : Johann Oporinus, 1567 ; 8°

VD 16 G 3109. – Basel ÖB; München SB (Verlust); München UB; Tübingen UB; Wolfenbüttel HAB.

186 Martini Crusii. (1 griech. Distichon). – In: Stephanus ⟨Byzantius⟩: Περὶ πόλεων. De urbibus. Guilielmi Xylandri Augustani labore a permultis foedisque mendis repurgatus, duobusque Inventarijs [...] auctus. – Basel : Johann Oporinus, 1568 ; 2° (Xylander)

VD 16 S 8919. – Basel ÖB (2 Ex.); München SB; Tübingen UB(*); Wolfenbüttel HAB.

187 D. Ioanni Oporino. (18 griech. Hexameter; lat. Übersetzung von Leonhard Engelhart). – In: Jociscus, Andreas: Oratio de ortu, vita et obitu Ioannis Oporini Basiliensis ... – Straßburg : Theodosius Rihel, 1569 ; 8°

VD 16 J 305. – Basel ÖB (2 Ex.); München SB; Wolfenbüttel HAB.

188 Martinus Crusius. (6 griech. Distichen) – Idem. (6 lat. Distichen). – In: Frischlin, Nikodemus: Stipendium Tubingense, Illustrissimi Principis ac Domini, Domini Ludovici, Ducis VVirtembergici [...] itemque Gymnasia monastica, cum eorum Abbatibus, descripta carmine. – Tübingen : Ulrich Morhart Witwe, 1569 ; 4°

VD 16 F 2989. – Basel ÖB; Tübingen UB (2 Ex.); Wolfenbüttel HAB.

189 Εἰς Ἰωάννην Βρέντιον, Ηιρσαυγιαῖον Ἀββᾶν. (6 griech. Hexameter) – Idem Latine. (6 lat. Hexameter, Übersetzung) – In nobilis viri, Ioan. Theodorici a Plieninga, magni VVirtenbergensis Curiae Magistri, et Ioannis Brentii [...] Principalium Consiliariorum, et Tubing. Academiae Commissariorum, suorum gratissimae recordationis Patronorum, beatum ex hac vita discessum [...] Elegia. Graeca. (18 griech. Distichen) – Latina. (18 lat. Distichen, Übersetzung). – In: Heerbrand, Jakob: Oratio funebris, de vita et morte reverendi viri, pietate, eruditione, sapientia, constantia, etc. praestantißimi D. Ioannis Brentii [...] scripta et habita Tubingae 20. Septembris ... – Tübingen : [Georg Gruppenbach], 1570 ; 4°

VD 16 H 1049. – Basel ÖB; Darmstadt LHB; München SB; Tübingen UB (2 Ex.); Wolfenbüttel HAB.

190 Doctissimi viri, et in utraque lingua, Latina et Graeca Professoris celeberrimi Tubingensis [...] Elegia cum versione. (16 griech. Distichen) – Versio. (16 lat. Distichen, Übersetzung). – In: Schnepff, Dietrich: Oratio de vita et morte illustrissimi Principis et Domini, Domini Christophori Ducis VVirtenbergici et Teccij, Comitis Mompeligardi [...] inclytae memoriae, qui Anno LXVIII. in die Innocentium Stutgardiae pie defunctus [...] Habita a Theodorico Schnepffio ... – Tübingen : [Ulrich Morhart d. Ä.], 1570 ; 4°

VD 16 S 3307. – Basel ÖB; Bologna BU; Darmstadt LHB; Gießen UB; München SB; Thorn BU; Tübingen UB; Wolfenbüttel HAB (4 Ex.).

191 Martinus Crusius. Σχέκκιος ὁ κλεινὸς ... (30 griech. Hexameter) – Idem Latine, eiusdem. (30 lat. Hexameter, Übersetzung). – In: Schegk, Jakob: Commentaria, cum annotatis et repetitionibus quibusdam additis [...] in Librum Praedicabilium, Librum Praedicamentorum, Librum Perihermeneias, Libros duos Analyticorum Priorum. – Tübingen : Ulrich Morhart Witwe, 1570 ; 2°

VD 16 S 2471/2472. – Basel ÖB; Freiburg i. B. UB; München SB; Tübingen UB; Wolfenbüttel HAB.

192 Ἰούλιῳ τῷ Βρουνοσουίγιδος Δούκι. (34 griech. Distichen) – Illustrissimo Brunsuicensi Duci Iulio. (34 lat. Distichen, Übersetzung). – In: Andreae, Jakob: Oratio de Principum officio in Collegijs Monasticis tuendis et studiis literarum fovendis. In Collegii Gandersheimensis inauguratione recitata. – Tübingen : Ulrich Morhart Witwe, 1571 ; 4°

VD 16 A 2671; Index Aurel. 105.287. – Augsburg SStB; Budapest BN; Halle/S. MarienB; Kopenhagen KglB; Leipzig UB; München SB (unvollst.); Nürnberg GNM; Regensburg SB; Schaffhausen StB; Stuttgart LB (2 Ex.); Tübingen EvStift; Tübingen UB (unvollst.); Winterthur StB; Wolfenbüttel HAB; Zwickau RatsSchB.

193 Martinus Crusius Martino Rulando suo S. (6 griech. Hexameter). – In: Ruland, Martin d. Ä.: Synonyma. Copia Graecorum verborum omnium absolutiss. antehac nusquam terrarum visa: pro Graece loqui et scribere perquam facile ... – Augsburg : Michael Manger, 1571 ; 8°

VD 16 R 3690. – Braunschweig StB; München SB; München UB; Stuttgart LB.

194 D. Bernardino Steinero. (10 griech. Hexameter) – Latine. (10 lat. Hexameter, Übersetzung). – In: Propemptica in honorem venerabilis et ornatissimi viri, Domini Bernardini Staineri, Pastoris Bihelensis, in Carinthiam Evangelion annunciatum vocati, et Tubinga V. Id. Octob.

discedentis scripta. – Tübingen : [Alexander Hock?], 1573 ; 4°

Kein bibliographischer Nachweis. – Stuttgart LB.

195 M. Martinus Crusius lectori S. (10 griech. Hexameter) – Idem Latine. (10 lat. Hexameter, Übersetzung). – In: Lauterbach, Johannes: Enchiridion Veteris et Novi Testamenti Lib. VI. compraehensum [...] Handbüchlein deß Alten und Newen Testaments ... – Frankfurt/M. : Paul Reffeler für Sigismund Feyerabend, 1573 ; 8°

VD 16 L 743. – München SB; Tübingen UB; Wolfenbüttel HAB.

196 Nobilibus et studiosis adolescentibus, Sigismundo et Georgio Andreae a Gleispach, fratribus, Styris: utriusque linguae doctissimo VVolfgango Finckelthausio Northusano, Praeceptori ipsorum fidelissimo: Dominis suis colendis. (15 griech. Hexameter) – Idem Latine. (15 lat. Hexameter, Übersetzung). – In: Propemptica Gratulatoria in discessum scripta, nobili prosapia et ingenii bonitate conspicuis adolescentibus, Sigismundo et Georgio Andreae F. F. a Gleisbach, ex Archiducatu Styriae. Et [...] Wolfgango Finckelthausio, Praeceptori ipsorum [...] cum ex celebri Academia Tubingensi proficiscerentur Patavium Venetorum, Mense Iulio, Anno 1573. – Tübingen : [Alexander Hock?], 1573 ; 4°

VD 16 P 5016. – München SB.

197 Reverendo et clarissimo viro, D. D. Nicolao Selneccero Theologo: primario Ecclesiarum in Ducatu Brunsuvicensi inspectori. (32 lat. Distichen). – In: Biblia, VT, Psalmi: D. Nicolai Selnecceri paraphrasis psalterij: Sive Carminum Davidicorum Libri quinque. Epitaphia virorum insignium inserta Psalmo nonagesimo. Poematum sacrorum pars prima. – Wolfenbüttel : Konrad Horn, 1573 ; 12°

Kein bibliographischer Nachweis. – Göttingen SUB; Wolfenbüttel HAB.

198 Εἰς Ἀργυρόπολιν. (24 griech. Hexameter) – Ad civitatem Argentinam. (24 lat. Hexameter, Übersetzung). – In: Frischlin, Nikodemus: Carmen de astronomico Horologio Argentoratensi ... – Straßburg : Nikolaus Wiriot, 1575 ; 4°

VD 16 F 2918. – München SB; Straßburg BMun; Tübingen UB; Wolfenbüttel HAB.

199 Μαρτῖνος Κρούσιος. (4 griech. Distichen). – In: Liebler, Georg: Epitome philosophiae naturalis, ex Aristotelis summi Philosophi libris ita excerpta, ut eorum Capita breviter et dilucide explicet ... – Basel : Johann Oporinus, 1575 ; 8°

VD 16 L 1647. – München SB; Tübingen UB.

200 In obitum illustriss. principis ac D. D. Evae Christinae, Comitis Vuirteberg. et Mompeligg. etc. virginis praestantissimae. (10 griech. Hexameter) – Latine. (10 lat. Hexameter, Übersetzung). – In: Cellius, Erhard: Oratio de vita et morte illustrissimae Principis ac Dominae ... Evae Christinae ... Principis ... Georgii Comitis Wirtembergici et Mompelgardici ... filiae ... quae Anno 1575, 30. Martii Kirchemii ... defuncta et Tubingae sepulta est ... Accesserunt carmina etiam doctorum virorum. – Tübingen : [Georg Gruppenbach], 1575 ; 4°

VD 16 C 1879. – Stuttgart LB (2 Ex.); Wolfenbüttel HAB.

201 Ad eandem [urbem Memmingam], Oda Martini Crusij, Professoris Tubingensis. 1575. (50 lat. Distichen). – In: Heerbrand, Jakob: Disputationes Theologicae. In inclyta Tubingensi Academia publice discutiendae propositae ... – Tübingen : Georg Gruppenbach, 1575 ; 4°

VD 16 H 1031. – Basel ÖB; München SB; München UB (unvollst.); Tübingen UB; Wolfenbüttel HAB.

202 In reverendi et clarissimi Theologi, D. Ioannis Brentij, Praepositi Studtgardiani, imaginem. (4 griech. Distichen; 4 lat. Distichen, Übersetzung; in allen acht Teilen abgedruckt). – In: Brenz, Johannes d. Ä.: Opera. Vol. 1–8. – Tübingen : Georg Gruppenbach, 1576–1590 ; 2°

VD 16 B 7469 (und B 7471); Index Aurel. 124.739; 124.740; 124.741; 124.744; 124.745; 124.746; 124.754; 124.757. –

Basel ÖB; Berlin SB; Budapest BN; Cambridge UL; Coburg LB; Dillingen StudB; Erlangen UB; Gotha FLB; Kopenhagen KglB; London BL; Lund UB; Marburg/L. UB; München SB; Nürnberg StB (nur I-II); Stockholm KglB; Straßburg BNU; Stuttgart LB; Tübingen UB (3 Ex.); Wien NB; Wolfenbüttel HAB; Zürich ZB.

203 D. Michaelo Senensi Schemniciensi: venerabilis D. Joannis, Schemnicij Christumgenti Illyriorum annunciantis, F. Tybinga in patriam discedenti. (38 griech. Hexameter)- Idem carmen, Latine conversum. (38 lat. Hexameter, Übersetzung). – In: Propemptica in discessum [...] Michaelis Senensis Schemniciensis Pannonij: S. S. Theologiae Candidati cum Tubinga in patriam abiret, 14. Septembris, Anni 79. Scripta a Praeceptoribus et amicis. – Tübingen : Georg Gruppenbach, 1579 ; 4°

VD 16 P 5020. – Wolfenbüttel HAB.

204 Doctrina et virtute ornatissimo iuveni, D. Davidi Sigemundo Cassovio Pannonio, Martinus Crusius, utriusque linguae interpres in Academia Tybingensi S. (54 griech. Hexameter) – Idem Latine. (75 lat. Hexameter, Übersetzung). – In: Propemptica in discessum praestantissimi iuvenis Davidis Sigemundi Cassovensis Pannonii: cum Tubinga in Patriam rediret, 10. Novemb. Anno 1579. – Tübingen : Georg Gruppenbach, 1579 ; 4°

VD 16 P 5023. – Wolfenbüttel HAB.

205 Ornatissimo viro, M. Samueli Heilando, Ethicae in Academia Tybingensi Professori, Stipendijque illustris Praefecto, Compatri suo charissimo, S. (3 griech. Distichen; 3 lat. Distichen, Übersetzung). – In: Heiland, Samuel: Aristotelis ethicorum ad Nicomachum libri decem, in gratiam, et usum Studiosorum, breviter et perspicue, per Quaestiones expositi ... – Tübingen : Georg Gruppenbach, 1579 ; 8°

VD 16 H 1389. – München SB; Wolfenbüttel HAB.

206 [4 Briefe, griech./lat., an Crusius]. – In: Chytraeus, David: Oratio de statu ecclesiarum hoc tempore in Graecia, Asia, Africa, Ungaria, Boemia, etc. cui Epistolae aliquot Patriarchae Byzantini, et aliorum ex Oriente recens scriptae: aliaeque narrationes, lectu non indignae, nec iniucundae, accesserunt. – Wittenberg : Hans Lufft, 1580 ; 8°

VD 16 C 2675; Index Aurel. 136.979. – Basel ÖB; Berlin SB; Breslau BU; Brünn UKn; Dresden LB; Karlsruhe LB; Krakau BBern; München SB; Stettin WojewódB (BP); Tübingen UB; Wien NB.

207 [4 Briefe, griech./lat., an Crusius]. – In: Chytraeus, David: Oratio de statu ecclesiarum hoc tempore in Graecia ... [wie oben]. – Frankfurt/M. : Andreas Wechel, 1580 ; 8°

VD 16 C 2676. – Tübingen UB; Wolfenbüttel HAB.

208 Epigramma. Κυρίῳ Ἰωάννῃ Οὐειδνήρῳ. (12 griech. Hexameter) – Ornatissimo D. Ioanni VVeidnero. (12 lat. Hexameter, Übersetzung). – In: Weidner, Johannes: Oratio de schola Halensi suevica, Recitata in progressionibus sollennibus, die Aprilis, Anni M.D.LXXX ... – Lauingen : Leonhard Reinmichel, [1580] ; 4°

Kein bibliographischer Nachweis. – München SB.

209 Martinus Crusius, Tybingae utranque linguam docens. 1580. (10 griech. Distichen) – Idem Latine. (10 lat. Distichen, Übersetzung). – In: Mästlin, Michael: Ephemerides novae, ab anno salutiferae incarnationis 1577. ad annum 1590. supputatae ex Tabulis Prutenicis ... – Tübingen : Georg Gruppenbach, 1580 ; 4°

VD 16 M 94. – München SB; Tübingen UB.

210 Martinus Crusius Ioanni Busereuto Augustano, I. U. D. (8 griech. Distichen) – Idem Latine. (8 lat. Distichen, Übersetzung). – In: Εὐφημίαι συγχαριστικαὶ in honorem viri clariss. virtute et doctrina praestantis, D. Ioannis Busereut Augustani, qui ei supremus in I. U. a Clariss. iureconsulto Dn. Samuele Grynaeo Prid. Idus Martias decernebatur, ab amicis conscriptae. –

Basel : Eusebius Episcopius, 1580 ; 4°

Kein bibliographischer Nachweis. – Tübingen UB.

211 Ornatissimo viro, M. Samueli Heilando, Ethicae in Academia Tybingensi Professori, Stipendijque illustris Praefecto, Compatri suo charissimo, S. (3 griech. Distichen; 3 lat. Distichen, Übersetzung). – In: Heiland, Samuel: Aristotelis ethicorum ad Nicomachum libri decem, in gratiam et usum Studiosorum breviter et perspicue, per Quaestiones, expositi ... – Tübingen : Georg Gruppenbach, 1580 ; 8°

Kein bibliographischer Nachweis. – Tübingen UB.

212 In Davidis Chytraei uxorem defunctam, Martinus Crusius Tubingensis professor. (12 griech. Hexameter). – In: David Chytraeus: De morte, et vita aeterna. – Imagines Mortis illustratae epigrammatis ... (= Anhang). – Wittenberg : Johannes Krafft (Crato) Erben, 1581; 8°

VD 16 C 2652. – Tübingen UB; Wittenberg Sem; Wolfenbüttel HAB.

213 Martinus Crusius, Professor eloquentiae ac linguarum in Academia Tubingensi. (7 griech. Distichen) – Latine sic. (7 lat. Distichen, Übersetzung). – In: Neander, Michael: Sylloge locutionum ac formularum Latinogermanicarum in tria causarum genera distributarum, et fere contextarum ad epistolarum exempla et formulas ... – Eisleben : Urban Gubisius, 1582 ; 8°

VD 16 N 425. – München SB.

214 Martinus Crusius Martino Rulando S. (6 griech. Hexameter). – In: Ruland, Martin d. Ä.: Synonyma, seu, copia verborum Graecorum: postremo nunc emendatior, locupletior [...] edita. – Augsburg : Michael Manger, 1582 ; 8°

VD 16 R 3693. – München SB.

215 Εἰς θάνατον τῆς ἐπιφανεστάτης οὐιρτεμπεργικῆς καὶ τεκκίας Δουκίσσης, κομιτίσσης Μομπελιγαρδικῆς, κυρίας Δωροθέας Οὐρσούλης. (10 griech. Distichen) – In obitum Illustrissimae Ducis Vvirtembergicae et Tecciae, Comitis Mompeligardicae, etc. D. Dorotheae Ursulae. (10 lat. Distichen, Übersetzung). – In: Schnepff, Dietrich: Oratio de vita et morte illustrissimae Principis ac Dominae, D. Dorotheae Ursulae: Illustrissimi Principis ac Domini D. Caroli, Marchionis Badensis et Hochburgensis: Domini in Roetelen, Susenberg et Badenvveiler et etc. filiae: Illustriss: Principis, ac Domino D. Ludovici Ducis Vvirtenbergici, et Teccij; Comitis Montispeligardi etc. coniugis dilectiss: Quae Anno. 83, ipso die Pentecostes, Noribergae feliciter in Christo obdormivit. Habita in nobilissimo frequentissimoque Auditorio Tubingae. – Tübingen : Alexander Hock, 1583 ; 4°

VD 16 S 3306. – Gießen UB; München SB; Tübingen UB; Wolfenbüttel HAB.

216 Epistolae de Christianis Eiusdem Crusij ad Neandrum. (7 lat. Distichen) – Ad eundem eiusdem. (7 griech. Distichen, Übersetzung). – In: Neander, Michael: Bedencken, An einen guten Herrn und Freund. Wie ein Knabe zu leithen und zu unterweisen, Das er [...] mit Lust und Liebe, vom sechsten Jahre seines alters an, biß auff das achtzehende, wol und ferrig lernen mõge pietatem, linguam Latinam, Graecam, Hebraeam, Artes, und endlich universam Philosophiam. Sampt etlichen Sendbrieffen, vom Zustande der Christen in Griechenlande, unterm Türcken ... – Eisleben : Urban Gubisius, 1583 ; 8°

VD 16 N 350. – München SB.

217 In Davidis Chytraei uxorem defunctam, Martinus Crusius Tubingensis professor. (12 griech. Hexameter). – In: Chytraeus, David: De morte et vita aeterna. – Imagines mortis illustratae Epigrammatis ... (= Anhang). – Wittenberg : Johannes Krafft (Crato) Erben, 1583 ; 8°

VD 16 C 2653/ C 5290; Index Aurel. 136.996. – Berlin SB; Cambridge UL; Dresden LB; Madrid BN; München SB; Wolfenbüttel HAB (unvollst.).

218 Πρὸς τοὺς ἐναντιουμένους τῇ ὑγιαινούσῃ διδασκαλίᾳ, Μαρτῖνος ὁ Κρούσιος. (2 griech. Distichen und Prosa) – Ad doctrinae sanae adversarios, Martinus Crusius, Tubingensis Academiae Professor. (2 lat. Distichen und Prosa, Übersetzung). – In: [Andreae, Jakob:] Solida Refutatio compilationis Cinglianae, et Calvinianae, quam illi consenum orthodoxum sacrae scripturae et veteris ecclesiae, de controversia sacramentaria, appellarunt, in lucem ediderunt, et aliquoties recoxerunt ... – Tübingen : Georg Gruppenbach, 1584 ; 2°

VD 16 A 2702; Index Aurel. 105.345. – London BL; München SB; München UB; Tübingen UB; Wolfenbüttel HAB.

219 Martinus Crusius Martino Rulando suo S. (8 griech. Hexameter). – In: Ruland, Martin d. Ä.: Synonyma, seu, Copia verborum Graecorum ... – Augsburg : Michael Manger, 1585 ; 8°

VD 16 R 3694. – Basel ÖB; München UB (Pars I); Stuttgart LB; Tübingen UB.

220 Ornatissimo viro M. Samueli Heilando, Ethicae in Academia Tybingensi Professori, Stipendijque illustris Praefecto, Compatri suo charissimo, S. (3 griech. Distichen. 3 lat. Distichen, Übersetzung). – In: Heiland, Samuel: Aristotelis ethicorum ad Nicomachum Libri decem, in gratiam et usum Studiosorum breviter et perspicue, per Quaestiones, expositi [...] nunc iterum emendatius in lucem editi. – Tübingen : Georg Gruppenbach, 1585 ; 8°

VD 16 H 1390. – München SB; Tübingen UB.

221 Μαρτῖνος Κρούσιος. (4 griech. Distichen). – In: Liebler, Georg: Epitome philosophiae naturalis, ex Aristotelis summi Philosophi libris ita excerpta, ut eorum Capita breviter et dilucide explicet ... – Basel : Johann Oporinus, 1586 ; 8°

VD 16 L 1645. – Tübingen UB*; Wolfenbüttel HAB.

222 Ὠφελίμας βίβλους ὃς πολλὰς ... (26 griech. Hexameter) Qui multos viros ... (26 lat. Hexameter, Übersetzung). – In: Neander, Michael: Chronicon sive synopsis historiarum, quae res gestas praecipuarum in orbe gentium a rebus humanis conditis ad hanc vsque nostram aetatem ... continet: Excerptas et collectas in schola Ilfeldensi illustrium ac generosorum Dominorum et Comitum a Stolberg, etc. de praelectionibus Michaelis Neandri Soraviensis. – Leipzig : Georg Deffner, 1586 ; 8°

VD 16 N 358. – Erlangen UB; München SB; Neumarkt BTeleki (2 Ex.); Tübingen UB; Wolfenbüttel HAB.

223 [Griech. und lat. Epicedion]. – In: Andreae, Jakob: Christliche Leichpredig, Bey der Begraebnus des Ehrwuerdigen und Hochgelehrten Herrn, Primus Trubern weilund einer Ersamen Euangelischen Landtschafft, im Hochloeblichen Hertzogthumb Crain, bestellten Predigers, geweßnen Pfarrers zu Derendingen, bey Tuebingen. Gehalten den 29. Junij, im Jar 1586. – Tübingen : Georg Gruppenbach, 1586 ; 4°

VD 16 A 2506. – Tübingen UB; Wolfenbüttel HAB (2 Ex.).

224 [4 Briefe, griech./lat., an Crusius]. – In: Chytraeus, David: Oratio de statu ecclesiarum hoc tempore in Graecia, Asia, Africa, Ungaria, Bohemia, etc. et epistolae aliquot Patriarchae Constantinopolitani, et aliorum, ex Oriente recens scriptae: aliaeque narrationes, lectu non indignae ... quibus in hac editione, decem Epistolae, de rebus Graecis ... accesserunt. – Wittenberg : Zacharias Lehmann, 1587 ; 8°

VD 16 C 2675; Index Aurel. 136.979. – Basel ÖB; Berlin SB; Breslau BU; Brünn UKn; Dresden LB; Karlsruhe LB; Krakau BBern; München SB; Stettin WojewódB (BP); Tübingen UB; Wien NB.

225 Εἰς τὸν κλεινότατον τῶν φιλοσόφων, Ἰάκωβον τὸν Σχέκκιον. (4 griech. Distichen) – In Clarissimum Philosophum, Doctorem Iacobum Scheckium. (4 lat. Distichen, Übersetzung) – Ἰακώβῳ, Σχεκκίῳ, τῷ τοῦ μακαρίτου κυρίου Ἰακώβου υἱωνῷ, Χαίρειν. (4 griech. jambische Senare) Iacobo Schegkio I. N. suo charissimo, S. (4 lat. jambische Senare, Übersetzung). – In: Liebler, Georg: Oratio funebris, de vita, moribus, et studiis, Nobilissimi et Clarissimi viri

D. Iacobi Schegkii Schorndorffensis, Medici et Philosophi summi, professoris quondam in Academia Tubingensi celeberrimi, habita pietatis et gratitudinis ergo a Georgio Lieblero, ibidem Professore Physico. – Tübingen : Georg Gruppenbach, 1587 ; 4°

VD 16 L 1653. – Basel ÖB; München SB; Straßburg BNU; Tübingen UB; Wolfenbüttel HAB (4 Ex.).

226 Εἰς τὸν μακαρίτην κύριον Θεοδώρητον τὸν Σνέπφιον. (32 griech. Hexameter). – In obitum beati Theodorici Snepffij, Theol. D. Tybingensis Ecclesiae parochi, et Academiae Professoris. (32 lat. Hexameter, Übersetzung). – In: Cellius, Erhard: Oratio funebris de vita, et obitu reverendi, et clarissimi viri Theodorici Schnepffii, VVimpinensis, Sanctae Theologiae Doctoris, et Professoris in Academia Tubingensi celeberrimi: ac Ecclesiae ibidem Pastoris vigilantissimi: Anno 1586. die 9. Novembris pie in Domino mortui: habita. – Tübingen : Alexander Hock, 1587 ; 4°

VD 16 C 1883. – Darmstadt LHB; München SB; Tübingen UB; Wolfenbüttel HAB (3 Ex.).

227 Martinus Crusius. (7 griech. Distichen). – In: Fabricius, Georg: Roma. Antiquitatum libri duo: ex aere, marmoribus, saxis membranisve veteribus collecti, ab eodem. Itinerum Lib. I. Auctiora omnia, cum Rerum et verborum in omnibus hisce memorabilium Indicibus. – Basel : Johann Oporinus, 1587 ; 8°

VD 16 F 294. – Basel ÖB; Tübingen UB; Wolfenbüttel HAB.

228 Ex epistola cl. v. Martini Crusii ad Neandrum. (Lat. Prosa). – In: [Rhodomann, Lorenz:] Argonautica. Thebaica. Troica. Ilias parva. Poematia Graeca auctoris anonymi [...] Homerica facilitate [...] composita [...] Michael Neander. Argonautica Apollodori. Thebaica Apollodori ... – Leipzig : Johann Steinmann Erben, 1588 ; 8°

VD 16 R 2088. – Coburg LB; München SB; Wolfenbüttel HAB.

229 In eiusdem [Nicolai Reusneri] symbola. (12 lat. jambische Senare). – In: Reusner, Nikolaus: Symbolorum imperatoriorum Classis Prima. Qua symbola continentur Jmpp. ac Caesarum Romanorum Jtalicorum: a C. Julio Caesare, usque ad Constantinum Magnum ... – Frankfurt/M. : für Johann Spieß, 1588 ; 8°

VD 16 R 1496. – Basel ÖB; München SB; Tübingen UB; Wolfenbüttel HAB.

230 Martinus Crusius, U. L. Professor Tubing. (2 griech. Distichen) – Idem Latine. (2 lat. Distichen, Übersetzung). – In: Brenz, Johannes d. Ä.: Κατηχισμὸς, ἢ στοιχείωσις τῆς τῶν Χριστιανῶν πίστεως [...] Catechismus [...] in usum Christianae iuventutis, carmine Graeco conversus, et ex eodem versibus Latinis, a M. Hieronymo Megisero iuniore, redditus: nunc vero primum in lucem aeditus ... – Tübingen : Georg Gruppenbach, 1588 ; 4°

VD 16 B 7649. – Wolfenbüttel HAB.

231 [Epigramma] Martini Crusii. (12 griech. Hexameter). – In: Callimachus (griech./lat.): Hymni et epigrammata, quae extant: cum duplici interpretatione et Commentarijs: praeterea A. Licinii Archiae epigrammata quaedam Graeca, cum Latina interpretatione: omnia Nicodemi Frischlini [...] opera et studio in lucem edita. Accesserunt eiusdem Frischlini aliquot Graeca Epigrammata [...] et hymnus Graecus in Christum proditum ... – Basel : Leonhard Ostenius für Wendelinus Hommius, 1589 ; 8°

VD 16 C 271. – Basel ÖB; München SB; Tübingen UB; Wolfenbüttel HAB.

232 Μαρτῖνος Κρούσιος. (4 griech. Distichen). – In: Liebler, Georg: Epitome philosophiae naturalis, ex Aristotelis summi Philosophi libris ita excerpta, ut eorum Capita breviter et dilucide explicet ... – Basel : Johann Oporinus (Hieronymus Gemusaeus/ Balthasar Han), 1589 ; 8°

VD 16 L 1648.– München SB; Tübingen UB.

233 Martinus Crusius, Professor eloquentiae ac linguarum in Academia Tubingensi. (7 griech. Distichen) – Latine sic. (7 lat. Distichen, Übersetzung). – In: Neander, Michael: Sylloge locutionum ac formularum Latinogermanicarum ... – Leipzig : Abraham Lamberg, 1589/1590 ; 8°

VD 16 N 426. – Braunschweig StB; Tübingen UB; Wolfenbüttel HAB.

234 Ὠφελίμας βίβλους ὃς πολλὰς ... (26 griech. Hexameter) – Qui multos viros ... (26 lat. Hexameter, Übersetzung). – In: Neander, Michael: Chronicon, sive synopsis historiarum, quae res gestas praecipuarum in orbe gentium a rebus humanis conditis ad hanc usque nostram aetatem certa expositionis imperiorum [...] serie annotatas [...] continet ... – Leipzig : Abraham Lamberg, 1590 ; 8°

VD 16 N 359. – Coburg LB; München SB (Verlust); München UB; Tübingen UB; Wolfenbüttel HAB.

235 In Davidis Chytraei uxorem defunctam, Martinus Crusius Tubingensis professor. (12 griech. Distichen). – In: Chytraeus, David: Libellus [...] de morte et vita aeterna, editio postrema [...] Imagines mortis illustratae Epigrammatis ... (= Anhang). – Wittenberg : Matthäus Welack, 1590 ; 8°

VD 16 C 2654. – München SB; Tübingen UB; Wittenberg Sem; Wolfenbüttel HAB.

236 Ornatissimo viro, M. Samueli Heilando, Ethicae in Academia Tubingensi Professori, Stipendijque illustris Praefecto, Compatri suo carissimo, S. (3 griech. Distichen; 3 lat. Distichen, Übersetzung). – In: Heiland, Samuel: Aristotelis ethicorum ad Nicomachum libri decem, in gratiam, et usum Studiosorum breviter et perspicue, per Quaestiones, expositi ... – Leipzig : Abraham Lamberg, 1590 ; 8°

VD 16 H 1391. – Dresden LB; Wolfenbüttel HAB.

237 Ornatissimo viro M. Samueli Heilando, Ethicae in Academia Tybingensi Professori, Stipendiique illustris Praefecto, Compatri suo charissimo, S. (3 griech. Distichen; 3 lat. Distichen, Übersetzung). – In: Heiland, Samuel: Aristotelis ethicorum ad Nicomachum libri decem. – London : für I. Harrison, 1590 ; 8°

Kein bibliographischer Nachweis. – Tübingen UB.

238 Εἰς Ἰωάννην τὸν Φισκῆρον Βεμδιγγέα, Ἰατρὸν πρῴην Τυβίγγης. (7 griech. Hexameter; 7 lat. Hexameter, Übersetzung). – In: Hippocrates (griech./lat.): Ennarratio brevis Aphorismorum Hippocratis: monstrans, quam concinno ac bono ordine sententiae istae Aphoristicae dispositae sint atque invicem connexae [...] Praelecta olim a Ioanne Viscero VVemdingensi [...] Nunc studio Hieronymi Visceri [...] emissa. – Tübingen : Georg Gruppenbach, 1591 ; 4°

VD 16 H 3762. – Coburg LB; München SB; Tübingen UB(*); Wolfenbüttel HAB.

239 Δαβίδῃ τῷ Μαιγερλίνῳ ἐν χριστῷ χαίρειν. (Griech. Prosa). – In: Acclamationes Amicorum de secundae laureae honoribus qui xiiii. Cal. Martii, anno M.D.XCII. Decano M. Samuele Heilando Professore Ethices, Davidi Megerlino Tubingensi, una cum viginti septem alijs iuvenibus tributi sunt ... – Tübingen : Georg Gruppenbach, 1592 ; 4°

VD 16 A 73. – München SB.

240 Aliud [carmen]. (2 griech. Distichen; 2 lat. Distichen, Übersetzung). – In: Weiganmaier, Georg: Institutionum Hebreae linguae, per tabulas digestarum, libros duos: Quorum prior vocum absolutarum Formationes: Posterior earundem Mutationes, solide et perfecte explicat ... – Straßburg : Elias Schade, 1592 ; 2°

Adams W 42. – Basel ÖB; Cambridge UL; München SB; Tübingen UB.

241 Epicedia, in obitum eiusdem clarissimi viri, D. M. Samuelis Heilandi [...] Anno 1592. prid. Pentecostes, pie defuncti: scripta, memor. honor. et observant. ergo, a diversis. (8 griech.

jambische Senare; 4 lat. Distichen, Übersetzung). – In: Cellius, Erhard: Oratio de vita et morte clarissimi viri, eximia pietate, multiplici doctrina, et omni excellenti virtute ornatißimi Dn. M. Samuelis Heilandi, Basiliensis [...] Anno Domini M.D.XCII. pridie Pentecostes, pie in Christo defuncti ... – Tübingen : Georg Gruppenbach, 1592 ; 4°

VD 16 C 1878. – Darmstadt LHB; Tübingen UB; Wolfenbüttel HAB.

242 Epicedia, in obitum eiusdem clarissimi viri, D. M. Samuelis Heilandi [...] Anno 1592. prid. Pentecostes, pie defuncti: scripta, memor. honor. et observant. ergo, a diversis. (8 griech. jambische Senare; 4 lat. Distichen, Übersetzung). – In: Cellius, Erhard: [Oratio de vita et morte ... Samuelis Heilandi]. – [Tübingen : Georg Gruppenbach, 1592] ; 4°

Kein bibliographischer Nachweis. Nicht identisch mit VD 16 C 1878. – Zürich ZB (Z XVIII.110.10).

243 In eandem illustrißimam Dominam [Annam Mariam]. (4 griech. Hexameter; 4 lat. Hexameter, Übersetzung). – In: Cellius, Erhard: Oratio funebris: de vita, et morte illustrissimae Principis ac Dominae, D. Anna Mariae [...] anno salutis M.D.LXXXIX. die Maij 20. Nürtingae, in Ducatu Vvirtemb. pie in Christo mortuae: habita Tubingae, in totius Academiae frequentißimo conventu ... – Tübingen : Georg Gruppenbach, 1592 ; 4°

VD 16 C 1882. – München SB; Tübingen UB; Wolfenbüttel HAB (2 Ex.).

244 Ornatissimo viro, M. Samueli Heilando, Ethicae in Academia Tubingensi Professori, Stipendijque illustris Praefecto, Compatri suo charissimo, S. (3 griech. Distichen; 3 lat. Distichen, Übersetzung). – In: Heiland, Samuel: Aristotelis ethicorum ad Nicomachum libri decem, in gratiam, et usum Studiosorum breviter et perspicue, per Quaestiones, expositi ... – Tübingen : Georg Gruppenbach, 1592 ; 8°

VD 16 H 1393. – Paris BN; Tübingen UB; Wolfenbüttel HAB.

245 Ad clarissimum V. I. D. Iosephum Hetelerum, etc. (8 lat. Distichen) – Epitaphium defunctae (8 griech. Hexameter) – Latine (8 lat. Hexameter, Übersetzung). – In: Marius, Georg: Ein christliche Predig Über der Leych unnd begraebnus der Ehren und Tugent reichen Frawen Margareta Hettlerin geborne Herrbraendin, des Ehrenvesten Hochgelehrten Herrn Josephi Hettlers ... gottseligen Ehegemahels ... Welche den 11. tag Novembris dieses 92. Jars Christlich und seeliglich verschieden und volgenden 12. gemelds Monats allhie zu Roetteln in der Pfarrkirchen ... zur Erden bestaettiget worden. – Tübingen : Alexander Hock, 1593 ; 4°

Kein bibliographischer Nachweis. – Stuttgart LB.

246 Epicedia. In illustrissimum Wirtembergicae et Tecciae Ducem, etc. D. Ludovicum beatum VIII. August. MDXCIII. pie defunctum. (12 lat. Distichen) – Epicedia Εἰς Δοῦκα Βιρτεμβεργίας, Κύριον Λοδοβῖκον. (12 griech. Distichen, Übersetzung) – Epicedia ad successorem, illustrissimum Virtembergiae et Tecciae Ducem, etc. D. Fridericum. (12 lat. Distichen) – Epicedia. Πρὸς διάδοχον, τὸν λαμπρότατον Δοῦκα Βιρτεμπεργίας καὶ Τεκκίας, κύριον Φριδερῖκον. (12 griech. Distichen, Übersetzung). – In: Heerbrand, Jakob: Oratio Funebris de vita et obitu illustrissimi, ac pientissimi Principis, et Domini, Domini Ludovici, Ducis VVirtembergici, et Teccij, Comitis Montpelgardensis, p. m. qui hac vita defunctus est, Augusti 8. Anno Christi 1593. Stutgardiae: Scripta et recitata Semptemb[!] 19 [...] Adiecta sunt et epitaphia, et Epicedia doctorum virorum. – Tübingen : Georg Gruppenbach, 1593 ; 4°

VD 16 H 1050. – Gießen UB; München SB; München UB; Tübingen UB (3 Ex.); Wolfenbüttel HAB (2 Ex.).

247 In reverendi et clarissimi Theologi, D. Ioannis Brentij, Praepositi Studtgardiani, imaginem. (4 griech. Distichen; 4 lat. Distichen, Übersetzung). – In: Brenz, Johannes d. Ä.: Opera. Vol. V. – Tübingen : Georg Gruppenbach, 1594 ; 2°

VD 16 B 7472; Index Aurel. 124.780. – Budapest BN; Cambridge UL; Göttingen SUB.

248 Ornatissimo viro, Samueli Heilando Ethicae in Academia Tubingensi Professori, Stipendijque illustris Praefecto, Compatri suo carissimo, S. (3 griech. Distichen; 3 lat. Distichen, Übersetzung). – In: Heiland, Samuel: Aristotelis ethicorum ad Nicomachum Libri decem, in gratiam et usum Studiosorum breviter et perspicue per Quaestiones expositi ... – Leipzig : Michael Lantzenberger, 1594 ; 8°

VD 16 H 1594. – München SB; Wolfenbüttel HAB.

249 Martini Crusij, U. L. Professor. Tybing. (4 griech. Hexameter). – In: Bollinger, Ulrich: Hodoeporica sive itinera sanctorum patriarcharum: Abrahami, Isaci, Lothi, et Iosephi: Scripta carmine Elegiaco ... – Tübingen : Johann Kircher, 1595 ; 8°

VD 16 B 6486. – München SB (Verlust); Stuttgart LB; Tübingen UB; Wolfenbüttel HAB.

250 Vive diu felix, Ioanfriderice, piusque ... (1 lat. Distichon, 18 lat. Hexameter, 1 lat. Distichon). – In: Heiden, Samuel: Oratio de Iphone, qui olim iurisprudentiae patronus creditus est [...] Habita Herrenbergae [...] Novemb. anno Christi 1594 ... – Tübingen : Georg Gruppenbach, 1595 ; 4°

VD 16 H 1289. – München SB; Tübingen UB; Wolfenbüttel HAB.

251 Ad Sebastianum Hornmoldum, U. I. D. et Poetam Coronatum. (16 griech. jambische Senare) – Idem carmen Latine. 16 lat. jambische Senare, Übersetzung). – In: Biblia, VT, Psalmi, lat. (metrisch): Davidis Regii Prophetae Psalmi, puris ac perpetuis Iambis sine elisione, expressi, per Sebastianum Hornmoldum [...] Cum Hymnis quibusdam itidem pure Iambicis ... – Tübingen : Georg Gruppenbach, 1596 ; 8°

Kein bibliographischer Nachweis. – Coburg LB; München SB (Verlust); Nürtingen K*; Stuttgart LB; Tübingen EvStift; Wolfenbüttel HAB; Zweibrücken BBipont.

252 Aliud [Epigramma]. (10 griech. jambische Senare; 10 lat. jambische Senare, Übersetzung). – In: Franck, Jakob [= Memmius, Konrad]: Libellus Esther, elegiaco carmine conscriptus ... – Tübingen : Georg Gruppenbach, 1596 ; 4°

VD 16 F 2018. – Wolfenbüttel HAB.

253 Illustri iuveni, Domino Georgio Acacio Enenckelio, ab Albrechtsberg: L. Baroni Hohenec cio, Seisenecci et Goldecci Domino, magni Thucydidis Interpreti, Martinus Crusius S. P. D. (Lat. Prosa). – In: Thucydidis Atheniensis de bello Peloponnesiaco libri octo, e Graeco sermone in Latinum nova interpretatione conversi: cum annotationibus in eundem perpetuis [...] Chronographia insuper in Thucydidem: et veteris Graeciae Geographia, aeneis typis seorsim excusa [...] Auctore Georgio Acacio Enenckel, L. Barone Hoheneccio. – Tübingen : Georg Gruppenbach, 1596 ; 8°

VD 16 T 1127. – Basel ÖB; Göttingen SUB; München SB; Nürtingen K*; Tübingen UB; Wolfenbüttel HAB.

254 In M. Ludovicum Hunnium, Aegidij Theologi F. (4 griech. Distichen). – Idem Latine. (4 lat. Distichen). – In: Hunnius, Aegidius: Epicedia. In obitum M. Ludovici Hunnii ... – Tübingen : Erhard Cellius, 1596 ; 4°

Kein bibliographischer Nachweis. – Nürtingen K*.

255 Martini Crusii de Heliodoro iudicium. (Lat. Prosa) – Eiusdem Crusii Argumentum et ordo directus totius Historiae. (Lat. Prosa). – In: Heliodorus ⟨Emesenus⟩ (griech./lat.): Ἡλιοδώρου Αἰθιοπικῶν Βιβλία δέκα. Heliodori Aethiopicorum libri X ... – [Heidelberg] : Hieronymus Commelinus, 1596 ; 8°

VD 16 H 1674. – Basel ÖB; Brescia BQuerini; München SB; Wolfenbüttel HAB.

256 Martinus Crusius Tubingae U. L. et Rhetor. Professor. (3 griech. Distichen; 3 lat. Distichen, Übersetzung). – In: Zückwolf, Jakob: Chronographiae sacrae utriusque Testamenti historias

continentis libri V. – Frankfurt/M. : Johann Wechel Witwe für Peter Fischer, 1596 ; 4°

BM 263, Sp. 940 (dort fälschlich 1594). – London BL; München SB; Stuttgart LB.

257 Εἰς αἰδεσίμου τελευτὴν Ἀδελπεργαίου ἀββᾶ, Κυρίου Χριστοφόρου τοῦ Πινδήρου. (10 griech. Hexameter) – Idem Latine. (10 lat. Hexameter, Übersetzung). – In: Hermann, Christoph: Oratio de ortu, vitae curriculo et beata ex his terris migratione [...] Christophori Binderi Abbatis Adelbergensis. – Tübingen : Johann Kircher, 1597 ; 4°

VD 16 H 2338. – Nürtingen K*; Wolfenbüttel HAB.

258 Εἰς γαμικὸν κυρίου Νικολάου τοῦ Βαρεπυλήρου Ιουβιλαῖον. (51 griech. Hexameter) – Idem Latine. (51 lat. Hexameter, Übersetzung) – Eiusdem additamentum. (Prosa). – In: Cellius, Erhard (Hrsg.): Iubilaeus Coniugalis, Nobilis, clarissimi, et consultissimi viri, D. Nicolai Varenbüleri Sen. [...] Et Nobilis, praestantissimae, laudatissimaeque foeminae, Reginae VValtherin [...] Coniugum Quinquagenariorum: Gratulationibus [...] Concione nuptiali [...] Ioan. Georg. Sigvvarti [...] suo loco addita ... Volget nun die Hochzeitliche Predig, Durch Den Ehrwürdigen Hochgelehrten Herrn Johannem Georgium Sigwardum ... Am 30. Tag Augusti, Anno 1597 gehalten. – Tübingen: Erhard Cellius, 1597 ; 4°

VD 16 C 1875. – Nürtingen K*.

259 Εἰς Ἰωάννην Βρέντιον, Ηιρσαυγιαῖον Ἀββᾶν. (6 griech. Hexameter) – Idem Latine. (6 lat. Hexameter, Übersetzung). – In: Cellius, Erhard: Oratio funebris, de vita, et morte Reverendi, et clarissimi viri, Dn. Iohannis Brentii ... – Tübingen : Erhard Cellius, 1597 ; 4°

Kein bibliographischer Nachweis. – Laubach Solms; Nürtingen K*; Tübingen UB (2 Ex.).

260 Eidem. (4 griech. Hexameter) – Latine. (4 lat. Hexameter, Übersetzung). – In: Neobolus, Johannes: Christliche Leychpredig Bey der Begräbnus deß Ehrnvesten, Hochgelehrten Herrn Johann Conrad Machtolfften [...] Wie auch der Ehrn: unnd Tugentreichen Frawen, Agnes Demlerin seiner Ehelichen Haußfrawen, So beede zu Entringen, Anno 1596 seelig gestorben ... – Tübingen : Erhard Cellius, 1597 ; 4°

Kein bibliographischer Nachweis. – Nürtingen K*.

261 In M. Abelum Vinarium, rever. Laureacensis in Ducatu VVirtemberg. Coenobij Abbatis Abeli F. (9 griech. Distichen; 9 lat. Distichen, Übersetzung). – In: Schrötlin, Johannes: Ein Christliche Leichpredigt, auß dem Spruch Danielis am zwelfften: Die Lehrer aber werden leuchten, wie des Himmels glantz, etc. Bey der Begräbnus des Würdigen und Wolgelehrten Herrn M. Abelis Vinarij, Pfarrers zu Rummeltzhausen ... – Tübingen : Georg Gruppenbach, 1597 ; 4°

Kein bibliographischer Nachweis. – Nürtingen K*; Tübingen UB.

262 Martini Crusii, Professor. Tyb. (4 griech. Hexameter; 4 lat. Hexameter, Übersetzung). – In: Nonnus ⟨Panopolitanus⟩ (lat.): Paraphrasis Evangelica Secundum S. Ioannem: Carmine Heroico Latino reddita ab Ulrico Bollingero. Adjecti sunt Hymni sacri quatuor, item Argumenta in VI. libros Christiados Vidae. P. Melissus Schedius recensuit, ediditque. – Speyer : Bernhard Albinus, 1597 ; 8°

VD 16 N 1838. – München SB (Verlust); Stuttgart LB; Wolfenbüttel HAB; Zürich ZB.

263 Εἰς τὸ γαμικὸν κάτοπτρον κυρίου Θωμᾶ Πιρκίου, Οὐνδερτύρκης Ἐκκλησιαστοῦ (60 griech. jambische Trimeter) – In coniugiale speculum reverendi M. Thomae Birckii, Undertyrckensis Vuirtembergia Ecclesiastae. (60 lat. jambische Trimeter, Übersetzung). – In: Birck, Thomas: Ehespiegel, Ein sehr lustige und lehrreiche Comedi ... – Tübingen : Georg Gruppenbach, 1598 ; 4°

VD 16 B 5586; Goedeke II 387. – Stuttgart LB; Tübingen UB; Wolfenbüttel HAB (2 Ex.).

264 Κυρίῳ, Σαμψῶνι τῷ Ἑρτζογίῳ χαίρειν. (26 griech. Hexameter) – D. Sampsoni Hertzog, S. (26 lat. Hexameter, Übersetzung). – In: Sichard, Johann: Sichardus redivivus [...] Dictata et Praelectiones in Codicem Iustinianeum. Ex collatione operosa manuscriptorum codicum [...] nunc demum post Modianam recognitionem [...] editae ... T. I. – Frankfurt/M. : Hoffmann für Jonas Rhodius und Lazarus Zetzner, 1598 ; 2°

VD 16 S 6292. – München SB; Tübingen UB; Wolfenbüttel HAB.

265 Ad pium et doctissimum virum, D. M. Henricum Vvellingium, Acad. Tubing. Professorem, Collegam suum humanissimum. (17 griech. Jamben; 17 lat. Jamben, Übersetzung). – In: Magirus, Samuel: Predigt [...] Als der Edel, Ehrnvest, und Hochgeachte Herr Balthasar Moser, Fürstlicher Würtembergischer Camer Raht [...] entschlaffen [...] Sampt einer andern und ältern Predigt [...] Gethon, und auffgezeichnet, durch [...] Matthaeum Vogelium ... – Tübingen : Georg Gruppenbach, 1598 ; 4°

Kein bibliographischer Nachweis. – Nürtingen K*; Tübingen UB.

266 In orationem M. Michaelis Beringeri, Ordinarii S. Linguae in Tybingensi Linguae Professoris. (4 griech. Distichen) – Id est: (4 lat. Distichen, Übersetzung). – In: Beringer, Michael: Oratio de sancta lingua Hebraea: in D. Basilii die, qui fuit XXIII. Iunii anno Christi 1599. habita in Academiae Tubingensis aula nova ... – Tübingen : Erhard Cellius, 1599 ; 4°

VD 16 B 1870. – München SB; Tübingen UB (2 Ex.).

267 In tres politicos electores reverendi Augustini Brunnij. (8 griech. Hexameter; 8 lat. Hexameter, Übersetzung). – In: Brunn, Augustin: Trias electoralis politica, Hoc est: Historica enarratio brevis et compendiosa, vitae et rerum gestarum memorabilium, trium Illustrissimorum Electorum Secularium ... – Frankfurt/M. : Johann Spieß, 1600 ; 8°

VD 16 B 8610; Index Aurel. 125.854. – Berlin SB; Breslau BU; Gotha FLB (2 Ex.); Greifswald UB; Kopenhagen KglB; London BL; München SB (2 Ex.); Paris BN; Wien NB; Wittenberg Sem.

268 Εἰς κύριον Δαβίδην τὸν Χύτραιον θεολόγον καὶ ἱστορικὸν κατ' ἐξοχήν. (4 griech. Distichen) – In Dn. D. Davidem Chytraeum. (4 lat. Distichen, Übersetzung). – In: Vita Davidis Chytraei, Theologi summi ... Memoria posteritatis, Orationibus et carminibus Amicorum, iustisque encomiis consecrata. [Anhang zu: Goldstein, Johannes: Oratio de vita ... Davidis Chytraei ... Rostock: Stephan Möllemann (Myliander), 1600; VD 16 G 2573]. – Rostock : Christoph Reusner, 1601 ; 4°

BM 62, 291. – Dresden LB; Kiel UB; Rostock UB; Wolfenbüttel HAB (2 Ex.).

269 In idem opus Iohannis Wolfii. (12 griech. jambische Senare; 12 lat. jambische Senare, Übersetzung). – In: Rollwagen, Gregor: Panegyricus de vita et obitu Johannis Wolfii. – Tübingen : Erhard Cellius, 1601 ; 4°

Kein bibliographischer Nachweis. – Darmstadt LHB; Tübingen UB.

270 III [ohne Titel] (5 griech. Distichen) – Idem Latine (5 lat. Distichen, Übersetzung). – In: Strubinus, Johann: Ein Christliche Trostpredig, Gehalten bey der Leich und Begräbnus Des H. Samuel Hornmolten ... Anno 1601 ... – Tübingen : Erhard Cellius, 1602 ; 4°

Kein bibliographischer Nachweis. – Gießen UB; Tübingen UB (unvollst.).

271 Epicedion in obitum nobilis, lectissimae splendida virtutum corona Ornatissimae, Matronae Helenae a Gemmingen, stirpis Massenbaduanae, etc. Epitome subsequentium, etc. (7 griech. Jamben; 7 lat. Jamben und 8 dt. Jamben, Übersetzung). – In: Gundelfinger, Andreas: Ein Predigt, Uber der Leich der Edlen und Tugentreichen Frawen Helena, Gebornen von Massenbach, weilandt des Gestrengen, Edlen und Vesten, Reinharts von Gemmingen ... Witwen. – Tübingen : Georg Gruppenbach, 1602 ; 4°

Kein bibliographischer Nachweis. – Nürtingen K*; Tübingen UB.

272 Εἰς τὰ ζητήματα Οὐΐτου Μυλλήρου, τοῦ Ἀριστοτελικοῦ Ὀργάνου. (24 griech. Distichen) – In quaestiones Viti Mülleri ex Organo Aristotelico. (24 lat. Distichen, Übersetzung). – In: Müller, Veit: Organum Aristotelis, per Quaestiones breves et perspicuas explicatum. – Tübingen : Georg Gruppenbach, 1603 ; 8°

Kein bibliographischer Nachweis. – Tübingen UB.

273 Ἐνθάδε Ῥηγήνης Βαλθάριδος ὀστέα κεῖται ... (12 griech. Hexameter). – Hîc sunt Reginae VValtheridis ossa sepulta ... (12 lat. Hexameter, Übersetzung). – In: Sigwart, Johann Georg: Leichpredigt, Bey der Begräbnuß Der Edlen unnd Tugentsamen Frawen, Regina Varenbühlerin, gebornen Waltherin ... – Tübingen : Erhard Cellius, 1603 ; 4°

Kein bibliographischer Nachweis. – Tübingen UB.

274 In Obitum honestissimae Matronae, Brigitae Svvartziae quae fuit uxor charissima: Rever. et Clariß. Viri, D. Stephani Gerlachij, S. S. Theologiae Doct. Acad. Tub. Profess. et Procancellarij, etc. (10 griech. Distichen) – Idem Latine. (10 lat. Distichen, Übersetzung). – In: Sigwart, Johann Georg: Leichpredigt. Bey der Begråbnus, Weiland der Ehrn und Tugentreichen Frawen Brigita, des Ehrwürdigen und Hochgelehrten Herrn, Stephani Gerlachi [...] gewesner ehelichen Haußfrawen, den 10. Martij, Anno 1603 zu Tübingen gehalten ... – Tübingen : Georg Gruppenbach, 1603 ; 4°

Kein bibliographischer Nachweis. – Tübingen UB.

275 Martini Crusii. (4 lat. Distichen). – In: Parentalia facta Viro Magnifico ... Nicolao Reusnero ... – Jena : Tobias Steinmann, 1603 ; 4°

Kein bibliographischer Nachweis. – Gießen UB; Tübingen UB.

276 Epicedium ad honorem nobilissimi piae memoriae Iurisc. D. D. Nicolai Varenbüleri: noctis hora 2. ante 21. diem August. pie placideque defuncti, Tubingae domi suae: cum in oppido imperiali Lindauo, Anno 1519. pridie S. Nicolai natus fuisset. (20 griech. Hexameter) – Idem Latine. (20 lat. Hexameter, Übersetzung). – In: Harpprecht, Johannes: Oratio: de ortu, vitae cursu, et obitu nobilis, amplissimi, et consultissimi viri: Dn. Nicolai Varenbüleri; U. J. Doctoris [...] Habita Die 1. Decemb. eiusdem anni, in publico et frequenti Academiae conventu ... – Tübingen : Erhard Cellius, 1605 ; 4°

Kein bibliographischer Nachweis. – Gießen UB; Laubach Solms; Tübingen UB.

277 Reverendo et clarissimo viro: Dn. Andreae Osiandro, SS. Theol. D. Ecclesiae Tybing. Praeposito, Academiaeque Cancellario. (44 lat. jambische Vierheber) – Αἰδεσιμωτάτῳ καὶ σοφωτάτῳ Θεολόγῳ, κυρίῳ Ἀνδρέᾳ τῷ Ὀσιάνδρῳ. (44 griech. jambische Vierheber, Übersetzung). – In: Osiander, Andreas: Oratio auspicatoria, de officii feliciter administrandi modo. Quam in Academia Tubingensi, XVII. Junii anno M.DCV. publice habuit. – Tübingen : Erhard Cellius, 1606 ; 4°

Kein bibliographischer Nachweis. – Stuttgart LB; Tübingen UB.

278 M. Erhardi Cellii. In Obitum doctissimi et clarissimi viri. M. Erhardi Cellii: in nobilissima Tubingensi Acad. longaevi Poeticae et Historiarum Professoris, die IX. Iunij, Anni M. DC. VI. pie defuncti, et XII. Iun. honorifice humati. (26 griech. Hexameter) – Idem Latine. (26 lat. Hexameter, Übersetzung). – In: Bucher, Kaspar: Oratio funebris de Vita et Obitu, clarissimi et excellentissimi viri: Dn. M. Erhardi Cellii [...] Secunda Feria Pentecostes, anno salutis M. DC. VI. pie in Christo defuncti ... – Tübingen : Philipp Cellius, 1607 ; 4°

Kein bibliographischer Nachweis. – Tübingen UB.

279 Μαρτῖνος ὁ Κρούσιος Ματθαίῳ τῷ Ζουβήρῳ, ἐποποιῷ Δαφνηφόρῳ. (2 griech. Distichen). – In: Zuber, Matthaeus: Epimictorum Epodaetyos [...] Pemma unum. – Oels : Johann Bössemes-

ser, 1608 ; 8°

Kein bibliographischer Nachweis. – Tübingen UB.

280 De Heliodoro iudicium. (Lat. Prosa). – In: Heliodorus ⟨Emesenus⟩ (griech./lat.): Αἰθιοπικῶν βιβλία δέκα. Aethiopicorum libri X ... – Lyon : Antonius de Harsy Witwe, 1611 ; 8°

BM 101, Sp. 259; BN 70, Sp. 136 f.; NUC 239, 356. – Ann Arbor UL; Basel ÖB; Cincinnati UL; Göttingen SUB; Ithaca UL; London BL; München SB; New York ColumbiaUL; Paris BN (3 Ex.); Philadelphia UL; Toulouse BMun; Urbana UL.

281 Κυρίῳ, Σαμψῶνι τῷ Ἑρτζογίῳ χαίρειν. (26 griech. Hexameter) – D. Sampsoni Hertzog, S. (26 lat. Hexameter, Übersetzung). – In: Sichardus redivivus [...] Dictata et Praelectiones in Codicem Iustinianeum. Ex collatione operosa manuscriptorum codicum [...] nunc demum post modianum recognitionem [...] editae ... – Frankfurt/M. : Hoffmann für Jonas Rhodius und Lazarus Zetzner, 1613 ; 2°

BM 221, Sp. 896. – Basel ÖB; London BL.

282 Epitaphium [für Primus Truber] apposuit Martinus Crusius sequenti Carmine. (3 lat. Distichen). – In: Fischlin, Ludwig Melchior: Biographia praecipuorum virorum ... P. I. – Ulm : für Georg Wilhelm Kühn, 1710 ; 8°

Tübingen UB.

LITERATUR ÜBER MARTIN CRUSIUS

283 **Xylander, Wilhelm**: In obitum honestissimae matronae Sibyllae Raunerae, quae coniux fuit ornatissimi viri M. Martini Krusij ... – Heidelberg, 1561

Nürtingen K*.

284 **Gesner, Konrad**: Bibliotheca instituta et collecta, primum [...] Deinde in Epitomen redacta [...] per Iosiam Simlerum: Iam vero postremo [...] amplificata, per Iohannem Iacobum Frisium ... – Zürich : Christoph Froschauer, 1583 (S. 579 f.)

285 Epicedia et Epitaphia, Graeca et Latina: Ad M. Martinum Crusium [...] de obitu Martini, F. eius: ultimo die Iunij, anno 1588. pie defuncti: a claris viris, et doctis Iuvenibus, scripta. – Tübingen : Georg Gruppenbach, 1589

Tübingen UB; Wolfenbüttel HAB (2 Ex.); Zürich ZB.

286 **Cellius, Erhard**: Imagines Professorum Tubingensium, Senatorii praecipue ordinis ... – Tübingen : Erhard Cellius, 1596 (Bl. I2b-I3a)

VD 16 C 1873. – München SB; Tübingen UB; Wolfenbüttel HAB

287 **Wieland, Johann Heinrich**: Christliche Leichpredig, Bey Der Begräbnus der Ehrn: und Tugentreichen Frawen Catharina Vetscherin, Des Ehrnvesten und Hochgelehrten Herrn M. Martini Crusii [...] gewesner Ehelicher Haußfrawen, so daselbst den 17. May, Anno 1599 seliglich gestorben. – Tübingen, 1599

Nürtingen K*.

288 Martini Crusii, longaevi illustri Academia Tybingensi Professoris, Annus Aetatis octogesimus. Psalm. XCI. – Tübingen : Erhard Cellius, 1606

Graz UB(*).

289 **Osiander, Andreas**: Christliche Leichpredigt, Bey der Begräbnuß, weylund des Ehrnvesten und Hochgelehrten Herrn, M. Martini Crusii, ansehenlichen und hocherlebten Professoris seeligen, bey der Universitet zu Tübingen. Auff den 27. Febr. Anno 1607 gehalten. – Tübingen : Philipp Gruppenbach, 1607

Nürtingen K; Tübingen UB; Ulm StB.

290 **Müller, Veit**: Oratio de vita et obitu [...] D. Crusii, Tubingensis Academiae per annos octo et quadraginta Professoris [...] habita Tubingae [...] 1608. – Tübingen : Philipp Gruppenbach, 1608

291 **Possevinus, Antonius**: Apparatus Sacer. – Köln : Johann Gymnich IV, 1608 (T. I, S. 393; T. II, S. 75–78)

292 **Adam, Melchior**: Vitae Germanorum Superiori, et quod excurrit, seculo philosophicis et humanioribus literis clarorum ... – Frankfurt/M. : Nikolaus Hoffmann ; Heidelberg : Johann Lancelot, 1615 (S. 481–495)

293 **Groß, Johann [Georg]**: Urbis Basil. Epitaphia et inscriptionum omnium templorum, curiae ... – Basel : für Johann Jakob Genath, 1625 [im Anhang dazu, S. 395, Crusius-Epitaph, Tübingen]

294 **Zeiller, Martin**: Chronicon parvum Sueviae, oder Kleines Schwäbisches Zeitbuch, darinnen die vornehmsten, und bekantisten Geschichten [...] biss auff das jetzund angehende 1653. Jahr, begeben haben ... – Ulm : Balthasar Kührer, 1653 (Vorrede)

295 **Freher, Paul**: Theatrum virorum eruditione clarorum. In quo vitae et scripta Theologorum, Jureconsultorum, Medicorum et Philosophorum [...] repraesentantur ... – Nürnberg : Andreas Knorzius für Johannes Hofmann, 1688 (S. 1503)

296 **Goetz, Georg Heinrich**: Princeps graece doctus, Juventuti Scholasticae, in Phrontisterio Lubecensi, literas graecas discenti, commendatus. Accesserunt Joh. Cunradi Dieterici duo Programmata, quibus restaurationem Graecarum Literarum, Auspiciis Joh. Reuchlini, Martini Crusii, Mich. Neandri, et Laurentii Rhodomanni ... – Leipzig : Christian Emmerich, 1704

297 Unschuldige Nachrichten von Alten und Neuen Theologischen Sachen [...] A. 1704. – Leipzig, [nach 1704] (S. 135–145; 767 f.)

298 **Carolus, Andreas David**: Wirtenbergische Unschuld, Durch Christliche Prüfung dessen, was Gottfried Arnold [...] Bevorab von dem seel. D. Jacobo Andreae, aufgezeichnet und seiner so genannten Kirchen- und Ketzer- Historie einverleibet hat ... – Ulm : Daniel Bartholomae, 1708 (S. 401–410)

299 Unschuldige Nachrichten von Alten und Neuen Theologischen Sachen [...] A. 1705. – Leipzig, 1708 (S. 534–537)

300 **Reimmann, Jacob Friderich**: Versuch einer Einleitung in die Historiam Literariam derer Deutschen. Teil 3. – Halle/S., 1709 (S. 402–409)

301 **Fabricius, [Johann] Albert**: Bibliotheca Graeca, T. V, pars II. – Hamburg, 1714 (S. 692–704); 1726 (S. 676–688)

302 Unschuldige Nachrichten von Alten und Neuen Theologischen Sachen [...] Auf das Jahr 1703. – Andere Auflage. – Leipzig, 1716 (S. 365–380)

303 Kurtze Nachricht von Martino Crusio. – In: Zufällige Relationen von alten und neuen denckwürdigen Geschichten [...] Erste Sammlung. Ulm, bei Wolfgang Schumacher 1 (1717), S. 64–67

304 **Litzel, Georg**: [Historia poetarum Graecorum Germaniae a renatis literis ad nostra usque tempora]
M. Georgii Lizelii Historia poetarvm Graecorvm Germaniae a renatis literis ad nostra vsqve tempora : ubi eorum vitae, poemata et in priscos poetas Graecos merita recensentur. – Francofurti ; Lipsiae : apud Io. Pavlvm Rothivm, bibliopol. Ulmens., 1730. – 333 S. ; 8°
S. 102–113: Crusius

305 **[Klemm, Johann Christian]**: [Über Crusius und Frischlin]. Programm der Philosophischen Fakultät. – Tübingen, März 1733

306 **Zedler, Johann Heinrich**: Grosses vollständiges Universallexikon, Bd. 6. – Halle/Leipzig, 1733 (S. 1767)

307 **Morhof, Daniel Georg**: Polyhistor Literarius, Philosophicus et Practicus, T. I. – Lübeck, 1747, 4. Aufl. (S. 783)

308 **Jöcher, Christian Gottlieb**: Allgemeines Gelehrten-Lexicon. Bd. 1. – Leipzig, 1750. – Sp. 2236 f.

309 **[Stolle, Gottlieb]**: Nachrichten von einer hallischen Bibliothek. Bd. 4. – Halle/S., 1750 (S. 144–152)

310 **Clément, David**: Bibliothèque curieuse, historique et critique ou Catalogue raisonné de livres difficiles à trouver. Bd. 5. – Hannover, 1754 (S. 350–362)

311 **Dunkel, Johann Gottlob Wilhelm**: Historisch-Kritische Nachrichten von verstorbenen Gelehrten und deren Schriften. – Dessau/Köthen, 1755 (S. 41–43)

312 **Wegelin, Johann Reinhard**: Thesaurus rerum Suevicarum seu Dissertationum Selectarum. T. I. – Lindau, 1756 (S. VI f.)

313 **Dunkel, Johann Gottlob Wilhelm**: Anhang von Zusätzen und Anmerkungen zu dem Ersten, Zweiten und Dritten Bande der Historisch-Kritischen Nachrichten ... – Köthen/Dessau, 1760 (S. 975)

314 **Lohenschiold, Otto Christian von**: Des Herrn Abts Ladvocat historisches Hand-Wörterbuch ... – Ulm, 1760 (Sp. 1041 f.)

315 **Bök, August Friedrich**: Geschichte der herzoglich Würtenbergischen Eberhard Carls Universität zu Tübingen im Grundrisse. – Tübingen : Johann Georg Cotta, 1774 (S. 91–95)

316 Catalogus librorum Facultatis philosophicae Tubingensis. Handschriftlicher Bibliothekskatalog. – [1774?] Tübingen UB: Mh 449

317 **[Kielmann, Christian Friedrich]**: Versuch kurzer Lebensbeschreibungen berühmter Wirtemberger. – Stuttgart, 1791 (S. 210–222)

318 **Binder, Christian**: Württembergische Kirchen- und Lehrämter oder: Vollständige Geschichte von Besezungen des Herzogl.-Wirtemb. Constistoriums und Kirchenrathes ... und aller und jeder Kirchenämter, der Lehrämter an den theologischen und phil. Facultät der Universität Tübingen. Bd. 1. – Tübingen, 1798 (S. 276, 354, 357, 360)

319 **Weyermann, Albrecht**: Nachrichten von Gelehrten, Künstlern und andern merkwürdigen Personen aus Ulm. – Ulm, 1798 (S. 128–136)

320 **Baur, Samuel**: Neues Historisch-Biographisch-Literarisches Handwörterbuch von der Schöpfung der Welt bis zum Schlusse des achtzehnten Jahrhunderts. Bd. 1. – Ulm, 1807 (Sp. 825–826)

321 **Pahl, Johann Gottfried**: Über Martin Crusius und seine schwäbischen Annalen. – In: Pahl, Johann Gottfried: Herda. Erzählungen und Gemählde aus der teutschen Vorzeit. Bd. 4. – Freiburg i. B./Konstanz, 1815. – S. 213–236

322 **Veesenmeyer, Georg**: Martin Crusius, Ulms Zögling. Vorlesung an der 2. Säcularfeyer des Ulmischen Gymnasiums, den 24. Juni 1822. – In: Sammlung von Aufsätzen zur Erläuterung der Kirchen-, Litteratur- Münz- und Sittengeschichte besonders des 16. Jahrhunderts. Ulm 1827 (S. 101–111, 125 f., 131)

323 **Pfaff, Karl**: Wirtenbergischer Plutarch. Lebensbeschreibungen berühmter Wirtenberger. T. I-II. – Esslingen, 1830–1832 (T. II, S. 15–24)

324 Der Briefwechsel zwischen dem Tübinger Professor Martin Crusius und einigen gelehrten Griechen zu Konstantinopel, in Beziehung auf den Zustand Griechenlands und der Griechen im sechzehnten Jahrhundert. – In: Morgenblatt für gebildete Stände 27 (1833), S. 241 f., 246 f., 249 f., 254 f., 258 f.

325 **Klüpfel, Karl**: Geschichte und Beschreibung der Universität Tübingen. – Tübingen, 1849. – (S. 88–93)

326 Schwarzkünstler, Gotteslästerer und Teufelsbeschwörer unter den Studenten. – In: Tübinger Chronik 15 (23.1.1853), S. 60

327 **Heß, Philipp Karl**: Martin Crusius' Erzählung von den Gefahren, die seine Eltern zur Zeit des Schmalkaldischen Kriegs um das Jahr 1546 ausgestanden haben, aufgezeichnet 1551. Aus dem Griechischen und Lateinischen übersetzt ... Programm Gymnasium Helmstedt. – Helmstedt, 1854

328 **Faber, Ferdinand Friedrich**: Die württembergischen Familienstiftungen : nebst genealogischen Nachrichten über die zu denselben berechtigten Familien

H. 11. – Stuttgart, 1855. – S. 81–94: XXXVI. Crusius'sche Stiftung in Tübingen

Neudruck mit Berichtigungen von Adolf Rentschler. – Stuttgart, 1940

329 **Strauß, David Friedrich**: Leben und Schriften des Dichters und Philologen Nicodemus Frischlin. Ein Beitrag zur deutschen Kulturgeschichte in der zweiten Hälfte des sechszehnten Jahrhunderts. – Frankfurt/M., 1856 (S. 53–56 und passim)

330 **Elze, Theodor**: Die Superintendenten der evangelischen Kirche in Krain während des sechzehnten Jahrhunderts. – Wien, 1863 (S. 28 f.)

331 **Schnitzer, C. F.**: Handschriftliche Anmerkungen des Martin Crusius zu Pindar nebst einer Probe daraus. – In: Eos. Süddeutsche Zeitschrift für Philologie und Gymnasialwesen 2 (1866), S. 334–338

332 **Sathas, Konstantinos N.**: Νεοελληνικῆς Φιλολογίας Παράρτημα. – Athen, 1870 (S. 99 f.)

333 **Klüpfel, Karl**: Crusius, Martin. – In: Allgemeine deutsche Biographie 4 (1876) S. 633–634

334 **Fischer, Hermann**: Gedichte von Frischlin und Crusius. – In: Württembergische Vierteljahreshefte für Landesgeschichte 1 (1878), S. 148–150

335 **Gebhardt, Bruno**: Tübinger Professorenfamilien. Ein Kulturbild aus dem 16. Jahrhundert. – In: Breslauer Sonntagsblatt 3 (1883/1884), S. 679 f.

336 **Gebhardt, Bruno**: Zwei Tübinger Professorenfamilien im 16. Jahrhundert. – In: Zeitschrift für Allgemeine Geschichte, Kultur-, Litteratur- und Kunstgeschichte 2 (1885), S. 318–320

337 **Braun, Fr[iedrich]**: Ein Zeugnis für Martin Crusius. – In: Blätter für bayerische Kirchengeschichte 3 (1889/1890), S. 111 f.

338 **Legrand, Émile**: Notice biographique sur Jean et Théodose Zygomales. – Paris, 1889 (passim)

339 **Omont, Henri**: Martin Crusius, Georges Dousa et Théodose Zygomalas. – In: Revue des Études Grecques 10 (1897), S. 66–70

340 **Mystakidēs, Basileios Athanasiu**: Notes sur Martin Crusius. Ses livres, ses ouvrages et ses manuscrits. – In: Revue des Études Grecques 11 (1898), S. 279–306

341 **Schmid, Wilhelm**: Verzeichnis der griechischen Handschriften der k. Universitätsbibliothek zu Tübingen. – Tübingen, 1902

342 **Erman, Wilhelm**: Bibliographie der Deutschen Universitäten. Systematisch geordnetes Verzeichnis der bis Ende 1899 gedruckten Bücher und Aufsätze über das deutsche Universitätswesen. Teil I-III. – Leipzig/Berlin, 1904–1905 (Teil I, S. 90 f.; Teil II, S. 1039; Teil III, S. 50)

343 **Frischlin, Nikodemus**: Julius Redivivus. Hrsg. von Walther Janell. – Berlin, 1912. – (Lateinische Litteraturdenkmäler des XV. und XVI. Jahrhunderts. Hrsg. von Max Herrmann; 19)
Darin Walther Hauff: Frischlin als Mensch. S. XI f., XIV, XVII-XIX, LXXXIV

344 **Westermayer, Albert**: Die Grabdenkmäler der Stiftskirche zu St. Georg in Tübingen. – Tübingen, 1912 (S. 207–209)

345 **Mystakidēs, Basileios Athanasiu**: Μαρτῖνος ὁ Κρούσιος καὶ Ἀναρέας Δαρμάριος ὁ Επιδαύριος ἐν Τυβίγγῃ 1584. – In: Forschungen und Versuche zur Geschichte des Mittelalters und der Neuzeit. Festschrift Dietrich Schäfer zum siebzigsten Geburtstag dargebracht von seinen Schülern. Jena 1915 (S. 500–526)

346 **Lamer, Hans**: Rezension: Mystakidēs, Basileios Athanasiu, Excerpta Crusiana: Μαρτῖνος ὁ Κρούσιος καὶ Ἀνδρέας Δαρμάριος ὁ Ἐπιδαύριος ἐν Τυβίγγῃ 1584. : Sep.-Abdr. aus den Forschungen und Versuchen zur Geschichte des Mittelalters und der Neuzeit, Dietrich Schäfer von seinen Schülern dargebracht, S. 499–528 [500–526] Jena: Gustav Fischer, 1915. – In: Wochenschrift für klassische Philologie 34 (1917), S. 14–18

347 **Bees, Nikos A.**: Μαρτῖνος Κρούσιος. – In: Hellenika Phylla 1 (1918), Nr. 33, 7.–20. Febr.; Nr. 34, 8.–21. Febr.

348 **Schmid, Wilhelm**: Eine Fußwanderung des Martin Crusius von Tübingen auf den Hohenstaufen Pfingsten 1588. – In: Württembergische Vierteljahreshefte für Landesgeschichte N. F. 27 (1918), S. 14–33

349 **Göz, Wilhelm**: Martin Crusius und sein Tagebuch. – In: Literarische Beilage des Staats-Anzeigers für Württemberg (1921), S. 362–370

350 **Göz, Wilhelm**: Das Tagebuch des Martin Crusius. – In: Schwäbischer Merkur (Sonntagsbeilage) Nr. 551 (26. November 1921), S. 5

351 **Mystakidēs, Basileios Athanasiu**: Germano-Graeca. Γερμανία-Ἑλλάς. – Konstantinopel, 1922

352 **Zerlentes, Perikles G.**: Σημειώματα περὶ Ἑλλήνων ἐκ τῶν Μαρτίνου Κρουσίου σουηκικῶν Χρονικῶν. – Athen, 1922

353 **Christ, Karl**: Die Bibliothek Reuchlins in Pforzheim. – In: Beiheft zum Zentralblatt für Bibliothekswesen 52 (1924), S. 11–13 und passim

354 **Crusius, Martin**: Diarium Martini Crusii. Bd. 1–4. Bd. 1. 1596–1597. Hrsg. von Wilhelm Göz und Ernst Conrad. 1927. Bd. 2. 1598–1599. Hrsg. von Wilhelm Göz und Ernst Conrad. 1931. Bd. 3. 1600–1605. Hrsg. von Reinhold Stahlecker und Eugen Staiger. 1958. Bd. 4. Gesamtregister. Bearbeitet von Eugen Staiger. 1961. – Tübingen, 1927–1961

Rezensionen: Bömer, Aloys. In: Zentralblatt für Bibliothekswesen 45 (1928), S. 378 f. – Forderer, Josef. In: Gnomon 31 (1959), S. 573 f. – Grube, Walter. In: Zeitschrift für Württembergische Landesgeschichte 20 (1961), S. 378–381 [Gesamtregister]. – Forderer, Josef. In: Gnomon 34 (1962), S. 222 [Gesamtregister]. Vgl. auch Rezension von Dieter Narr (Nr. 386)

355 **Rath, Hanns Wolfgang**: Regina, die schwäbische Geistesmutter : die gemeinsame Abstammung Hölderlins, Uhlands, Schellings, Mörikes und anderer bekannter Schwaben ; auf Grund genauer Forschungen dargestellt / von Hanns Wolfgang Rath. – Ludwigsburg [u. a.] : Schulz, 1927. – 104 S. : Ill. – (Forschungen zur deutschen Ahnenkultur ; 1)

356 **Gerstinger, Hans**: Martin Crusius' Briefwechsel mit den Wiener Gelehrten Hugo Blotius und Johannes Sambucus (1581–1599). – In: Byzantinische Zeitschrift 30 (1929/1930), S. 202–211

357 **Mystakidēs, Basileios Athanasiu**: Βιβλιογραφικὰ μελετήματα ἐκ τῶν τοῦ Κρούσιου (Τυβίγγης) ἐκδοσεων. – In: Θεολογία 7 (1929), S. 199–213; 8 (1930), S. 144–168

358 **Mystakidēs, Basileios Athanasiu**: Βιβλιογραφικὰ σημειώματα ἐκ τὸν τοῦ Μ. Κρούσιου (Τυβίγγης). – In: Ἐπετηρὶς Ἑταιρείας Βυζαντινῶν Σπουδῶν 6 (1929), S. 216–332

359 **Drerup, Engelbert**: Die Schulaussprache des Griechischen von der Renaissance bis zur Gegenwart. – Paderborn, 1930 (S. 315–318 und passim)

360 **Mystakidēs, Basileios Athanasiu**: Ἰωνᾶς Ταρίτζιος ἐκ κυζικοῦ καὶ Μαρτῖνος ὁ Κρούσιος ἐν Τυβίγγῃ (1592). – In: Θεολογία 8 (1930), S. 193–197

361 **Mystakidēs, Basileios Athanasiu**: Martini Crusii. Diarium, 1598–1599, ἐκδιδόμενον ὑπὸ Wilhelm Göz καὶ Ernst Conrad ἐν Τυβίγγῃ 1931. – In: Ἐπετηρὶς Ἑταιρείας Βυζαντινῶν Σπουδῶν 8 (1931), Bd. 2, S. 384–391

362 **Puech, Aimé**: Rezension: Diarium Martini Crusii 1598–1599. Hrsg. von Wilhelm Göz und Ernst Conrad. Tübingen 1931. – In: Revue des Études Grecques 45 (1932), S. 430

363 **Göz, Wilhelm**: Martin Crusius und das Bücherwesen seiner Zeit. – In: Zentralblatt für Bibliothekswesen 50 (1933), S. 717–737

364 **Spranger, J. A.**: Le Letture Euripidee d'un Cinquecentista: Martin Crusius. – In: Studi Italiani di Filologia Classica 11 (1934), S. 247–254

365 **Wallach, Luitpold**: Eine neue Textüberlieferung Bertholds von Zwiefalten. – In: Studien und Mitteilungen zur Geschichte des Benediktiner-Ordens und seiner Zweige 53 (1935), S. 211–213

366 **Zoepf, Ludwig**: Magister Georg Burckhard 1539–1607. – Tübingen, 1935. – passim

367 **Mo[...]**: Rezension: Spranger, J. A.: Le Letture Euripidee d'un Cinquecentista: Martin Crusius (Studi Italiani di Filologia Classica. 11 (1934), S. 247–254). – In: Zeitschrift für Bücherfreunde 40 (1936), S. 30 f.

368 **Russo, D.**: Studii Istorice Greco-Române. Opere postume, T. I-II. – Bukarest, 1939 (T. I, S. 62–68; T. II, S. 514, Taf. 13)

369 **Schmid, Wilhelm**: Martin Crusius, der erste deutsche Verfasser eines Kommentars zum gesamten Homer. – In: Philologische Wochenschrift 59 (1939), Sp. 1207 f. [Bemerkung zum Aufsatz von Reinhold Stahlecker]

370 **Stahlecker, Reinhold**: Martin Crusius, der erste deutsche Verfasser eines Kommentars zum gesamten Homer. – In: Philologische Wochenschrift 59 (1939), Sp. 1196–1207

371 **Stahlecker, Reinhold**: Das Tagebuch des Martin Crusius. – In: Tübinger Blätter 33 (1942), S. 25–31

372 **Stahlecker, Reinhold**: Martin Crusius und Nicodemus Frischlin. – In: Zeitschrift für württembergische Landesgeschichte 7 (1943), S. 323–366

373 **Reichert, Georg**: Martin Crusius und die Musik in Tübingen um 1590. – In: Archiv für Musikwissenschaft 10 (1953), S. 185–212

374 **Schottenloher, Karl**: Die Widmungsvorrede im Buch des 16. Jahrhunderts. – Münster/W., 1953 (S. 162, 230)

375 **Enepekides, Polychronis K.**: Aus Wiener und Pariser Handschriften. Beiträge zu den griechisch-abendländischen Beziehungen im 16. Jahrhundert. 1. Über die Echtheit eines Empfehlungsschreibens des Patriarchen Theoleptos von Konstantinopel und dessen Fühlungsnahme mit Martin Crusius. Codex Suppl. Gr 141 der Österreichischen Nationalbibliothek. – In: Jahrbuch der Österreichischen Byzantinischen Gesellschaft 3 (1954), S. 67–73

376 **Kyriss, Ernst**: Aus der Bibliothek von Martin Crusius. – In: Börsenblatt für den Deutschen Buchhandel (Frankfurter Ausgabe) 10 (1954), Nr. 5 (19. Januar), S. 22 f.

377 **Reichert, Georg**: Die musikalische Kultur Tübingens zu Ende des 16. Jahrhunderts. – In: Tübinger Blätter 41 (1954), S. 22–28

378 **Widmann, Hans**: Schwäbische Alb – Geschichte eines Namens. – In: Beiträge zur Namensforschung 5 (1954), S. 285–287

379 **Forderer, Josef**: Sie prägten das Antlitz ihrer Stadt. Tübinger Staatsmänner und Entdecker aus acht Jahrhunderten. – Tübingen, 1955 (S. 165–185)

380 **Kutter, Markus**: Celio Secondo Curione. Sein Leben und sein Werk (1503–1569). Diss. phil. Basel. – Basel, 1955 (S. 228 f.)

381 **Widmann, Hans**: Crusius, Martin. – In: Neue Deutsche Biographie 3 (1957), Sp. 433–434

382 Wort und Mysterium: Der Briefwechsel über Glauben und Kirche 1573 bis 1581 zwischen den Tübinger Theologen und dem Patriarchen von Konstantinopel. – Witten, 1958 (passim)

383 **Forderer, Josef**: Die schöne Apollonia aus Bickelsberg. Ihr Abenteuer im Hause des berühmten Tübinger Professors Martin Crusius. – In: Heimatkundliche Blätter für den Kreis Balingen 6 (1959), S. 269, 275 f.

384 **Forderer, Josef**: Tübingen am Ende des 16. Jahrhunderts. Interessantes und Amüsantes aus dem Tagebuch des Professors Crusius. – In: Heimatkundliche Blätter für den Kreis Tübingen 10 (1959), Nr. 1–3 (Juni/Juli), S. 54–64

385 **Kotter, Bonifaz**: Artikel »Crusius«. – In: Lexikon für Theologie und Kirche. Bd. 3 (1959), S. 102

386 **Narr, Dieter**: Rezension: Diarium Martini Crusii 1600–1605. Unter Mitwirkung von Reinhold Rau und Hans Widmann herausgegeben von Reinhold Stahlecker† und Eugen Staiger. Tübingen: Laupp'sche Buchhandlung, 1958. – In: Württembergisches Jahrbuch für Volkskunde 4 (1959/60), S. 235–237

387 **Nitsch, Alfons**: Martin Crusius. Eine Fußwanderung von Tübingen auf den Hohenstaufen und nach Lorch vor 371 Jahren. – In: Gmünder Heimatblätter 20 (1959), S. 46 f., S. 49–51

388 **Riggenbach, Rudolf**: Der Buchdrucker Huldrich Frölich, »Plauensis, jetzt Burger zu Basel«. – In: Basler Zeitschrift für Geschichte und Altertumskunde 58/59 (1959), S. 215–229

389 **Strauss, Gerald**: Sixteenth-Century Germany. Its Topography and Topographers. – Madison, 1959 (S. 78 f.)

390 **Beck, Hans-Georg**: Die byzantinischen Studien in Deutschland vor Karl Krumbacher. – In: Χαλικες. Festgabe für die Teilnehmer am XI. Byzantinistenkongreß, München 15.–20. September 1958 (Akten des XI. Internationalen Byzantinistenkongresses) [München 1960], S. 82 f.

391 **Benz, Ernst**: Tübingen und Byzanz. – In: Zeitschrift für Religions- und Geistesgeschichte 13 (1961), S. 168–172

392 **Legrand, Émile**: Bibliographie hellénique des XVe et XVIe siècles. T. IV. – Paris, 1962 (Nr. 622)

393 **Moschonas, Theodoros D.**: Crusiana. – In: Ἀναλέκτα 11 (1962), S. 228–231, 268

394 **Roth, Fritz**: Restlose Auswertungen von Leichenpredigten und Personalschriften für genealogische und kulturhistorische Zwecke. Bd. 3. – Boppard/Rhein, 1962/1964 (S. 205, R 2334)

395 **Schallhammer, Herbert**: Das Schulwesen der Reichsstadt Memmingen von den Anfängen bis 1806. 3. Kap.: Die Lateinschule während der Reformation und unter Martin Crusius. – In: Memminger Geschichtsblätter 1962, S. 12–15

396 **Dyroff, Hans-Dieter**: Gotthard Vögelin – Verleger, Drucker, Buchhändler 1597–1631. – In: Archiv für Geschichte des Buchwesens 4 (1963), Sp. 1197, 1396

397 **Makrymichalou, S. I.**: Ἑλληνικοὶ Πορτόλανοι τοῦ 16ου, 17ου καὶ 18ου αἰῶνος. – In: Ὁ Ἐρανίστης 1 (1963), S. 126–155, 212–216

398 **Widmann, Hans**: Martinus Crusius dankt für einen Druckkostenzuschuß. – In: Archiv für Geschichte des Buchwesens 4 (1963), Sp. 769–776

399 **Sydow, Jürgen**: Martin Crusius an der Lateinschule in Memmingen. – In: Heimatkundliche Blätter für den Kreis Tübingen N. F. 5 (1964), Mai, S. 4

400 **Widmann, Hans**: »Die Lektüre unendlicher Korrekturen«. – In: Archiv für Geschichte des Buchwesens 5 (1964), Sp. 777–826

401 **Mustoxydes, Andreas**: Ἑλληνομνημῶν ἢ Συμμικτὰ Ἑλληνικὰ σύγγραμμα περιοδικὸν Συντασσόμενον. Φυλλάδια 1–12 (1843–1853). – Athen, 1965 (passim)

402 **Wyß, Bernhard**: Ein Ineditum Graecum Giovanni Aurispas. – In: Museum Helveticum 22 (1965), S. 1–37

403 **Clercq, Charles de**: Des jumeaux typographiques, la Turcograecia et la Germanograecia de Martin Crusius. – In: Gutenberg-Jahrbuch (1967), S. 144–155

404 **Clercq, Charles de**: La Turcograecia de Martin Crusius et les patriarches de Constantinople de 1453 à 1583. – In: Orientalia Christiana Periodica 33 (1967), Fasc. I, S. 210–220

405 **Kyriss, Ernst**: Wolf Conrad Schweicker und Johannes Gerstenmaier. Tübinger Buchbinder von Martin Crusius. – In: Archiv für Geschichte des Buchwesens 8 (1967), Sp. 405–430

406 **Widmann, Hans**: Martin Crusius (1526–1607) und die Schwäbische Alb. – In: Blätter des Schwäbischen Albvereins 73 (1967), Nr. 1 (Januar/Februar), S. 3–5

407 **Gaier, Albert**: Pfarrer Martin Krauß, der Vater des Tübinger Geschichtsschreibers und Professors Martin Crusius : Schicksale eines evang.-luth. Pfarrers aus Oberfranken im 16. Jahrhundert. – In: Blätter für württembergische Kirchengeschichte 68/69 (1968/1969), S. 497–521

408 **Kresten, Otto**: Ein Empfehlungsschreiben des Erzbischofs Gabriel von Achrida für Leontios Eustratios Philoponos an Martin Crusius (Vind.Suppl.Gr.142). – In: Rivista di studi bizantini e neoellenici 6–7 (1969–1970), S. 93–125, 1 Taf.

409 **Pfeiffer, Gerhard**: Studien zur Frühphase des europäischen Philhellenismus (1453–1750). Diss. phil. Erlangen-Nürnberg. – Erlangen, 1969 (passim)

410 **Widmann, Hans**: Autorennöte eines Gelehrten im 16. Jahrhundert. – In: Archiv für Geschichte des Buchwesens 9 (1969), Sp. 1529–1552

411 **Kakoulides, Helene D.**: Ὁ Ἰωάννης Μορεζῆνος καὶ τὸ ἔργο του. – Heraklion, 1970 (passim)

412 **Kresten, Otto**: Das Patriarchat von Konstantinopel im ausgehenden 16. Jh. Der Bericht des Leontios Eustratios im Cod. Tyb. Mb 10: Einleitung, Text, Übersetzung, Kommentar. – Wien, 1970. – (Wien. Österr. Akad. Wiss., SB. phil.-hist. Kl. Nr. 266/5)

413 **Rößler, Martin**: Die Liedpredigt: Geschichte einer Predigtgattung. – Tübingen, Diss. theol. (masch.), 1970 (S. 159 f., 233, 263–271)

414 **Fleischhauer, Werner**: Renaissance im Herzogtum Württemberg. – Stuttgart, 1971 (passim)

415 **Labarre, Albert**: Rezension: Widmann, Hans: Autorennöte eines Gelehrten im 16. Jahrhundert (Archiv für Geschichte des Buchwesens 9 (1969), Sp. 1529–1552). – In: Bulletin des Bibliothèques de France 16 (1971), S. 451 f.

416 **Seck, Friedrich**: Marginalien zum Thema »Kepler und Tübingen«. – In: Attempto 41/42 (1971) 3–19

417 **Faust, Manfred**: Die Mehrsprachigkeit des Humanisten Martin Crusius. – In: Homenaje a Antonio Tovar. Madrid 1972, S. 137–149

418 **Karousou, Semni**: Μαρτῖνος Κρούσιος, ὁ πρῶτος φιλέλλην. – Athen, 1973

419 **Karousou, Semni**: Martin Crusius, der erste Philhellene. – In: Attempto 47/48 (1973), S. 108–120

420 **Schmidt-Grave, Horst**: Leichenreden und Leichenpredigten Tübinger Professoren 1550 – 1750 : Untersuchungen zur biographischen Geschichtsschreibung in der frühen Neuzeit / Horst Schmidt-Grave. – Tübingen : Mohr, 1974. – VIII, 135 S. – (Contubernium, Beiträge zur Geschichte der Eberhard-Karls-Universität Tübingen ; 6)
Zugl.: Tübingen, Univ., Diss., 1970

421 **Pallas, Dēm. I.**: Περὶ τῆς ζωγραφικῆς εἰς τὴν Κωνσταντινούπολιν καὶ τὴν Θεσσαλονίκην μετὰ τὴν Ἅλωσιν : Μεθοδολογικά. – In: Ἐπετηρὶς Ἑταιρείας Βυζαντινῶν Σπουδῶν 42 (1975/76), S. 101–211

422 **Weddige, Hilkert**: Die »Historien vom Amadis auß Franckreich«. Dokumentarische Grundlegung zur Entstehung und Rezeption. – Wiesbaden, 1975 (passim)

423 **Bezzel, Irmgard**: »Literarische Beiträger« im Schrifttum des 16. Jahrhunderts. Anmerkungen zum »Verzeichnis der im deutschen Sprachbereich erschienenen Drucke des 16. Jahrhunderts«. – In: Bibliotheksforum Bayern 4 (1976), S. 17–24

424 **Rößler, Martin**: Die Liedpredigt: Geschichte einer Predigtgattung. – Göttingen, 1976 (S. 182–187)

425 **Vacalopoulos, Apostolos Euangelu**: The Greek Nation, 1453–1669. The cultural and economic background of modern Greek society. – New Brunswick, New Jersey, 1976 (passim)

426 **Zeller, Wolfgang**: Tübinger Universitätsrecht in der Dekade 1596–1605 überliefert von einem Altphilologen. – In: Attempto 57/58 (1976), S. 90–102

427 **Eideneier, Hans**: Spanos : eine byzantinische Satire in der Form einer Parodie / Einl., krit. Text, Kommentar u. Glossar besorgt von Hans Eideneier. – Berlin [u. a.] : De Gruyter, 1977. – XXII, 332 S. – (Supplementa Byzantina ; 5)
Beschreibung von Crusius' Exemplaren S. 64–67, Exzerpte S. 242–246, 2 Abb. vor S. 81. – Zugl.: Köln, Univ., Habil-Schr., 1974

428 **Kempf, Karl**: Beziehungen zwischen Martin Crusius und den Lutz' aus Rottenburg a. N. – In: Der Sülchgau. Jahresgabe des Sülchgauer Altertumsvereins e. V. 21/22 (1977/1978), S. 17–27

429 **Rogge, Jan Uwe**: Nikodemus Frischlin – ein radikaler schwäbischer Humanist. Zur 430. Wiederkehr seines Geburtstages. – In: Haspel-press Nr. 9 (28. August 1977), S. 4–6

430 **Glässner, Wilhelm**: Waiblingen in Chroniken des 16. Jahrhunderts. David Wolleber, Jakob Frischlin, Martin Crusius. – Waiblingen, 1978 (passim)

431 **Kramer, Waldemar**: Johannes Parsimonius. Leben und Wirken des zweiten evangelischen Abtes von Hirsau (1525–1588). – Frankfurt/M., 1980 (S. 335–339)

432 **Wilhelmi, Thomas**: Martin Crusius als Benützer griechischer Handschriften der Universitätsbibliothek Basel. – In: Codices manuscripti 6 (1980), S. 25–40 ← NB

433 **Rath, Hanns Wolfgang**: Regina, die schwäbische Geistesmutter. Reprint der 1. Auflage Ludwigsburg/Leipzig 1927. – Limburg/Lahn, 1981 (S. 165–168)

434 **Wendebourg, Dorothea**: Standen politische Motive hinter dem Briefwechsel zwischen der Tübinger Theologischen Fakultät und Patriarch Jeremias II.? – In: XVI. Internationaler Byzantinistenkongreß. Wien, 4.–9. Oktober 1981, Akten II/6. Jahrbuch der österreichischen Byzantinischen Gesellschaft 32 (1982), S. 125–133

435 **Wilhelmi, Thomas**: Die Predigtnachschriften des Martin Crusius. – In: Blätter für württembergische Kirchengeschichte 82 (1982), S. 456

436 **Blum, Paul Richard**: Leichenpredigten: Bemerkungen zu einem Forschungsgebiet und Vorstellung der Tübinger Sammlung des Martin Crusius. – Wolfenbüttel, 1983. – (S. 111–125). – (Wolfenbütteler Forschungen; 22)

437 **Brinkhus, Gerd**: Stadt – Universität – Bibliotheken. Zur Tübinger Bibliotheksgeschichte im 16. Jahrhundert. – In: Beiträge zur Geschichte des Buchwesens im konfessionellen Zeitalter. – Wiesbaden, 1985. – S. 179–188

438 **Martin, Norbert**: Tübinger Humanisten im 16. Jahrhundert. Eine Ausstellung der Universitätsbibliothek Tübingen. 1.–17. April 1986. Typoskript. – [Tübingen, 1986]

439 Die Renaissance im deutschen Südwesten zwischen Reformation und dreißigjährigem Krieg. Bd. I. – In: Badisches Landesmuseum Karlsruhe. – Karlsruhe, 1986. – S. 487 f.

440 **Wendebourg, Dorothea**: Reformation und Orthodoxie. Der ökumenische Briefwechsel zwischen der Leitung der Württembergischen Kirche und Patriarch Jeremias II. von Konstantinopel in den Jahren 1573–1581. – Göttingen, 1986

441 **Eideneier, Hans**: Martinus Crusius Neograecus und die Folgen. – In: Graeca recentiora in Germania. Deutsch-griechische Kulturbeziehungen vom 15. bis 19. Jahrhundert. – Wiesbaden, 1994. – S. 123–136. – (Wolfenbütteler Forschungen ; 59)

442 **Eideneier, Hans**: Neograeca Crusiana. – In: Ἀριστοτέλειο Πανεπιστήμιο Θεσσαλονίκης. Φιλοσοφικὴ Σχολή-Τμῆμα Φιλολογίας. Τομέας Μεσιαωνικῶν καὶ Νέων Ἑλληνικῶν Σπουδῶν, Ζητήματα ἱστορίας τῶν νεοελληνικῶν γραμμάτων. Ἀφιέρωμα στὸν Κ. Θ. Δημαρά. – Thessaloniki, 1994. – S. 63–70

443 **Eideneier, Hans**: Von der Handschrift zum Druck: Martinus Crusius und David Höschel als Sammler griechischer Venezianer Volksdrucke des 16. Jahrhunderts. – In: Graeca recentiora in Germania. Deutsch-griechische Kulturbeziehungen vom 15. bis 19. Jahrhundert. – Wiesbaden, 1994. – S. 93–111. – (Wolfenbütteler Forschungen ; 59)

444 **Sicherl, Martin**: Neue Reuchliniana. – In: Graeca recentiora in Germania. Deutsch-griechische Kulturbeziehungen vom 15. bis 19. Jahrhundert. – Wiesbaden, 1994. – S. 65–92. – (Wolfenbütteler Forschungen ; 59)

445 **Wendebourg, Dorothea**: »Alles Griechische macht mir Freude wie Spielzeug den Kindern« : Martin Crusius und der Übergang des Humanismus zur griechischen Landeskunde. – In: Graeca recentiora in Germania. Deutsch-griechische Kulturbeziehungen vom 15. bis 19. Jahrhundert. – Wiesbaden, 1994. – S. 113–121. – (Wolfenbütteler Forschungen ; 59)

446 **Moennig, Ulrich**: Κύπριοι επισκέπτες στο σπίτι του Martinus Crusius στο Tübingen. – In: La Langue – la Littérature – l'Histoire et la Civilisation Chypriotes. XIIIe Colloque International des Neo-Héllenistes des Universités Francophones [1994]). – Nancy, 1995. – S. 260–281

447 **Margolin, Jean-Claude**: L'enseignement da la rhétorique à l'Université de Tübingen d'après quelques »orationes« de Martin Crusius. – In: Querdenken. – Mannheim, 1996. – S. 363–376

448 **Ludwig, Walther**: Das Geschenkexemplar der Germanograecia des Martin Crusius für Herzog Ludwig von Württemberg. – In: Zeitschrift für württembergische Landesgeschichte 56 (1997), S. 43–64

449 **Moennig, Ulrich**: On Martin Crusius's collection of Greek vernacular and religious books. – In: Byzantine and Modern Greek Studies 21 (1997), S. 40–78

450 500 Jahre Tübinger Rhetorik. 30 Jahre Rhetorisches Seminar. Katalog zur Ausstellung im Bonatzbau der Universitätsbibliothek Tübingen vom 12. Mai bis 31. Juli 1997. – Tübingen, 1997 (S. 44–69)

451 **Crollius, Oswaldus**: Ausgewählte Werke : Bd. 2: Alchemomedizinische Briefe 1585 bis 1597, hrsg. von Wilhelm Kühlmann und Joachim Telle. – Stuttgart, 1998. – S. 171 und passim

452 **Harlfinger, Dieter**: Martin Crusius und der Berg Athos. – In: Lesarten. Festschrift für Athanasios Kambylis zum 70. Geburtstag. – Berlin, 1998. – S. 293–309

453 **Ludwig, Walther**: Hellas in Deutschland : Darstellungen der Gräzistik im deutschsprachigen Raum aus dem 16. und 17. Jahrhundert. – Göttingen, 1998. – passim. – (Berichte aus den Sitzungen der Joachim-Jungius-Gesellschaft der Wissenschaften e. V., Hamburg 16, 1998, H. 1)

454 **Ludwig, Walther**: Martin Crusius und das Studium des Griechischen im 16. Jahrhundert. – In: Humanistische Bildung 20 (1998), S. 1–13

455 **Ludwig, Walther**: Martin Crusius und das Studium des Griechischen in Nordeuropa. – In: Arctos, Acta Philologica Fennica 32 (1998), S. 133–148

456 **Wilhelmi, Thomas**: Martin Crusius, der erste deutsche Philhellene (1526–1607). »Barbarograeca« in Tübingen. – In: Tübingen als »Neckar-Athen« – eine philhellenische Stadt. Vorträge anläßlich der Ausstellung zum zehnjährigen Bestehen der Künstlervereinigung ... Mitteilungen der Deutsch-Griechischen Vereinigung bildender Künstler Tübingen 1996/97 [1998], Heft 1, S. 5 ff.

457 **Brinkhus, Gerd**: Das Buchwesen zur Zeit Frischlins. – In: Nicodemus Frischlin (1547–1590). Poetische und prosaische Praxis unter den Bedingungen des konfessionellen Zeitalters. Tübinger Vorträge, hrsg. von Sabine Holtz und Dieter Mertens. – Stuttgart, 1999. – S. 143–162 (passim)

458 **Bumiller, Casimir**: Im Schatten des »größeren« Bruders. Eine psychohistorische Studie zum Geschwisterverhältnis von Nikodemus und Jakob Frischlin. – In: Nicodemus Frischlin (1547–1590). Poetische und prosaische Praxis unter den Bedingungen des konfessionellen Zeitalters. Tübinger Vorträge, hrsg. von Sabine Holtz und Dieter Mertens. – Stuttgart, 1999. – S. 201–260

459 **Cancik, Hubert**: Crusius contra Frischlinum. Geschichte einer Feindschaft. – In: Nicodemus Frischlin (1547–1590). Poetische und prosaische Praxis unter den Bedingungen des konfessionellen Zeitalters. Tübinger Vorträge, hrsg. von Sabine Holtz und Dieter Mertens. – Stuttgart, 1999. – S. 261–296

460 **Schäfer, Volker**: Universität und Stadt Tübingen zur Zeit Frischlins. – In: Nicodemus Frischlin (1547–1590). Poetische und prosaische Praxis unter den Bedingungen des konfessionellen Zeitalters. Tübinger Vorträge, hrsg. von Sabine Holtz und Dieter Mertens. – Stuttgart, 1999. – S. 105–142

461 **DeGregorio, Giuseppe**: Constantinopoli–Tubinga–Roma, ovvero la »duplice conversione« di un manuscritto bizantino (Vat. gr. 738). – In: Byzantinische Zeitschrift 93 (2000), S. 37–107

DIE BIBLIOTHEK MARTIN CRUSIUS

1 **Acciaiuoli, Donato**: In Aristotelis libros octo politicorum commentarii. Index rerum et verborum memorabilium. – Venedig : Vincentius Valgrisius, 1566. – 278 Bl. ; 8°
Adams A–1917. Index Aurel. 100.238
Erw.-Datum: 5.4.1570. – *Kaufpreis:* von Georg Gruppenbach, Tübingen, 8 fl. – *Bindepreis:* 6 kr. – *Hs. Vermerke:* wenige passim Cd 2806:2

2 **Achilles Tatius ⟨Scriptor Eroticus⟩**: De Clitophontis et Leucippes amoribus libri VIII, lat. von L. Annibal Cruceius. – Basel : Johann Herwagen d. Ä., 1554. – 221 S. ; 8°
Index Aurel. 100.362
Erw.-Datum: 25.9.1578. – *Kaufpreis:* 3 Bacijs. – *Hs. Vermerke:* zahlreich passim (gelesen 1583) Cd 40

3 **Ado ⟨Viennensis⟩**: Breviarium chronicorum: ab origine mundi ad sua usque tempora, id est, ad regnum Ludovici Francorum regis cognomento Simplicis, An. Domini 1353. – Basel : Peter Perna, 1568. – 226 [= 236] S., 18 Bl. ; 8°
Index Aurel. 100.647
Erw.-Datum: 21.4.1568. – *Bindepreis:* 11 kr. Fn 136:1

4 Advertissement aux fideles espars parmi le royaume de France ... – [s. l.], 1561. – 16 Bl. ; 8°
Kein bibliographischer Nachweis
Erw.-Datum: 2.7.1561, Geschenk von Johann Jakob Welser, Augsburg. – *Hs. Vermerke:* wenige passim Gf 199 a angeb.

5 Aegloga epithalamii vice, in nuptias ... Pauli Furtenbachi ... et Catharinae Saylerin. – [s. l.], 1555. – 4 Bl. ; 4°
Kein bibliographischer Nachweis
Erw.-Datum: 20.10.1557. – *Kaufpreis:* von Daniel Cunilaeus. – *Hs. Vermerke:* passim Dk II 157.4 angeb.

6 **Aeschines ⟨Orator⟩**: Aeschinis et Demosthenis orationes duae contrariae. Commentariolum Joannis Sturmii in easdem Hecatomeres. – Straßburg : Wendelin Rihel, 1550. – 144 Bl. ; 8°
VD 16 A–399
Erw.-Datum: 15.1.1550. – *Kaufpreis:* 2. b. – *Hs. Vermerke:* passim Cd 205

7 **Aeschines ⟨Orator⟩**: Praestantissimorum Graeciae oratorum, Aeschinis et Demosthenis, orationes inter se contrariae, cum brevi praefatione, griech. – Straßburg : Wendelin Rihel, 1545. – 16, 260 S. ; 8°
Index Aurel. 100.892
Erw.-Datum: vor 16.6.1546. – *Hs. Vermerke:* zahlreich passim (gelesen 1546 und 1569) Cd 203

8 **Aeschylus**: Tragoediae VII, quae cum omnes multo quam antea castigatiores eduntur, griech. Hrsg. von Petrus Victorius. – Paris : Henricus Stephanus, 1557. – 395 S. ; 4°
Adams A–265 (b)
Erw.-Datum: 17.7.1558. – *Hs. Vermerke:* zahlreich passim Cd 220.4

9 **Aesopus**: Fabeln, neugriech. – [s. l.], 1586. – 4 Bl. ; 8°
Legrand (IV) Nr. 802
Erw.-Datum: 28.3.1588. – *Hs. Vermerke:* passim Dk I 10 angeb.

10 **Aesopus**: Vita und Fabulae, griech. – Venedig : Jakobos Leoninus, 16. Juni 1564. – 42 Bl. ; 8°
Layton S. 141 u. 361
Erw.-Datum: 1564, Geschenk von Engelbertus Mylander. – *Hs. Vermerke:* auf den ersten Bl. und auf dem Umschlag Cd 412

11 **Aethicus ⟨Ister⟩**: Cosmographia [wohl von Bischof Virgil von Salzburg] ex bibliotheca P. Pithoei. Cum scholiis Iosiae Simleri. Antonii Augusti Itinerarium provinciarum. – Basel : [Thomas Guarinus], 1575. – 16 Bl., 353, 1 S. ; 16°
VD 16 A 569
Hs. Vermerke: auf Titelbl. und p. 81 Ce 10

12 **Agricola, Rudolf**: De inventione dialectica libri omnes, quorum scholia ... contulit ac congeßit Ioannes Noviomagus integri et recogniti iuxta autogr., nuper Alardi Amstelredami opera in lucem educti fidem, atque doctißimis scholiis illustrati, Ioannis Phrissemij, Alardi Amstelredami, Reinardi Hadamarij. – Köln : Walther Fabritius, 1563. – 567 S. ; 8°
VD 16 A 1106
Erw.-Datum: 7.6.1564. – *Kaufpreis:* b bac. 3 kr. (inkl. Einband) Ab 13

13 **Alanus ⟨ab Insulis⟩**: Anticlaudiani singulari festivitate, lepore et elegantia poetae, libri novem: complectentes τὴν κυκλοπαίδειαν universam, et humanas divinasque res omnes. – Basel : Heinrich Petri, März 1536. – 8 Bl., 183 S., 1 Bl. ; 8°
VD 16 A 1216
Erw.-Datum: 19.9.1580 Dk II 129

14 **Alberti, Leandro**: Descrittione di tutta Italia, con somma diligenza corretta et ristampata. – Venedig : Giovanni Maria Bonelli, 1553. – 464 Bl. ; 4°
Index Aurel. 102.340
Erw.-Datum: Memmingen, 30.5.1556. – *Kauf- und Bindepreis:* im vord. Spiegel Kaufpreise kollektiv für mehrere Bände Fo IV 3.4

15 **Albinus, Petrus**: Novae Saxonum historiae progymnasmata. – Wittenberg : Matthäus Welack, 1585. – 8, 252, 12 Bl. ; 8°
VD 16 W 1687
Erw.-Datum: Tübingen, 1587. – *Bindepreis:* 3 bac. Fo XIIb 218

16 **Aldus Manutius, Paulus**: Epitome orthographiae. Cassiodorus: De orthographia libellus. – Antwerpen : Christophorus Plantinus, 1579. – 168 S. ; 8°
BN 105, Sp. 525
Kaufpreis: 4. Bac. – *Hs. Vermerke:* wenige passim Cc 142 angeb.

17 **Alexander ⟨Aphrodisiensis⟩**: Quaestiones naturales. De anima morales sive difficilium dubitationum et solutionum libri III, nunc primum in lucem editi. Übers.: Gentianus Hervetus Aurelianus. – Basel : Johann Oporinus, 1548. – 298 S. ; 8°
Index Aurel. 103.352
Erw.-Datum: 29.9.1582. – *Kaufpreis:* 2 bac. Cd 679:1

18 Alexanderrimada. – Venedig : Giovan Antonio & fratelli da Sabio, 1529
Papadopulos S. 19 Nr. 205. Eideneier, Von der Hs. S. 102. – Exemplar lag nicht vor.
Jena UB: 4.Op.th.43

19 **[Amadis de Gaule]**
Le ... livre d'Amadis de Gaule. – Paris ; 2°. – Amadis de Gaula ⟨franz.⟩. –
Erw.-Datum: 22.12.1556, von Kaspar Zangmeister aus Lyon gebracht. – *Kaufpreis:* $5\frac{1}{2}$ fl. 3 Kreuzer. – *Bindepreis:* 12.1.1557. – *Hs. Vermerke:* wenige, am Anfang Dk IV 1.2

9. Neufiesme livre. – 1553. – CXC Bl.

10. Dixiesme livre. – 1555. – CXXVII Bl.

11. Onzième livre. – 1554. – CLV Bl.

20 **[Amadis de Gaule]**
Le ... Livre d'Amadis de Gaule, frz. von Nicolas de Herberay, P. I-VIII. – Paris : Estienne

Groulleau für Ian Longis, 1555. – P. I: 269 Bl.; P. II: 164 Bl.; P. III: 168 Bl.; P. IV: 179 Bl.; P. V: 194 Bl.; P. VI: 208 Bl.; P. VII: 192 Bl.; P. VIII: 302 Bl. ; 8°
Index Aurel. 104.277–104.284
Erw.-Datum: 13.10.1556. – *Bindepreis:* für alle 4 Bände 14 b. – *Hs. Vermerke:* passim, v. a. in P. I und II Dk IV 32 – Dk IV 35

21 **Amatus ⟨Lusitanus⟩**: In Dioscoridis Anazarbei De medica materia libros quinque enarrationes. In Dioscoridis Anazarbei De medica materia libros quinque enarrationes. – Straßburg : Wendelin Rihel, 1554. – 10, 536, 56 S. ; 4°
VD 16 R 2728
Erw.-Datum: 3.11.1570. – *Kaufpreis:* δ' βακ. – *Bindepreis:* 4. bac. Ji I 17.4

22 **Andronicus ⟨Rhodius⟩**: Libellus Περὶ πάθων id est, de animi affectionibus. Et Anonymus de virtutibus et vitiis, griech. Hrsg. von David Hoeschel. – Augsburg : Michael Manger, 1594. – 24 Bl. ; 8°
VD 16 A 2803
Erw.-Datum: 10.3.1594 von David Hoeschel. – *Hs. Vermerke:* Textergänzung auf Bl. B1a Cd 975

23 **Anghiera, Pietro Martire d'**: De rebus Aethiopicis, Indicis, Lusitanicis et Hispanicis, opuscula quaedam historica doctissima (von Damião de Goes). De rebus oceanicis et novo orbe decades tres Petri Martyris ab Angleria. Item eiusdem De Babylonica legatione libri III [u. a.] Cum duplici locupletissimo indice. – Köln : Gerwin Calenius, 1574. – 24 Bl., 655 S., 15 Bl. ; 8°
VD 16 A 2841 (Teil)
Erw.-Datum: 8.4.1575. – *Kauf- und Bindepreis:* 8 bac. 3 kr. – *Hs. Vermerke:* sehr wenige passim Fo XXV 32

24 Annales Regum Francorum, Pipini, Caroli Magni et Lodovici [Annales Laurissenses] ab Anno 741, usque ad annum 829. Aut. quidem incerto, sed docto, Benedictinae Religionis Monacho. Item, Caroli Cognomento Magni, Imperatoris Occidentalis Primi vita et gesta. Autore Eginharto Germano ... – Köln : Johann Birckmann, 1562. – 368 S., 8 Bl. ; 16°
VD 16 A 2885
Erw.-Datum: 6.1.1563. – *Kaufpreis:* 6 kr. – *Bindepreis:* 9 kr. Fo III 1

25 Annotationi sopra lettione della spera del sacro bosco. – Florenz, 6. März 1550. – 219 S. ; 4°
Kein bibliographischer Nachweis
Erw.-Datum: Tübingen, 3.11.1570. – *Kaufpreis:* 4 bac. Ba 56.4

26 **Antoninus ⟨Liberalis⟩**: Antonini Liberalis Transformationum congeries. Phlegonis Tralliani de Mirabilibus et longaevis libellus. Eiusdem de Olympiis fragmentum. Apollonii Historiae mirabiles. Antigoni Mirabil. narrationum congeries. M. Antonini de vita sua libri XII repurgati et nunc demum vere editi, griech.; lat. von Wilhelm Xylander. – Basel : Thomas Guarinus, 1568. – 348, 344 S. ; 8°
VD 16 A 2960
→ *Erw.-Datum:* 20.4.1568, Geschenk von Wilhelm Xylander. – *Bindepreis:* 10 kr. – *Hs. Vermerke:* wenige passim (1574) Cd 1160

27 **Antonius ⟨Urceus⟩**: Silva de armorum ostentatione. – Bologna : Franciscus dictus Plato de Benedictis, 18. April 1493. – 4 Bl. ; 4°
HCR 16099. Goff 16099
Erw.-Datum: [von Martin Kraus (Vater)]. Ursprünglich Teil eines Sammelbandes
Dk II 119 d.4

28 **Aphthonius ⟨Antiochenus⟩**: Προγυμνάσματα / Praeludia. – Paris : Christian Wechel, 1531. – 40 S. ; 4°
Adams A-1262
Erw.-Datum: 19.7.1548. – *Kaufpreis:* 2 kr. – *Hs. Vermerke:* sehr zahlreich Cd 955.4

29 **Apollinaris ⟨Laodicensis⟩**: Interpretatio psalmorum, versibus heroicis, griech. – Paris : Adrien Turnèbe, 1552. – 8, 198, 6 S. ; 8°
Index Aurel. 106.479
Erw.-Datum: 1562, Geschenk von Johann Oporinus. – *Hs. Vermerke:* auf Titelbl. Gb 138

30 **Apollodorus ⟨Grammaticus⟩**: Apollodorus Atheniensis bibliotheces, sive de deorum origine libri tres. Übers.: Benedictus Aegius Spoletinus. – Antwerpen : Guilelmus Silvius, 1565. – 82 Bl. ; 8°
Index Aurel. 106.484
Erw.-Datum: 30.4.1565. – *Kaufpreis:* 7 kr. Cd 1238

31 **Apollonius ⟨Rhodius⟩**: Argonautica antiquis una, et optimis cum commentariis, griech. – Frankfurt/M. : Peter Braubach, 1546. – 248 Bl. ; 8°
Index Aurel. 106.502
Erw.-Datum: 16.11.1553, Geschenk von Georg Hitzler. – *Hs. Vermerke:* passim Cd 1380

32 **Apollonius, Levinus**: De Peruviae, regionis, inter Novi Orbis provincias celeberrimae, inventione, et rebus in eadem gestis, brevis, exactaque Novi Orbis, et Peruviae regionis chorographia. – Antwerpen : Amatus Tavernerius für Ioannes Bellerus, 1567. – 236, 8 Bl. ; 8°
Index Aurel. 106.493
Erw.-Datum: 1567. – *Kaufpreis:* 4 1/2 bac. Fo XXVIII 28

33 Apomnēmoneumata ek diaphorōn ... bibliōn. Hoc volumine continentur Sententiarum sive capitum Theologicorum praecipue ex sacris et profanis libris, tomi tres: per Antonium et Maximum monachos olim collecti, Antonii loci Melissa inscripti, numero sunt 175. Maximi vero 71 Maximu Kephalaiōn peri teleias agapēs kai allōn hekatontades 4= Abbae Maximi, philosophi, confessoris & martyris Abbae Maximi Aphorismorum seu capitum de perfecta charitate & alijs uirtutibus Christianis ad Elpidium presbyterum centuriae IIII / [interpr. Vincentius Opsopoeus]. – Theophilu Pros Autolykon peri theu kai pisteōs christianōn biblia 3. = Theophili sexti Antiochensis episcopi De Deo et fide Christianorum contra gentes institutionum libri tres ad Autolycum / [interpr. Conradus Clauserus] Tatianu Assyriu Logos kata ethnōn = Tatiani Assyrij Oratio contra Graecos / [interpr. Conradus Gesnerus]. Omnia nova et antea numquam edita, praeter Maximi Centurias, nunc etiam castigatiores. – Zürich : Christoph Froschauer, 1546. – 291, 385 S. ; 4°
VD 16 A 2966
Erw.-Datum: 10.3.1561. – *Kaufpreis:* 8. b. – *Bindepreis:* 6. b. Gb 338 a.2

34 **Aratus ⟨Solensis⟩**: Φαινόμενα καὶ διοσημεῖα. Θεωνος Σχολια. – Λεοντίου Μηχανικοῦ περὶ Ἀρατείας σφαίρας. – Paris : Guillaume Morel, 1559. – 2 Bl., 132 S. ; 4°
Adams A-1516
Erw.-Datum: 31.10.1559. – *Hs. Vermerke:* wenige passim Cd 1215.4

35 **Aratus ⟨Solensis⟩**: Phaenomena, et prognostica, interpretibus M. Tullio Cicerone, Rufo Festo Avieno, Germanico Caesare, una cum eius commentariis. C. Julii Hygini astronomicon. Emendata a Guilelmo Morellio. – Paris : Guillaume Morel, 1559. – 155, 56 S. ; 4°
Adams A-1515
Hs. Vermerke: wenige passim Cd 1215.4 angeb.

36 **Ariosto, Lodovico**: Le premièr volume de Roland Furieux. Mis en rime Françoise Ian Fornier de Montaulban en Quercy. – Paris : Michel de Vascosan, 1555. – 246 Bl. ; 4°

Index Aurel. 107.462
Erw.-Datum: 22.12.1556, von Kaspar Zangmeister aus Lyon gebracht. – *Kaufpreis:* 8 Taler. – *Bindepreis:* 11.1.1557. – *Hs. Vermerke:* auf am Ende beigeheftetem Doppelbl. Dk III 12.4

37 **Ariosto, Lodovico**: Roland furioso. Traduzido en romance castellano par Ieronymo de Urrea. – Venedig : Domingo Farris, 1575. – 569 S. ; 4°
Adams A–1683
Erw.-Datum: Tübingen, 5.11.1582. – *Kauf- und Bindepreis:* 1 fl. + 14 bac. (im hint. Spiegel dagegen: P: 1 duc. Portug.; B: 4 bac. Johann Gerstenmaier). – *Hs. Vermerke:* wenige passim Dk III 11.4

38 **Aristeas**: Historia de scripturae sacrae per LXX interpretes translatione [lat.] ... per Jacobum Middendorpium. – Köln : Maternus Cholinus, 1578. – 320 S. ; 8°
Adams A–1699
Erw.-Datum: 22.4.1578. – *Kaufpreis:* x. kr. Ge 1720

39 **Aristides, Aelius**: Orationum tomi tres, lat. von Wilhelm Canter. Huc accessit orationum tomus quartus ex veteribus Graecis oratoribus concinnatus: eodem interprete. Item de ratione emendandi scriptores Graecos, eiusdem syntagma. – Basel : Peter Perna und Heinrich Petri, März 1566. – 650 S. ; 2°
VD 16 A 3263
Erw.-Datum: 2.11.1566, Geschenk von Wilhelm Canter. – *Bindepreis:* 6 bacij. – *Hs. Vermerke:* Widmung von Wilhelm Canter Cd 760.2

40 **Aristophanes**: Comoediae novem, griech. Mit den Scholien und griech. Vorwort von Markos Musuros. – Venedig : Aldus Manutius, 15. Juli 1498. – 348 Bl. ; 2°
GW 2333. HC 1656
Hs. Vermerke: passim Cd 818.2:2

41 **Aristophanes**: Nicodemi Frischlini Aristophanes, Veteris Comoediae Princeps: Poeta Longe facetissimus et eloquentissimus. Repurgatus A Mendis, Et Imitatione Plauti Atque Terentii interpretatus, ita ut fere Carmen Carmini ... Latinismus Graecismo respondeat. – Frankfurt/M. : Johann Spieß, 1586. – 8 S., 368 Bl. ; 8°
VD 16 A 3269
Kaufpreis: 8 bac. – *Hs. Vermerke:* am Anfang und Ende Cd 1940:2

42 **Aristoteles**: Ad Nicomachum filium de moribus, quae Ethica nominantur, libri decem. Eorundem Aristotelis librorum compendium per Hermolaum Barbarum. – Basel : Johann Oporinus, 1540. – 320 S. ; 8°
Index Aurel. 107.989
Erw.-Datum: 21.1.1560. – *Hs. Vermerke:* ab pp. 303 passim Cd 2545

43 **Aristoteles**: Aristotelis Et Theophrasti scripta quaedam, quae vel nunquam antea, vel minus emendata quam nunc, edita fuerunt. Hrsg. von Henricus Stephanus. – Paris : Henricus Stephanus, 1557. – 168 S. ; 8°
Adams A–1964
Erw.-Datum: Tübingen, 18.4.1575. – *Kaufpreis:* X bac. (inkl. Einband) Cd 2250

44 **Aristoteles**: De anima libri tres, cum Wolfgangi Meureri praefatione. – Straßburg : Samuel Emmel, 1568. – 18, 53 Bl. ; 8°
VD 16 A 3322
Erw.-Datum: 11.10.1574. – *Kaufpreis:* 22 kr. Cd 2230

45 **Aristoteles**: De arte rhetorica libri tres, griech. – Basel : Hieronymus Froben und Johann Herwagen d. Ä., August 1529. – 156 S., 2 Bl. ; 4°

VD 16 A 3341
Erw.-Datum: vor 20.10.1562. – *Hs. Vermerke:* zahlreich passim Ce 105.4 angeb.

46 **Aristoteles**: De demonstratione sive de secunda parte analytikōn libri duo, lat., una cum commentariis Gerardi Matthisii nunc recens conscriptis et editis. Nicolao Grouchio interprete. Ammonius Hermeas in praefatione in Categorias. – Köln : Peter Horst, 1556. – 389 S. ; 8°
VD 16 A 3310
Hs. Vermerke: passim Cd 2415 angeb.

47 **Aristoteles**: De natura seu de rerum principiis, libri VIII, in epitomam nunc recens contracti et beneficio Analyseōs non incommode explicati. – Köln : Peter Horst, 1557. – 275 S. ; 8°
Kein bibliographischer Nachweis
Erw.-Datum: 18.9.1560 Cd 2726

48 **Aristoteles**: De naturali auscultatione, seu de principiis [griech.], cum Praefatione Doctoris Zanchi. [Hrsg. von Johannes Sturm]. – Straßburg : Josias Rihel, 1554. – 48, 155, 1 Bl. ; 8°
Index Aurel. 108.286
Erw.-Datum: nicht nach 13.8.1572. – *Hs. Vermerke:* zahlreich (gelesen 1572) Cd 2233

49 **Aristoteles**: De ratiocinatione seu priorum analyticorum libri duo, lat. von Joachimus Perionius. Eiusdem de Demonstratione, seu Posteriorum Analyticorum libri duo, lat. von Nicolaus Grouchius. – Köln : Peter Horst, 1556. – 264 Bl., 389 S. ; 8°
VD 16 A 3310
Erw.-Datum: 17.7.1557. – *Hs. Vermerke:* passim Cd 2415

50 **Aristoteles**: Ēthikōn Nikomacheiōn Biblia Deka. Aristotelis De Moribus Ad Nicomachum Libri Decem. Mit Beiträgen von Johannes Sturm. – Straßburg : Wendelin Rihel, Juni 1545. – 8, 166, 2 Bl. ; 8°
VD 16 A 3397
Erw.-Datum: [wohl vor 1550] 30.1.1563. – *Hs. Vermerke:* zahlreich (30.1.–25.5.1563) Cd 2300

51 **Aristoteles**: In librum Aristotelis de arte poetica explicationes [cum textu Graeco et Latino], Komm. von Francesco Robortello. – Basel : Johann Herwagen d. Ä., 1555. – 281 S. ; 2°
VD 16 A 3575
Erw.-Datum: Memmingen, 30.3.1556. – *Kaufpreis:* 9. b. – *Hs. Vermerke:* zahlreich passim (1573) Cd 869.2:1

52 **Aristoteles**: Magnarum ethicarum Disputationum Aristotelis duo libri, lat. von Vitus Amerbach. Additae ab eodem ... disputatione quadam plane simili de usuris. – Basel : Johann Oporinus, [1554]. – 531 S., 8 Bl. ; 8°
VD 16 A 3606
Erw.-Datum: 12.10.1562. – *Kaufpreis:* 3 b. – *Bindepreis:* 6 kr. Cd 2560:1

53 **Aristoteles**: Meteorologicorum Aristotelis libri quatuor, griech. – Paris : Christian Wechel, 1547. – 90, 27 S. ; 4°
Index Aurel. 108.132
Erw.-Datum: Straßburg, 5.11.1549, Geschenk von Georg Hitzler. – *Hs. Vermerke:* zahlreich; Textergänzung (S. 33–40) Cd 1790.4

54 **Aristoteles**: Oeconomica scripta quae extant titulo Aristotelis, in sermonem Latinum conversa et explicata, adiunctaque eis interpretatio Oeconomici libri Xenophontis. Hrsg. von Joachim Camerarius. – Leipzig : Ernst Vögelin, 1564. – 199 S. ; 8°
VD 16 A 3514
Kaufpreis: 2 bac. – *Hs. Vermerke:* »Crusij« Cd 2578

55 **Aristoteles**: Opera quaecunque hactenus extiterunt omnia, griech. Hrsg. von Erasmus von Rotterdam . – Basel : Johann Bebel und Michael Isengrin, 1550. – 8 Bl., 572 S. ; 2°
VD 16 A 3281.
Erw.-Datum: 1563. – *Hs. Vermerke:* sehr zahlreich, auch Zeichnungen. – Hatte zeitweilig die Signatur Mc 358 Cd 855.2:2

56 **Aristoteles**: Pepli fragmentum sive heroum Homericorum epitaphia, nunc primum autori suo restituta, Latine versa et annotationibus illustrata per Gulielmum Canterum [griech./lat.]. His adiecta sunt Ausonii Epitaphia Heroum, qui bello Troiano interfuerunt, aliquot locis ab eodem emendata. – Basel : Thomas Guarinus, 1525. – 36 S. ; 4°
VD 16 A 3617
Erw.-Datum: 24.11.1566, Geschenk von Wilhelm Canter. – *Hs. Vermerke:* wenige passim
Cd 1910.4

57 **Aristoteles**: Tripartitae philosophiae opera omnia absolutissima, lat. Hrsg. von Prosper Cyriacus, P. I-IV. – Basel : Johann Herwagen d. J., 1563. – 620 Sp., 526 Sp., 1248 Sp., 256 Sp., 66 S. ; 2°
Index Aurel. 108.457
Erw.-Datum: 12.11.1564. – *Kaufpreis:* 3 fl. iiij bacijs (inkl. Einband) Cd 913.2

58 **Arrianus, Flavius**: Arriani et Hannonis periplus. Plutarchus de fluminibus et montibus. Strabonis epitome, griech. Hrsg. von Sigismundus Gelenius. – Basel : Hieronymus Froben und Nikolaus Episcopius, 1533. – 8 Bl., 205 S. ; 4°
VD 16 A 3798
Hs. Vermerke: zahlreich (letzte von 1605) Cd 2445.4

59 **Arrianus, Flavius**: De expeditione sive rebus gestis Alexandri Macedonum regis libri octo, nuper et reperti ..., lat. von Bartholomaeus Facius. – Basel : Robert Winter, März 1539. – 1643 S. ; 8°
VD 16 A 3796
Erw.-Datum: 25.4.1559. – *Hs. Vermerke:* passim. Benutzt auch 10.3.1606. Cd 2870

60 **Arsenius ⟨Monembasiensis⟩**: Scholia In Septem Euripidis Tragoedias, ex antiquis exemplarib. ab Arsenio archiepiscopo Monembasiae collecta, nuncque denuo multo quam antea emendatiora in lucem edita. – Basel : Johann Herwagen d. Ä., 1544. – 4 Bl., 580 S. ; 8°
VD 16 E 4214
Erw.-Datum: 4.7.1570. – *Kaufpreis:* 5 bacijs (gekauft von Witwe des Victor Strigel). – *Hs. Vermerke:* wenige passim Cd 5230

61 **Athanasius ⟨Alexandrinus⟩**: Dialogi V, de sancta trinitate, lat. von Theodorus Beza. – Leipzig : Andreas Schneider, 1573. – 144 S. ; 8°
Index Aurel. 109.409. VD 16 A 4001 Gb 440 angeb.

62 **Athanasius ⟨Alexandrinus⟩**: Διαλογοι ε'. περὶ τῆς ἁγίας τριάδος. – Leipzig : Andreas Schneider, 1573. – 160 S. ; 8°
VD 16 A 4001
Erw.-Datum: 29.9.1573. – *Kaufpreis:* kr. 6. Gb 440 angeb.

63 **Athenaeus ⟨Naucratites⟩**: Athēnaiu Deipnosophistu tēn polymathestatēn pragmateian ..., griech. Hrsg. von Aldus Pius Manutius und Markos Musuros. – Venedig : Aldus Manutius und Andreas Socer, 1514. – 38, 294 S. ; 2°
Index Aurel. 109.416
Erw.-Datum: Tübingen, 8.11.1572, von Georg Gruppenbach. – *Kaufpreis:* 1 fl. et 3 didrachmis Cd 1225.2

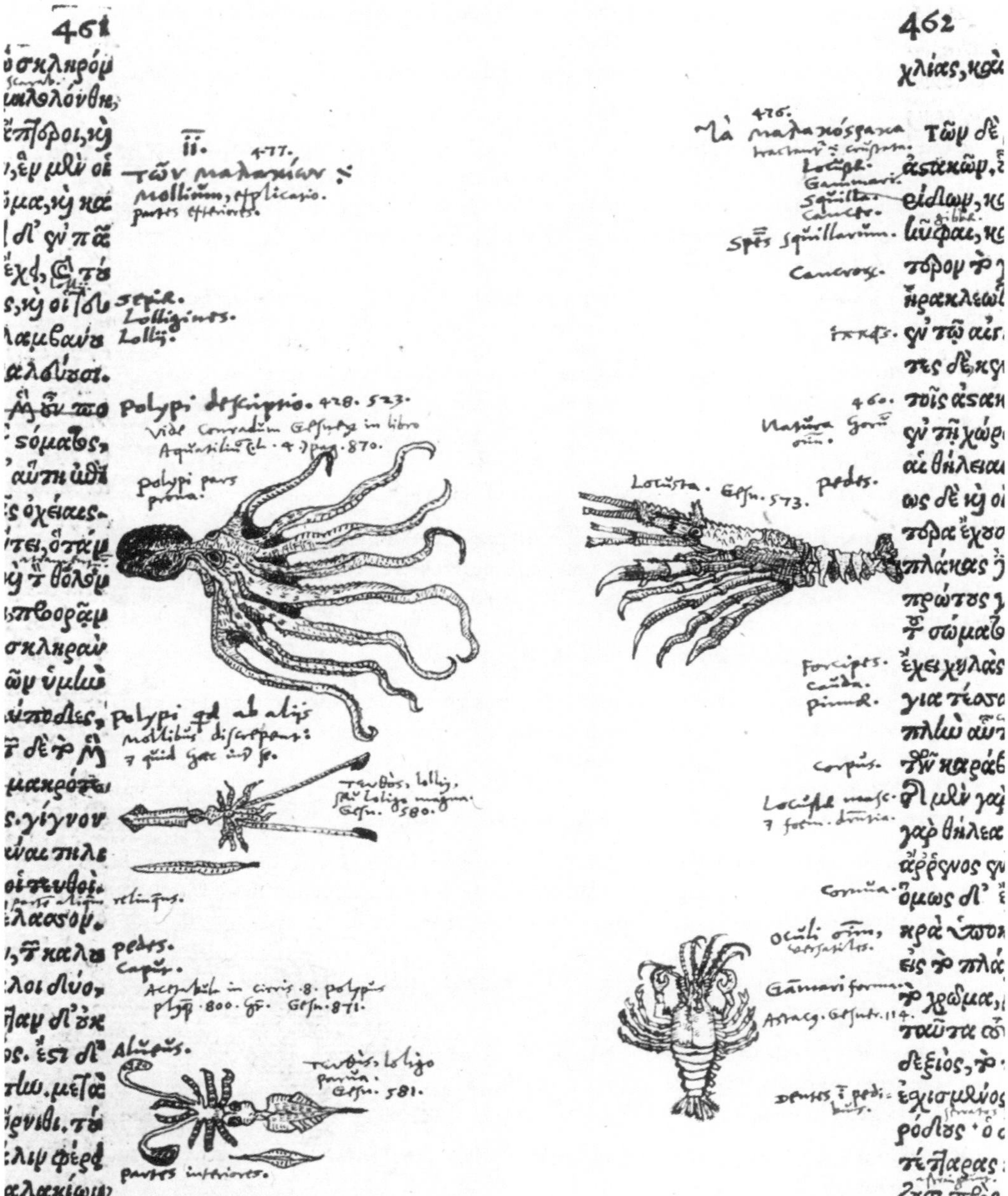

Randzeichnungen mit Tintenfischen und Krebsen zu Aristoteles: Historia animalium (Nr. 55, p. 461 und 462)

64 **Augustinus, Aurelius**: De consensu Euangelistarum, Libri quatuor. – Köln : Hero Fuchs (Alopecius), 1539. – 343, 1 S., 3 Bl. ; 8°
VD 16 A 4190
Erw.-Datum: 4.1.1587. – *Kaufpreis:* bac. ij. Nürtingen: 8° 26 angeb.

65 **Aurelius Victor, Sextus**: Suetonii Tranquilli illustres viri, quos qui Cornelio Nepoti vendicant maxime falli Alexander Minutianus praeceptor luce clarius probavit. – Straßburg : Johann Knoblouch d. Ä., 1510. – 48 Bl. ; 4°
Index Aurel. 110.771
Erw.-Datum: 1554 von Martin Kraus (Vater). – *Hs. Vermerke:* Martin Kraus (Vater) und Crusius auf Bl. 1a Ce 1560.4

66 **Aventinus, Johannes**: [Annales Boiorum, dt.] Chronica. Darin nit allein deß gar alten Hauß Beyern ... Geschlechte, Herkommen, Stamm und Geschichte, sondern auch der uralten Teutschen Ursprung, Herkommen, Sitten, Gebreuch, Religion, mannliche und treffliche Thaten ... zusammen getragen und in acht Bücher getheilt, anfenglich durch den Authorem in Latein verfertigt, hernachmals aber den Teutschen zu gutem von jm selber ... in gut gemein hoch Teutsch gebracht. – Frankfurt/M. : Georg Rab, Sigmund Feyerabend und Weygand Han, 1566. – 21, 532, 26 Bl. – VD 16 T 2320
Erw.-Datum: Tübingen, 1577. – *Kaufpreis:* 3. fl. – *Bindepreis:* 9. bac. – *Hs. Vermerke:* wenige passim Fo XIIb 39 b.2

67 **Avila y Zúñiga, Luis de**: Commentaire du seigneur Don Loys d'Avila et de Cuñiga contenant la guerre d'Allemaigne, faicte par l'Empereur Charles V., mis. d'espagnol en françois par Gilles Boilleau de Buillon. – Antwerpen : für Nicolas Torcy, 1550. – 184 S., 5 Bl. ; 8°
Index Aurel. 110.688
Erw.-Datum: 11.5.1555. – *Kaufpreis:* 1 kr. – *Bindepreis:* . – *Hs. Vermerke:* passim
Fo XIIa 150

68 **Barletius, Marinus**: De vita, moribus ac rebus praecipue adversus Turcas, gestis, Georgii Castrioti clarissimi Epirotarum principis, qui propter celeberrima facinora, Scanderbegus, hoc est, Alexander Magnus, cognominatus fuit, libri tredecim. Hrsg. von Kaspar Hedio. – Straßburg : Kraft Müller (Mylius), Oktober 1537. – 6 Bl., 371, 1 S. ; 2°
VD 16 B 389
Erw.-Datum: 1550. 13. iulij. – *Kaufpreis:* (Fab. dedit). – *Bindepreis:* 5 kr. – *Hs. Vermerke:* umfangreich am Anfang Fo XI 4.2

69 **Basilius ⟨Caesariensis⟩**: De grammatica exercitatione liber unus, griech. – Basel : Johann Oporinus, Mai 1553. – 87 S. ; 8°
VD 16 B 689
Erw.-Datum: Okt. 1560. – *Hs. Vermerke:* zahlreich Cd 3099

70 **Bauhin, Johann**: De Plantis absynthii nomen habentibus, ex Joh. Bauhini libro, cui consensus et dissensus circa stirpes ... titulus est. Tractatus item de absynthiis Claudii Rocardi. – Montbéliard : Jacques Foillet, 1593. – 170 S. ; 8°
VD 16 B 855
Erw.-Datum: 1.11.1593, Geschenk von Johann Bauhin. – *Hs. Vermerke:* auf Bl. 8b Bi 128

71 **Bebio, Ludwig**: In Institutionum imperialium libros IIII erotemata dialectica. – Straßburg : Theodosius Rihel, 1571. – 364 Bl. ; 8°
VD 16 B 1306. Index Aurel. 115.374
Erw.-Datum: 20.4.1571. – *Kaufpreis:* 6. b. 3. kr. – *Bindepreis:* x. kr. – *Hs. Vermerke:* auf Titelbl. Hc 59:2

72 **Beccadelli, Antonio**: De dictis et factis Alphonsi Regis Aragonum et Neapolis libri quatuor Antonij Panormitae cum respondentibus principum illius aetatis, Germanicorum potiß. dictis et factis similibus. Quibus chronologia vitae Alphonsi et Ludoici XII. Gall. Regis, et Caroli V. Imp. aliorumque apophthegmata, et aliae annotationes historicae recens accesserunt. Hrsg. von David Chytraeus. – [Wittenberg] : [Johann Krafft (Crato) Erben], 1585. – 4 Bl., 298 [= 292] S., 4 S. ; 4°
VD 16 B 1316
Erw.-Datum: 17.10.1587. – *Kaufpreis:* 4. bac. Fo I 38.4

73 **Belon, Pierre**: Les observations de plusieurs singularitez et choses memorables, trouvées en Grèce, Asie, Indée, Egypte, Arabie, et autres pays estranges ... Lib. I-III . – [Antwerpen] : Jean Steelsius und Christophorus Plantinus, 1555. – 375 Bl. ; 4°
Index Aurel. 116.327.
Erw.-Datum: Tübingen, 27.3.1564. – *Kaufpreis:* 11 bacijs. – *Bindepreis:* 3 bacij. – *Hs. Vermerke:* zahlreich passim, v. a. zum Neugriech. (2 S. Wortliste) Fc 33.4

74 **Beroaldo, Filippo**: Orationes et poemata. – Bologna : Franciscus dictus Plato de Benedictis für Benedictus Hectoris Faelli, 1491. – 76 Bl. ; 4°
GW 4144. H 2949
Hs. Vermerke: Martin Kraus (Vater) und Martin Crusius. Ursprünglich Teil eines Sammelbandes mit mehreren Drucken (siehe Cd 3592.4, Nr. 213) und der Handschrift Mc 226. Dk II 46 a.4

75 **Beyer, Hartmann**: Quaestiones in libellum de sphaera Ioannis de Sacro Busto ... collectae. – [Frankfurt/M.] : [Peter Braubach], 1561. – 302 S. ; 8°
VD 16 B 2496
Erw.-Datum: nicht nach Sept. 1563. – *Bindepreis:* 6 kr. – *Hs. Vermerke:* sehr zahlreich Bd 38

76 **Beyer, Hartmann**: Quaestiones novae in libellum de sphaera Ioannis de Sacro Busto ..., collectae ab Hartmanno Beyer, recogn. et ... auctae. – Frankfurt/M. : Peter Braubach, 1549. – 7, 1, 125, 3 Bl. ; 8°
VD 16 B 2492
Erw.-Datum: [ca. 1550] Bd 56

77 Biblia, lat. – Basel : Johann Froben, 27. Juni 1491. – 496 Bl. ; 8°
GW 4269. HC 3107
Hs. Vermerke: Martin Kraus (Vater) Ga XXXVI 2

78 Biblia, NT [dt.]. Das Newe Testament Mar. Luth. [mit Glossen]. – Wittenberg : Hans Lufft, 1534. – 424 Bl. ; 8°
VD 16 B 2694 (NT)
Erw.-Datum: 1586 (?) von Martin Kraus (Vater). – *Hs. Vermerke:* zahlreich passim von Martin Kraus (Vater) und von Crusius Ga LIII 43

79 Biblia, V. T., Ecclesiastes [lat.]. Ecclesiastes Solomonis cum annotationibus Doc. Mart. Luth. – Wittenberg : Hans Lufft, 1532. – 132 Bl. ; 8°
VD 16 B 3648
Erw.-Datum: [von Martin Kraus (Vater)]. – *Hs. Vermerke:* auf Titelbl. (passim auch von Martin Kraus, Vater) Ga XXXVI 76

80 **Bibliander, Theodor**: De Ratione communi omnium linguarum et literarum commentarius Theodori Bibliandri. Cui adnexa est compendiaria explicatio doctrinae recte beateque uiuendi, et religionis omnium gentium atque populorum, quam argumentum hoc postulare videbatur. – Zürich : Christoph Froschauer, 1548. – 4 Bl., 235 S. ; 4°
VD 16 B 5330
Erw.-Datum: 22.2.1583. – *Kaufpreis:* 3. bac. Ca 2.4

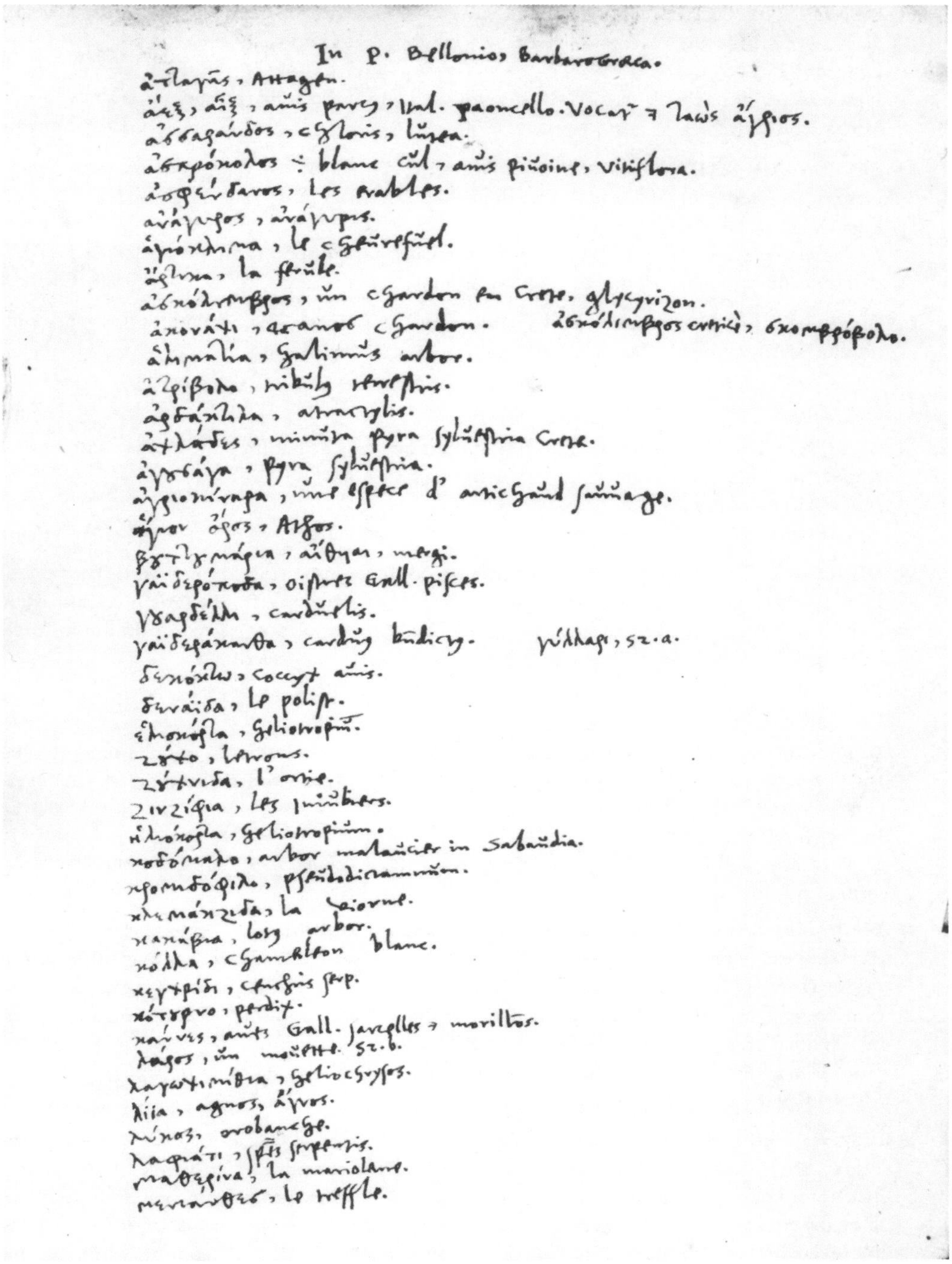

In P. Bellonio, Barbarograeca.
ἀτταγᾶς, Attagen.
ἀέξ, αἶξ, auis parua, Ital. paoncello. vocatur et λαὼς ἄγριος.
ἀσσαγαύδος, chloris, lutea.
ἀσπρόκωλος ÷ blanc cul, auis piuoine, vitiflora.
ἀσφένδαμος, les erables.
ἀνάγυρος, ἀνάγυρις.
ἀγριόκλημα, le chevrefueil.
ἄγλυκα, la fraize.
ἀσκόλυμβρος, un chardon en Crete. glycyrizon.
ἀκονάκι, acanos chardon. ἀσκόλιμβρος cretice, σκομβρόβολο.
ἀλμαλία, gallinus arbor.
ἀτρίβολο, tribulus terrestris.
ἀσφάκυλλα, atractylis.
ἀχλάδες, minuta pyra sylvestria Cretae.
ἀγριάγρα, pyra sylvestria.
ἀγριοκινάρα, une espece d'artichaud sauuage.
ἅγιον ὄρος, Athos.
βουτηχτάρια, αἴθυιαι, mergi.
γαϊδερόψαρα, oistres Gall. pisces.
γαρδέλλι, carduelis.
γαϊδεράκανθα, carduus benedictus. γύλλαροι, 52. a.
δεντροκόλω, coccyx auis.
δενταΐδα, le polipe.
ἡλιοκόφλα, gheliotropium.
ζῶτο, lerrons.
ζούκνιδα, l'ortie.
ζινζίφια, les iuiubiers.
ἡλιόκοφλα, gheliotropium.
κοδόμαλο, arbor malancier in Sabaudia.
κρονοδάφιδο, pseudodictamnum.
κλημμάτζιδα, la viorne.
κακάβρια, lotus arbor.
κόλλα, chamaeleon blanc.
κεγχρίδι, cenchris serp.
κότσυρνο, perdix.
κάινες, auis Gall. sarcelles et morillons.
λάγος, un mouette. 52. b.
λαγωχιμίθρα, gheliochrysos.
λύγα, agnus, ἄγνος.
λύκος, orobanche.
λαφιάτι, species serpentis.
ματζουράνα, la mariolaine.
μελανθεῖον, le nielle.

Neugriechisches Vokabular von Crusius. Hs. Anhang zu einem frz. Buch von Pierre Belon, Antwerpen 1555 (Nr. 73). Abb.: 1. Seite des Vokabulars

81 ΒΙΒΛΙΟΝ ΤΟΥ ΟΚΤΩΒΡΙΟΥ ΜΗΝΟC. Περιέχον τὴν πρέπουσαν αὐτῷ ἅπασαν ἀκολουθίαν. Hrsg. von Gregorius Malaxos. – Venedig : Jakobos Leogkinos, 1566. – 108 Bl. ; 2°
Legrand (IV) Nr. 631
Erw.-Datum: [Geschenk von Wolfgang Finckelhaus, Graz; überbracht am 20.7.1582 von Michael Neander] Gi 103.2 angeb.

82 ΒΙΒΛΙΟΝ ΤΟΥ ΣΕΠΤΕΜΒΡΙΟΥ ΜΗΝΟC. Περιέχον τὴν πρέπουσαν αὐτῷ ἅπασαν ἀκολουθίαν. Hrsg. von Gregorius Malaxos. – Venedig : Jakobos Leogkinos, 1566. – 98 Bl. ; 2°
Legrand (IV) Nr. 630
Erw.-Datum: Geschenk von Wolfgang Finckelhaus, Graz; überbracht am 20.7.1582 von Michael Neander . – *Hs. Vermerke:* passim Gi 103.2

83 **Biese, Nicolas**: De republica libri quatuor, quibus universa de moribus Philosophia continetur. – Antwerpen : Martinus Nutius, 1556. – 4, 111 Bl. ; 4°
Index Aurel. 119.214
Kaufpreis: 4 bacijs Af 28.4:2

84 **Biese, Nicolas**: De universitate libri tres, quibus universa de natura philosophia continetur. – Antwerpen : Martinus Nutius, 1556. – 4 Bl., 224 S., 8 Bl. ; 4°
Index Aurel. 119.213
Erw.-Datum: 31.1.1564. – *Kaufpreis:* 11 kr. – *Bindepreis:* 2 bac. Aa 126.4:2

85 **[Billerbeck, Franz von]**: Epistola Constantinopoli recens scripta de praesenti Turcici Imperii statu, et gubernatoribus praecipuis et de bello Persico ... De Tartaris quaedam. Item Confessio fidei, quam Gennadius, patriarcha Constantinopol post captam primum a Turcis urbem, Mahometi II imp. flagitanti exhibuit. – [s. l.], 1582. – 24 Bl. ; 8°
VD 16 B 5477, 16 G 1235
Erw.-Datum: 10.8.1582 Fo XI 76

86 **Binyāmîn Ben-Yônā ⟨Tudela⟩**: Itinerarium Beniamini Tudelensis, in quo res memorabiles ... describuntur, ex Hebraico Latinum factum Bened. Aria Montano interprete. – Antwerpen : Christophorus Plantinus, 1575. – 16, 114 S. ; 16°
Index Aurel. 116.767
Erw.-Datum: Tübingen, 7.2.1583. – *Kaufpreis:* 2. bac. – *Bindepreis:* XI. kr. – *Hs. Vermerke:* wenige passim Ci VII 76 a

87 **Birck, Sixt**: ΣΥΜΦΩΝΙΑ η συλληξις της διαθηκης της καινης. Novi Testamenti Concordantiae Graecae, opus magno usui omnibus sacrarum scripturarum vere studiosis futurum, singulari nuper Xysti Betuleii [= Sixt Birck], bonarum literarum apud inclytam Vindelicorum Augustam doctoris, industria collectum, inque lucem editum. – Basel : Johann Oporinus, Januar 1546. – 285 Bl. – VD 16 B 5581
Erw.-Datum: 6.11.1569, Geschenk von Johann Oporins Nachfolgern. – *Bindepreis:* 1 1/2 fl. – *Hs. Vermerke:* passim Ge 13.2

88 **Bizzari, Pietro**: Aulae Turcicae, Othomannicique Imperii, Descriptio. Qua Turcarum Palatina Officia, mores: sectae item Mahometicae, Imperiorumque ex ea prodeuntium status, luculenter enarrantur, primum ab Antonio Gaufraeo Gallice edita: recens autem in Latinam linguam conversa, Per VVilhelmum Godelevaeum. His commode accesserunt: Belli Cyprij inter Venetos, et Zelymum Turcarum Imp. novissime gesti, Libri III. Item, Bellum Pannonicum, contra D. Maximilianum II. Romanorum Imp. a Solymanno Turc. Imp. motum. una, cum Epitome insigniorum, atque recentiorum Europae historiarum, hinc inde gestarum, ab anno M.D.LXIIII usque in praesentem LXXIII. deductae. Omnia nunc primum summa cura, et accuratione, in lucem edita. – Basel : Sebastian Henricpetri, Februar/März 1573. – 58 Bl., 340 S., 2, 36 Bl., 283 S., 35 Bl., 322 S., 1 Bl. ; 8°. – Bizzari, Pietro: Sommaire du règne

des othomans [lat.]. – Adams G–559
Kaufpreis: 3. bac. – *Bindepreis:* 13 kr. Fo XI 18 a

89 **Bizzari, Pietro**: Cyprium bellum, inter Venetos, et Selymum Turcarum imperatorem gestum. Libris tribus, summa cura et diligentia descriptum. – Basel : Sebastian Henricpetri, 1573. – 283 S. ; 8°
VD 16 B 5658
Kaufpreis: 5. bac. Fo XI 18 a angeb.

90 **Bizzari, Pietro**: Pannonicum bellum, sub Maximiliano II. Rom. et Solymano Turcar. imperatoribus gestum, cumque arcis Sigethi expugnatione ... Una, cum epitome illarum rerum, quae in Europa insigniores gestae sunt: et praesertim de Belgarum motibus, ab anno LXIIII usque ad LXXIII. – Basel : Heinrich Petri, Februar 1573. – 8 Bl., 322 [= 332] S., 29 Bl. ; 8°
Index Aurel. 119.706 Fo XI 18 a angeb.

91 **Blondus, Flavius**: Le Historie ... da la declinatione de l'imperio di Roma, insino al tempo suo ... Trad. per Lucio Fauno in biona lingua volgare. – Venedig : Michaele Tramezzino, 1543. – 20 S., 246 Bl. ; 8°
NUC 58, 250
Erw.-Datum: Tübingen, 14.1.1582, Geschenk von Andreas Laubmarius. – *Hs. Vermerke:* auf Bl. 2 Fo XV 41

92 **Boccaccio, Giovanni**: Laberinto d'amore. con una epistola confortatoria a Pino di Rossi del medesimo auttore. – [Venedig?] : [Alessandro de Paganini?], [ca. 1520?]. – 68 S. ; 8°
Adams B–2180
Erw.-Datum: 20.9.1553 Dk III 56

93 **Boccaccio, Giovanni**: Θησέος καὶ γάμου τῆς Εμήλιας, neugriech. – Venedig : Giovanantonio et Fratelli da Sabio, Dezember 1529. – [4] Bl., [346] S. ; 4°
Adams B–2187
Erw.-Datum: 1581. – *Hs. Vermerke:* passim Dk I 7.4

94 **Boethius, Anicius M.**: De consolatione philosophiae. Mit Komm. des Pseudo-Thomas de Aquino. *Daran:* Compendiosa Consolationis resumptio. – Straßburg : [Johann Prüss, teilweise mit dem Typenmaterial von Peter Drach, Speyer], [vor 6. März 1491]. – 190 Bl. ; 4°
GW 4550. H 3367
Erw.-Datum: 11.10.1596. Ursprünglich erster Teil eines Sammelbandes (siehe auch Nr. 389).
Ce 40.4

95 **Boiardo, Matteo Maria**: Orlando innamorato, insieme co i tre libri di Nicolo degli Agostini riformato per Lodovico Domenichi, ital., P. I-IV. – Venedig : Comin da Trino, 1553. – 244 Bl., 176 S., 8 Bl. ; 4°
Index Aurel. 121.273
Erw.-Datum: Straßburg, 2.4.1554. – *Kaufpreis:* 15 b. (für dieses und zwei weitere Bücher). – *Hs. Vermerke:* passim (1555) Dk III 3.4

96 **Borrhaus, Martin**: In Aristotelis politicorum, sive de re publica libri VIII, annotationes cumprimis eruditae locuples quoque rerum et verborum ... index. – Basel : Johann Oporinus, 1545. – 24 Bl., 469 S. ; 8°
VD 16 B 6736
Erw.-Datum: 1556. – *Hs. Vermerke:* passim Cd 2805:2

97 **Brenz, Johannes d. Ä.**: Le Catechisme, amplement declaré, avec bonne et utile exposition. – Tübingen : Ulrich Morhart Witwe, 1563. – 458 Bl. ; 8°

Index Aurel. 124.648
Erw.-Datum: 17.7.[1563]. – *Bindepreis:* 10 kr. – *Hs. Vermerke:* wenige passim Gi 296

98 **Brenz, Johannes d. Ä.**: Catechismus pia et utili explicatione illustratus. – Wittenberg : Johann Krafft (Crato), 1553. – 8 Bl., 734 S., 16 Bl. ; 8°
Index Aurel. 124.516
Erw.-Datum: 29.4.1554. – *Kaufpreis:* j fl. – *Hs. Vermerke:* auf Bl. 1b Gi 294

99 **Brissardus, Nicolaus**: Pugna Syllogismorum dialecticorum cruentissima. – Basel : Jakob Kündig (Parcus), 1554. – 54 S. ; 8°
Index Aurel. 125.100
Erw.-Datum: 27.5.1584. – *Kaufpreis:* 3 d. Ab 228

100 **Brodeau, Jean**: Annotationes in Oppiani Cygnegeticon libros IIII. Quinti Calabri Paralipomenon Homeri lib. XIIII. Coluthi Thebani de Helenae raptu librum unum. – Basel : Johann Herwagen d. Ä., 1552. – 8 Bl., 440 S. ; 8°
VD 16 B 8350
Erw.-Datum: Mai 1562. – *Bindepreis:* 6 kr. – *Hs. Vermerke:* passim Cd 9478:1

101 **Brunn, Augustin**: Quaestiones fidei christianae, Graece et latine coniunctae. – Tübingen : Ulrich Morhart Witwe, 1564. – 27 Bl. ; 8°
VD 16 B 7995
Erw.-Datum: 1564, Geschenk von Herzog Christoph von Württemberg. – *Hs. Vermerke:* passim Gi 318 angeb.

102 **Brusch, Caspar**: Monasteriorum Germaniae praecipuorum ac maxime illustrium: centuria prima, in qua origines, annales ac celebriora cuiusque monumenta ... recensentur. – [Ingolstadt] : Alexander II und Samuel Weißenhorn, 1551. – 12 Bl., 191 S., 10 Bl. ; 2°
VD 16 B 8785
Kaufpreis: 8. bac. – *Hs. Vermerke:* zahlreich Fo XIIa 74.2

103 **Bucer, Martin**: Enarrationes perpetuae, in sacra quatuor Evangelia: recognitae nuper et locis compluribus auctae ... Epistola eiusdem nuncupatoria ad Academiam Marpurgensem de servanda unitate Ecclesiae, in qua excutiuntur et articuli conventus Marpurgi Hessorum celebrati. – Straßburg : Georg Ulricher (Andlanus), März 1530. – 236, 102 Bl. ; 2°
VD 16 B 8872
Erw.-Datum: 4.7.1554. – *Kaufpreis:* 1 fl. 15 kr. (wohl inkl. Einband). – *Hs. Vermerke:* passim Ge 33.2

104 **Buchanan, George**: Franciscanus et fratres. Quibus accessere varia eiusdem et aliorum poemata. – Basel : Thomas Guarinus, [1564]. – 319, 117 S., 176, 143 S. ; 8°
Adams B–3051
Erw.-Datum: Mai 1568. – *Bindepreis:* 7 kr. Dk II 109

105 **Budé, Guillaume**: Commentarii linguae Graecae. Indice Latino et Graeco, locupletiore et diligentiore multo. – Basel : Johann Bebel, März 1530. – 28 Bl., 1424 Sp., 2 Bl. ; 2°
VD 16 B 9086
Erw.-Datum: 15.6.1547. – *Kaufpreis:* 19 bacijs et dimidio. – *Hs. Vermerke:* wenige passim Cb 1.2

106 **Bullinger, Heinrich**: Dispositio et perioche historiae evangelicae per IIII. Evangelistas contextae ... – Zürich : Christoph Froschauer, Januar 1553. – 80 Bl. ; 8°
Index Aurel. 127.301
Erw.-Datum: 1555 Ge 1386

107 **Bullinger, Heinrich**: In Apocalypsim Iesu Christi, reuelatam quidem per angelum Domini, uisam vero vel exceptam atque conscriptam a Ioanne apostolo et euangelista, conciones centum. – Basel : Johann Oporinus, August 1557. – 10 Bl., 313 S. ; 2°
VD 16 B 9635
Erw.-Datum: 25.4.1559 Gi 128.2

108 **Bullinger, Heinrich**: In Epistolas Apostolorum canonicas septem commentarii. Additi sunt libelli duo, alter de testamento Dei unico et aeterno, alter de utraque in Christo natura. – Zürich : Christoph Froschauer, 1539. – 20 Bl., 731, 1, 195 S. ; 2°
VD 16 B 9737
Erw.-Datum: Memmingen, 1554 Ge 36.2

109 **Busbecq, Ogier Ghislain de**: Itinera Constantinopolitanum et Amasianum ... ad Solimannum Turcarum Imperatorem C. M. oratore confecta. Eiusdem Busbequii de re militarii contra Turcam instituenda consilium. – Altera editio. – Antwerpen : Christophorus Plantinus, 1582. – 127 S. ; 8°
Adams B–3330
Erw.-Datum: 4.10.1582, geschickt von Johann Wolf, Regensburg. – *Hs. Vermerke:* zahlreich passim Fo XI 4 c

110 **Buschius, Hermannus**: Epigrammata. Add.: Hieronymus Estensis, Disticha. – [Köln] : Johannes Landen, [1498]. – 16 Bl. ; 4°
GW 5798. R 862
Hs. Vermerke: Martin Kraus (Vater) Dk II 89.4

111 **Callimachus**: Hymni cum scholiis, griech. Hrsg. von Sigismundus Gelenius. – Basel : Hieronymus Froben und Nikolaus Episcopius, 1532. – 245, 3 S. ; 4°
VD 16 C 270
Erw.-Datum: 24.4.1561. – *Kaufpreis:* iiij b. – *Bindepreis:* j bac. – *Hs. Vermerke:* zahlreich (1570) Cd 2760.4

112 **Callimachus**: Hymni cum scholiis, griech. und lat. – Paris : Michel de Vascosan, 1549. – 32 Bl. ; 4°
Adams C–231
Erw.-Datum: 2.2.1565, gekauft von Aegidius Theodoricus Gandavus Cd 2761.4

113 **Calpurnius Siculus, Titus**: Titi Calphurnii Siculi et Aurelii Nemesiani poetarum Eclogae. – Zürich : Christoph Froschauer, 1537. – 42 Bl. ; 8°
VD 16 C 282
Hs. Vermerke: auf Titelbl. Ce 124

114 **Camerarius, Joachim**: Arithmologia ēthicē, griech. – Basel : Jakob Kündig (Parcus) für Johann Oporinus, Juni 1551. – 79 Bl. ; 8°
VD 16 C 344
Erw.-Datum: 30.9.1551. – *Kaufpreis:* 5 kr. – *Hs. Vermerke:* einzelne, am Schluß zwei Bl. beschrieben Af 10 a

115 **Camerarius, Joachim**: Commentarius explicationis primi libri Iliados Homeri [cum textu Graeco]. Eiusdem libri primi Iliados conversio in Latinos versus, eodem autore. His Graeca etiam adiecta sunt. – Straßburg : Kraft Müller (Mylius), 1538. – 152 S. ; 4°
Index Aurel. 130.434
Hs. Vermerke: am Anfang und Ende Cd 6046.4:1

116 **Camerarius, Joachim**: Katēchēsis tu Christianismu. – [Leipzig] : [Valentin Bapst], [ca. 1552]. – 4 Bl., 499, 1 S., 2 Bl. ; 8°

VD 16 C 447
Erw.-Datum: 29.5.1564. – *Kaufpreis:* 5. bacijs. – *Bindepreis:* 10 kr. – *Hs. Vermerke:* wenige passim Gi 318

117 **Camerarius, Joachim**: Notatio figurarum orationis et mutatae simplicis elocutionis in Apostolicis Scriptis, ad perspiciendam de intellecto sermone, sententiam autorum, accessere et in librum Praxeōn et Apokalypseōs similes notationes, nunc primum elaboratae studio Ioachimi Camerarij. – Edita denuo. – Leipzig : für Ernst Vögelin, 1572. – 369 S. ; 4°
VD 16 C 486
Erw.-Datum: 29.9.1572. – *Kaufpreis:* bac. 6 Ge 34.4 angeb.

118 **Camerarius, Joachim**: Notatio figurarum sermonis in libris quatuor Evangeliorum et indicata verborum significatio et orationis sententia, ad illorum scriptorum intelligentiam certiorem; cum locuplete indice rerum et verborum insignium ad observandam. – Leipzig : Andreas Schneider für Ernst Vögelin, 1572. – 303 S. ; 4°
VD 16 C 486
Erw.-Datum: 25.6.1572. – *Kaufpreis:* 6. bac. – *Bindepreis:* 4. bac. Ge 34.4

119 **Campen, Jan van**: Ex variis libellis Eliae grammaticorum omnium doctissimi huc fere congestum est opera Ioannis Campensis, quidquid ad absolutam grammaticen Hebraicam est necessarium. – Paris : Christian Wechel, 1543. – 157 S. ; 8°
Adams C–481
Erw.-Datum: Straßburg, 7.5.1548. – *Kaufpreis:* 6. kr. – *Hs. Vermerke:* zahlreich passim Ci VII 7

120 **Candidus, Pantaleon**: Bohemais: hoc est de ducibus Bohemicis libri duo, de regibus Bohemicis libri V. Quibus adiunctum est Carmen in expeditionem Maximiliani II. Rom. Imp. contra Turcas Anno 1566. susceptam eiusdem autoris. – Straßburg : Anton Bertram, 1587. – 6 Bl., 131 S. ; 4°
VD 16 W 1594/ W 1598
Erw.-Datum: 17.10.1587. – *Kaufpreis:* 10 kr. Dk II 107.4

121 **Candidus, Pantaleon**: Gotiberis: hoc est de Goticis per Hispaniam regibus, e Teutonica gente originem trahentibus libri VI; add. est genealogia regum Hispanicorum. – Straßburg : Anton Bertram, 1587. – 6, 145, 2 S. ; 4°
VD 16 W 1613
Erw.-Datum: 17.10.1587. – *Kaufpreis:* kr. 10. Dk II 108.4

122 Canones et decreta sacrosancti oecumenici et generalis Concilii Tridentini ... – Lüttich : Gualther Morberius für Henricus Hovius, 1568. – 336 S. ; 8°
Kein bibliographischer Nachweis
Erw.-Datum: 3.10.1575. – *Kaufpreis:* 4. Bac. – *Bindepreis:* 10 kr. Gc 19

123 **Canter, Dirk**: Variarum lectionum libri duo. – Antwerpen : Christophorus Plantinus, 1574. – 141 S. ; 8°
Index Aurel. 131.372
Erw.-Datum: 29.4.1574. – *Kaufpreis:* bac. 2. Cl 100

124 **Canter, Wilhelm**: Novarum lectionum libri septem. – Basel : Johann Oporinus, Juli 1566. – 371 S. ; 8°
VD 16 C 782
Erw.-Datum: 26.9.1566, Geschenk von Johann Oporinus. – *Bindepreis:* 7 kr. Cl 3 a:2

125 **Capella, Galeazzo Flavio**: Commentarii Galeacii Capellae de rebus gestis pro Restitutione Francisci Sfortiae II., Mediolani Ducis, cum praefatione Joachimi Camerarii. Eodem accessit

Historia belli Mussiani. – Straßburg : Kraft Müller (Mylius), März 1538. – 8 Bl., 235 S., 1 Bl. ; 8°
VD 16 C 794
Erw.-Datum: 27.6.1549, Geschenk von Blasius Fabricius. – *Hs. Vermerke:* zahlreich passim (1555) Fo IV 6:2

126 **Capilupi, Lelio**: Laelii Capilupi Cento Vergilianus de vita Monachorum, quos vulgo fratres appellant. – [Basel?], [ca. 1540]. – 16 S. ; 8°
Index Aurel. 131.592 Dk II 132 a angeb.

127 **Carion, Johann**: Io. Carionis chronicorum ab orbe condito ad hanc usque nostram aetatem libri 3 : multis accessionibus ... aucti ... ad annum 1560 ... historiis, Pontificum Romanorum atque Caesarum regumque insignium catalogis ... locupletati ; Suppl. – Paris : Puteanus, 1561. – 684 S. – Kein bibliographischer Nachweis
Erw.-Datum: 22.4.1577. – *Kaufpreis:* 8 bac. *Bindepreis:* 10 kr. – *Hs. Vermerke:* wenige gegen Ende Stuttgart LB: HBF 857

128 **Cassiodorus, Aurelius**: Variarum libri XII. Item de anima liber unus. – Augsburg : Heinrich Steiner (Siliceus), Mai 1533. – 1 Bl., 327, 1 S., 5 Bl. ; 2°
VD 16 C 1426
Erw.-Datum: 3.3.1598. – *Bindepreis:* 4 bac. (Johann Gerstenmaier). – *Hs. Vermerke:* passim Nürtingen: 2° 26

129 **Cassius ⟨Dio⟩**: Dione Delle guerre de Romani. Tradotto da M. Nicolo Leoniceno et nuovamente stampato. – Venedig : Pietro di Nicolini da Sabio, 1548. – 493 Bl. ; 8°
BM 83, 393
Erw.-Datum: Tübingen, 1.6.1570 (aus Augsburg erhalten). – *Kaufpreis:* 18 kr. – *Hs. Vermerke:* nur von anderer Hand Cd 4093

130 **Cassius ⟨Dio⟩**: Rerum Romanarum a Pompeio Magno ad Alexandrum Mamaeae filium Epitome, Ioanne Xiphilino autore et Gulielmo Blanco Albiensi interprete. – Paris : Robertus Stephanus, 1551. – 358, 280 S. ; 4°
Adams D–513
Erw.-Datum: Tübingen, 2.6.1579. – *Kaufpreis:* 2 fl. – *Bindepreis:* 5. Bac. Cd 3564.4

131 **Cassius ⟨Dio⟩**: Romanae historiae libri (tot enim hodie extant) XXV, nimirum a XXXVI ad LXI, quibus exponuntur res gestae a bello Cretico usque ad mortem Claudii Caesaris, quae est historia annorum circiter 120, nunc primum summa fide diligentiaque de Graecis Latini facti, Guilielmo Xylandri interprete. Additum est Joannis Xiphilini e Dione compendium, Guil. Blanco Albiensi interprete. – Basel : Johann Oporinus, März 1558. – 10 Bl., 676 S., 25 Bl. ; 2°
VD 16 D 1793
Erw.-Datum: 20.6.1558, Geschenk von Wilhelm Xylander. – *Hs. Vermerke:* wenige passim Cd 1858.2:2

present from XYLANDER 1558

132 **Cassius ⟨Iatrosophista⟩**: Naturales et medicinales quaestiones LXXXIIII circa hominis natura et morbos aliquot, Conrado Gesnero interprete, nunc primum editae. – Zürich : Hans Jakob Geßner, 1562. – 72 Bl. ; 8°
VD 16 C 1436 (1. Teil)
Erw.-Datum: 15.7.1566. – *Kaufpreis:* 6 kr. – *Bindepreis:* 6 kr. Cd 3280

133 **Castiglione, Baldassare**: Los quatro libros del Cortesano compuestos en ytaliano porel conde Baltasar Castellon agora nuevamente traduzidos en lengua Castellana por Boscan. – Toledo, 8. Juli 1539. – 199 Bl. ; 4°
Adams C–927

Erw.-Datum: 9.6.1583, Geschenk von Hieremias Martius, Augsburg. – *Hs. Vermerke:* am Anfang Dk III 274

134 **Castritius, Matthias**: De heroicis virtutibus, memorabilibus factis, dictis et exemplis Principum Germaniae Libri V. – Basel : Johann Oporinus, März 1565. – 391 S. ; 8°
Adams C–959
Erw.-Datum: 8.12.1585. – *Kaufpreis:* 2 bacijs Fo XIIb 218 angeb.

135 Catalogus autorum omnium quotquot in sacros biblicos libros aliquid commenti aut elucubrati sunt, nunc denuo auctus et editus per G. Theophilum Italum. – Straßburg : Josias Rihel, 1564. – 8 Bl. ; 8°
Kein bibliographischer Nachweis Ge 1386 angeb.

136 Cathechismus ecclesiae et scholae Argentoratensis. Hrsg. von Martin Bucer. – Straßburg : Wendelin Rihel, 1544. – 64 Bl. ; 8°
Muller Rép. III 406 (Rihel 1544 Nr. 113)
Erw.-Datum: 2.6.1556. – *Bindepreis:* in Memmingen. – *Hs. Vermerke:* auf Bl. 1 Gi 316

137 Catonis disticha moralia. Latine et Graece, cum scholiis D. Erasmi Roterodami. De civilitate morum, per Erasmum Rot[erodamum]. Reliqua quae adiuncta sunt aeque ad mores pertinentia, versa pagina indicabit. Enth. außerdem: Apophthegmata Graeciae sapientum, interprete Erasmo. Eadem per Ausonium cum scholiis Erasmi. Mimi Publiani, cum eiusdem scholiis auctis, recogniti. Institutum hominis Christiani carmine per eundem Eras[mum] Roterod[amum]. Isocratis Paraenesis ad Demonicum. – Straßburg : Johann Albrecht, 1536. – 72, 29 S. ; 8°
Kein bibliographischer Nachweis
Hs. Vermerke: passim Ce 133 a

138 **Catullus, Gaius Valerius**: Catullus. Tibullus, Propertius. His accesserunt Cornelii Galli Fragmenta. – Basel : Nikolaus Brylinger, 1546. – 3 Bl., 345 S. ; 8°
VD 16 C 1742
Hs. Vermerke: wenige passim Ce 160 a

139 **Caviceus, Jacobus**: Sex urbium dicta ad Maximilianum Romanorum regem. – [Venedig] : [Bernardinus Benalius], [nach 16. März 1491]. – 6 Bl. ; 4°
GW 6433. HC 4805
Erw.-Datum: Martin Kraus (Vater) Fo XIIa 775.4

140 **Cedrenus, Georgius**: Annales sive historiae ab exordio mundi ad Isaacium Commenum usque compendium. Marci et Ioannis, Antonij FF. Fuggerorum etc. Graece et Latine editi; Guilielmo Xylandro interprete, qui annotationes etiam addidit et tabellas chronologicas. – Basel : Johann Oporinus et Nikolaus Episcopius, [1566]. – 8, 714, 40 S. ; 2°
XYLANDER
Index Aurel. 134.888
Erw.-Datum: 29.5.1566, Geschenk von Johann Oporinus. – *Bindepreis:* 9. bacij. – *Hs. Vermerke:* passim Cd 2440.2
Gift from Oporinus

141 **Cellius, Erhard**: Carmen seculare in laudem Dei, honorem domus Wirtembergicae et commendationem Academiae Tubingensis. – Tübingen : Georg Grupenbach, 1578. – 71 S. ; 4°
VD 16 C 1868
Erw.-Datum: 24.3.1578 Nürtingen: 4° 97 angeb.

142 **Cellius, Erhard**: Oratio funebris de vita et morte ... Ge. Hizleri. – Tübingen : Erhard Cellius, 1599. – 68 S. ; 4°
Index Aurel. 135.083
Erw.-Datum: 7.5.1599. – *Hs. Vermerke:* Anstr. passim Nürtingen: 4° 97 angeb.

143 **Cellius, Erhard**: Oratio funebris, de vita et morte reverendi et clarissimi viri ... Iohannis Brentii Theologiae Doctoris ... 1596, die 29 Januarii. – Tübingen : Erhard Cellius, 1597. – 72 S. ; 4°
Kein bibliographischer Nachweis
Erw.-Datum: 14.8.1597, Geschenk von Erhard Cellius (Widmung auf Titelbl.)
Nürtingen: 4° 97 angeb.

144 **Celsus, Aulus C.**: De re medica libri octo. Item Qu. Sereni Liber de medicina. Qu. Rhemnii Fannii Palaemonis De pond. et mensuris liber. – Lyon : Joannes Tornaesius und Gulielmus Gazeius, 1554. – 581, 25 S. ; 16°
Index Aurel. 135.103
Hs. Vermerke: auf Titelbl. Ce 181

145 **Chalcocondyles, Demetrios**: Erotemata, griech. *Daran:* Manuel ⟨Moschopulus⟩: Erotemata, griech.; Gregorius ⟨Pardus⟩: De dialectis, griech. – [Mailand] : [Ulrich Scinzenzeller], [ca. 1493]. – 130 Bl. ; 2° und 4°
GW 8250. HCR 6093
Erw.-Datum: 1583, Geschenk von Adolph Occo, Augsburg (Schenkungsvermerk von Occo auf Titelbl.) Cd 3330.2

146 **Chalcocondyles, Laonicus**: De origine et rebus gestis Turcorum libri decem. – Basel : Johann Oporinus, März 1556. – 646 S. ; 2°
Adams C–1305
Hs. Vermerke: passim Gi 128.2 angeb.

147 **Chappuys, Antoine du Dauphiné**: Description de la Limage d'Auvergne en forme de dialogue. – Lyon : Guilelmus Rouillius, 1561. – 144 S., 4 Bl. ; 4°
BM 58, 445
Kaufpreis: 6 bacijs Fc 33.4 angeb.

148 **Charisius, Flavius Sosipater**: Artis grammaticae libri quinque. Hrsg. von Georg Fabricius. – Basel : Hieronymus Froben und Nikolaus Episcopius, 1551. – 8 Bl., 319 S., 24 Bl. ; 8°
VD 16 C 2059
Kaufpreis: 3. bac. – *Bindepreis:* 3 bac. – *Hs. Vermerke:* wenige passim Ce 210

149 **Charisius, Flavius Sosipater**: De vocabulorum differentiis [früher Marcus C. Fronto zugeordnet]. Hadriani Cardinalis Batoniensis, Modi Latine loquendi. Erasmi Roterodami Epitome in libros Elegantiarum Laurentij Vallae e Cornelij Croci sordidorum verborum farragine, Formulae Latine loquendi. Omnia breviter selecta, et in quaestiones succinctas ... redacta, et iam recens ed., autore Luca Lossio. – Frankfurt/M. : Christian Egenolff Erben, 1566. – 211 Bl. ; 8°
Kein bibliographischer Nachweis
Erw.-Datum: 7.11.1578. – *Kaufpreis:* x. kr. – *Hs. Vermerke:* auf Titelbl. Ce 942

150 **Charpentier, Jacques**: Descriptionis universae naturae ex Aristotele. T. I-II. – Paris : Gabriel Buon, 1562/1564. – I: 4, 98, 8 Bl.; II: 4, 62 Bl. ; 4°
Index Aurel. 135.728 (= I); 135.731 (= II)
Erw.-Datum: Tübingen, 18.10.1564. – *Kaufpreis:* 7. bacijs. – *Bindepreis:* 18. kr. – *Hs. Vermerke:* wenige passim Ba 96.4–1/2

151 Chronicorum summa aucta et emendata. Hrsg. von Jakob Kündig (Parcus). – Basel : Jakob Kündig (Parcus), Juni 1552. – 45 S. ; 4°
Kein bibliographischer Nachweis
Erw.-Datum: 8.7.1552. – *Kaufpreis:* 9 d. Fo XV 5.4 angeb.

152 **Chytraeus, David**: Chronicon Saxoniae et vicinarum aliquot centium ab 1500 – 1593. – Leipzig : Michael Lantzenberger für Henning Grosius, 1593. – 18, 969 S. ; 2°
BM 62, 288. Index Aurel. 137.062
Erw.-Datum: 17.4.1596, Geschenk von David Chytraeus. – *Bindepreis:* 12. Bac.
Fo XIIb 62.2

153 **Chytraeus, David**: Chronologia historiae Herodoti et Thucydidis. – Rostock : Stephan Möllemann (Myliander), 1562. – 80 Bl. ; 8°
VD 16 C 2559
Erw.-Datum: 27.9.1562, mit Widmung von David Chytraeus. – *Hs. Vermerke:* wenige passim
Fb 17

154 **Chytraeus, David**: Vandalia. – Rostock : Stephan Möllemann (Myliander), 1589. – 157, 24 S. ; 8°
Index Aurel. 137.038
Erw.-Datum: 17.5.1589, Widmung von David Chytraeus. – *Hs. Vermerke:* auf Titelbl.
Fr 106

155 **Chytraeus, Nathan**: Variorum in Europa itinerum deliciae seu ex variis manuscriptis selectiora tantum inscriptionum maxime recentium monumenta ... – [Herborn] : Christoph Corvinus, 1599. – 8 Bl., 654 S. ; 8°
VD 16 C 2803
Erw.-Datum: 28.9.1599/20.5.1600. – *Hs. Vermerke:* wenige passim Fc 7

156 **Cicero, Marcus Tullius**: De claris oratoribus liber, qui dicitur Brutus, in eum Coelii Secundi Curionis commentarii ... Acc. P. Cornelii Taciti eiusdem argumenti dialogus elegantissimus. – Basel : Michael Isengrin, 1564. – 12 Bl., 507 S. ; 8°
VD 16 C 2947
Erw.-Datum: 18.10.1564. – *Kaufpreis:* 4 bacijs. – *Bindepreis:* 7 kr. – *Hs. Vermerke:* auf Titelbl.
Ce 249

157 **Cicero, Marcus Tullius**: Libri philosophici, Hrsg. von Johannes Sturm, T. II. – Straßburg : Wendelin Rihel, 1541. – 8, 251 Bl. 39 Bl. ; 8°
Index Aurel. 138.209
Erw.-Datum: 22.11.1548. – *Hs. Vermerke:* zahlreich passim Ce 430

158 **Cicero, Marcus Tullius**: Officiorum libri tres, opera et diligentia Wolfgangi Anemoecii. Omnia recognita, una cum annotationibus Des. Erasmi Roterodami, Philippi Melanchthonis, et Bartholomaei Latomi. – Basel : Bartholomäus Westheimer, 1544. – 8 Bl., 368 S., 7 Bl. ; 8°
VD 16 C 3190
Erw.-Datum: 9.5.1545. – *Kaufpreis:* 5 batz. – *Hs. Vermerke:* zahlreich Ce 487

159 **Cicero, Marcus Tullius**: Philippicae orationes 14 in M. Antonium a Caelio Secundo Curione emendatae et novis explicationibus illustratae. His accessere orationes 4, ad Philippicarum argumentum pertinentes, ex Dione historico, eodem Caelio Sec. Curione interprete. T. I-II. – Basel : Hieronymus Froben und Nikolaus Episcopius, März 1553. – P. I: 2036 Sp.; P. II: 1014 Sp. ; 2°
Index Aurel. 138.686
Erw.-Datum: Tübingen, 5.7.1562. – *Kaufpreis:* 3 fl. (inkl. Einband) Ce 121.2:2

160 **Cicero, Marcus Tullius**: Les questions Tusculanes ... nouvellement traduictes de Latin en Francoys, par Estienne Dolet. – Paris : Jean Ruelle, 1548. – 148 Bl. ; 16°
Index Aurel. 138.506
Erw.-Datum: 24.7.1556, Geschenk von Markus Wolffhard, Memmingen. – *Hs. Vermerke:* auf Vorsatz Ce 565

161 **Cicero, Marcus Tullius**: Rhetoricorum ad C. Herennium lib. IV. De inventione lib. II. De oratore ad Quintum fratrem lib. III. De claris oratoribus, qui dicitur Brutus lib. I. Orator ad Brutum lib. I. Topica ad Trebatium lib. I. Oratoriae partitiones lib. I. De optimo genere oratorum, omnia et paginarum et versuum numero atque longitudine Aldinis respondent; index per ordinem alphabeti. Post Naugerianam et Victorianam correctionem emendati a Ioan. Sturmio. – Straßburg : Wendelin Rihel, Juli 1540. – 8, 245, 9 Bl. ; 4°
VD 16 C 3874
Erw.-Datum: Memmingen, 21.9.1555. – *Kaufpreis:* 5 bacijs. – *Hs. Vermerke:* zahlreich passim
Ce 105.4

162 **Claudianus, Claudius**: Opera. – Lyon : Sebastian Gryphius Erben, 1561. – 368 S. ; 8°
Index Aurel. 140.799
Erw.-Datum: Tübingen, 17.1.1571 (1656 im Besitz von Georg Hausch, Maulbronn). – *Kaufpreis:* vj. bac. – *Hs. Vermerke:* wenige passim Ce 693

163 **Cleynaerts, Nicolaes**: Institutiones absolutissimae in linguam Graecam. – Paris : Christian Wechel, 1541. – 145, 7 S. ; 8°
Index Aurel. 141.232
Erw.-Datum: 16.6.1547. – *Hs. Vermerke:* zahlreich Cb 10

164 **Collenuccio, Pandolfo**: Historiae Neapolitanae ad Herculem I. Ferrariae Ducem libri VI. Cui accesserunt praeter provinciarum, urbium, oppidorum ... cosmographica Tabula. Omnia ex Italico sermone ... conversa, Ioann. Nicol. Stupano Rheto interprete. – Basel : Peter Perna, 1572. – 28 Bl., 325 S. ; 4°
VD 16 C 4568
Erw.-Datum: 8.4.1589. – *Kaufpreis:* 7. bac. – *Hs. Vermerke:* wenige passim Fo IV 8.4:1

165 Consilium, Sigismundo Poloniae et Sueciae regi, cum de confirmanda Religione August. Confessionis, et Archiepiscopo Upsaliensi, et Coronationis ritibus, a quo administrandi essent? inter Regiam ipsius M[tem], et ordines Regni Sueciae disceptaretur: exhibitum 6. Januarii Stocholmiae. – [s. l.], 1594. – 4 Bl. ; 4°
Kein bibliographischer Nachweis
Erw.-Datum: Tübingen, 11.6.1594, aus Rostock Fo IX 9.4

166 **Constantin, Robert**: Supplementum linguae latinae, seu dictionarium abstrusorum vocabulorum. – Lyon : Guilelmus Rouillius, 1573. – 392 S. ; 4°
Index Aurel. 143.866
Erw.-Datum: 7.2.1586. – *Kaufpreis:* 10. bac. – *Hs. Vermerke:* passim Cc 18 a.4

167 **Constantinus ⟨Harmenopulus⟩**: Constantini Harmenopuli De sectis, lat. von Johannes Löwenklau. Fidei confessiones Harmenopuli, Augustini, Hilarii, lat. von Johannes Löwenklau. Legatio Imp. Caesaris Manuelis Comneni Aug. ad Armenios, sive Theoriani cum Catholico disputatio, lat. von Johannes Löwenklau. Leontius ⟨Byzantinus⟩: Sectarum historia, lat. von Johannes Löwenklau. – Basel : Peter Perna, 1578. – 8 Bl., 605, 1 S., 15 Bl. ; 8°
VD 16 L 1377
Erw.-Datum: Tübingen, 2.10.1578. – *Kaufpreis:* viiij Bacijs. – *Bindepreis:* 3. Bac. Gb 103

168 **Constantinus ⟨Imperium Byzantinum, Imperator, VII.⟩**: De thematibus, sive De agminibus militaribus per Imperium Orientale distributis liber ex versione Bonaventurae Vulcanii; cum notis eiusdem. – Leiden : Christophorus Plantinus, 1588. – 42, 34 S. – NUC 120, 505
Erw.-Datum: 18.10.1588. – *Kaufpreis:* 9 kr. Cd 3575

169 **Constantinus ⟨Manasses⟩**: Annales ..., lat. von Johannes Löwenklau. Ex Io. Sambuci ... [Sambucus] bibliotheca. Acceßit Index geminus locupletiß. – Basel : Eusebius Episcopius, März 1573. – 8 Bl., 512, 176 S. ; 8°

VD 16 M 475
Erw.-Datum: 23.5.1573. – *Kaufpreis:* X. bac. 1 kr. omnino constat. – *Hs. Vermerke:* passim
Cd 8867 angeb.

170 **Conti, Natale**: Commentarii Hieronymi Comitis Alexandrini de acerrimo, ac omnium difficillimo Turcarum bello, in insulam Melitam gesto, anno 1565. – Nürnberg : Ulrich Neuber und Dietrich Gerlach, Juli 1566. – 16, 71 Bl. ; 8°
VD 16 C 4969
Erw.-Datum: 1566. – *Kaufpreis:* 6 kr. Fo XI 29

171 **Corio, Bernardino**: L'historia di Milano volgarmente scritta. Con le vite insieme di tutti gli imperatori, incominciando da Giulio Cesare fino a Federico Barbarossa, scritta da Bernardino Corio. – Venedig : Giovanni Maria Bonelli, 1554. – 36, 557 Bl. ; 4°
Index Aurel. 144.833
Erw.-Datum: Memmingen, 30.5.1556. – *Hs. Vermerke:* passim und auf eingelegtem Zettel
Fo IV 40.4

172 **Cornax, Mathias**: Medicae consultationis apud aegrotos secundum artem et experientiam salubriter instituendae enchiridion. – Basel : Johann Oporinus, März 1564. – 8 Bl., 227, 1 S., 10 Bl. ; 8°
VD 16 C 5153
Erw.-Datum: 28.5.1566. – *Kaufpreis:* 2 bacijs. – *Hs. Vermerke:* auf Titelbl. Jd 205

173 **Cornutus, Lucius Annaeus**: De Natura Deorum gentilium Commentarius, lat. von Konrad Klauser (Tigurinus). Palaephati Poeticarum fabularum explicationes, sive de non credendis fabulosis narrationibus, Liber utilißimus, Philippo Phasianino Bononiensi interprete. Adiecti quoque sunt iidem graece ... non paucis etiam quibus antea scatebant mendis purgati. Item, Iuliani Aurelii Lessigniensis De cognominibus deorum gentilium Libri tres. Rerum et verborun ... Index. – Basel : [Johann Oporinus], [1543]. – 8 Bl., 338 S., 23 Bl., 126 S. ; 8°
VD 16 C 5174
Hs. Vermerke: passim Cd 3583

174 **Corrado, Sebastiano**: Egnatius, sive Quaestura. – Basel : Johann Oporinus, August 1556. – 530, 20 S. ; 8°
VD 16 C 5272
Erw.-Datum: Esslingen, 25.11.1567. – *Kaufpreis:* iiij. bac. Fo XV 68:2

175 **Crinito, Pietro**: De honesta disciplina lib. XXV. De poetis Latinis. lib. V. et poematum lib. II. – Lyon : Sebastian Gryphius Erben, 1561. – 864 S. ; 8°
Index Aurel. 147.092
Erw.-Datum: 25.1.1572. – *Kaufpreis:* 18 kr. – *Bindepreis:* 2 bac. Dk II 326

176 **Crusius, Martin**: Ad ingrati desperatique Nicodemi Frischlini mendacem ac sceletißimum Celetismum, anno 1588. editum, iusta, vera, et postrema responsio. – Basel : Huldrych Fröhlich, 1588. – 109, 3 S. ; 8°
VD 16 C 6101. Index Aurel. 147.886
Hs. Vermerke: passim (auch über Nikodemus Frischlin) Cc 14:1 angeb.

177 **Crusius, Martin**: Adversus Nicodemi Frischlini [...] quinque rei Grammaticae, et virulentem calumniarum, Dialogos, anno 1587. editos, Defensio necessaria. – Basel : Huldrych Fröhlich, 1587. – 8, 275, 1 S. ; 8°
VD 16 C 6102. Index Aurel. 147.882
Hs. Vermerke: passim Cc 14:1 angeb.

178 **Crusius, Martin**: Annales Suevici sive Chronica rerum gestarum antiquissimae et inclytae Suevicae gentis quibus quicquid Fere De Ea Haberi Potuit, Ex Latinis Et Graecis ... Auctoribus ..., scriptisque plurimis non editis, comprehenditur ... Opus Novum, Non Solum Elaboratum Et Perutile ... – Frankfurt/M. : Nikolaus Bassaeus, 1595 (P. I-II), 1596 (P. III-IV). – 574, 338, 846 S., 26 Bl., 131 S. ; 2°
VD 16 C 6103/ C 6137
Erw.-Datum: 1.6.1596. – *Hs. Vermerke:* zahlreich passim 22 C 49–1/2

179 **Crusius, Martin**: Commentariolum in primam Demosthenis Olynthiacam Sturmianum. Eiusdem scholia in eandem, et Epitome ex Diodoro Siculo de statu temporum in Graecia. His addita est conversio Joan. Sturmii [et textus Graecus]. – Straßburg : Blasius Fabricius, 1554. – 338 S. ; 8°
VD 16 D 528
Erw.-Datum: 1595. – *Bindepreis:* 1 b. – *Hs. Vermerke:* auf Titelbl. Cd 3854

180 **Crusius, Martin**: Corona anni hoc est explicatio evangeliorum et epistolarum, quae diebus dominicis et festis in Ecclesia proponuntur e Tybingensium et aliorum theologorum concionibus. – Wittenberg : Lorenz Seuberlich, 1602 (P. II-IV), 1603 (P. I) ; 2°
Kein bibliographischer Nachweis
Hs. Vermerke: passim Nürtingen: 2° 67

181 **Crusius, Martin**: Corona anni hoc est explicatio evangeliorum et epistolarum, quae diebus dominicis et festis in Ecclesia proponuntur e Tybingensium et aliorum theologorum concionibus. – Wittenberg : Lorenz Seuberlich, 1602 (P. II-IV), 1603 (P. I) ; 2°
Kein bibliographischer Nachweis
Erw.-Datum: 14.6.1603. – *Hs. Vermerke:* auf Titelbl. Gi 129.2

182 **Crusius, Martin**: De excellentissima quondam Ostrogotthica Italiae regina Amalasuenta et de liberalibus atque regiis studiis oratio. Cantio ... de regina Ostrogotthica Italiae ... Amalasuenta, sex vocum. – Tübingen : Georg Gruppenbach, 1599. – 42 S., 16 Bl. ; 4°
NUC 128, 446
Erw.-Datum: 29.6.1599. – *Bindepreis:* 4 1/2 Bac. (Johann Gerstenmaier). – *Hs. Vermerke:* zahlreich Nürtingen: 4° 97

183 **Crusius, Martin**: Gratiarumactio, Das ist: Zu Gott dem Allmächtigen [...] Auch zu der Durchleuchtigsten, Hochgebornen Sächsischen Churfürstinnen unnd Frawen Sophia [...] Für das Buch Corona Anni genannt, von ihrer Churfürstlichen Gnaden in den Truck gnädigst befürdert [...] Dancksagung. – Tübingen : Erhard Cellius, 1603. – 12 Bl. ; 4°
BM 46, 694.
Hs. Vermerke: passim Gi 129.2–3/4

184 **Crusius, Martin**: Libri duo ad Nicodemum Frischlinum, poetam laureatum, Comitem Palatinum Caesarium, I. Animadversionum in grammaticen eius Latinam, II. Ad eiusdem Strigilim grammaticam Antistrigilis ... – Straßburg : Josias Rihel, 1586. – 366 S. ; 8°
VD 16 C 6129
Erw.-Datum: Widmung von Crusius an Tübinger Artistenfakultät, 1.8.1593. – *Hs. Vermerke:* zahlreich passim Cc 14:1

185 **Crusius, Martin**: Oratio de Regina Rom. Augusta Irena, vel Maria Graeca: Philippi Suevi, quondam Romani Caesaris, charissima uxore. – Tübingen : Georg Gruppenbach, 1597 ; 4°
Kein bibliographischer Nachweis
Hs. Vermerke: passim Nürtingen: 4° 97 angeb.

186 **Crusius, Martin**: Poemation de Susanna Helciade, griech./lat. – Straßburg : Blasius Fabricius, 1555. – 12 Bl. ; 4°

VD 16 C 6140
Erw.-Datum: 22.3.1555. – *Hs. Vermerke:* wenige passim Dk I 3.4

187 **Crusius, Martin**: Politeuma uranion, ētoi katēchētikai homiliai eti, tōn koryphaiōn triōn tu etus heortōn homiliai. Civitas coelestis, seu catecheticae conciones. Item trium summorum anniversariorum festorum conciones. Aliquot denique orationes et epistolae a Martino Crusio editae. – Tübingen : Georg Gruppenbach, 1587. – 698 S. ; 4°
VD 16 C 6134/ C 6143/ C 6151
Erw.-Datum: 28.7.1588. – *Bindepreis:* 6 bacijs. – *Hs. Vermerke:* zahlreich Nürtingen: 4° 39

188 **Crusius, Martin**: Puerilis In lingua Graeca institutionis ... pro Scholae Memmingensis classe secunda. P. I-II. – Basel : Johann Oporinus, 1558. – 110, 566 S. ; 8°
VD 16 C 6145
Erw.-Datum: 17.7.1558. – *Hs. Vermerke:* zahlreich Cb 22

189 **Crusius, Martin**: Puerilis in lingua Latina institutionis pars ..., pro Scholae Memmingensis classe quarta. – Straßburg : Samuel Emmel, 1556–1557 ; 8°
Kein bibliographischer Nachweis.
Erw.-Datum: 31.7.1558. – *Hs. Vermerke:* zahlreiche passim, am Schluß vier Seiten hs. Cc 12

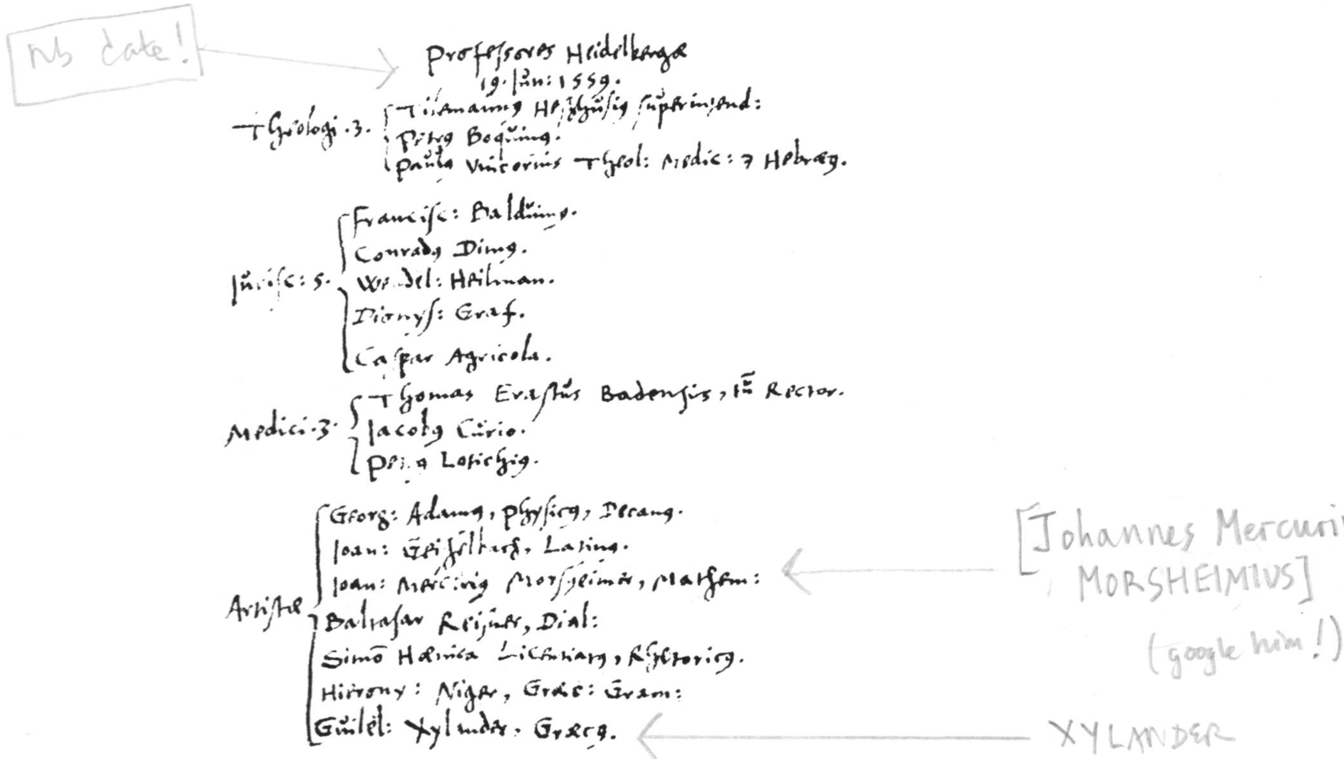

Verzeichnis der Heidelberger Professoren, 1559. Notiz von Crusius in Nr. 189

190 **Ctesias ⟨Cnidius⟩**: Ex Ctesia, Agatharchide, Memnone excerptae historiae. Appiani Iberica. Item de gestis Annibalis. Omnia nunc primum edita. Cum Henrici Stephani castigationibus. – Paris : Henricus Stephanus, 1557. – 248 S. ; 8°

BM 73, 477
Erw.-Datum: Tübingen, 18.4.1575. – *Kauf- und Bindepreis:* X. Bac. – *Hs. Vermerke:* wenige passim Cd 2250 angeb.

191 **Curio, Coelius Secundus**: De grammatica, sive de literis doctrinaque puerili libri sex. Addidimus Sulpitii carmen de moribus et civitate puerorum. – Basel : Johann Oporinus, August 1555. – 8 Bl., 238 S., 1 Bl. – VD 16 C 6424
Erw.-Datum: Memmingen, 23.5.1556. – *Hs. Vermerke:* Bl. 1a und 1b. Cc 16

192 **Curio, Coelius Secundus**: De quatuor Caelii Secundi Curionis filiarum vita atque obitu pio et memorabili epistolae aliquot una cum diversorum epitaphiis [Hrsg. von Coelius Secundus Curio]. – Basel : Peter Perna, September 1565. – 85 S. ; 4°
Index Aurel. 148.596
Erw.-Datum: Basel, 2.12.1566, [Geschenk von Coelius Secundus Curio]. – *Hs. Vermerke:* zahlreich passim Kg 155.4

193 **Curio, Coelius Secundus**: Quatro lettere christiane, con uno paradosso. – [Bologna] : Pietro e Paulo Perusini, 1552. – 184 S. ; 8°
Kein bibliographischer Nachweis
Erw.-Datum: 14.4.1553, Geschenk von Hieronymus Massarius. – *Hs. Vermerke:* auf Vorsatz und wenige passim (ital.) Gf 199 a

194 **Curio, Coelius Secundus**: Una familiare et paterna institutione della Christiana religione, piu copiosa, et piu chiara che la latina del medesimo. – Basel : Jakob Kündig (Parcus), 1550. – 104 Bl. ; 8°
Index Aurel. 148.581
Erw.-Datum: 28.6.1553. – *Kaufpreis:* 6 kr. – *Hs. Vermerke:* passim (ital.) Gf 198

195 **Curte, Jacobus de**: De urbis Collosensis obsidione a. 1480 a Turcis tentata. – Venedig : Erhard Ratdolt, [nach 18. August 1480]. – 8 Bl. ; 4°
GW 7860. HC 5868 = H 5869
Erw.-Datum: [von Martin Kraus (Vater)]. Ursprünglich Teil eines Sammelbandes. Fo XI 18.4

196 **Curtius Rufus, Quintus**: De rebus gestis Alexandri Magni regis Macedonum libri decem, quorum, qui toti temporis iniuria interciderant, duo priores, veterum exemplarium praesidio restituti sunt. Ad haec Alexandri Magni vitam ab Ioanne Monacho artificiosa brevitate omnia illius pene complectente, praeposuimus. Accessere orationum et rerum memorabilium indices. – Lyon : Michael Sylvius für Antonius Vincentius, 1555. – 16 Bl., 325 S., 28 Bl. ; 8°
Index Aurel. 148.809
Erw.-Datum: 25.10.1560. – *Bindepreis:* 9. kr. – *Hs. Vermerke:* auf Vorsatz Ce 770

197 **Curtius Rufus, Quintus**: Historiarum Magni Alexandri Macedonis libri octo. – Lyon [Genf] : Antonius Candidus, 1591. – 16, 411, 44 S. ; 8°
NUC 130, 179
Erw.-Datum: 21.11.1605. – *Hs. Vermerke:* zahlreich passim Ce 771

198 **Damascenus ⟨Studites⟩**: Βιβλίον ὀνομαζόμενον Θυσαυρός. Hrsg. von Gregorius Malaxos. – Venedig : Jakobos Leonkinos, [1570]. – [664] S. ; 4°
BN 35, Sp. 381. – Legrand (II) Nr. 151
Erw.-Datum: 28.2.1578, geschickt von Johann Scheurlin, Augsburg. – *Kauf- und Bindepreis:* 1 fl. – *Hs. Vermerke:* zahlreich passim; Paginierung. Gi 288.4

199 **Dasypodius, Conradus**: Lexikon seu dictionarium mathematicum etc. – Straßburg : Nikolaus Wiriot, 1573. – 47, 44 S. ; 8° 1573

Muller Rép. III 559 (Wiriot 1573 Nr. 8)
Erw.-Datum: 29.9.1573. – *Kaufpreis:* 6 kr. Ba 111

200 **Dasypodius, Conradus**: Volumen ... Mathematicum. – Straßburg : Josias Rihel, 1567/1570. – P. I: 7, 100, 5 Bl.; P. II: 11 Bl., 1, 432 S., 38 Bl., 1 S. ; 4°
VD 16 D 241
Erw.-Datum: P. I: 19.1.1570; P. II 9.10.1570. – *Kaufpreis:* I: 6 kr. II: –. – *Bindepreis:* P. I: 10 kr. P. II: –. – *Hs. Vermerke:* P. I: – P. II: astronomische Zeichnung Ba 15

201 De elocutione liber editus nunc primum in Germania opera Joannis Caselii. – Rostock : Stephan Möllemann (Myliander), 1584. – 16, 120 S. ; 8°
Index Aurel. 151.188
Erw.-Datum: 1.4.1593. – *Kaufpreis:* 3 kr. Cd 3770

202 De Polonica Electione, In Comitiis Warsaviensibus, anni 1587 acta: et quae secuta sunt usque ad Coronationem Sigismundi III. – [s. l.], 1588. – 8 Bl. ; 4°
Kein bibliographischer Nachweis
Erw.-Datum: 16.4.1688. – *Kaufpreis:* 1 kr. Fo XIV 10.4

203 **Delphus, Christian Adrichom**: Jerusalem sicut Christi tempore floruit. – Köln : Gottfried von Kempen, 1584. – 228 S. ; 8°
Kein bibliographischer Nachweis
Erw.-Datum: 8.9.1584. – *Kaufpreis:* 5 bac. Fo XVIII 54

204 **Demosthenes**: Orationes, griech., I-III. – Basel : Johann Herwagen d. Ä., 1547. – P. I: 8 Bl., 278 S., 5 Bl.; P. II: 20 Bl., 571 S., 6 Bl.; P. III: 4 Bl., 561, 1 S., 2 Bl. ; 8°
VD 16 D 485
Erw.-Datum: 26.10.1551 (P. I); 3.2.1552 (P. II und III). – *Hs. Vermerke:* passim; leere Seiten am Schluß beschrieben Cd 3835

205 **Demosthenes**: Orationes Olynthiacae tres cum quatuor Philippicis. In usum puerorum recte graece discere cupientium separatim editae. – Straßburg : [Josias und Theodosius Rihel], [ca. 1550]. – 72 Bl. ; 8°
VD 16 D 518
Erw.-Datum: ca. 1550. – *Hs. Vermerke:* zahlreich (ca. 1550–1594) Cd 3845

206 **Depharanas, Markos**: Historia tēs Sōsannēs, neugriech. – Venedig : Jakobos Leogenos, 1569. – 8 Bl. ; 8°
Legrand (IV) Nr. 672
Erw.-Datum: 16.7.1581, (Geschenk?) von Johann Thalius. – *Hs. Vermerke:* passim Dk I 10

207 **Despautère, Jean**: Universa Grammatica. Hrsg. von Gabriel Prateolus Marcossius. – Antwerpen : Hermann Mersemann, 1585. – 330 Bl. ; 8°
Kein bibliographischer Nachweis
Erw.-Datum: 27.7.1586. – *Kaufpreis:* 13 bac. – *Hs. Vermerke:* propter Gallicam linguam. Cc 17

208 **Dicaearchus ⟨Messenius⟩**: Dicaearchi Geographica quaedam, sive de vita Graeciae. Eiusdem Descriptio Graeciae, versibus iambicis ad Theophrastum. Cum Lat. interpretatione atque annot. Henr. Stephani et eius dialogo, qui inscriptus est Dicaearchi Sympractor. – [Genf] : [Henricus Stephanus], 1589. – 120 S. ; 8°
Adams D-408
Erw.-Datum: 13.3.1590. – *Kaufpreis:* Bac. x. Cd 4015

209 Dictionarium medicum, Vel, Expositiones Vocum medicinalium, ad verbum excerptae Ex Hippocrate, Aetio, Aretaeo, Alex. Tralliano, Galeno, Paulo Aegineta, Oribasio, Actuario,

Rufo Ephesio, Corn. Celso. Cum Latina interpretatione. Lexica duo in Hippocratem huic Dictionario praefixa sunt, unum, Erotiani, nunquam antea editum: alterum, Galeni, multo emendatius quam antea excusum. Bearbeitet von Henricus Stephanus. – [Genf] : Henricus Stephanus, 1564. – 608 S., 14 Bl. ; 8°
Adams S–1766
Erw.-Datum: 24.9.1568. – *Kaufpreis:* 10. bacijs. – *Bindepreis:* 7. kr. – *Hs. Vermerke:* auf Titelbl. und Rücken Ia 196

210 Digesta seu Pandectae [Teilausgabe des Corpus iuris civilis] libri quinquaginta, hrsg. von Gregor Haloander. – Nürnberg : Johann Petreius, 1. April 1529 (in 3 vol.) ; 4°
Kein bibliographischer Nachweis
Erw.-Datum: Esslingen, 13.3.1567, von Konrad Bubius. – *Kaufpreis:* 3. fl. – *Hs. Vermerke:* passim Ha I 26.4:1

211 **Dinner, Konrad**: Bantho, sive catalogi et descriptionis Monasterii Banthensis, vulgo Bantz, eiusque abbatum ... libri duo. – Würzburg : Heinrich von Aachen, 1586 ; 8°
Kein bibliographischer Nachweis Fo XIId 362 b angeb.

212 **Dinner, Konrad**: Catalogus et descriptio abbatum monasterii divae felicitatis, vulgo Munsterschwarzach ... – Würzburg : Heinrich von Aachen, 1586. – 70 Bl. ; 8°
Kein bibliographischer Nachweis
Erw.-Datum: 16.10.1586, Geschenk von Konrad Dinner, überbracht Georg Burkhard. – *Hs. Vermerke:* auf Titelbl. Fo XIId 362 b

213 **Dio ⟨Chrysostomus⟩**: De regno, lat. von Gregorius ⟨de Tipherno⟩. Mit Widmungsbrief von Franciscus de Piccolominis. – Bologna : Franciscus dictus Plato de Benedictis, 1493. – 44 Bl. ; 4°
GW 8369. HC 6187
Erw.-Datum: 1554 von Martin Kraus (Vater). – *Hs. Vermerke:* Martin Kraus (Vater) und Martin Crusius (auf Titelbl.: 1580, 1601). Ursprünglich erster Teil eines Sammelbandes mit mehreren Drucken (Nr. 74, 310, 564, 565, 566 und 567) und der Handschrift Mc 226. Cd 3592.4

214 **Dio ⟨Chrysostomus⟩**: Homerus confutatus a Dione Chrysostomo in oratione de Ilio non capto, griech./lat. Hrsg. von Laurentius Rhodomannus. – Rostock : Stephan Möllemann (Myliander), 1585. – 204 S. ; 8°
VD 16 C 1810
Erw.-Datum: 29.9.1585, Geschenk Cd 4112

215 **Dio ⟨Chrysostomus⟩**: Peri basileias logoi tessares. Hrsg. von Joannes Caselius. – Rostock : Stephan Möllemann (Myliander), 1584. – 169, 1 S., 3 Bl. ; 8°
VD 16 C 1814
Erw.-Datum: 15.11.1591. – *Kaufpreis:* 6 kr. Cd 4108:2

216 **Dio ⟨Chrysostomus⟩**: Peri basileias logoi tessares. Hrsg. von Joannes Caselius. – Rostock : Stephan Möllemann (Myliander), 1584. – 169, 1 S., 3 Bl. ; 8°
VD 16 C 1814
Erw.-Datum: 23.5.1584, Geschenk von David Chytraeus. – *Hs. Vermerke:* passim Cd 4108:1

217 **Diodorus ⟨Siculus⟩**: Bibliothecae historicae libri quinque, griech. – Paris : Henricus Stephanus, 1559. – 847 S. ; 2°
Adams D–472
Erw.-Datum: 29.4.1559. – *Hs. Vermerke:* passim Cd 1895.2

218 **Diodorus ⟨Siculus⟩**: Historiarum libri aliquot, qui exstant, opera et studio Vincentii Obsopoei in lucem editi, griech. – Basel : Robert Winter und Johann Oporinus, 1539. – 6 Bl., 481 S. ; 4°
VD 16 D 1826
Erw.-Datum: 29.10.1551. – *Kaufpreis:* 7 bacijs. – *Bindepreis:* 6 kr. – *Hs. Vermerke:* zahlreich, dazu Index Cd 3615.4

219 **Diogenes ⟨Laertius⟩**: Peri biōn, dogmatōn kai apophthegmatōn tōn en philosophia eudokimēsantōn, biblia deka [griech.]. De vitis, decretis, et responsis celebrium philosophorum Libri decem, nunc primum excusi. Hrsg. von Hieronymus Froben und Nikolaus Episcopius. – Basel : Hieronymus Froben und Nikolaus Episcopius d. Ä., 1533. – 4 Bl., 573, 1 S., 1 Bl. ; 4°
VD 16 D 1836
Erw.-Datum: 20.10.1560. – *Bindepreis:* 4. b. – *Hs. Vermerke:* zahlreich passim Cd 3655.4

220 **Diogenes ⟨Laertius⟩**: Vite de philosophi moralissime, et le loro elegantissime sententie, extratte de Laertio et altri antiquissimi Auttori, Historiate et di novo corrette, in Lingua Tosca. – Venedig, Juli 1535. – 122 S. ; 8°
NUC 144, 279
Erw.-Datum:. – *Kaufpreis:*. – *Bindepreis:* . – *Hs. Vermerke:* passim (ital.) Dk II 479

221 **Dionysius ⟨Areopagita⟩**: Opera quae extant, griech. Scholia incerti authoris … a Ioachimo Perionio … conversa sunt [lat.]. – Paris : Guillaume Morel, 1562. – 484 S. ; 8°
Adams D–520
Erw.-Datum: 26.4.1567, Geschenk von Johann Oporinus. – *Hs. Vermerke:* passim Gb 4

222 **Dionysius ⟨Halicarnassensis⟩**: Antiquitatum sive originum Romanarum libri X, lat. T. I-II. – Lyon : Sebastian Gryphius, 1555. – 519 S., 2 Bl., 460 S., 38 Bl. ; 8°
Adams D–631
Erw.-Datum: 6.1.1563. – *Kaufpreis:* 6 bac. – *Bindepreis:* 9 kr. Nürtingen: 12° 34

223 **Dionysius ⟨Periegeta⟩**: Dionysii orbis descriptio. Aratu Phainomena. Arati Astronomicon. Proklu Sphaira. Procli Sphaera cum scholiis Ceporini, griech./lat. – Basel : Johann Bebel, 1523. – 2 Bl., 135 S., 66 Bl. ; 8°
VD 16 D 1980
Erw.-Datum: 1545. – *Hs. Vermerke:* auf Titelbl. (1553 und 1575) Cd 4335

224 **Dioscorides, Pedanius**: Euporista Ped. Dioscorides Anazarbei ad Andromachum, hoc est de curationibus morborum per medicamenta paratu facilia, libri II, nunc primum et Graeci editi, et partim a Joanne Moibano, partim post huius mortem a Conrado Gesnero in linguam Latinam conversi: adiectis Symphoniis Galeni aliorumque Graecorum Medicorum. – Straßburg : Josias Rihel, 1565. – 32 Bl., 903 S. ; 8°
VD 16 D 2010
Erw.-Datum: Tübingen, 14.12.1576. – *Kaufpreis:* 8 fl. – *Bindepreis:* 10 kr. Cd 4407:1

225 **Dioscorides, Pedanius**: Libri octo Graece et Latine, castigationes in eosdem libros. – Paris : Benedictus Prevost für Petrus Haultinus, 1549. – 392 Bl. ; 8°
BN 40, Sp. 920
Erw.-Datum: 13.11.1565. – *Kaufpreis:* 11 bacijs. – *Bindepreis:* 3 Bac. – *Hs. Vermerke:* auf Titelbl. Cd 4405

226 Discorso in stanze, sopra i dieci comandamenti di dio, et l'oratione insegnataci da Giesu Christo, et il simbolo detto degli Apostoli con una semplice intelligentia. – [Basel] : Jakob Kündig (Parcus), 1550. – 8 Bl. ; 8°
Kein bibliographischer Nachweis
Erw.-Datum: 1.9.1553 Gf 198 angeb.

227 **Domenichi, Lodovico**: L'idea del theatro dell'eccellen. Giulio Camillo. – Florenz : Lorenzo Torrentino, April 1550. – 86 S. ; 4°
BN 41, Sp. 96 Ba 56.4 angeb.

228 **Donatus, Aelius**: De octo partibus orationis methodus [Teilausgabe der Ars grammatica] quaestiunculis puerilibus undique collectis. Illustrata per Leonhardum Culman. – Augsburg : Valentin Otmar, 1543 ; 8°
Kein bibliographischer Nachweis
Hs. Vermerke: passim Ce 818 a

229 **Dousa, Georgius**: De itinere suo Constantinopolitano epistola, accesserunt veteres inscriptiones Byzantio et ex reliqua Graecia nunc primum in lucem editae, cum quibusdam doctorum virorum epistolis. – Leiden : Christophorus Plantinus, bei C. Raphelengius, 1599. – 142 S. ; 8°
BN 200, Sp. 967
Erw.-Datum: 28.9.1599. – *Hs. Vermerke:* wenige passim Fo XI 25

230 **Draconites, Johannes**: Commentarius in Danielem. Ex Ebraeo versum. Cum Oratione et Indice. – Marburg/Lahn : [Andreas Kolbe], 1. August 1544. – 52, 63 Bl., 1 S., 76, 15 Bl., 1 S. ; 8°
VD 16 B 3821
Erw.-Datum: 21.10.1562. – *Kaufpreis:* 1. b. – *Bindepreis:* 6 kr. Ge 159

231 **DuFaur de Saint-Jorry, Pierre**: Ad Petri Carpenterii Famelici Rabulae saevum de retinendis armis et pace repudianda consilium Petri Fabri responsio. – Neustadii (Neustadt a. d. Haardt aber erst ab 1578 als Druckort belegt), 1575. – 86 S. ; 8°
Kein bibliographischer Nachweis
Erw.-Datum: 3.10.(1575?). – *Kaufpreis:* 3 kr. Fo III 932

232 **Dulcis, Catharinus**: Institutionum linguae italicae libri sex, una cum totidem opusculis ad praeceptorum et linguae exercitationem. – Tübingen : Georg Gruppenbach, 1599–1600. – 264 S. ; 8°
Kein bibliographischer Nachweis
Erw.-Datum: 7.3.1600. – *Hs. Vermerke:* auf Bl. 1a und 4b. Ck III 5

233 Duplex commentatio ex integro reposita atque recognita in Boetium (seu in Boethum mavis) De consolatione philosophica et de disciplina scholastica. – Lyon : Petrus Mareschal et Barnabach Chaussard, 1511 (Vorrede). – 140 Bl. ; 2°
BN 14, Sp. 840
Erw.-Datum: Straßburg, 1554 Ce 29.2

234 **DuPréau, Gabriel Marcossius**: Rudimenta prima grammatices ... – [s. l.], 1585. – 40 Bl. ; 4°
Kein bibliographischer Nachweis Cc 17 angeb.

235 **DuTillet, Jean**: Commentariorum et disquisitionum de rebus Gallicis libri duo. Quibus accesserunt Vinc. Lupani de magistratibus et praefecturis Francorum lib. III. – Frankfurt/M. : Andreas Wechel, 1579. – 6 Bl., 225 S. ; 2°
VD 16 D 3066
Erw.-Datum: 24.4.[1579]. – *Kaufpreis:* Bac. X. Fo III 1 b.2

236 **Eber, Paul**: Calendarium historicum, conscriptum a Paulo Ebero et recens ab eodem auctum. Calendarium Romanum vetus. – Wittenberg : Georg Rhau Erben, 1559. – 16, 423 S., 27 Bl. ; 8°
VD 16 E 16
Erw.-Datum: 20.9.1560. – *Hs. Vermerke:* zahlreich passim Fb 18

237 **Eber, Paul**: Vocabula rei nummariae, ponderum et mensurarum Graeca, Latina, Ebraica. Collecta ex Budaei, Ioach. Camerarii et Phil. Melanth. annotationibus. – Wittenberg, 1552. – 78 Bl. ; 8°
VD 16 E 57
Erw.-Datum: 24.8.1557 Ff 102

238 Ecclesiasticae historiae libri, griech. – Paris : Robertus Stephanus, 30. Juni 1544. – 353, 181 Bl. ; 2°
Kein bibliographischer Nachweis
Erw.-Datum: 30.4.1565. – *Kaufpreis:* vii. fl. (inkl. Band II, der hier fehlt). – *Bindepreis:* 1. taler (inkl. Band II). – *Hs. Vermerke:* zahlreich passim Gb 407.2

239 **Eisenmenger, Samuel**: De usu partium coeli oratio. – Tübingen : Ulrich Morhart d. Ä., 1563. – 16 Bl., 143 S. ; 8°
VD 16 E 869
Hs. Vermerke: nur Besitzvermerk Bd 76:1

240 **Eisenmenger, Samuel**: Ephemerides anno labente a mundo condito 5523, a diluvio inchoato 3867, a circumcisione data 3476, a primo paschate et Pentecoste 3070 ... et prognosticon de futuris calamitatibus ... conditum. – [Tübingen] : [Ulrich Morhart Witwe], 1561. – 58 Bl. ; 4°
VD 16 E 864
Erw.-Datum: Geschenk von Samuel Eisenmenger, s. d. – *Bindepreis:* 10 kr. Bd 134.4

241 **Eisenmenger, Samuel**: Oratio de methodo iatromathēmatikōn syntaxeōn. – Straßburg : Josias Rihel, 1563. – 8 Bl., 100 S. ; 8°
VD 16 E 866
Erw.-Datum: 27.4.1564, Geschenk von Samuel Eisenmenger. – *Hs. Vermerke:* Carmen (4 Disticha) auf p. 99 Bd 77

242 Epicedia in obitum Ludovici Hunnii. – Tübingen : Erhard Cellius, 1596 ; 4°
Kein bibliographischer Nachweis
Erw.-Datum: 2.5.1597 Nürtingen: 4° 97 angeb.

243 **Epictetus**: Arriani Nicomediensis De Epicteti philosophi, dissertationibus libri IIII [griech./lat.] saluberrimis, ac philosophica gravitate egregie conditis, praeceptis atque sententiis referti, nunc primum in lucem editi: Jacobo Scheggio interprete [lat.]. Accessit Epicteti Enchiridion, Angelo Politiano interprete. – Basel : Johann Oporinus, März 1554. – 4 Bl., 371, 231 S. ; 4°
VD 16 E 1608
Erw.-Datum: 14.4.1561. – *Kaufpreis:* 6. b. – *Bindepreis:* 3. kr. Cd 3959.4:2

244 **Epictetus**: Encheiridion, lat. von Angelo Poliziano. – Basel : Andreas Cratander, 1531. – 74 S. ; 8°
VD 16 E 1607
Erw.-Datum: 20.10.1560. – *Hs. Vermerke:* auf Vorsatz und Titelbl. Cd 4559

245 **Epiphanius ⟨Constantiensis⟩**: Contra octoaginta haereses opus panarium sive Arcula aut Capsula medica appellatum ... Iano Cornario ... interprete. Una cum aliis eiusdem Epiphanii operibus. – Basel : Johann Herwagen d. J. und Johann Oporinus, März 1560. – 6 Bl., 590 S., 8 Bl. ; 2°
VD 16 E 1646
Erw.-Datum: 6.4.[1561?]. – *Kaufpreis:* 16. bacijs. – *Hs. Vermerke:* auf Titelbl., Register Gb 32.2

246 Epistolae diversorum philosophorum, oratorum, rhetorum. Hrsg. von Markos Musuros. P. 1.2. – Venedig : Aldus Manutius, [29.] März / [nicht vor 17. April] 1499. – P. I: 266 Bl., P. II: 138 Bl. ; 4°
GW 9367. HC 6659
Erw.-Datum: 30.3.1571, überbracht von Johann Sechelius. – *Kaufpreis:* 7 bacijs. – *Hs. Vermerke:* wenige passim (1571 und 1578) Cd 9860.4 angeb.

247 Epistolae diversorum philosophorum, oratorum, rhetorum. Hrsg. von Markos Musuros. P. 1.2. – Venedig : Aldus Manutius, [29.] März / [nicht vor 17. April] 1499. – P. I: 266 Bl., P. II: 138 Bl. ; 4°
GW 9367. HC 6659
Erw.-Datum: (vor) 17.10.1567. – *Hs. Vermerke:* passim Cd 9860 a.4

248 **Erasmus, Desiderius**: Apophthegmatum ... libri octo, cum primis frugiferi, denuo vigilanter recogniti. – Köln : Martin Gymnich, 1545. – 8 Bl., 734 S., 23 Bl. ; 8°
VD 16 E 2042
Erw.-Datum: 9.5.1545. – *Kaufpreis:* 7 ba. – *Hs. Vermerke:* wenige am Anfang Cc 193 b:1

249 **Erasmus, Desiderius**: Epistola in tyrologum calumniatorem. – Basel : Johann Froben, August 1527. – 72 Bl. ; 8°
VD 16 E 2910
Erw.-Datum: 19.11.1562, Geschenk von Samuel Heiland. – *Bindepreis:* 1. b. – *Hs. Vermerke:* zahlreich passim Gb 99 angeb.

250 **Erasmus, Desiderius**: Parabolae sive similia ... postremum ab authore recogn. cum ... interpretationibus. – Straßburg : Johann Knoblouch, September 1523. – 87 Bl. ; 8°
VD 16 E 3253
Hs. Vermerke: auf leeren Bl. am Ende Ce 487 angeb.

251 **Erythraeus, Valentinus**: De usu decem categoriarum in simplici quaestione per eas ducenda. – Straßburg : Christian Müller (Mylius) I, 1566. – 24 Bl., 602 S. ; 8°
Adams E–931
Erw.-Datum: 23.4.1566. – *Kaufpreis:* 3. bac. 3. kr. (im vord. Spiegel: 7. Bac.). – *Bindepreis:* 10 kr. Gf 291:2

252 **Erythraeus, Valentinus**: Schēmatismoi Dialektikoi. Tabulae Duorum Librorum Partitionum Dialecticarum Ioannis Sturmij, una cum praecipuorum locorum explicatione, addita cum ex ipsius Authoris annotationibus: tum ex ipso Aristotele, alijsque eius artis melioribus scriptoribus. Cum Epistola Ioannis Sturmij. – Straßburg : Christian Müller (Mylius) I bei Jakob Fröhlich, 31. August 1551. – 6 Bl., 151 S., 1 Bl. ; 2°
VD 16 E 3905
Erw.-Datum: 10.11.1561. – *Bindepreis:* 9. kr. Ca 1.2

253 **Erythraeus, Valentinus**: Schēmatismoi tēs dialektikēs, hoc est, Tabulae Valentini Erythraei ..., in quatuor libros Dialecticarum partitionum Ioannis Sturmii. quibus addita est praecipuorum illius artis locorum explicatio, cum ex Sturmij annotationibus, tum ex Aristotele: caeterisque disserendi rationis peritis scriptoribus. – Straßburg : Christian Müller (Mylius) I, 27. August 1561. – 4 Bl., 154, 1 S., 1 Bl. ; 2°
VD 16 E 3906
Kaufpreis: 5. baciis Ab 3.2

254 Etymologicum magnum Graecum, griech. Hrsg.von Marcus Musuros. Mit Beigabe des Johannes Gregoropulus. – Venedig : Zacharias Kallierges für Nikolaos Blastos und Anna Notaras, 8. Juli 1499. – 224 Bl. ; 2°
GW 9426. HC 6691.

Erw.-Datum: 28.8.1580, Geschenk von Gregor Leonhard, Ulm, überbracht von Leo Krafft. – *Hs. Vermerke:* passim (1604 und vorher) Cd 2155.2

255 **Euclides**: Analyseis geometricae sex librorum Euclidis, primi et quinti factae a Christiano Herlino. Reliqua una cum commentariis, et scholiis perbrevibus in eosdem sex libros geometricos a Cunrado Dasypodio. – Straßburg : Josias Rihel, 1566. – 4, 98, 1 Bl. ; 2°
VD 16 E 4150
Erw.-Datum: Tübingen, 26.9.1566. – *Kaufpreis:* bac. 8. Cd 2214.2

256 **Euclides**: Elementale geometricum ex Euclidis geometrica decerptum, lat., Exzerpt von Johannes Voegelin. – Frankfurt/M. : Christian Egenolff Erben, 1561. – 35 Bl. ; 8°
VD 16 E 4167
Erw.-Datum: 1574 (unsicher, ob Crusius) Cd 4865

257 **Euclides**: Propositiones reliquorum Librorum Geometriae Euclidis [griech./lat.], in usum eorum, qui volumine Euclidis carent. – Straßburg : Christian Müller (Mylius) I, 1564. – 8 Bl., 205 S., 1 Bl. ; 8°
VD 16 E 4149
Erw.-Datum: [1564, wohl Geschenk von Conradus Dasypodius]. – *Hs. Vermerke:* passim Cd 4735 angeb.

258 **Euclides**: Quindecim Elementorum Geometriae primum, ex Theonis Commentarijs, griech./lat. Cui accesserunt Scholia: inquibus quae ad percipienda Geometriae Elementa spectant … explicantur. – Straßburg : Christian Müller (Mylius) I, 1564. – 4 Bl., 189 (= 199) S. ; 8°
VD 16 E 4147
Erw.-Datum: 3.8.1564, Geschenk von Conradus Dasypodius, überbracht von Tidemann Gyse. – *Hs. Vermerke:* passim. Mit hs. Notiz von Christoph Scheubel (16.10.1564) Cd 4735

259 **Euclides**: Στοιχείων βιβλ. ΙΕ′ εκ των Θεωνος συνουσιων. Εἰς τοῦ αὐτοῦ τὸ πρῶτον ἐξηγημάτων Πρόκλου βιβλ. δ'. – Basel : Johann Herwagen d. Ä., September 1533. – 6 Bl., 268, 115, 1 S. ; 2°
VD 16 E 4142
Erw.-Datum: 19.10.1565, Geschenk von Andreas Jociscus Thallarios. – *Hs. Vermerke:* zahlreich. Widmung von Simon Grynaeus. Im hint. Spiegel hs. Gedicht von Leonhard Engelhard zum Tode von Christoph Scheubel, 20.2.1570. Cd 2187.2

260 **Euclides**: Tōn pente kai deka stoicheiōn ek tōn tu Theōnos synusiōn to deuteron. Euclidis Quindecim elementorum geometriae secundum, ex Theonis commentariis Graece et Latine. Kai Barlaam Monachu Arithmetikē apodeixis tōn grammikōs en tō deuterō tōn stoicheiōn apodeichthentōn = Item, Barlaam Monachi Arithmetica demonstratio eorum, quae in secundo libro elementorum sunt in lineis et figuris planis demonstrata. Item Octo propositiones stereometricae … per Cunradum Dasypodium … – Straßburg : Christian Müller (Mylius) I, 1564. – 8 Bl., 126 S. ; 8°
VD 16 E 4148
Erw.-Datum: [1564, wohl Geschenk von Conradus Dasypodius]. – *Hs. Vermerke:* passim Cd 4735 angeb.

261 **Euripides**: Opera, griech. – Venedig : Aldus Manutius, Februar 1503. – 268, 190 Bl. ; 8°
BM 103, 276. NUC 163, 325
Erw.-Datum: 27.4.1560. – *Hs. Vermerke:* passim. – E. Ph. Goldschmidt: Gothic and Renaissance Bookbindings, London 1928, Nr. 227.
1928 in Sammlung Goldschmidt; Auktion Sotheby's 1989; jetziger Besitzer unbekannt

262 **Eusebius ⟨Caesariensis⟩**: Evangelicae demonstrationis libri decem. – Paris : Robertus Stephanus, 1. April 1545. – 498 S. 138 S. ; 2°

Adams E–1082
Erw.-Datum: vor 10.6.1565. – *Hs. Vermerke:* passim Gb 110.2 angeb.

263 **Eusebius ⟨Caesariensis⟩**: Evangelicae praeparationis libri XV, ex bibl. regia. – Paris : Robertus Stephanus, 1544. – 498 Bl. ; 2°
Adams E–1087
Erw.-Datum: [nicht vor 10.6.] 1565 Gb 110.2

264 **Eustathius ⟨Thessalonicensis⟩**: Parekbolai eis tēn Homēru Iliada kai Odysseian meta euporōtatu kai pany ōphelimu pinakos. T. I-III. Hrsg. von Nicolaus Maioranus. – Rom : Antonio Blado, 1549/1550. – [8] Bl., 620 S. ; 2°
Adams E–1107.
Erw.-Datum: 28.6.1560, überbracht von Michael Toxites. – *Kaufpreis:* 11 fl. – *Hs. Vermerke:* zahlreich Cd 2936.2

265 **Fabricius, Georg**: Antiquitatis aliquot Monumenta insignia, ex aere, marmoribus, membranisque veteribus descripta atque collecta. – Straßburg : Blasius Fabricius, 1549. – 20 Bl. ; 4°
VD 16 F 291
Erw.-Datum: 29.4.1553, Geschenk von Blasius Fabricius Dk II 66.4 angeb.

266 **Fabricius, Georg**: Partitionum grammaticarum libri III. – Basel : Johann Oporinus, [1561]. – 195 S. ; 2°
VD 16 F 335
Erw.-Datum: 10.11.1561. – *Bindepreis:* 9. kr. Ca 1.2:1

267 **Fidelis, Cassandra**: Oratio pro Bertucio Lamberto etc. – Modena : Dominicus Roccociola, 1494. – 6 Bl. ; 4°
GW 9890. CR 1474
Hs. Vermerke: Martin Kraus (Vater) und Martin Crusius Kg 49.4

268 **Flacius Illyricus, Matthias**: Historia certaminum inter romanos episcopos et sextam Carthaginensem synodum Africanasque ecclesias de primatu seu potestate papae, bona fide ex authenticis monumentis collecta. – Basel, [nicht vor 1. März 1554]. – 214 S. ; 8°
Adams F–570
Erw.-Datum: 22.7.1588. – *Kaufpreis:* 5 kr. Gh 145

269 **Flinspach, Cunmann**: Genealogiae Christi Et Omnium Populorum Tabulae. Hoc Est, De Arcano Dei Consilio Nascendi Messiae ... Libri tres. – Basel : Johann Oporinus, 1567. – 3 Bl., 155 S. – Kein bibliographischer Nachweis
Kaufpreis: 14 kr. Gf 24.2

270 **Floccus, Andreas**: L. Fenestellae De magistratibus, sacerdotiisque Romanorum libellus. Pomponii Laeti itidem de magistratibus & sacerdotiis, praeterea de diversis legibus Romanorum. Valerii Probi Grammatici De literis antiquis opusculum. – Basel, 1546. – [1] Bl., 184 S., [3] Bl. ; 16°. – De potestatibus Romanis. – Einheitssacht. d. 2. beigef. Werkes: De literis singularibus fragmentum. – Kein bibliographischer Nachweis. – L. Fenestella ist Pseudonym für Andreas Floccus
Erw.-Datum: 1547 Fo XV 101

271 **Folengo, Teofilo**: La humanità del figliuolo di Dio. In ottava rima. – Venedig : Aurelio Pincio, 14. August 1533. – 4, 191, 1 Bl. ; 4°
BM 111, 34
Erw.-Datum: 14.9.1554. – *Hs. Vermerke:* auf Titelbl. Dk III 7.4

272 **Fornari, Simone**: La spositione ... sopra l'Orlando furioso di M. Lodovico Ariosto. T. I-II. – Florenz : Lorenzo Torrentino ; 8°

BM 111, 401
Erw.-Datum: 5.5.1555. – *Hs. Vermerke:* passim Dk III 53–1/2
1. - 1549. – 795 S.
2. – 1550. – 345 S.

273 **Fox Morcillo, Sebastián**: Ethices philosophiae compendium ex Platone, Aristotele aliisque optimis quibusque auctoribus collectum. – Heidelberg : Ludovicus Lucius, September 1561. – 8 Bl., 296 S. ; 8°
VD 16 F 1962
Erw.-Datum: 16.5.1564. – *Kaufpreis:* 2 bac. – *Bindepreis:* 6 kr. Af 29:2

274 **Fox Morcillo, Sebastián**: In Platonis Timaeum commentarii cum textu Latino. – Basel : Johann Oporinus, März 1554. – 8 Bl., 256 S., 11 Bl. ; 8°
VD 16 F 1960
Erw.-Datum: 12.10.1562. – *Kaufpreis:* 7. bacij. – *Bindepreis:* 18. kr. – *Hs. Vermerke:* wenige passim Cd 4275.2

275 Fragmenta Poetarum veterum Latinorum, quorum opera non extant: Ennii, Accii, Lucilii, Laberii, Pacuvii, Afranii, Naevii, Caecilii, aliorumque multorum; Haec in gratiam studiosorum carminis ... gratificabimur nunc autem ab Henrico Stephano eius filio digesta, et priscarum quae in illis sunt vocum expositione illustrata: additis etiam alicubi versibus Graecis quos interpretantur. – [Genf] : Henricus Stephanus, 1564. – 433 S. ; 8°
BM 103, 68
Erw.-Datum: 26.8.1566. – *Kaufpreis:* 7. b. – *Bindepreis:* 6. kr. – *Hs. Vermerke:* passim Ce 3570

276 **Freher, Marquard**: Assertio Propriae Gubernationis Serenissimi Principis, Domini Friderici Quarti Comitis Palatini, S. R. I. Archidapiferi, Electoris Et Vicarii, Dvcis Boiariae B. RP. N. Duabus orationibus in XIX. eius principis Natalem, a consiliario quodam Palatino habitis, comprehensa ... Adiecta Sigismundi Imp. Aug. Bulla integra. Accesserunt poëmata quaedam, partim Epitaphia, partim gratulatoria et Genethliaca. – Editio secunda. – Heidelberg, 1593. – 69, 1 S., 13 Bl. ; 4°
VD 16 F 2533
Erw.-Datum: 12.9.1596 (Geschenk des Verf.) Fo XIIb 96.4

277 **Fritsche, Markus**: Meteororum, hoc est, impressionum aerarum et mirabilium naturae operum, loci fere omnes, methodo dialectica conscripti, et singulari quadam cura diligentiaque in eum ordine digesti ac distributi. Item Catalogus prodigiorum atque ostentorum tam coelo quam in terra ... ab eodem conscriptus. – Nürnberg : Johann vom Berg (Montanus) und Ulrich Neuber, 1555. – 28, 179, 1, 59 Bl. ; 8°
VD 16 F 3025
Hs. Vermerke: Besitzvermerk, Notizen auf letztem Bl. Be 149

278 **Froissart, Jean**: Historiarum opus omne, lat. von Johannes Sleidan. – Paris : Andreas Wechel, 1562. – 131 Bl. ; 16°
BN 55, Sp. 859
Kaufpreis: 5 kr. – *Hs. Vermerke:* auf Titelbl. Fo III 1 angeb.

279 **Fronsperger, Leonhart**: Kriegs-Ordnung und Regiment sampt derselbigen Befehl, Statt und Ampter zu Roß und Fuß, auch an Geschütz und Munition in Zügen, zu Feldt, vor oder in Besatzungen, gegen oder vor den Feinden zu gebrauchen mit schönen Figuren auffs neuw zugericht, gemehret, dergleichen hievor nit getruckt worden. – Frankfurt/M. : Johann Lechler für Sigmund Feyerabend und Simon Hüter, 1564. – 4, 122, 1 Bl. ; 2°
VD 16 F 3130
Kaufpreis: 7. bac. Ef 17.2

280 **Fuchs, Leonhard**: Institutionum medicinae libri quinque. – Lyon : Sebastian Honoratus, 1560. – 552 S. ; 8°
BM 117, 282. Adams F–1115
Erw.-Datum: 7.6.1564, mit Widmung von Leonhard Fuchs. – *Kaufpreis:* 6 taler. – *Bindepreis:* 10. kr. – *Hs. Vermerke:* wenige passim Ia 131 e

281 **Galenus**: De usu partium corporis humani libri decem et septem diversorum exemplarium collatione singularique diligentia multis in locis pristinae integritate restituti. – Paris : Christian Wechel, 1543. – 369 S. ; 2°
Adams G–118
Erw.-Datum: 31.5.1570. – *Kaufpreis:* 7. bac. – *Hs. Vermerke:* passim Cd 2375.2

282 **Galenus**: Opera, griech. T. I-V (in 3 vol.). – Basel : Michael Isengrin, 1538. – 4 Bl., 717, 1 S. ; 2°
VD 16 G 123
Erw.-Datum: 3.10.1574. – *Kaufpreis:* 11. fl. – *Hs. Vermerke:* sehr wenige passim Cd 2370.2

283 **Garcaeus, Johannes**: De praedestinatione sive electione, et induratione, pia et sana ecclesiarum nostrarum sententia ... – [s. l.], 1566 ; 8°
Adams G–218
Erw.-Datum: Tübingen, s. d. – *Kaufpreis:* 9. d. Gf 291:2 angeb.

284 **Gaza, Theodorus**: Introductio grammaticae, griech. *Danach:* Apollonius ⟨Dyscolus⟩: De constructione [griech.], mit griech. Vita des Apollonius. Pseudo-Herodianus ⟨de Alexandria⟩: De numeris, griech. – Venedig : Aldus Manutius, Paulus, 25. Dezember 1495. – 198 Bl. ; 2°
GW 10562. HC 7500
Erw.-Datum: 23.8.1583, von Adolph Occo, Augsburg Cd 4715.2

285 **Gemma, Rainer**: Arithmeticae practicae methodus facilis. – Wittenberg : Georg Rhau Erben, 1544. – 88 Bl. ; 8°
VD 16 G 1125
Erw.-Datum: 3.12.1547. – *Hs. Vermerke:* zahlreich Bc 13

286 Geōponika. De Re Rustica Selectorum Libri XX. Graeci, Constantino quidem Caesari nuncupati, ac iam non libris, sed thesauris annumerandi. Io. Alexandri Brassicani opera in lucem editi. Aristotelis De Plantis Libri Duo ... – Basel : Robert Winter, 1539. – 24 Bl., 551, 1 S. ; 8°
VD 16 C 1413
Erw.-Datum: 1562. – *Kaufpreis:* 3 b. – *Bindepreis:* 6 kr. – *Hs. Vermerke:* passim (1573) Cd 3102

287 **Georgius ⟨Codinus⟩**: De Officialibus Palatii Constantinopolitani, et officiis magnae ecclesiae, lat. von F. Junius. – [Heidelberg] : Hieronymus Commelinus, 1596. – 425 S. ; 8°
Adams C–2301
Erw.-Datum: 22.8.1600. – *Hs. Vermerke:* auf Titelbl. und p. 2 Cd 3480

288 **Georgius ⟨Codinus⟩**: Historiarum Compendium quod incipiens a Nicephori Imperatoris, a Genicis obitu, ad Imperium Isaaci Comneni pertinet; cum locupletissimo Indice ... a Ioanne Curopalate Scillizzae ... conscriptum, et nunc recens a Ioanne Baptista Gabio e Graeco in Latinum conversum. – Venedig : Nicolinus (= Pietro di Nicolini da Sabio?), 1570. – 151 Bl. ; 2°
Kein bibliographischer Nachweis
Erw.-Datum: 1582. – *Kaufpreis:* 1. fl. 5. bac. – *Hs. Vermerke:* auf Titelbl. Cd 3120.2

289 **Georgius ⟨Codinus⟩**: Tu sophōtatu Kuropalatu peri tōn ophphikialōn tu pallatiu Konstantinu poleōs, kai tōn ophphikiōn tēs megalēs ekklēsias = Sapientißimi Curopalatae De

Officialibus Palatii Constantinopolitani et de officiis magnae Ecclesiae. Libellus Graece et Latine nunc primum in lucem editus ... ex bibliotheca ... Iulii Pacii; add. in fine notarum libellus; cum indice ... locupletiß. – Lyon : Jean Mareschal, 1588. – 425 S. ; 8°
Adams C–2300
Erw.-Datum: 5.9.1588. – *Kaufpreis:* bac. 5. – *Bindepreis:* bac. 3. Cd 3481

290 **Georgius ⟨Pachymeres⟩**: Paraphrasis in omnia Dionysii Areopagitae opera quae extant, griech. – Paris : Guillaume Morel, 1561. – 444 S. ; 8°
NUC 436, 623
Erw.-Datum: 26.4.1567, Geschenk von Johann Oporinus. – *Hs. Vermerke:* auf Titelbl. Gb 6

291 **Gesner, Konrad**: Mithridates. De differentiis linguarum tum veterum tum quae hodie apud diversas nationes in toto orbe terrarum in usu sunt. Conrad Gesneri observationes. – Zürich : Christoph Froschauer, 1555. – 78 Bl. ; 8°
VD 16 G 1767
Hs. Vermerke: 1 leere Seite am Ende Ca 89

292 **Gilles, Pierre**: De Bosporo Thracico libri III. – Lyon : Guilelmus Rouillius, 1561. – 263 S. ; 4°
NUC 200, 98
Kaufpreis: Bac. 24. – *Hs. Vermerke:* wenige passim Fo XI 5.4 angeb.

293 **Gilles, Pierre**: De topographia Constantinopoleos, et de illius antiquitatibus libri quatuor. – Lyon : Guilelmus Rouillius, 1562. – 8, 245 S. ; 4°
NUC 200, 98
Erw.-Datum: Tübingen, 9.7.1579. – *Kaufpreis:* Bac. 13. – *Bindepreis:* 5. Bac. – *Hs. Vermerke:* passim Fo XI 5.4

294 **Glandorpius, Johannes**: Onomasticon historiae Romanae. – Frankfurt/M. : Andreas Wechel Erben, Claude de Marne und Johann Aubry, 1589. – 6 Bl., 928 Sp., 52 S., 1 Bl. ; 2°
VD 16 G 2161
Erw.-Datum: 15.12.1589. – *Kaufpreis:* 19 bac. Nürtingen: 2° 64 angeb.

295 Gnomologia Demosthenica [T. I-V], hoc est Sententiae breves et illustres ex Demosthene et Aeschine, Graecorum Oratorum principibus ad linguae Graecae elegantem copiam, Hieronymi Wolfii authoritate collectae. Jo. Ludovico Hawenreutero, Baltasare Jmbricio, Paulo Rosa interpretibus. – Basel : Eusebius Episcopius, 1570. – 407, 247 S., 219, 135, 335 S. ; 8°
Adams D–295
Erw.-Datum: Tübingen, 4.4.1584 Cd 3935

296 **Godefridus ⟨Viterbiensis⟩**: Pantheon sive universitatis libri, qui chronici appellantur, viginti omnes omnium seculorum et gentium, tam sacras quam prophanas historias complectentes; iam primum in lucem editi. – Basel : Jakob Kündig (Parcus) für Johann Oporinus, 1559. – 4 Bl., 5 S., 673 Sp., 14 Bl. ; 2°
VD 16 G 2384
Erw.-Datum: 13.8.1588. – *Kaufpreis:* Bac. 9. Fk 3.2:1

297 **González de Montes, Reinaldo**: Sanctae Inquisitionis Hispanicae artes aliquot detectae, ac palam traductae. – Heidelberg : Michael Schirat, 1567. – 18 Bl., 297 S. ; 8°
VD 16 G 2660
Hs. Vermerke: wenige passim Gh 23

298 **Gorecki, Leonard**: Descriptio belli Iuoniae, Voivodae Valachiae, quod anno MDLXXIIII., cum Selymo II., Turcarum Imperatore, gessit. Huic accessit Io. Lasicii Historia de ingressu Polonorum in Valachiam cum Bogdano et caede Turcarum. – Frankfurt/M. : Andreas We-

chel, 1578. – 156 S., 1 Bl. ; 8°
VD 16 G 2666
Erw.-Datum: 22.4.1578. – *Kaufpreis:* 7 kr. Fo XI 75

299 **Górski, Jakób**: Animadversio, sive Crusius. In theologos VVirtembergenses, sua acta et scripta apud Patriarcham Constantinopolitanum iactantes, et Stanislai Socolovii operam in aedenda Ecclesiae Orientalis censura calumniantes. – Köln : Maternus Cholinus, 1586. – [4] Bl., 346 S. ; 8°
VD 16 G 2672
Erw.-Datum: nicht nach 8.7.1587. – *Kaufpreis:* bac. 3. L XIII 24 angeb.

300 **Goslav, Adam**: Libri primi ethicorum Nicomachiorum [Aristotelis] interpretatio analytica. – Augsburg : Michael Manger, 1598. – 221 S. ;
Kein bibliographischer Nachweis
Erw.-Datum: 22.2.1599 Cd 2308

301 **Gregorius ⟨Aneponymus⟩**: Compendiosum Philosophiae Syntagma, latine vertit et illustravit Johannes Wegelinus. – Augsburg : Michael Manger, 1600. – 936 S. ; 8°
Kein bibliographischer Nachweis
Erw.-Datum: 1601, Geschenk von Catharinus Dulcis, Augsburg. – *Hs. Vermerke:* auf Titelbl. Aa 7

302 **Gregorius ⟨Nazianzenus⟩**: Graeca quaedam et sancta carmina, cum Latina Joannis Langi Silesii interpretatione; et eiusdem Joan. Langi poemata aliquot christiana. – Basel : Johann Oporinus, 1561. – 239 S. ; 8°
BN 64, Sp. 126
Erw.-Datum: 24.4.1561, Geschenk von Johann Oporinus Gb 569 b

303 **Gregorius ⟨Nazianzenus⟩**: Graeca quaedam et sancta Carmina, lat. Et eiusdem Ioann. Langi poemata aliquot Christiana magna cum acceßione. – Basel : Johann Oporinus, 1567. – 526 S. ; 8°
Adams G–1149
Erw.-Datum: 9.4.1567, Geschenk von Johann Oporinus Gb 569 ba

304 **Gregorius ⟨Nazianzenus⟩**: Operum Gregorii Nazianzeni tomi tres elaborata est per Joannem Lewenklaium, lat., mit dem Kommentar von Elias Cretensis. T. I-III . – Basel : Eusebius Episcopius, 1571. – P. I: 32 Bl., S. 1–396; P. II: 1 Bl., S. 397–1002; P. III: S. 1003–1170, 42 Bl. ; 2°
VD 16 G 3023.
Erw.-Datum: 22.4.1578. – *Kaufpreis:* 2 fl. 10. Bac. – *Hs. Vermerke:* passim Gb 90.2

305 **Gregorius ⟨Nazianzenus⟩**: Tragoedia Christus patiens. – Paris : Christian Wechel, 1544. – 104 S. ; 8°
BM 132, 145
Erw.-Datum: 13.1.1548. – *Kaufpreis:* 6 d. – *Hs. Vermerke:* passim Gb 569

306 **Gregorius ⟨Nyssenus⟩**: Orationes duae ... una de filij et Spiritus sancti Deitate, altera dicta de Paschatos, griech./lat. (von Joachim Camerarius). – Leipzig : Ernst Vögelin, 1564. – 40 Bl. ; 8°
NUC 217, 428
Kaufpreis: 3 kr. – *Hs. Vermerke:* auf Titelbl. Gb 190:1 angeb.

307 **Gregorius ⟨Nyssenus⟩**: Orationes duae, una de nativitate domini Jesu Christi, altera de sancto Stephano primo martyre, lat. von Joachim Camerarius. – Leipzig : Ernst Vögelin, 1564 ; 8°

epistola sumpsit, in qua [illegible] siue naturam assumtam, quam Dominus ex castissimo uirgineoq; sanguine sumsit, tabernaculum neminis manu factum apostolus uocat. Nam illud nequaquam secundum coniugij legem formatum fuit, sed à spiritu sancto præparatum. Ceterùm quum dixisset, In sancta me introducis, ac ministrum ueri tabernaculi facis: deinde secum ipse sentiens rei magnitudinem: An autem, inquit, me in sanctissima sancta introducas dignum te & illis antistitibus, qui tecum me pontificem crearunt, uel etiam dignum Deo, cuius caussa fit hæc unctio, (nam me in ipsius Euangelij ministrum ungis, & incruenti sacrificij sacerdotem) uel eo dignum ad quem refertur hæc unctio, nimirum à quo hæc sanctificatio per manuum impositionem uenit: id uerò nouit Deus ipse, qui pater est ueri germaniq; Christi, quem exsultationis oleo præter consortes suos perfudit, uncta per diuinitatem humana natura, ut utraq; unum faceret uidelicet diuinitatem & humanitatem, duas illas Christi naturas, quæ personam unam & unam hypostasin constituunt: nouit item hoc præter patrem etiam unigenitus ille filius, uerus Deus, ac Dominus noster Iesus Christus, per quem & reconciliationem consequuti sumus, abolente scilicet ipso peccatum, quod omnis erat belli caussa, nosq; rursus ponente in gratiam apud Deum & patrem: nouit hoc deniq; spiritus sanctus, tamquam Deus, qui nos huic functioni præfecit. Ceterùm hæc ab Apostolo sumta sunt uerba, tantùm uno illo excepto: Quem exsultationis oleo præter consortes suos, hoc est, supra consortes suos omnes, uidelicet reges ac sacerdotes, tamquam unctos, uel etiam supra spiritualiter unctos omnes perfudit. Nam prisci illi Christi, (hoc est, uncti) typico tantùm ungebantur unguento: & qui participes etiam facti sunt deinceps Christi, tamquam uncti spirituales, tantùm particulari quadam spiritus sancti communicatione fruuntur: at caro Domini uero perfusa est unguento, totiusq; unguentis præsentia peruncta. Hoc igitur dictum Dauidicum est: reliqua omnia de Pauli epistolis excerpta.

Declaratio dicti Dauidici.

Christi & aliorum unctorum discrimē.

[illegible handwritten marginal note]

ELIAE CRETENSIS ANTISTITIS COMMENTARIORUM IN NAZIANZENUM, FINIS.

GRE.

Absolui hoc ego, [illegible] illud manuscriptum Basilij [illegible] opus, [illegible] die 7. Augusti (die Veneris) anno Salutis 1579. Tybingæ, domi meæ, [illegible] Virginis: [illegible] principij anno. [illegible] Deus [illegible] magno labore. Sunt 370. folia illius Operis, regalis magnitudinis.

Absolui 8. [illegible] 1. die.

M. Martinus Crusius, [illegible] Linguæ in Academia Tybingensi Professor. [illegible]

Nr. 304, letztes Blatt, unteres Drittel

NUC 217, 428
Kaufpreis: 1. bacio. – *Hs. Vermerke:* wenige passim Gb 570

308 **Gregorius ⟨Papa, I.⟩**: Moralia. Hrsg. von Bartholomaeus Cremonensis. Mit Beigabe des Dominicus de Dominicis. – Venedig : Rainaldus von Nimwegen, 14. Juni 1480. – 348 Bl. ; 2°
GW 11437. H 7930
Erw.-Datum: 1554 Gb 261.2

309 **Gregorius ⟨Turonensis⟩**: Historiae Francorum libri decem, quorum quarto duo capita praecipua ex manu scripto exemplari hac nostra editione accesserunt; appendix item sive liber XI, centum et decem annorum historiam continens alio quodam autore, quorum gratia totum opus recudimus. Hrsg. von Matthias Flacius Illyricus. Liber XI verfaßt von Fredegarius Scholasticus. – Basel : Peter Perna, 1568. – 601, 89 S. ; 8°
NUC 217, 431
Erw.-Datum: 21.4.1568. – *Kaufpreis:* 7. bac. ungebunden. – *Hs. Vermerke:* wenige passim
Fo III 56:2

310 **Guarinus, Baptista**: Oratio funebris in reginam Eleonoram Aragoniam quarto Idus Octobris 1493 habita. *Daran:* Epigramma. – [Ferrara] : [Andreas Belfortis], [nach 12. Oktober 1493]. – 6 Bl. ; 4°
GW 11594. HC 8132
Erw.-Datum: [von Martin Kraus (Vater)]. Ursprünglich Teil eines Sammelbandes mit mehreren Drucken (siehe Cd 3592.4, Nr. 213 und der Handschrift Mc 226. Fo IV 153.4

311 **Guarna, Andreas**: Bellum grammaticale : Cruentissima Verborum & Nominum historia: in qua videbis, Verbum praevalere / autore Andrea Guarna. – Basileae : Jacobus Parcus, 1563. – 40 S. – *Erw.-Datum:* 27.5.1584. – *Kaufpreis:* 4 d. 622 dBasel: Parcus, Jacobus Ca 138

312 **Guazzo, Marco**: Cronica, ne la quale contiensi l'essere de gli huomini illustri, dal principio del mondo sino à questi nostri tempi. – Venedig : Francesco Bindoni, 1553. – 435 Bl. ; 2°
Adams G–1451
Erw.-Datum: Memmingen, 6.6.1556 Fk 8.2

313 **Guilelmus, Janus**: Plautinarum quaestionum commentarius, in quo omnes ordine M. Plauti comoediae, tum multa veterum scriptorum, poetarum imprimis, et M. Tullii loca varie illustrantur, corriguntur, augentur. – Paris : Aegidius Beysius, 1583. – 31, 324, 10 S. ; 8°
NUC 223, 201
Kaufpreis: 4. bac. Ce 1869

314 **Guilelmus, Janus**: Verisimilium libri III. – Antwerpen : Christophorus Plantinus, 1. Februar 1582. – 108 S. ; 8°
NUC 223, 201
Erw.-Datum: 14.5.1586. – *Kaufpreis:* 2. bac. Ce 3515

315 **Guillon, René**: De generibus carminum Graecorum. – Paris : Christian Wechel, 1548. – 20 S. ; 4°
Kein bibliographischer Nachweis
Erw.-Datum: [1548 oder kurz danach]. – *Hs. Vermerke:* auf Titelbl. Dh 57.4

316 **Gwalther, Rudolf**: In Iulii Pollucis dictionarium annotationes. – Basel : Robert Winter, 1542. – 26 S., 10 Bl. ; 4°
VD 16 W 1101
Erw.-Datum: Tübingen, 29.4.1575, von Georg Wertwein. – *Kaufpreis:* Bac. 6.
Cd 8367.4:2 angeb.

317 Ἡ θεία λειτουργία τοῦ ἐν ἁγίοις πατρὸς ημῶν Ἰωάννου τοῦ Χρυσοστόμου. – Venedig, [ca. 1575] ; 4°
Kein bibliographischer Nachweis
Erw.-Datum: 13.10.1583, von Kaspar Cantegiser. – *Hs. Vermerke:* passim Gi 58.4

318 Harmoniae Evangelicae Libri IIII, griech./lat. Item Elenchus harmoniae. Annotationum liber unus. – Basel : Hieronymus Froben et Nikolaus Episcopius, März 1561. – 18, 145, 34 Bl. ; 2°
VD 16 B 4627
Kaufpreis: 14. bacijs Ge 14 a.2

319 **Hartmann, Gallus**: Ein Christlich LeichPredigt, Weylundt der Wolgebohrnen Grävin unnd Frawen, Frawen Anna Grävin von Hohenlohe ... – Tübingen : Erhard Cellius, 1603 ; 4°
Kein bibliographischer Nachweis
Erw.-Datum: 6.9.1603. – *Hs. Vermerke:* passim (1606) Nürtingen: 4° 107 angeb.

320 **Heerbrand, Jakob**: Compendium theologiae methodi quaestionibus tractatum ... Idem a Martino Crusio ... Graece versum. – Wittenberg : Johann Krafft (Crato) Erben, 1582. – 1073 S. ; 4°
VD 16 H 973
Erw.-Datum: 29.9.1582. – *Hs. Vermerke:* zahlreich (und hs. Anhang) Nürtingen: 4° 38

321 **Hegelundus, Petrus**: Epitomes orthographiae Aldi Manutii Paulli ... compendiolum ... – Antwerpen : Christophorus Plantinus, 1579. – 46 S. ; 8°
BN 69, Sp. 990 Cc 142 angeb.

322 **Heliodorus ⟨Emesenus⟩**: Historiae Aethiopicae libri decem, numquam antea in lucem editi. Hrsg. von Vincentius Obsopoeus. – Basel : Johann Herwagen d. Ä., Februar 1534. – 4 Bl., 242 S., 1 Bl. ; 4°
VD 16 H 1673
Erw.-Datum: Straßburg, 28.6.1548. – *Kaufpreis:* 3. b. – *Hs. Vermerke:* zahlreich passim
Cd 5250.4

323 **Hemmerlin, Felix**: Due orationi: L'una di Publio Cornelio Scipione contra Caio Flamminio, L'altra di Caio Flamminio contra Publio Cornelio Scipione. – Von Crusius Xystus Betulejus zugewiesen. – [s. l.], 1544. – 16 S. ; 8°
Kein bibliographischer Nachweis
Hs. Vermerke: auf Titelbl. Dk II 433

324 **Henri ⟨Frankreich, König, II.⟩**: Escript envoie par le Roy à touts les estats du Sainct-Empire. – Fontainebleau, 3. Februar 1552. – 8 Bl. ; 8°
BM 70, 633 f. Fo III 69 angeb.

(Turnèbe) 325 **Hephaestio ⟨Grammaticus⟩**: Encheiridion peri metrōn kai poiēmatōn. Hrsg. von Adrien Turnèbe. – Paris : Adrien Turnèbe, 1553. – 95 S. ; 4°
Adams H–287
Hs. Vermerke: passim Cd 5275.4

326 **Herberstein, Sigmund von**: Rerum Moscoviticarum commentarii. – Basel : Johann Oporinus, August 1561. – 4 Bl., 175, 1 S., 6 Bl. ; 2°
VD 16 H 2203
Erw.-Datum: 25.4.1561 Fo XIV 2 aa.2 angeb.

327 **Heresbach, Konrad**: De laudibus Graecarum litterarum oratio ... Joan. Sturmii de educatione Principum ... Rogeri Aschami et Johannis Sturmij Epistolae duae, de nobilitate angelicana. – Straßburg : Wendelin Rihel, 1551. – 16, 51, 1 Bl. ; 8°

VD 16 H 2287
Erw.-Datum: 17.1.1551. – *Kaufpreis:* 3. kr. – *Hs. Vermerke:* auf Titelbl. Dh 5 angeb.

328 **Hermann, Christoph**: Oratio de ortu, vitae curriculo et beatae ex his terris migratione ... Christophori Binderi abbatis Adelbergensis. – Tübingen : Johann Kircher, 1597. – 89 S. ; 4°
VD 16 H 2338
Erw.-Datum: 6.5.1597. – *Hs. Vermerke:* 6.5.1597 Nürtingen: 4° 97 angeb.

329 **Hermogenes ⟨Tarsensis⟩**: Ars rhetorica absolutissima, griech. – Paris : Christian Wechel, 1530. – 88 S. ; 4°
Adams H–352
Erw.-Datum: nicht nach 25.8.1549? – *Kaufpreis:* 5 batz. – *Hs. Vermerke:* zahlreich passim
Ce 105.4 angeb.

330 **Hermogenes ⟨Tarsensis⟩**: De inventione tomi quatuor. – Paris : Christian Wechel, 1530. – 90 S. ; 4°
Adams H–359
Hs. Vermerke: zahlreich passim (auch von 1602) Ce 105.4 angeb.

331 **Hermogenes ⟨Tarsensis⟩**: De methodo gravitatis, sive virtutis commode dicendi, griech. – Paris : Christian Wechel, 1531. – 28 S. ; 4°
NUC 242, 354
Hs. Vermerke: passim Ce 105.4 angeb.

332 **Herold, Johannes**: Bericht und kurtzbegriffne Erläuterung der Geburttafel ... des churfürstlichen Hauses der Pfaltz am Rhein. – Basel : Johann Oporinus, 1561. – 61, 1 S., 1 Bl. ; 4°
VD 16 H 2540
Erw.-Datum: »mit Eigentumsvermerk« Amsterdam Vrije UB: XE.05570

333 **Heshusius, Tilemann**: Sexcenti errores pleni blasphemiis in Deum, Romana pontificia ecclesia contra Dei verbum furenter defendit. – Frankfurt/M. : Georg Rab (Corvinus), 1572. – 144 Bl. ; 8°
Adams H–465
Erw.-Datum: 1.10.1572. – *Kaufpreis:* 2. bac. Gf 372

334 **Hesiodus**: Opera omnia Graece, cum interpretatione Latina e regione ... carmine a Joanne Ramo conversum. Adjectis etiam iisdem Latino carmine versis, et Genealogiae deorum a Pylade descriptae, libris quinque. Accessit nunc demum Herculis Scutum. – Basel : Johann Oporinus, [1544]. – 8 Bl., 500 S., 16 Bl. ; 8°
VD 16 H 2682
Erw.-Datum: 15.1.1582. – *Kaufpreis:* 10 kr. Cd 6750

335 **Hesiodus**: Opuscula Inscripta Erga Kai Hēmerai. Sic Recens nunc Latine reddita, ut versus versui respondeat, una cum scholiis obscuriora aliquot loca illustrantibus, Ulpio Franekerensi Frisio autore. Addita est antiqua Nicolai Vallae translatio, ut quis conferre queat. Item accessit Angeli Politiani Rusticus, ad filium et exemplar secundi libri Hesiodi factus. – Basel : Michael Isengrin, 1540. – 150 S. ; 8°
VD 16 H 2712
Erw.-Datum: 11.11. [1540?]. – *Kaufpreis:* 1. bac. – *Hs. Vermerke:* passim Cd 6762

336 **Hessus, Helius Eobanus**: Urbs Noriberga illustrata carmine heroico. – [Nürnberg] : Johann Petreius, 1532. – 32 Bl. ; 4°
NUC 244, 81
Erw.-Datum: 30.11.1548. – *Kaufpreis:* 2 kr. Dk II 66.4

337 **Heyden, Johann**: Biblisch Namen-Buch. – Frankfurt/M. : Sigmund Feyerabend, Georg Rab und Weygand Han Erben, 1567. – [6], CCCXCIIII, [35] Bl. ; 2°
VD 16 H 3326
Erw.-Datum: 27.4.1577. – *Kaufpreis:* Bac. 20 Ge 110.2 angeb.

338 **Heyden, Johann**: Ierusalem vetustissima illa et celeberrima totius mundi civitas, ex sacris literis et approbatis Historicis ad unguem descripta. – Frankfurt/M. : Sigmund Feyerabend, Georg Rab und Weygand Han Erben, 1563. – [6] Bl., 635 S., [16] Bl. ; 2°
BN 71, Sp. 1042
Erw.-Datum: Tübingen, 6.3.1585 / 31.10.1585. – *Kaufpreis:* 3. fl. 6. kr. – *Bindepreis:* 9. bac. – *Hs. Vermerke:* auf Titelbl. Ge 110.2

339 **Hierocles ⟨Alexandrinus⟩**: In aureos Pithagorae versus commentarii, lat. von Giovanni Aurispa. – Lyon : Joannes Tornaesius, 1551. – 197 S. ; 8°
BN 71, Sp. 1188
Erw.-Datum: 7.12.1562 Cd 6860

340 **Hieronymus, Sophronius E.**: Epistolae. P. 1–3. Mit Tabula von Theodorus Laelius. *Davor:* Pseudo-Sebastianus ⟨Casinensis⟩: Vita sancti Hieronymi. – Basel : Nikolaus Kessler, 1497. – P. I: 152 Bl., P. II: 178 Bl., P. III: 202 Bl. ; 2°
HC 8565. Goff H–176
Erw.-Datum: von Martin Kraus (Vater) in Ulm; Crusius: 1554 (und 1572, 1586). – *Kaufpreis:* 1 Fl. – *Hs. Vermerke:* zahlreich Gb 43.2

341 **Hilarius ⟨Pictaviensis⟩**: Lucubrationes quotquot extant, nunc denuo ... per D. Martinum Lypsium collatae et recogn., olim per Des. Erasmum Roterod. haud mediocribus sudoribus emendatae, nunc denuo ... per Martinum Lypsium collatae et recognitae. – Basel : Hieronymus Froben und Nikolaus Episcopius, März 1550. – 12 Bl., 785, 1 S. ; 2°
VD 16 H 3620
Erw.-Datum: 13.5.1561. – *Kaufpreis:* 20. b. Gb 347.2:2

342 **Hildesheim, Franz**: Mundi Catholica: Sive Cosmographiae praecepta universalia. – Straßburg : Nikolaus Wiriot, 1581. – 12, 161, 1 S., 3 Bl. ; 8°
VD 16 H 3662
Kaufpreis: 2 bac. Fa 157

343 **Hippocrates**: Prognōstikōn bibloi 3. Tu autu peri physiōs anthrōpu. Tu autu orkos. Accessit his Albani Torini in Hippocratis prognostica praefatio. – Basel : Heinrich Petri, August 1536. – 36 Bl. ; 8°
NUC 247, 153
Erw.-Datum: 9.12.1560. – *Kaufpreis:* 10 kr. (inkl. Einband) Cd 6940

344 **Hippocrates**: Viginti duo commentarii tabulis illustrati, graecus contextus ex doctiss. ... emendatus, latina versio Jani Cornarii ... correcta. Sententiae insignes per locos communes methodice digestae, Theod. Zvingeri ... – Basel: Eusebius Episcopius, 1579. – 14 Bl., 594 S., 57 Bl. ; 2°
VD 16 H 3791 Cd 4278.2 angeb.

345 Historia rerum a Poloniae rege in Moscovia superiori anno fortiter et feliciter gestarum. Item ... narrationes de bello Persico, quod a Turcis in Media geritur, et de Armeniis et aliis rebus. – [s. l.], 1581. – [12] Bl. ; 4°
Kein bibliographischer Nachweis
Erw.-Datum: Tübingen, 20.6.1581, aus Rostock Fl 25.4

346 **Homerus**: Batrachomyomachia, griech./lat. – Leipzig : Ernst Vögelin, 1566. – 58 S., 2 Bl., 18 S. ; 8°
VD 16 H 4620
Erw.-Datum: 27.2.1580. – *Kaufpreis:* Bac. 1. – *Hs. Vermerke:* zahlreich Cd 7325

347 **Homerus**: Batrachomyomachia, neugriech. – Venedig, 1539
Papadopulos S. 205 Nr. 2753. Eideneier, Von der Hs. S. 102. – Exemplar lag nicht vor.
Jena UB: 4.Op.th.43

348 **Homerus**: Ilias, metablētheisa palai eis koinēn glōssan, nyn de diorthōtheisa, neugriech. – Venedig : Stefano da Sabio, Mai 1526 ; 4°
Adams H–776
Erw.-Datum: 16.7.1581, Geschenk von Michael Neander. – *Hs. Vermerke:* zahlreich
Cd 6055.4

349 **Homerus**: Opus utrumque Homeri Iliados et Odysseae, diligenti opera Iacobi Micylli et Ioachimi Camerarii recognitum. – Basel : Johann Herwagen d. Ä., 1541. – 410, 237 S. ; 2°
Adams H–750
Erw.-Datum: Straßburg, 23.6.1547. – *Hs. Vermerke:* besonders zahlreich passim
Auktion Christie's London 29.11.1999 (Katalog S. 96 f.); Princeton UL. – Film: Tübingen UB: 1 F 6868

350 **Homilius, Johannes**: De syllogismorum veritate, quae est certa in omni argumentatione conclusio oratio. – Leipzig : Valentin Bapst, 1557. – [12] Bl. ; 4°
VD 16 H 4720
Erw.-Datum: Geschenk von B. Wolffhard, nicht nach 13.2.1571. – *Hs. Vermerke:* zahlreich passim Ab 31.4

351 **Honterus, Johannes**: Rudimentorum cosmographicorum ... libri III, cum tabellis geographicis elegantißimis. De variarum rerum nomenclaturis per classes liber I. – [Zürich] : [Christoph Froschauer d. J.], 1573. – 46 Bl. ; 8°
VD 16 H 4786
Kaufpreis: 5. kr. – *Hs. Vermerke:* wenige passim Fa 135

352 **Horatius Flaccus, Quintus**: Poemata omnia. – Lyon : Sebastian Gryphius, 1554 ; 8°
Adams H–898
Erw.-Datum: 21.1.1588. – *Kaufpreis:* 12 bacijs Nürtingen: 8° 167

353 **Horatius Flaccus, Quintus**: Sermonum seu Satyrarum Libri Duo. – Straßburg : Matthias Schürer, Januar 1517. – 44 Bl. ; 4°
VD 16 H 4967
Erw.-Datum: 1545. – *Kaufpreis:* 3. cruc. Ce 250.4

354 **Hornmolt, Sebastian**: Davidis Regii Prophetae Psalmi puris ac perpetuis iambis sine elisione expressi ... – Tübingen : Georg Gruppenbach, 1596. – 331 S. ; 8°
BM 153, 51
Erw.-Datum: 15.4.1597 Nürtingen: 8° 174

355 **Hornmolt, Sebastian**: Precationes sacrae in singulos septimanae dies distributae, et ex puris ac perpetuis iambis sine elisione expressae. – Tübingen : Georg Gruppenbach, 1596. – 165 S. ; 8°
VD 16 H 35 Nürtingen: 8° 174 angeb.

356 Hōrologion, griech. – Venedig, 1584. – [456] S. ; 8°
Legrand (IV) Nr. 780 (?)
Erw.-Datum: 23.3.1590, Geschenk von Leontios Philoponos und Jezechiel Xyriches. – *Hs. Vermerke:* passim Gb 580

357 Horologion, griech. – [s. l.], [1584]. – 160 Bl. ; 16°
Eideneier, Von der Hs. S. 108
Erw.-Datum: 24.3.1590, Geschenk von Leontios Philoponos. – *Hs. Vermerke:* passim
Gb 579

358 **Horst, Jakob**: Zwey Bücher, eins von dem güldenen Zahn, so einem Knaben in Schlesien gewachsen; das ander von den Nachtwanderern, welche im Schlaff umgehen usw. – Leipzig : Michael Lantzenberger für Valentin Vögelin, 1596. – 292 S. ; 8°
VD 16 H 5017
Erw.-Datum: [nicht vor 15.5.1596]. – *Hs. Vermerke:* auf Titelbl. Jf IX 216

359 **Hotman, François**: De furoribus Gallicis, horrenda et indigna Amirallii Castillionei aliorumque nobilium etque illustrium virorum caede ... vera et simplex narratio ... Ernesto Varamundo auctore [Pseud.]. – Edinburgh [Basel] : [Johann Oporinus], 1573. – 136 S. ; 4°
Adams H–1071
Erw.-Datum: 21.3. [nicht vor 1573]. – *Kaufpreis:* X. kr. Fo III 14.4

360 **Hotman, François**: Francogallia. Libellus statum veteris rei publicae Gallicae ... describens. – Köln : Hieronymus Bertulphus, 1574. – 154 S. ; 8°
BM 153, 237
Erw.-Datum: 30.4.1574. – *Kaufpreis:* bac. 2. Fo III 63 c

361 **Huttich, Johann**: Imperatorum et Caesarum vitae cum imaginibus ad uiuam effigiem expressis. Libellus auctus cum elencho et iconiis consulum. – Straßburg : Wolfgang Köpfel, 1534. – 89 Bl. ; 4°
Adams H–1247
Erw.-Datum: 1551. – *Hs. Vermerke:* wenige passim Fo XV 5.4

362 L'hystoire des nobles et vaillans chevaliers nommez Milles et Amys. – Paris : Alain Lotrian, [1534] ; 4°
Kein bibliographischer Nachweis
Erw.-Datum: Tübingen, 18.3.1561. – *Hs. Vermerke:* passim Dk VI 1.4

363 Iatromathematica Hermetis Trismegisti ad Ammonem Aegyptium, a Davide Hoeschelio Aug. Graece et Latine edita, fide m. s. Codicis emendata, suppleta, Cum notis. – Augsburg : Michael Manger, 1597. – 61 S. ; 8° 1597
BN 73, Sp. 972
Erw.-Datum: 28.3.1597, Geschenk von David Hoeschel Cd 6410

364 **Ibn-ʿEzrâ, Avrāhām**: Decalogus praeceptorum divinorum = ʿAśeret had-devārîm ʿim pêrûš cum eleganti commentariolo Rabbi Aben Ezra et Latina versione Sebastiani Munsteri, hebr. und lat. – Basel : Johann Froben, 1527. – 32 Bl. ; 4°
BN 1, 103 Ci VII 15 a angeb.

365 Illustrium poetarum flores, per Octavianum Mirandulam collecti, et in locos communes digesti. – Lyon : Joannes Tornaesius, 1576. – 730 S., 3 Bl. ; 12°
NUC 386, 653. BN 115, Sp. 894
Erw.-Datum: 1580. – *Kaufpreis:* 6 bac. 1 kr. Nürtingen: 12° 67

366 In Nuptiis Salomonis Frencelii, a Fridenthal ... et Evae. honestissmimae puellae ... Adami Ioht. a Schauerwiz ... Elegiae duae ... – Wittenberg : Georg Müller d. Ä., 1591. – 4 Bl. ; 4°
Kein bibliographischer Nachweis
Erw.-Datum: Geschenk von Salomon Frenzel. – *Hs. Vermerke:* auf Titelbl.
Nürtingen: 4° 96 angeb.

367 Index librorum prohibitorum cum regulis. Confectis per patres a Tridentina Synodo delectos authoritate ... Pii IV. – Lüttich : Henricus Hovius, 1568. – 68 S. ; 8°
NUC 265, 572
Hs. Vermerke: auf letztem Bl. Gc 19 angeb.

368 Innamoramento delli nob. amanti Paris, et Viena. – Venedig : Fabbio et Agostino Zoppini Fratelli, 1585. – [80] Bl. ; 8°
Kein bibliographischer Nachweis
Erw.-Datum: Tübingen, 22.4.1588, geschickt von David Hoeschel, Augsburg. – *Hs. Vermerke:* wenige passim Dk III 62

369 **Interiano, Paolo**: Ristretto delle historie Genovesi. – Lucca : Vincenzo Busdrago, 1551. – 232 Bl. ; 4°
Adams I–146
Erw.-Datum: Memmingen, 6.6.1556, aus Venedig. – *Hs. Vermerke:* auf Titelbl. Fo IV 20.4

370 **Irenaeus ⟨Lugdunensis⟩**: [Adversus haereses] Opus eruditissimum ..., in quinque libros digestum, in quibus mire retegit et confutat veterum haereseon impias ac portentosas opiniones. Des. Erasmi Roterodami opera emendatum. – Basel : Hieronymus Froben und Nikolaus Episcopius, 1548. – 338 S. ; 2°
VD 16 I 319
Erw.-Datum: 1561. 8. Janu:. – *Kaufpreis:* 5. b. – *Bindepreis:* 7. b. Gb 400.2

371 **Isaac ⟨Argyrus⟩**: Scholia in Euclidis Elementorum geometriae, sex priores libros in lucem edita. – Straßburg : Nikolaus Wiriot d. Ä., 1579. – 112 S. ; 8°
VD 16 E 4159
Erw.-Datum: 1581. – *Kaufpreis:* 1 batzen (unsicher, ob Crusius). Cd 4847

372 **Isidorus ⟨Hispalensis⟩**: Originum libri viginti ex antiquitate eruti. Martianus Capella: De nuptijs Philologiae et Mercurij Libri novem. – Basel : Peter Perna, [1577]. – 6 Bl., 550 S., 16 Bl., 240 Sp., 2 Bl. ; 2°
VD 16 I 371
Kaufpreis: 1 fl. Nürtingen: 2° 64

373 **Isocrates**: Orationes, griech. Mit Vita des Isocrates von Plutarchus. Hrsg. von Demetrius Chalcocondyles. – Mailand : Ulrich Scinzenzeller und Sebastianus de Pontremoli, 24. Januar 1493. – 200 Bl. ; 2°
HC 9312. BMC VI 767
Erw.-Datum: 23.8.1583, Geschenk von Adolph Occo, Augsburg. – *Bindepreis:* viiij. bac
Cd 3190.2:2

374 Iubilaeus Coniugalis, Nobilis, clarissimi et consultissimi viri, D. Nicolai Varenbüleri ... Et Nobilis ... foeminae, Reginae VValtherin ... Coniugium Quinquagenariorum: Gratulationibus, Clarissimorum, Doctissimorumque Virorum ... – Tübingen : Erhard Cellius, 1597 ; 4°
VD 16 C 1875
Erw.-Datum: 17.12.1597, Geschenk von Nikolaus Varnbühler Nürtingen: 4° 97 angeb.

375 **Iulianus ⟨Imperium Romanum, Imperator⟩**: Misopogon et Epistolae, graece latineque nunc primum edita et illustrata a Petro Martinio Morentino ... Add. est praefatio de vita Juliani eodem authore, griech. und lat. – Paris : Andreas Wechel, 1566. – 317 S. ; 8°
Adams J–419
Kaufpreis: 5 bacijs. – *Hs. Vermerke:* auf Titelbl. Cd 1160 angeb.

376 **Iulianus ⟨Imperium Romanum, Imperator⟩**: Misopogon et epistolae, griech./lat. – Paris : Andreas Wechel, 1566. – 317 S. ; 8°

Adams J–419
Kaufpreis: 5 bac. Cd 1160 angeb.

377 Iuris orientalis Libri III, ab Enimundo Bondefidio digesti, ac notis illustrati, et nunc primùm in lucem editi, cum Latina interpretatione. – Paris : Henricus Stephanus, 1573. – 127, 304, 312 S. ; 8°
Adams B–2413
Erw.-Datum: Tübingen, 29.9.1573. – *Kaufpreis:* Bac. 13. – *Bindepreis:* 3. bac. – *Hs. Vermerke:* passim Ha I 89:1

378 **Iustinus, Marcus Iunianus**: Historia, collatis ad autorem Graecis et Latinis historicis, pristinae veritati restituta. Hrsg. von Georgius Maior. – Köln : Walther Fabritius, 1556. – 16 Bl., 348 S. ; 8°
VD 16 T 2060
Erw.-Datum: 4.9.1556. – *Kauf- und Bindepreis:* 18 kr. – *Hs. Vermerke:* sehr zahlreich (am Anfang und Ende Bl. eingeklebt) Ce 1094

379 **Jeremias ⟨Constantinopolitanus⟩**: Sententia definitiva ... de doctrina et religione Wirtembergensium theologorum. Una cum antidoto ultimae responsionis eorundem ad censuram Patriarchae de articulis confessionis Augustanae. Hrsg. von Stanislaus Socolovius. – Trier : Emund Hatot Witwe, 1586. – 84, 80 S. ; 8°
VD 16 J 230
Erw.-Datum: 16.6.1586. – *Kaufpreis:* kr. 6. – *Hs. Vermerke:* zahlreich passim L XIII 24

380 Jhesus. Das New Testament Deutsch. Übers.: Martin Luther. T. I-II. – [Straßburg] : [Johann Schott], 1522/1523. – 206, 155 Bl. ; 8°
VD 16 B 4333
Erw.-Datum: von Martin Kraus (Vater) geerbt, 1554. – *Kaufpreis:* iiij lb. (1523). – *Hs. Vermerke:* sehr zahlreich (v. a. von Martin Kraus) Ga LIII 54–1/2

381 **Johannes ⟨Chrysostomus⟩**: Coniunculae perquam elegantes sex de fato et providentia dei, Graece. – Basel : Johann Froben, August 1526. – 40 Bl. ; 8°
VD 16 J 426
Erw.-Datum: 1561. – *Hs. Vermerke:* zahlreich passim Gb 62

382 **Johannes ⟨Chrysostomus⟩**: De sancto hieromartyre Babyla [Teilausgabe der Homiliae, griech.]. – Basel : Johann Froben, August 1527. – 72 Bl. ; 8°
VD 16 J 412
Erw.-Datum: nicht nach 25.3.1562. – *Bindepreis:* 1. b. – *Hs. Vermerke:* sehr zahlreich, dazu 6 angeb. Bl. Gb 99

383 **Johannes ⟨Chrysostomus⟩**: Homiliae sex [Teilausgabe, griech.]. Hrsg. von John Harmar. – Oxford : Josephus Barnesius, 1586. – 138 S. ; 8°
BM 166, 267
Erw.-Datum: 29.9.[1586], Geschenk von Scipio Gentili, aus Frankfurt/M. – *Bindepreis:* X. kr. Gb 440

384 **Johannes ⟨Chrysostomus⟩**: In omnes Pauli epistolas interpretatio, graec. Hrsg. von Bern. Donatus. – Verona : Stephanus [Nicolini], 28. Juni 1529. – 204, 255, 249, 107, 1 Bl. (in 2 vol.) ; 2°
Adams C–1539
Erw.-Datum: 26.4.1567, Geschenk von Johann Oporinus. – *Bindepreis:* 8. Bacij. – *Hs. Vermerke:* wenige passim Gb 20.2

385 **Johannes ⟨Chrysostomus⟩**: Beati Nectarij Archiepiscopi Constantinopolitani oratio una. Beati Ioannis Chrysostomi orationes sex, griech. Hrsg. von Joachim Périon. – Paris : Carolus Guillard, 1554. – 56 S. ; 8°
Kein bibliographischer Nachweis
Erw.-Datum: 26.9.1562. – *Hs. Vermerke:* zahlreich passim Gb 60

386 **Johannes ⟨Chrysostomus⟩**: Peri Tu, Hoti pollu men axiōmatos, dyskolon de episkopein dialogoi hex. Quod multae quidem dignitatis, sed difficile sit episcopum agere. Vorwort von Desiderius Erasmus. – Tübingen : Ulrich Morhart d. Ä., 1548. – [10] Bl., 185 S. ; 8°
VD 16 J 456
Erw.-Datum: 12.3.1558. – *Kaufpreis:* 23 d. – *Hs. Vermerke:* sehr zahlreich Gb 98

387 **Johannes ⟨Chrysostomus⟩**: Praesenti libro insunt haec ... enarratio in Psalmum centesimum. – Paris : Carolus Guillard, 1555. – 31 S. ; 8°
Adams C–1530
Erw.-Datum: 26.9.1562. – *Hs. Vermerke:* passim Gb 60 angeb.

388 **Johannes ⟨Chrysostomus⟩**: Tu en hagiois patros hēmōn Ioannu tu Chrysostomu, Archiepiskopu Konstantinopoleōs anekdotōn, exairetōn te kai pany ōphelimōn logōn dekas hellēnorōmaikē = Hoc est ... Ioannis Chrysostomi archiepiscopi Constantinopolitani nunc primum editarum praestantiss. et plane utiliss. Orationum decas Graecolatina, griech./lat. – Basel : Hieronymus Froben und Konsorten, 1585. – [8] Bl., 576 S., 12 Bl. ; 8°
VD 16 J 451
Erw.-Datum: Tübingen, 24.11.1585. – *Kaufpreis:* bac. 4. – *Hs. Vermerke:* wenige passim Gb 441

389 **Johannes ⟨Papa, XXI.⟩**: Duodecim tractatus Petri Hispa[ni] [Summulae logicales]. – Tübingen : [Johann Otmar], [1500]. – 56 Bl. ; 4°
NUC 281, 114. Goff J–248
Erw.-Datum: [von Martin Kraus (Vater)]. Ursprünglich Teil eines Sammelbandes mit Ce 40.4, Nr. 94. Ab 7.4

390 **Johannes ⟨Tzetzes⟩**: Expositio librorum Hesiodi Operum et Dierum, Clypei Herculis, Generationis Deorum. – Basel : [Johann Oporinus], [ca. 1550]. – 270 S. ; 8°
NUC 606, 379
Erw.-Datum: Tübingen, 15.1.1582. – *Hs. Vermerke:* passim Cd 6751 a

391 **Johannes Zacharias ⟨Actuarius⟩**: De actionibus et affectibus spiritus animalis, eiusque victu libri II, nunc primum in lucem prodeunt Jac. Goupyli beneficio. – Paris : Martinus Iuvenis, 1557. – 151 S. ; 8°
NUC 281, 65
Hs. Vermerke: auf Titelbl. Cd 7575

392 **Josephus, Flavius**: Josippus. Ein kurtzer Auszug und Begriff Josephi ... von allem, so sich fürnehmlich mit den Jüden zugetragen, von der Maccabeer Zeit an bis zur endlichen Zerstörung Jerusalems und gantzen Jüdischen Reichs, erstlich durch ... Sebastian Münster aus dem Ebreischen ins Latein, itzt aber ... durch Georgen Wolffen in gut Teudtsch bracht ... – Oberursel : Nikolaus Henricus, [ca. 1557]. – 111 Bl. ; 4°
Kein bibliographischer Nachweis
Erw.-Datum: Memmingen, 21.6.1558. – *Hs. Vermerke:* zahlreich passim Ce 238 b.4

393 **Josephus, Flavius**: Opera. – Basel : Hieronymus Froben und Nikolaus Episcopius, 1544. – 6 Bl., 967, 1 S. ; 2°
VD 16 J 955
Erw.-Datum: Tübingen, 6.5.1565. – *Kaufpreis:* 3 fl. (gekauft von Andreas Laubmarius). – *Hs. Vermerke:* zahlreich passim Cd 3145.2:1

394 **Kempe, Cornelius**: De origine, situ, qualitate et quantitate Frisiae, et rebus a Frisiis olim praeclare gestis, libri tres, in quibus multa scitu digna, et hactenus incognita, tum ex patriae annalibus, partim excusis, partim manudescriptis, tum etiam ex probatis exterarum gentium historiis ... proponuntur. – Köln : Goswin Cholinus, 1588. – [12] Bl., 342 S., [3] Bl. ; 8°
VD 16 K 729
Erw.-Datum: 16.4.1588. – *Kaufpreis:* 14. kr. Fo XIIb 664

395 **Krauß, Wolfgang**: Der Stam und Ankunfft des ... Chur- und Fürstlichen Hauss zu Sachssen. – Nürnberg : Joachim Heller, 1554. – 78 Bl. ; 8°
VD 16 K 2303
Erw.-Datum: 3.8.1554. – *Kaufpreis:* 5. kr. Fo XIIb 196 b

396 **Kromer, Marcin**: De origine et rebus gestis Polonorum libri XXX. – Basel : Johann Oporinus, August 1555. – 4 Bl., 702 S., 20 Bl. ; 2°
NUC 307, 33
Erw.-Datum: 17.10.1560. – *Kaufpreis:* 12. b. (gekauft von Samuel Straeler). – *Bindepreis:* 7. b. Fo XIV 2 aa.2

397 **Kunadēs, Andreas**: Anthos tōn charitōn. – Venedig : Giovan'Antionio & Pietro fratelli di Nicolini da Sabio, 1546. – [30] Bl. ; 4°
Papadopulos S. 34 Nr. 412
Erw.-Datum: 23.8.1564, Geschenk von Engelbert Milander. – *Hs. Vermerke:* passim Dk I 6.4

398 **Lambin, Denis**: In Q. Horatium Flaccum ... commentarii : copiosissimi et ab auctore plus tertia parte post primam editionem amplificati. – Editio postrema. – Frankfurt/M. : A. Wechel, 1577. – [6] Bl., 383 S., [12], [4] Bl., 1200 Sp., [42] Bl. Ce 200.2

399 Lamento de la Italia a suoi figlivoli fuggiti per cagion de la religione. – [s. l.], [ca. 1550]. – 8 Bl. ; 8°
Kein bibliographischer Nachweis
Erw.-Datum: 22.8.1560, Geschenk von Coelius Secundus Curio, überbracht von Johann Bauhin Gf 198 angeb.

400 **Lampadius, Auctor**: Compendium musices, tam figurati quam plani cantus ad formam dialogi accurate congestum. Praeterea additae sunt formulae intonandi psalmos . – Bern : Matthias Apiarius, 16. August 1541. – 56 Bl. ; 8°
VD 16 L 179.
Erw.-Datum: Juni 1551 von Martin Kraus (Vater). – *Hs. Vermerke:* zahlreich. Hs. Anhang, Musiknoten. – (Abb.) De 4

401 **Lamprias**: De scriptis Plutarchi Chaeronensis, et Graece et Latine nunc primum editus. Hrsg. von David Hoeschel. – Augsburg : Hans Schultes (Praetorius) d. Ä., 1597. – 12 Bl. ; 4°
VD 16 L 190
Erw.-Datum: 13.7.1597, von David Hoeschel, wohl Geschenk. – *Hs. Vermerke:* auf Titelbl. Cd 6379.4

402 **Łasicki, Jan**: Historia de ingressu Polonorum in Valachiam cum Bogdano et caede Turcarum. – Frankfurt/M. : Andreas Wechel, 1578. – 156 S., 1 Bl. ; 8°
VD 16 L 551. – Angedruckt an Nr. 298.
Erw.-Datum: 22.4.1578. – *Kaufpreis:* 7. kr. Fo XI 75

403 **Laskaris, Konstantinos**: Grammaticae compendium, Graecae linguae studiosis aptissimum. – Basel : Johann Oporinus, 1547. – 4 Bl., 926 S. ; 8°
VD 16 L 545

Notizen von Crusius zur Musiktheorie und eine eigene Komposition. Hs. Anhang zu Nr. 400. Abb.: Bl. 60b/61a

Erw.-Datum: Tübingen, 2.12.1576. – *Kaufpreis:* δ' bac. – *Bindepreis:* 3 bac. – *Hs. Vermerke:* auf Titelbl. Cb 31

404 **Latini, Brunetto**: Il tesoro. – Venedig : Marchio Sessa, 1533. – 249 S. ; 8°
Adams L–251
Erw.-Datum: Tübingen, 27.10.1570. – *Kaufpreis:* 2. Bac. – *Hs. Vermerke:* auf Titelbl. Dk III 310 a

405 **Latomus, Bartholomaeus**: Epistolae duae duorum amicorum, Bartholomaei Latomi, et Joannis Sturmii, de dissidio periculoque Germaniae, et per quos stet, quo minus concordiae ratio inter partes ineatur; item alia quaedam Sturmii, de emendatione Ecclesiae et religionis controversiis. – Straßburg : Wendelin Rihel, März 1540. – 62 Bl. ; 8°
Kein bibliographischer Nachweis
Erw.-Datum: 28.12.1547, Geschenk von Wolfgang de Werter. – *Hs. Vermerke:* passim Dh 5

406 **Lazius, Wolfgang**: Commentarii rerum Graecarum libri II, in quibus tam Helladis quam Peloponnesi, quae in lucem antea non venerunt, explicantur. – Wien : Raphael Hoffhalter, 1558. – 88 Bl. ; 2°
VD 16 L 846
Kaufpreis: 1 fl. Cd 2440.2 angeb.

407 **Lazius, Wolfgang**: Commentariorum vetustorum numismatum ... specimen exile : ... Augusti et Tyberii Caesarum monetam si quae ex argento in forulis S. R. R. M. extat explicans. – Wien : Michael Zimmermann, 1558. – 30 Bl. – Kein bibliographischer Nachweis
Erw.-Datum: 21.4.1577 (Geschenk Balthasar Monninger) Stuttgart LB: Allg. G.fol. K.176

408 [Lectionarium missae, dt.] Evangelia, mit den Summarien und Episteln auff alle Sontage und fürnemesten Feste durchs gantze jar, sampt der Historien der passion, Auferstehung und Himelfart Christi. – [Leipzig] : Jakob Bärwald, [1552] ; 8°
Kein bibliographischer Nachweis
Erw.-Datum: [von Martin Kraus (Vater)], 1561. – *Hs. Vermerke:* sehr zahlreich passim, v. a. von Martin Kraus Gi 1348

409 Leges Academiae VVitebergensis De Studiis Et Moribus Auditorum. Item Artickel etlicher nothwendiger Ordnung vnd Satzung, zu erhaltung guter Zucht. Newlich nach bestetigung vnd beuehl des durchleuchtigisten hochgebornen ... Augusti Churfürsten zu Sachsen etc. Von der Vniuersitet Wittemberg vnd einem erbarn Rhat publicirt. – Wittenberg : Georg Rhau Erben, 1562. – 55 Bl. ; 8°
VD 16 W 3736
Kaufpreis: 7. kr. – *Hs. Vermerke:* auf Titelbl. Ka XXX 7 a

410 Λεξικον Ἑλληνορωμαίκον, hoc est, Dictionarium Graecolatinum supra omnes editiones ... – Basel : Heinrich Petri, März 1572. – 954 Bl. ; 2°
VD 16 L 1409
Erw.-Datum: Esslingen, 23.1.1575. – *Hs. Vermerke:* sehr zahlreich Nürtingen: 2° 95

411 L'entrée de monseigneur le Daulphin faicte en l'antique et noble cité de Lyon l'an mil cinq cens trente et troys Le xxvj. de May. – Lyon : Jean Crespin, [1533?]. – 24 Bl. ; 8°
Kein bibliographischer Nachweis
Erw.-Datum: Geschenk von Blasius Fabricius, s. d. – *Hs. Vermerke:* auf vord. Spiegel Fo III 69

412 **Leo ⟨Africanus⟩**: De totius Africae descriptione libri IX. quibus non solum Africae regionum, insularum, et oppidorum situs, locorum que interualla, accurate complexus est, sed Regum familias, bellorum causas ... recens in Latinam linguam conversi Ioanne Floriano

interprete. Arabice primum scripsit author: deinde Italico sermone reddidit: Ioannes Florianus ex Italico Latinum fecit. His recens accedit Hannonis Carthaginensium ducis navigatio, qua Libycam oram ultra Herculis columnas lustrauit, Conrado Gesnero interprete, cum scholijs. – Zürich : Andreas Geßner d. J., 1559. – 25, 517, 21 S. ; 8°
VD 16 L 1188
Erw.-Datum: 5.6.1582. – *Kaufpreis:* 3. bac. – *Hs. Vermerke:* auf Titelbl. Ci IX 292 a

413 **Lery, Jean de**: Historia navigationis in Brasiliam, quae et America dicitur, qua describitur autoris navigatio quaeque in mari vidit ... Villagagnonis in America gesta; Brasiliensium victus et mores ... cum eorum linguae dialogo ... reliquaque singularis et nobis penitus incognita ... Gallice scripta,. – [Genf] : Eustathius Vignon, 1586. – 341 S. ; 8° 1586
Adams L–536
Kaufpreis: bac. 7. Fo XXVIII 22

414 **Levita, Elia**: Composita verborum et nominum Hebraicorum. Opus vere insigne atque utile: Hebraicae grammaticae studiosis in primis necessarium = Sēfer ha-harkāvā Sebastianum Munsterum Latinitate donatum. – Basel : Johann Froben, November 1525. – 168 S. ; 8°
NUC 158, 7
Erw.-Datum: aus dem Besitz von Kaspar Hedio (1527), nachher Crusius (1553) Ci VII 6

415 **Levita, Elia**: Grammatica Hebraica absolutissima ... nuper per Sebastianum Munsterum iuxta Hebraismum Latinitate donata. Institutio elementaria in Hebraicam linguam. Tabula omnium Hebraicarum coniugationum. – Basel : Johann Froben, 1525. – 400, 48 S. ; 8°
NUC 158, 7 f.
Erw.-Datum: aus dem Besitz von Kaspar Hedio (1527), nachher Crusius (1553)
Ci VII 6 angeb.

416 Libellus scolasticus utilis, et valde bonus: quo continentur, Theognidis praecepta. Pythagorae versus aurei. Phocylidae praecepta. Solonis, Tyrtaei, Simonidis et Callimachi quaedam carmina. Collecta et explicata a Ioachimo Camerario Pabepergen. Accessit rerum et verborum memorabilium Index [griech.]. – Basel : Johann Oporinus, 1551. – 214 S. ; 8°
VD 16 C 451. Adams T–552
Erw.-Datum: 9.3.1552. – *Kaufpreis:* 7. kr. – *Hs. Vermerke:* zahlreich passim Cd 11700

417 Libellus supplex Imperatoriae Maiestati, caeterisque sacri Imperii electoribus. – [s. l.], 1570. – 56 Bl. ; 8°
VD 16 L 1530 Fo XI 29 angeb.

418 Liber canticorum, quae vulgo responsoria vocantur, secundum anni ordinem, Dominicis et Festis diebus hactenus servatum. – Nürnberg : Johann vom Berg (Montanus) und Ulrich Neuber, [um 1550]. – 168 Bl. ; 8°
VD 16 R 1198
Erw.-Datum: 22.8.1587. – *Kaufpreis:* 2. B. – *Hs. Vermerke:* Bl. 2a und am Ende Gi 709

419 **Lindeberg, Peter**: De praecipuorum tam in sacris quam Ethnicis scriptis Numerorum nobilitate, mysterio et eminentia liber unus. – Rostock : Stephan Möllemann (Myliander), 1591. – [8] Bl., 144 S., [16] Bl. ; 8° 1591
Kein bibliographischer Nachweis
Erw.-Datum: 19.2.1592. – *Kaufpreis:* (Geschenk des Verf.) Bl 2

420 **Lipsius, Justus**: Ad Annales Corn. Taciti liber commentarius sive notae. – Antwerpen : Christophorus Plantinus, 1581. – 481 S. ; 8°
NUC 335, 350
Kaufpreis: 9. bac. – *Hs. Vermerke:* auf Titelbl. Ce 2725 b

421 **Lipsius, Justus**: De recta pronunciatione Latinae linguae dialogus. – [Leiden], 1586. – 96 S. ; 8°
NUC 335, 355 und 364
Erw.-Datum: 29.4.1596 Cc 229

422 **Lipsius, Justus**: De Recta Pronunciatione Latinae Linguae Dialogus. Ad V. Jllustrem Philippum Sidneium, Equitem. – Antwerpen : Christophorus Plantinus, 1586. – 4 Bl., 113, 1 S., 4 Bl. ; 4°
Bibliographie Lipsienne II.465. NUC 335, 355
Erw.-Datum: 29.9.1586. – *Kaufpreis:* 5. bac. Cc 29.4

423 **Livius, Titus**: Latinae historiae principis decas prima. – Lyon : Sebastian Gryphius, 1548. – 873, 62 S. ; 16°
BN 190, Sp. 168
Erw.-Datum: 21.11.1560. – *Hs. Vermerke:* in Bd. I zahlreich, wenige in Bd. II
Nürtingen: 12° 60/1–2

424 **Livius, Titus**: Quae extant Decades ad decem diversa exempla acri iudicio repositae. Cum indice literaria serie etiam in Epitomen L. Flori: adiectis compluribus prius intermissis: rursus ab Ascensio collecto ... Cum L. Flori in omneis libros Epitome recognita et literis ut indice explicari possit, ab eodem Ascensio distincta. Cum annotationibus M. Antonii Sabellici diligenter recognitis ... – [Paris] : Jodocus Badius, 5. Juni 1516. – 40, 280 Bl. ; 2°
Renouard: Badius 1.12
Erw.-Datum: Straßburg, 16.11.1553, Geschenk von Georg Hitzler. – *Hs. Vermerke:* wenige passim Ce 270.2

425 **Livius, Titus**: Römische Historien, jetzundt mit gantzem fleiß besichtigt, gebessert und gemehret ... Übers.: Bernhards Schöfferlin; Ivo Wittig; Nicolaus Carbachius; Jacobus Micyllus. – Mainz : Ivo Schöffer, 3. September 1541. – 14 Bl., 450 [= 449] Bl., 1, 93, 1 Bl. ; 2°
VD 16 L 2109
Erw.-Datum: Tübingen, 20.6.1578, von Urban Vetscher (Geschenk?). – *Hs. Vermerke:* auf Titelbl. und letztem Bl. Ce 282.2

426 **Longinus**: Liber de grandi sive sublimi orationis genere, nunc primum a Francisco Robortello Utinensi in lucem editus, eiusdemque annotationibus latinis in margine appositis illustratus. – Basel : Johann Oporinus, 1554. – 71 S. ; 4°
VD 16 L 2388
Erw.-Datum: 23.11.1555, Geschenk von Wilhelm Xylander, Augsburg. – *Hs. Vermerke:* zahlreich passim; mit Widmung von Wilhelm Xylander Cd 6499.4

427 **Loos, Cornelis**: Illustrium Germaniae scriptorum catalogus. – Mainz : Franz Behem, 1582. – 108 Bl. ; 8°
VD 16 L 2482
Kaufpreis: 2. bac. Fo XIIa 904

428 **Lucanus, Marcus Annaeus**: De bello civili libri decem. Cum scholijs, integris quidem Ioannis Sulpitij Verulani ... – Frankfurt/M. : Christian Egenolff, 1551. – 16, 283 Bl. ; 4°
VD 16 L 2904. Adams L–1578
Hs. Vermerke: zahlreich Nürtingen: 8° 62 angeb.

429 **Lucanus, Marcus Annaeus**: De bello civili libri decem. Cum scholijs, integris quidem Ioannis Sulpitij Verulani ... – Frankfurt/M. : Christian Egenolff, 1551. – 16, 283 Bl. ; 4°
VD 16 L 2904. Adams L–1578
Kaufpreis: 6. bac. 2. kr. Ce 365.4

430 **Lucianus ⟨Samosatensis⟩**: Dialogoi uranioi. Dialogi coelestes, marini et inferni. Hrsg. von Seb. Heyd. – Basel : Johann Oporinus, Februar 1545. – 4 Bl., 182 S. ; 8°
VD 16 L 2953
Hs. Vermerke: zahlreich passim, auch 1 Seite am Anfang und 5 Seiten am Ende Cd 8285

431 **Lucianus ⟨Samosatensis⟩**: Piscator, seu reviviscentes. Bilibaldo Pirckheymero interprete, Eiusdem Epistola Apologetica. – [Straßburg] : [Matthias Schürer], Januar 1518. – 50 Bl. ; 4°
Graesse 4, 281
Hs. Vermerke: auf Titelbl. Cd 6556.4

432 **Lucianus ⟨Samosatensis⟩**: Τάδε ἔνεστιν ἐν τῷδε τῶ βιβλίω Λουκιανοῦ = Que hoc volumine continentur Luciani opera. Philostrati Imagines. – Venedig : Aldus Manutius, Juni 1503. – 571 S., 1 Bl. ; 2°
Adams L–1602
Erw.-Datum: Tübingen, 15.3.1571. – *Kaufpreis:* 2. fl. (gekauft von Johann Sechelius). – *Hs. Vermerke:* passim Cd 3360.2

433 **Lucienberg, Johann**: Inclyta Aeneis P. Virgilii Maronis ..., in regiam tragicocomoediam, servatis ubique heroicis versibus ... redacta ... Hrsg. von Johann Lucienberg. – Frankfurt/M. : Paul Reffeler, 1576. – 148 Bl. ; 4°
VD 16 L 3110
Erw.-Datum: Tübingen, 12.9.1578. – *Hs. Vermerke:* passim Ce 1659.4

434 **Lucretius Carus, Titus**: De rerum natura, libri VI a Dion. Lambino ... emendati ... et commentariis illustrati ... – Paris : Ioannes Benenatus, 1570. – 627 S. ; 4°
Adams L–1666
Erw.-Datum: Tübingen, März 1586. – *Kaufpreis:* ij. flor. (gekauft von Pomponius Elemanus Frisius). – *Bindepreis:* 5 bac. – *Hs. Vermerke:* passim Ce 377.4

435 **Ludovicus ⟨Imolensis⟩**: Oratio ad populum Bononiensem. – [Bologna] : [Franciscus dictus Plato de Benedictis], [1494]. – 4 Bl. ; 4°
HCR 9165. Goff L–373
Hs. Vermerke: Martin Kraus (Vater) und Martin Crusius Gb 329.4:1

436 **Ludovicus ⟨Imolensis⟩**: Oratio ad populum Bononiensem. – [Bologna] : [Franciscus dictus Plato de Benedictis], [1494]. – 4 Bl. ; 4°
HCR 9165. Goff L–373
Hs. Vermerke: Martin Kraus (Vater) und Martin Crusius Fo IV 154.4:2

437 **Luther, Martin**: Aliquot nomina propria Germanorum : ad priscam etymologiam restituti / autore Reverendo D. Martino Luther. – Wittenberg : Peter Seitz Erben, 1554. – [20] Bl. ; 8°
VD 16 L 7604
Hs. Vermerke: 3 leere Seiten am Ende Ca 89 angeb.

438 **Luther, Martin**: Catechesis Martini Lutheri parva. Graecolatina. Hrsg. von Michael Neander. – Basel : Johann Oporinus, August 1556. – 241, 2 S. ; 8°
NUC 346, 384
Erw.-Datum: Memmingen, Juli 1557. – *Kaufpreis:* 6 kr. – *Hs. Vermerke:* passim Gi 376

439 **Luther, Martin**: Chronica ... Deudsch [Supputatio annorum mundi, dt. Übers. von Johannes Aurifaber]. – Wittenberg : Hans Lufft, 1551. – 123 Bl. ; 8°
VD 16 L 6720
Hs. Vermerke: zahlreich passim Ce 1094 angeb.

440 **Luther, Martin**: Die Heuptartikel des Christlichen Glaubens, Wider den Bapst, und der Hellen pforten zu erhalten. Sampt andern dreien seer nützlichen Büchlin. – [Wittenberg] :

[Peter Seitz d. Ä.], 1543. – 111 Bl. ; 8°
VD 16 L 4802
Erw.-Datum: 21.8.1550. – *Kaufpreis:* 1. b. Gf 503

441 **Luther, Martin**: In Esaiam prophetam scholia ex Doct. Mart. Lutheri praelectionibus collecta, multis in locis non parva accessione aucta. – Wittenberg : Hans Lufft, 1534. – 382 Bl. ; 8°
VD 16 L 4986
Erw.-Datum: Straßburg, 4.4.1553, Geschenk von Blasius Fabricius Ge 212

442 **Lycophron**: Alexandra et Cassandra poema quidem obscurum Jsacii Tzetzis grammatici commentariis illustratum atque explicatum. Adiectus quoque est Joanis Tzetzae variarum historiarum liber, versibus politis ab eodem Graece conscriptus, et Pauli Lacisii opera conversus. – Basel : Johann Oporinus, März 1546. – 8 Bl., 180, 268 S. ; 2°
VD 16 L 7723
Erw.-Datum: 8.11.1572. – *Kaufpreis:* ij. flor. – *Hs. Vermerke:* einige Anstr. passim Cd 3375.2

443 **Lycophron**: Alexandrae sive Cassandrae versiones duae, griech./lat., una ad verbum a Gulielmo Cantero. Altera carmine expressa per Josephum Scaligerum; Annotationes in priorem versionem Gulielmi Canteri. Huc accessit epitome Cassandrae Graecolatina, carmine Anacreontio, eodem authore. – Basel : Johann Oporinus und Peter Perna, Mai 1566. – 8 Bl., 236 S., 3 Bl. ; 4°
VD 16 L 7724
Erw.-Datum: Esslingen, 25.11.1567. – *Kaufpreis:* 3. bac. Cd 6580.4:1

444 **Lycurgus ⟨Atheniensis⟩**: Oratio Lycurgi contra Leocratem, desertorem patriae, dulcissime de officiis patriae debitis disserens cum praefatione Phil. Melanth. Eadem oratio conversa in latinum sermonem a Phil. Melant. – Frankfurt/M. : Peter Braubach, September 1548. – 43 Bl. ; 8°
VD 16 L 7732
Erw.-Datum: Straßburg, s. d. – *Kaufpreis:* 7. d. – *Hs. Vermerke:* wenige passim Cd 8410

445 **Macarius ⟨Aegyptius⟩**: Homiliai, griech. Übers.: Pico della Mirandola. Ex bibliotheca regis. B. Macarii Aegyptii Homiliae quinquaginta. – Paris : Guillaume Morel, 1559. – 567, 311 S. ; 8°
BN 102, Sp. 507
Erw.-Datum: 13.11.1559. – *Kaufpreis:* 12. Bac. – *Hs. Vermerke:* wenige passim Gb 77 a

446 **Macrobius, Ambrosius Theodosius**: In somnium Scipionis libri duo. Eiusdem Saturnaliorum libri septem. – Lyon : Sebastian Gryphius, 1532. – 590 S. ; 8°
NUC 354, 2
Erw.-Datum: 13.3.1569, aus dem Besitz von Johann Hiltebrand. – *Kaufpreis:* 6. bac. – *Hs. Vermerke:* wenige passim Ce 1296

447 **Magnus, Olaus**: Historia de gentibus septentrionalibus. – Antwerpen : Ioannes Bellerus, 1562. – 8, 192 Bl. ; 8°
NUC 355, 328
Erw.-Datum: 1567. – *Kaufpreis:* iiiij. bac. – *Hs. Vermerke:* wenige passim Fr 66

448 **Maimonides, Moses**: Hā-higgāyōn šel he-ḥā kām Rabbî Šim'ôn = Logica sapientis Rabbi Simeonis versa: quae Hebraeorum commentaria legere volentibus, non tam utilis est quam necessaria, hebr. und lat. – Basel : Johann Froben, 1527. – 62 Bl. ; 8°
VD 16 M 6422
Erw.-Datum: 3.7.1551, aus dem Besitz von Matthias Greiter, Straßburg. – *Kaufpreis:* 5 kr. – *Hs. Vermerke:* zahlreich passim Ci VII 15 a angeb.

449 **Maimonides, Moses**: Tredecim articuli fidei Iudaeorum = Šeloš ʿeśrē ʿîqqārîm. Item Compendium elegans historiarum Iosephi, complectens: Acta lxx interpretum; Gesta Machabaeorum; Facta Herodum; Excidium Hierosolymitanum; item decem captiuitates Iudaeorum. Haec per Sebastianum Munsterum et Hebraeis et Latinis legenda exarantur, hebr. und lat. – Worms : Peter Schöffer, September 1529. – 182 Bl. ; 8°
VD 16 M 6424
Hs. Vermerke: passim Ci VII 15 a

450 **Major, Johann**: Synodus Avium Depingens Miseram Faciem Ecclesiae Propter Certamina Quorundam, qui De Primatu Contendunt, Cum Oppressione recte meritorum. – [Wittenberg] : [Veit Kreutzer], 1557. – 12 Bl. ; 4°
VD 16 M 348
Erw.-Datum: 20.10.1557, Geschenk von Daniel Cunilaeus. – *Hs. Vermerke:* passim
Dk II 157.4

451 **Malecki, Jan**: De Russorum religione, ritibus nuptiarum, funerum, victu, vestitu etc. et de Tartarorum religione ac moribus epistola ad D. Davidem Chytraeum recens scripta. Alia eiusdem argumenti de sacrificiis, nuptiis et funeribus veterum Borussorum: ad cl. v. Georgium Sabinum olim missa. – [s. l.], 1582. – 56 S. ; 8°
VD 16 M 388
Kaufpreis: 2 kr. Fp 148

452 **Manilius, Marcus**: Astronomicōn libri quinque. Iosephus Scaliger ... recensuit, ac pristino ordini suo restituit. Eiusdem Ios. Scaligeri Commentarius in eosdem libros, et castigationum explicationes. – Paris : Mamertus Patissonius, 1579. – 136, 292 S. ; 8° 1579
BN 105, Sp. 208. Renouard: Estienne 1.481.4
Kaufpreis: X. Bac. 2. kr. Ce 1310

453 **Manuel ⟨Imperium Byzantinum, Imperator, II.⟩**: Praecepta educationis regiae ad Ioannem filium; ex Io. Sambuci ... bibliotheca lat. von Johannes Löwenklau. His adiecimus Belisarii Neritinorum Ducis, eiusdem argumenti librum; cum aliis ad principum studia pertinentibus, nec unquam hactenus editis. – Basel : Peter Perna, 1578. – 451 S., 14 Bl., 224 S. ; 8°
VD 16 M 678
Erw.-Datum: 2.10.1578. – *Kauf- und Bindepreis:* iiiij. Bacijs. – *Hs. Vermerke:* auf Bl. 1a und 2b
Cd 9595

454 **Manuel ⟨Moschopulus⟩**: Grammaticae artis Graecae methodus. Hrsg. von Johann Walder. Eiusdem artis Theodori Gazae lib. II. – Basel : Johann Walder, 1540. – 4 Bl., 277 S. ; 4°
VD 16 M 689
Kaufpreis: 2. bac. Auf dem Titelbl.: E Bibliotheca Crusiana ad ligaturam promovit Ao. 1686 Joh. Henr. Breüning graec. L. Professor. Cd 7040.4

455 **Manutius Aldus, Paulus**: Antiquitatum Romanarum liber de legibus. – Köln : Walther Fabritius und Johann Gymnich III, 1570. – 358 S., 29 Bl. ; 8°
VD 16 M 836
Kaufpreis: 1. bac. Fo XV 102 a

456 **Manutius Aldus, Paulus**: In Epistolas ad Atticum annotationes. – Basel : Robert Winter, 1542. – 156 S., 1 Bl. ; 8°
Kein bibliographischer Nachweis Nürtingen: 8° 78 angeb.

457 **Manutius Aldus, Paulus**: Scholia in epistolas Ciceronis familiares ad Atticum. – Basel : Robert Winter, 1540. – 613 S., 1 Bl. ; 8°
Kein bibliographischer Nachweis
Erw.-Datum: 1.8.1557 Nürtingen: 8° 78

458 **Marbodus ⟨Redonensis⟩**: De gemmis scriptum Evacis regis Arabum, olim a poeta quodam non infeliciter carmine redditum, opera et studio D. Henrici Rantzovii. Adiecta sunt nonnulla Epigrammata, tum ab ipso tum ab alijs de aula conscripta, quibus eius inconstantia eleganter depingitur, una cum Genealogia Rantzoviana: Henricus Rantzovius. – Leipzig : Georg Deffner [für Henning Grosse], 1585. – 54 Bl. ; 4°
VD 16 M 935
Erw.-Datum: 11.5.1586. – *Kaufpreis:* 6. kr. Dk II 252.4

459 **Marcello, Pietro**: De vita, moribus, et rebus gestis omnium Ducum Venetorum, qui iam inde a constituta ipsorum Republica usque ad nostram aetatem, imperio praefuerunt, dilucida simulatque succincta historia ... auctoribus Petro Marcello ... Sylvestro Girello ... et Heinrico Kellnero ... – Frankfurt/M. : Paulus Reffeler für Sigmund Feyerabend, 1574. – [8], 218, 1 Bl. ; 8°
NUC 360, 598
Erw.-Datum: Tübingen, 7.3.1582. – *Kaufpreis:* 5. bac. – *Bindepreis:* 11. kr. Fo IV 29

460 **Marcus Aurelius Antoninus ⟨Imperium Romanum, Imperator⟩**: De seipso seu vita sua libri XII, griech. und lat. Übers. von Wilhelm Canter. Marini Neapolitani de Procli vita et foelicitate liber; Graece Latineque; nunc primum publicatus. – Zürich : Andreas Geßner d. J., [1559]. – 8 Bl., 200 S., 13 Bl., 36, 13, 1, 181 S. ; 8°
VD 16 M 964
Erw.-Datum: 18.5.1561. – *Kaufpreis:* 4 b. – *Bindepreis:* 5 kr. Cd 1129

461 **Marot, Clément**: Les oeuvres. – Lyon : Guilelmus Rouillius, 1554. – 592 S. ; 8°
BM 212, 65
Erw.-Datum: 16.4.1556, Geschenk von Blasius Fabricius. – *Bindepreis:* 10 kr. – *Hs. Vermerke:* passim Dk VI 150

462 **Marot, Clément**: Traductions. – Lyon : Guilelmus Rouillius, 1554. – 320 S. ; 8°
BM 212, 65 Dk VI 150 angeb.

463 **Matthaeus ⟨Palmerius⟩**: Libro Della Vita Civile. – [Venedig] : [Valvassore], [1535]. – 100 Bl. ; 8°
NUC 439, 176
Erw.-Datum: 27.10.1570. – *Kaufpreis:* 2 Bac. – *Hs. Vermerke:* auf Titelbl. Af 64

464 **Matthisius, Gerardus**: Aristoteles: De rerum principibus liber primus, in certam Methodum redactus, et per Erotemata explicatus. – Köln : Peter Horst, 1556. – 95 S. ; 8°
Kein bibliographischer Nachweis Cd 2726 angeb.

465 **Matthisius, Gerardus**: Commentaria in Porphyrii institutiones, Aristotelis categorias et de interpretatione librum, ex interpretatione Joachimi Perionii nunc recens opera Nicolai Grouchii et Gerardi Matthisii correcta et emendata. – Köln : Peter Horst, 1555. – 256 S., 45 Bl. ; 8°
NUC 369, 359
Erw.-Datum: 2.8.1557. – *Hs. Vermerke:* passim (begonnen 16.3.1567) Cd 2395

466 **Maximus ⟨Confessor⟩**: Scholia in eos beati Dionysii libros qui extant, griech. Hrsg. von Guillaume Morel. Michaelis Syngeli laudatio eiusdem. – Paris : Guillaume Morel, Februar 1562. – 400 S. ; 8°
BN 38, Sp. 573; 110, Sp. 735
Erw.-Datum: 26.4.1567, Geschenk von Johann Oporinus. – *Hs. Vermerke:* passim Gb 107

467 **Maximus ⟨Tyrius⟩**: Sermones, lat., ex castigatione G. Alberti Picti. – Paris : Eigidius Gourbin, 1554. – 2, 24 Bl., 510 S. ; 16°
BN 110, Sp. 744. Adams M–937/M–938
Erw.-Datum: 5.11.1564, Geschenk von Georg Liebler Nürtingen: 12° 98

468 **Maximus ⟨Tyrius⟩**: Sermones sive Disputationes XLI. Ex Cosmi Paccii Archiepiscopi Florentini interpretatione. Ab Henrico Stephano quamplurimis in locis emendata. – Paris : Henricus Stephanus, 1557. – 8 Bl., 320 S. ; 8°
BN 110, Sp. 744
Erw.-Datum: 4.10.1574 Cd 8610

469 **Meetkercke, Adolf van**: De veteri et recta pronuntiatione linguae Graecae commentarius. – Brügge : Hubertus Goltzius, 3. Januar 1565. – 172 S. ; 8°
Adams M–1051
Erw.-Datum: 16.7.1566 Cb 52

470 **Mela, Pomponius**: De situ orbis libri tres, cum Petri Joannis Olivarii Valentini scholiis. Hermolai Barbari in eundem Pomponium Melam castigationes. C. Julii Solini Polyhistor, sive rerum memorabilium collectanea. – [Paris] : Christian Wechel, [1536]. – 407 S. ; 8°
Adams M–1058
Erw.-Datum: nicht nach 10.7.1548. – *Hs. Vermerke:* passim Ce 1356

471 **Mela, Pomponius**: De situ orbis libri tres [De chorographia]. Hrsg. von Joachim Vadianus und Johannes Camers. – Tübingen, 1550. – 49 Bl. ; 8°
NUC 374, 262
Hs. Vermerke: Bl. 32 und 34 Ce 1356 a

472 **Melanchthon, Philipp**: Confessio oder Bekantnis des Glaubens etlicher Fürsten und Stedte uberantwortet Keiserlicher Maiestat auff dem Reichstag gehalten zu Augspurgk anno 1530. Apologia der Confession mit Vleis emendirt. – Wittenberg : Georg Rhau Erben, 1556 ; 8°
Kein bibliographischer Nachweis
Erw.-Datum: 1.8.1557 Gc 149

473 **Melanchthon, Philipp**: De officio principum, quod mandatum dei praecipiat eis tollere abusus ecclesiasticos. – Augsburg : Philipp Ulhart d. Ä., 1540. – 16 Bl. ; 8°
Kein bibliographischer Nachweis
Erw.-Datum: [Martin Kraus (Vater)]. – *Hs. Vermerke:* auf Titelbl. von Martin Kraus (Vater)
Ec 506

474 **Melanchthon, Philipp**: Erotemata dialectices. – Wittenberg : Hans Lufft, 1562. – 422 S. ; 8°
Adams M–1142
Erw.-Datum: 1564. – *Kauf- und Bindepreis:* 8 fl. – *Hs. Vermerke:* zahlreich passim Ab 53

475 **Melanchthon, Philipp**: Examen Eorum Qui Audiuntur Ante Ritum Publicae Ordinationis, Qua commendatur eis ministerium Evangelii [Der Ordinanden Examen, lat.]. – Wittenberg : [Peter Seitz d. Ä. Erben], 1554. – 168 Bl. ; 8°
VD 16 M 3923
Erw.-Datum: [vor 1559], Geschenk von Georg Leukircher Gi 316 angeb.

476 **Melanchthon, Philipp**: Explicatio sententiarum Theognidis, in Scola Witebergensi Collecta a Johanne Maiore. – Wittenberg : Lorenz Schwenck, 1560. – 137 Bl. – NUC 374, 291
Kaufpreis: 6. kr. – *Hs. Vermerke:* auf Titelbl. Cd 11702:1 angeb.

477 **Melanchthon, Philipp**: In Danielem prophetam commentarius, in quo seculi nostri status corruptissimus, et Turcicae crudelitatis finis describitur. – Basel : Bartholomäus Westheimer, August 1543. – 346 S. ; 8°
Adams M–1074
Kaufpreis: 3 ß. Ge 159 angeb.

478 **Melanchthon, Philipp**: In Evangelia, Quae Usitato more diebus dominicis et festis proponuntur Annotationes. Recognitae et auctae, adiectis ad finem aliquot conciunculis. – Wit-

tenberg : Hans Lufft, 1545. – 7 Bl., 256 [= 254] Bl., 110 Bl. ; 8°
Kein bibliographischer Nachweis
Erw.-Datum: Straßburg, 9.7.1546. – *Hs. Vermerke:* passim Ge 239

479 **Melanchthon, Philipp**: Initia doctrinae Physicae. – Leipzig : Hans Rambau, 1563. – 194 Bl. ; 8°
Adams M–1162
Erw.-Datum: 27.4.1564. – *Kaufpreis:* 10 kr. – *Bindepreis:* 6 kr. – *Hs. Vermerke:* zahlreich (27.9.1564–13.12.1564) Ba 205

1563

480 **Melanchthon, Philipp**: Loci communes theologici ex operibus sanctorum Patrum, Augustini et Chrysostomi collecti. – Frankfurt/M. : Peter Braubach, 1549 ; 8°
Kein bibliographischer Nachweis
Erw.-Datum: 22.12.1586. – *Kaufpreis:* 14 kr. Nürtingen: 8° 26

481 **Melanchthon, Philipp**: Philosophiae moralis epitomes libri duo. – Straßburg : Kraft Müller (Mylius), 1546. – 8 Bl., 476 S., 2 Bl. ; 8°
VD 16 M 3965
Erw.-Datum: 17.8.1549. – *Kaufpreis:* 2 bac., von Blasius Fabricius. – *Hs. Vermerke:* zahlreich passim Af 56

482 **Melanchthon, Philipp**: Solomonis sententiae, versae ad Hebraicam veritatem. Melanchthon, Philipp: Paroimiai, sive Proverbia Solomonis, filii Davidis ... Cum adnotationibus. – Hagenau : Johann Setzer [mit Johann Knobloch d. Ä., Straßburg], 1525. – 58, 155, 9 Bl. ; 8°
VD 16 B 3575
Erw.-Datum: [von Martin Kraus (Vater)]. – *Hs. Vermerke:* von Martin Kraus (Vater)
Ga XXXVI 74 a

483 Mercurii Trismegisti Pimandras utraque lingua restitutus ... Francisci Flussatis Candallae industria. – Bordeaux : Simon Millangius, 1574. – 65 Bl. ; 4°
Adams H–347
Erw.-Datum: 3.10.1575. – *Kaufpreis:* 4. Bac. Cd 5370.4

1574

484 **Michael ⟨Apostolius⟩**: Apostolii Bisantii paroemiae. – Basel : Johann Herwagen d. Ä., 1538. – 238 S. ; 12°
NUC 18, 464
Erw.-Datum: Tübingen, 30.6.1581. – *Hs. Vermerke:* auf Titelbl. und P. 3 Cd 1452

[Sambucus]

485 **Michael ⟨Glycas⟩**: Annales ... quae Lectori Praeter Alia cognitu iucunda et utilia, Byzantinam historiam universam exhibent. Nunc Primum Latinam in linguam transscripti et editi per Io. Levvenclaium. Ex Io. Sambuci V. C. Bibliotheca ... – Basel : [Eusebius Episcopius und Nikolaus d. J. Episcopius Erben, September 1572. – 16, 512, 68 S. ; 8°
VD 16 G 2264
Erw.-Datum: 23.5.1573. – *Kauf- und Bindepreis:* x. bac. 1 kr. omnino constat Cd 8867

486 **Milich, Jakob**: C. Plinij liber secundus, De mundi historia, una cum indice utili et copioso, cum commentariis Jacobi Milichii. – Frankfurt/M. : Peter Braubach, 1563. – 491 S. ; 4°
VD 16 P 3546
Erw.-Datum: 29.6.1564. – *Bindepreis:* 3. bacij Ce 680.4:1

156[3]

487 **Moffan, Nicolas**: Ein grausame that des yetzigen Türckischen Kaysers Soltani Seuleimani, die er an dem schändtlichen Todtschlag seines Suns Mustaphe begangen hat ... – Augsburg : Philipp Ulhart d. Ä., 1555. – 12 Bl. ; 4°
VD 16 M 5912
Erw.-Datum: 6.1.1556. – *Kaufpreis:* 5. d. – *Hs. Vermerke:* passim Fo XI 17.4

488 **Morigi, Paolo**: Historia dell'origine di tutte le religioni. – Venedig : Pietro da Fino Erben, 1575. – 284 Bl. ; 8°
Kein bibliographischer Nachweis
Erw.-Datum: Tübingen, 12.6.1600. – *Kaufpreis:* 18. kr. Gh 187

489 **Mpergades, ...**: Apokopos. – Venedig : Stefano da Sabio, 1534
Papadopulos S. 78 Nr. 1034. Eideneier, Von der Hs. S. 102. – Exemplar lag nicht vor.
Jena UB: 4.Op.th.43

490 **Müller, Theobald**: Eigentliche und gedenckwürdige Contrafacturen wolverdienter unnd weitberümpter Kriegshelden auss des Bischoffs Pauli Jovii Elogiis gezogen. – Basel : Peter Perna, März 1577. – 72 Bl. ; 4°
BN 121, Sp. 581 f.
Erw.-Datum: 19.4.1578. – *Kaufpreis:* 15. kr. Dd 46.4

491 **Münster, Sebastian**: Christiani hominis cum Iudaeo pertinaciter prodigiosis suis opinionibus, et scripturae uiolentis interpretationibus addicto colloquium, hebr. = Haw-Wîkkûaḥ. – Basel : Hieronymus Froben, 1529. – 40 Bl. ; 8°
Adams M–1904
Erw.-Datum: Straßburg, 3.7.1551, aus dem Besitz von Matthias Greiter. – *Kauf- und Bindepreis:* 10 d./ 5 kr. – *Hs. Vermerke:* passim Ci VII 15 a angeb.

492 **Münster, Sebastian**: Dictionarium Hebraicum = Sēfer haš-šorāšîm ʿim nigzārîm. – Basel : Hieronymus Froben und Nikolaus Episcopius, März 1548. – 496 Bl. ; 8°
Adams M–1925
Erw.-Datum: 20.5.1549. – *Bindepreis:* 22 kr. (mit 3 anderen Büchern zusammen). – *Hs. Vermerke:* zahlreich passim Ci VII 11

493 **Münster, Sebastian**: Diqdûq de-lîšan aramî ô hak-kasdā'ā: Chaldaica Grammatica. – Basel : Johann Froben, 1527. – 212, 4 S. ; 4°
Adams M–1903
Erw.-Datum: Straßburg, 4.7.1551, aus dem Besitz von Matthias Greiter. – *Kaufpreis:* 1. bac. – *Hs. Vermerke:* wenige passim (mit Brief von Kaspar Hedio von 1552, abgeschrieben von Crusius) Ci VIII 2.4

494 **Münster, Sebastian**: Ḥo kmat ham-mazalôt bi-tqûfôt ü-meʿübberôt we-ha-qevîʿôt = Kalendarium hebraicum, hebr. und lat. – Basel : Johann Froben, Januar 1527. – 200 S. ; 4°
Adams M–1933
Erw.-Datum: Tübingen, 30.7.1583. – *Kaufpreis:* 3. Bac. – *Hs. Vermerke:* auf Titelbl.
Ci VII 5.4

495 **Münster, Sebastian**: Opus grammaticum consummatum, ex variis Elianis libris concinnatum = Melê ket had-diqdûq haš-šālēm. Additus est quoque liber Tobiae, quem Hebraicum suppeditarunt Judai Constantinopolitani. – Basel : Heinrich Petri, August 1544. – 290 S. ; 4°
Adams M–1937
Erw.-Datum: 17.8.1551. – *Kauf- und Bindepreis:* 4. b. – *Hs. Vermerke:* passim Ci VII 3.4

496 **Müntzer, Valentin**: Chronographia oder Beschreybung der Jaren, vonn anfang der Welt biß auff unsere Zeyt, dises louffenden MDXLIX. jars. – Bern : Matthias Apiarius für Cyriacus Jacob (Frankfurt/M.), 1550. – 186 Bl. ; 4°
VD 16 M 6756
Erw.-Datum: 7.5.1588. – *Kaufpreis:* Bac. 4 Fb 1.4

497 **Muret, Marc Antoine**: Variarum lectionum libri VIII. – Venedig : Jordanus Zilletus, 1559. – 100 Bl. ; 4°

Adams M–1965
Kaufpreis: 5. b. Cl 6.4

498 **Naogeorgus, Thomas**: Tragoedia alia nova mercator seu iudicium, in qua in conspectum ponuntur Apostolica et papistica doctrina ... – [Ingolstadt] : [Alexander Weißenhorn I], [15]40. – 76 Bl. ; 8°
VD 16 K 998
Erw.-Datum: [von Martin Kraus (Vater)]. – *Hs. Vermerke:* zahlreich passim von Martin Kraus (Vater) und von Crusius Dk II 132 a

499 **Neander, Michael**: Graecae Linguae Tabulae, postremum ab autore recognitae: Continent autem facili ordine, et brevitate perspicua, absolutam declinandi Nomina et Pronomina ... Accesserunt praeterea ad finem, Gnomologici Graecolatini tomi seu partes duae: quarum altera Sententias selectiores, Sapientum, Philosophorum, Medicorum, Historicorum, Gaeographorum, Rhetorum, Sophistarum et Philologorum: altera autem Poetarum versus insigniores continet: descriptae fere ex plerisque Graecis autoribus qui extant. – [Basel] : Johann Oporinus, [ca. 1564]. – 152, 87 S., 1, 527 S. ; 8°
Adams N–110
Erw.-Datum: 10.10.1564, Geschenk von Johann Oporinus. – *Bindepreis:* 7 kr. Cb 4:1

500 **Neander, Michael**: Sanctae linguae Hebraeae Erotemata. Omnia vero ita absoluta brevitate, facilique ordine tractata, ut non modo tyrones Grammaticae Hebraeae praecepta inde nullo cum negocio intra paucas septimanas addiscere poßint ... Accesserunt ad finem dicta veterum Rabinorum, de Iesu Messia, mundi salvatore. Item Catalogus librorum quorundam praecipuorum in lingua Hebraea, Chaldaea, Aethiopica, Arabica, Graeca, et Latina ... – Basel : Johann Oporinus, August 1556. – 295 S. ; 8°
VD 16 N 353
Erw.-Datum: Juli 1557. – *Hs. Vermerke:* wenige passim Ci VII 1

501 **Nemesius ⟨Emesenus⟩**: Peri Physeōs Anthrōpu Biblion Hen. De Natura Hominis, Liber unus. Nunc primum et in lucem editus, et Latine conversus a Nicasio Ellebodio. – Antwerpen : Christophorus Plantinus, 1565. – 181, 1 S., 5 Bl., 142 S. ; 8° 1565
NUC 410, 259
Erw.-Datum: 27.9.1565. – *Kaufpreis:* 5. bacijs. – *Bindepreis:* 10 kr. – *Hs. Vermerke:* zahlreich (1567) Cd 9035

502 **Neobolus (Lening), Johannes**: Christliche Leychpredig Bey der Begräbnus deß Ehrnvesten, Hochgelehrten Herrn Johann Conrad Machtolfften ... wie auch der ... Frawen Agnes Demlerin ... – Tübingen : Erhard Cellius, 1597. – 22 S. ; 4°
Kein bibliographischer Nachweis Nürtingen: 4° 97 angeb.

503 **Nepos, Cornelius**: Hic subnotata continentur Vita M. Catonis. Sextus Aurelius de vitis Caesarum. Benevenutus de eadem re. Philippi Beroaldi et Thomae Vuolphii junioris disceptatio, de nomine imperatorio. Epithoma rerum Germanicarum usque ad nostra tempora [Jakob Wimpfeling]. – Straßburg : Johann Prüss, 11. März 1505. – 34, 41, 1 Bl. ; 4°
VD 16 N 522 und N 523
Erw.-Datum: Tübingen, 5.9.1582, Geschenk von Georg Godelmann, Rostock. – *Hs. Vermerke:* passim Ce 1570.4

504 **Nicephorus ⟨Constantinopolitanus⟩**: Chronologia secundum Graecorum rationem temporibus expositis Conversa in sermonem Latinum de Graeco, et explicata a Joachimo Camerario, nunc primum edita. Addita est narratio eiusdem Camerarii de Synodo Nicaena, nunc primum edita. – Basel : Johann Oporinus, Januar 1561. – 223 S. ; 2°
Adams N–223
Kaufpreis: 6. bac. – *Hs. Vermerke:* wenige passim Cd 3806.2

505 **Nicetas ⟨Choniates⟩**: LXXXVI annorum historia, videlicet ab anno restitutae Salutis circiter MCXVII, in quo Zonaras desinit, usque ad annum MCCIII, libris XIX descripta; opus ... Graece Latineque editum, Hieronymo Wolfio interprete . – Basel : Johann Oporinus, 13. August 1557. – 317 S. ; 2°
Adams N–225.
Erw.-Datum: nicht nach 16.11.1557. – *Hs. Vermerke:* zahlreich passim, dazu kolorierte Karte von Konstantinopel (Abb.) Cd 4980.2:1 angeb.

506 **Nicolaus ⟨Cabasilas⟩**: Oratio contra foenerationes Hrsg. von David Hoeschel. – Augsburg : Druckerei »ad insigne pinus«, 1595. – 20 S. ; 4°
Adams C–3
Erw.-Datum: 1.10.1595, Geschenk von David Hoeschel, gebracht von Wendelin Stontius (?) Gb 165.4

507 **Nicomachus ⟨Gerasenus⟩**: Arithmeticae libri duo, griech. – Paris : Christian Wechel, 1538. – 77 S. ; 4°
Adams N–257
Erw.-Datum: Tübingen, 29.10.1573 (aus Erbschaft des Johann Scheubel). – *Kaufpreis:* 3. bac. – *Hs. Vermerke:* auf Titelbl. Cd 7360.4

508 **Nilus ⟨Ancyranus⟩**: Capita, seu praeceptiones de vita pie, Christiane ac honeste exigenda, Graecolatine: a Michaele Neandro. – Basel : Johann Oporinus, August 1559. – 43 S. ; 4°
VD 16 N 393
Erw.-Datum: 3.11.1559. Cd 8560.4:1

509 **Nonius Marcellus**: De compendiosa doctrina et Fulgentius Placiades de prisco sermone, in eosdem libros virorum doctissimorum notae, et variarum lectionum libellus. In Nonii Marcelli libros de proprietate sermonum virorum doctissimorum notae. – Paris : Aegidius Beysius, 1583. – 275, 51 Bl. ; 8°
BN 125, Sp. 534
Erw.-Datum: 15.3.1586. – *Kaufpreis:* 11. bac. – *Bindepreis:* 3. bac. – *Hs. Vermerke:* auf Titelbl. Ce 1443

510 **Nonnus ⟨Panopolitanus⟩**: Conversio evangelii secundum Joannem Graecis versibus conscripta, nunc primum ad verbum Latina facta per Joannem Bordatum Bituricum. – Paris : Carolus Perier, 1561 ; 4°
BN 125, Sp. 550
Erw.-Datum: 13.10.1564. – *Kaufpreis:* 7. bacijs. – *Bindepreis:* 10 kr. – *Hs. Vermerke:* passim Gb 38.4

511 **Nonnus ⟨Panopolitanus⟩**: Dionysiaca cum lectionibus, et coniecturis Gerarti Falkenburgii. Nunc primum in lucem ed., ex Bibliotheca Joannis Sambuci. – Antwerpen : Christophorus Plantinus, 1569. – 899 S. ; 4°
Adams N–331
Erw.-Datum: Tübingen, 22.9.1569. – *Kaufpreis:* 2. fl. – *Bindepreis:* 18 kr. – *Hs. Vermerke:* zahlreich passim Cd 7410.4

512 **Nonnus ⟨Panopolitanus⟩**: Paraphrasis evangelii sec. Johannem, griech. – [Venedig] : Aldus Manutius, [1501]. – 52 Bl. ; 4°
Renouard I, S. 438
Erw.-Datum: aus Paris durch Daniel Osiander. – *Kaufpreis:* 21. kr. – *Hs. Vermerke:* passim Gb 297 Ink.

513 **Nonnus ⟨Theophanes⟩**: De omnium particularum morborum curatione, sic ut febres quoque et tumores praeter naturam complectatur, liber. Nunc primum in lucem editus, et

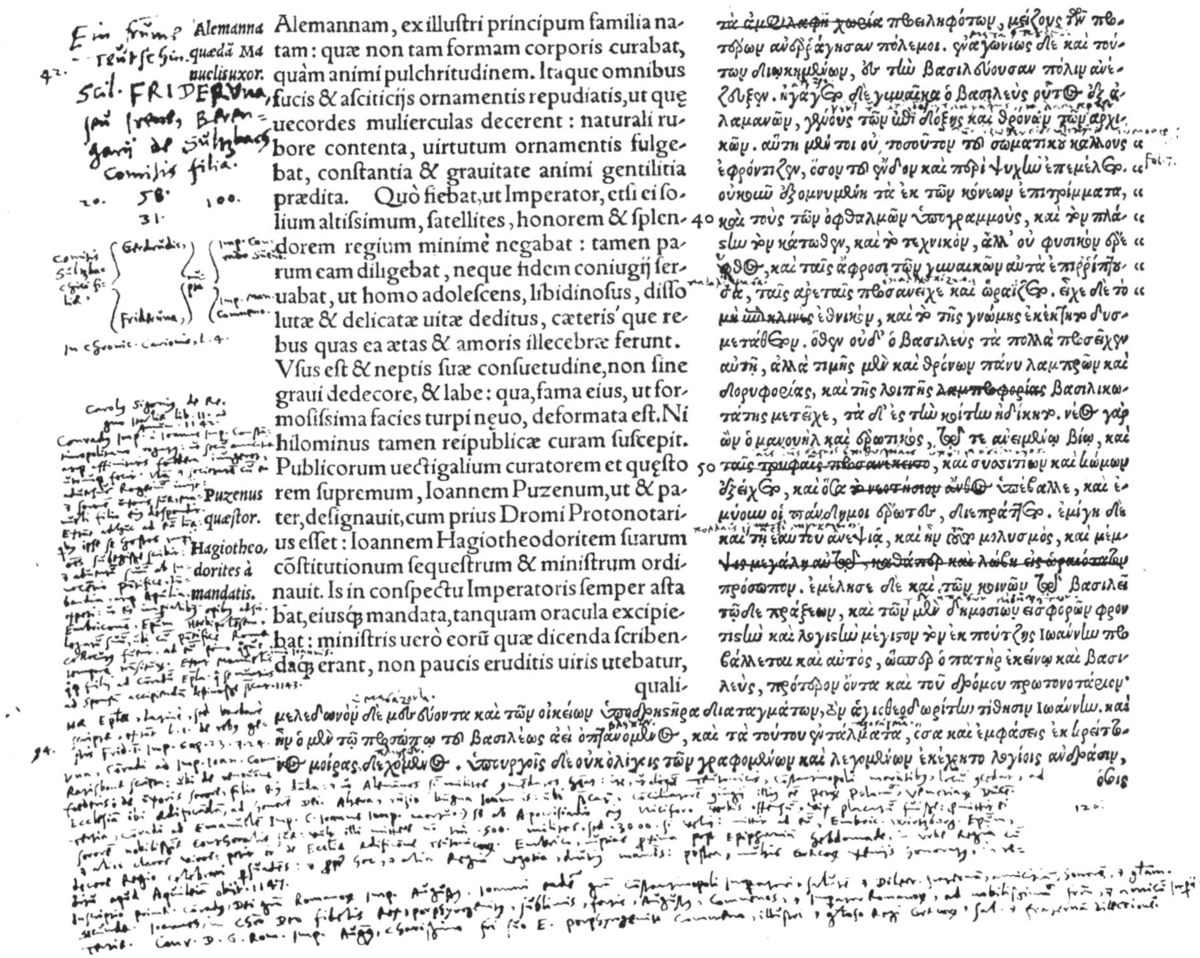

Alemanna quædã Manuelis uxor. Alemannam, ex illustri principum familia natam: quæ non tam formam corporis curabat, quàm animi pulchritudinem. Itaque omnibus fucis & ascititijs ornamentis repudiatis, ut quę uecordes mulierculas decerent: naturali rubore contenta, uirtutum ornamentis fulgebat, constantia & grauitate animi gentilitia prædita. Quò fiebat, ut Imperator, etsi ei solium altissimum, satellites, honorem & splendorem regium minimè negabat: tamen parum eam diligebat, neque fidem coniugij seruabat, ut homo adolescens, libidinosus, dissolutæ & delicatæ uitæ deditus, cæteris'que rebus quas ea ætas & amoris illecebræ ferunt. Vsus est & neptis suæ consuetudine, non sine graui dedecore, & labe: qua, fama eius, ut formosissima facies turpi neuo, deformata est. Nihilominus tamen reipublicæ curam suscepit. *Puzenus quæstor.* Publicorum uectigalium curatorem et questorem supremum, Ioannem Puzenum, ut & pater, designauit, cum prius Dromi Protonotarius esset: *Hagiotheodorites à mandatis.* Ioannem Hagiotheodoritem suarum cõstitutionum sequestrum & ministrum ordinauit. Is in conspectu Imperatoris semper astabat, eiusq; mandata, tanquam oracula excipiebat: ministris uerò eorũ quæ dicenda scribendaq; erant, non paucis eruditis uiris utebatur, quali-

Nr. 505, p. 28 (Ausschnitt)

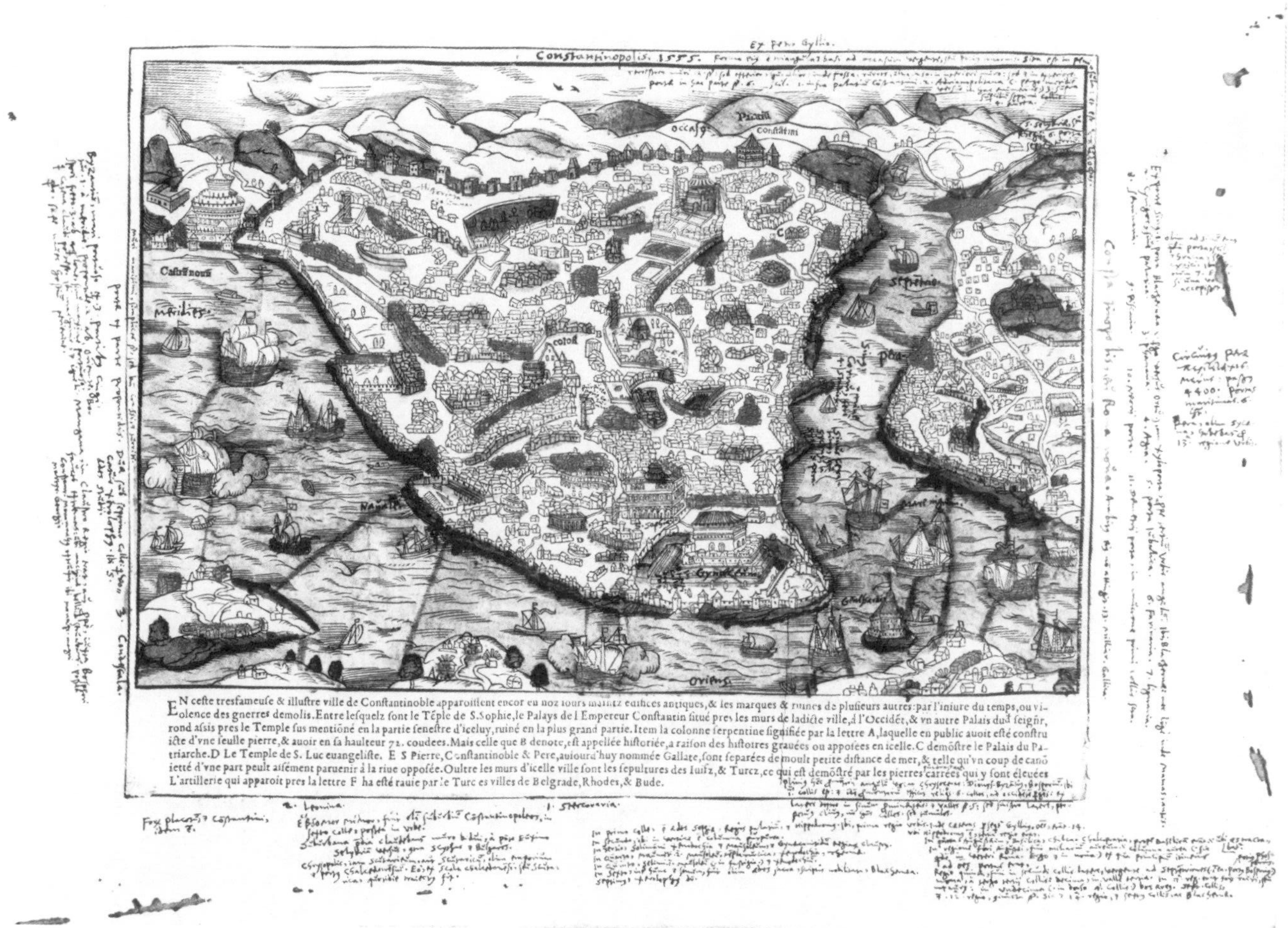

Von Crusius kolorierter und annotierter Plan von Konstantinopel im hinteren Spiegel von Nr. 505

summa diligentia conversus per Hieremiam Martium. – Straßburg : Josias Rihel, 1568. – 322 S. ; 8°
Adams N–332
Hs. Vermerke: »Crusij« Cd 9325:1

514 Notitia Utraque Cum Orientis Tum Occidentis Ultra Arcadii Honoriique Caesarum Tempora. Vorwort und hrsg. von Sigismundus Gelenius. Praecedit ... Andreae Alciati libellus, De magistratibus ciuilibusque ac militaribus officijs, ... Cui succedit descriptio urbis Romae, quae sub titulo Pub. Victoris circumfertur: ... Subiungitur ... liber De Rebus Bellicis ad Theodosium Aug. et filos ... scriptus, ... Item, ... Disputatio [Altercatio] Adriani Aug. et Epicteti philosophi. – Basel : Hieronymus Froben und Nikolaus Episcopius, 1552. – 110 Bl. ; 2°
Adams N–354. Beiband: VD 16 N 1884
Erw.-Datum: 7.2.1575. – *Kaufpreis:* X. Bac. – *Hs. Vermerke:* passim Cb 17.2 angeb.

515 **Nysaeus, Johannes**: Tabulae Locorum Communium Theologicorum Philippi Melanchthonis. Accessit ... Philippi Melanchthonis praefatio. – Basel : Jakob Kündig (Parcus) für Johann Oporinus, 1. März 1560. – 5 Bl., 292 S., 3 Bl. ; 2°
VD 16 N 1752
Erw.-Datum: 15.2.1561 . – *Kaufpreis:* 8 1/2 b. Gf 164.2:2

516 Oktōēchos. – Venedig : Francesco Giuliano, 1587. – [258] S. ; 4°
Eideneier, Von der Hs. S. 109
Erw.-Datum: 23.3.1590, Geschenk von Leontios Philoponos und Ezechiel Xyriches. – *Hs. Vermerke:* passim Gi 422.4

517 **Oppianus ⟨Anazarbensis⟩**: De Piscatu libri V. De Venatione libri IIII. – Paris : Guillaume Morel, 1555. – 202 S. ; 4°
Adams O–206
Erw.-Datum: 4.4.1562. – *Kauf- und Bindepreis:* 12. bacijs. – *Hs. Vermerke:* wenige passim Cd 7520.4

518 Orationes, Epitaphia Et Scripta, Quae Edita Sunt De Morte Philippi Melanthonis, omnia cum narratione exponente, quo fine vitam in terris suam clauserit, una cum praecedentium proxime dierum, et totius morbi, quo confectus est, brevi descriptione, edita a Professoribus Academiae Vuitebergensis, qui omnibus quae exponuntur interfuerunt. – [Wittenberg] : Johann Krafft (Crato), 1561. – 565 S. ; 8°
VD 16 O 863
Erw.-Datum: 16.4.1562. – *Kaufpreis:* 2. b. – *Bindepreis:* 6. kr. Gh 203

519 [Orationes] Logoi tutōni tōn rhētorōn. Orationes horum rhetorum: Aeschinis, Lysiae ... – Venedig : Aldus Manutius und Andreas Socer, April 1513. – 197, 162, 167 [267] S. ; 2°
Adams O–244
Erw.-Datum: nicht nach 13.4.1568. – *Hs. Vermerke:* zahlreich passim Cd 3375.2 angeb.

520 Origenis contra Celsum libri octo et Gregorii Neocaesar. Thaumaturgi Panegyricus in Origenem, a Davide Hoeschelio Graece et Latine editi. – Augsburg : Druckerei »ad insigne pinus« (David Franck), 1605. – 511 S. ; 4°
BN 127, Sp. 704
Erw.-Datum: 1606. – *Kauf- und Bindepreis:* 2 fl. Gb 80.4

521 **Orpheus**: Argonauticōn opus Graecum cum interpretatione Latina incerti autoris, recens addita, et diligentius quam hactenus emendata. – Basel : Andreas Cratander, Juni 1523. – 56 Bl. ; 4°
VD 16 O 940. BN 127, Sp. 847. Adams O–315
Erw.-Datum: 17.12.1550. – *Hs. Vermerke:* auf Titelbl. Cd 7580.4

522 **Ortelius, Abraham**: Synonymia geographica. – Antwerpen : Christophorus Plantinus, 31. Juli 1578. – 417 S. ; 4°
Adams O–330
Kaufpreis: 18. Bacijs Fa 52.4

523 **Osiander, Lukas**: Bericht an alle fromme Christen, welche die Warheit lieben: Warumb die beide rasende Barfüsser Mönch, Georg Eckhart und Michel Anisius keiner Antwort werth seien. – Tübingen : Georg Gruppenbach, 1592. – 1 Bl., 14 S. ; 4°
VD 16 O 1179
Erw.-Datum: vor 28.11.1592 Nürtingen: 4° 107 angeb.

524 **Osiander, Lukas**: Predigt bei der Einweyhung einer neugebauten Kirchen und Einsegnung eines neuen Pfarrern zu Renningen. – Tübingen : Georg Gruppenbach, 1603 ; 4°
Kein bibliographischer Nachweis
Erw.-Datum: 26.6.[1603], Geschenk von Johann Sartor, überbracht von Samuel Sartor. – *Hs. Vermerke:* gelesen 1606 Nürtingen: 4° 107 angeb.

525 **Paulus ⟨Diaconus⟩**: Historiae miscellae a Paulo Aquilegiensi Diacono primum collectae, post etiam a Landulpho Sagaci auctae productaeque ad imperium Leonis IV., id est annum Christi DCCCVI., libri XXIV. Hrsg. von Pierre Pithou. – Basel : Peter Perna, 1569. – 799 S. ; 8°
Adams P–503
Erw.-Datum: Tübingen, 14.12.1576. – *Kaufpreis:* 7. bac. – *Hs. Vermerke:* passim Ce 976

526 **Pausanias ⟨Periegeta⟩**: Pausanias, griech. Hrsg. von Markos Musuros. – Venedig : Aldus Manutius und Andreas Socer, Juli 1516. – 282 S. ; 2°
Adams P–521
Erw.-Datum: 19.3.1574. – *Hs. Vermerke:* passim Cd 4050.2

527 **Pellicanus, Conrad**: Commentaria bibliorum et illa brevia quidem ac catholica ... – Zürich : Christoph Froschauer, März 1532–1534. – 254, 347 Bl. ; 2°
VD 16 B 2605, VD 16 B 2609, VD 16 B 2610, VD 16 B 2614, VD 16 B 2615, VD 16 B 2623
Erw.-Datum: 1554 von Martin Kraus (Vater). – *Hs. Vermerke:* passim
Ge 220.2 und Ge 221.2

528 **Périon, Joachim**: De Romanorum et Graecorum magistratibus libri tres. – Paris : Carolus Perier, 1560. – 131 Bl. ; 4°
Adams P–698
Kaufpreis: 4. bacijs. Fo XV 58.4

529 **Persius Flaccus, Aulus**: Antonii Foquelini Veromandui in Auli Persii Flacci satyras commentarius ad Petrum Ramum. – Paris : Andreas Wechel, 1555. – 187 S. ; 4°
BN 134, Sp. 334
Erw.-Datum: 30.5.1556. – *Kaufpreis:* 5. b. (mit anderem Buch zusammen). – *Bindepreis:* . – *Hs. Vermerke:* Vorsatz: Autograph von Nikodemus Frischlin Ce 541.4

530 **Petronius ⟨Arbiter⟩**: Satyricon, cum notis et observationibus variorum. Hrsg. von Joan. A Wovweren. – Leiden : Christophorus Plantinus, bei Franciscus Raphelengius, 1596. – 21, 393, 1 S. ; 8°
Adams P–873
Erw.-Datum: 21.11.1605, »a Rustico Lustnauensi, Jacobo Schmid« Nürtingen: 12° 7

531 **Petrus ⟨de Natalibus⟩**: Catalogus sanctorum et gestorum eorum. – Straßburg : Martin Flach d. J., um 25. Dezember 1513. – 4, 253 Bl. ; 2°
VD 16 P 1881

Erw.-Datum: [nicht nach 4.7.1554, von Martin Kraus (Vater)]. – *Hs. Vermerke:* passim, viele auch von Martin Kraus (Vater) Gh 182.2

532 **Peuerbach, Georg von**: Theoricae novae planetarum ... cum praefatione Philippi Melanthonis. – Wittenberg : Hans Lufft, 1551. – 87 Bl. ; 8°
VD 16 P 2061
Kaufpreis: 6 kr. – *Hs. Vermerke:* zahlreich, v. a. auf letzten Bl. Bd 32 a

533 **Phavorinus, Guarinus**: Dictionarium ... magnum [griech.] illud ac perutile multis variisque ex autoribus collectum, totius linguae graecae commentarius. – Basel : Robert Winter, 1538. – 1900 Sp. ; 2°
Adams P–984
Erw.-Datum: Memmingen, 24.1.1555. – *Kaufpreis:* 27. bac. minus 1 crucigero. – *Hs. Vermerke:* wenige passim Cb 16.2

534 **Philelphus, Franciscus**: Epistolae. – [Basel] : [Johann Amerbach], [ca. 1492–1494]. – 274 Bl. ; 4°
HC 12927. Sack 2855
Hs. Vermerke: wenige passim Dk II 177.4 Ink.

535 **Philo ⟨Alexandrinus⟩**: In libros Mosis, de mundi opificio, historicos, de legibus, eiusdem libri singulares, ex bibliotheca regia. Hrsg. von Adrien Turnèbe. – Paris : Adrien Turnèbe, 14. August 1552. – 736 S. ; 2°
Adams P–1033
Erw.-Datum: Tübingen, 6.5.1565. – *Kaufpreis:* 3. fl. (gekauft von Andreas Laubmarius). – *Hs. Vermerke:* auf Titelbl. Cd 4148.2

536 **Philo ⟨Alexandrinus⟩**: Opuscula tria. 1. Quare quorundam in sacris literis mutata sint nomina. 2. De formatione Evae ex Adami latere, et de utriusque lapsi. 3. Somniorum Josephi, Pharaonis, pincernaeque ac pistoris, allegorica expositio, griech. Hrsg. von David Hoeschel. – Frankfurt/M., 1587. – 4 Bl., 276 S., 1 Bl. ; 8°
VD 16 P 2487–2488
Erw.-Datum: 2.10.1587. – *Kaufpreis:* 14 kr. Cd 9922:1

537 **Philostratus, Flavius**: Historiae de vita Apollonii libri VIII, lat. von Alemannus Rinuccinus. Eusebii Caesariensis adversus Hieroclem, qui ex Philostrati historia Apollonium Christo aequiparare contendebat, confutatio, sive Apologia, Zenobio Acciolo interprete. Omnia restituta per Gybertum Longolium. – Köln : Johann Gymnich I, 1532. – 10 Bl., 460 S., 2 Bl. ; 8°
VD 16 P 2501. Adams P–1069
Erw.-Datum: 30.8.1561 Cd 10003

538 **Photius ⟨Constantinopolitanus⟩**: Nomocanonus, sive ex legibus et canonibus compositum opus, quod merito ius Pontificium Graecorum voces. Unacum annotationibus Theodori Balsamonis. Ex Bonifatii Amerbachii libraria, latinitate donatus. – Basel : Johann Oporinus, März 1561. – 6 Bl., 124 S. ; 2°
VD 16 P 2535
Kaufpreis: 3 bacijs Beigefügt ist ein Zettel mit einem »Argumentum Latinum« von Jacobus Kraus Leonbergensis, 1579 Gb 189.2

539 **Pibrac, Guy DuFaur de**: De rebus Gallicis, ad Stanislaum Elvidium, epistola et ad hanc de iisdem rebus Gallicis responsio. – [Paris] : [Federicus Morel], 1573. – 102 S. ; 4°
NUC 456, 691
Erw.-Datum: 30.10.1573. – *Kaufpreis:* kr. 15. – *Hs. Vermerke:* auf Titelbl. Fo III 25.4

1558

540 **Pictorius, Georg**: Rei medicae totius compendiosa traditio, Avicennae, Galeni, Hippocratis aliorumque optimorum autorum suffragijs, tanta autoris diligentia in unum conscripta, ut plane nihil quod rationalem medicinam concernit, neglectum videatur. – Basel : Heinrich Petri, 1558. – 14, 141, 8 S. ; 8°
VD 16 P 2706
Erw.-Datum: 7.6.1558. – *Kaufpreis:* 1. b. Ia 248

541 **Pillot, Jean**: Gallicae linguae institutio. – Paris : Estienne Groulleau, 15.10.1550. – 108 Bl. ; 8°
BN 137, Sp. 667
Erw.-Datum: 19.6.1555 (»ex Gallia«). – *Hs. Vermerke:* passim Ck VI 19

542 **Pindarus**: Olympia, Nemea, Pythia, Isthmia. – Frankfurt/M. : Peter Braubach, 1542. – 370 Bl. ; 4°
VD 16 P 2795
Erw.-Datum: Tübingen, 29.8.1563. – *Kauf- und Bindepreis:* ἡμιταλήρου. – *Hs. Vermerke:* passim Cd 8111.4

543 **Pindarus**: Olympia, Pythia, Nemea, Isthmia. – Basel : Andreas Cratander, 1526. – 6, 312, 4 Bl. ; 8°
VD 16 P 2794
Erw.-Datum: Straßburg, 18.5.1548. – *Hs. Vermerke:* zahlreich passim Cd 10120:1

544 **Pindarus**: Olympia, Pythia, Nemea, Isthmia. – Basel : Andreas Cratander, 1526. – 6, 312, 4 Bl. ; 8°
VD 16 P 2794
Erw.-Datum: 1582, Geschenk von Kaspar Cantegiser. – *Hs. Vermerke:* auf Bl. 1 Cd 10120:3

545 **Pindarus**: Olympia, Pythia, Nemea Isthmia, lat. und komm. von Johannes Lonicer. – Basel : Andreas Cratander, 1535. – 6 Bl., 458 S. 8 Bl. ; 4°
VD 16 P 2798
Erw.-Datum: 16.5.1548. – *Kaufpreis:* 6. b. 1. kr. – *Hs. Vermerke:* wenige passim Cd 8124.4

546 **Plato**: In Platonis Dialogum, qui Phaedo seu de animorum immortalitate inscribitur Sebastiani Foxii Morzilli commentarii, cum textu Latino. – Basel : Johann Oporinus, September 1556. – 9 S., Sp. 10–159, 5 Bl. ; 2°
VD 16 P 3300
Erw.-Datum: 12.10.1562. – *Kaufpreis:* 7. bacij. – *Bindepreis:* 18. kr. – *Hs. Vermerke:* passim
Cd 4275.2

547 **Plato**: Libellus: cui Axiochus nomen de contemnenda morte Rodolpho Agricola interprete felicissimo. – Leipzig : Valentin Schumann, Mai 1515. – 10 Bl. ; 4°
BN 138, Sp. 881 f.
Erw.-Datum: von Martin Kraus (Vater). – *Hs. Vermerke:* Martin Kraus (Vater) Cd 8235.4

548 **Plato**: Platonis Gorgias aut de rhetorica. Socratis apologia. Crito aut quid faciendum sit. Joannis Sturmii praefatio de ratione interrogandi atque collocandi dialectica ad Jacobum Bonerum. – Straßburg : Wendelin Rihel, 1540/1541. – 42, 15, 8 Bl. ; 4°
VD 16 P 3292
Hs. Vermerke: passim Cd 8172.4

549 **Platz, Konrad Wolf**: Christlich, Hertzlich Valete und letste Predig ... an seine liebe Schäfflin ... zu Biberach ... Welche nach seinem tödlichen abgang auff sein begeren, an Stat seiner Leychpredig der Euangelischen Kirchen von Wort zu Wort von M. Michel Zeller, Diacono, und Hellfer daselbsten, abgelesen worden ... – Tübingen : Alexander Hock, 1595. – 16 Bl. ; 4°
Kein bibliographischer Nachweis
Erw.-Datum: 15.8.1595 Nürtingen: 4° 107 angeb.

550 **Platz, Konrad Wolf**: Neue Zeitung und Bußspiegel von dem Straal so zu Biberach 1584 eingeschlagen. – Tübingen : Alexander Hock, 1584. – 1 Bl., 26 S. ; 4°
VD 16 P 3372
Kaufpreis: 4 bac. Nürtingen: 4° 107 angeb.

551 **Plinius Caecilius Secundus, Gaius**: De viris illustribus liber, qui vulgo Cornelio Nepoti adscribitur. Adiecta sunt aliquot illustrium virorum gesta, qui ante Porcam et cum Pompeio fuere, quorum nomina sequens pagella indicabit, per Georgium Cassandrum. Suetonii Tranquilli De claris grammaticis et rhetoribus liber. Julii Obsequentis Prodigiorum liber imperfectus. – [Köln] : Martin Gymnich, 1549. – 139, 1 S., 6 Bl. ; 8°
VD 16 P 3522
Erw.-Datum: 22.12.1586. – *Kaufpreis:* bac. 1. – *Hs. Vermerke:* auf Titelbl. Ce 3285 a

552 **Plinius Caecilius Secundus, Gaius**: Epistolarum Libri X una cum eiusdem Panegyrica oratione Traiano Imperatori Aug. dicta quae omnia doctissimis ac luculentissimis Ioannis Mariae Catanaei commentarijs, hucusque deprauatissime editis, nunc autem integritati suae restitutis, explicata sunt. Eiusdem De Viris In Re Militari Et Administranda Repulica illustribus liber Conradi Lycosthenis enarrationibus illustratus. – [Basel] : Hieronymus Froben und Nicolaus Episcopius, 1552. – 6 Bl., 628 S. ; 2°
VD 16 P 3489
Erw.-Datum: 29.11.1563. – *Bindepreis:* 4. bac. – *Hs. Vermerke:* wenige passim Ce 553.2

553 **Plotinus**: De rebus philosophicis libri IIII. in Enneades sex distributi, in Enneades sex distributi a Marsilio Ficino e Graeca lingua in Latinam versi, commentariis illustrati, omnibus cum Graeco exemplari collatis et diligenter castigatis. – Basel : Thomas Guarinus, 1559. – 14, 365, 23 Bl. ; 2°
VD 16 P 3573
Erw.-Datum: 15.7.1566. – *Kaufpreis:* 1 talero. – *Bindepreis:* 4 bacijs. – *Hs. Vermerke:* wenige passim Cd 4280 a.2

554 **Plotinus**: Operum philosophicorum omnium libri LIV in sex enneades distributi, nunc primum Graece editi, cum Latina Marsilii Ficini interpretatione et commentatione. – Basel : Peter Perna, 1580. – 771 S. ; 2°
VD 16 P 3571
Erw.-Datum: Tübingen, 2.10.1580. – *Kaufpreis:* 2. fl. 10. bac. – *Bindepreis:* 11. bac. – *Hs. Vermerke:* auf Titelbl. Cd 4278.2

555 **Plutarchus**: De liberorum institutione [Teilausgabe der Moralia, griech.]. – Köln : Johann Gymnich I, 1543. – 48 Bl. ; 8°
Kein bibliographischer Nachweis
Erw.-Datum: 1584 (vorher im Besitz von Jakob Schegk). – *Hs. Vermerke:* wenige passim Cd 10420

556 **Plutarchus**: Duo commentarii [Teilausgabe der Moralia]. Latine redditi annotationibusque illustrati Guilielmo Xylandro interprete. – Basel : Johann Oporinus, 1566. – 300, 216 S. ; 8°
BN 139, Sp. 382 f.
Erw.-Datum: 15.10.1565. – *Kaufpreis:* 3 bacijs. – *Bindepreis:* 10 kr. Cd 10425:2

557 **Plutarchus**: Moralia, quae usurpantur, sunt autem omnis elegantis doctrinae Penus; id est, varij libri: morales, historici, physici, mathematici, denique ad politiorem litteraturam pertinentes et humanitatem; accesserunt his Indices locupletißimi. Omnes De Graeca In Latinam linguam transscripti summo labore, cura ac fide: Guilielmo Xylandro interprete. – Basel : Thomas Guarinus, 1570. – 6 Bl., 857 S., 45 Bl. ; 2°
VD 16 P 3681

[continues ↗]

Erw.-Datum: 30.9.1570, Geschenk von Wilhelm Xylander. – *Bindepreis:* 1 fl. (Johann Gerstenmaier). – *Hs. Vermerke:* auf Titelbl. Cd 4301.2

558 **Plutarchus**: Quae Vocantur parallela: hoc est, vitae illustrium virorum graeci nominis ac latini ... prout quaeque alteri convenire videbatur, accuratius quam antehac unquam digestae. [Vitae, griech.] Hrsg. von Simon Grynaeus. – Basel : Andreas Cratander und Johann Bebel, März 1533. – 4, 369, 1 Bl. ; 2°
VD 16 P 3756
Erw.-Datum: 10.7.1560. – *Bindepreis:* 6. b. – *Hs. Vermerke:* zahlreich passim Cd 4289.2

559 **Plutarchus**: Sit'ne rationis aliqua in bestiis vis, tum utra animantium plus huius habeant, terrestria ne, an aquatica, Plutarchi libellus [Teilausgabe der Moralia, griech./lat.], lat. von Simon Grynaeus. – Basel : Johann Bebel, 1534. – 112 Bl. ; 8°
VD 16 P 3739
Hs. Vermerke: auf Titelbl. Cd 10480

560 **Plutarchus**: Les vyes de huict excellens et renommez personnaiges Grecz et Romains [Teilausgabe der Vitae parallelae], mises au parangon l'une de l'autre, escriptes ... en langue Greque par ... Plutarche de Cherronée et depuis translatées en françoys par George de Selue. – Paris, 1547. – 238 Bl. ; 8°
Kein bibliographischer Nachweis
Erw.-Datum: 28.9.1560, Geschenk von Engelbertus Melander (Öpfelmann). – *Hs. Vermerke:* wenige passim Cd 10492

561 Poetae Graeci Principes heroici carminis, et alii nonnulli, griech. Hrsg. von Henricus Stephanus. – [Genf] : Henricus Stephanus für Ulrich Fugger, 1566. – 72, 781, 489 S. ; 2°
Adams P–1699
Erw.-Datum: 26.9.1566, Geschenk von Johann Oporinus. – *Bindepreis:* 1 taler. – *Hs. Vermerke:* auf Titelbl. Cd 5022.2

562 Poetarum veterum ecclesiasticorum opera christiana et operum reliquiae atque fragmenta, thesaurus catholicae et orthodoxae ecclesiae ... collectus, emendatus, digestus et commentario expositus studio Georgii Fabricii. – Basel : Johann Oporinus, [1562/1563]. – Bd. I: 872 Sp.; Bd. II: 144 S. ; 2°
VD 16 F 342
Erw.-Datum: 4.7.1570. – *Kaufpreis:* 7 bac. – *Hs. Vermerke:* wenige passim Nürtingen: 2° 42

563 **Polemo ⟨Laodicensis⟩, Antonius**: Polemonis, Himerii et aliorum quorundam declamationes, griech. – [Genf] : Henricus Stephanus für Ulrich Fugger, 1567. – 91 S. ; 4°
Adams P–1754
Erw.-Datum: Esslingen, 14.4.1567, aus Tübingen geschickt von Wolf Conrad Schweicker. – *Kaufpreis:* 3 bacijs. – *Hs. Vermerke:* wenige passim Cd 8350.4

564 **Politianus, Angelus**: Silva cui titulus Ambra. – Bologna : Franciscus dictus Plato de Benedictis, 22. Juni 1492. – 14 Bl. ; 4°
H 13229 (3). Goff P–896
Erw.-Datum: [von Martin Kraus (Vater)]. Ursprünglich Teil eines Sammelbandes mit mehreren Drucken (siehe Cd 3592.4, Nr. 213) und der Handschrift Mc 226. Dk II 119 a.4

565 **Politianus, Angelus**: Silva cui titulus Manto. – Bologna : Franciscus dictus Plato de Benedictis, 9. Juni 1492. – 10 Bl. ; 4°
H 13229 (1). Goff P–896
Erw.-Datum: [von Martin Kraus (Vater)]. Ursprünglich Teil eines Sammelbandes mit mehreren Drucken (siehe Cd 3592.4, Nr. 213) und der Handschrift Mc 226. Dk II 119 c.4

566 **Politianus, Angelus**: Silva cui titulus Nutricia. – Bologna : Franciscus dictus Plato de Benedictis, 22. Juni 1491. – 18 Bl. ; 4°
HC 13235. Goff P–899
Erw.-Datum: [von Martin Kraus (Vater)] M: Martin Kraus (Vater). Ursprünglich Teil eines Sammelbandes mit mehreren Drucken (siehe Cd 3592.4, Nr. 213) und der Handschrift Mc 226. Dk II 119.4

567 **Politianus, Angelus**: Silva cui titulus Rusticus. – Bologna : Franciscus dictus Plato de Benedictis, 15. Juni 1492. – 12 Bl. ; 4°
H 13229 (2). Goff P–896
Erw.-Datum: [von Martin Kraus (Vater)] M: Martin Kraus (Vater). Ursprünglich Teil eines Sammelbandes mit mehreren Drucken (siehe Cd 3592.4, Nr. 213) und der Handschrift Mc 226. Dk II 119 b.4

568 **Pollux, Iulius**: Onomasticon, hoc est, Instructissimum Rerum Ac Synonymorum Dictionarium, decem libris constans, summo studio et cura emendatum ... Cum Praefatione Simonis Grynaei ... – Basel : Balthasar Lasius und Thomas Platter, März 1536. – 9 Bl., 562 Sp., 1 S., 40 Bl. ; 4°
VD 16 P 4056
Erw.-Datum: Tübingen, 29.4.1575, erhalten von Georg Wertwein. – *Kaufpreis:* Bac. 6.
Cd 8367.4:2

569 **Pollux, Iulius**: Onomasticon, hoc est instructissimum rerum et synonymorum Dictionarium, nunc primum Latinitate donatum, Rodolpho Gualthero interprete. – Basel : Robert Winter, September 1541. – 479, 1 S., 7 Bl. ; 4°
VD 16 P 4057 Cd 8367.4:2 angeb.

570 **Polyaenus ⟨Macedo⟩**: Stratēgēmatōn bibloi oktō. Polyaeni Stratagematum libri octo, cum indicibus necessariis. Is. Casaubonus Graece nunc primum ed., emendavit et notis ill. Adiecta est etiam Iusti Vulteiji Latina versio. – Leiden : Joannes Tornaesius, 1589. – 14, 754, 30 S. ; 16°
Adams P–1799
Hs. Vermerke: auf Titelbl. Cd 10645

571 **Polybius**: De Romanorum militia et Castrorum metatione liber ... per A. Janum Lascarem excerptus et ab eodem Latinitate donatus, ipso etiam Graeco libro adiuncto. Eiusdem A. Jani Lascaris Epigrammata et graeca et latina, item Jacobi Comitis Purliliarum De re militari lib. II. – Basel : Balthasar Lasius und Thomas Platter, März 1537. – 2 Bl., 248 S., 2 Bl. ; 8°
VD 16 P 4087
Hs. Vermerke: auf Titelbl. Cd 10668

572 **Polybius**: Historiarum libri priores quinque Nicolao Perotto interprete. Kai Epitomai 12. Item, epitome sequentium librorum usque ad decimumseptimum, griech. Lat. Übers. von Wolfgang Musculus. Hrsg. von Vicentius Obsopoenus. – Basel : Johann Herwagen d. Ä., März 1549. – 282, 323 S. ; 2°
VD 16 P 4083
Hs. Vermerke: auf Titelbl. Cd 4289.2 angeb.

573 **Polybius**: Selecta de legationibus et alia. Nunc primum in lucem edita. Ex bibliotheca Fulvii Ursini, griech. – Antwerpen : Christophorus Plantinus, 1582. – 447, 182 S. ; 4°
Adams P–1800
Erw.-Datum: Tübingen, 14.4.1582. – *Kaufpreis:* 1. fl. 14. bac. – *Bindepreis:* 5. bac. – *Hs. Vermerke:* auf Titelbl. Cd 8390.4

574 **Porphyrius**: De non necandis ad epulandum animantibus libri IIII. Eiusdem selectae brevesque sententiae ducentes ad intelligentiam rerum, quae mente noscuntur. Michaelis Ephesii scholia in IIII libros Aristotelis de partibus animantium. Hrsg. von Petrus Victorius. – Florenz : Bernhard Iunctae, 23. März 1548. – 129 Bl. ; 2°
BM 263, 117
Erw.-Datum: Tübingen, 29.8.1570. – *Kaufpreis:* 18. bacijs. – *Hs. Vermerke:* auf Titelbl.
Cd 4343.2

575 **Porsius, Henricus**: Historia belli Persici, gesti inter Murathem III. Turcarum, et Mehemetem Hodabende, Persarum Regem. Ejusdem itineris Byzantini libri III. Carminum libri II. Epigrammatum libri II. Poëta. – Frankfurt/M. : Johann Wechel für Sigmund Feyerabend, 1583. – 175 S. ; 8°
VD 16 P 4322/4323
Erw.-Datum: 27.9.1583. – *Kaufpreis:* 13. kr. – *Hs. Vermerke:* auf Titelbl. Fo XX 21

576 Portolanos, neugriech. – Venedig, Juni 1573. – 152 Bl. ; 4°
Legrand (I) Nr. 152
Erw.-Datum: Tübingen, 6.9.1580, geschickt von Hieronymus Vischer. – *Kaufpreis:* Constat Venetiis 2. lb. 3. ß id est 7. Bacijs. 2. d. – *Bindepreis:* 3. Bacijs. – *Hs. Vermerke:* zahlreich passim Fa 16 a.4

577 **Portus, Franciscus**: Commentarii in Pindari Olympia, Pythia, Nemea, Isthmia. – Genf : Johannes Sylvius, [nicht vor 13. Februar] 1583. – 163 S. ; 4°
BN 141, Sp. 329. Adams P–1977
Erw.-Datum: April 1583. – *Kaufpreis:* bac. 5. – *Hs. Vermerke:* auf Titelbl. Cd 8144.4

578 **Porzio, Simone**: De humana mente disputatio. – Florenz : Lorenzo Torrentino, 1551. – 98 S. ; 4°
BN 141, Sp. 338
Erw.-Datum: Esslingen, 27.5.1567. – *Kaufpreis:* 2 bac. Ae 6.4

579 **Posselius, Johann**: De bello antiturcico Oratio. – Rostock : Stephan Möllemann (Myliander), 1598. – 12 Bl. ; 4°
Kein bibliographischer Nachweis
Erw.-Datum: 11.4.1599 Nürtingen: 4° 107 angeb.

580 **Probus, Marcus Valerius**: Instituta artium. Maximi Victrini de quantitate syllabarum. Donati prima ars. Servius ad Albinum de naturis ultimarum. Sergius in artem Donati primam. Attilus Fortunatianus de metris Horatianis. Donatiani generis eiusdem fragmentum. Item Caesii Bassi, Terentianus, Beda. – Mailand : Johann Angelius Scinzenzeller, 2. Dezember 1504 ; 2°
BM 266, 133
Erw.-Datum: 7.2.1586. – *Kaufpreis:* 14. kr. – *Hs. Vermerke:* wenige passim Ce 1475.2

581 **Proclus ⟨Diadochus⟩**: Compendiaria de motu disputatio, posteriores quinque Aristotelis de auscultatione naturali libros, mira brevitate complectens. Hrsg. von Simon Grynaeus. – Basel : Johann Bebel und Michael Isengrin, August 1531. – 47 S. ; 8°
VD 16 P 4949
Erw.-Datum: 25.6.1567, Geschenk von Johann Jakob Grynaeus. – *Hs. Vermerke:* auf Titelbl.
Cd 10785

582 **Proclus ⟨Diadochus⟩**: In Claudii Ptolemaei quadripartitum enarrator ignoti nominis, quem tamen Proclum fuisse quidam existimant. Item Porphyriu Philosophu eisagōgē eis tēn apotelesmatikēn tu Ptolemaiu = Porphyrii Philosophi introductio in Ptolemaei opus de effectibus astrorum. Praeterea Hermetis Philosophi de revolutionibus natiuitatum libri duo,

incerto interprete. [Hrsg. von Hieronymus Wolfius]. – Basel : Heinrich Petri, September 1559. – 22, 279 S. ; 2°
BN 143, Sp. 174
Kaufpreis: 10. bacijs. Ba 8.2 angeb.

583 **Proclus ⟨Diadochus⟩**: Paraphrasis in quatuor Ptolemaei libros de siderum effectionibus cum praefatione Philippi Melanthonis. – Basel : Johann Oporinus, [nicht vor 1. September 1554]. – 255 S. ; 8°
VD 16 P 4958
Erw.-Datum: Esslingen, 25.11.1567. – *Kaufpreis:* 2. bac. – *Hs. Vermerke:* auf Titelbl. Cd 10787

584 **Ptolemaeus, Claudius**: De geographia libri octo, griech. und lat. Hrsg. von Desiderius Erasmus. – Basel : Hieronymus Froben und Nikolaus Episcopius, 1533. – 4 Bl., 542 S. ; 4°
BN 143, Sp. 758
Erw.-Datum: Tübingen, 17.8.1563. – *Kaufpreis:* 10. bacijs (wohl inkl. Einband). – *Hs. Vermerke:* passim Cd 8486.4:2

585 **Ptolemaeus, Claudius**: De praedictionibus astronomicis, cui titulum fecerunt Quadripartitum, Graece et Latine, Libri IIII, Philippo Melanthone interprete. Eiusdem Fructus librorum suorum, sive Centum dicta, ex conversione Ioviani Pontani. – Basel : Johann Oporinus, 1553. – 269, 1 S. ; 8°
VD 16 P 5249 (1. Teil)
Kaufpreis: 4 bacijs. – *Hs. Vermerke:* auf Titelbl. Cd 10875 angeb.

586 **Ptolemaeus, Claudius**: Geographicae Enarrationis Libri Octo, Bilibaldo Pirckeymhero Interprete. Annotationes Ioannis de Regio Monte, in errores commissos a Iacobo Angelo in translatione sua. – [Straßburg] : Johann Grüninger für Johann Koberger (Nürnberg), 1525. – 82, 48 Bl., 49 Doppels., graphische Darstellungen, Karten ; 2°
VD 16 P 5211
Erw.-Datum: 3.6.1570 (aus Augsburg. Das Buch wurde am 23. September 1546 in Neuburg erbeutet). – *Kaufpreis:* 1. fl. – *Hs. Vermerke:* auf Titelbl. und hint. Spiegel Cd 4416.2

587 **Ptolemaeus, Claudius**: Libri quatuor, compositi Syro fratri. Eiusdem Fructus librorum suorum, sive Centum dicta, ad eundem Syrum, griech. und lat. [Hrsg. von Joachim Camerarius]. – Basel : Johann Oporinus, 1553. – 229, 1 S. ; 8°
VD 16 P 5249 (2. Teil) Cd 10875 angeb.

588 **Ptolemaeus, Claudius**: Mathematicae constructionis Liber primus graece et latine editus. Additae Explicationes Aliquot locorum ab Erasmo Rheinholt Salueldensi. – Wittenberg : Hans Lufft, 1549. – 8, 123, 1 Bl.; graphische Darstellungen ; 8°
VD 16 P 5201
Erw.-Datum: 20.3.1564. – *Kaufpreis:* 10. kr. – *Bindepreis:* 6. kr. Cd 10875

589 **Pythagoras**: Ta chrysa kalumena Pythagoru epē = id est, Pythagorae carmina aurea. Phōcylidu poiēma nuthetikon = Phocylidae poema admonitorium. Theognidos megareōs Sikeliōtu poiētu Gnōmai elegiakai = Theognidis Megarensis poetę Siculi gnomologia. Koluthu lykopolitu Thēbaiu Helenēs harpagē = Coluthi Lycopolitae Thebaei Helenae raptus. Tryphiodōru poiētu Aigyptiu, Iliu halōsis = Tryphiodōri poetae Aegyptij De Troiae excidio. Omnia graecolatina, conversa simul et exposita a Michaele Neandro. – Basel : Johann Oporinus, August 1559. – 94, 186 S., 82, 133, 43 S. ; 4°
BN 144, Sp. 212
Erw.-Datum: 3.11.1559 Cd 8560.4:1 angeb.

590 **Qimḥî, Dāwid**: Sēfer Tehîllîm ʿim pêrûš. Rabbî Dāwid Qimḥî, hebr. (Psalmenkommentar von David Kimchi). – Isny : [Paulus Fagius], 5302 [= 1541]. – 108 Bl. ; 2°
BN 36, Sp. 315
Erw.-Datum: 2.3.1553, Geschenk von Agnes Fagius Ga I 7.2

591 **Querecetano [Duchesne], Eustathius**: Acroamaton in librum Hippocratis de Natura hominis commentarius unus. Eiusdem autoris in C. Galeni libros tres de temperamentis, scholia. – Basel, Dezember 1549. – 286 S., 9 Bl. ; 8°
VD 16 H 3812
Erw.-Datum: 3.11.1570. – *Kaufpreis:* α βακ. Cd 7124

592 **Quintilianus, Marcus Fabius**: Declamationes, quae ex CCCLXXXVIII supersunt, CXLV. Calpurnii Flacci excerptae X rhetorum minorum LI: Ex bibliotheca P. Pithoei. Cornelii Taciti De oratoribus sive de causis corruptae eloquentiae dialogus. – Paris : Mamertus Patissonius, 1580. – 477 S. ; 12°
BN 144, Sp. 996
Erw.-Datum: 22.12.1586. – *Kaufpreis:* bac. 9. Ce 2056

593 **Quintilianus, Marcus Fabius**: Declamationes undeviginti. Quibus accesserunt Petri Rami ... distinctiones. – Köln : Walther Fabritius, 1556. – 464 S. ; 8°
VD 16 Q 108
Kaufpreis: b. 6. – *Hs. Vermerke:* auf Titelbl. Ce 2030 angeb.

594 **Quintilianus, Marcus Fabius**: Oratoriarum institutionum libri XII doctißimorum virorum, Ioachimi Camerarij, Ioannis Sichardi, aliorumque opera ac studio ... restituti ... illustrati. Quibus sparsim quoque adiecimus Gul. Philandri castigationes. – Köln : Walther Fabritius, 1555. – 835 S., 21 Bl. ; 8°
VD 16 Q 99
Erw.-Datum: 29.1.1562. – *Bindepreis:* 3. bacij. – *Hs. Vermerke:* passim Ce 2030

595 **Quintus ⟨Smyrnaeus⟩**: Praetermissorum ab Homero libri quatuordecim, quibus Troianam historiam ab Homero derelictam grauiter et splendide prosecutus est. [Hrsg. von Johann Thomas Freigius]. – Basel : Sixtus Henricpetri, März 1569. – 8 Bl., 341, 1 S. ; 8°
VD 16 Q 113
Hs. Vermerke: passim Cd 10950

596 **Rabe, Ludwig**: Conciliationes locorum S. Scripturae in specie pugnantium. Ex Libris D. Aurelii Augustini. T. I-II. – Nürnberg, 1561 ; 8°
Kein bibliographischer Nachweis
Erw.-Datum: 3.6.1561. – *Kaufpreis:* constat 14. kr. 1. d. (1. Teil), Emi 4. b. (2. Teil). – *Bindepreis:* 6 kr. Nürtingen: 8° 252

597 **Ramingen, Jakob von**: Catalogus argumentorum Das ist Kurtzvergriffene Ordenliche Erzelung oder Summarischer Inhalt und Bericht aller Bücher des Werks, intiteliert: von den ursprünglichen Sachen, alten Geschichten und Thaten der alten schwäbischen und allemannischen Völker. – [s. l.], 1580. – 12 Bl. ; 12°
VD 16 R 187
Erw.-Datum: 8.3.1592, von Raimund Roner, Ulm Fo XIIb 186.4

598 **Ramus, Petrus**: Liber de militia C. Iulii Caesaris cum praefatione Joannis Thomae Freigii. – Basel : Sebastian Henricpetri, [1574]. – 8 Bl., 224 [= 228] S., 1 Bl. ; 8°
VD 16 L 525
Erw.-Datum: 29.4.1574. – *Kaufpreis:* bac. ij. Fo XV 206

599 **Ramus, Petrus**: Liber de moribus veterum Gallorum cum praefatione Ioannis Thomae Freigij. – Basel : Sebastian Henricpetri, [1574]. – 8 Bl., 143, 1 S. ; 8°
VD 16 L 527
Erw.-Datum: 29.4.1574. – *Kaufpreis:* bac. ij. Fo III 1030

600 **Ramus, Petrus**: Scholarum physicarum libri octo, in totidem acroamaticos libros Aristotelis. – Paris : Andreas Wechel, 1565. – 171 Bl. ; 8°
BN 146, Sp. 320
Erw.-Datum: 11.10.1566. – *Kaufpreis:* 9. b. – *Bindepreis:* 3 sol. – *Hs. Vermerke:* auf Titelbl.
Aa 836

601 **Rarturos, Alexios**: Didachai. – Venedig : Rarturos, 1560
Papadopulos S. 383 Nr. 5098. Eideneier, Von der Hs. S. 102. – Exemplar lag nicht vor.
Jena UB: 4.Op.th.43

602 **Ravisius, Johannes**: Epithetorum Joannis Ravisii Textoris Nivernensis opus absolutissimum. Accesserunt huic editioni: Libellus Georgii Sabini, de versibus non ex tempore fundendis: Praeceptiunculae, Georgii Fabricii Chemnicensis, de Epithetis recte et decore adhibendis. Authoritates item seu exempla Syllabarum a Joanne Claio Hertzbergense congesta. – [Basel] : Nikolaus Brylinger Erben, 1581. – 3 Bl., 985, 1 S. ; 4°
VD 16 T 1437
Erw.-Datum: Tübingen, 7.3.1583. – *Hs. Vermerke:* wenige passim Dh 1 d.4

603 **Regiomontanus, Johannes**: De aequationibus duodecim domorum coeli (Tabulae astronomicae). – Nürnberg : Johann Petreius, [nicht vor 25. August] 1536. – 94 Bl. ; 4°
VD 16 M 6553 Bd 50 a.4 angeb.

604 **Reineck, Reiner**: Chronica des Chur und Fürstlichen Hauses der Marggraffen zu Brandenburg. – Wittenberg : Johann Krafft (Crato), 1580. – 120 S., 2 Faltbl. ; 4°
VD 16 R 859
Erw.-Datum: 7.8.1581. – *Kaufpreis:* 2 bac. Fo XIIb 136.4

605 **Reineck, Reiner**: Commentarius de regibus Persicis, seu familia Artaxerxis Magusaei ... – Helmstedt : Jakob Lucius I, 1588. – [40] Bl. ; 8°
VD 16 R 861
Erw.-Datum: 1588, Geschenk von Reiner Reineck Fi 123

606 **Rensberger, Nicolaus**: Astronomia Teutsch. – Augsburg : Matthäus Franck, 1569. – 11, 382 Bl. ; 4°
VD 16 R 1146
Erw.-Datum: 2.5.1569. – *Kaufpreis:* 12. bacijs. – *Bindepreis:* 4. bacij. – *Hs. Vermerke:* auf Titelbl.
Bd 119.4

607 **Reusner, Elias**: Genealogikon Romanum De Familiis Praecipuis Regum, Principum, Caesarum, Imperatorum, Consulum Item Aliorumque Magistratuum ac procerum Imperii Romani, ab V. C. usque ad haec tempora praesentia; Opus Collectum Ex Variis historiae Romanae Scriptoribus, veteribus ac recentibus ... – Frankfurt/M. : Andreas Wechel Erben, Claude de Marne und Johann Aubry, 1589. – [4] Bl., 163, [1] S. ; 2°
VD 16 R 1352
Erw.-Datum: 8.4.1589. – *Kaufpreis:* 9 bac. Nürtingen: 2° 64 angeb.

608 Rituum ecclesiasticorum sive sacrarum cerimoniarum ss. romanae ecclesiae libri tres non ante impressi. – Venedig : Gregor de Gregoriis, 21. November 1516. – 6, 143 Bl. ; 2°
NUC 99, 344
Erw.-Datum: Tübingen, 5.9.1582, Geschenk von Johann Georg Godelmann Gi 21.2

609 **Robortello, Francesco**: Paraphrasis in librum Horatii, qui vulgo de arte poetica ad Pisones inscribitur. Eiusdem explicationes. – Basel : Johann Herwagen d. J., 1555. – 48 S., 3 Bl. ; 2°
VD 16 R 2685 — Cd 869.2:1 angeb.

610 **Rolevinck, Werner**: Fasciculus temporum. – [Köln] : Heinrich Quentell, 1481. – 72 Bl. ; 2°
HC 6929. Goff R–265
Hs. Vermerke: Bl. 2a *Mihi M. Martino Crusio donavit 28 Maij 1580 Joannes Pfister, Tybingae librorum Compactor* — Fb 2 b.2

611 **Ronsard, Pierre de**: Hymne de Bacus [frz.] avec la version latine de Jean Dorat. – Paris : Andreas Wechel, 1555. – 29, 3 S. ; 4°
Adams R–764 (Teil) — Dk VI 4.4 angeb.

612 **Ronsard, Pierre de**: Les hymnes [frz.]. – Paris : Andreas Wechel, 1555. – 195 S. ; 4°
Adams R–764 (Teil)
Erw.-Datum: 14.6.1556 — Dk VI 4.4

613 **Ruexner, Georg**: Thurnierbuch. Von Anfang, Ursachen, Ursprung und herkommen, der Thurnier im heyligen Römischen Reich Teutscher Nation : Wie viel offentlicher Landthurnier, von Keyser Heinrich dem ersten dieses Namens an, biß auff den jetztregierenden Keyser Maximilian den andern, ... gehalten, Auch durch welche Fürsten ..., dieselben jeder zeyt besucht / [Georg Ruexner]. – Alles jetzunder von neuwem zusammen getragen, mit schönen neuwen Figuren. – Frankfurt/M. : Sigmund Feyerabend und Simon Hüter, 1566. – [6], CCXLIII, [7], LXXXI Bl. : zahlr. Ill. – VD 16 R 3544 ; VD 16 F 2208
Kaufpreis: ein Taler. – *Hs. Vermerke:* am Anfang und Ende — Fo XIIa 71.2:2

614 **Rufus ⟨Ephesius⟩**: De vesicae renumque morbis. De purgantibus medicamentis. De partibus corporis humani. Sorani de utero et muliebri pudendo. – Paris : Adrien Turnèbe, 1554. – 60 S. ; 8°
Adams R–883
Hs. Vermerke: auf Titelbl. — Cd 10977

615 **Sabellicus, Marcus Antonius Coccio**: Historia rerum Venetarum ab urbe condita. – Basel : Nikolaus Episcopius, 1556. – 1067 S. ; 8°
VD 16 S 40
Erw.-Datum: 14.11.1588. – *Kaufpreis:* 4 fl. – *Hs. Vermerke:* wenige passim
Nürtingen: 8° 260

616 **Sabinus, Georg**: Fabularum Ovidii interpretatio tradita in Academia Regiomontana. – Wittenberg : Peter Seitz d. J., [nicht vor 13. Juni] 1559. – 132 Bl. ; 8°
Adams S–29. VD 16 S 123
Kaufpreis: 6. kr. — Ce 1632

617 **Sallustius Crispus, Gaius**: De L. Sergii Catilinae coniuratione, ac bello Iugurthino historiae, ex castigatione Ioan. Riuij. Cum annotationib. marginalib. Philip. Melanth. Adiecimus nunc primum in omnia Salustii, quae hodie extant fragmenta, Henrici Glareani ... annotationes. – Köln : Johann Gymnich I, 1544. – 336 S. ; 8°
Adams S–156
Erw.-Datum: 7.11.1551. – *Kauf- und Bindepreis:* 13. kr. – *Hs. Vermerke:* zahlreich passim
Ce 2186

618 **Sallustius Crispus, Gaius**: Historiarum lib. VI a Ludovico Carione collecti et restituti. – Antwerpen : Ioannes Bellerus, 1573. – 192 S. ; 8°
Adams S–167
Erw.-Datum: 29.4.1574. – *Kaufpreis:* bac. 2. – *Hs. Vermerke:* auf Titelbl. — Ce 2209

619 **Sannazaro, Jacopo**: Opera omnia. – Lyon : Anton Gryphius, 1569. – 198 S. ; 16°
NUC 519, 475
Hs. Vermerke: wenige passim Ce 693 angeb.

620 **Sansovino, Francesco**: Historia universale dell'origine et imperio de' Turchi. – Venedig : Michel Bonelli, [nicht vor 27. Juni] 1573. – 16, 471 Bl. ; 4°
NUC 519, 559
Erw.-Datum: 6.9.1580, aus Venedig geschickt von Hieronymus Vischer. – *Kaufpreis:* 18. Bacijs. 4. den. – *Bindepreis:* 5. Bacij. – *Hs. Vermerke:* passim Fo XI 2.4

621 **Sansovino, Francesco**: Venetia, città nobilissima et singolare descritta in XIV libri. – Venedig : Jacomo Sansovino, 1581. – 286, 38 Bl. ; 4°
Adams S–371
Erw.-Datum: 24.4.1582. – *Kaufpreis:* 1. fl. 14 kr. (von Frankfurter Messe). – *Bindepreis:* 5. bac. – *Hs. Vermerke:* wenige passim Fo IV 35.4

622 Saracenica, sive Moamethica. Graece et Latine. Hrsg. von Friedrich Sylburg. – [Heidelberg] : Hieronymus Commelinus, 1595. – 152 S. ; 8°
Adams S–2137
Erw.-Datum: nicht nach 16.7.1602. – *Kaufpreis:* 4 b.(?). – *Hs. Vermerke:* passim Gb 690

623 **Sardi, Alessandro**: De Moribus Ac Ritibus Gentium Lib. III. Omni Rerum Varietate Referti Iterum Impressi. Eiusdem De Rerum Inventoribus Libri II. ijs maxime, quorum nulla mentio est apud Polidorum. Nunc primum in lucem editi, In quibus Omnium Scientiarum, omniumque fere rerum principium quoddam quam breuissime continentur. – Mainz : Franz Behem und Gottfried von Kempen (Köln), 1577. – 8 Bl., 207, 64 S., 3 Bl. ; 8°
VD 16 S 1805. Adams S–423
Kaufpreis: 2. Bac. Fq 4 aa

624 **Scaliger, Julius Caesar**: De causis linguae Latinae libri tredecim. – [Genf] : Petrus Santandreanus, 1580. – 451 S. ; 8°
Adams S–575
Erw.-Datum: 11.6.1580. – *Kaufpreis:* 7 bac. – *Bindepreis:* 12. kr. (im vord. Spiegel aber auch: 3. Bacij). – *Hs. Vermerke:* wenige passim Cc 142

625 **Scaliger, Paul**: Genealogica, seu de antiquissima, Scalichiorum, sive a Scala olim complurium regnorum ... origine. – [Straßburg] : Christian Müller (Mylius) I, 25. Januar 1561. – 28 Bl. ; 4°
BN 164, Sp. 418
Erw.-Datum: – (Geschenk, Name unleserlich). – *Hs. Vermerke:* passim Fd 21.4

626 **Schiltberger, Hans**: Ein wunderbarliche, und kurtzweilige History, wie Schildtberger, einer auss der Stad München inn Beyern, von den Türcken gefangen, inn die Heydenschaft geführet, unnd wider heim kommen ist. – Frankfurt/M. : Hermann Gülfferich, 1554. – 70 Bl. ; 4°
BM 292, 378
Hs. Vermerke: passim Fc 52.4

627 **Schitler, Johannes**: Praecepta dialectices iusto compendio accommodata, et exemplis utilibus illustrata. – Wittenberg : Veit Kreutzer, 1563. – 8 Bl., 270 S. ; 8°
Kein bibliographischer Nachweis
Erw.-Datum: nicht nach 5.10.1565. – *Hs. Vermerke:* passim, dazu 8 S. hs. Anhang
Ab 53 angeb.

628 **Schönborn, Bartholomaeus**: ΓΝΩΜΑΙ ποιητῶν, versus sententiosi ex Graecorum poematis vetustis collecti, et ad literarum ordinem digesti ... – Wittenberg, 1570. – 70 Bl. ; 8°

Kein bibliographischer Nachweis
Erw.-Datum: 9.10.1574. – *Hs. Vermerke:* auf Titelbl. Cd 12501

629 **Schöner, Johannes**: Opera mathematica. – Nürnberg : Johann vom Berg (Montanus) und Ulrich Neuber, 1561. – 10, 222, 169, 5, 67 Bl. ; 2°
VD 16 S 3466
Erw.-Datum: 20.3.1564. – *Kaufpreis:* 29 bac. – *Bindepreis:* 7 bac. Ba 8.2

1561

630 **Schöner, Johannes**: Tabulae Astronomicae, Quas vulgo, quia omni difficultate et obscuritate carent, Resolutas vocant; Ex quibus cum erraticorum, tum etiam fixorum siderum, motus, tam ad praeterita quam futura, quantumvis etiam longa secula, facillime calculari possunt correctae et locupletatae. Praefatio D. Philippi Melanchthonis in easdem Astronomiae commendatoria. Ratio, sive apodeixis duodecim domorum coeli. – Nürnberg : Johann Petreius, 1536. – 94 Bl. ; 4°
VD 16 S 3505 Bd 50 a.4 angeb.

1536

631 **Schottenius, Hermann**: Vita honesta et virtuosa [ital.]. Aggiontovi una breve instruttione del viver honesto, co'l mezzo de le quattro virtu principali. Di Martino Vescouo Dumiense. Novamente dal Latino nella Volgar lingua tradotte. – Venedig, 1547. – 50 Bl. ; 8°
NUC 529, 616
Hs. Vermerke: auf Titelbl. Af 64 angeb.

632 **Schrötlin, Johannes**: Ein Christliche Leichpredigt, auß dem Spruch Danielis am zwelfften ... Bey der Begräbnus des ... Herrn M. Abelis Vinarij, Pfarrers zu Rummeltzhausen. – Tübingen : Georg Gruppenbach, 1597. – 14 Bl. ; 4°
Kein bibliographischer Nachweis
Erw.-Datum: 9.3.1597 Nürtingen: 4° 97 angeb.

633 Scripta aliquot consolatoria doctorum virorum ad Georgium Hitzlerum ... de obitu coniugis ... translatae. A Martino Crusio edita. – Tübingen : Georg Gruppenbach, 1585. – 85 S. ; 4°
Index Aurel. 147.879 Nürtingen: 4° 97 angeb.

634 Sententiae vere elegantes, piae, mireque, cum ad linguam discendam, tum animum pietate excolendum utiles, ueterum sapientum Hebraeorum, quas Pirqê āvôt id est capitula, aut si mauis apophtegmata patrum nominant, in Latinum versae, scholiisque illustratae per Paulum Fagium in gratiam studiosorum linguae sanctae. – Isny : [Paulus Fagius], 1541. – 4 Bl., 134 [= 150] S., 1 Bl. ; 4°
VD 16 F 554
Erw.-Datum: 8.1.1553. – *Kaufpreis:* 2. b. – *Hs. Vermerke:* wenige passim, Register
Ci VII 16.4

635 Sex linguarum Latinae, Gallicae, Hispanicae, Italicae, Anglicae et Teutonicae dictionarium. – Zürich : Christoph Froschauer, 1553. – 104 Bl. ; 16°
VD 16 S 6151
Erw.-Datum: 3.6.1553. – *Kaufpreis:* 5 kr. – *Hs. Vermerke:* auf Bl. 1a und 1b: 1555. 17. maij coepi discere gallice ab Alberto Linsio Memmingae. Weitere hs. Anm. auf den letzten S.
Ca 129

636 **Sigonio, Carlo**: Historiarum de regno Italiae libri quindecim, qui libri historiam ab anno 570 usque ad 1200 continent. – Basel : Peter Perna, 1575. – 4 Bl., 591, 1 S. ; 4°
VD 16 S 6439
Erw.-Datum: Tübingen, 28.1.1588. – *Kaufpreis:* 12. bac. – *Bindepreis:* bac. 6. – *Hs. Vermerke:* passim Fo IV 38.4

637 **Sigonio, Carlo**: Scholia, quibus T. Livii Patavini historiae et earum epitomae partim emendatur, partim etiam explanantur, eiusdem in eosdem libros chronologia ... – Basel : Nikolaus Episcopius d. J., 1556. – 878 S. ; 8°
NUC 546, 20
Erw.-Datum: 19.3.1569, aus dem Besitz von Johann Hiltebrand. – *Kaufpreis:* 8 1/2 bacijs. – *Hs. Vermerke:* auf Titelbl. Ce 1222:1

638 **Silius Italicus**: De bello Punico libri septemdecim. – Lyon : Sebastian Gryphius, 1551 ; 12°
Adams S–1137. BM 302, 301
Erw.-Datum: 18.9.1560. – *Kaufpreis:* 9. kr. – *Bindepreis:* . – *Hs. Vermerke:* sehr zahlreich
Nürtingen: 12° 62

639 **Simeon ⟨Sethus⟩**: Syntagma per literarum ordinem, de cibariorum facultate, Lilio Gregorio Gyraldo interprete. – Basel : Michael Isengrin, 1538. – 199, 1 S. ; 8°
VD 16 S 6489
Hs. Vermerke: passim Cd 11120:1

640 **Skordulios, Zacharias**: Peri tōn tēs syngeneias bathmōn synoptikē syllogē ek diaphorōn, griech. – [Venedig?], 1584. – [517] S. ; 8°
BM 304, 224
Erw.-Datum: 23.3.1590, Geschenk von Leontios Philoponos und Jezechiel Xyriches (aus Zypern). – *Hs. Vermerke:* wenige passim, Paginierung Gb 580 angeb.

641 **Sluperius, Jacobus**: Omnium fere gentium, nostraeque aetatis nationum, habitus et effigies, in eosdem Ioannis Sluperij Herzelensis epigrammata. Adiecta ad singulas icones Gallica tetrasticha. – Antwerpen : Ioannes Bellerus, 1572. – 136 S. ; 8°
Adams S–1307
Kaufpreis: 4. bac. Fq 99

642 **Soonus, Guilielmus**: Vantesdeni auditor, sive Pomponius Mela disputator, de situ orbis. – Köln : Johann Birckmann, 1572. – 185 Bl. ; 8°
VD 16 M 2323
Erw.-Datum: 29.9.1572. – *Bindepreis:* 1573. – *Hs. Vermerke:* zahlreich Ce 1371

643 **Sophocles**: Primae Sophoclis Tragoediae duae Aiax et Electra. Praefatio Claudii Theraei. – Straßburg : Wendelin Rihel, März 1540. – 8 Bl., 125, 1 S. ; 8°
VD 16 S 7041
Erw.-Datum: nicht nach 11.11.1550. – *Hs. Vermerke:* passim Cd 11196

644 **Sophocles**: Tragoediae septem ... Collectae sunt etiam gnōmai, dictaque proverbialia ex hisce tragoediis, per eundem, adque finem operis adiectae Graece et Latine. Latino carmine redditae, et annotationibus illustratae, per Thomam Naogeorgum. – Basel : Johann Oporinus, [nicht nach 21. März 1558]. – 499, 1 S., 6 Bl. ; 8°
VD 16 S 7040
Erw.-Datum: 10.12.1559. – *Hs. Vermerke:* auf Vorsatz und Titelbl. Cd 11241:2

645 **Sophocles**: Tragoediae septem cum interpretationibus vetustis et valde utilibus, griech. – Frankfurt/M. : Peter Braubach, 1555. – 4, 193 Bl. ; 4°
VD 16 S 7035
Erw.-Datum: 9.4.1580. – *Kaufpreis:* 14. kr. – *Hs. Vermerke:* auf Titelbl. Cd 8781.4

646 **Sophocles**: Τραγωδίαι [griech.], hrsg. von Adrien Turnèbe. – Paris : Adrien Turnèbe, 24. Dezember 1552. – I: 400 S., II: 147 S. (in 2 vol.) ; 4°
Adams S–1445
Erw.-Datum: nicht nach 23.7.1560. – *Hs. Vermerke:* passim Cd 8780 a.4

647 Spanos, neugriech. – Venedig : Cristoforo Zaneto, 1562. – 24 Bl. ; 8°
Legrand (IV) Nr. 613 (mit Beschreibung dieses Ex.)
Erw.-Datum: nicht vor 18. September 1575. – *Hs. Vermerke:* zahlr. 1575–1587, teilw. ediert bei Eideneier, Spanos S. 242–246 Dk I 6.4 angeb.

648 Spanos, neugriech. – Venedig : Cristoforo Zaneto, 1579. – [19] Bl. ; 8°
Legrand (IV) Nr. 735
Erw.-Datum: 6.9.1580, geschickt aus Venedig von Hieronymus Vischer. – *Kaufpreis:* 3. kr. – *Hs. Vermerke:* auf Titelbl. und letzter Seite Dk I 11

* 649 **Staden, Hans**: Wahrhafftig Historia unnd Beschreibung einer Landtschafft der Wilden, Nacketen, Grimmigen Menschenfresser Leuthen in der Newen Welt America gelegen. – Frankfurt/M. : Weygandt Han, [1557]. – [84] Bl. ; 4°
VD 16 S 8445
Erw.-Datum: Tübingen, vor 26.2.1584. – *Hs. Vermerke:* zahlreich passim (gelesen 1584) Fo XXVIII 9.4

650 **Statius, Publius Papinius**: Sylvarum libri V. Thebaidos libri XII. Achilleidos libri II. – Lyon : Sebastian Gryphius, 1559. – 524 S. ; 12°
Adams S–1676
Kaufpreis: 10 kr. – *Hs. Vermerke:* passim Nürtingen: 12° 62 angeb.

651 **Stefan ⟨Polska, Król⟩**: Stephani Poloniae Regis Literae, Ad Ordines Regni Polonici, de rebus a se in bello adversus Moscos superiori aestate gestis. – [s. l.], 1580. – 4 Bl. ; 4°
Kein bibliographischer Nachweis
Erw.-Datum: 18.1.1581 (Geschenk an Hizler, Crusius, Heiland) Fo XIV 11 a.4

652 **Stefan ⟨Polska, Król⟩**: Stephani Poloniae Regis Litterae, quibus res à se in bello Moschico, post captum Vielico Lukum gestas et consilia rerum deinceps gerendarum explicat et comitia Warsoviensia indicit. Item de Legatione Turcici et Tartarici Imperii mense Novembri Vilnae audita. – [s. l.], 1581. – 8 Bl. ; 4°
Kein bibliographischer Nachweis
Erw.-Datum: 9.4.1581 Fo XIV 11.4

653 **Stephanus, Henricus**: De urbibus, hrsg. von Wilhelm Xylander. – Basel : Johann Oporinus, März 1568. – 388 S. ; 2°
Kein bibliographischer Nachweis
→ *Erw.-Datum:* Geschenk von Wilhelm Xylander Cb 17.2 angeb.

654 **Stephanus, Henricus**: Glossaria duo, e situ vetustatis eruta. Item De Atticae linguae seu dialecti idiomatis. – [Paris] : Henricus Stephanus, 1573. – 665 Sp., 247 S. ; 2°
Adams S–1770
Erw.-Datum: 31.7.1573. – *Kaufpreis:* 1/4 fl. – *Bindepreis:* 8 1/2 Bac. Cb 17.2

655 **Stephanus, Henricus**: Thesaurus linguae latinae sive forum Romanum (nur Q-Z). – Basel : Hieronymus Froben und Nikolaus Episcopius, 1561. – 6 Bl., 1167, 1158, 696 S., 30 Bl. ; 2°
VD 16 C 6442
Erw.-Datum: 24.8.1566. – *Hs. Vermerke:* passim Nürtingen: 2° 95 b

656 **Stephanus, Robertus**: Dictionarium nominum propriorum virorum, mulierum, populorum, idolorum, urbium, fluviorum, montium, caeterorumque locorum quae passim in libris prophanis leguntur. – Köln : Martin Gymnich, 1546. – 468 Bl. ; 8°
VD 16 E 4028
Erw.-Datum: 30.3.1581, Tübingen Cc 112

* discusses bees ?!

657 **Stigel, Johann**: [Oratio de causis quare constituantur academiae]
Ioannis Stigelii Oratio De Causis Quare Constituantur Academiae : Habita Ienae, in celeberrimo consessu Illustrissimorum ducum Saxoniae ... cum publice recitarentur Priuilegia, & Statua Academiae Ienensis 2. die Februarij. Eiusdem Stigelii Epistola, continens narrationem celebratae in hoc conuentu pompae, & spectaculorum. – Ienae : Excudebant haeredes Christiani Rhodij, 1558. – [47] Bl. – VD 16 S 9087
Erw.-Datum: Jan. 1559, Geschenk von Matth. Bolstrusius. – *Hs. Vermerke:* auf Titelbl.
Ka I 37.4

658 **Stöffler, Johannes**: Ephemeridum opus Joannis Stoefleri ab anno 1532–1551. – Tübingen : Ulrich Morhart d. Ä., 1. Februar 1533. – 354 Bl. ; 4°
Adams S–1895
Erw.-Datum: 25.9.1558, Geschenk von Johann Funk Bd 50 a.4

659 **Strabo**: Rerum geographicarum libri septemdecem a Guilielmo Xylandro magna cura recogniti. Iidem ab eodem Xylandro in sermonem Latinum transscripti [griech./lat.]. – Basel : Heinrich Petri, August 1571. – 58 Bl., 977, 1 S. ; 2°
VD 16 S 9345
Erw.-Datum: 21.12.1571. – *Kaufpreis:* 2. fl. – *Bindepreis:* 1 fl. (Esslingen, Antonius Schmiel). – *Hs. Vermerke:* wenige passim Cd 4628.2:2

660 **Strada, Jacobus de**: Epitome Thesauri Antiquitatum, Hoc Est, Impp. Rom. Orientalium Et Occidentalium Iconum, ex antiquis Numismatibus quam fidelissime deliniatarum ... – Zürich : Andreas Geßner d. J., 1. März 1557. – 36 Bl., 335 S. ; 8°
VD 16 S 9364
Erw.-Datum: 11.4.1562. – *Kaufpreis:* 5. b. – *Bindepreis:* 7. kr. – *Hs. Vermerke:* passim Ff 101

661 **Strigel, Victor**: Epitome doctrinae de primo motu aliquot demonstrationibus illustrata. – Leipzig : Ernst Vögelin, 1564. – 4 Bl., 149, 1 S., 16 Bl. ; 8°
VD 16 S 9598
Erw.-Datum: 25.9.1564. – *Kaufpreis:* 10 kr. – *Bindepreis:* 2 bac. Bd 210

662 **Strigel, Victor**: Υπομνήματα in omnes libros Novi Testamenti, I-II. – Leipzig : Ernst Vögelin, 1565 ; 4°
Adams S–1934
Erw.-Datum: 3.4.1570. – *Kaufpreis:* 12. bacijs (gekauft bei Georg Gruppenbach). – *Bindepreis:* 14. kr. – *Hs. Vermerke:* auf Titelbl. Ge 92:2

663 **Sturm, Johannes**: De Demonstratione. – Straßburg : Wendelin Rihel, 1548. – 8, 119 Bl. ; 8°
VD 16 S 9968
Hs. Vermerke: passim Ab 72:2 angeb.

664 **Sturm, Johannes**: Libri duo Joannis Sturmii. De Periodis unus. Dionysii Halicarnassaei de collocatione Verborum Alter. – Straßburg : Wendelin Rihel, 1550. – 36, 52 Bl. ; 8°
VD 16 S 9977
Erw.-Datum: 6.9.1550. – *Kaufpreis:* Constat 1 b. – *Hs. Vermerke:* zahlreich (1550–1606)
Cd 4271

665 **Sturm, Johannes**: Partitionum dialecticarum libri quatuor. – Straßburg : Wendelin Rihel, 1546. – 8, 162 Bl. ; 8°
VD 16 S 9967
Erw.-Datum: 10.4.1548. – *Kaufpreis:* 5 batz. et dimid. – *Hs. Vermerke:* wenige, leere Bl. am Schluß beschrieben Ab 72:2

666 **Suda**: Suidae lexicon, griech. Hrsg. von Aldus Manutius . – Venedig : Aldus Manutius und Andreas Socer, Februar 1514 ; 2°
Adams S–2062. BM 317, 84.
Erw.-Datum: Tübingen, 15.3.1571, gekauft von Johann Sechelius. – *Kaufpreis:* iij. fl. – *Hs. Vermerke:* passim Cd 4643.2

667 **Suetonius Tranquillus, Gaius**: Duodecim Caesares. Io. Baptistae Egnatii ... de Romanis principibus libri III. Annotata in eundem, et loca aliquot restituta per D. Erasmum Roter. – Lyon : Sebastian Gryphius, 1551. – 632 S. ; 8°
Adams S–2046
Hs. Vermerke: auf Titelbl. Ce 770 angeb.

668 **Suetonius Tranquillus, Gaius**: Le vite de dodici Cesari di Gaio Suetonio Tranquillo, trad. in lingua Toscana per Paolo del Rosso. – Venedig : Hieronymo Calepino, 1550. – 264 Bl. ; 8°
NUC 575, 576
Erw.-Datum: Memmingen, 23.6.1554. – *Hs. Vermerke:* zahlreich passim Ce 2625 angeb.

669 **Synesius ⟨Cyrenensis⟩**: Peri basileias, eis ton autokratora Arkadion. Diōn, ē peri tēs kath' hauton diagōgēs. Phalakras enkōmion. Peri pronoias, ē Aigyptios. Homilia en panēgyrei. Peri enypniōn = Synesii episkopi Cyrenes de regno ad Arcadium imperatorem. Dion, sive de suae ratione. Caluitii laudatio. De providentia, seu aegyptius. Concio quaedam panegyrica. De insomniis cum Nicephori Gregorae explicatione. Eiusdem Synesii epistolae, griech. – Paris : Adrien Turnèbe, 1553. – 134, 100 S., 2 Bl. – Kein bibliographischer Nachweis
Erw.-Datum: 14.4.1561. – *Kaufpreis:* 1 fl. – *Bindepreis:* 3 bacij. – *Hs. Vermerke:* wenige passim Gb 133.2

670 **Teixeira, José**: Historia de Bello Africano. In quo Sebastianus, Serenissimus Portugalliae Rex, perijt ad diem 4. Aug. Anno 1578. Una cum genealogia regum Portugalliae, Hispaniae et Africae occidentalis. Ex Lusitano sermone primo in Gallicum, inde in Latinum translata per Ioannem Thomam Freigium. – Rostock : Augustin Ferber d. Ä., 1581. – 36 Bl. ; 8°
VD 16 T 299
Erw.-Datum: 7.2.1581, Geschenk von David Chytraeus. – *Hs. Vermerke:* auf Titelbl. Fo II 13

671 **Temenos, Konstantinos**: Ἀπολώνιος, neugriech. – Venedig : Jakob Leonikos, 1564. – 32 Bl. ; 4°
Legrand (IV) Nr. 622 (mit Beschreibung dieses Ex.)
Erw.-Datum: nicht vor 18. September 1575. – *Hs. Vermerke:* 1575–1587 Dk I 6.4 angeb.

672 **Temenos, Konstantinos**: Ἀπολώνιος, neugriech. – Venedig : Cristoforo Zaneto, 1579. – 32 Bl. ; 8°
Layton S. 181 f. u. 248
Erw.-Datum: Tübingen, 6.9.1580, geschickt aus Venedig von Hieronymus Vischer. – *Kaufpreis:* 1. Bacio. – *Hs. Vermerke:* auf Titelbl. Dk I 16

673 **Terentianus ⟨Maurus⟩**: De litteris, syllabis, pedibus, et metris. Item ... Marii Victorini ... De orthographia, et ratione carminum libri IIII. – [Genf] : Petrus Santandreanus, 1584. – 112, 266 S. ; 8°
Adams T–302
Erw.-Datum: 7.2.1586. – *Kaufpreis:* 2. bac. Ce 1443 angeb.

674 **Terentius Afer, Publius**: Comoediae, ex Des. Erasmi Rot[erodami] et Joan. Rivii Attendoriensis, castigationibus multo absolutißimae. – Köln : Johann Gymnich I Erben, 1544. – 615, 1 S., 4 Bl. ; 8°
VD 16 T 419
Erw.-Datum: 1544. – *Kaufpreis:* 6. batz. – *Hs. Vermerke:* zahlreich passim Ce 2922

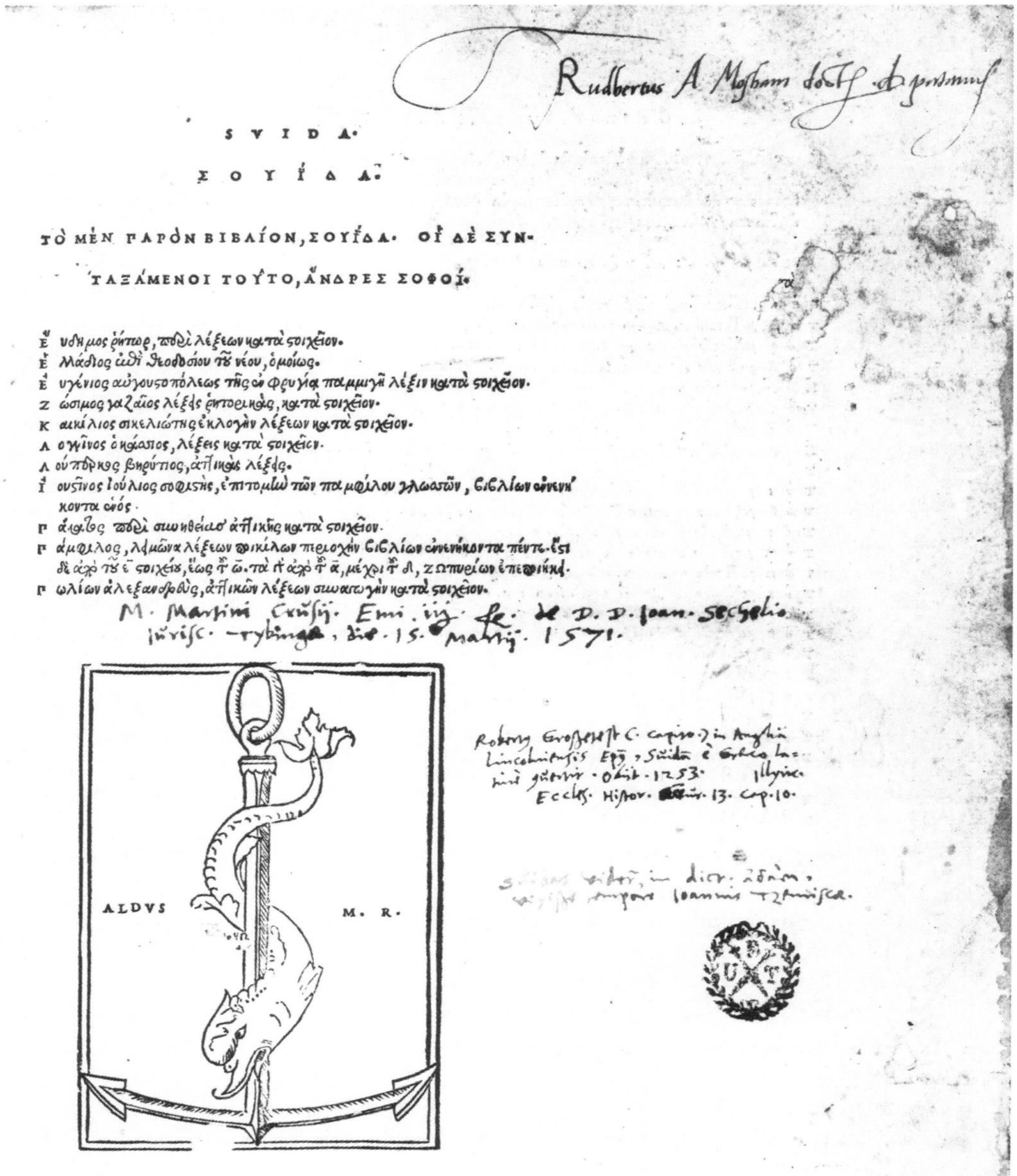

Rudbertus A Mosham ...

SVIDA.

ΣΟΥΙΔΑ.

ΤΟ ΜΕΝ ΠΑΡΟΝ ΒΙΒΛΙΟΝ, ΣΟΥΙΔΑ. ΟΙ ΔΕ ΣΥΝΤΑΞΑΜΕΝΟΙ ΤΟΥΤΟ, ΑΝΔΡΕΣ ΣΟΦΟΙ.

Εὔδημος ῥήτωρ, περὶ λέξεων κατὰ στοιχεῖον.
Ἑλλάδιος ἐπὶ Θεοδοσίου τοῦ νέου, ὁμοίως.
Εὐγένιος αὐγουστοπόλεως τῆς ἐν φρυγίᾳ παμμιγῆ λέξιν κατὰ στοιχεῖον.
Ζώσιμος γαζαῖος λέξεις ῥητορικάς, κατὰ στοιχεῖον.
Καικίλιος σικελιώτης ἐκλογὴν λέξεων κατὰ στοιχεῖον.
Λογγῖνος ὁ κάσσιος, λέξεις κατὰ στοιχεῖον.
Λούπερκος βηρύτιος, ἀττικὰς λέξεις.
Ἰουστῖνος ἰούλιος σοφιστὴς, ἐπιτομὴν τῶν παμφίλου γλωσσῶν, βιβλίων ἑξηκοντα ἑνός.
Πάκατος περὶ συνηθείας ἀττικῆς κατὰ στοιχεῖον.
Πάμφιλος, λειμῶνα λέξεων ποικίλων περιοχὴν βιβλίων ἐνενήκοντα πέντε. ἔστι δὲ ἀπὸ τοῦ ε στοιχείου, ἕως τοῦ ω. τὰ γὰρ ἀπὸ τοῦ α, μέχρι τοῦ δ, ζωπυρίων ἐπεποιήκει.
Πωλίων ἀλεξανδρεὺς, ἀττικῶν λέξεων συναγωγὴν κατὰ στοιχεῖον.

M. Martini Crusij. Emi. iij fl. de D. D. Ioan. Sechelio iurisc. Tybingae, die 15. Martij. 1571.

ALDVS M. R.

Robertus Grossetest ... in Anglia Lincolniensis Epus, Suidam e Graeco latine vertit. Obit. 1253. Illyric. Eccles. Histor. ... 13. Cap. 10.

Nr. 666, Titelblatt

675 **Terentius Afer, Publius**: Eunuchus in Aethiopissam mutatus. Comoedia lepidissima opera et studio Catharini Dulcis edita. – Tübingen : Georg Gruppenbach, 1599. – 1 Bl., 189 S. ; 8°
VD 16 T 538 Ck III 5 angeb.

676 **Terentius Afer, Publius**: Eunuchus in Aethiopissam mutatus. Comoedia lepidissima opera et studio Catharini Dulcis edita, ital. – Tübingen : Georg Gruppenbach, 1599. – 1 Bl., 189 S. ; 8°
VD 16 T 538
Erw.-Datum: 13.12.1599, Geschenk von Catharinus Dulcis. – *Hs. Vermerke:* auf Titelbl.
Ce 2971

677 **Themistius**: Omnia Themistii opera. Hoc est Paraphrases et Orationes. Alexandri Aphrodisiensis libri duo De anima et De fato. Hrsg. von Victor Trincavellus. – Venedig : Aldus Manutius und Andreas Asulanus Erben, Mai 1534. – 172 Bl. ; 2°
Adams S–447
Erw.-Datum: 1553, Geschenk von Blasius Fabricius. – *Bindepreis:* 14 kr. – *Hs. Vermerke:* wenige passim Cd 4690.2

678 **Theodoretus ⟨Cyrensis⟩**: Dialogi tres lectu dignissimi, lat. Übers.: Victor Strigel. – Leipzig : [Ernst Vögelin], [nicht vor 1. Oktober 1567]. – 342 S. ; 8°
VD 16 T 776 (?). Adams T–495 (?)
Erw.-Datum: 21.4.1568. – *Kaufpreis:* iiij. bac. – *Bindepreis:* 10. kr. Gb 190:1

679 **Theodoretus ⟨Cyrensis⟩**: Peri pronoias logoi deka. De providentia sermones X. – Zürich : Christoph Froschauer, 1546. – 261, 109 S. ; 8°
VD 16 T 781
Erw.-Datum: 8.6.1549, Geschenk von Valentin Erythraeus. – *Hs. Vermerke:* zahlreich passim
Gb 191

680 **Theodoretus ⟨Cyrensis⟩**: Theodōritu episcopu Kyru Dialogoi treis kata tinōn haireseōn, griech. – Leipzig : Ernst Vögelin, 1568. – 3 Bl., 351 S. ; 8°
VD 16 T 768
Erw.-Datum: [1568]. – *Hs. Vermerke:* passim Gb 190 angeb.

681 **Theodorus ⟨Gaza⟩**: Introductionis grammaticae libri quatuor, griech./lat. – Basel : Nikolaus Brylinger, 1540. – 703, 1 S. ; 8°
VD 16 T 809
Erw.-Datum: 13.12.1557, Geschenk von Michael Laminetus. – *Hs. Vermerke:* am Anfang und Ende Cd 11610

682 **Theodorus ⟨Gaza⟩**: Introductionis grammaticae libri quatuor, una cum interpretatione Latina, eorum usui dicati, qui vel citra praeceptoris operam Graecari cupiunt. Ubi quid expectes, sequentis paginae indicat epistolium. – Basel : Valentinus Curio, August 1523. – 176 Bl. ; 4°
VD 16 T 804
Erw.-Datum: 6.10.1596 aus Esslingen, Geschenk von Nikolaus Vetscher. – *Hs. Vermerke:* auf vord. Spiegel Cd 9080.4

683 **Theodorus ⟨Metochita⟩**: In Aristotelis physicorum, sive naturalium auscultationum libros octo, et Parva (quae vocantur) naturalia, paraphrasis longe doctissima, et quae prolixi commentarii vicem explere queat. Nuper adeo a Gentiano Herveto Aurelio e Graeca in Latinam linguam conversa nuncque primum in lucem edita. – Basel : Nikolaus Brylinger, 1559. – 6 Bl., 675, 1 S. ; 4°
VD 16 T 838
Erw.-Datum: 20.6.1560 (von Georg Burkhard). – *Kaufpreis:* 10. b. – *Hs. Vermerke:* auf Titelbl. Cd 9115.4

684 **Theodorus ⟨Prodromus⟩**: Epigrammata cum aliis nonnullis. – Basel : Johann Bebel, 1536. – 172 Bl. ; 8°
VD 16 T 848
Hs. Vermerke: auf ersten Seiten Cd 11650

685 **Theofilo, Massimo**: Le semenze de l'intelligenza del Nuovo Testamento. – Lyon, 1551. – 287 S., 24 Bl. ; 12°
Kein bibliographischer Nachweis
Erw.-Datum: 17.2.1554. – *Bindepreis:* 5 kr. – *Hs. Vermerke:* wenige passim Gf 811

686 **Theognis ⟨Megarensis⟩**: Sententiae elegiacae cum interpretatione et scholiis Eliae Vineti. Accesserunt et horum poetarum opera sententiosa: Phocylidis, Solonis, Tyrtaei, Naumachij, Callimachi ... Omnia in usum scholarum collecta, et ad verbum conversa per Iacobum Hertelium ... – Basel : Johann Oporinus, 1561. – 8 Bl., 358 S., 1 Bl. ; 8°
BM 237, 67
Erw.-Datum: 24.4.1561, Geschenk von Johann Oporinus. – *Bindepreis:* 10. kr. – *Hs. Vermerke:* passim Cd 11702:1

687 **Theon, Aelius**: Primae apud rhetorem exercitationes, innumeris quibus scatebant antea mendis Ioachimi Camerarii opera purgatae et in sermonem latinum conversae. – Basel : Johann Oporinus, September 1541. – 8 Bl., 519, 1 S., 12 Bl. ; 8°
VD 16 T 920
Erw.-Datum: 1548. – *Kaufpreis:* 4. b. – *Hs. Vermerke:* passim Cd 11731

688 **Theophrastus**: Opera, quae quidem a tot saeculis adhuc restant, omnia [griech.]. Accessit quoque Joachimi Camerarii Praefatio. Item autoris vita ex Diogene Laertio. – Basel : [Johann Oporinus], 1541. – 6 Bl., 291 S. ; 2°
VD 16 T 925
Erw.-Datum: nicht nach Jan. 1574. – *Hs. Vermerke:* zahlreich passim Cd 4799.2

689 **Theophylactus ⟨de Achrida⟩**: In quatuor Evangelia enarrationes, griech. – Rom : Antonio Blado, 1542. – 581 S. ; 2°
Adams T–594
Erw.-Datum: 26.4.1567, Geschenk von Johann Oporinus. – *Bindepreis:* 6. bacij. – *Hs. Vermerke:* wenige passim Gb 256.2

690 Thesaurus cornucopiae et Horti Adonis. – Venedig : Aldus Manutius, August 1496. – 280 Bl. ; 2°
GW 7571. H 15493
Hs. Vermerke: zahlreich passim New Haven UL (Beinecke L)

691 **Thomas, Hubert**: De Tungris et Eburonibus aliisque inferioris Germaniae populis commentarius. – Straßburg : Wendelin Rihel, März 1541. – 8 Bl., 101, 1 S., 1 Bl. ; 8°
VD 16 T 1031
Erw.-Datum: 15.11.1552. – *Kaufpreis:* 3. kr. Fo XIIa 1297

692 **Thucydides**: De bello Peloponnesiaco libri octo, e Graeco sermone in Latinum nova interpretatione conversi, cum annotationibus ... Auctore Georgio Acacio Enenckel, L. Barone Hoheneccio. – Tübingen : Georg Gruppenbach, 1596. – 16 Bl., 690 S., 23 Bl. – VD 16 T 1127
Erw.-Datum: 28.3.1596, Geschenk des Hrsg. – *Hs. Vermerke:* auf hint. Spiegel
Nürtingen: 8° 303

693 **Torrentius, Laevinus**: In C. Suetonii Tranquilli XII Caesares Commentarii. – Antwerpen : Christophorus Plantinus, 1578. – 590 S. ; 8°

Bibliogr. Plantin 2335. BM 240, 268
Erw.-Datum: 21.10.1578. – *Kaufpreis:* 10. Bacijs. – *Bindepreis:* 11. kr. – *Hs. Vermerke:* passim
Ce 2630

694 **Toxites, Michael**: Consultatio ... de emendandis, recteque instituendis litterarum ludis. Ad Illustriss. Principem ac D. D. Christophorum Ducem ... – Tübingen : [Ulrich Morhart Witwe], 1557. – 18 Bl. ; 4°
VD 16 T 1763
Erw.-Datum: 1.3.1559, Geschenk von Michael Toxites Ah III 32.4

Gift from Toxites

695 **Treter, Thomas**: In Quinti Horatii Flacci ... Poemata Omnia, Rerum Ac Verborum Locupletissimus Index. Studio et Labore Thomae Treteri Posnaniensis collectus, et ad communem studiosorum utilitatem ... – [Antwerpen] : [Christophorus Plantinus], 15. März 1575 [erschienen 1576]. – 230 S., 1 Bl. ; 8°
Adams T–927. Bibliogr. Belg. nach 6919 Nürtingen: 8° 167 angeb.

696 **Troiano, Massimo**: Dialoghi ... Ne' quali si narrano le cose piu notabili fatte nelle Nozze dello Illustriss. et Eccell. Prencipe Guglielmo VI. Conte Palatino del Reno, e Duca di Baviera, e dell' Illustriss. et Eccell. Madama Renata di Loreno. – Venedig : B. Zaltieri, 1569. – 200 Bl. ; 4°
BN 194, Sp. 730
Erw.-Datum: 12.1.1600. – *Kaufpreis:* 5 bac. Fo XIIb 123.4

697 **Turnèbe, Adrien**: Adversariorum tomi III. Auctorum loci, qui in his sine certa nota appellabantur, suis locis inserti, auctoribusque suis adscripti sunt. Additi indices tres copiosissimi ... – Basel : Thomas Guarinus, 1581. – 4 Bl., 1200 Sp., 47 Bl. ; 2°

Turnèbe

VD 16 T 2366
Erw.-Datum: 1586. – *Kaufpreis:* fl.1 $\frac{1}{2}$ – *Kauf- und Bindepreis:* 3. fl. 13. bac. (mit Nr. 398) – *Hs. Vermerke:* wenige passim Ce 200.2 angeb.

698 **Ulpianus ⟨Antiochenus⟩**: Commentarioli in Olynthiacas, Philippicasque Demosthenis orationes. Enarrationes necessariae in tredecim orationes Demosthenis. Harpocrationis Dictionarium decem rhetorum. Hrsg. von Franciscus Asulanus. – Venedig : Aldus Manutius und Andreas Asulanus, Juni 1527. – 119 Bl. ; 2°
Adams T–50
Erw.-Datum: Memmingen, 5.5.1555. – *Hs. Vermerke:* wenige passim Cd 4910.2

699 **Ursinus, Fulvius**: In omnia opera Ciceronis, notae. – Antwerpen : Christophorus Plantinus, 1581. – 293 S. ; 8°
Adams T–73
Erw.-Datum: 14.6.1586. – *Kaufpreis:* bac. 3. – *Bindepreis:* 3. bac. – *Hs. Vermerke:* auf Titelbl.
Ce 580

700 **Vadianus, Joachim**: Epitome trium terrae partium, Asiae, Africae et Europae. – Zürich : Christoph Froschauer, 1548. – 28 Bl., 524 S. ; 8°
VD 16 V 23.
Erw.-Datum: 29.5.1548. – *Hs. Vermerke:* zahlreich passim Fa 17

701 **Valerius ⟨Maximus⟩**: Factorum dictorumque memorabilium libri novem. Index rerum et verborum insignium in eundem copiosus. – Mainz : Johann Schöffer, 1530. – 12 Bl., 543 S. ; 8°
VD 16 V 140
Erw.-Datum: Ulm, 17.7.1546, Geschenk von Malachias Ramminger (Biberach). – *Hs. Vermerke:* passim Ce 3120

702 **Valla, Laurentius**: De linguae Latinae elegantia libri VI, eiusdem de reciprocatione sui et suus libellus et in errores Antonii Raudensis adnotationes. Una cum adnotationibus Ioannis Theodorici in libros elegantiarum et aliorum, quorum catalogum versa pagina invenies. – Köln : Martin Gymnich, 1546. – 23 Bl., 736 S. ; 8°
VD 16 V 250
Erw.-Datum: 18.7.1556. – *Kaufpreis:* 6 bac. – *Hs. Vermerke:* passim, v. a. auf Titelbl. und letzter Seite Cc 151

703 **Vallés, Pedro**: Historia del fortissimio capitán Don Hernando de Avalos Marques de Pescara con los hechos de otros siete capitanes del emperador Don Carlos V ... Con una adicion hecha por Diego de Fuentes. – Antwerpen : Martinus Nutius, 1570. – 255, 355, 71 Bl. ; 8°
Adams V–213
Erw.-Datum: 24.10.1580, Geschenk von Chilian Freymüller. – *Hs. Vermerke:* passim Fo I 15

704 **Vannius, Valentin**: De missa iudicium. – [Tübingen] : Ulrich Morhart d. Ä., [um 1555/1556] ; 8°
VD 16 W 1200
Erw.-Datum: 26.6.1568. – *Kaufpreis:* β Βακ. Gf 2462

705 **Varthema, Ludovico de**: Die ritterliche und lobwirdige Reyß des Ludowico Vartomans, welche sagt, von den Landen Egypto, Syria, von beiden Arabia, Persia, Jndia, und Ethiopia. – Frankfurt/M. : Weygand Han, 1556. – 104 Bl. ; 4°
BM 20, 169
Erw.-Datum: vor 18.2.1584. – *Hs. Vermerke:* passim Fc 53.4

706 **Vatablus, Franciscus**: Totius philosophiae naturalis paraphrases. – Lyon : Jacques Giunta, 1536. – 356 S. ; 8°
Kein bibliographischer Nachweis
Erw.-Datum: 12.10.1565. – *Kaufpreis:* 9 1/2 bac. (inkl. Einband). – *Hs. Vermerke:* auf Bl. 2 Aa 89

707 **Vegetius Renatus, Flavius**: De re militari libri quatuor. Sexti Julii Frontini Strategematum libri totidem. Aelianus De instruendis aciebus. Modesti De vocabulis rei militaris. Hrsg. von Franciscus Modius. – Köln : Maternus Cholinus, 1580. – 24 Bl., 379, 1 S., 3 Bl., 77 S. ; 8°
VD 16 V 464
Kaufpreis: 4. bac. Ce 3721

708 **Venusti, Antonio Maria**: Discorso generale. – Venedig : Giovanni Battista Somasco, 1562. – 148 Bl. ; 8°
NUC 632, 584
Erw.-Datum: Tübingen, 27.10.1570. – *Kaufpreis:* 3. ß. – *Bindepreis:* 10 kr. – *Hs. Vermerke:* passim Ib I 89

709 **Venuti, Filippo**: Dittionario volgare [ital.] et latino. Con un dittionario delle voce latine simile a quello del Calepino, I-II. – Venedig : Luigi und Aloisius Valvassore (Erben) und G. Domenico Micheli, 1576–1577. – 1044 Sp. ; 8°
Kein bibliographischer Nachweis
Erw.-Datum: 22.4.1578. – *Kaufpreis:* XI. Bac. – *Bindepreis:* 3. Bac. – *Hs. Vermerke:* passim Ck III 17

710 **Vergara, Francisco**: De omnibus Graecae linguae grammaticae partibus. – Köln : [Johann Gymnich II], 1552. – 366 S. ; 8°
VD 16 V 630
Hs. Vermerke: auf Titelbl., p. 310 und 312 Cb 53 a

711 **Vergerio, Pietro Paolo**: Al Duce Donato et alla republica di Vinetia oratione et difension, ital. – Verona, April 1551. – 32 Bl. ; 8°
Adams S–414
Erw.-Datum: 22.9.1553 Fo IV 47

712 **Vergerio, Pietro Paolo**: Sopra le Letere volgari di ... Claudio Tolomei Vescovo di Curzola. – [Basel] : Jakob Kündig (Parcus), 1553. – 40 Bl. – VD 16 V 691
Erw.-Datum: 15.10.1553, Geschenk von Julius Caesar Paschalis Mamertinus Gh 1049

713 **Vergilius Maro, Publius**: Georgica, P. Rami praelectionibus. – Paris : Andreas Wechel, 1556. – 367 S. ; 8°
Adams V–547
Erw.-Datum: Memmingen, 14.6.1556. – *Hs. Vermerke:* passim Ce 3370

714 **Vergilius Maro, Publius**: Opera, quae quidem extant, omnia, cum iustis et doctis In Bucolica, Georgica, et Aeneida Commentariis Tib. Donati et Servii Honorati emendatis. Accesserunt Probi Grammatici, Pomponij Sabini, Phil. Beroaldi, Ioan. Hartungi, Iod. Willichii, Georg. Fabricii, Bonfinis, ... annotationes. – Basel : Sebastian Henricpetri, März 1586. – 12 Bl., 2174 Sp., 1 S., 24 Bl. ; 2°
VD 16 V 1387
Erw.-Datum: 22.12.1586. – *Kaufpreis:* fl. 2. – *Bindepreis:* 1. Taler. Ce 1289.2

715 **Vergilius Maro, Publius**: Virgilius collatione scriptorum Graecorum illustratus. – Antwerpen : Christophorus Plantinus, 1567. – 473 S. ; 8°
Adams U–75
Erw.-Datum: 23.11.1578. – *Kaufpreis:* 5 bac. – *Bindepreis:* 3 bac. Nürtingen: 8° 310

716 **Verrius Flaccus, Marcus**: [Opera] Quae extant. Sex. Pompei Festi De verborum significatione libri XX [u. a.]. Hrsg. von Joseph Justus Scaliger. – Genf : Petrus Santandreanus, 1575. – 305, 200, 76 S. ; 8°
Adams V–588
Erw.-Datum: 22.12.1586. – *Kaufpreis:* X. bac. Ce 3266

717 **Vesalius, Andreas**: De humani corporis fabrica lib. VII. – Venedig : Francesco Franceschini und Johannes Crieger, 1568. – 510 S. ; 2°
Adams V–606
Erw.-Datum: Tübingen, 30.4.1570. – *Kaufpreis:* 4. fl. – *Bindepreis:* 1 fl. – *Hs. Vermerke:* auf Titelbl. Jb I 10.2

718 **Vignier, Nicolas**: Rerum Burgundionum chronicon, in quo rerum Gallicarum tempora ... demonstrantur, permulta autem ... historiae ... etiam Germanicae notitia ... illustrantur et ab aliis enucleantur, ex bibliotheca Nicolai Vignierii. – Basel : Thomas Guarinus, 1575. – 4 Bl., 185 S., 11 Bl. ; 4°
NUC 637, 237
Erw.-Datum: 8.12.1585. – *Kaufpreis:* 4. bacijs. – *Hs. Vermerke:* auf Titelbl. Fk 5.4

719 **Villani, Matteo**: Cronica universale de suoi tempi. – Florenz : Lorenzo Torrentino, November 1554. – I: 395 S., II: 353 S. (in 2 vol.) ; 8°
NUC 637, 563
Erw.-Datum: 14.6.1554. – *Hs. Vermerke:* auf Titelbl. Fk 14

720 **Vischer, Johannes**: Enarratio brevis aphorismorum Hippocratis ... praelecta olim a Ioanne Viscero, nunc studio Hieronymi Vischeri in lucem emissa, griech./lat. – Tübingen : Georg Gruppenbach, 1591. – 12, 628, 30 S. ; 4°
NUC 639, 625
Erw.-Datum: 26.4.1591, Geschenk von Hieronymus Vischer. – *Bindepreis:* 5. bac. Cd 5767.4

721 **Vives, Juan Luis**: De anima et vita libri tres. Eiudem argumenti Viti Amerbachii De anima libri IIII. Philippi Melanthonis Liber unus. His accedit nunc primum Conradi Gesneri De anima liber. – Zürich : Hans Jakob Geßner, Februar 1563. – 8 Bl., 951, 1 S., 26 Bl. ; 8°
VD 16 V 1805, A 2231, G 1695
Erw.-Datum: 19.6.1564. – *Kaufpreis:* 7 bac. – *Bindepreis:* 10 kr. – *Hs. Vermerke:* passim
Ae 219

722 **Vogel, Matthäus**: Leichenrede Bey dem Begräbnis der ... Barbara ... Moser ... Gethon zu Göppingen den 7. Decembris Anno 1571. – Tübingen : Georg Gruppenbach, 1598. – 48 S. ; 4°
Kein bibliographischer Nachweis — Nürtingen: 4° 97 angeb.

723 **Vogel, Matthäus**: Leichenrede über Balthasar Moser. – Tübingen : Georg Gruppenbach, 1598 ; 4°
Kein bibliographischer Nachweis — Nürtingen: 4° 97 angeb.

724 Warhafftige Contrafactur und verzeychnuß des gewaltigen Schloß Zigeth/ mit allen seinen Festungen. Sampt der belegerung des Erbfeinds Christlichs Namens/ des Türcken. – Augsburg : Matthäus Franck, [1566]. – Holzschnitt 272×390 mm [Einblattdruck]
Bücher im Wandel der Zeiten, Tübingen 1977, Nr. 120
Hs. Vermerke: einer — Ke XVIII 4 a.2

725 **Weller, Hieronymus**: In epistolas et evangelia dominicalia explicationes. His additae sunt enarrationes in aliquot epistolas et evangelia, quae in divorum festis legi solent. – Leipzig : Valentin Bapst Erben, 1560. – I: 655 S.; II: 604 S. ; 8°
Kein bibliographischer Nachweis
Erw.-Datum: 26.10.1561. – *Kaufpreis:* 22 kr. – *Bindepreis:* 11 kr. — Ge 358

726 **Welsens, Jost**: In Cebetis Thebani tabulam commentariorum libri sex, totius moralis philosophiae thesaurus; in quibus nonnulla ... et corruptela: ... et absurda dogmata ad catholicae et orthodoxae veritatis propugnationem et defensionem, passim disseruntur. – Lyon, 1551. – 441 S. ; 4°
Adams V–369
Erw.-Datum: Esslingen, 10.7.1567. – *Bindepreis:* 7. kr. — Cd 2865.4

727 **Wieland, Johann Heinrich**: Christliche Leichpredig, Bey der Begräbnus der Ehrn: und Tugentreichen Frawen Catharina Vetscherin, Des Ehrnvesten und Hochgelehrten Herrn M. Martini Crusii ... gewesner Ehelichen Haußfrawen, so daselbst den 17. May Anno 1599 seliglich gestorben. – Tübingen : Erhard Cellius, 1599 ; 4°
Kein bibliographischer Nachweis
Hs. Vermerke: S. 1 und 47 — Nürtingen: 4° 97 angeb.

728 **Willich, Jodocus**: Arithmeticae libri tres. – Straßburg : Kraft Müller (Mylius), September 1540. – 125 S. ; 8°
NUC 665, 648
Hs. Vermerke: auf Titelbl. — Bb 15:2

729 **Winckler, Nicolaus**: Chronica herbarum, florum, seminum, fructuum, radicum succorum animalium, atque eorundem partium, quo nimirum tempore singula eorum colligenda atque in usum adferenda sint. – Augsburg : Michael Manger, 1571. – 92 Bl. ; 4°
VD 16 W 3442
Erw.-Datum: 4.10.1574. – *Kaufpreis:* 5. bac. – *Bindepreis:* 2. bac. — Ji II 18.4

730 **Wolf, Hieronymus**: Tabula compendiosa de origine, successione, aetate, et doctrina veterum philosophorum, ex Plutarcho, Laertio, Cicerone, et aliis eius generis scriptoribus, a Guilelmo Morellio Tiliano collecta ... – Basel : Johann Herwagen d. J. und Eusebius Epi-

scopius, 1580. – 496 S. ; 8°
BN 226, Sp. 255 f.
Erw.-Datum: 10.5.1587. – *Hs. Vermerke:* auf Titelbl. Aa 90

731 **Wurstisen, Christian**: Baßler Chronick, Darinn alles, was sich in Oberen Teutschen Landen, nicht nur in der Statt und Bistumbe Basel, von ihrem Ursprung her, biß in das gegenwirtige M.D.LXXX Jar, gedenckwirdigs zůgetragen ... Neuwlich auß unzalbarlicher menge Scribenten, Briefen, Büchern, Schrifften u. Verzeichnussen, mit fleiß u. mühseliger Arbeit, weit her zůsamen getragen durch Christian Wurstisen. – Basel : Sebastian Henricpetri, 1580. – [12] Bl., 665 S. – VD 16 W 4671
Erw.-Datum: 27.5.1582, Geschenk von Christoph Senfft. – *Bindepreis:* . – *Hs. Vermerke:* im Register Fo V 5.2

732 **Wurstisen, Christian**: Epitome Historiae Basiliensis praeter totius Rauricae descriptionem, urbis primordia, antiquitates, res memorandas, clarorum civium monumenta, caeteraque his similia complectens, una cum episcoporum Basiliensium catalogo. Acc. his, Aeneae Sylvii, qui postea Pius II. Pontifex fuit, Basel, nuspiam antehac edita. – Basel : Sebastian Henricpetri, März 1577. – 12 Bl., 308, 30 S. ; 8°
VD 16 W 4674
Erw.-Datum: [1577 oder bald danach] . – *Kaufpreis:* 10 kr. Fo V 109

733 **Xylander, Wilhelm**: In obitum honestissimae matronae Sibyllae Raunerae, quae coniux fuit ornatissimi viri Martini Krusii, Guilielmi Xylandri Augustani Schediasma, cui addita sunt et aliorum carmina. – Heidelberg : Ludovicus Lucius, 1561. – 30 S., 1 Bl. ; 4°
VD 16 H 4560 Nürtingen: 4° 97 angeb.

734 **Xylander, Wilhelm**: In obitum honestissimae matronae Sibyllae Raunerae, quae coniux fuit ornatissimi viri Martini Krusii, Guilielmi Xylandri Augustani Schediasma, cui addita sunt et aliorum carmina. – Heidelberg : Ludovicus Lucius, 1561. – 30 S., 1 Bl. ; 4°
VD 16 H 4560
Erw.-Datum: 18.12.1561. – *Hs. Vermerke:* passim Dk I 3.4 angeb.

735 **Zanchi, Basilio**: Verborum Latinorum ex variis autoribus epitome. Eiusdem verborum, quae in Marii Nizolii observationibus in Ciceronem desiderantur, appendix. – Basel : Johann Oporinus, 5. Juli 1543. – 307 Bl. ; 8°
VD 16 Z 7
Erw.-Datum: 20.9.1560 Cc 111:2

736 **Zenobius ⟨Sophista⟩**: Compendium veterum proverbium ex Tarraeo et Didymo collectum. – Hagenau : Peter Braubach, 1535. – 150 S., 1 Bl. ; 8°
VD 16 Z 368
Erw.-Datum: Tübingen, 22.1.1561. – *Hs. Vermerke:* passim Cd 12370

737 **Zenos, Demetrios**: Penthos thanatu, zōēs mataion, kai pros theon epistrophe. – Venedig : Jakob Leonkinos, 1564. – [12] Bl. ; 4°
Papadopulos S. 354 Nr. 4746
Erw.-Datum: vor 30.9.1575. – *Hs. Vermerke:* passim Dk I 6.4 angeb.

738 **Johannes ⟨Zonaras⟩**: Compendium Historiarum, in tres Tomos distinctum ... labore Hieronymi Vvolfii, Graece ac Latine ... in lucem editum. – Basel : Johann Oporinus, 1557. – 223 S., [18] Bl., 248 S., [12] Bl., 246 S., [10] Bl. ; 2°
Erw.-Datum: nicht nach 16.11.1557. – *Hs. Vermerke:* zahlreich passim Cd 4980.2:1

739 **Zwinger, Theodor**: Methodus apodemica in eorum gratiam, qui cum fructu in quocunque tandem vitae genere peregrinari cupiunt. – Basel : Johann Herwagen d. J. für Eusebius Epi-

scopius, 1577. – 12 Bl., 400 S., 12 Bl. ; 4°
VD 16 Z 748
Kaufpreis: Bac. 6. Fo XI 5.4 angeb.

KURZBIOGRAPHIEN

Aeser (Ehser), Johannes

1544 Blaubeuren – 15.10.1605 Gerlingen. Prot. Theologe. – Studium in Tübingen 1562–1567. Repetent (Dialektik) am Tübinger Stift 1567. 2. Diakon in Tübingen 1567–1569; 1. Diakon das. 1569–1570. Pfarrer in Mössingen 1570–1578. Dekan und Stadtpfarrer in Waiblingen 1578–1588. Pfarrer in Gerlingen 1589–1605.

Sigel 361,7. Matr. Tüb. 157,48. Binder 294, 384, 386, 408, 940. Glässner, Waiblingen 114 f.

Amerbach, Basilius

1.12.1533 Basel – 25.6.1591 Basel. – Studium in Basel 1549. Studium der Jurisprudenz in Tübingen 1552–1553, Padua 1553–1555, Bologna 1555–1556, Bourges 1557–1559 und Speyer 1560. Dr. jur. in Bologna 1560/1561. Professor der Jurisprudenz in Basel 1562–1591.

Matr. Basel II 61 (Nr. 67). Matr. Tüb. 138,80. Iselin, Felix: Basilius Amerbach. In: Basler Taschenbuch 1863, 157–244. Thommen 148–150, 164–175 und passim. Burckhardt-Biedermann, Theodor: Bonifatius Amerbach und die Reformation. Basel 1894, 117–119. NDB 1 [1953], 246 f. BUT 9185–9186. Staehelin, Professoren 50 f.

Andreae (Schmidlin), Jakob

25.3.1528 Waiblingen – 7.1.1590 Tübingen. Prot. Theologe. – Studium in Tübingen 1541–1545; Dr. theol. das. 19.4.1553. Diakon in Stuttgart 1546–1548 (vertrieben). 1. Diakon in Tübingen 1549–1552. Spezial-, später Generalsuperintendent in Göppingen 1553–1562. Als Professor und Kanzler der Universität und Propst der Stiftskirche in Tübingen seit 1562 bis zu seinem Tod 1590 sorgte er für die Rechtgläubigkeit an der Universität und zeichnete für die Verhandlungen mit dem Patriarchat in Konstantinopel durch Gerlach und Schweigger verantwortlich. Als Theologe setzte er sich für die Einigung der Lutheraner ein (Konkordienformel 1577).

Jakob Andreae. Undatierter Kupferstich

Sigel 24,5. Matr. Tüb. 117,18. Binder (passim). Fischlin I 95–121. ADB 1 [1875], 436–441. NDB 1 [1953], 277. BUT 4701–4724. Bautz 1, Sp. 165 f. TRE II, 627–680. Tagebuch Gerlach (passim). Müller-Streisand, Rosemarie: Theologie und Kirchenpolitik bei Jakob Andreä bis zum Jahr 1568. In: Blätter für württembergische Kirchengeschichte 60/61 (1960/1961) 224–395. Glässner, Jakob Andreä (Ausstellungskatalog). Brecht (passim). Wendebourg (passim). In Wahrheit und Freiheit. Stuttgart 1986 (passim). Küenzlen, Walther: Jakob Andreä (1528–1590), sein Leben und Werk. In: Waiblingen in Vergangenheit und Gegenwart 6 (1980), 10–129. Sixteenth century bibliography 3. St. Louis 1975, 3–21. Hochstetter, Geschichte der Predigt 33–42. Angerbauer 4–12.

Benignus (Binignus), Elias

Ca. 1547 Tübingen – 10.9.1585 Nürtingen (Pest). Prot. Theologe. – Studium in Tübingen 1564–1567. Repetent (Hebräisch) am Tübinger Stift (nach 1567). 2. Diakon in Tübingen 1570–1572; 1. Diakon das. 1572–1574. Pfarrer in Bernhausen 1574–1578. Stadtpfarrer in Nürtingen 1578–1585.

Sigel 94,9. Matr. Tüb. 161,118. Binder 384, 386, 722, 816.

Beringer (Behringer), Michael
1556 Rothenburg o. T. – 1626 Tübingen. Prot. Theologe. – Schüler am Rothenburger Gymnasium 1564–1577. Studium in Tübingen (1578–1580) und Wittenberg (1580). Schüler des Crusius, nicht zu verwechseln mit dem gleichnamigen Tübinger Hebraisten (1566–1625). Präzeptor an der Rothenburger Lateinschule 1580–1583. Pfarrer in Gattenhofen 1583–1623 (–1626?).

Matr. Tüb. 188,60. Matr. Rothenburg 26, 45, 67, 107 (Nr. 348). Dannheimer, Wilhelm: Verzeichnis der im Gebiete der freien Reichsstadt Rothenburg o. T. von 1544 bis 1803 wirkenden ev.-luth. Geistlichen. Nürnberg 1952 (Einzelarbeiten aus der Kirchengeschichte Bayerns, 26), 43 (Nr. 41).

Paris 1561!

Bidembach (Bidenbach), Balthasar
14.1.1533 Grünberg (Hessen) – 16.8.1578 Stuttgart. Prot. Theologe. – Studium in Tübingen 1545–1551. Dr. theol. in Paris 1561. Diakon in Herrenberg 1553. Dekan in Blaubeuren 1556. Hofprediger in Stuttgart 1557–1571. Stiftspropst in Stuttgart 1571–1578.

Sigel 4,2. Matr. Tüb. 125,19. Binder 12, 14, 784, 786. Fischlin I 142–146. NDB 2 [1955], 218. Neu II 58. Bernhardt 165–167. Brecht (passim). Hochstetter, Geschichte der Predigt 43 f.

Bidembach (Bidenbach), Eberhard d. Ä.
2.7.1528 Grünberg (Hessen) – 24.4.1597 Bebenhausen. Prot. Theologe. – Studium in Tübingen 1542–1550; Dr. theol. das. 1557. Diakon in Herrenberg 1552–1553. Superintendent in Vaihingen a. d. E. 1553–1560. Abt in Bebenhausen 1560–1597.

Sigel 40,1. Matr. Tüb. 118,16. Binder 61, 484, 987. Fischlin I 124–126. ADB 2 [1875], 616. Hochstetter, Geschichte der Predigt 42 f.

Bidembach (Bidenbach), Eberhard d. J.
1561 Bebenhausen – 21.8.1591 Tübingen. Prot. Theologe. – Studium in Tübingen 1576–1581 (und 1581–1591). 2. Diakon in Tübingen 1587–1591; 1. Diakon das. 1591.

Sigel 1162,23. Matr. Tüb. 185,52. Binder 384, 386.

Bidembach (Bidenbach), Felix d. Ä.
8.9.1564 Stuttgart – 7.1.1612 Bebenhausen. Prot. Theologe. – Studium in Tübingen 1578–1583; Dr. theol. das. 1604. Diakon in Waiblingen 1586–1589. Stiftsdiakon in Stuttgart 1589–1592; Hofkaplan das. 1592–1593; Oberhofprediger das. 1594–1606; Konsistorialrat das. 1592/1593–1606. Generalsuperintendent in Adelberg 1606–1608. Abt und Generalsuperintendent in Maulbronn 1608–1612.

Sigel 7,15. Matr. Tüb. 188,55. Binder 14, 88, 121, 295, 781, 784, 789, 791. Fischlin II 32–36. ADB 2 [1875], 617. Glässner, Waiblingen 113 f. Bernhardt 168. Hochstetter, Geschichte der Predigt 67 f.

Brenz, Johannes d. J.
6.8.1539 Schwäbisch Hall – 29.1.1596 Hirsau. Prot. Theologe. – Studium in Tübingen 1552–1558; Magister art. das. 1562. Dr. theol. das. 1562. 4. a. o. Professor der Theologie in Tübingen und 2. Superattendent am Tübinger Stift 1562–1590. 3. a. o. Professor der Theologie das. 1590–1591. Abt in Hirsau 1591–1596.

Sigel 45,4. Matr. Tüb. 139,38. Binder 78, 351. Fischlin I 178–182. BUT 5229–5230. Rentschler, Adolf: Zur Familiengeschichte des Reformators Johannes Brenz. Tübingen 1921 (passim).

Bruno (Braun, Bron), Tobias
1548 (oder 1549?) Augsburg – 20.5.1609 in Regenstauf. Prot. Theologe. – Studium in Tübingen 1569–1574; Dr. theol. das. 1583. Pfarrer in Lutzingen 1576–1577. Pfalzgräflicher Rat und Hofprediger in Neuburg a. D. 1577–1598. Pfarrer und Superintendent in Burglengenfeld 1598–1609.

Matr. Tüb. 171,167. Jöcher I Sp. 1430. Weigel 14 f. (Nr. 105).

Bürer (Birer, Bührer, Byrer), Jakob
1564 Pfullingen – 14.2.1635 Esslingen. Prot. Theologe. – Studium in Tübingen 1585–1589. Repetent am Tübinger Stift 1594–1595. Diakon in Cannstatt 1595–1601. Pfarrer in Untertürkheim 1601–1635.

Sigel 176,30. Matr. Tüb. 203,51. Binder 175, 184, 368.

Canter, Dirk (Theodorus)

1545 Utrecht – 12.3.1616 Leeuwarden. Politiker und Philologe, Bruder des bekannteren Wilhelm Canter. – Studium in Löwen und Paris (bei Dionysius Lambinus). Mitglied des Magistrats 1575–1595 und zeitweise einer der Bürgermeister von Utrecht. Bei einem religionspolitischen Wechsel mußte er Utrecht 1611 verlassen und ging über Amsterdam nach Leeuwarden. Er stand mit bedeutenden Philologen seiner Zeit im Briefwechsel (z. B. Casaubonus, Lipsius).

in Louvain; Paris

Crusius wrote him – see pp. 199/200

Aa, A. J. van der: Biographisch woordenboek der Nederlanden. I-XXI. Haarlem s. a.–1878, 121–124. Nieuw Nederlandsch Biographisch Woordenboek I (1911) 558. Gerlo/Vervliet 337/33731. Gruys, J. A.: The Correspondence of Theodorus Canterus (Dirk Canter 1545–1616), An Inventory. Nieuwkoop 1978 (= Bibliotheca bibliographica neerlandica 9), bes. vii-ix.

Canter, Wilhelm

24.7.1542 Utrecht (oder Leeuwarden?) – 18.5.1575 Löwen. Philologe. – Schulbesuch in Utrecht bei Georgius Macropedius 1548 (–1554?). Studium in Löwen bei Cornelius Valerius 1554 (–1558). Reise nach Frankreich 1559. Studium in Paris 1560–1562 bei Johannes Auratus (Dorat). Studium in Basel 1563–1564. Aufenthalt in Basel 1566–1567, nachher in Antwerpen und Löwen.

ADB 3 [1876], 766 f. Jöcher I Sp. 1630 f. Matr. Basel II 150 (Nr. 64). Biographisch Woordenboek der Nederlanden III (1858), 37 f. Nieuw Nederlandsch Biographisch Woordenboek I (1911), Sp. 560. Adam, Vitae philos. 272–288. Guggisberg, Hans-Rudolf: Die niederländischen Studenten an der Universität Basel. In: Basler Zeitschrift für Geschichte und Altertumskunde 58/59 (1959), 231–288, dort 266. Germanograecia 115, 300. Wilhelmi 27 f.

Christoph ⟨Württemberg, Herzog⟩

12.5.1515 Urach – 28.12.1568 Stuttgart. – Nach seinem Regierungsantritt 1550 sicherte er den Herrschaftsanspruch der württembergischen Herzöge. Mit der Unterstützung von Johannes Brenz setzte er die Reformation in seinem Lande durch (Große Kirchenordnung 1559).

ADB 4 [1876], 243–250. NDB 3 [1957], 248 f. BUT (passim). Bautz 1, Sp. 1011 f.

Coelestinus (Himmel, Himmlisch, Uranius), Georg

23.4.1525 Plauen i. V. – 13.12.1579 Berlin. Prot. Theologe. – Studium in Leipzig (bis 1546). Diakon in Schneeberg 1549. Subdiakon an St. Thomas in Leipzig 1551. Diakon das. 1552–1559 (entlassen). Pfarrer in Tangermünde 1560. Hof- und Domprediger in Berlin 1564–1579; Dompropst das. 1571–1579 und Generalsuperintendent 1566–1579.

Otto Fischer, Evangelisches Pfarrerbuch für die Mark Brandenburg seit der Reformation, Berlin 1941, 2,1, 129. ADB 4 [1876], 388 f. NDB 3 [1957], 308. Fortgesetzte Sammlung von Alten und Neuen Theologischen Sachen 1748, 318–325.

Dachtler (Daechtler), Jakob

Ca. 1525 Balingen – 15.5.1598 Tübingen. Prot. Theologe. – Studium in Tübingen 1539–1544 und 1549–1553. Adjunkt des Major Domus am Tübinger Stift 1552–1553. Pfarrer in Ebersbach 1547 (ausgestoßen). Diakon in Biberach a. d. R. 1553 (–1558?). Prediger und Reformator in Wiesensteig bei dem Grafen Sebastian Helffenstein 1558–1567. Professor für Hebräisch in Tübingen 1568–1575. Diakon das. 1568–1591.

Matr. Tüb. 113,22. Binder 354, 361, 366. Sigel am Rand zu 122,7. BUT 5440–5441. Schnurrer, Nachrichten 132–135. Heyd II 348.

Darmarios, Andreas

? Monembasia (Lakonien, Insel beim Peloponnes) – nicht vor 1587. Kopist und Handschriftenhändler. – Ausbildung in Sparta beim Priester Dorotheos aus Nauplion. Aufenthalte in Rom 1559, Padua und Venedig 1560–1562, Trient Ende 1562, Venedig 1563, Augsburg 1566, Flandern 1568, danach in Spanien (Lérida, Saragossa, Salamanca, Madrid, Escorial) und Venedig bis 1584, in Augsburg, Straßburg und Tübingen 1584, Venedig 1586, Madrid 1587.

Gamillscheg/Harlfinger I A, 29 (Nr. 13). Kresten, Otto: Der Schreiber und Handschriftenhändler Andreas Darmarios. In: Griechische Kodikologie und Textüberlieferung, ed. Dieter Harlfinger. Darmstadt 1980, 406–419 (mit weiterer Literatur).

Esthofer (Esthoverus), Johannes

1531 Bayern – 21.9.1606 Alpirsbach. Prot. Theologe. – Diakon in Markgröningen 1558. Diakon in Großbottwar 1558–1559. Pfarrer in Murr 1559–1562. Stadtpfarrer und Dekan in Calw 1562–1601. Abt in Alpirsbach 1601–1606.

Sigel 38,5. Binder 55, 226, 232, 893, 924. Fischlin I 132 f.

Fleck (Flack), Georg

1555 Sulz a. N. – 1613 Tübingen. Prot. Theologe und Organist. – Studium in Tübingen 1570–1574; Dr. theol. das 1592. Pfarrer in Lustnau 1582–1591. Pfarrer in Urach 1594–1608.

Sigel 686,12 und 11,116. Matr. Tüb. 173,73. Binder 419, 748. Stoll, Musikgesch. (1931) 312 und passim.

Flinner (Fliner), Johann

1520 Zeil bei Würzburg – 27.5.1578 Heidelberg. Prot. Theologe. – Studium in Ingolstadt (1535), Heidelberg (1537) und Straßburg (1539). Pfarrer in Augsburg 1540–1551 (vertrieben). Diakon und Kanonikus in Straßburg 1551 (oder erst 1553?)–1555 (1566?). Kanonikus in Heidelberg 1556–1559. Pfarrer am Münster in Straßburg 1559–1578.

Neu II 167. Bopp, Geistliche Nr. 1414

Frei (Frey), Christoph

Ca. 1545 Passau – 1588 Judenburg. Prot. Theologe. – Studium in Tübingen 1567; Dr. theol. das. 1585. Diakon und Präzeptor in Graz 1575–1580. Nachher Pfarrer in Rottenmann (Steiermark) und in Judenburg (Obersteiermark).

Matr. Tüb. 167,25. Loserth, Prot. Schulen (passim). Loserth, Reformation 259, 277, 586, 589.

Garbitius Illyricus, Matthias

Ca. 1503/1508 Istrien – 1.5.1559 Tübingen. Gräzist. – Studium in Heidelberg 1533. Studium in Wittenberg 1534; Magister das. 1534. Lehrer am Pädagogium in Tübingen 1537–1541. Auf Empfehlung Melanchthons Professor für Griechisch in Tübingen ab 1541. Er edierte und übersetzte u. a. Hesiod und Aischylos.

ADB 8 [1878], 367. NBD 5 [1961], 220–222. BUT 5856–5860, 7111, 8266. Matr. Tüb. 110,10. Amerbachkorrespondenz VIII 310 f. CTC II 17. Elze, Theodor: Die Universität Tübingen und die Studenten aus Krain. Tübingen 1877 (Reprint München 1977 = Geschichte, Kultur und Geisteswelt der Slowenen 14), 3–5. Maier, Helmuth: Der Humanist Mathias Garbitius Illyricus. In: Blätter für Württembergische Familienkunde 5 (1934), 105 f. Westermayer, Grabdenkmäler, 206 f.

Gering (Geering, Gehring), Jakob

Ca. 1545–1550 Unterjesingen – Ende 1575 Lauffen a. N. Prot. Theologe. – Studium in Tübingen 1566–1568, Repetent (Physik) am Tübinger Stift (nach 1568?). 2. Diakon in Tübingen 1570; 1. Diakon das. 1570–1572. Stadtpfarrer in Lauffen a. N. 1572–1575.

Sigel 638,10. Matr. Tüb. 165,38. Binder 202, 384, 386. Bernhardt 193 f.

Gerlach, Stephan

26.12.1546 Knittlingen – 30.1.1612 Tübingen. Prot. Theologe. – Studium in Tübingen 1562–1567; Dr. theol. das. 1579. Repetent (Dialektik) am Tübinger Stift 1568–1573. Begleitete als Prediger den kaiserlichen Gesandten in Konstantinopel, David von Ungnad, 1573–1578. Hier führte er im Auftrage der Tübinger Verhandlungen mit dem Patriarchat über eine Verständigung zwischen Protestanten und der Ostkirche. Durch den dortigen Protonotar Theodosios Zygomalas konnte er viele patristische und byzantinische theologische Hss. erwerben, die teils für Crusius bestimmt waren, teils an den Stuttgarter Hof kamen und Crusius zur Abschrift zur Verfügung standen. Professor der Theologie in Tübingen 1580–1612, zugleich 1. Superattendent am Tübinger Stift (ab 1590), Dekan der Theologischen Fakultät (ab 1590), Vizekanzler (1598–1606) und Stiftspropst (1598–1606).

Sigel 52,4. Matr. Tüb. 157,89. Binder 350 f., 364, 367, 378 f. Fischlin I 202–210. ADB 9 [1879], 23. BUT 1642, 5904–5911, 9293. Jöcher II Sp. 955. Adam, Vitae theol. 813–819. Tagebuch Gerlach. Kriebel, Martin: Stephan Gerlach. Deutscher evangelischer Botschaftsprediger in Konstantinopel 1573–1578. In: Evangelische Diaspora 29 (1958), 71–96. Wendebourg (passim). Angerbauer 24–29.

STEPHANUS GERLACHIUS SS. THEOL. D. et Prof. Tubing.
aetat 56. A°. 1602.
In effigiem
Dn: D. Stephani Gerlachij, insignis quondam
Theologi et Professoris Tubing: B. M.
Quid Gog, quid Magog faciant, Hic vidit et audit,
Scripsit et in Chartâ, dixit et in Cathedrâ.
Et postquam occiduum Solem viditq; renatum,
Ecce: illum rursus Phoebus uterq; videt.
Joh. Conradus Brotbequius. Phil. et. Med. D.
et Prof. Tubing.

Stephan Gerlach. Undatierter Kupferstich

Gerstenmaier, Johann

Ca. 1543 Heidelberg (?) – nicht vor Oktober 1604 Tübingen (?). Buchbinder. – Studium in Tübingen 1565 und 1568. Er war zwischen 1569 und 1604 u. a. für Crusius als Buchbinder tätig. Sein gleichnamiger Sohn wurde ebenfalls Buchbinder.

Matr. Tüb. 162,111; 169,134. BUT 4584. Kyriss, Ernst: Wolf Conrad Schweicker und Johannes Gerstenmaier, Tübinger Buchbinder von Martin Crusius. In: AGB 8 (1967), Sp. 405–430. Diarium II 375; III 581 (u. ö.).

Greiner, Balthasar

Ca. 1565 Zell (unter Aichelberg) – 4.12.1607 Sersheim (?). Prot. Theologe. – Studium in Tübingen 1583–1588. Präzeptor und Prediger in Hirsau 1589–1592. Diakon in Calw 1593–1596. Pfarrer in Schafhausen 1596–1607. Pfarrer in Sersheim 1607.

Sigel 67,22. Matr. Tüb. 199,57. Binder 79, 887, 894, 997.

Gruppenbach, Georg

Ca. 1537 Dornstetten – 17.6.1610 Tübingen. Drucker und Verleger in Tübingen. – Studium in Tübingen (immatrikuliert 12.11.1552). Verleger und Buchbinder und Drucker 1571–1606.

Schott, Th.: Zur Geschichte des Buchhandels in Tübingen. In: Archiv für Geschichte des Deutschen Buchhandels 2 (1879), 241–254. Benzing, Josef: Die Buchdrucker des 16. und 17. Jahrhunderts im deutschen Sprachgebiet. Wiesbaden 1982, 465.

Grynaeus, Johann Jakob

1.10.1540 Bern – 30.8.1617 Basel. Prot. Theologe. – Studium in Basel am Pädagogium ab 1551, an der Universität 1558. Studium in Tübingen 1563. Dr. theol. das. 1564. Vikar in Rötteln (bei Lörrach) 1559–1563. Superintendent das. 1565–1575. Professor für Altes Testament in Basel 1575–1584. Professor für Neues Testament das. 1586–1617. Antistes in Basel ab 1586. 1584–1586 hatte er an der Durchsetzung des reformierten Bekenntnisses an der Universität Heidelberg mitgewirkt.

ADB 10 [1879], 71 f. NDB 7 [1966], 241. Matr. Basel II 72 (Nr. 23). Matr. Heidelberg II 111, 549, 602. Matr. Tüb. 158,66. Bautz 2, Sp. 376. Thommen 117–129 und passim. Weiß, Fritz: Johann Jakob Grynäus. In: Basler Biographien 1, Basel 1900, 159–199. Buri, Fritz: Johann Jakob Grynaeus. In: Der Reformation verpflichtet. Basel 1979, 55–58. Wilhelmi 26–29, 31, 35. Bautz 2, Sp. 376 f.

Hafenreffer, Matthias

24.6.1561 Lorch – 22.10.1619 Tübingen. Prot. Theologe. – Studium in Tübingen 1577–1581; Dr. theol. das. 1592. Repetent (Mathematik) am Tübinger Stift 1583, nachher Lehrer in den Klöstern St. Georgen und Hirsau. Diakon in Herrenberg 1586–1588. Pfarrer in Ehningen 1588–1589. Hofprediger und Konsistorialrat in Stuttgart 1589–1592. Professor der Theologie in Tübingen 1592–1619, Kanzler der Universität und Stiftspropst 1617/1618–1619.

Sigel 7,14. Matr. Tüb. 187,43; 217,65. Binder (passim). Fischlin II 8–24. ADB 10 [1879], 316 f. NDB 7 [1966], 460. Bernhardt 341. BUT 6108–6114. Bautz 2, Sp. 456 f. Hochstetter, Geschichte der Predigt 68. Angerbauer 33–36.

Hailbronner (Hailbrunner, Heilbronner, Heilbrunner), Jakob

15.8.1548 Eberdingen – 6.11.1618 Bebenhausen. Bruder des Philipp Hailbronner. Prot. Pfarrer. – Studium in Tübingen 1564–1573; Dr. theol. das. 1577. Repetent am Tübinger Stift (Mathematik) nach 1568 (?). Prediger in Wien bei Sigmund Graf zu Hardeck 1573, bei Freiherr Wilhelm zu Roggendorf Ende 1573, danach Pastor in Riegersburg (Mähren) und Prediger in Sitzendorf (Mähren). Hofprediger des Pfalzgrafen Johann von Zweibrücken 1575–1580. Superintendent in Bensheim 1580–1581 (abgesetzt). Generalsuperintendent in Amberg 1581–1585. Hofprediger des Pfalzgrafen Philipp Ludwig in Neuburg a. D. 1588–1615 (vertrieben). Prediger der Witwe des Pfalzgrafen Philipp Ludwigs in Höchstädt 1615–1616. Abt in Anhausen 1616. Abt und Generalsuperintendent in Bebenhausen 1616–1618.

Sigel 26,4. Matr. Tüb. 162,24. Binder 58, 61, 343. Fischlin I 222–232. ADB 11 [1880], 313–315. NDB 8 [1969], 258 f. Raupach, Hist. Nachricht 59 f. Weigel 54 f. (Nr. 362). Biundo 170 (Nr. 1974).

Hailbronner (Hailbrunner, Heilbronner, Heilbrunner), Philipp

30.6.1546 Lauffen a. N. – 17.4.1616 Lauingen. Bruder des Jakob Hailbronner. Prot. Pfarrer. –

Studium in Tübingen 1562–1566; Dr. theol. das. 1577. Repetent (Hebräisch) am Tübinger Stift (1566?). Diakon in Bietigheim 1566–1568. Pfarrer in Lustnau 1568–1571 und in Bernhausen 1571–1574. Professor der Theologie am akademischen Gymnasium in Lauingen in Bayern 1574–1616. Superintendent das. 1602–1616.

Sigel 94,8. Matr. Tüb. 158,39. Binder 419, 816, 859. Fischlin I 210–214. ADB 11 [1880], 313–315. Adam, Vitae theol. 852–856. Weigel 55 f. (Nr. 365).

Hainlin (Heinlin, Heinle), Peter

Ca. 1540–1545 Backnang – nicht vor 1571 Öschingen (?). Prot. Theologe. – Studium in Tübingen 1561–1564. Repetent (Rhetorik) am Tübinger Stift (nach 1564?). 2. Diakon in Tübingen 1566–1568; 1. Diakon das. 1568–1569. Pfarrer in Öschingen 1569–1571.

Sigel 881,5. Matr. Tüb. 155,56. Binder 384, 386, 409.

Hamberger, Georg

29.1.1536 Dinkelsbühl – 24.7.1599 Tübingen. Mediziner. – Studium in Tübingen ab 1533. Dr. med. 1562. Stadtarzt in Rothenburg o. T. 1564–1568. Professor für Medizin in Tübingen 1568. Seine Frau, Magdalena Vetscher, war eine Schwester von Crusius' dritter Frau Katharina.

Matr. Tüb. 139,109. BUT 6140–6142. Gehring, [Eugen]: Ein Erbschaftsstreit in der Tübinger Honoratiorenwelt vor 300 Jahren. In: Tübinger Blätter 17 (N. F. 3) (1922/1924), 51–59. Schnurrer, Ludwig: Georg Hamberger aus Dinkelsbühl. In: Programm zum Jahresbericht der Oberrealschule mit Gymnasium Dinkelsbühl für das Schuljahr 1961/1962. Dinkelsbühl 1962. Schnurrer, Ludwig: Dr. Georg Hamberger aus Dinkelsbühl. Stadtarzt in Rottenburg 1564–1568. In: Die Linde. Beilage zum »Fränkischen Anzeiger« Rothenburg 46 (1964), 25–30.

Hauber, Johannes

9.10. oder 9.11.1572 Mägerkingen – 1.10.1620 Worms. Prot. Theologe. – Studium in Tübingen 1589–1593; Dr. theol. das. 1612. Repetent (Logik) am Tübinger Stift 1596–1599. 2. Diakon in Tübingen 1599–1605; 1. Diakon das. 1605–1606. Hauptpfarrer in Biberach a. d. R. 1606–1612. Hofprediger und Konsistorialrat in Stuttgart 1612–1620.

Sigel 7,23. Matr. Tüb. 212,35. Binder 14, 368, 384, 386, 784. Fischlin II 50–57. Hochstetter, Geschichte der Predigt 68.

Heerbrand, Jakob

12.8.1521 Giengen – 22.5.1600 Tübingen. Prot. Theologe. – Studium in Wittenberg 1538–1543. Dr. theol. in Tübingen 1550. Diakon in Tübingen 1545–1548. Dekan und Pfarrer in Herrenberg 1551–1556. Reise zusammen mit Johannes Brenz zum Trienter Konzil 1557. Professor der Theologie in Tübingen 1557–1598 (achtmal Rektor). Universitätskanzler und Propst der Stiftskirche das. 1590–1599. Superattendent am Tübinger Stift 1561–1590. Verfasser eines bedeutenden, sehr verbreiteten »Compendium theologiae« (1573), das 1577 von Martin Crusius ins Griechische übersetzt und nach Konstantinopel geschickt wurde.

Sigel 52,3. Matr. Tüb. 135,41a. Binder (passim). Fischlin I 70–81. ADB 11 [1880], 242–244. NDB 8 [1969], 194 f. BUT 6204–6207. Bautz 2, Sp. 638. Brecht (passim). Raeder, Siegfried: Jakob Heerbrand. In: Wahrheit und Freiheit. Stuttgart 1986, 81–98. Hochstetter, Geschichte der Predigt 65 f. Kalchreuter, Theodor und Hans Wulz: Jakob Heerbrand aus Giengen. In: Heidenheimer Land 60 (1982). Sixteenth century bibliography 3. St. Louis 1975, 46–48. Angerbauer 13–20.

Heerbrand, Philipp

Ca. 1539 Giengen – 4.2.1575 Hagenau. Prot. Theologe. – Studium in Tübingen 1555–1559; Dr. theol. das. 1564. Pfarrer in Lustnau 1560–1565. Stadtpfarrer in Lauffen a. N. 1565–1566. Superintendent in Hagenau (Elsaß) 1566 (–1575?).

Sigel 638,6. Matr. Tüb. 143,28. Binder 202, 419. Fischlin I 133–136.

Heiland (Hailand), Samuel

7.7.1533 Bubendorf (Baselbiet) – 13.5.1592 Tübingen. Philosoph. – Schüler in Straßburg bis 1550. Studium in Basel 1550. Studium in Tübingen 1551–1554; Magister das. 1554. Adjunkt des Major Domus (Hofmeister) das. 1554–1556. Major Domus das. 1556–1592. Professor der Philosophie und Ethik an der Universität Tübingen 1556–1592, der Moral 1559–1592; sechsmal Dekan der Artistenfakultät.

Sigel 122,9. Matr. Tüb. 136,49. BUT 6248–6250. Adam, Vitae philos. 373–379.

Hermann (Heermann), Christoph

24.12.1543 Kirchheim u. T. – 31.5.1612 Esslingen. Prot. Theologe. – Studium in Tübingen 1557–1560 und 1562 (–1565?); Dr. theol. das. 1572. Kloster-Präzeptor in Hirsau 1561. 2. Diakon in Tübingen 1565–1566. Oberpfarrer und Superintendent in Esslingen 1567–1612.

Sigel 291,6. Matr. Tüb. 146,58. Binder 386. Fischlin I 196–201. Jöcher II Sp. 1538. Hochstetter, Geschichte der Predigt 68. Schuster, Otto: Kirchengeschichte von Stadt und Bezirk Esslingen. Stuttgart 1946, 198–200.

Hoeschel, David

8.4.1556 Augsburg – 19.10.1617 Augsburg. Späthumanist und Pädagoge. – Schüler am St. Anna-Gymnasium in Augsburg. Studium am akademischen Gymnasium in Lauingen 1576–1577. Studium in Leipzig 1577 (–?). Magister in Wittenberg 1579. Lehrer am St. Anna-Gymnasium 1581–1617, ab 1593 zugleich Rektor und Stadtbibliothekar. Regte die Gründung einer städtischen Druckerei an, wo er die griechischen Handschriften in Augsburg edieren konnte, u. a. Photius und Prokop.

ADB 13 [1881], 176 f. NDB 9 [1972], 368 f. Schmidbauer, Richard: Die Augsburger Stadtbibliothekare durch vier Jahrhunderte, Augsburg [1963] (= Abhandlungen zur Geschichte der Stadt Augsburg 10), 101–112.

Huber, Samuel

1547 Bern – 23.3.1624 Osterwieck (Harz). Prot. Theologe. – Studium in Basel (1565), Heidelberg und Marburg/L. (1566). Pfarrer in Büren 1570. Pfarrer in Burgdorf 1581. Infolge seiner lutherischen Ausrichtung Streit mit Wolfgang Musculus; entlassen und 1588 des Landes verwiesen. Hospes stipendii in Tübingen 1588–1590. Pfarrer in Derendingen 1589–1592. Professor der Theologie in Wittenberg 1592–1594 (entlassen, dann 1595 des Landes verwiesen). Nachher kurze Aufenthalte an verschiedenen Orten in Deutschland (v. a. im Herzogtum Braunschweig), vorübergehend auch wieder in Tübingen.

Sigel 207,9. Matr. Tüb. 212,63. Matr. Basel II 159 (Nr. 25). Binder 402. ADB 13 [1881], 248 f.; XXIX [1889], 775. NDB 9 [1972], 698 f. RETh VIII 409–412. Bautz 2, Sp. 1101 f.

Hunnius (Hunn), Aegidius

21.12.1550 Winnenden – 4.4.1603 Wittenberg. Prot. Theologe. – Studium in Tübingen 1564–1568; Dr. theol. das. 1576. Repetent (Rhetorik) am Tübinger Stift. 1. Diakon in Tübingen 1574–1576. Professor der Theologie und Prediger in Marburg/L. 1576–1592. Professor der Theologie und Konsistorialrat in Wittenberg 1592–1603.

Matr. Tüb. 162,29. Binder 384. Fischlin I 253–275. ADB 13 [1881], 415 f. NDB 10 [1974], 67 f. BUT 6505. RGG III 490 f.

Jeremias ⟨Constantinopolitanus⟩

1530 oder 1535 Anchialos – 1595 Konstantinopel. – Unterricht in griechischen Privatschulen. Metropolit von Larissa 1564–1572. Patriarch von Konstantinopel 1572–1579 (abgesetzt); wieder im Amt 1580–1584 (vertrieben) und 1586–1595. Er führte etliche Reformen durch und konnte das kirchliche und kulturelle Niveau entscheidend heben. Die Tübinger Protestanten pflegten während längerer Zeit enge Verbindungen zum Patriarchat in Konstantinopel; Stephan Gerlach und Salomon Schweigger waren als Gesandtschaftsprediger dort. 1588/1589 unternahm Jeremias II. eine Reise nach Rußland, auf der er der Errichtung des Patriarchats in Moskau zustimmte.

Bautz 3, Sp. 53–55. RETh VIII 660–662. RGG III 590 f. BUT 770, 772, 774, 776 f., 781, 794. Wort und Mysterium, Witten 1958 (passim). Wendebourg (passim).

Leyser (Leiser, Lyser), Polykarp

18.3.1552 Winnenden – 22.2.1610 Dresden. Prot. Theologe. – Studium in Tübingen 1566–1570; Dr. theol. das. 1576. Repetent (Physik) am Tübinger Stift 1572. A. o. Diakon in Tübingen 1573. Pfarrer in Geldersdorf (Niederösterreich) 1573–1576. Professor der Theologie und Superintendent in Wittenberg 1577–1587. Superintendent in Braunschweig 1589–1592. Hofprediger und Konsistorialrat in Dresden 1594–1610.

Sigel 1152,2. Matr. Tüb. 165,72. Fischlin I 281–294. ADB 18 [1883], 523–526. NDB 14 [1985], 436 f. Bautz 5, Sp. 3–7. Raupach, Hist. Nachricht 91–98.

Liebler, Georg
8.10.1524 Neckartenzlingen – 30.1.1600 Tübingen. Professor der Physik und der Rhetorik. – Studium in Tübingen ab 1537–1544; Magister das. 1544. Pfarrer in Derendingen 1547. Professor für Griechisch und Latein in Tübingen 1548–1553. Professor der Physik (Nachfolger von Jakob Schegk) 1553–1596 und der Rhetorik 1575–1578. Seine Epitome philosophiae naturalis, Basel 1561, erlebte mehrere Auflagen. Nachschriften seiner Aristotelesvorlesungen von Crusius finden sich in Mc 33, 182 und 220. Sein Sohn war der Prediger Johannes Liebler.

Sigel 122,6. Matr. Tüb. 109,34. BUT 5450, 5857, 6897–6900. Lohr [1978] 541 f. Metzger, Johann Jakob: Ein Lebensbild aus dem 16. Jahrhundert. In: Besondere (Literarische) Beilage des Staats-Anzeigers für Württemberg 1916, 108–112.

Liebler, Johannes
Ca. 1548 – 7./8.10.1607 Brackenheim. Prot. Theologe. – Studium in Tübingen 1561–1568. 2. Diakon in Tübingen 1572–1576; 1. Diakon das. 1576. Pfarrer in Merklingen a. W. 1576–1582. Pfarrer in Brackenheim 1582–1607, zugleich Superintendent 1582–1584.

Sigel 153,5. Matr. Tüb. 154,43. Binder 384, 386, 919.

Löher (Lewer, Lohr, Leer, Lehr), Thomas
10.6.1553 Sindelfingen – 22.9.1585 Löchgau. Prot. Theologe. – Studium in Tübingen 1570–1573. Repetent (Physik) am Tübinger Stift (nach 1573?). 2. Diakon in Tübingen 1576; 1 Diakon das. 1576–1579. Pfarrer in Löchgau 1579–1585.

Sigel 129,42. Matr. Tüb. 173,108. Binder 384, 386, 864. Ludwig, Walther: Löh(e)r in Sindelfingen und Bamberg. In: Südwestdeutsche Blätter für Familien- und Wappenkunde 16 (1981), 452–455.

Löwenklau (Leunclaius), Johannes
Juli (?) 1541 Amelsbüren oder Coesfeld (Westfalen) – Juni 1594 Wien. Philologe. – Als Knabe Ausbildung bei seinem Onkel in Münster/W. und dann in Livland. Studium in Wittenberg 1555 (–1562?) und Heidelberg 1562–1564. Dekan der Artistenfakultät das. 1565. Reisen (wohl auch in den Orient) 1565–1566. Studium in Basel 1566–1567, später mehrere Aufenthalte das. Zahlreiche Reisen durch Deutschland, Polen, Ungarn, Oberitalien und nach Konstantinopel (1584/1585), auch für kaiserlich Beauftragte, als Gesandtschaftsbegleiter und als Agent. Rückkehr über Venedig und Wien nach Mähren 1587, dort Haushofmeister bei Karl von Zierotin. In dessen Gesellschaft ausgedehnte Reise durch Deutschland 1588. Aufenthalt in Wien 1588–1591, nachher kurze Aufenthalte in Köln, Heidelberg, Straßburg, Basel, Wien, Ungarn (kaiserliches Heerlager vor Gran) und Wien.

ADB 18 [1883], 488–493. NDB 15 [1987], 95 f. Matr. Wittenberg I 309. Matr. Heidelberg II 29,497.463. Matr. Basel II 163 f. (Nr. 20). Adam, Vitae philos. 379–381. Germanograecia 115, 228. Babinger, Franz: Herkunft und Jugend Hans Lewenklaw's. In: Westfälische Zeitschrift 98/99 (1949), 112–127. Babinger, Franz: Johannes Lewenklaws Lebensende. In: Basler Zeitschrift für Geschichte und Altertumskunde 50 (1951), 5–26. Metzger, Dieter: Johannes Löwenklau. In: Westfälische Lebensbilder 13 (1985), 19–44. Wilhelmi 27 f., 34. Becker, Gisela: Deutsche Juristen und ihre Schriften auf den römischen Indices des 16. Jahrhunderts. Berlin 1970, 204–207.

[Sambucus connection (L. edited books from his library – see Visser book]

Lothar (Lotter, Lother), Tobias
19.10.1568 Augsburg – 19.12.1631 Stuttgart. Prot. Theologe. – Studium in Tübingen 1586–1589; Dr. theol. das. 1612. 2. Diakon in Tübingen 1591; 1. Diakon das. 1592–1596. Dekan in Leonberg 1596–1599. Dekan und Hospitalprediger in Stuttgart 1599–1608; Stiftsprediger, Konsistorialrat und Kirchenrat das. 1608–1631.

Sigel 7,20. Matr. Tüb. 205,64. ADB 19 [1884], 278 f. Binder 14, 384, 386, 787, 794, 934. Fischlin II 40–44.

Ludwig 〈Württemberg, Herzog〉
1.1.1554 Stuttgart – 28.8.1593 Stuttgart. – Als einzig überlebender Sohn des Herzogs Christoph (†1568) trat er die Regierung erst 24jährig (1578) an. Seiner Zeit entsprechend war er in den Auseinandersetzungen der Konfessionen engagiert. Von Stephan Gerlach, dem kaiserlichen Ge-

sandtschaftsprediger in Konstantinopel, ließ er sich verschiedene (u. a. historische) Handschriften besorgen.

ADB 19 [1884], 597 f. Schottenloher 33946–33956.

Magirus (Koch), Johannes

26.3.1537 Backnang – 4.7.1614 Cannstatt. Prot. Theologe. – Studium in Tübingen 1553–1557. Repetent (Dialektik und Rhetorik) am Tübinger Stift 1557–1559. 2. Diakon an der Stiftskirche in Stuttgart 1559–1560; 1. Diakon das. 1560–1562, zugleich Dekan 1561–1562. Dekan in Vaihingen a. d. E. 1562–1567. Abt in Maulbronn 1567–1568, zugleich Generalsuperintendent 1562–1578. Superintendent über die gesamte Landesgeistlichkeit, zugleich Propst an der Stiftskirche in Stuttgart 1578–1614.

Sigel 4,3. Matr. Tüb. 140,61. ADB 20 [1884], 60 f. Binder (passim). Fischlin I 161–168. Bernhardt 482 f.

Magirus (Koch), Samuel

12.3.1570 Maulbronn – 18.7.1626 Besigheim. Prot. Theologe. – Studium in Tübingen 1585–1589. Repetent (Hebräisch) am Tübinger Stift 1591–1594, zugleich Adjunkt des Major Domus das. 1592–1594. 2. Diakon in Tübingen 1596–1599; 1. Diakon das. 1599–1605. Pfarrer in Besigheim 1605–1626.

Sigel 122,12. Matr. Tüb. 203,54. Binder 366 f., 384, 386, 867. Bernhardt 483.

Mindner (Minderer), Sigismund (Sigmund)

? – 1572 Esslingen (?). Prot. Theologe. – Lehrer an der Lateinschule in Esslingen, zugleich Pfarrgehilfe (Kaplan) 1562; Diakon das. 1565–1572.

Sigel 298,27. Schröder, Tilman M.: Das Kirchenregiment der Reichsstadt Esslingen. Esslingen 1987 (Esslinger Studien; 8), 154 f., 395.

Moser, Johann Jakob

18.1.1701 Stuttgart – 30.9.1785 Stuttgart. Staatsrechtslehrer und Landschaftskonsulent. – Studium in Tübingen 1717–1719; Dr. jur. das. 1736. Professor der Rechte in Tübingen 1720–1722. Aufenthalte in Wien 1722 und 1724–1726. Regierungsrat in Stuttgart 1726–1727. Professor der Rechte in Tübingen (am Collegium illustre) 1727–1732. Regierungsrat in Stuttgart 1732–1736. Professor der Rechte in Frankfurt/M. 1736–1739. Wissenschaftliche Tätigkeit in Ebersdorf (Vogtland) 1739–1747. Geheimer Rat und Chef der Kanzlei des Landgrafen Karl Friedrich von Hessen-Homburg 1747. Gründung und Leitung einer Staats- und Kanzleiakademie in Hanau 1747–1751. Landschaftskonsulent in Stuttgart 1751–1759. Inhaftiert auf dem Hohentwiel 1759–1764. Aufenthalt in Karlsruhe 1765–1766. Aufenthalt in Stuttgart 1766–1785.

ADB 22 [1885], 372–382. Bader, Karl S.: Johann Jakob Moser. In: Lebensbilder aus Schwaben und Franken VII. Stuttgart 1960, 92–121. Georgii 602–615.

Mylius (Milius, Müller), Georg

1548 Augsburg – 28.5.1607 Wittenberg. Prot. Theologe. – Studium in Straßburg 1566, Tübingen 1567 und Marburg/L. 1571. Dr. theol. in Tübingen 1579. Diakon in Augsburg 1572; Pfarrer, zugleich Superintendent und Rektor des Gymnasiums 1576–1584 (weggewiesen). Professor in Jena 1589–1603, zugleich ab 1601 Oberpfarrer und Superintendent. Professor und Superintendent in Wittenberg 1603–1607.

Matr. Tüb. 167,8. ADB 23 [1886], 142. Adam, Vitae theol. 758–764. Stetten, Geschichte Augsburg I (passim). Veith, Bibliotheca Augustana 5 [1789], 200–205. Wiedemann Nr. 163.

Neuberger, (Johann) Christoph

1531 Ried bei Neuburg a. d. D. – 12.6.1599 Heidenheim. Prot. Theologe. – Studium in Heidelberg 1550–1553 (und Wittenberg?). Pfarrer in Altenstadt 1554–1556. Prediger am Münster in Ulm 1556. Pfarrer in Augsburg 1557–1586. Dekan und Pfarrer in Heidenheim 1591–1599.

Sigel 31,6a. Wiedemann Nr. 169. Appenzeller 47 (Nr. 45).

Occo, Adolph, I.

1447 Osterhusen in Ostfriesland – 4.7.1503 Augsburg. Arzt, Kopist vieler griechischer Hss. – Medizinische Ausbildung in Italien. Zusammen mit Rudolph Agricola 1482 nach Heidelberg. Dort machte er die Bekanntschaft von Dalberg, Reuchlin, Celtis und anderen Humanisten. Leibarzt Sigismunds des Münzreichen in Innsbruck 1491–1494. Arzt in Augsburg 1494–1503.

ADB 24 [1887], 126 f. Brucker, Jacob: Historia vitae Adolphorum Occonum. Leipzig 1734, 27–33. Bühler, Hans Victor: Das Ärztegeschlecht der Occo. In: Sudhoffs Archiv für Geschichte der Medizin und der Naturwissenschaften 28 (1935), 14–42, dort 17–22. Nübel, Otto: Das Geschlecht der Occo. In: Lebensbilder aus dem bayerischen Schwaben 10 (1973) 77–113, dort 77–83. Harlfinger, Dieter: Griechische Handschriften und Aldinen. Eine Ausstellung anläßlich der XV. Tagung der Mommsen-Gesellschaft in der Herzog August Bibliothek Wolfenbüttel. Die Handschriften ausgewählt und beschrieben von Dieter Harlfinger in Zusammenarbeit mit Johanna Harlfinger und Joseph A. M. Sonderkamp, Die Aldinen ausgewählt und erläutert von Martin Sicherl, Braunschweig 1978 (Ausstellungskataloge der Herzog August Bibliothek. Nr. 24), S. 97 f.

Occo, Adolph, III.

17.10.1524 Augsburg – 28.9.1606 Augsburg. Arzt. – Studium in Tübingen ab 1544, in Padua und in Ferrara bis September 1549; Dr. med. das. 1549. Apotheken-Visitator in Augsburg 1563. Münzsammler (zusammen mit Marx Fugger). Verfasser u. a. der »Pharmacopoeia Augustana«, von Übersetzungen aus dem Griechischen (Platon, Plethon) und epigraphischer Werke.

ADB 24 [1887], 127. Matr. Tüb. 122,47. Brucker, Jacob: Historia vitae Adolphorum Occonum. Leipzig 1734, 41–85. Bühler, Hans Victor: Das Ärztegeschlecht der Occo. In: Sudhoffs Archiv für Geschichte der Medizin und der Naturwissenschaften 28 (1935), 14–42, dort 25–37. Gensthaler, Gerhard: Das Medizinalwesen der Freien Reichsstadt Augsburg bis zum 16. Jahrhundert. Augsburg 1973 (= Abhandlungen zur Geschichte der Stadt Augsburg; 21), 125 f. Nübel, Otto: Das Geschlecht der Occo. In: Lebensbilder aus dem bayerischen Schwaben 10 (1973), 77–113, dort 100–112. Stetten, Geschichte Augsburg I., 556, 629.

Occo, David

13.10.1567 Augsburg – 11.6.1595 Wien. Sohn des Adolph Occo III. Arzt. – Studium in Tübingen 1582 (–?), Basel 1586–1587 und Wien. Dr. med. in Basel 1587. Er lebte vom 23.9.1582 bis 15.2.1584 bei Crusius.

Matr. Tüb. 197,114. Matr. Basel II 352 (Nr. 89). Matr. Wien IV 27. Brucker, Jacob: Historia vitae Adolphorum Occonum. Leipzig 1734, 51. Bühler, Hans Victor: Das Ärztegeschlecht der Occo: In: Sudhoffs Archiv für Geschichte der Medizin und der Naturwissenschaften 28 (1935), 14–42, dort 30 f. Nübel, Otto: Das Geschlecht der Occo. In: Lebensbilder aus dem bayerischen Schwaben 10 (1973), 77–113, dort 108. Krausiorum Chronologia (Mh 443 a) fol. 98ᵛ.

Occo, Pompeius

1483 in Ostfriesland – 1537 in Amsterdam. Neffe von Adolph Occo I. Kaufmann. – Kaufmännische Ausbildung in Augsburg. Aufenthalt in Amsterdam als Faktor der Fugger und König Christians II. von Dänemark 1511–1537. Mittelsmann zwischen der Kurie und Skandinavien. Ernennung zum Lateranensischen Pfalzgrafen durch Leo X.

Oporinus (Herbster), Johann

25.1.1507 Basel – 6.7.1568 Basel. Basler Drucker. – Studium in Straßburg und – kurze Zeit – in Basel. Lehrer an der Leonhardschule in Basel 1526–1527. Famulus von Theophrastus Paracelsus in Basel 1527–1529. Schulmeister an der Lateinschule auf Burg in Basel 1529–1533. Präfekt des Kollegiums und Dozent für Latein 1533–1538. Dozent für Griechisch 1538–1539 und 1541–1542. Schon 1535 beteiligte er sich an Buchdruckunternehmen, bevor er 1542 seine eigene Offizin gründete. Dort erschienen, bis zu deren Auflösung im Jahre 1567, etwa tausend Druckwerke (darunter unzählige Graeca, ein erstes Corpus Historiae Byzantinae, auch der Koran und Vesals Anatomie).

ADB 24 [1887], 381–387. Matr. Basel II 3 (Nr. 1). Staehelin, Professoren 42 f. Thommen 356 f. und passim. HBLS 5, 248 f. Athenae Rauricae 349–351. Amerbachkorrespondenz III 309 und V 94. Husner, Fritz: Die editio princeps des »Corpus historiae Byzantinae«, Johannes Oporin, Hieronymus Wolf und die Fugger. In: Festschrift Karl Schwarber. Basel 1949, 143–162. Steinmann, Martin: Johannes Oporinus. Ein Basler Buchdrucker um die Mitte des 16. Jahrhunderts. Basel/Stuttgart 1966 (Diss. phil. Basel 1966). Adam, Vitae philos. 242–248. Germanograecia 114 f. und passim. Diarium I 294 und passim. Wilhelmi 26, 28.

Osiander, Andreas

27.3./26.4.1562 Blaubeuren – 21.4.1617 Tübingen. Prot. Theologe. – Studium in Tübingen 1576–

1579; Dr. theol. das. 1592. Repetent (Mathematik) am Tübinger Stift 1582–1584. Diakon in Urach 1584–1586. Pfarrer, Superintendent und Dekan in Güglingen 1586–1589. 2. Hofprediger, Konsistorial- und Kirchenrat in Stuttgart 1589–1598. Abt und Generalsuperintendent in Adelberg 1598–1605. 1. Professor der Theologie in Tübingen, zugleich Kanzler der Universität, Propst und Hauptprediger an der Stiftskirche das. 1605–1617.

Sigel 7,13. Matr. Tüb. 184,80. Binder (passim). Fischlin II 1–8. ADB 24 [1887], 484. BUT 7479–7483. Bernhardt 527. Wolf, Dieter: Eine Laufbahn fast nach Maß. In: Haspel Press 12 (1987), H. 3, 1–3. Angerbauer 29–33.

Osiander, Lukas

15.12.1534 Nürnberg – 17.9.1604 Stuttgart. Prot. Theologe. – Studium in Königsberg und Tübingen (1553–1555). Dr. theol. das. 1564. 1. Diakon in Göppingen 1555–1558. Pfarrer in Blaubeuren 1558–1563, zugleich Kloster-Präzeptor 1558– ca. 1560. Pfarrer und Dekan zu St. Leonhard in Stuttgart 1562. Hofprediger und Konsistorialrat in Stuttgart 1569–1571; 1. Hofprediger das. 1571–1594. An verschiedenen Religionsgesprächen beteiligt (z. B. über Konkordienformel). Stiftsprediger, zugleich Konsistorial- und Kirchenrat 1594–1596. Abt in Adelberg 1596–1598. Prediger in Esslingen 1598–1603.

Sigel 7,7. Matr. Tüb. 139,100. Binder (passim). Frischlin I 146–159. ADB 24 [1887], 493–495. BUT 7501–7505. Bernhardt 527–529. RGG IV 1731. RETh XIV 509–512. In: Angerbauer, Wolfgang: Der »Cantzler« auf der Kanzel – Lukas Osiander. In: Tübinger Blätter 75 (1988), 85–87. Sixteenth century bibliography 3. St. Louis 1975, 49. Hochstetter, Geschichte der Predigt 50 f.

Pantaleon (Pantlin), Heinrich

13.7.1522 Basel – 3.3.1595 Basel. Historiker, Physiker und Mediziner. – Lehre als Buchdrucker. Studium in Basel 1538, in Heidelberg 1540–1541 und wieder in Basel 1542–1544; Magister das. 1544. Dr. med. in Valence 1553. Lehrer am Pädagogium in Basel 1544–1545. Diakon zu St. Peter in Basel 1545–1548, gleichzeitig Tätigkeit an der Universität. Professor für Rhetorik in Basel 1548–1553. Tätigkeit als Mediziner in Basel 1553–1556. Professor für Physik in Basel 1557–1595, gleichzeitig Mitglied der medizinischen Fakultät. Verfasser des »Heldenbuchs« und anderer geschichtlicher Werke. Erster (nebenamtlicher) Bibliothekar der Basler Universitätsbibliothek 1559–1595.

in Basel!

ADB 25 [1887], 128–131. Matr. Basel II 21 (Nr. 21). Staehelin, Professoren 46 f. Buscher, Hans: Heinrich Pantaleon und sein Heldenbuch. Basel 1946 (Basler Beiträge zur Geschichtswissenschaft; 26). Athenae Rauricae 258, 271–294, 404. Adam, Vitae philos. 396–403. Thommen (passim). Ganz, Miniaturen 161. Wilhelmi 28 f.

Pappus, Johannes

16.1.1549 Lindau – 13.7.1610 Straßburg. Prot. Theologe. – Studium am Gymnasium in Straßburg 1562–1563; Studium in Tübingen 1564–1567 und in Basel 1571. Dr. theol. in Tübingen 1573. Hofmeister des Grafen von Falkenstein 1565–1567. Diakon in Reichenweier (Oberelsaß) 1568–1570. Professor des Hebräischen (1570–1576) und der Geschichte (1576–1578) an der Akademie in Straßburg. Freiprediger in Straßburg 1570–1578. Professor der Theologie an der Akademie das. 1578–1610. Pfarrer am Münster das. 1578–1593. Präsident des Kirchenkonvents das. 1582–1610. Hohenstiftsprediger das. 1593–1610.

Matr. Tüb. 160,139. Matr. Basel II 207 (Nr. 65). ADB 25 [1887], 163 f. Adam, Vitae theol. 803–805. Bopp, Geistliche Nr. 3908. Jöcher III Sp. 1242 f. Grandidier 399–401. RGG V 49. Horning, Wilhelm: Dr. Johann Pappus von Lindau. Straßburg 1891. Keller, Martin: Die Familien Biermann, Gerbel, Göbel, Pappus und Wacker. In: Das Markgräflerland 1982, 102–113, dort 108.

Parsimonius (Karg), Johann Jakob

4.11.1579 Augsburg – 17.8.1636 Schwäbisch Hall. Prot. Theologe. – Studium in Tübingen 1600–1602. Pfarrer in Gemmingen 1603 (–1613). Hauptprediger in Schwäbisch Hall 1613–1636, zugleich Dekan 1615–1636.

Matr. Tüb. II 16792. Sigel 444,8. Haug, Pfarrerbuch II 329 (Nr. 1920).

Pflacher (Flacher), Moses

Ca. 1550 Emmenhausen (bei Kaufbeuren) – 14. (nicht 1.) 8.1589 Kempten. Prot. Theologe. –

Studium in Tübingen 1567–1569; Dr. theol. das. 1585. Schulrektor in Krems 1569–1570. Prediger in Österreich bis 1573. Hofprediger beim Grafen in Ortenburg (bei Vilshofen, Niederbayern) 1573–1584 (entlassen). Pfarrer und Superintendent in Kempten 1585–1589.

Sigel 617,4. Matr. Tüb. 166,66. Fischlin Suppl. 380 f. Raupach, Hist. Nachricht 141. Loserth, Beziehungen 23. Theobald, Leonhard: Joachim von Ortenburg und die Durchführung der Reformation in seiner Grafschaft. [Leipzig] 1927 (Einzelarbeiten aus der Kirchengeschichte Bayerns; 6), 153–160. Sehling, Emil: Die evangelischen Kirchenordnungen des XVI. Jahrhunderts. Bd. 13. [2. Aufl.] Tübingen 1966, 526 f., 533–535. Jetter, Werner: Glaubensüberlieferung und Frömmigkeitssprache. Das Beispiel der Katechismuspredigt. In: Zeitschrift für Theologie und Kirche 87 (1990), 376–414, dort 382–385.

Platz (Placius, Blatz), Konrad Wolf

1531 Poppenweiler – 15.5.1595 Biberach a. d. R. Prot. Theologe. – Studium in Tübingen 1554–1557; Dr. theol das. 1564. 2. Diakon in Tübingen 1560; 1. Diakon das. 1560–1561. Frühprediger in Biberach a. d. R. 1561–1595.

Sigel 107,7. Matr. Tüb. 142,61. Binder 384, 386. Fischlin I 138–142. Pfeiffer, Gerhard: Das Ringen um die Parität in der Reichstadt Biberach. In: Blätter für württembergische Kirchengeschichte 56 (1956), 14–16, 23, 49.

Plieninger (Pleninger, Pleininger), Johannes

Ca. 1550 Wildberg – 1579 (1582?) Graz (oder Prag?). Prot. Theologe. – Studium in Tübingen 1567–1572. Feldprediger auf der Donauinsel Comora (bei Komorn, südliche Slowakei) 1574, danach Prediger in Graz.

Matr. Tüb. 168,19. Turcograecia 488, 504. Loserth, Reformation 586. Loserth, Prot. Schulen 68, 190.

Praetorius (Breiter), Zacharias

14.4.1535 Mansfeld – 1575 Eisleben. Prot. Theologe. – Studium in Wittenberg 1553. Diakon in Esslingen 1567. Pfarrer in Eisleben, Regensburg und wieder in Eisleben.

Sigel 298,31a. ADB 26 [1888], 535. Jöcher III Sp. 1751 f.

Reihing, Bernhard

1544 Esslingen – 25.4.1617 Esslingen. – Stadtrat in Esslingen 1570–1575. Gerichtsrat das. 1576–1577. Geheimer Rat das. 1578 und 1582. Stadtammann das. 1579–1581. Bürgermeister das. 1583–1600. Stadtammann 1601–1602. Ehe mit Anna, geb. Vetscher; Schwager von Crusius.

brother-in-law (Crusius's 3rd wife: Katharina Vetscher: see Imagines vol II p. 134)

Reuchlin, Johannes

22.2.1455 Pforzheim – 30.6.1522 Liebenzell. Jurist, Gräzist und Hebraist. – Lateinschule Ludwig Dringenbergs in Schlettstadt. Studium in Freiburg i. B. 1470. Studium in Paris bei Johannes Heynlin de Lapide 1473–1474. Studium in Basel 1474–1477; Magister das. 1477. Griechischunterricht bei Andronikos Kontoblakes das. 1474–1576. Studium in Orléans und Poitiers 1478–1480. Lic. iur. in Poitiers 1481. Studium in Tübingen 1482. Reise mit Graf Eberhard von Württemberg nach Rom 1482. Beisitzer am württembergischen Hofgericht 1483. Flucht nach Heidelberg 1496. Rückkehr nach Tübingen. Vertreter des Herzogs von Württemberg am Reichskammergericht von Speyer 1501–1509. Richter des Schwäbischen Bundes 1509–1513. Professor für Griechisch und Hebräisch in Ingolstadt 1519–1521 und in Tübingen 1521–1522. Seine wertvolle, vorwiegend in Italien erworbene Bibliothek vererbte er zunächst seinem Großneffen Melanchthon, dann aber dem Stift St. Michael in Pforzheim. Teile davon kamen über die Schloßbibliothek Durlach schließlich nach Karlsruhe.

ADB 28 [1889], 785–799. Matr. Freiburg I 46 (Nr. 6). Matr. Basel I 127 (Nr. 17). Matr. Tüb. 9,68. Heyd X., 607, XI., 415. BUT 5747, 6338, 7102, 7777–7806. Schnurrer, Nachrichten. Ulm 1792, 6–66. Thommen 108, 144, 269, 293 f. Schottenloher 17841–17889a. Handbuch der Editionen 473–475. Christ, Karl: Die Bibliothek Reuchlins in Pforzheim, Leipzig 1924. Preisendanz, Karl: Die Bibliothek Johannes Reuchlins. In: Johannes Reuchlin 1455–1522. Festgabe seiner Vaterstadt Pforzheim. Pforzheim 1955, 35–82. Decker-Hauff, Hansmartin: Bausteine zu einer Reuchlin-Biographie, ebd. 83–107. Schott, Works II., 749 f.

Rielin (Rüelin, Rihelius, Riehelin), Stephan

Ca. 1540 Diefenbach (bei Maulbronn) oder Hirschlanden (bei Leonberg) – nicht vor 1576. Prot. Theologe. – Klosterschüler in Hirsau bis 1558. Studium in Tübingen 1561. 2. Diakon das. 1561; 1.

Diakon das. 1562–1565. Pfarrer in Untersielmingen 1565–1569. Pfarrer in Dettingen u. T. 1569–1576. Rielin wurde 1576 dem Pfalzgrafen von Zweibrücken nach Thorbach (?) zugeschickt.

Sigel 212,5. Matr. Tüb. 149,26. Binder 384, 690, 834.

Rosa (Rose), Georg (Jürgen)

Lebensdaten unbekannt. Prot. Theologe. – Studium in Rostock 1593 und in Straßburg. Magister der Theologie. Doktorand in Tübingen 1597. *M. Georgius Rosa Hamburgensis.* Dr. theol. das. 1599 (?). Am 20. Oktober 1598 und 30. März 1599 in Hamburg als Bürge nachgewiesen (Bürgerbuch).

Matr. Tüb. 228,27. Matr. Rostock II 242b. Testimonium vom 20. Juli 1599 (zur Promotion?): Gotha FLB, Chart. A 407, fol. 165–166v.

Schäfer (Schäffer, Scheffer), Michael

1573 Peterzell – 13.11.1608 Stuttgart. Prot. Theologe. – Studium in Tübingen 1591 –1594; Magister das. 1594. Repetent (Mathematik) am Tübinger Stift 1596–1600. Diakon in Marbach 1594 und 1600–1604. A. o. Professor der Theologie in Tübingen und 2. Superattendent am Tübinger Stift 1604–1605. Hofprediger, Konsistorial- und Kirchenrat in Stuttgart 1605–1608.

Sigel 7,18. Matr. Tüb. 215,13. Binder 14, 221, 352, 365, 368, 784. Fischlin II 57–60. BUT 7968–7970. Hochstetter, Geschichte der Predigt 66 f.

Schegk (Schäck, Degen), Jakob

7.6.1511 Schorndorf – 9.5.1587 Tübingen. Mediziner und Philosoph. – Studium (Theologie, Medizin) in Tübingen 1527–1530; Magister das. 1530; Dr. med. das. 1539. Konventor 1532–1542. Rektor des Contuberniums 1535–1540. Professor der Physik 1535 und 1546–1552. Professor der Philosophie (Aristoteles) 1552/1553–1577. Professor der Medizin 1552/1553–1577. Hörer bei Schegk waren u. a. Andreas Planer und Nikolaus Taurellus. Schegk war seit 1537 mehrmals Dekan der Artistenfakultät und seit 1544 wiederholt Rektor der Universität Tübingen, zuletzt 1570/1571.

ADB 2 [1877], 21 f. BUT 5448–5454. Matr. Tüb. 61,118.

Schnepff (Schnepf, Snepffius), Dietrich (Theodoricus)

1.11.1525 Wimpfen – 9.11.1586 Tübingen. Prot. Theologe. Sohn des Reformators Erhard Schnepff und Schwiegersohn des Reformators Johannes Brenz. – Studium in Tübingen 1539–1544; Dr. theol. das. 1554. Professor der Philosophie und der Philologie 1544–1553. Major Domus am Tübinger Stift und Präzeptor (Griechisch) 1546–1552. Professor der Theologie das. 1557–1586. Generalsuperintendent in Bebenhausen 1558–1586.

Sigel 24,6. Matr. Tüb. 114,12. Binder (passim). Fischlin I 89–94. Adam, Vitae theol. 578–591. Schnurrer, Nachrichten 123–131, 226. BUT 8138–8141. RETh XVII 674. Sixteenth century bibliography 3. St. Louis 1975, 50–54. Menzel, Reformator Erhard Schnepf 332 f.

Schnepff (Schnepf, Snepffius), Johann Dietrich

22.10.1564 (Taufe) Tübingen – 31.8.1617 Derendingen. Prot. Theologe. – Studium in Tübingen 1579–1584. Diakon in Urach 1590–1591. 2., dann 1. Diakon in Tübingen 1591–1592. Pfarrer in Derendingen 1592–1617.

Sigel 207,10. Matr. Tüb. 190,61. Binder 384, 386, 402, 749.

Schopper (Schoepper), (Johann) Jakob

1.11.1545 Biberach a. d. R. – 12.9.1616 Altdorf. Prot. Theologe. – Studium am Gymnasium in Memmingen bis 1559. Studium in Tübingen 1559–1563. Dr. theol. in Heidelberg 1582. Mittagsprediger in Biberach a. d. R. 1566–1575 (entlassen). Pfarrer und Lehrer in Hornbach (bei Zweibrücken) 1575–1580. Professor der Theologie in Heidelberg 1581–1584. Dekan in Heideck (Mittelfranken) 1584–1588. 2. Hofprediger in Ansbach 1588. Dekan und Pfarrer in Lehrberg 1588–1593. Stadtpfarrer und Superintendent in Amberg 1593–1597 (vertrieben). Professor der Theologie und Prediger in Altdorf 1598–1616.

Sigel 108,8. Matr. Tüb. 151,9. Matr. Altdorf 2,514. ADB 32 [1891], 373. Neu II 549 f. Simon, Ansbachisches Pfarrerbuch Nr. 2698. Biundo 420 (Nr. 4882). Will, Nürnbergisches Gelehrtenlexikon III 567–574.

Schweigger (Schweikard), Salomon

30.3.1551 Haigerloch – 21.6.1622 Nürnberg. Prot. Theologe. – Studium in Tübingen 1572–1576. Ordiniert in Graz 1576. Als Begleiter des österreichischen Diplomaten Joachim von Sinzendorff Prediger in Konstantinopel 1577–1581. Reisen durch Syrien, Palästina (Aufenthalt in Jerusalem) und Ägypten 1581–1582. Diakon in Nürtingen 1582–1583. Pfarrer in Grötzingen 1583–1589 und in Wilhermsdorf (Mittelfranken) 1589–1605. Prediger an der Frauenkirche in Nürnberg 1605–1622.

Sigel 419,6. Matr. Tüb. 177,43. ADB 33 [1891], 339 f. BUT 779, 785, 5911. Fischlin I 275 f. Simon, Nürnbergisches Pfarrerbuch 211 (Nr. 1295). Mordtmann, A.: Eine deutsche Botschaft in Konstantinopel anno 1573–1578. Bern 1895. Landenberger, A.: Die Reise zweier württembergischer Gesandtschaftsprediger nach Constantinopel im Jahre 1573 und 1577, nach ihrem Tagebuch erzählt. In: Literarische Beilage des Staats-Anzeigers für Württemberg 1888, 191–196. Engels, Walter: Salomon Schweigger. Ein ökumenischer Orientreisender im 16. Jahrhundert. In: Zeitschrift für Religions- und Geistesgeschichte 7 (1955), 224–246. Kriebel, Martin: Salomon Schweigger. Deutscher evangelischer Botschaftsprediger in Konstantinopel 1578–1581. In: Die evangelische Diaspora 31 (1960), 150–180. Wendebourg (passim). Schweigger, Salomon: Eine newe Reyssbeschreibung auss Teutschland nach Constantinopel und Jerusalem. Hrsg. von Rudolf Neck. Graz 1964.

Senger (Singer), Georg

Tirschenreuth (?) – Kärnten (?). Prot. Theologe. – Dr. theol. in Tübingen 1572. Kollaborator an der Lateinschule in Herrenberg 1559–1560. Diakon in Wildberg 1560–1562. Pfarrer in Unterjesingen 1562–1570. Prediger am Münster in Ulm 1570–1576. Nachher in Kärnten.

Sigel 1179,41. Gerblich, Herrenberg 62, 147 (Anm. 281). Binder 422, 485, 553. Appenzeller 80 (Nr. 65). Weyermann 532 f. Weizsäcker, Lehrer und Unterricht 27 f.

Sigwart, Johann Georg

16.10.1554 Winnenden – 5.10.1618 Tübingen. Prot. Theologe. – Studium in Tübingen 1575–1578; Dr. theol. das. 1589. Repetent (Physik) am Tübinger Stift 1579–1584. Adjunkt des Major Domus das. 1579–1584. 2. Diakon das. 1584–1587. Professor der Theologie das. 1587–1618 (seit 1604 o. Professor), zugleich Dekan und Stadtpfarrer das.; zugleich Dekan der vereinigten Tübinger und Bebenhäuser Diözese in Lustnau 1602–1610. Dekan und Superattendent des Tübinger Stifts 1589–1618, zugleich Dekan an St.Georg in Tübingen und 2. Frühprediger das. 1617–1618.

Sigel 53,4. Matr. Tüb. 183,76. ADB 34 [1892], 305 f. Binder 352, 364, 366 f., 379, 382, 386, 396, 419. Fischlin I 319–328. BUT 8295–8298. Hochstetter, Geschichte der Predigt 52.

Skalich (Scaligius, Scala), Paul

6.1.1534 Agram (Zagreb) – 1574 Danzig. Mystiker und Enzyklopädist. – Studium in Wien im Winter 1545/1546–1551; Magister das. 1551. Studium in Königsberg 1552. Studium in Bologna 1552; Dr. theol. das. Aufenthalt in Rom 1552–1554. Coadjutor des Bischofs von Laibach, zugleich Hofkaplan König Ferdinands I. 1554–1557. Aufenthalt in Stuttgart und Tübingen 1558–1561 (wohnte 1561 in Crusius' Konvikt). Rat Herzog Albrechts von Preußen in Königsberg 1561–1565, dort vom Herzog zum Herrn der Stadt Kreuzberg (Preußen) ernannt. Flucht nach Danzig 1565, Paris und Münster 1566. 1558 erst zum Protestantismus und 1566 wieder zum Katholizismus übergetreten. Kanonikus in Münster 1566.

Paris c. 1566

Matr. Wien III 77. Matr. Königsberg I 15. ADB 34 [1892], 443 f.

Staehelin (Stehelin, Stelin), Christoph

1554 Stuttgart – 2.3.1613 Herrenberg. Prot. Theologe. – Studium in Tübingen 1570–1574; Dr. theol. das. 1591. Repetent (Physik) am Tübinger Stift (nach 1574). 2. Diakon in Tübingen 1579–1584; 1. Diakon das. 1584–1591, zugleich a. o. Professor der Theologie das. 1590–1591. Dekan in Herrenberg 1591–1613.

Sigel 492,9. Matr. Tüb. 173,36. Binder 384, 386, 483. Fischlin I 316 f. Jöcher IV Sp. 764.

Steiner (Stainer), Bernhard

? Stein (bei Laibach) – nicht vor Mai 1593 Klagenfurt. Prot. Theologe. – Studium in Tübingen 1569. Präzeptor des Andreas von Auersberg in Tübingen 1569–1573. Pfarrer in St. Rupprecht (bei Villach, Kärnten) 1573–1576. Pfarrer und Superintendent in Klagenfurt 1576– (belegt) Mai 1593.

Matr. Tüb. 170,138. Loserth, Reformation 112, 277. Elze, Univ. Tübingen 69 f. Czerwenka, Bernhard: Die Klevenhüller. Geschichte des Geschlechts. Wien 1867, 310 f.

Sulzer, Simon

22.9.1508 Schattenhalb (Haslital, Bern) – 22.6.1585 Basel. Prot. Theologe. – Studium der Theologie in Straßburg 1530–1531 und in Basel 1531–1537. Magister (Philosophie) in Basel 1537. Dr. theol. das 1563. Professor der Logik in Basel 1532, zugleich Vorsteher des Augustinerkollegiums. Lehrer an der Lateinschule in Bern 1533–1548, ab 1538 auch Pfarrer. Pfarrer zu St. Peter in Basel 1549–1552. Pfarrer am Münster und Antistes der Basler Kirche 1552/1553–1585, zugleich Professor (Hebräisch 1552/1553–1553/1554; Theologie 1554/1555–1575) und Rektor der Universität (1552, 1562, 1568 und 1575), zugleich Superintendent von Rötteln (bei Lörrach) 1556–1585.

ADB 37 [1894], 154. Matr. Basel II 1 (Nr. 5), 75, 136, 175, 231. Athenae Rauricae 26, 74, 332, 442 f. Thommen 115–118 und passim. Linder, Gottlieb: Simon Sulzer ... Heidelberg 1890. Ganz, Leonhard: Die Miniaturen der Basler Universitätsmatrikel. Basel/Stuttgart 1960, 143 f. Plath, Uwe: Simon Sulzer. In: Der Reformation verpflichtet. Basel 1979, 43–48. Wilhelmi 27.

Tinctorius (Färber), Matthaeus

Ca. 1530 Worms – 25.1.1588 Kitzingen. Prot. Theologe. – Studium in Heidelberg 1548 (–?). Dr. theol. in Tübingen 1574. Schuldiener in Eggenberg (bei Graz oder in Niederösterreich?) oder Eggenburg (Niederösterreich) vor 1564. Pfarrer in Oppenheim (Hessen) 1564–1565 (entlassen). Pfarrer in Lohr (Unterfranken) 1566–1571 (entlassen). Pfarrer in Schweinfurt 1572–1576 (entlassen). Pfarrer, Dekan und Superintendent in Kitzingen 1576–1588.

Matr. Tüb. 181,40. Simon, Pfarrerbuch Reichsstädte 44 (Nr. 105). Simon, Ansbachisches Pfarrerbuch Nr. 3027.

Toxites (Schütz), Michael

in Tübingen 1557–1560

Ca. 1515 Sterzing (Tirol) – Anfang 1581 Hagenau. Mediziner und Poet. – Lateinschule in Dillingen. Studium in Tübingen (ca. 1530–) 1532; Baccalaureus das. 1532. Studium Pavia 1535 und in Wittenberg (ca. 1535–1537). Lehrer in Urach 1537–1542. Lehrer am Gymnasium in Straßburg 1542–1548, wo er mit Johannes Sturm zusammenarbeitete. Poeta laureatus 1544. Aufenthalt in Basel 1548–1549. Lehrer in Brugg (Aargau) 1549–1551. Arzt und Poet in Straßburg 1551–1557. Comes Palatinus ca. 1554. Professor für Poetik in Tübingen 1557–1560. Aufenthalt in Straßburg 1560–1564, dazwischen manche Reisen. Arzt in Straßburg 1564–1572. Aufenthalt in Hagenau 1572–1581.

Matr. Tüb. 99,5 und 147,31. Matr. Basel II 57 (Nr. 29). Jöcher IV Sp. 1288 f. Zedler XLIV Sp. 1782. Hirsch 5, 618–619. Bopp, Geistliche Nr. 5260. Schmidt, Charles: Michael Schütz, genannt Toxites. Leben eines Humanisten und Arztes aus dem 16. Jahrhundert. Straßburg 1888. Sudhoff, Karl: Michael Schütz gen. Toxites. In: Zentralblatt für Bibliothekswesen 10 (1893), 325 f. Strebel, J.: Zu einer neugefundenen paracelsischen Handschrift von Toxites (Michael Schütz) anno 1577: Von den offenen Schäden und Geschweren. In: Gesnerus 7 (1950), 50–58.

Tübingen, Grafen von, Albich, Hermann und Konrad

Söhne des Pfalzgrafen Georg III., alle vor 1570 geboren. – Studierten gemeinsam in Tübingen 1582–1584 (?). Albich starb am 25.10.1592 in Straßburg (erschlagen), Hermann 1585 in Padua, Konrad am 25.6.1600 in Hagenau. Konrad wurde 1584 Rektor der Universität Tübingen. 1590 stand er im Dienste des Herzogs von Lothringen. 1591 wurde er zusammen mit seinen Brüdern Eberhard und Albich von Herzog Ludwig von Württemberg, für den er mehrfach als Gesandter tätig war, belehnt; 1593 erhielt er zusätzlich die Obervogtei von Herrenberg. 1597 kämpfte er im kaiserlichen Heer in Ungarn gegen die Türken.

Matr. Tüb. 198,30–32. Pfeilsticker 2409. Zeller, Merckwürdigkeiten 41 f. und 374. Schmid, Ludwig: Geschichte der Pfalzgrafen von Tübingen. Tübingen 1853, 586–593. Diarium I 335, 361; III 107 f. u. ö.

Unger, Urban

Ca. 1556 Memmingen – 17.4.1602 Faurndau. Prot. Theologe. – Studium in Tübingen 1569–1576; Magister das. 1576. Diakon in Winterbach 1576–1577. Pfarrer in Langenbrand 1577 (–1585), Hohengehren 1585 (–1591) und Faurndau 1591–1602.

Sigel 304,7. Matr. Tüb. 171,162.

Varnbühler (Varenbühler, Varnbüler), Anton

17.1.1555 Lindau – 7.5.1591 Hirsau. Prot. Theologe. – Studium in Tübingen 1566–1572; Dr. theol. das. 1584. 2. Diakon in Tübingen 1576–1578; 1. Diakon das. 1579–1584. 2. Hofprediger und Konsistorialrat in Stuttgart 1584–1589. Abt in Hirsau 1589–1591.

Sigel 7,12. Matr. Tüb. 165,90; 171,7; 177,45. Binder 14, 78, 384, 386, 784. Fischlin I 311–313. Jöcher IV Sp. 1447. Bernhardt 686 f.

Weiganmaier (Weiganmeier, Weyganmeyer, Weihenmayer), Georg

Nördlingen – 26.3.1595 Ballendorf. Prot. Theologe. – Pfarrer in Forheim in der Grafschaft Öttingen (vertrieben). Pfarrer in Lampoldshausen 1549. Pfarrer in Pfaffenhofen 1550–1558. Prediger an der Barfüßerkirche in Esslingen 1568–1572 (entlassen). Pfarrer in Bermaringen 1572. Pfarrer in Ballendorf 1578–1595.

Sigel 68,6. Matr. Tüb. 172,99. ADB 42 [1897], 273. Binder 194. Schnurrer, Nachrichten 136–149. BUT 8965–8967.

Wesenbeck (Vesenbeck), Johannes

18.2.1548 Zaisenhausen – 29.6.1612 auf der Reise bei Nellingen. Prot. Theologe. – Studium in Tübingen 1564–1567; Dr. theol. das. 1577. Hofmeister der Grafen von Öttingen (in Straßburg und Tübingen) 1571 (–1575?). 5. Professor der Theologie das. 1576–1580, zugleich Diakon 1577–1580. Dekan und Pfarrer in Göppingen 1580–1582. 2. Prediger am Münster in Ulm 1582–1590; Superintendent und 1. Prediger das. 1590–1512.

Sigel 116,1. Matr. Tüb. 160,95. Binder 351, 620. Fischlin I 219–221. Jöcher IV Sp. 1907. Weyermann 520–522. Appenzeller 80–82 (Nr. 67).

Wieland, Johann Heinrich

28.9.1565 Tübingen 19.6.1637 Straßburg. Prot. Theologe. – Studium in Tübingen 1583–1586. Repetent (Rhetorik) am Tübinger Stift 1590–1592. 2. Diakon in Tübingen 1593–1596; 1. Diakon das. 1596–1599. Dekan und Pfarrer in Knittlingen 1599–1626. Generalsuperintendent in Maulbronn 1626–1637, zugleich Abt das. 1626–1630. Generalsuperintendent in Bebenhausen 1633–1637, zugleich Abt 1633–1634.

Sigel 26,7. Matr. Tüb. 190,53. Binder (passim). Fischlin II 261–266.

Wieland, Nikolaus

18.11.1539 Vaihingen a. d. E. – 3.5.1617 Herrenalb. Prot. Theologe. – Studium in Tübingen 1555–1558. Repetent (Rhetorik) am Tübinger Stift und Pfarrer in Hagelloch 1560–1562. 2. Diakon in Tübingen 1562–1565; 1. Diakon das. 1565–1567. Pfarrer in Enzweihingen 1567–1574. Dekan in Marbach 1574–1596. Abt in Herrenalb 1596–1617.

Sigel 44,3. Matr. Tüb. 143,27. Binder 75, 220, 384, 386, 422, 991. Fischlin I 246 f.

Zeämann (Zaemann, Zeemann), Georg

7.5.1580 Hornbach (bei Zweibrücken) – 5.9.1638 Stralsund. Prot. Theologe. – Studium am Gymnasium in Lauingen als fürstlicher Alumne (bis 1598). Studium in Wittenberg 1598–1599. Dr. theol. in Tübingen 1604. Professor in Lauingen 1603–1617. Pfarrer in Kempten 1617–1628 (entlassen). Ephorus in Stralsund 1630–1638.

Matr. Tüb. 160,39. Mayer, Geschichte Stadt Lauingen 174, 178 f. BUT 1693, 8570.

Zimmermann, Kaspar

Ca. 1547 Neuenstadt a. Kocher – ? Prot. Pfarrer. – Studium in Tübingen 1563–1567. Repetent

(Rhetorik) am Tübinger Stift 1567–1569. 2. Diakon in Tübingen 1569–1570. Pfarrer in Unterjesingen 1570–1571.

Sigel 1163,20. Matr. Tüb. 160,39. Binder 386, 422.

Zimmermann, Wilhelm

1542 Neuenstadt a. Kocher – 12.3.1598 Graz. Prot. Theologe. – Studium in Tübingen 1558–1562; Dr. theol. das. 1569. Repetent am Tübinger Stift 1562. Pfarrer in Hagelloch 1563–1566. 2. Diakon an der Stiftskirche in Stuttgart 1566–1569. Diakon in Wimpfen 1569–1570; Stadtpfarrer das. 1570–1578. Hofprediger und Konsistorialrat in Heidelberg 1578–1583 (vertrieben). Dekan in Vaihingen a. d. E. 1584–1586. Hauptpfarrer und Scholarch in Graz 1586–1598.

Sigel 440,4. Matr. Tüb. 149,10. Binder 422, 791, 987. Fischlin I 182–184. Jöcher IV Sp. 2210. Neu II 691. Popelka, Geschichte I 101, 105, 110. Loserth, Reformation (passim). Loserth, Beziehungen 19 f. Loserth, Prot. Schulen (passim). Elze, Univ. Tübingen 13 f. Rau, Reinhold: Dr. Wilhelm Zimmermann in Graz. In: Heimatkundliche Blätter für den Kreis Tübingen N. F. 10/11 (1964), Dezember, 5 f.

Schenckel pupil ?!

have ✓

ANHANG

Predigt von Dietrich Schnepff am 15. Mai 1570 über Martin Luthers Lied »Nun bitten wir den heilgen Geist« (Mc 101, S. 379–381 = Nr. 1174)

Text zur Liedpredigt (Lied von Martin Luther, 1524)

1. Nun bitten wir den Heilgen Geist
um den rechten Glauben allermeist,
daß er uns behüte an unserm Ende,
wenn wir heimfahr'n aus diesem Elende.
Kyrieleis.

2. Du wertes Licht, gib uns deinen Schein,
lehr uns Jesus Christus kennen allein,
daß wir an ihm bleiben, dem treuen Heiland,
der uns bracht hat zum rechten Vaterland.
Kyrieleis.

3. Du süße Lieb, schenk uns deine Gunst;
laß uns empfinden der Liebe Brunst,
daß wir uns von Herzen einander lieben
und im Frieden auf einem Sinn bleiben.
Kyrieleis.

4. Du höchster Tröster in aller Not,
hilf, daß wir nicht fürchten Schand noch Tod,
daß in uns die Sinne nicht verzagen,
wenn der Feind wird das Leben verklagen.
Kyrieleis.

Der Predigt (im Verzeichnis Nr. 1174), die Dietrich Schnepff am 15. Mai 1570 (Pfingstmontag) in der Tübinger Stiftskirche hielt, liegt der Text des Pfingstliedes »Nun bitten wir den Heiligen Geist« zugrunde. Das Lied umfaßt vier Strophen: die erste ist mittelalterlich, die drei weiteren hat Martin Luther 1524 hinzugegefügt.

Predigten über Kirchenlieder gab es im 16. Jahrhundert in Tübingen und auch anderswo immer wieder. In der Tübinger Stiftskirche wurden in der Zeit von 1563 bis 1604 mindestens 42 Liedpredigten gehalten; so viele hat jedenfalls Crusius mitgeschrieben. Zumeist wurden diese Predigten an zweiten Feiertagen oder Predigten am frühen Abend (Vesperpredigten) gehalten. Das Lied »Nun bitten wir den Heiligen Geist« (EG 124) bildete sechsmal die Grundlage für eine Predigt. Die in Tübingen gehaltenen Liedpredigten orientieren sich in ihrem Aufbau und Inhalt zumeist am Inhalt des betreffenden Liedes, verzichten aber auf eine vollständige, detaillierte Erklärung des Textes. Dies trifft auch im vorliegenden Fall zu. Zunächst wird die Frage erörtert, was der Heilige Geist sei. Es wird darauf hingewiesen, daß das Pfingstlied auch bei Begräbnissen Verwendung finden kann (1. Strophe). Danach wird die Frage erörtert, weshalb der Heilige Geist heilig genannt wird: Er ist selber heilig und macht heilig (2. Strophe). Hierauf wird dargelegt, daß der Geist Licht und Christus Träger des Lichts sei (3. Strophe). Abschließend wird der Heilige Geist als Tröster für Menschen in Bedrängnis und Anfechtung und im Angesicht des Todes bezeichnet (4. Strophe).

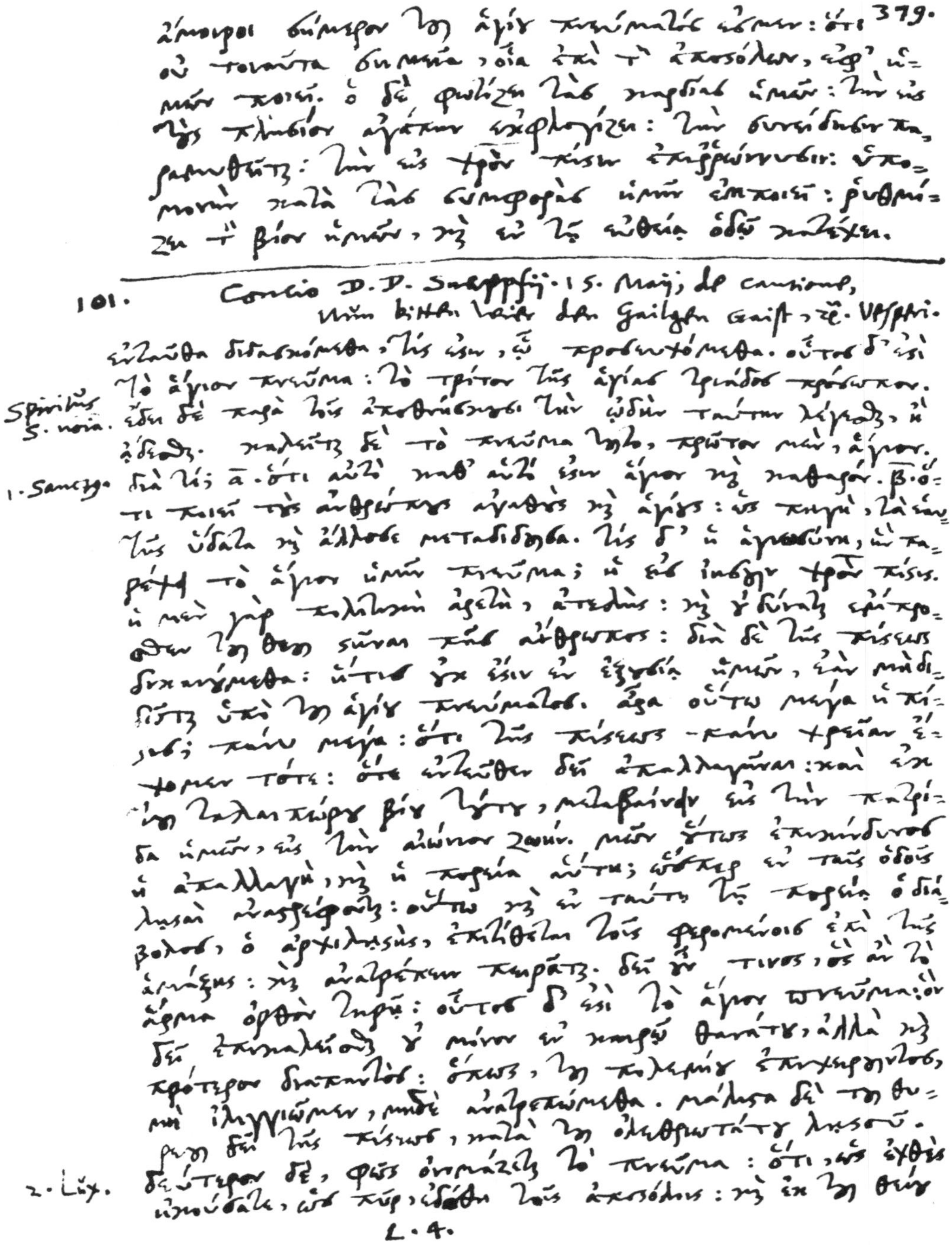

Anfang einer Liedpredigt. Tübingen UB: Mc 101 p. 379

Nachschrift von Martin Crusius
Vgl. gegenüberstehende Abbildung

101. Concio D. D. Snaeppfii .15. Maij, de cantione,
Nun bitten wier den Hailgen Gaist, etc. Vesperi.

ἐνταῦθα διδασκόμεθα, τίς ἐστιν, ᾧ προσευχόμεθα. οὗτος δ'ἐστὶ τὸ ἅγιον πνεῦμα: το τρίτον τῆς ἁγίας τριάδος πρόσωπον. ἔδει δὲ παρὰ τοῖς ἀποθνήσκουσι τὴν ᾠδὴν ταύτην λέγεσθαι, ἢ ᾄδεσθαι. καλεῖται δὲ τὸ πνεῦμα τοῦτο, πρῶτον μὲν, ἅγιον. διὰ τί; α̅. ὅτι αὐτὸ, καθ' αὐτό ἐστιν ἅγιον καὶ καθαρόν. β̅. ὅτι ποιεῖ τοὺς ἀνθρώπους ἀγαθοὺς καὶ ἁγίους: ὡς πηγὴ, τὰ ἑαυτῆς ὕδατα καὶ ἄλλοσε μεταδιδοῦσα. τίς δ' ἡ ἁγιοσύνη, ἣν παρέχει τὸ ἅγιον ἡμῖν πνεῦμα; ἡ εἰς ἰησοῦν χριστὸν πίστις. ἡ μὲν γὰρ πολιτικὴ ἀρετὴ, ἀτελὴς: καὶ οὐ δύναται ἔμπροσθεν τοῦ θεοῦ στῆναι πᾶς ἄνθρωπος: διὰ δὲ τῆς πίστεως δικαιούμεθα: ἥτις οὐκ ἔστιν ἐν ἐξουσίᾳ ἡμῶν, ἐὰν μὴ διδῶται ὑπὸ τοῦ ἁγίου πνεύματος. ἆρα οὕτω μέγα ἡ πίστις; πάνυ μέγα: ὅτι τῆς πίστεως πάνυ χρεῖαν ἔχομεν τότε: ὅτε ἐντεῦθεν δεῖ ἐπαλλαγῆναι: καὶ ἐκ τοῦ ταλαιπώρου βίου τούτου, μεταβαίνειν εἰς τὴν πατρίδα ἡμῶν, εἰς τὴν αἰώνιον ζωήν. μῶν οὕτως ἐπικίνδυνος ἡ ἐπαλλαγὴ, καὶ ἡ πορεία αὕτη; ὥσπερ ἐν ταῖς ὁδοῖς λησταὶ ἀναστρέφονται: οὕτω καὶ ἐν ταύτῃ τῇ πορείᾳ ὁ διάβολος, ὁ ἀρχιληστὴς, ἐπιτίθεται τοῖς φερομένοις ἐπὶ τῆς ἁμάξης: καὶ ἀνατρέπειν πειρᾶται. δεῖ οὖν τινος, ὃς ἂν τὸ ἅρμα ὀρθὸν τηρῇ: οὗτος δ' ἐστὶ τὸ ἅγιον πνεῦμα: ὃν δεῖ ἐπικαλεῖσθαι οὐ μόνον ἐν καιρῷ θανάτου, ἀλλὰ καὶ πρότερον διαπαντὸς: ὅπως, τοῦ πολεμίου ἐπιχειροῦντος, μὴ ἰλιγγιῶμεν, μηδὲ ἀνατρεπώμεθα. μάλιστα δὲ τοῦ θυρεοῦ δεῖ τῆς πίστεως, κατὰ τοῦ ὀλεθρωτάτου ληστοῦ. δεύτερον δὲ, φῶς ὀνομάζεται τὸ πνεῦμα: ὅτι, ὡς ἐχθὲς ἠκούσατε, ὡς πῦρ, ἐδόθη τοῖς ἀποστόλοις: καὶ ἐκ τοῦ θείου ‖καὶ ἀϊδίου φωτὸς προέρχεται. τούτου μάλιστα ἐν θανάτῳ χρῄζομεν: ὅτε οὐ μόνον οἱ ὀφθαλμοὶ τοῦ σώματος ῥήγνυνται: ἀλλὰ καὶ ἔσθ', ὅτε πᾶσα παραμυθία ἐπιλείπει τοῖς ἀποθνήσκουσι: καὶ πάντα επὶ τῆς ὁδοῦ σκότος εἶναι δοκεῖ. δεῖ οὖν, ὅπως τὸ πνεῦμα τὴν πίστιν ἀγείρῃ: καὶ, ὁ χριστὸς ἐξάψῃ ἡμῖν φῶς: ὅς ἐστιν ἀληθινὸς φωσφόρος: ὃν συμεὼν ἐκάλεσε φῶς εἰς ἀποκάλυψιν τῶν ἐθνῶν. δεῖ ἕρπειν δι' ὀπῆς σκοτίας, δηλαδὴ τῶν ἁμαρτιῶν ἡμῶν, καὶ τοῦ τάφου: δι' ἧς ἑκατέρας ὁ σωτὴρ ἡμῶν χριστὸς φθάνων ἐξεβιάσατο. ἄλλη ὀπὴ, καὶ ὄρυγμα φοβερώτατόν ἐστιν, ὁ ᾅδης: εἶθα μάλιστα δεῖ φωτὸς: ἤγουν τῆς παραμυθίας τῆς ἐκ χριστοῦ, ὃς κατέβη εἰς ᾅδου, κἀκεῖθεν ἀνέβη: καὶ ψαλ. ξη̅. τὴν αἰχμαλωσίαν ᾐχμαλώτισε. δεόμεθα δὲ τοῦ ἁγίου πνεύματος, τηρεῖν ἡμῖν τὸ φῶς, τὸν χριστὸν: ὅπως ἡμῖν τὴν εἰς οὐρανοὺς ὁδὸν δείξῃ. τρίτον δὲ, τὸ πνεῦμα ἀγάπη καλεῖται: ὅτι ἀπὸ τῆς ἀγάπης τοῦ πατρὸς, καὶ τοῦ υἱοῦ, ἐξέρχεται: καὶ γαλατ. ε̅. ἡ ἀγάπη ἐν τοῖς καρποῖς τοῦ πνεύματος ἀριθμεῖται. τί κάλλιον, τί ὠφελιμώτερον, τῆς πρὸς τοὺς πλησίον ἀγάπης; τῆς ἐν τῇ πίστει πρὸς θεὸν ὁμονοίας; νῦν δὲ, ὦ θεὲ, σπάνις ταύτης πλείστη. δεώμεθα τοῦ ἁγίου πνεύματος, δοῦναι ἡμῖν τὴν ἀγάπην: ἵνα τοῖς πλησίον συγγνώσκοντες, κἂν τῇ θρησκείᾳ ὁμονοοῦντες, ἀγαθὴν τὴν συνείδησιν τηρῶμεν: καὶ καλῶς ἀποθνήσκειν δυνάμεθα. ἐφ' ὅσον τις μισεῖ τὸν πλησίον: οὐκ ἔστι φίλος τοῦ θεοῦ· ἐκ τούτου (φησὶ χριστὸς) γνωσθήσεσθε ἐμὲ φιλοῦντες: ἐὰν ἀλλήλους ἀγαπᾶτε. προσευχώμεθα οὖν τῷ ἁγίῳ πνεύματι. τέταρτον δὲ, παράκλητος ὀνομάζεται τὸ πνεῦμα. χρῄζομεν τῆς παραμυθίας αὐτοῦ ἐν τρισὶν: ἔν τε ἀτιμίᾳ καὶ ἐν θανάτῳ, καὶ ἐν κατηγορίᾳ τῇ ὑπὸ τοῦ σατανᾶ. ἀτιμάζοντες λίαν ὑπὸ τῶν διωκτῶν οἱ χριστιανοὶ, θανατοῦντες ποικίλως, ὑπὸ τοῦ διαβόλου τὸν ‖παρελθόντα βίον ἐγκαλοῦνται· ὅτε δὲ τοῦ ἁγίου πνεύματος τὴν ἐπικουρίαν ἐπικαλούμεθα: θαυμαστῶς ἐνδυναμοῖ ἄγε, καὶ ἐξάγει διὰ παντὸς τοῦ φρικωδεστάτου. ἀνάγνωθι τὴν ἱστορίαν τὴν ἐκκλησιαστικὴν: καὶ μάλιστα τὴν ἀριστείαν τῆς βλανδίνης. ὁπότε γὰρ ἂν βασανισθεῖεν καὶ αἰκισθεῖεν ὡς ὅτι δεινότατα οἱ χριστοῦ μάρτυρες: θαυμάζοντες οἱ διῶκται τὴν ἀνίκητον αὐτῶν ἀνδρίαν, τὴν αἰτίαν ἀνηρώτων. οἱ δ'ὑπὸ τοῦ ἀνδρὸς, τοῖς ἄλλοις ἀοράτου, ἐνδυναμοῦσθαι ἔφασκον. οὗτος δ' ἰησοῦς ὁ χριστὸς ὑπῆρχε. πάρεσο διαπαντὸς ἡμῖν, ὦ βέλτιστον πνεῦμα.

Spiritus S. nomina.
1. Sanctus
2. Lux
3. Dilectio.
4. Consolator.

REGISTER

VERFASSER-, NAMEN- UND SACHREGISTER

Maßgebend für die Ansetzung mittelalterlicher Personennamen sind die »Regeln für die Alphabetische Katalogisierung, Bd. 6: Personennamen des Mittelalters« (RAK-PMA), Wiesbaden 1989.
Als Referenz sind Seitenzahlen angegeben

Acciaiuoli, Donato 275
Acciaiuoli, Zanobio 340
Accius, Lucius 308
Achilles Tatius ⟨Scriptor Eroticus⟩ 275
Acquaviva, Belisario 329
Adam, Melchior 261
Adelberg, Kloster 211
Ado ⟨Viennensis⟩ 275
Aelianus ⟨Tacticus⟩ 360
Aeschines ⟨Orator⟩ 275, 310, 338
Aeschylus 275
Aeser, Johannes 31, 37–38, 42, 49–51, 55–57, 62, 367
Aesopus 275
Aethicus ⟨Ister⟩ 276
Afranius, Lucius 308
Agatharchides ⟨Cnidius⟩ 298
Agathias ⟨Scholasticus⟩ 191
Agostini, Nicolo degli 287
Agricola, Rudolf 276, 341
Aichmann, Martin 220
Alanus ⟨ab Insulis⟩ 276
Alardus ⟨Amstelredamus⟩ 276
Alberti, Leandro 276
Alberti, Leonbattista 188
Albertina, Magdalena 226
Albich, Graf von Tübingen s. Tübingen, Grafen von
Albinus, Petrus 276
Alciati, Andrea 338
Alcidamas 338
Aldus Manutius, Paulus 276
Alexander ⟨Aphrodisiensis⟩ 276, 357
Alexander ⟨Makedonien, König, III.⟩ 189
Amalasuenta 235
Amatus ⟨Lusitanus⟩ 277
Amerbach, Basilius 191, 194, 367
Amerbach, Veit 280, 362
Ammonius ⟨Hermias⟩ 280
Andocides ⟨Orator⟩ 338
Andreae, Jakob 27–34, 36–37, 39–40, 42–51, 53, 56–57, 59–69, 71–81, 85, 93, 96, 99, 101–109, 112–126, 175, 179–180, 194, 197, 207, 214, 229, 248, 252, 367
Andreae, Jakob (Sohn) 219
Andreas Darmarios s. Darmarios, Andreas
Andronicus ⟨Rhodius⟩ 277
Anemoecius, Wolfgang 294
Anghiera, Pietro Martire d' 277
Anisius, Michael 339
Anna ⟨Hohenlohe, Gräfin⟩ 314
Anna Maria ⟨Württemberg, Herzogin⟩ 180, 255
Antigonus ⟨Carystius⟩ 277
Antiphon ⟨Orator⟩ 338
Antisthenes ⟨Rhetor⟩ 338
Antoninus ⟨Liberalis⟩ 277
Antonius ⟨Melissa⟩ 278
Antonius ⟨Urceus⟩ 277
Aphthonius ⟨Antiochenus⟩ 278
Apollinaris ⟨Laodicensis⟩ 278
Apollodorus ⟨Grammaticus⟩ 278
Apollonius ⟨Dyscolus⟩ 309
Apollonius ⟨Rhodius⟩ 278
Apollonius, Levinus 278
Appianus 298
Apponius 277
arabisch 197
Aratus ⟨Solensis⟩ 278, 302
Arias Montano, Benito 286
Ariosto, Lodovico 188, 227, 278–279, 307
Aristeas 279
Aristides, Aelius 279
Aristophanes 279
Aristoteles 187–189, 191, 246–251, 254–256, 259, 279–281, 293, 345, 357
Arrianus, Flavius 281, 304
Arsenius ⟨Monembasiensis⟩ 281
Assum, Johannes 219
Asulanus, Franciscus 359
Athanasius ⟨Alexandrinus⟩ 200, 281
Athenaeus ⟨Naucratites⟩ 281

August d. J. ⟨Braunschweig, Herzog⟩ 218
Augusta Irena 234–235
Augusta Pulcheria 235
Augustinus, Aurelius 283, 295
Aurelius Victor, Sextus 283, 334, 342
Aurifaber, Johannes 327
Aurispa, Giovanni 316
Ausonius, Decimus Magnus 281, 292
Avenarius, Ioannes s. Habermann, Johann
Aventinus, Johannes 283
Avicenna 341
Avienus, Rufius Festus 278
Avila y Zúñiga, Luis de 283

Bader, Michael 234
Badius, Jodocus 326
Baier, Johann Hartmann 211
Bakalopulos, Apostolos Euangelu s. Vacalopoulos, Apostolos Euangelu
Barbaro, Ermolao 224, 279, 331
Barlaam ⟨Calaber⟩ 306
Barletius, Marinus 283
Bartholomaeus ⟨Cremonensis⟩ 313
Basilius ⟨Caesariensis⟩ 283
Bassus, Caesius 345
Batrachomyomachia 189
Bauhin, Johann 283, 322
Bauhin, Kaspar 204, 206, 208, 212, 214, 217
Baur, Samuel 263
Bebio, Ludwig 283
Beccadelli, Antonio 284
Beck, Hans-Georg 267
Beda ⟨Venerabilis⟩ 345
Bees, Nikos A. 265
Behringer, Michael s. Beringer, Michael
Bekker, Immanuel 244
Belon, Pierre 284
Benevenutus ⟨Imolensis⟩ 334
Benignus, Elias 39, 66–67, 367
Benignus, Johannes 188
Benz, Ernst 267
Beringer, Michael 141, 258, 368
Bernegger, Matthias 220
Bernhard von Rhor 179
Beroaldo, Filippo 284, 334, 361
Betulejus, Xystus 314
Beurer, Johann Jakob 321
Beyer, Hartmann 284
Beyer, Johann Hartmann s. Baier, Johann Hartmann
Bèze, Théodore de 281
Bezzel, Irmgard 269
Biblia, NT, deutsch 187
Biblia, VT, Psalmi, lat. 249, 256
Bibliander, Theodor 188, 284
Bidembach, Balthasar 51, 175, 368
Bidembach, Eberhard d. Ä. 368
Bidembach, Eberhard d. J. 120–124, 126–131, 368
Bidembach, Felix d. Ä. 171, 215, 368
Bidenbach, Balthasar s. Bidembach, Balthasar
Bidenbach, Eberhard d. Ä. s. Bidembach, Eberhard d. Ä.
Bidenbach, Eberhard d. J. s. Bidembach, Eberhard d. J.
Bidenbach, Felix d. Ä. s. Bidembach, Felix d. Ä.
Biese, Nicolas 286
Billerbeck, Franz von 286
Binder, Christian 263
Binder, Christoph 257, 315
Binignus, Elias s. Benignus, Elias
Binyāmîn Ben-Yônā ⟨Tudela⟩ 286
Birck, Sixt 286
Birck, Thomas 257
Birer, Jakob s. Bürer, Jakob
Bizzari, Pietro 286–287
Blachernae (Konstantinopel) 198
Blatz, Konrad Wolf s. Platz, Konrad Wolf
Blondus, Flavius 287
Blotius, Hugo 210–211, 215
Blum, Paul Richard 270
Boccaccio, Giovanni 287
Bök, August Friedrich 263
Boethius, Anicius M. 287, 303
Boiardo, Matteo Maria 287
Boileau de Buillon, Gilles 283
Bollinger, Ulrich 256
Bolstrusius, Matth. 354
Bonfinis, Matthaeus 361
Bonnefoy, Ennemond 320
Borrhaus, Martin 287
Braun, Friedrich 264
Braun, Tobias
Braunschweig, August, Herzog s. August d. J. ⟨Braunschweig, Herzog⟩

Bregius, Johannes 243
Breiter, Zacharias s. Praetorius, Zacharias
Brenz, Barbara s. Schnepff, Barbara geb. Brenz
Brenz, Johannes d. Ä. 225, 248–249, 253, 255, 287–288
Brenz, Johannes d. J. 107–131, 179, 257, 293, 368
Breuning, Johann 329
Brevier 201
Brinkhus, Gerd 270–271
Brissardus, Nicolaus 288
Brodeau, Jean 288
Bron, Tobias s. Bruno, Tobias
Bronkhorst, Jan van 276
Brothag, Johannes 216, 219
Brunn, Augustin 247, 258, 288
Bruno, Tobias 110, 368
Brusch, Caspar 288
Bubius, Konrad 301
Buccardus, Johannes F. 315
Bucer, Martin 288, 292
Buchanan, George 288
Bucher, Kaspar 259
Budaeus, Guilelmus s. Budé, Guillaume
Budé, Guillaume 288
Büchelin, Paul s. Fagius, Paulus
Bührer, Jakob s. Bürer, Jakob
Bueren, Hans von 176
Bürer, Jakob 141, 368
Bullinger, Heinrich 288–289
Bumiller, Casimir 271
Burkhard, Georg 206, 301, 357
Busbecq, Ogier Ghislain de 289
Buschius, Hermannus 289
Busereuth, Johannes 250
Butzer, Martin s. Bucer, Martin
Byrer, Jakob s. Bürer, Jakob

Caecilius ⟨Statius⟩ 308
Callimachus 253, 289, 325, 358
Calpurnius ⟨Flaccus⟩ 347
Calpurnius Siculus, Titus 289
Camerarius, Joachim 193, 280, 289–290, 311, 317, 325, 334, 340, 346–347, 358
Camers, Johannes 331
Campen, Jan van 290
Cancik, Hubert 271
Candidus, Pantaleon 290
Cantegiser, Kaspar 314, 341
Canter, Dirk 199–200, 290, 369
Canter, Wilhelm 279, 281, 290, 328, 369
Capella, Galeazzo Flavio 188, 290
Capilupi, Lelio 291
Carbach, Nicolaus 326
Carion, Johann 291
Carolus, Andreas David 262
Carrion, Louis 349
Casaubon, Isaac 344
Caselius, Johannes 300–301
Cassander, Georg 342
Cassianus Bassus 309
Cassiodorus, Aurelius 291
Cassius ⟨Dio⟩ 291, 294
Cassius ⟨Iatrosophista⟩ 291
Castellesi, Adriano 293
Castellio, Sebastian 188
Castiglione, Baldassare 291
Castritius, Matthias 292
Cato, Marcus P. ⟨Censor⟩ 292
Catullus, Gaius Valerius 292
Caviceus, Jacobus 292
Cebes ⟨Thebanus⟩ 362
Cedrenus, Georgius 292
Cellius, Erhard 181, 249, 253–255, 257, 259, 261, 292–293, 319
Celsus, Aulus C. 293
Ceporinus, Jacobus 302
Chalcocondyles, Demetrios 293, 319
Chalcocondyles, Laonicus 293
Chappuys, Antoine du Dauphiné 293
Charisius, Flavius Sosipater 293
Charpentier, Jacques 293
Christ, Karl 265
Christian II. (Sachsen, Kurfürst) 236
Christoph ⟨Württemberg, Herzog⟩ 176, 248, 288, 369
Chronik, byzantinische 200
Chytraeus, David 250–252, 254, 258, 284, 294, 301, 329, 355
Chytraeus, Nathan 294
Cicero, Marcus Tullius 278, 294–295, 313, 363
Clajus, Johannes 348
Claudianus, Claudius 295
Clauser, Conrad 296

Clément, David 262
Clercq, Charles de 268
Cleynaerts, Nicolaes 295
Cocaius, Merlinus 188
Coccyus, Sebastian 247
Cöhler, Hieronymus s. Köhler, Hieronymus
Coelestinus, Georg 93, 369
Collenuccio, Pandolfo 295
Colluthus ⟨Lycopolitanus⟩ 346
Concilium Tridentinum 290
Confessio Augustana 197, 207
Constantin, Robert 295
Constantinus ⟨Harmenopulus⟩ 295
Constantinus ⟨Imperium Byzantinum, Imperator, VII.⟩ 295
Constantinus ⟨Manasses⟩ 295
Conti, Natale 296
Corio, Bernardino 188, 296
Cornarius, Janus 304, 316
Cornax, Mathias 296
Cornutus, Lucius Annaeus 296
Corrado, Sebastiano 296
Crapner, Johann 178
Crinito, Pietro 296
Crocus, Cornelius 293
Crollius, Oswaldus 217, 271
Crusius, Martin (Vater) s. Kraus, Martin (Vater)
Crusius, Sibylla 363
Ctesias ⟨Cnidius⟩ 298
Culmann, Leonhard 303
Cunilaeus, Daniel 275, 329
Curio, Coelius Secundus 188, 294, 299, 322
Curte, Jacobus de 299
Curtius Rufus, Quintus 299
Cyriacus, C. Prosper 281
Cyrillus 200

Dachtler, Jakob 31, 37–38, 49, 55–56, 62, 65–66, 68–69, 71–75, 78–83, 85–89, 91, 93–99, 102–110, 112–113, 115, 117, 120–121, 127, 129–132, 369
Daechtler, Jakob s. Dachtler, Jakob
Daicker, Ludwig 212
Damascenus ⟨Studites⟩ 299
Darmarios, Andreas 207, 369
→ Dasypodius, Conradus 299–300, 306, 319
Decker, Ludwig s. Daicker, Ludwig
Decker-Hauff, Hansmartin 269
Degen, Jakob s. Schegk, Jakob
DeGregorio, Giuseppe 271
Dekanatsakten 189
DeLaix, Roger A. 321
DellaCroce, Luigi A. 275
Delphus, Christian Adrichom 300
DelRosso, Paolo 355
Demades ⟨Orator⟩ 338
Demetrius ⟨Phalereus⟩ 300
Demetrius, Archipresbyter in Larissa 212
Demler, Anastasius 181
Demosthenes 223, 275, 300, 310
Denkspruch 211
Depharanas, Markos 300
Despautère, Jean 300
Dicaearchus ⟨Messenius⟩ 300
Didymus ⟨Caecus⟩ 363
Dinarchus ⟨Orator⟩ 338
Dinner, Konrad 301
Dio ⟨Chrysostomus⟩ 301
Diodorus ⟨Siculus⟩ 223, 297, 301–302
Diogenes ⟨Laertius⟩ 302, 358
Dionysius ⟨Areopagita⟩ 302
Dionysius ⟨Calliphontis Filius⟩ 300
Dionysius ⟨Halicarnassensis⟩ 302, 354
Dionysius ⟨Periegeta⟩ 302
Dioscorides, Pedanius 277, 302
Dolet, Étienne 294
Dolscius, Paulus 207
Domenichi, Lodovico 287, 303
Dominicus de Dominicis 313
Donatianus 345
Donato, Bernardino 320
Donatus, Aelius 303, 345
Donatus, Tiberius Claudius 361
Dorat, Jean 349
Dornau, Kaspar 242
Dorothea Ursula ⟨Württemberg, Herzogin⟩ 178
Dousa, Georgius 303
Draconites, Johannes 303
Dragišić, Juraj 327
Drerup, Engelbert 265
Dresselberg, Wilhelm 193
DuFaur de Saint-Jorry, Pierre 303
Dulcis, Catharinus 303, 311, 357

Dunkel, Johann Gottlob Wilhelm 262–263
DuPréau, Gabriel Marcossius 300, 303
DuTillet, Jean 303
Dyroff, Hans-Dieter 267

Eber, Paul 303–304
Eberhard ⟨Württemberg, Herzog, I.⟩ 175, 211
Eckhart, Georg 339
Egio, Benedetto 278
Egnazio, Giovanni Battista 355
Ehser, Johannes s. Aeser, Johannes
Eideneier, Hans 269–270
Eifert, Max 263
Einhardus 277
Eisenmenger, Samuel 247, 304
Elemanus, Pomponius Frisius 327
Elias ⟨Cretensis⟩ 200, 311
Ellebodius, Nicasius 334
Elvidius, Stanislaus Pseud. s. Camerarius, Joachim
Elze, Theodor 264
Enenkel von Hoheneck, Georg Achaz Freiherr von 256, 358
Enepekides, Polychronis K. 266
Engelhart, Leonhard 239, 247–248
Ennius, Quintus 308
Ephraem ⟨Syrus⟩ 211
Epictetus 304, 338
Epiphanius ⟨Constantiensis⟩ 304
Episcopius, Nikolaus 302
Erasmus, Desiderius 281, 292–294, 305, 316, 319, 321, 346, 355
Erman, Wilhelm 264
Erotianus 300
Erythraeus, Valentinus 305, 357
Esthofer, Johannes 141–142, 370
Esthoverus, Johannes s. Esthofer, Johannes
Estienne, Robertus s. Stephanus, Robertus
Euax ⟨Arabia, Rex⟩ 330
Euclides 306
Euripides 306
Eusebius ⟨Caesariensis⟩ 304, 306–307, 340
Eustathios ⟨Macrembolites⟩ 207
Eustathius ⟨Thessalonicensis⟩ 307
Eva Christina ⟨Württemberg, Gräfin⟩ 176, 249
Evagrius ⟨Scholasticus⟩ 304
Evangelia 198

Faber, Ferdinand Friedrich 263
Fabricius, Blasius 290, 307, 324, 328, 330, 332, 357
Fabricius, Georg 245–246, 253, 293, 307, 343, 348, 361
Fabricius, Jakob 188
Fabricius, Johann Albert 262
Färber, Matthaeus s. Tinctorius, Matthaeus
Fagius, Agnes 347
Fagius, Paulus 187, 351
Fakultätsmatrikel 189
Falckenburg, Gerard 335
Fauno, Lucio 287
Faust, Manfred 268
Festus, Sextus Pompeius 361
Feyerabend, Sigmund 349
Ficinus, Marsilius 342
Fidelis, Cassandra 307
Finckelhaus, Wolfgang 249, 286
Fischer, Hermann 264
Fischer, Hieronymus 226
Fischlin, Ludwig Melchior 260
Flach, Michael 205
Flacher, Moses s. Pflacher, Moses
Flacius Illyricus, Matthias 307, 313
Flack, Georg s. Fleck, Georg
Fleck, Georg 134–135, 203, 370
Fleischbein, Johann 191
Fleischhauer, Werner 268
Fliner, Johann s. Flinner, Johann
Flinner, Johann 71, 370
Flinspach, Cunmann 307
Floccus, Andreas 307
Flores, Juan 188
Florianus, Johannes 324
Florus, Lucius Annius 326
Foix de Candale, François de 332
Folengo, Teofilo 307
Forderer, Josef 267
Fornari, Simone 188, 307
Fornier, Françoise Ian 278
Fortunatianus, Atilius 345
Fouquelin, Antoine 339
Fox Morcillo, Sebastián 308, 341
Franck, Jakob 256
Francolin, Hans +von 349
Frank, Friedrich 215

Fredegarius ⟨Scholasticus⟩ 313
Freher, Marquard 241, 243, 308
Freher, Paul 261
Frei, Christoph 115, 370
Freigius, Johann Thomas 347–348, 355
Frenzel, Salomon 318
Frey, Christoph s. Frei, Christoph
Frey, Hermann Heinrich 219
Frey, Wilhelm 219
Freymüller, Chilian 360
Friedrich ⟨Pfalz, Kurfürst, IV.⟩ 308
Friedrich ⟨Römisch-Deutsches Reich, Kaiser, I.⟩ 226, 233
Friedrich ⟨Württemberg, Herzog⟩ 216
Frischlin, Jakob 229, 235
Frischlin, Nikodemus 210, 212, 214, 229, 248–249, 253, 264, 279, 296, 339
Frisius, Rainer s. Gemma, Rainer
Fritsche, Markus 308
Froben, Hieronymus 302
Froissart, Jean 308
Fronsperger, Leonhart 308
Frontinus, Sextus Iulius 360
Fronto, Marcus C. 293
Fuchs, Leonhard 247, 309
Fuentes, Diego de 360
Fulgentius, Fabius Planciades 335
Funk, Johann 354
Furtenbach, Catharina 275
Furtenbach, Paul 275

Gabelkover, Oswald 211–212, 214
Gabia, Giovanni B. 309
Gabriel, Patriarch 211
Gaier, Albert 268
Galaterbrief 187
Galenus 300, 309, 341
Gallus, Gaius Cornelius 292
Gandavus, Aegidius Theodoricus 289
Garbitius Illyricus, Matthias 188, 370
Garcaeus, Johannes 309
Gaza, Theodorus 309
Gebhardt, Bruno 264
Geering, Jakob s. Gering, Jakob
Gehring, Jakob s. Gering, Jakob
Gelenius, Sigismundus 289, 338
Gemma, Rainer 309
Gemmingen, Helena von 258
Gennadius ⟨Scholarius⟩ 286
Gentili, Scipio 320
Georgius ⟨Codinus⟩ 309
Georgius ⟨Pachymeres⟩ 310–311
Gerbel, Nicolaus 281
Gerhard, Anna Maria geb. Varnbühler 180
Gering, Jakob 39, 57, 60–62, 65–66, 76, 370
Gerlach, Stephan 97–122, 124, 126–140, 142–171, 197–200, 211, 226–227, 370
Germanicus ⟨Caesar⟩ 278
Gerstenmaier, Johann 279, 291, 297, 342, 372
Gerstinger, Hans 265
Gesner, Konrad 261, 291, 302, 310, 324, 362
Geuffroy, Antoine 286
Gilles, Pierre 310
Giovio, Paolo 333
Giraldi, Giglio G. 352
Girellus, Sylvester 330
Glässner, Wilhelm 269
Glandorpius, Johannes 310
Gleispach, Georg Andreas 249
Gleispach, Sigismund 249
Godefridus ⟨Viterbiensis⟩ 310
Godelevaeus, Wilhelm 286
Godelmann, Georg 334
Godelmann, Johann Georg 348
Goes, Damião de 277
Goetz, Georg Heinrich 262
Göz, Wilhelm 265–266
Goldstein, Johannes 258
González de Montes, Reinaldo 310
Gorecki, Leonard 310
Gorgias 338
Górski, Jakób 311
Goslav, Adam 311
Gottesaue, Kloster 215
Goupyl, Jacques 321
Gregorius ⟨Aneponymus⟩ 311
Gregorius ⟨de Tipherno⟩ 301
Gregorius ⟨Nazianzenus⟩ 200, 311
Gregorius ⟨Nyssenus⟩ 247, 311
Gregorius ⟨Papa, I.⟩ 313
Gregorius ⟨Pardus⟩ 293
Gregorius ⟨Thaumaturgus⟩ 338

Gregorius ⟨Turonensis⟩ 313
Greiner, Balthasar 141–142, 372
Greiter, Matthias 328, 333
Groß, Johann Georg 261
Grouchy, Nicolas de 280, 330
Gruppenbach, Georg 275, 281, 354, 372
Grynaeus, Johann Jakob 191, 193–194, 197–201, 205–206, 208, 345, 372
Grynaeus, Samuel 250
Grynaeus, Simon 306, 343–345
Guarinus, Baptista 313
Guarna, Andreas 313
Guazzo, Marco 313
Guilelmus, Janus 313
Guillon, René 313
Gundelfinger, Andreas 258
Gwalther, Rudolf 313, 344
Gyse, Tidemann 306

Habermann (Avenarius), Johann 317
Hadrianus ⟨Batoniensis⟩ s. Castellesi, Adriano Laurentii Vallae Formulae
Hadrianus ⟨Imperium Romanum, Imperator⟩ 338
Hafenreffer, Matthias 134–171, 181, 372
Hailand, Samuel s. Heiland, Samuel
Hailbronner, Jakob 88, 372
Hailbronner, Philipp 88, 372
Hailbrunner, Jakob s. Hailbronner, Jakob
Hailbrunner, Philipp s. Hailbronner, Philipp
Hainlin, Peter 49, 55–56, 189, 373
Haloander, Gregor 301
Hamberger, Georg 200, 373
Hanno ⟨Carthaginiensis⟩ 281, 324
Harlfinger, Dieter 271
Harmar, John 320
Harpocration, Valerius Philippicas 359
Harpprecht, Johannes 259
Hartmann, Gallus 314
Hartung, Johann 361
Hauber, Johannes 157–162, 164–165, 167–168, 170–171, 373
Hausch, Georg 295
Havenreuter, Johann L. 310
Haymo ⟨Halberstatensis⟩ 188
Hedio, Kaspar 283, 325, 333
Heerbrand, Jakob 31, 34–42, 44, 46, 51, 53, 56–57, 60, 62–63, 65–69, 71–83, 85–140, 143–144, 176–180, 205, 225–226, 248–249, 255, 314, 373
Heerbrand, Philipp 38, 41, 373
Heermann, Christoph s. Hermann, Christoph
Hegelundus, Petrus 314
Heiden, Samuel 256
Heiland, Samuel 188, 199, 250–252, 254–256, 305, 373
Heilbronner, Jakob s. Hailbronner, Jakob
Heilbronner, Philipp s. Hailbronner, Philipp
Heilbrunner, Jakob s. Hailbronner, Jakob
Heilbrunner, Philipp s. Hailbronner, Philipp
Heinle, Peter s. Hainlin, Peter
Heinlin, Peter s. Hainlin, Peter
Heinrich von Landau 236
Helcias, Susanna 223
Heliodorus ⟨Emesenus⟩ 227, 256, 260, 314
Helveticus, Philippus 339
Hemmerlin, Felix 314
Henri ⟨Frankreich, König, II.⟩ 314
Hephaestio ⟨Grammaticus⟩ 314
Heraclides ⟨Periegetes⟩ 300
Herberstein, Sigmund von 314
Herbster, Johannes s. Oporinus, Johann
Heresbach, Konrad 314
Herlinus, Christianus 306
Hermann, Christoph 29–30, 33, 36–37, 46–49, 51, 59, 63–64, 257, 315, 374
Hermann, Graf von Tübingen s. Tübingen, Grafen von
Hermes ⟨Trismegistus⟩ 318, 332, 345
Hermogenes ⟨Tarsensis⟩ 315
Herodes ⟨Atticus⟩ 338
Pseudo-Herodianus ⟨de Alexandria⟩ 309
Herold, Johannes 315
Hertel, Jacob 358
Herter, Kaspar 188
Hervet, Gentian 276, 357
Heshusius, Tilemann 315
Hesiodus 315
Heß, Philipp Karl 245, 263
Hessus, Helius Eobanus 315
Hettler, Joseph 210, 255
Hettler, Margareta 255
Heugel, Nikolaus 193
Heyden, Johann 316

Hierocles ⟨Alexandrinus⟩ 316
Hieronymus ⟨Estensis⟩ 289
Hieronymus, Sophronius E. 316
Hilarius ⟨Pictaviensis⟩ 295, 316
Hildesheim, Franz 316
Hiltebrand, Johann 328, 352
Himerius 343
Himmel, Georg s. Coelestinus, Georg
Himmlisch, Georg s. Coelestinus, Georg
Hippocrates 254, 316, 341, 361
Hirsau, Kloster 197, 211–212
Hitzler, Elisabeth 179, 228
Hitzler, Georg 197, 228, 247, 278, 280, 292, 326, 351
Hochmann, Johannes 201
Hörerverzeichnis 188
Hoeschel, David 277, 318–319, 322, 335, 338, 340, 374
Hohenlohe, Grafen von 219
Hohenstaufen 211
Holzmann, Wilhelm s. Xylander, Wilhelm
Homerus 188–189, 234, 241, 307, 317
Homilius, Johannes 317
Honold, Wilhelm 216
Honterus, Johannes 317
Hopper, Markus 224
Horatius Flaccus, Quintus 317, 359
Horn, Ewald 264
Hornmolt, Samuel 258
Hornmolt, Sebastian 256, 317
Horst, Jakob 318
Hotman, François 318
Huber, Samuel 122, 374
Hunn, Aegidius s. Hunnius, Aegidius
Hunnius, Aegidius 73, 75–83, 256, 374
Hunnius, Ludovicus 256, 304
Huttich, Johann 318
Hyginus ⟨Gaius Iulius⟩ 278

Ibn-ʿEzrâ, Avrāhām 318
Illyricus, Matthias Flacius s. Flacius Illyricus, Matthias
Illyricus, Matthias Garbitius s. Garbitius Illyricus, Matthias
Imbricius, Baltasar 310
Inschriften 219
Interiano, Paolo 319
Irena Angela Comnena 211
Irenaeus ⟨Lugdunensis⟩ 319
Isaac ⟨Argyrus⟩ 319
Isaacus ⟨Monachus⟩ s. Isaac ⟨Argyrus⟩
Isaeus 338
Isidorus ⟨Hispalensis⟩ 319
Isocrates 206, 292, 319
Italienisch 188, 299, 302, 357
Iulianus ⟨Imperium Romanum, Imperator⟩ 319
Iustinianus ⟨Imperium Byzantinum, Imperator, I.⟩ 301
Iustinus, Marcus Iunianus 320

Jacobus ⟨Angelus de Scarperia⟩ 346
Janell, Walther 264
Jenisch, Paul 207
Jeremias ⟨Constantinopolitanus⟩ 194, 197, 207, 227, 320, 374
Jeremias II. Tranos, Patriarch von Konstantinopel s. Jeremias ⟨Constantinopolitanus⟩
Jociscus, Andreas 248
Jöcher, Christian Gottlieb 262
Johann Georg ⟨Sachsen, Kurfürst⟩ 239
Johannes ⟨Chrysostomus⟩ 191, 227, 314, 320–321
Johannes ⟨Damascenus⟩ 200
Johannes ⟨Papa, XXI.⟩ 321
Johannes ⟨Tzetzes⟩ 321, 328
Johannes ⟨Xiphilinus⟩ 291
Johannes ⟨Zonaras⟩ 363
Johannes Zacharias ⟨Actuarius⟩ 321
Johannesevangelium 187
Josephus, Flavius 321
Junius, Franciscus 309

Kakoulides, Helene D. 268
Kantakuzenos, Michael 200
Karg, Johann Jakob s. Parsimonius, Johann Jakob
Karl ⟨Römisch-Deutsches Reich, Kaiser, V.⟩ 283
Karousou, Semni 269
Kellner, Karl Adam Heinrich 330
Kempe, Cornelius 322
Kempf, Karl 269
Kepler, Johannes 218
Kielmann, Christian Friedrich 263
Kimchi, David s. Qimḥî, Dāwid
Kirchmeyer, Thomas s. Naogeorgus, Thomas

Klemm, Johann Christian 262
Klüpfel, Karl 263–264
Koch, Johannes s. Magirus, Johannes
Koch, Samuel s. Magirus, Samuel
Köhler, Hieronymus 189
König, Johann 203
Königsbronn, Kloster 212
Körner, Konrad 219
Konrad ⟨Schwaben, Herzog⟩ 212
Konrad, Graf von Tübingen s. Tübingen, Grafen von
Koran 197
Kotter, Bonifaz 267
Krafft, Leo 305
Kramer, Waldemar 269
Kraus, Jakob 340
Kraus, Martin (Vater) 187, 277, 283–284, 289, 292, 299, 301, 307, 313, 316, 320–321, 327, 331–332, 334, 343–344
Krauß, Wolfgang 322
Kresten, Otto 268
Kromer, Marcin 322
Kündig (Parcus), Jakob 293
Kunadēs, Andreas 322
Kutter, Markus 267
Kyriss, Ernst 266, 268

Labarre, Albert 268
Laberius, Decimus 308
Lacisius, Paulus 328
LaLoupe, Vincent de 303
Lambin, Denis 322, 327
Lamer, Hans 265
Laminetus, Michael 357
Lampadius, Auctor 187, 322
Lamprias 322
Landau, Lutz von 216
Landulfus ⟨Sagax⟩ 339
Lang, Johannes 226, 311
Lange, Johann 311
Lanius, Sebastian 216
LaRamée, Pierre s. Ramus, Petrus
Łasicki, Jan 310, 322
Laskaris, Ioannes 344
Laskaris, Konstantinos 322
Latini, Brunetto 324
Latomus, Bartholomaeus 294, 324
Laubmarius, Andreas 218, 287, 321, 340
Laudatio Solis 217
Lauterbach, Johannes 249
Lavater, Ludwig 189
Lazius, Wolfgang 324
LeBlanc, Guillaume 291
Ledoux, Catharinus s. Dulcis, Catharinus
Leer, Thomas s. Löher, Thomas
Legrand, Émile 264, 267
Lehr, Thomas s. Löher, Thomas
Leiser, Polykarp s. Leyser, Polykarp
Lening, Johannes s. Neobolus, Johannes
Leo ⟨Africanus⟩ 324
Leonhard, Gregor 226, 305
Leoniceno, Niccolò 291
Leontius ⟨Byzantinus⟩ 295
Leontius ⟨Mechanicus⟩ 278
Lery, Jean de 325
Lesbonax ⟨Sophista⟩ 338
Leukircher, Georg 331
Leunclaius, Johannes s. Löwenklau, Johannes
Levita, Elia 325
Leviticus 187
Lewenklaw, Johannes s. Löwenklau, Johannes
Lewer, Thomas s. Löher, Thomas
Leyser, Polykarp 83, 201, 203, 206, 210, 220, 374
Licinius Archias 253
Lieb, Johannes 219
Liebler, Georg 188–189, 191, 246–247, 249, 252–253, 330, 375
Liebler, Johannes 67–68, 71, 73, 76, 78–83, 85–86, 375
Liederklärungen 219
Linck, Ludwig 189
Lindeberg, Peter 325
Lipsius, Justus 325–326
Lipsius, Martin 316
Lirer, Thomas 244
Litzel, Georg 262
Livius, Titus 326
Loci Communes Philosophici 194
Löher, Thomas 83, 85–92, 94, 375
Löwenklau, Johannes 247, 295, 311, 329, 332, 375
Lohenschiold, Otto Christian von 263
Lohr, Thomas s. Löher, Thomas
Longinus 326

Longueil, Gilbert de 340
Lonicer, Johann 341
Loos, Cornelis 326
Lorch, Kloster 211
Lorich, Reinhard 276
Lossius, Lucas 293
Lothar, Tobias 133–134, 136–139, 141–145, 375
Lother, Tobias s. Lothar, Tobias
Lotter, Tobias s. Lothar, Tobias
Lucanus, Marcus Annaeus 326
Lucianus ⟨Samosatensis⟩ 327
Lucienberg, Johann 327
Lucilius, Gaius 308
Lucillus ⟨Tarrhaeus⟩ 363
Lucretius Carus, Titus 327
Ludovicus ⟨Imolensis⟩ 327
Ludwig ⟨Württemberg, Herzog⟩ 176, 180–181, 207, 211–212, 225, 228, 248, 255, 270, 375
Ludwig, Walther 270–271
Lukanēs, Nikolaos 317
Lullus, Antonius 283
Luther, Martin 320, 327–328
Lycophron 328
Lycosthenes, Conrad 342
Lycurgus ⟨Atheniensis⟩ 328, 338
Lyser, Polykarp s. Leyser, Polykarp
Lysias 338

Macarius ⟨Aegyptius⟩ 328
Macrobius, Ambrosius Theodosius 328
Mägerli, Honorius 205
Mägerlin, David s. Megerlin, David
Mästlin, Michael 250
Magirus, Johannes 128, 376
Magirus, Samuel 141, 145–146, 149–153, 155–160, 163–165, 167–170, 212, 258, 376
Magnus, Olaus 328
Maier, Jakob 210
Maimonides, Moses 328–329
Maior, Georg 320
Maioranus, Nicolaus 307
Major, Johann 329, 331
Makrymichalou, S. I. 267
Malaxos, Gregorius 286, 299
Malecki, Jan 329
Malta 203
Mamertinus, Julius Caesar Paschalis 361
Mangon, Reichardus 235
Manilius, Marcus 329
Manuel ⟨Imperium Byzantinum, Imperator, II.⟩ 329
Manuel ⟨Moschopulus⟩ 293, 329
Manutius Aldus, Paulus 309, 329
Manutius Aldus, Pius 281, 355
Marbach, Johannes 187
Marbodus ⟨Redonensis⟩ 330
Marcello, Pietro 330
Marcus Aurelius Antoninus ⟨Imperium Romanum, Imperator⟩ 277, 330
Margolin, Jean-Claude 270
Marinus ⟨Neapolitanus⟩ 330
Marius, Georg 255
Marot, Clément 330
Martin, Norbert 270
Martinius, Petrus 319
Martius, Jeremias 291, 335
Martyrologium 199
Marullus, Michael T. 329
Massarius, Hieronymus 299
Matthaeus ⟨Palmerius⟩ 330
Matthäusevangelium 187
Matthisius, Gerardus 280, 330
Maximianus ⟨Etruscus⟩ 292
Maximus ⟨Confessor⟩ 278, 330
Maximus ⟨Tyrius⟩ 330–331
Meetkercke, Adolf van 331
Megerlin, David 254
Megiser, Hieronymus 253
Mekerchus, Adolf von s. Meetkerche, Adolf von
Mela, Pomponius 331, 352
Melanchthon, Philipp 187, 224–228, 233–235, 239, 241, 246, 294, 328, 331–332, 338, 340, 346, 349, 351, 362
Melander, Engelbert 343
Meletius, Jan s. Malecki, Jan
Meletius Cretensis 227
Melissus, Paulus Schedius 257
Memhard, Johannes 225
Memmius, Konrad 256
Memnon ⟨Heracleota⟩ 298
Meurer, Wolfgang 279
Michael ⟨Apostolius⟩ 332
Michael ⟨Ephesius⟩ 345

Michael ⟨Glycas⟩ 332
Michael ⟨Syncellus⟩ 330
Micyllus, Jakob 317, 326
Milich, Jakob 332
Milius, Georg s. Mylius, Georg
Minderer, Sigismund s. Mindner, Sigismund
Mindner, Sigismund 64, 376
Mindorff, Bernardinus von 225
Mindorff, Sigismund von 225
Minutianus, Alexander 283
Mirandula, Octavianus 318
Mirandula, Picus 224
Mo... 266
Modestus ⟨Tacticus⟩ 360
Moennig, Ulrich 270
Möstlin, Michael s. Mästlin, Michael
Moffan, Nicolas 332
Moibanus, Joannes 302
Monachus, Johannes 299
Monninger, Balthasar 324
Monokondylon 198
Morel, Guillaume 278, 362
Morhof, Daniel Georg 262
Morigi, Paolo 333
Moschonas, Theodoros D. 267
Moser, Balthasar 362
Moser, Barbara 362
Moser, Johann Jakob 243–244, 376
Mpergades, ... 189, 333
Müller, Georg s. Mylius, Georg
Müller, Johann Georg 216
Müller, Theobald 333
Müller, Veit 229, 259, 261
Münsinger, Johannes 211
Münster, Sebastian 318, 325, 328–329, 333
Müntzer, Valentin 333
Muret, Marc Antoine 333
Musculus, Wolfgang 344
Musiktheorie 187
Mustoxydes, Andreas 268
Musuros, Markos 305, 339
Mylander, Engelbertus 275
Mylius, Georg 83, 376
Mystakidēs, Basileios Athanasiu 264–266

Naevius, Gnaeus 308
Naogeorgus, Thomas 246, 334, 352
Narr, Dieter 267
Nauclerus, Johannes s. Naukler, Johannes
Naukler, Johannes 212
Naumachius ⟨Epicus⟩ 358
Neander, Michael 229, 233, 235, 251–254, 286, 317, 327, 334–335, 346
Nemesianus, Marcus A. 289
Nemesius ⟨Emesenus⟩ 334
Neobolus (Lening), Johannes 257, 334
Nepos, Cornelius 283, 299, 334, 342
Neuberger, Christoph 82, 376
Neuenbürg 215–216
Neugriechisch 189, 201, 275–276, 284, 286–287, 300, 317, 322, 333, 345, 348, 353, 355, 363
Nicephoros ⟨Callisthenes⟩ 191
Nicephorus ⟨Constantinopolitanus⟩ 334
Nicephorus ⟨Gregoras⟩ 355
Nicetas ⟨Choniates⟩ 335
Nicolaus ⟨Cabasilas⟩ 335
Nicolaus ⟨de Valle⟩ 315
Nicomachus ⟨Gerasenus⟩ 335
Nikolaos Rhales (aus Chalkis) 211
Nilus ⟨Ancyranus⟩ 335
Nitsch, Alfons 267
Nizzoli, Mario 363
Nonius Marcellus 335
Nonnus ⟨Panopolitanus⟩ 191, 257, 335
Nonnus ⟨Theophanes⟩ 335
Nysaeus, Johannes 338

Obsequens, Iulius 342
Occo, Adolph, I. 377
Occo, Adolph, III. 293, 309, 319, 377
Occo, David 377
Occo, Pompeius 377
Öpfelmann, Engelbert s. Melander, Engelbertus
Olearius, Johann Christoph 219
Oliver, Pedro J. 331
Omont, Henri 264
Onasander 207
Oporinus, Johann 189, 248, 278, 286, 290, 292, 310–311, 330, 334, 358, 377
Oppianus ⟨Anazarbensis⟩ 338
Oppianus ⟨Apamensis⟩ 338
Opsopoeus, Vincentius 302, 314, 344

Origenes 338
Orpheus 338
Ortelius, Abraham 339
Osiander, Andreas 134, 215, 259, 261, 314, 377
Osiander, Daniel 335
Osiander, Lukas 78, 108, 113, 123–124, 126, 134, 137, 139, 176, 178–181, 207, 211, 339, 378
Ostermann, Simon 209

Pacuvius, Marcus 308
Pahl, Johann Gottfried 263
Palaephatus 296
Pallas, Dēm. I. 269
Pantaleon, Heinrich 378
Pantlin, Heinrich s. Pantaleon, Heinrich
Pappus, Johannes 72, 198, 203, 206, 209, 217, 378
Parsimonius, Johann Jakob 378
Parsimonius, Johannes 211
Paulus ⟨Diaconus⟩ 339
Pausanias ⟨Periegeta⟩ 339
Pazzi, Cosimo 331
Pellicanus, Conrad 339
Périon, Joachim 279–280, 321, 330, 339
Perottus, Nicolaus 344
Persius Flaccus, Aulus 339
Petronius ⟨Arbiter⟩ 339
Petrus ⟨de Hispania⟩ s. Johannes ⟨Papa, XXI.⟩
Petrus ⟨de Natalibus⟩ 339
Peuerbach, Georg von 340
Pfaff, Karl 263
Pfeiffer, Gerhard 268
Pfister, Johannes 349
Pflacher, Moses 113, 378
Pfost, Felix 187
Phasianinus, Philippus 296
Phavorinus, Guarinus 340
Philandrier, Guillaume 347
Philelphus, Franciscus 340
Philipp von Schwaben ⟨Römisch-Deutsches Reich, König⟩ 234–235
Philo ⟨Alexandrinus⟩ 340
Philoponos, Leontios 317–318, 338, 352
Philostratus, Flavius 327, 340
Phlegon ⟨Trallianus⟩ 277
Phocylides ⟨Milesius⟩ 325, 346, 358
Photius ⟨Constantinopolitanus⟩ 340
Phrissemius, Johannes M. 276
Pibrac, Guy DuFaur de 340
Piccolominis, Franciscus de 301
Pictorius, Georg 341
Pillot, Jean 341
Pindarus 341
Pirckheimer, Willibald 327, 346
Pithou, Pierre 276, 339, 347
Pius ⟨Papa, II.⟩ 284, 363
Pius ⟨Papa, IV.⟩ 319
Placius, Konrad s. Platz, Konrad Wolf
Plato 308, 341
Platz, Konrad Wolf 28, 341–342, 379
Plautus, Titus Maccius 313
Pleininger, Johannes s. Plieninger, Johannes
Pleninger, Johannes s. Plieninger, Johannes
Plieningen, Johann Dietrich von 248
Plieninger, Johannes 89, 379
Plinius Caecilius Secundus, Gaius 332, 342
Plotinus 342
Plutarchus 281, 319, 342–343
Polanus von Polansdorf, Amandus 215
Polemo ⟨Laodicensis⟩, Antonius 343
Politianus, Angelus 304, 315, 343–344
Pollux, Iulius 313, 344
Polyaenus ⟨Macedo⟩ 344
Polybius 344
Pompeius ⟨Trogus⟩ 320
Pomponius Laetus, Iulius 307, 361
Pontano, Giovanni Gioviano 346
Porcia, Jacopo di 344
Porphyrius 317, 345
Porsch, Heinrich s. Porsius, Henricus
Porsius, Henricus 345
Portus, Franciscus 345
Porzio, Simone 345
Posselius, Johann 242, 345
Possevinus, Antonius 261
Praetorius, Zacharias 36, 379
Probus, Marcus Valerius 307, 345, 361
→ Proclus ⟨Diadochus⟩ 302, 306, 345–346
Propertius, Sextus 292
Ptolemaeus, Claudius 346
Publilius ⟨Syrus⟩ 292
Puech, Aimé 266
Pythagoras 325, 346, 358

Qimḥî, Dāwid 347
Querecetano Duchesne, Eustathius 347
Quintilianus, Marcus Fabius 347
Quintus ⟨Smyrnaeus⟩ 347

Rabe, Ludwig 187, 245–246, 347
Radziwiłł, Fürst Mikołai Krzysztof d. J. 191
Ramingen, Jakob von 347
Ramminger, Malachias 359
Ramo, Joanne 315
Ramus, Petrus 347–348, 361
Rantzau, Heinrich 215, 330
Rarturos, Alexios 189, 348
Rath, Hanns Wolfgang 265, 269
Ravisius, Johannes 348
Regiomontanus, Johannes 346, 348, 351
Rehm, Paul s. Rem, Paul
Reichard, Philipp Ludwig 235
Reichert, Georg 266
Reihing, Bernhard 207, 218, 379
Reimmann, Jacob Friderich 262
Reineck, Reiner 348
Reinhold, Erasmus 346
Rem, Paul 220
Remmius Palaemon, Quintus 293
Rensberger, Nicolaus 348
Rentschler, Adolf 264
Reuchlin, Johannes 379
Reusner, Elias 348
Reusner, Nikolaus 253, 259
Rhenanus, Beatus 338
Rhodomann, Lorenz 253, 301
Rhor, Caecilia 226
Riedesell von Eisenbach, Georg 216
Riedesell von Eisenbach, Hermann 216
Riedesell von Eisenbach, Volpert 216
Riehelin, Stephan s. Rielin, Stephan
Rielin, Stephan 45–46, 379
Riggenbach, Rudolf 267
Rihelius, Stephan s. Rielin, Stephan
Rinuccinus, Alemannus 340
Ritter, Matthias 197, 201, 203–208, 210
Rittershausen, Konrad 218
Rivius, Johannes 349, 355
Robortello, Francesco 280, 326, 349
Rocard, Claude 283
Rößler, Martin 268–269
Rogge, Jan Uwe 269
Rolevinck, Werner 349
Rollwagen, Gregor 258
Roner, Raimund 347
Roner, Wolfgang 217, 219
Ronsard, Pierre de 349
Rosa, Georg 171, 380
Rose, Georg s. Rosa, Georg
Rosso, Paulo 188
Roth, Fritz 267
Rüelin, Stephan s. Rielin, Stephan
Ruel, Jean 302
Ruexner, Georg 349
Rufus ⟨Ephesius⟩ 349
Ruland, Martin d. Ä. 247–248, 251–252
Russo, D. 266

Sabellicus, Marcus Antonius Coccio 326, 349
Sabina ⟨Württemberg, Herzogin⟩ 175
Sabinus, Georg 348–349
Sallustius Crispus, Gaius 349
Sambucus, Johannes 204, 332 , 295, 329, 335
Sannazaro, Jacopo 350
Sansovino, Francesco 350
Sarcoterus, Johann s. Fleischbein, Johann
Sardi, Alessandro 350
Sartor, Johann 339
Sartor, Samuel 339
Sathas, Konstantinos N. 264
Scala, Paulus s. Skalich, Paul
Scaliger, Joseph Justus 328–329, 361
Scaliger, Julius Caesar 350
Scaliger, Paul 350
Scaligius, Paulus s. Skalich, Paul
Schäck, Jakob s. Schegk, Jakob
Schäfer, Michael 172, 380
Schäfer, Volker 271
Schäffer, Michael s. Schäfer, Michael
Schäffer, Zacharias 233, 235, 297
Schallhammer, Herbert 267
Scharpff, Simon 215
Scheffer, Michael s. Schäfer, Michael
Scheffer, Zacharias s. Schäffer, Zacharias
Schegk, Jakob 191, 248, 304, 342, 380
Scheubel, Christoph 306

NB Lotichius dedicated a verse to him (see opera omnia on-line)

Scheubel, Johann 335
Scheurlin, Johann 299
Schiltberger, Hans 350
Schitler, Johannes 350
Schmid, Jakob 339
Schmid, Wilhelm 264–266
Schmidlin, Jakob s. Andreae, Jakob
Schmidt-Grave, Horst 269
Schmiel, Antonius 354
Schnepf, Dietrich s. Schnepff, Dietrich
Schnepf, Johann s. Schnepff, Johann Dietrich
Schnepff, Barbara geb. Brenz 176
Schnepff, Dietrich 31, 34–35, 37–39, 41–63, 65–69, 71–83, 85–117, 131, 133–134, 176, 178–181, 191, 200, 225, 248, 251, 380, 387
Schnepff, Georg 189
Schnepff, Johann Dietrich 136, 380
Schnitzer, C. F. 264
Schnitzer, Johann Ulrich 216
Schöfferlin, Bernhard 326
Schönborn, Bartholomaeus 350
Schöner, Johannes 351
Schoepper, (Johann) Jakob s. Schopper, Jakob
Schopf, Philipp 215
Schopper, Jakob 68, 78, 189, 380
Schottenius, Hermann 351
Schottenloher, Karl 266
Schrötlin, Johannes 257, 351
Schürer, Matthias 334
Schütz, Michael s. Toxites, Michael
Schweicker, Wolf Conrad 343
Schweigger, Salomon 204, 227, 229, 233, 235, 381
Schweikard, Salomo s. Schweigger, Salomon
Sechelius, Johann 305, 327, 355
Seck, Friedrich 268
Sefer had diqdud s. Levita, Elia
Selnecker, Nikolaus 249
Selue, George de 343
Senatsprotokolle 217
Senensis, Michael 250
Senfft, Christoph 363
Seng, Jeremias 226
Senger, Georg 65, 381
Serenus Sammonicus, Quintus 293
Sergius ⟨Grammaticus⟩ 345
Servius 345, 361
Sibyllae (Oracula) 188
Sichard, Johann 258, 260, 347
Sicherl, Martin 270
Siderocrates, Samuel s. Eisenmenger, Samuel
Sigemund, David 250
Sigismund ⟨Römisch-Deutsches Reich, Kaiser⟩ 308
Sigonio, Carlo 351–352
Sigwart, Johann Georg 113–172, 180–183, 257, 259, 381
Silius Italicus 352
Simeon ⟨Sethus⟩ 352
Simler, Josias 276
Simonides ⟨Ceus⟩ 325
Singer, Georg s. Senger, Georg
Skalich, Paul 381
Skordulios, Zacharias 352
Sleidan, Johannes 245–246, 308
Sluperius, Jacobus 352
Snepffius, Dietrich s. Schnepff, Dietrich
Snepffius, Johann Dietrich s. Schnepff, Johann Dietrich
Snepffius, Theodoricus s. Schnepff, Dietrich
Socrates ⟨Scholasticus⟩ 304
Sokołowski, Stanisław 320
Solinus, Gaius I. 331
Solon 325, 358
Soonus, Guilielmus 352
Sophia ⟨Sachsen, Kurfürstin⟩ 239
Sophocles 352
Soranus 349
Sozomenus, Salaminius Hermias 304
Spanisch 207
Spiegel, Jakob 284
Spranger, J. A. 266
Staden, Hans 353
Staehelin, Christoph 95–105, 107–119, 121, 123–130, 179, 381
Stahlecker, Reinhold 234, 266
Stainer, Bernhard s. Steiner, Bernhard
Statius, Publius Papinius 353
Stefan ⟨Polska, Król⟩ 353
Stehelin, Christoph s. Staehelin, Christoph
Steiner, Bernhard 104, 248, 382
Stelin, Christoph s. Staehelin, Christoph
Stephanus ⟨Byzantius⟩ 247
Stephanus, Henricus 279, 298, 300, 308, 331, 343, 353

Stephanus, Robertus 308, 353
Stigel, Johann 354
Stöffler, Johannes 354
Stolle, Gottlieb 262
Stontius, Wendelin 335
Strabo 281, 354
Strada, Jacobus de 354
Straeler, Samuel 322
Strauß, David Friedrich 264
Strauss, Gerald 267
Straußius, Adamus 214
Strigel, Victor 281, 354, 357
Strubinus, Johann 258
Stucki, Johann Wilhelm 217
Stupanus, Johann Nicolaus 295
Sturm, Johannes 187, 223, 275, 280, 294–295, 297, 305, 324, 341, 354
Suda 355
Suetonius Tranquillus, Gaius 188, 283, 342, 355, 358
Sulpitius, Johannes 299, 326
Sulzer, Simon 200, 382
Sydow, Jürgen 268
Sylburg, Friedrich 350
Synesius ⟨Cyrenensis⟩ 355

Tacitus, Cornelius 294, 325, 347
Tatianus 278
Teixeira, José 355
Temenos, Konstantinos 355
Tenner, Valentin 191
Terentianus ⟨Maurus⟩ 345, 355
Terentius Afer, Publius 303, 355, 357
Testament (Crusius) 220
Thalius, Johann 300
Thallarios, Andreas Jociscus 306
Themistius 357
Theocritus 223
Theodoretus ⟨Cyrensis⟩ 200, 304, 357
Theodorus ⟨Balsamon⟩ 340
Theodorus ⟨Gaza⟩ 329, 357
Theodorus ⟨Metochita⟩ 357
Theodorus ⟨Prodromus⟩ 358
Theofilo, Massimo 358
Theognis ⟨Megarensis⟩ 325, 346, 358
Theon ⟨Alexandrinus⟩ 278, 306
Theon, Aelius 358
Theophilus ⟨Antiochenus⟩ 278
Theophilus, Gerhard 292
Theophrastus 279, 358
Theophylactus ⟨de Achrida⟩ 358
Theorianus ⟨Philosophus⟩ 295
Theraeus, Claudius 352
Thierry, Jean 360
Pseudo-Thomas ⟨de Aquino⟩ 287
Thomas, Hubert 358
Thorer, Alban 316
Thucydides 256, 358
Tibullus, Albius 292
Tinctorius, Matthaeus 74, 382
Tixier, Jean s. Ravisius, Johannes
Torrentius, Laevinus 358
Toxites, Michael 359, 382
Tranos s. Jeremias ⟨Constantinopolitanus⟩
Treter, Thomas 359
Trincavelli, Vittore 357
Triphiodorus ⟨Aegyptius⟩ 346
Troiano, Massimo 359
Truber, Primus 179, 252, 260
Tübingen, Grafen von, Albich, Hermann und Konrad 382
Turnèbe, Adrien 288, 314, 340, 352, 359
Tyrtaeus ⟨Lacedaemonius⟩ 325, 358
Tzetzes, Isaac 328

Ulpianus ⟨Antiochenus⟩ 359
Ulpius, Johannes 315
Unger, Urban 197, 383
Ungnad, Hans 175
Universität ⟨Tübingen⟩ 193, 205
Universität ⟨Wittenberg⟩ 324
Universitätsbibliothek ⟨Tübingen⟩ 218
Uranius, Georg s. Coelestinus, Georg
Ursinus, Fulvius 359, 361

Vacalopoulos, Apostolos Euangelu 269
Vadianus, Joachim 331, 359
Valerius ⟨Maximus⟩ 359
Valla, Laurentius 360
Vallés, Pedro 360
Vannius, Valentin 360
Varenbühler, Anton s. Varnbühler, Anton
Varenbühler, Nikolaus s. Varnbühler, Nikolaus

Varenbühler, Regina s. Varnbühler, Regina
Varnbühler, Anton 86–92, 96–113, 383
Varnbühler, Nikolaus 181–182, 257, 259, 319
Varnbühler, Regina geb. Walther 181–182, 257, 259
Varnbüler, Anton s. Varnbühler, Anton
Varthema, Ludovico de 360
Vatablus, Franciscus 360
Veesenmeyer, Georg 263
Vegetius Renatus, Flavius 360
Velsius, Justus s. Welsens, Jost
Venusti, Antonio Maria 360
Venuti, Filippo 360
Vergara, Francisco 360
Vergenhans, Johannes s. Naukler, Johannes
Vergerio, Pietro Paolo 361
Vergilius Maro, Publius 223, 327, 361
Verrius Flaccus, Marcus 361
Vesalius, Andreas 361
Vesenbeck, Johannes s. Wesenbeck, Johannes
Vetscher, Nikolaus 357
Vetscher, Urban 193, 200, 326
Vettori, Pietro 275, 345
Victor ⟨Publicus⟩ 338
Victorinus, Gaius Marius 345, 355
Vignier, Nicolas 361
Villani, Giovanni 361
Villani, Matteo 361
Vinarius, Abel 257, 351
Vinet, Elie 358
Vischer, Hieronymus 254, 345, 350, 353, 355, 361
Vischer, Johannes 254, 361
Vives, Juan Luis 362
Vögelin, Johannes 306
Vogel, Matthäus 258, 362
Vorlesungsnachschriften 187
Vulcanius, Bonaventura 295
Vulteius, Justus 344

Wagner, Johann Konrad 218
Wagner, Kaspar 235
Walder, Joannes 329
Wallach, Luitpold 266
Wechel, Andreas 203
Weddige, Hilkert 269
Wegelin, Johann 311
Wegelin, Johann Reinhard 244, 262
Weidner, Johannes 198–201, 204–205, 207, 209–212, 214–217, 250
Weiganmaier, Georg 33, 48–49, 63–64, 254, 383
Weihenmayer, Georg s. Weiganmaier, Georg
Weiß, Jakob 215
Weiß, Pantaleon s. Candidus, Pantaleon
Weiße, Peter s. Albinus, Petrus
Wellendorffer, Virgilius 276
Weller, Hieronymus 362
Welsens, Jost 187, 362
Wendebourg, Dorothea 269–270
Wernsdorf, Otto von 191
Werter, Wolfgang de 324
Werthern, Anton von 187
Werthern, Philipp von 187
Wertwein, Georg 313, 344
Wesenbeck, Johannes 87–97, 217, 383
Westermayer, Albert 264
Weyermann, Albrecht 263
Weyganmeyer, Georg s. Weiganmaier, Georg
Wiblingen, Kloster 217
Widmann, Hans 266–268
Wieland, Johann Heinrich 137, 139, 142–143, 145–152, 154–157, 261, 362, 383
Wieland, Nikolaus 28–29, 36, 46–48, 51, 54, 58–59, 383
Wilden, Caspar 179
Wilhelm Ernst ⟨Waldeck, Graf⟩ 181
Wilhelmi, Thomas 269–271
Willich, Jodocus 361–362
Wimpfeling, Jakob 334
Winckler, Nicolaus 362
Wittig, Ivo 326
Wolf, Hieronymus 310, 335, 345, 362–363
Wolf, Johann 289
Wolff, Georg 321
Wolff, Johann 193, 258
Wolff, Thomas 334
Wolffhard, B. 317
Wolffhard, Markus 294
Wolleber, David 212
Wowern, Johann von 339
Wronna, Johann Baptist 216
Württemberg, Christoph, Herzog s. Christoph ⟨Württemberg, Herzog⟩
Württemberg, Eberhard I., Herzog s. Eberhard ⟨Württemberg, Herzog, I.⟩

Württemberg, Ludwig, Herzog s. Ludwig ⟨Württemberg, Herzog⟩
Wurstisen, Christian 207, 363
Wyß, Bernhard 268

Xenophon 280
Xylander, Wilhelm 247, 261, 277, 291–292, 326, 330, 342, 353–354, 363
Xyriches, Jezechiel 317, 338, 352

Yôsēf Ben-Gôryôn 329

Zaemann, Georg s. Zeämann, Georg
Zanchi, Basilio 363
Zanchi, Girolamo 280
Zangmeister, Kaspar 276, 278
Zeämann, Georg 171, 383
Zedler, Johann Heinrich 262
Zeemann, Georg s. Zeämann, Georg
Zeiller, Martin 261
Zeller, Michel 341
Zeller, Wolfgang 269
Zenobius ⟨Sophista⟩ 363
Zenos, Demetrios 363
Zerlentes, Perikles G. 265
Zimmermann, Kaspar 38, 50–51, 56, 62, 76, 383
Zimmermann, Wilhelm 38, 384
Zinsbrief 200
Zoepf, Ludwig 266
Zuber, Matthaeus 259
Zückwolf, Jakob 256
Zwinger, Jakob 193, 218
Zwinger, Theodor 193, 206–207, 316, 363
Zygomalas, Ioannes 197
Zygomalas, Theodosius 197, 204

Xylander cont: p. 298 (ms list of names)

REGISTER ZU DEN PREDIGTEN

Als Referenz sind die laufenden Nummern der Predigten angegeben

Bibelstellen

Genesis-Buch: *493*
Gen 1: *495, 497, 500–506, 5508, 5511, 5527, 5535, 5541, 5549*
Gen 1.2: *5450*
Gen 2: *507–510, 5563, 5569, 5580, 5588, 5593, 5609, 5614, 5620*
Gen 3: *511–517, 984, 1355, 2191, 3575, 4040, 4102, 5622, 5626, 5631, 5639, 5658, 5674*
Gen 3–5: *5455*
Gen 4: *518, 520–522, 5680, 5682, 5684, 5687, 5693, 5700, 5705, 5711, 5716*
Gen 5: *523, 526, 2367, 5722, 5726*
Gen 6: *527–528, 5735, 5741, 5746, 5753, 5779*
Gen 7: *529–530, 5786, 5803*
Gen 8: *531, 533, 5792, 5798, 5821*
Gen 9: *534–536, 5844, 5847, 5858, 6067*
Gen 10: *537, 5864*
Gen 11: *538–539, 5870, 5876, 5882*
Gen 11–25: *5465*
Gen 12: *540–542, 5888, 5901, 5906*
Gen 13: *543–544, 5912, 5916, 5920*
Gen 14: *545–546, 5944, 5975*
Gen 15: *548–549, 2193, 5979, 5984, 6001*
Gen 16: *551, 6012, 6018*
Gen 17: *6023, 6025, 6028, 6035, 6044, 6050*
Gen 18: *552–553, 4344, 6056, 6062, 6068, 6073, 6078*
Gen 19: *554–555, 557, 6081, 6094, 6102, 6107*
Gen 20: *558–559, 6119, 6125*
Gen 21: *255, 560–561, 6133, 6137, 6144*
Gen 22: *562–563, 4352, 6162, 6169*
Gen 23: *564, 1311, 4248, 5553, 6212, 6217*
Gen 24: *565, 6223, 6227, 6269, 6275, 6284, 6290, 6295, 6308, 6313, 6321, 6326, 6333*
Gen 25: *567–569, 1586, 3818, 3972, 5484, 6300, 6338, 6417, 6419–6420, 6426, 6429, 6434, 6440, 6446, 6452, 6459, 6463, 6468, 6485*
Gen 26: *570–572, 6474, 6479, 6491, 6498, 6507, 6526, 6530, 6538*
Gen 27: *574, 951, 6553, 6563, 6568, 6572*
Gen 28: *575–576, 6581*
Gen 29: *577, 579*
Gen 30: *581, 583*
Gen 31: *585, 6156*
Gen 32: *586–587, 1944*
Gen 33: *588*
Gen 34: *589*
Gen 35: *590–592, 1998, 4400, 5550*
Gen 36: *594*
Gen 37: *595–597*
Gen 37–50: *5496*
Gen 38: *599–600*
Gen 39: *602–603*
Gen 42: *604–605*
Gen 43: *606–608*
Gen 44: *611*
Gen 45: *612–614*
Gen 46: *615, 617*
Gen 47: *618–622, 940, 3257, 4563*
Gen 48: *623, 1512, 1517, 1525, 1534*
Gen 49: *1146, 1543, 1554, 1562, 1570, 2196, 2920, 3616, 5253, 5586*
Gen 49.50: *1585*
Gen 50: *1597*
Exod 1: *1620, 1631, 1641*
Exod 2: *1647, 1668, 1695*
Exod 3: *1706, 1714*
Exod 4: *1717, 1728, 1742*
Exod 5: *1753, 1762, 1777*
Exod 6: *1780*
Exod 7: *1815, 1829, 5493*
Exod 8: *1837, 1866*
Exod 9: *1877*
Exod 10: *1884*
Exod 11: *1890*
Exod 12: *959, 1904, 1907, 2463*
Exod 13: *1916, 1922*
Exod 14: *1933, 1960*
Exod 15: *1966, 1977*
Exod 16: *2027, 2051*
Exod 17: *2082, 2093*

Exod 18: *226, 2102, 2118*
Exod 19: *2135, 2146, 2845, 5669*
Exod 20: *164, 2158, 2176*
Exod 21: *2184, 2187*
Exod 22: *2198, 2223, 2249, 2257, 2372, 3303, 5399*
Exod 23: *2263, 2287, 2293, 2329, 2349*
Exod 24: *2360, 2366*
Exod 25: *2375, 2383, 2386, 2394*
Exod 26: *2400*
Exod 31: *2419, 2428*
Exod 32: *2436, 2442, 2449, 2479*
Exod 33: *2499, 2501*
Exod 34: *2518, 2524*
Exod 35: *2534*
Lev 10: *22*
Lev 15: *1788*
Lev 17: *5987*
Lev 26: *172, 1461, 5678*
Num 1: *2548*
Num 2: *2553*
Num 3: *2558, 2566, 2575*
Num 4: *2581, 2589, 5936*
Num 5: *2615, 2621*
Num 6: *2640, 5336*
Num 8: *2706*
Num 9: *2714, 2720*
Num 10: *2725, 2731, 2737, 2742*
Num 11: *2759, 2762, 2768, 3678*
Num 12: *2811*
Num 13: *2817, 2821*
Num 14: *2855, 2871, 2876*
Num 15: *2883, 2894*
Num 16: *1573, 2903, 2910*
Num 17: *2918*
Num 18: *2932, 2934*
Num 19: *2952*
Num 20: *2970, 2995, 2998*
Num 21: *2205–2206, 3004, 3022, 3027, 3032, 3328*
Num 22: *3042, 3060*
Num 23: *3062, 3071*
Num 24: *3087, 3109, 3134, 3817, 5419*
Num 25: *3175*
Num 26: *3186, 3191*
Num 27: *3220, 3224, 3230*
Num 28: *3251, 3266, 3273*
Num 29: *3282, 3304*
Num 30: *3317*
Num 31: *3343, 3362*
Num 32: *3367, 3375*
Num 33: *3387, 3409, 3418, 3425, 3434, 3459, 3489, 3511, 3525, 3529, 3539, 3545, 3554, 3564, 3608, 3621*
Num 34: *3612*
Num 35: *3637*
Num 36: *3665*
Deut 1: *3668, 3675, 3681, 3685, 3691, 3713*
Deut 2: *3698*
Deut 3: *3718, 3733*
Deut 4: *3760, 3768, 3789, 3808, 3814, 3865, 3867*
Deut 5: *3885, 3894, 3912, 3970*
Deut 6: *3983, 3990, 4012, 4021, 4036, 4045*
Deut 7: *4076, 4111, 4124*
Deut 8: *4143, 4149, 4155*
Deut 9: *4167, 4200, 4227*
Deut 10: *4234, 4241*
Deut 11: *4277, 4286, 4330*
Deut 12: *4338, 4354, 4397*
Deut 13: *4405*
Deut 14: *4378, 4424, 4436, 4444*
Deut 15: *4453*
Deut 16: *1679*
Deut 18: *609*
Deut 26: *2755*
Deut 28: *4072*
Ios 1: *4417, 4420*
Ios 2: *4422, 4426, 4430*
Ios 3: *4434, 4440*
Ios 4: *4443*
Ios 5: *4446, 4450, 4452, 4455, 4458*
Ios 6: *4473, 4475, 4480*
Ios 7: *4485, 4487, 4494, 6215*
Ios 8: *4499, 4512, 4515*
Ios 9: *4525, 4536, 4539*
Ios 10: *4545, 4551, 4554, 4558*
Ios 11: *4561, 4572*
Ios 12: *4575*
Ios 13: *4579*
Ios 14: *4582, 4585*
Ios 17: *4589*
Ios 18: *4595*
Ios 20: *4599*
Ios 21: *4602*
Ios 22: *4608, 4610*

Ios 24: *4645, 4649, 4651*
Richter-Buch: *211*
Iud 1: *212–214, 4656, 4659, 4662*
Iud 2: *215, 4666, 4680*
Iud 3: *216–217, 4683, 4686, 4689, 4696, 4711, 5922*
Iud 4: *4722, 4724, 4727, 5925*
Iud 5: *253, 4730, 4733, 4737*
Iud 6: *254, 1300, 4740, 4743, 4746, 4748, 4753, 4756, 4760*
Iud 7: *4762, 4765, 4768, 4771*
Iud 8: *4774, 4778, 4781, 4786, 4789*
Iud 9: *257–258, 4791, 4793, 4796, 4800, 4816, 4819, 4824*
Iud 10: *259, 4828, 4834–4835*
Iud 11: *260–261, 4837, 4840, 4843, 4845, 4848*
Iud 12: *1349, 4850, 4854, 4857*
Iud 13: *262, 4864, 4870, 4879, 4886, 5439*
Iud 14: *616, 4888, 4891, 4905, 4908, 4911*
Iud 15: *263, 4913, 4915, 4918*
Iud 16: *264, 4921, 4927, 4930, 4933, 4936*
Iud 17: *1528, 4938, 4940, 4942*
Iud 18: *1542, 4945, 4948, 4950, 4968, 4971, 4977*
Iud 19: *1551, 4979, 4981, 4984, 4987, 5005, 5012*
Iud 20: *1559, 1579, 5014, 5016, 5020, 5023*
Iud 21: *1589, 5026, 5029, 5031, 5035*
Ruth 1: *1665*
Ruth 2: *1681, 4194*
Ruth 3: *1692*
Ruth 4: *1701, 1720*
1 Sam 1: *1734, 1759, 5037, 5040, 5045, 5049, 5055, 5060, 5063*
1 Sam 2: *1783, 1792, 1812, 1826, 1834, 5125, 5160*
1 Sam 3: *1843, 5176, 5179, 5186, 5875*
1 Sam 4: *1863, 5197, 5200, 5206*
1 Sam 5: *1874, 5211, 5216*
1 Sam 6: *1893, 5222, 5228, 5230*
1 Sam 7: *1927, 1936, 5236, 5241, 5247, 5271, 5274*
1 Sam 8: *1953, 1969, 5275, 5280, 5288, 5295, 5300, 5302*
1 Sam 9: *1980, 2021, 2035, 2073, 2108, 5328, 5337, 5343*
1 Sam 10: *485, 2132, 2141, 5320, 5351, 5356, 5365, 5371, 5373, 5379*
1 Sam 11: *2153, 2173, 2190, 5386–5387, 5398, 5403, 5409*
1 Sam 12: *2195, 3140, 5414, 5416, 5422*
1 Sam 13: *2207, 3155, 3163, 5459, 5463*
1 Sam 14: *3177, 3248, 3279, 3335, 5481, 5487, 5492, 5514, 5522, 5524, 5529*
1 Sam 15: *3145, 3346, 3371, 3378, 3380, 3406, 5532, 5538, 5545, 5557, 5566, 5590, 5597, 5616, 5618*
1 Sam 16: *3414, 3423, 3450, 5629, 5634, 5637, 5641, 5661–5662*
1 Sam 17: *3483, 3744, 3753, 3763, 4367, 5067, 5072, 5074, 5076, 5666, 5690, 5695, 5698, 5702, 5706, 5708, 5713*
1 Sam 18: *3772, 5078, 5081, 5083, 5091, 5102, 5105, 5108, 5718–5719, 5724, 5730, 5733*
1 Sam 19: *3824, 3847, 3851, 5110, 5113, 5115, 5738, 5743, 5747, 5750, 5755, 5757*
1 Sam 20: *3905, 4097, 4122, 5782–5783, 5789*
1 Sam 21: *4165, 4208, 4225, 4246, 5801, 5818*
1 Sam 22: *4197, 5850, 5862, 5873, 5879*
1 Sam 23: *5885, 5890, 5892, 5898*
1 Sam 24: *5903, 5909, 5914*
1 Sam 25: *4699, 5404, 5918, 5921, 5924, 5941, 5945, 5947, 5954–5955, 5959, 5977, 5988, 5995, 5998*
1 Sam 26: *2902, 6004, 6009, 6016, 6021, 6041, 6047*
1 Sam 27: *6053, 6059, 6064*
1 Sam 28: *6070, 6075, 6096, 6100, 6105, 6110*
1 Sam 29: *6122*
1 Sam 30: *6128, 6130, 6139, 6141*
1 Sam 31: *6148, 6152–6153, 6159*
2 Sam 1: *5380, 6167, 6171, 6175, 6179*
2 Sam 2: *6190, 6194*
2 Sam 3: *6202, 6207, 6219, 6221, 6225, 6228, 6244, 6247, 6267*
2 Sam 4: *6272, 6277, 6279, 6281*
2 Sam 5: *6287, 6293, 6298, 6303, 6305*
2 Sam 6: *6310, 6316, 6318, 6323, 6329, 6334, 6336*
2 Sam 7: *6341, 6343, 6347, 6350, 6354, 6358*
2 Sam 8: *6362, 6371*
2 Sam 10: *6423, 6437, 6443, 6445, 6449*
2 Sam 11: *6455, 6457, 6461, 6465, 6470–6471, 6477, 6482–6483, 6488, 6510, 6514–6515, 6518*
2 Sam 12: *6520, 6523, 6536, 6541, 6543, 6560, 6566, 6570, 6577, 6579*
2 Sam 13: *6586*
2 Sam 14: *1500, 1506*
2 Sam 24: *490*
1 Reg 14: *4898*
1 Reg 18: *5452*
1 Reg 21: *1748*
2 Reg 2: *3928*
2 Reg 5: *1615*
2 Reg 6.7: *163*
2 Reg 20: *82*

2 Par 2: *6330*
Hiob 1: *3941, 4258, 4261, 4264, 4267, 4270*
Hiob 2: *4273, 4276, 4279, 4282, 4285*
Hiob 3: *4288*
Hiob 4: *4291, 4295, 4298*
Hiob 5: *4307*
Hiob 6: *4310, 4326*
Hiob 7: *4332, 4427*
Hiob 8: *4340*
Hiob 13: *4356*
Hiob 14: *947, 4239, 4492, 6403*
Hiob 16: *2004, 4380*
Hiob 17: *4382*
Hiob 19: *2472, 2512, 2948, 4112*
Ps: *5546*
Ps 1: *1335–1337, 1774*
Ps 2: *1332–1334, 4805*
Ps 3: *1338–1339*
Ps 4: *1340, 6210*
Ps 5: *1341, 1343*
Ps 6: *1314, 2371*
Ps 7: *1344, 4899*
Ps 8: *1346, 1348*
Ps 9: *1350–1352*
Ps 10: *1354, 1356*
Ps 11: *1307, 1357*
Ps 12: *1358*
Ps 13: *2517*
Ps 14: *1359*
Ps 16: *1331, 2278, 3292*
Ps 23: *948, 1390, 2001, 3481, 4591, 4890, 5867*
Ps 24: *1531, 5927*
Ps 25: *1537, 1548*
Ps 26: *1567*
Ps 27: *1205, 1574, 1582*
Ps 28: *1594, 1616*
Ps 29: *1623*
Ps 30: *1626, 1633*
Ps 31: *1636, 1644, 1671, 4038, 4477*
Ps 32: *1315–1317, 1426, 1429, 1433–1434, 1436–1438, 3210, 3261, 3355*
Ps 33: *1674, 1698, 1711*
Ps 34: *822, 1725, 1731, 1745, 2378, 3536*
Ps 35: *1756, 1766, 1771*
Ps 36: *1789, 1818*
Ps 37: *1823, 1840, 1850, 1869*
Ps 38: *1318–1320, 1887, 1901, 3962*
Ps 39: *1910*
Ps 40: *1913, 1919*
Ps 41: *1392, 1930, 1941, 1947*
Ps 42: *1963, 1974, 1985, 5009, 5595*
Ps 43: *2024*
Ps 44: *2032, 2045*
Ps 45: *2054, 2076*
Ps 46: *2079, 4066*
Ps 47: *2086, 2099, 2286*
Ps 48: *2111*
Ps 49: *2121*
Ps 50: *1118, 1290, 2124, 2127, 2138, 4189*
Ps 51: *154, 578, 580, 582, 584, 1424, 2098, 2149, 2163, 2169, 2181, 5502, 5748, 5994, 6557*
Ps 52: *2201*
Ps 54: *2226*
Ps 55: *2235, 2238, 2241*
Ps 56: *1308, 2246*
Ps 57: *2253*
Ps 58: *2260*
Ps 59: *2266, 2281*
Ps 60: *2290, 2296*
Ps 61: *2303*
Ps 62: *2322*
Ps 63: *2332, 2335*
Ps 64: *2338*
Ps 65: *14, 2177, 2341, 2346, 3687, 4058*
Ps 66: *2355, 2363*
Ps 67: *2389, 5261, 5608*
Ps 68: *1127, 2000, 2250, 2397, 2416, 2422, 2425, 2433, 2678, 3646*
Ps 69: *2439, 2445, 2452–2453, 2457*
Ps 70: *2473*
Ps 71: *2254, 2484, 2506, 2511*
Ps 72: *1313, 2521, 2531, 2537*
Ps 73: *2539, 2542, 4488, 5572*
Ps 74: *2555, 2562, 2571, 2578*
Ps 75: *2584, 2592*
Ps 76: *2595*
Ps 77: *2612, 2618*
Ps 78: *1473, 1475, 1477, 1479, 1481, 1483, 1496, 1498, 1502, 1504, 2624, 2634, 2637, 2643, 2665, 2670, 4151*
Ps 79: *1072–1073, 2681, 4071*
Ps 80: *2697, 2703*
Ps 81: *2709*

Ps 82: *354, 2728, 2734, 4851*
Ps 83: *140*
Ps 84: *2745, 2754, 2765*
Ps 85: *1749, 2791, 2796, 5769*
Ps 86: *2799, 2802, 2804*
Ps 87: *1327*
Ps 88: *2814, 2819*
Ps 89: *2837, 2842–2843, 2848, 2859, 2861, 2864*
Ps 90: *935, 2154, 2867, 2873, 2879, 3110, 3504, 5290, 5742, 5895, 5946, 5950*
Ps 90?: *838*
Ps 91: *821, 930–931, 1417, 1987, 2717, 2886, 2890, 3792, 4556*
Ps 92: *2900, 2911*
Ps 94: *566, 1310, 2939, 2950*
Ps 95: *2973*
Ps 96: *2979*
Ps 97: *2986*
Ps 98: *2992*
Ps 99: *3001, 3010*
Ps 100: *3017*
Ps 101: *3029*
Ps 102: *1321–1322, 1440, 1442, 1444, 1446, 1450, 3038, 3040*
Ps 103: *1028, 2352, 3064, 3068, 3090*
Ps 104: *3100, 3103, 3113*
Ps 105: *3131, 3137, 3158*
Ps 106: *3166, 3180, 3183, 3189*
Ps 107: *3202, 3215*
Ps 108: *3228*
Ps 109: *3244, 3270, 3276, 3285*
Ps 110: *1326, 1598, 3299, 3307, 3322, 3332, 5971*
Ps 112: *67, 3357, 3365*
Ps 113: *471, 3373*
Ps 114: *3385*
Ps 115: *3421, 3428*
Ps 116: *1991, 3431, 3453*
Ps 117: *3456, 3497*
Ps 118: *2002, 3477, 3486, 3500, 5653*
Ps 119: *145, 3150, 3517, 3520, 3542, 3558, 3560, 3567, 3591, 3594, 3597, 3605, 5071, 5112, 5577–5578*
Ps 121: *1418*
Ps 122: *3640*
Ps 124: *3649, 4077*
Ps 125: *3652*
Ps 126: *3657, 5196*
Ps 127: *1796, 3660*
Ps 128: *3663, 4162*
Ps 129: *3673*
Ps 130: *1323–1325, 1452, 1462–1463, 3676*
Ps 132: *3689*
Ps 133: *3696, 3902*
Ps 138: *3601, 5546*
Ps 139: *3736, 3740, 3749*
Ps 141: *3766*
Ps 142: *3863*
Ps 143: *1328–1330, 1465, 1467, 1471, 3775*
Ps 144: *3340, 3795*
Ps 145: *881, 1353, 2126, 2676, 3555*
Ps 146: *3821*
Ps 147: *3830, 3849, 5355, 5949*
Ps 148: *3855*
Ps 149: *3873*
Ps 150: *3883*
Prov 3: *158, 806*
Prov 4: *125*
Prov 10: *1215*
Prov 12: *3281*
Prov 15: *3892*
Prov 18: *2947*
Prov 20: *2978, 3969, 4287, 5324*
Prov 21: *3054*
Prov 24: *3907*
Prov 29: *6*
Prov 30: *5341*
Prediger-Buch: *181*
Eccl 1: *182–184*
Eccl 2: *185–188*
Eccl 3: *189–191, 1640*
Eccl 4: *192, 519*
Eccl 5: *193–195*
Eccl 6: *196*
Eccl 7: *197–200, 3480, 4213*
Eccl 8: *201–202*
Eccl 9: *203–205*
Eccl 10: *206*
Eccl 11: *207*
Eccl 12: *208–209, 2072, 3751*
Sap 1: *1410–1411*
Sap 2: *2003*
Sap 3: *1999*
Sap 4: *932, 944, 5727*

Ies 1: 79, 160, 222–225, 227, 5189
Ies 2: 228–229, 3746
Ies 3: 230–231, 946, 1990, 2381, 2391, 3915
Ies 4: 232
Ies 5: 233–237, 1995–1996, 6367
Ies 6: 239–242
Ies 7: 243–250, 399, 854, 927, 1046, 1797, 1986, 2199, 2650, 3078, 3439, 4049, 4318, 4957, 5133, 5437
Ies 8: 251–252, 2784
Ies 9: 466, 1011, 1142, 1312, 1605, 2012, 2014, 3076, 3236, 4052, 4959, 5257, 5770, 5930–5931, 5933, 6200
Ies 11: 2605, 2928, 6496, 6500
Ies 22: 383, 3595
Ies 26: 1600
Ies 28: 1750
Ies 35: 5249, 5939
Ies 38: 550, 1617
Ies 40: 348, 385, 1524, 2561, 2672, 2696, 3512, 5182, 5344, 5425, 5543, 6195
Ies 42: 1599
Ies 48: 2390
Ies 52: 2494, 2990, 3151
Ies 53: 408, 598, 1650, 1853, 2458, 2659, 3120, 3845
Ies 55: 1794
Ies 57: 939, 950, 2370
Ies 60: 473, 1808, 2018, 2418, 3405, 3587, 3926, 4814, 5771
Ies 61: 1063, 1145, 2415, 5938
Ier 4: 2048, 4962
Ier 7: 5540
Ier 8: 5960
Ier 15: 77
Ier 18: 3738
Ier 23: 3097, 4633
Ier 31: 6089, 6377
Ier 33: 1595, 4312
Lam 1: 2105
Lam 4: 3634
Ezech 3: 1520, 2869
Ezech 8: 6214
Ezech 22: 3528, 3898
Ezech 33: 157, 705, 1432
Ezech 37: 4398
Ezech 38.39: 139
Dan 4: 1765
Dan 7: 127, 1596, 1982
Dan 9: 1207, 1289, 1593, 2203, 3388, 5415
Dan 10: 5561
Hos 2: 797, 2608, 6249
Hos 13: 3629
Ioël 2: 1123, 1197, 2038, 2713, 2807, 3532, 4074
Ioël 3: 1686, 5499
Amos 3: 1203, 1501
Amos 6: 126
Amos 7: 4389
Jona-Buch: 174
Ion 1: 175–177, 4079, 4107, 5118, 5123, 5126
Ion 2: 178, 3263, 3861, 4114, 4126, 4135, 5129, 5131, 5134, 5136
Ion 3: 179, 3521, 4144, 4157, 4173, 5139
Ion 4: 180, 4183, 4191, 4212, 5152, 5161
Mich 1: 4368
Mich 2: 1603, 4694, 6408
Mich 5: 2310, 2313, 5097, 5255, 5430
Mich 6: 1782
Mich 7: 1347, 6213
Nah 1: 4236, 4253, 4256, 4262, 4268
Nah 2: 4244, 4274, 4283, 4296
Nah 3: 4302, 4334
Hab 1: 4371
Hab 2: 4410, 4415, 4431, 4441, 4457, 4476
Hab 3: 1420, 4483, 4495, 4513, 4519, 4529, 4537, 4555
Hagg 2: 781, 4320, 5098, 5100, 5427
Zach 3: 3440, 3720
Zach 9: 829, 2392, 3436
Zach 12: 2989, 4701, 5499
Mal 1: 3430
Mal 3: 280, 723, 1077, 1979, 2231, 2623, 3416
Sir 1: 1408–1409, 6585, 6588
Sir 2: 1412
Sir 3: 1413–1414
Sir 4: 1415–1416
Sir 7: 936, 5298, 6029
Sir 9: 1516, 1527
Sir 10: 1511, 1530, 1533, 1539, 4232
Sir 12: 1545
Sir 13: 1547
Sir 13.14: 1550
Sir 14: 1553
Sir 15: 1556, 1558
Sir 16: 1561
Sir 17: 1564, 1566

Sir 18: *1569*
Sir 18.19: *1572*
Sir 19: *1576*
Sir 20: *1581, 1584, 1588, 1591*
Sir 21: *1670, 1673, 1689*
Sir 22: *1691, 1694, 1697, 1700*
Sir 23: *1703, 1708*
Sir 24: *1713, 1719*
Sir 25: *1722, 1724, 1727*
Sir 26: *1730, 1733, 3717*
Sir 27: *1736, 1738, 1741, 1744*
Sir 28: *1747, 1752, 1755*
Sir 29: *1758, 1761, 1764*
Sir 30: *1768, 1773*
Sir 31: *1776, 1785*
Sir 32: *1787, 1865*
Sir 33: *1868, 1871, 1873, 1876*
Sir 34: *1879*
Sir 35: *1889*
Sir 36: *1892*
Sir 37: *1895, 1899*
Sir 38: *1900, 1903, 5829*
Sir 40: *1906, 1909*
Sir 41: *1912, 1915, 5517*
Sir 42: *1918, 1921, 1924*
Sir 43: *1926, 1929*
Sir 44: *1932, 1935*
Sir 45: *1938, 1940, 1943*
Sir 46: *1946, 1949*
Sir 47: *1951, 1955, 1957, 1959*
Sir 48: *1962, 1965, 1968*
Sir 49: *1973, 1976, 2023*
Sir 50: *2026, 2029, 2031, 2034*

Matthäus-Evangelium: *6462*
Matth 1: *439, 715, 1797, 2600, 2779, 4792, 5259, 6464, 6466, 6472, 6475, 6478, 6489, 6501, 6508, 6511, 6516–6517, 6519, 6521, 6524, 6527, 6537, 6539, 6544, 6547, 6554, 6558, 6561, 6564, 6573*
Matth 2: *279, 315, 338, 395, 441, 472, 525, 718, 1143, 1273, 1345, 1609, 1614, 1809, 2011, 2017, 2214, 2219, 2417, 2610, 2781, 2787, 3080, 3084, 3245, 3403–3404, 3588–3589, 3709, 3925, 4060, 4185, 4315, 4319, 4321, 4469, 4637–4638, 4807, 4964–4965, 5097, 5263–5265, 5438–5440, 5772, 6089, 6504, 6580, 6583*
Matth 3: *340–341, 396, 761, 1200, 1263, 1265, 2020, 2222, 2611, 2788, 3586, 4061, 4468, 4639, 4839, 4842, 4844, 5181, 5262, 6201*
Matth 4: *60, 84, 159, 276, 309, 459, 1632, 1786, 2039, 2440, 2585, 2627, 2809, 2914, 2944, 3066, 3101, 3226, 3271, 3422, 3561, 3609, 3812, 3825, 3943, 4039, 4086, 4169, 4202, 4345, 4451, 4619, 4653, 4790, 4813, 4939, 4980, 5127, 5244, 5287, 5454, 5548, 5589, 5628, 5791, 5917, 6101, 6185, 6346*
Matth 5: *98, 421, 1076, 1078, 1781, 1908, 2122, 2330, 2522, 2701, 3011, 3173, 3338, 3498, 3659, 3688, 3764, 3884, 3994, 4125, 4247, 4883, 4928, 5194, 5292, 5518, 5570, 5579, 5692, 5861, 6011, 6136, 6286, 6433, 6576*
Matth 6: *106, 273, 427, 455, 1079, 1091, 1094, 1096–1098, 2549, 2729, 2896, 3041, 3197, 3360, 3682, 3786, 4017, 4145, 4272, 4399, 4423, 4588, 4752, 5065, 5218, 5385, 5887, 5958, 5996, 6040, 6164, 6312, 6460, 6587*
Matth 7: *100, 422, 1099–1102, 1287, 2336, 2529–2530, 2707, 2874, 3018, 3178, 3344, 3505, 3664, 3769, 3888, 3890, 3999, 4128, 4252, 4402, 4404, 4407, 4557, 4564, 4729, 5042, 5199, 5361, 5856, 5865, 6143, 6292, 6439, 6578*
Matth 8: *498, 1103–1105, 1292, 1819, 2227, 2426, 2619, 2795, 2797, 2933, 3252, 3714, 3930, 4069, 4331, 4474, 4821, 5273, 5613, 5615, 5778, 6090, 6206, 6360, 6509, 6512*
Matth 9: *110, 112, 274, 301, 307, 327, 329, 352, 375, 390, 430, 457, 1106–1107, 1113–1115, 1190, 1431, 1751, 1939, 1967, 2161, 2356, 2376, 2387, 2550, 2559, 2579, 2740, 2893, 2904, 3045, 3051, 3206, 3211, 3218, 3359, 3369, 3381, 3538, 3552, 3680, 3686, 3788, 3796, 3809, 4026, 4037, 4147, 4154, 4166, 4297, 4421, 4437, 4594, 4601, 4759, 4780, 4912, 4923, 4937, 5215, 5227, 5393, 5397, 5411, 5556, 5562, 5717, 5729, 5745, 5889, 5900, 5913, 6049, 6052, 6166, 6174, 6317, 6325, 6340, 6456*
Matth 10: *933, 1116–1117, 1119, 1124, 1126, 4198, 5583*
Matth 11: *118, 265, 282, 317, 355, 1109, 1130, 1132–1133, 1139, 1198, 1499, 1790, 1832, 1978, 2242, 2398, 2593, 2632, 2769, 2919, 2945, 3069, 3107, 3231, 3267, 3424, 3568, 3603, 3697, 3813, 3827, 3918, 3938, 4084, 4174, 4186, 4205, 4341, 4456, 4624, 4657, 4798, 4947, 5066, 5121, 5284, 5421, 5592, 5624, 5754, 6080, 6099, 6189, 6218, 6352, 6368*

Matth 12: 1134–1138, 1149–1150, 1281, 2658, 4065, 4674
Matth 13: 379, 1151–1155, 2188, 2233, 2800, 3259, 3596, 3932, 4335, 4339, 4825, 5619, 6344, 6363
Matth 14: 1095, 1167–1168, 1896, 2695, 3756, 3986, 4661
Matth 15: 353, 381, 1169, 1171, 1177–1178, 1634, 1838, 2043, 2443, 2631, 2812, 2949, 3105, 3274, 3610, 3828, 3945, 4204, 4348, 4489, 4655, 4836, 4983, 5130, 5291, 5457, 5630, 5794, 5952, 6104, 6220, 6522
Matth 16: 173, 296, 322, 349, 386, 452, 892, 938, 1179–1182, 1709, 2314, 2513, 2858, 3007, 3171, 3331, 3493, 3758, 3879, 3988, 4120, 4550, 4721, 5033, 5184, 5347, 5683, 5853, 6129, 6280, 6418, 6569
Matth 17: 1183–1185, 4164, 4788
Matth 18: 115, 305, 328, 433, 1187–1189, 2166, 2384, 2554, 2573, 2739, 2748, 3058, 3214, 3376, 3546, 3692, 3803, 3911, 4018, 4034, 4161, 4290, 4445, 4611, 4764, 4773, 4932, 5166, 5238, 5571, 5740, 5866, 5908, 6061, 6335
Matth 19: 706, 1191–1194, 3931
Matth 20: 101, 325, 350, 1131, 1195–1196, 1621, 1721, 1824, 2431, 2527, 2803, 2868, 2935, 3091, 3182, 3262, 3341, 3412, 3599, 3658, 3715, 3767, 3889, 3934, 3995, 4193, 4254, 4337, 4403, 4478, 4644, 4734, 4827, 4885, 4973, 5044, 5192, 5359, 5372, 5447, 5528, 5621, 5694, 5877, 5943, 6022, 6093, 6366, 6430
Matth 21: 3, 47, 62, 87, 116, 131, 148, 162, 310, 313, 460, 992, 1851, 1970–1971, 2059, 2460, 2587, 2646, 2763, 2823, 2912, 2957, 3065, 3118, 3227, 3286, 3383, 3563, 3695, 3721, 3810, 4089, 4170, 4214, 4300, 4305, 4449, 4618, 4667, 4941, 5122, 5243, 5413, 5587, 5749, 5962, 6077, 6184, 6230, 6342, 6345, 6380, 6481, 6487
Matth 22: 111, 113, 302, 306, 374, 392, 434, 952, 1445, 2168, 2373, 2379, 2556, 2563, 2576, 2743, 2752, 2901, 2907, 3053, 3061, 3194, 3208, 3217, 3366, 3372, 3379, 3540, 3551, 3693, 3806, 3903, 3913, 4024, 4030, 4152, 4156, 4163, 4281, 4284, 4294, 4433, 4439, 4448, 4598, 4604, 4761, 4767, 4777, 4920, 4926, 4935, 5226, 5232, 5240, 5401, 5408, 5559, 5565, 5575, 5734, 5911, 6055, 6183, 6322, 6328, 6467, 6473
Matth 23: 1521, 1526, 1535, 2212, 3077, 3238, 3395, 3702, 3815, 4464, 4632, 5964, 6086, 6497
Matth 24: 376, 388, 425, 1546, 1552, 1560, 2582, 2757, 3048, 3063, 3221, 3225, 3556, 3800, 3916, 4168, 4616, 5582, 5602, 5767
Matth 25: 308, 377, 435, 458, 1563, 1565, 1571, 1587, 2588, 2760, 3223, 3559, 4303, 4342, 4783, 4785, 5087, 5585, 6072
Matth 26: 5759, 6229, 6379
Matth 26.27: 5644
Matth 27: 885, 2656, 2830, 2963, 4500
Matth 28: 1656, 3313, 3325, 4509, 4862
Marc 1: 1669, 1672, 1680, 1690, 1707, 1715, 1723, 1726, 1735, 3284
Marc 2: 1743, 1746, 1754, 1757, 1763, 4026
Marc 3: 1767, 1769, 1775, 1813, 1816
Marc 4: 1867, 1875, 1888, 1898
Marc 5: 1914, 1920, 1923
Marc 6: 803, 1705, 1931, 1937, 1945, 1948, 1954, 2510, 3168, 3946, 4118, 4547, 4661, 6003, 6127
Marc 7: 104, 1425, 1961, 2022, 2025, 2028, 2350, 2541, 2721, 2887, 3033, 3190, 3354, 3518, 3781, 3897, 4011, 4138, 4263, 4414, 4578, 4742, 4904, 5039, 5054, 5210, 5375, 5537, 5710, 5878, 6031–6032, 6155, 6302, 6451
Marc 8: 99, 489, 2036, 2077, 2080, 2083, 2087, 2125, 2333, 2525, 2704, 2872, 3015, 3176, 3342, 3501, 3661, 3886, 3997, 4127, 4250, 4406, 4560, 4726, 4887, 5358, 5521, 5697, 5863, 6015, 6140, 6289, 6436
Marc 9: 2103, 2106, 2114, 2128, 2130, 3914
Marc 10: 2133, 2142, 2147, 2155, 2164
Marc 11: 2170, 2174, 2182, 2185
Marc 12: 2229, 2236, 2239, 2247, 2251, 2255, 2258, 2261
Marc 13: 2320, 2323, 2325, 3975, 4080, 5767
Marc 14: 5759, 6229, 6379
Marc 14.15: 5644
Marc 15: 885
Marc 16: 65, 135, 165, 268, 291, 346, 361, 405, 411, 480, 995, 1084–1085, 1162, 1492, 1676, 1859, 2068, 2277, 2469, 2657, 2831, 2964, 2982, 3125, 3146, 3293, 3313, 3446, 3467, 3628, 3645, 3728, 3742, 3841, 3858, 3959, 4103, 4219, 4364, 4384, 4506, 4526, 4673, 4693, 4861, 4999, 5148, 5151, 5165, 5311, 5330, 5476, 5652, 5814, 5970, 6238, 6389, 6407, 6532, 6550
Lukas-Evangelium: 7, 3887
Luc 1: 7, 9, 11–13, 15–20, 96, 266, 270, 295, 417, 443, 449–450, 556, 972, 1055, 1111, 1208, 1523, 1660, 1704, 1846–1847, 1897, 2055, 2112, 2119, 2316, 2509, 2649, 2700, 2816, 2854, 2955, 3005, 3116, 3167, 3280, 3329, 3438, 3492, 3615, 3755, 3834,

3876, 3896, 3904, 3909, 3989, 4117, 4211, 4243, 4351, 4393, 4395, 4498, 4546, 4665, 4692, 4718, 4723, 4955, 4992, 5030, 5180, 5299, 5515, 5636, 5679, 5852, 5973, 6008, 6126, 6276

Luc 2: *21, 23–28, 41, 120–121, 124, 312, 316, 337, 339, 378, 397–398, 463, 468, 470, 499, 593, 719, 986, 1045, 1047, 1074, 1141, 1144, 1147, 1204, 1456–1457, 1469, 1604, 1610, 1618, 1629, 1798–1799, 1803–1804, 1806, 1821–1822, 2005–2006, 2013, 2015–2016, 2019, 2030, 2209–2210, 2216, 2221, 2232, 2406, 2414, 2420, 2429, 2451, 2601, 2607, 2613, 2622, 2683, 2774, 2778, 2780, 2783, 2790, 2798, 2925, 2937, 3052, 3075, 3082, 3085, 3096, 3235, 3240–3241, 3246, 3258, 3393, 3398–3399, 3401, 3407, 3415, 3576, 3581, 3583, 3590, 3701, 3705–3706, 3710, 3921, 3924, 3927, 3950, 4051, 4055, 4057, 4062, 4064, 4073, 4177, 4180–4181, 4184, 4188, 4311, 4316–4317, 4322, 4325, 4333, 4461, 4465–4466, 4471, 4479, 4629, 4636, 4640, 4648, 4802, 4808, 4810, 4815, 4900, 4954, 4960–4961, 4967, 4976, 5101, 5252, 5258, 5260, 5267, 5429, 5431, 5436, 5442, 5552, 5600–5601, 5605, 5617, 5760–5761, 5763, 5766, 5768, 5773, 5781, 5929, 5937, 6084, 6091, 6196–6197, 6199, 6209, 6355, 6361, 6495, 6502, 6505*

Luc 3: *29–30, 32, 35–37, 1639*

Luc 4: *38–40, 42–44, 5120, 5158*

Luc 5: *45–46, 51, 97, 420, 451, 488, 937, 1529, 2519, 2698, 2865, 3009, 3169, 3336, 3495, 3656, 3761, 3882, 4026, 4123, 4245, 4401, 4553, 4719–4720, 4881, 5190, 5353, 5516, 5689, 5857, 6006–6007, 6283, 6428, 6574*

Luc 6: *52–59, 69, 73–74, 95, 141, 324, 419, 487, 1699, 2515, 2693, 2862, 3006, 3164, 3333, 3490, 3653, 3877, 3991, 4242, 4548, 4715, 4878, 5028, 5188, 5350, 5513, 5686, 5855, 6132, 6278, 6425, 6571*

Luc 7: *75, 80–81, 108, 142–144, 146, 151–152, 428, 1122, 2364, 2552, 2629, 2732, 2897, 3043, 3201, 3363, 3530, 3683, 3790, 4019, 4148, 4275, 4592, 4732, 4755, 5221, 5389, 5584, 5663, 5721, 5891, 5896, 6043, 6291, 6315*

Luc 8: *155–156, 171, 281, 492, 1422, 1532, 1540, 2033, 2244, 2434, 2805, 2940, 3094, 3264, 3417, 3602, 3716, 3819, 3937, 4196, 4339, 4482, 4647, 4830, 5119, 5279, 5449, 5785, 6370*

Luc 9: *1427, 1430, 1435, 1439, 1441, 1443, 1447–1449, 1451, 1453, 1455, 1544, 1549, 1555, 1557, 1568, 1575, 1583, 1590, 1702, 1712, 1729, 1732, 1740, 1760, 1772, 1778, 1784, 1810, 4661, 6494*

Luc 10: *389, 426, 1460, 1464, 1466, 1468, 1470, 1472, 1827, 1830, 1835, 1864, 1878, 1882, 1894, 2353, 2543–2544, 2692, 2723, 2888, 3037, 3192, 3356, 3523, 3783, 3899, 4013, 4015, 4133, 4141, 4266, 4416, 4584, 4745, 4907, 5059, 5378, 5542, 5712, 5881, 6034, 6158, 6307, 6454*

Luc 11: *85, 128, 170, 1476, 1478, 1480, 1482, 1495, 1497, 1505, 1637, 1841, 1902, 1905, 1911, 1917, 1928, 1934, 1942, 1950, 1958, 1964, 2046, 2446, 2635, 2815, 3108, 3277, 3426, 3613, 3947, 4087, 4207, 4350, 4491, 4658, 4986, 5132, 5294, 5460, 5633, 5797, 5953, 6106, 6222, 6525*

Luc 12: *2091, 2109, 2150, 2159, 2167, 2179, 3694, 3805, 4033, 6147, 6339*

Luc 13: *2062, 2455, 2545, 3014, 4425, 5935, 6469*

Luc 14: *370, 416, 429, 998, 1382, 1518, 1693, 2368, 2505, 2735, 2856, 2899, 2999, 3047, 3159, 3203, 3484, 3534, 3754, 3793, 3870, 3987, 4022, 4113, 4150, 4278, 4394, 4429, 4540, 4597, 4710, 4757, 4875, 4917, 5022, 5183, 5224, 5342, 5392, 5507, 5555, 5681, 5849, 5894, 5997, 6046, 6124, 6271, 6320*

Luc 15: *323, 1696, 2507, 2860, 3002, 3487, 3650, 3757, 3874, 3906, 4115, 4240, 4396, 4544, 4713, 4716, 4876, 4990, 5025, 5345, 5510, 5685, 5869, 6000, 6274, 6422, 6567*

Luc 16: *294, 298, 369, 387, 415, 491, 1515, 1718, 1891, 2311, 2339, 2502, 2532, 2690, 2711, 2852, 2877, 2996, 3024–3025, 3156, 3181, 3326, 3347, 3482, 3509, 3666, 3752, 3770, 3868–3869, 3891, 3984, 4002, 4109, 4235, 4255, 4392, 4409, 4538, 4706, 4872, 4874, 4893, 5019, 5046, 5178, 5202, 5339, 5364, 5505, 5526, 5676, 5701, 5846, 6020, 6121, 6268, 6294, 6442, 6562, 6565*

Luc 17: *843, 1642, 2358, 2546, 2726, 2891, 3039, 3195, 3358, 3526, 3784, 3901, 4016, 4269, 4419, 4587, 4749, 4910, 5062, 5382, 5544, 5715, 5884, 6037, 6309, 6458*

Luc 18: *103, 299, 424, 474, 1474, 1627, 2139, 2347, 2437, 2538, 2625, 2718, 2806, 2884, 2942, 3030, 3098, 3187, 3269, 3353, 3419, 3516, 3606, 3674, 3719, 3777, 3822, 3895, 3940, 4009, 4081, 4134, 4199, 4260, 4343, 4413, 4484, 4574, 4650, 4739, 4901, 5051, 5124, 5282, 5370, 5534, 5625, 5707, 5788, 6027, 6098, 6372, 6378, 6448, 6584*

Luc 19: 76, 423, 1779, 2136, 2344, 2535, 2715, 2880, 3028, 3162, 3184, 3350, 3513, 3669, 3773, 3893, 4005, 4132, 4257, 4411, 4571, 4625, 4736, 5205, 5367, 5531, 5704, 5872, 6024, 6150, 6297, 6582

Luc 21: 1, 117, 311, 461, 1108, 1975, 2395, 2590, 2766, 2916, 3067, 3229, 3386, 3565, 3917, 4043, 4172, 4306, 4454, 4622, 4795, 4944, 5246, 5418, 5591, 5752, 5767, 6161, 6187, 6349, 6484

Luc 22: 105, 272, 300, 326, 454, 1421, 1737, 1925, 2144, 2342, 2882, 3035, 3671, 3779, 4007, 4412, 4581, 4747, 5057, 5759, 6038, 6229, 6304, 6379, 6444

Luc 22.23: 5644

Luc 23: 885

Luc 24: 286, 344, 363, 407, 482, 962, 1086, 1165, 1494, 1592, 1658, 1661, 1664, 1861, 2070, 2471, 2660, 2833, 2966, 2968, 3127, 3129, 3295, 3448, 3730, 3843–3844, 3961, 4221, 4223, 4366, 4508, 4675, 5001–5002, 5150, 5313, 5478, 5607, 5654, 5816, 5972, 6240, 6391, 6534

Luc 27: 6257

Johannes-Evangelium: 953

Ioan 1: 330, 436, 462, 469, 954–958, 963–965, 967–969, 1601, 1607, 1612, 1793, 1981, 1993, 2009, 2217, 2403, 2407, 2412, 2598, 2785, 2921, 2929, 3072, 3233, 3390, 3574, 3580, 3699, 3708, 3835, 3919, 4176, 4309, 4626, 4801, 4803, 4951, 5096, 5099, 5251, 5596, 5758, 5764, 5926, 6083, 6192, 6490, 6533

Ioan 2: 494, 970–971, 973, 2224, 2423, 2616, 2792, 2930, 3088, 3249, 3410, 3592, 3711, 3929, 4190, 4327, 4472, 4642, 4818, 4970, 5270, 5444, 5611, 5776, 6204, 6357, 6506

Ioan 3: 71–72, 93–94, 169, 269, 293, 384, 414, 448, 974–981, 1175, 1513, 1688, 1881, 2100, 2308, 2497, 2500, 2687, 2846, 2849, 2993, 3153, 3320, 3323, 3475, 3478, 3648, 3747, 3864, 3866, 3981–3982, 4104, 4108, 4391, 4497, 4532, 4535, 4700, 4703, 4707, 4868, 5172, 5175, 5305, 5334, 5424, 5500, 5670, 5673, 5840, 5843, 5993, 6115, 6118, 6263, 6266, 6413, 6416, 6559

Ioan 4: 114, 303, 982–983, 985, 987–991, 2567, 2746, 2908, 3055, 3212, 3374, 3543, 3690, 3801, 3908, 4032, 4158, 4607, 4770, 4929, 5235, 5568, 5737, 5905, 6058, 6180, 6332, 6476

Ioan 5: 997, 999–1005, 1008, 4308

Ioan 6: 61, 86, 129, 442, 1006–1007, 1009–1010, 1014–1016, 1514, 1844, 2049, 2131, 2450, 2638, 2818, 2822, 3111, 3429, 3617, 3831, 3952, 4209, 4353, 4493, 4661, 4989, 5135, 5297, 5462, 5638, 5800, 5845, 5957, 6108, 6373, 6528

Ioan 7: 1017–1020, 1022, 5837

Ioan 8: 2, 130, 161, 356, 1023–1024, 1029–1030, 1056–1057, 1645, 2052, 2264, 2334, 2641, 2820, 2953, 3114, 3283, 3432, 3619, 3833, 4210, 4355, 4496, 4664, 4735, 5137, 5301, 5464, 5640, 6226, 6375, 6529

Ioan 9: 1031–1034

Ioan 10: 88, 288, 483, 1035–1038, 1666, 2288, 2477, 2666, 2840, 2971, 3132, 3300, 3454, 3635, 3734, 3848, 3965, 4092, 4226, 4375, 4514, 4679, 4847, 5007, 5156, 5319, 5483, 5660, 5820, 6176, 6246, 6397

Ioan 11: 1039–1044, 1988, 3776, 3842, 4046, 4432, 4490, 4543, 5434

Ioan 12: 1049–1054, 3209

Ioan 13: 342, 357, 400, 445, 475, 1021, 1058, 1060–1061, 1651, 1854, 2063, 2272, 2464, 2652, 2826, 2959, 3287, 4993, 5470, 6383

Ioan 14: 92, 167, 267, 289, 292, 319–320, 345, 366, 446, 484, 1026, 1064–1068, 1172, 1508, 1541, 1678, 1885, 2096, 2152, 2284, 2482, 2673, 2686, 2838, 2844, 2976, 2988, 3143, 3301, 3318, 3462, 3473, 3632, 3654, 3737, 3739, 3782, 3799, 3832, 3862, 3900, 3933, 3949, 3953, 3967, 3973, 3979, 3985, 3993, 4096, 4231, 4372, 4520, 4522, 4530, 4690, 4776, 4849, 4867, 5015, 5154, 5322, 5825, 5986, 6109, 6113, 6250–6251, 6261, 6395, 6411, 6542, 6555

Ioan 15: 83, 275, 304, 391, 456, 1069–1071, 1342, 1577, 1956, 2569, 2750, 2906, 3057, 3216, 3548, 3910, 3998, 4028, 4159, 4292, 5229, 5732, 6065, 6112, 6178, 6232

Ioan 15.16: 91, 137, 412, 2301, 2491, 2679, 2984, 3148, 3315, 3469, 3743, 3860, 3978, 4105, 4385, 4528, 4695, 4863, 5167, 5331, 5495, 5665, 5834, 6258, 6552

Ioan 16: 89–90, 132–134, 290, 365, 409, 486, 1059, 1503, 1675, 2291, 2294, 2297, 2480, 2485, 2487, 2668, 2671, 2675, 2841, 2974, 2980, 3135, 3138, 3141, 3305, 3311, 3457, 3460, 3465, 3638, 3641, 3643, 3741, 3850, 3852, 3856, 3971, 3974, 3976, 4094, 4098, 4100, 4228, 4230, 4233, 4377, 4379, 4381, 4518, 4521, 4524, 4682, 4685, 4688, 4853, 4856, 4859, 5011, 5013, 5159, 5162, 5327, 5329, 5486, 5489, 5491, 5823, 5830, 5833, 5981–5982, 6252–6253, 6255–6256, 6399, 6401, 6405, 6540, 6545–6546, 6548–6549

Ioan 17: *373, 4609, 5573*

Ioan 18: *4, 318, 401, 476, 993, 1158, 1484–1485, 1487–1488, 1649, 1652, 1855, 2058, 2064, 2267, 2273, 2459, 2465, 2645, 2653, 2827, 2960, 3121, 3288–3289, 3441–3442, 3623–3624, 3723–3724, 3836–3837, 3955–3956, 4215–4217, 4359–4360, 4501–4502, 4668–4669, 4994–4995, 5140, 5143–5144, 5306–5307, 5467, 5471–5472, 5644, 5649, 5809–5810, 5961, 6229, 6233–6234, 6379, 6384–6385*

Ioan 18 .: *1080*

Ioan 18.19: *343, 359, 402, 477, 960, 1081, 1159, 1486, 1489, 1653, 1856, 2060, 2065, 2269, 2274, 2461, 2466, 2647, 2654, 2828, 2961, 3122, 3443, 3625, 3725, 3838, 3954, 3957, 4218, 4361, 4503, 4996, 5145, 5473, 5646, 5648, 5805, 5811, 5963, 6235, 6381, 6386*

Ioan 19: *5, 63–64, 285, 360, 403–404, 478–479, 670, 735, 994, 1082–1083, 1160–1161, 1490–1491, 1654–1655, 1852, 1857–1858, 2061, 2066–2067, 2270, 2275–2276, 2462, 2467–2468, 2648, 2655, 2824, 2829, 2958, 2962, 3123–3124, 3290–3291, 3437, 3444–3445, 3626–3627, 3726–3727, 3839–3840, 3958, 4362–4363, 4504–4505, 4670–4672, 4997–4998, 5142, 5146–5147, 5308–5310, 5469, 5474–5475, 5647, 5650–5651, 5807, 5812–5813, 5964–5969, 6231, 6236–6237, 6382, 6387–6388*

Ioan 20: *68, 119, 149–150, 277, 287, 331, 364, 1089, 1166, 1199, 1209, 1454, 1663, 1795, 2074, 2282, 2401, 2474, 2596, 2662, 2772, 2835, 2923, 2969, 3073, 3130, 3232, 3297, 3389, 3451, 3572, 3630, 3700, 3732, 3846, 3920, 3923, 3963, 4047, 4090, 4175, 4224, 4369–4370, 4459, 4511, 4527, 4627, 4677, 4799, 4949, 5004, 5153, 5314, 5316, 5426, 5480, 5598, 5657, 5756, 5923, 5932, 5974, 6082, 6193, 6243, 6394, 6492–6493, 6535*

Ioan 21: *314, 336, 394, 440, 467, 1459, 1802, 1983, 2213, 2280, 2410, 2661, 2778, 3079, 3239, 3296, 3397, 3704, 3816, 4054, 4179, 4314, 4806, 4958, 5256, 5433, 5604, 6087, 6499, 6575*

Ioan 22: *123*

Apostelgeschichte: *1216*

Act 1: *136, 367, 380, 447, 532, 1121, 1217–1223, 1880, 2041, 2089, 2299, 2489, 2633, 2677, 3147, 3604, 3859, 3977, 4001, 4004, 4085, 4833, 5494, 5985, 6369, 6551*

Act 2: *138, 368, 547, 966, 1025, 1062, 1093, 1128, 1173, 1224–1230, 1509, 1683, 1686, 1886, 2095, 2097, 2304, 2495–2496, 2685, 3152, 3308, 3319, 3321, 3474, 3476, 3745, 3980, 4010, 4023, 4025, 4027, 4035, 4042, 4059, 4068, 4387, 4390, 4531, 4698, 4866, 4869, 5170, 5333, 5498, 5668, 5838–5839, 5991, 6262, 6412, 6556*

Act 3: *1231–1234, 4083, 4099*

Act 4: *1235–1239, 4119, 4130–4131, 4140*

Act 5: *1240–1243, 4146, 4153, 4160, 4171, 4195*

Act 6: *1244–1245, 1800, 4206*

Act 6.7: *122, 464, 1458, 2211, 2408, 2603, 2776–2777, 2927, 3237, 3396, 3578, 3703, 3922, 4053, 4178, 4313, 4463, 4631, 4804, 4956, 5254, 5603, 5762, 6198*

Act 7: *334–335, 465, 1110, 1246–1247, 1606, 2007, 4238, 4249, 4251, 4259, 4265, 4271, 4293, 4299, 4304*

Act 8: *1248–1250, 4323, 4328, 4336, 4349, 4357, 4376, 4386, 4408*

Act 9: *496, 1251–1255, 1257, 1624, 2117, 2514, 3093, 3254, 3411, 4070, 4329, 4418, 4428, 4438, 4447, 4823*

Act 10: *34, 321, 347, 413, 861, 1164, 1259, 1261, 1264, 1266, 1510, 1659, 1685, 1687, 1862, 2306, 2834, 2967, 2991, 3128, 3154, 3748, 4481, 4486, 4510, 4516, 4523, 4534, 6116*

Act 11: *1267–1268, 4552, 4559, 4562, 4570*

Act 12: *271, 297, 1270–1272, 1710, 2116, 2315, 2327, 2528, 2699, 3020, 3172, 3494, 3759, 3880, 4121, 4573, 4576, 4583, 4586, 4590, 5034, 5193, 5348*

Act 13: *1274–1276, 1279–1280, 1282, 4596, 4600, 4603, 4605–4606, 4612, 4614–4615, 4617, 4621, 4623*

Act 14: *1283–1285, 4628, 4635, 4641, 4643, 4646, 4652, 4725, 5068*

Act 15: *1286, 1288, 4654, 4660, 4663, 4676, 4678, 4681, 4684, 4687, 4697, 4702, 4838, 5069–5070, 5073, 5075, 5077, 5079–5080, 5082, 5088, 5090, 5092*

Act 16: *4705, 4709, 4712, 4714, 4717, 4728, 4731, 4738, 4741, 4751, 5085, 5093, 5103, 5106, 5109, 5111, 5114*

Act 17: *4744, 4754, 4763, 4766, 4769, 4772, 4775, 4779, 4782*

Act 18: *4784, 4787, 4794, 4797, 4812, 4817, 4820, 4826*

Act 19: *2789, 2794, 4829, 4832, 4841*

Act 20: *1375, 2808, 4567, 4846, 4852, 4855, 4858, 4865, 4880, 4882, 4889*

Act 21: *4892, 4895, 4897, 4903, 4906, 4909, 4914*

Act 22: *4916, 4919, 4922, 4925, 4931*

Act 23: *4934, 4943, 4946, 4963, 4966, 4969, 4972*

Act 24: *1293, 4975, 4978, 4982, 4985, 4988, 5006*

Act 25: *1294, 5010, 5017*
Act 26: *1295–1298, 4991, 5018, 5021, 5024, 5027, 5032*
Act 27: *1299, 1301–1303, 5036, 5041, 5048, 5050, 5053, 5056, 5061, 5064*
Act 28: *256, 1304–1306*
Act 29: *418*
Rom 1: *2771, 5164, 5169, 5174, 5177, 5185, 5198, 5201, 5204, 5207, 5209, 5212*
Rom 2: *147, 5214, 5217, 5220, 5223, 5225*
Rom 3: *4383, 5231, 5234, 5237, 5242, 5245, 5248, 5250*
Rom 4: *5003, 5266, 5269, 5272, 5276, 5278, 5281, 5286, 5289, 5293*
Rom 5: *5296, 5303, 5315, 5318, 5321, 5326*
Rom 6: *2071, 2702, 2705, 3174, 3499, 3502, 3662, 3765, 4884, 5038, 5195, 5332, 5335, 5338, 5349, 5357, 5519, 5655*
Rom 7: *1112, 5360, 5363, 5366, 5369, 5374, 5377*
Rom 8: *33, 70, 453, 1538, 1716, 2129, 2328, 2630, 2682, 2694, 2708, 2710, 3165, 3179, 3310, 3471, 3491, 3506, 3508, 3878, 4129, 4237, 4533, 4549, 4565, 4580, 5043, 5352, 5362, 5381, 5384, 5388, 5391, 5394, 5396, 5400, 5405, 5407, 5410, 5412, 5417, 5420, 5423, 5428, 5488, 5574, 5859, 6265, 6427, 6431*
Rom 9: *5443, 5446, 5448, 5451, 5453, 5456, 5461*
Rom 10: *393, 1972, 3562, 5482, 5485, 5490, 5497, 5506*
Rom 11: *1176, 2688, 2850, 3479, 3750, 4704, 4871, 5509, 5512, 5520, 5523, 5525, 5530, 5533, 5536*
Rom 12: *1148, 1201, 2786, 2793, 3247, 3250, 3253, 3593, 4063, 4067, 5268, 5539, 5547, 5551, 5554, 5558, 5564, 5567, 5594, 5610, 5612, 5774, 5854*
Rom 13: *432, 883, 942, 1140, 1291, 1805, 1872, 2140, 2168, 2586, 2674, 2764, 2839, 3092, 3255, 3368, 3464, 3798, 3811, 3854, 4041, 4435, 5155, 5623, 5627, 5632, 5635, 5642, 5656, 5827, 6111, 6513*
Rom 14: *943, 1309, 3679, 5659, 5664, 5667, 5688, 5691, 5696, 6146, 6480*
Rom 15: *1791, 2591, 2767, 3566, 4044, 5672, 5699, 5703, 5709, 5714, 5720, 5723, 6486*
Rom 16: *5728, 5731, 5736, 5739*
1 Cor 1: *238, 2738, 3083, 3268, 3537, 4467, 5395, 5560, 5744, 5751, 5775, 5777, 5780, 5784, 5787, 6088*
1 Cor 2: *358, 2309, 3622, 5790, 5793, 5796, 5799*
1 Cor 3: *2069, 3298, 5171, 5802, 5804, 5817, 5819, 5822, 6414*
1 Cor 4: *1602, 2770, 3569, 5828, 5832, 5836, 5842*
1 Cor 5: *66, 362, 406, 481, 996, 1087, 1163, 1493, 1662, 1860, 2470, 2832, 2965, 3126, 3294, 3447, 3729, 3960, 4220, 4365, 4507, 5000, 5149, 5312, 5815, 5848, 5851, 5860, 6239, 6390*
1 Cor 6: *1129, 2684, 5868, 5871, 5874, 5880, 5883, 5886, 5893, 5897, 5899*
1 Cor 7: *5902, 5904, 5907, 5910, 5915, 5919*
1 Cor 8: *5940, 5942, 5951*
1 Cor 9: *884, 2941, 3600, 4974, 5956*
1 Cor 9.10: *3413, 4075, 5277, 6365*
1 Cor 10: *1419, 2712, 3023, 3510, 3647, 3771, 4568, 4577, 4894, 5047, 5203, 5976, 5978, 5980, 5983, 5989*
1 Cor 11: *78, 102, 283, 716, 856, 1156–1157, 1646, 1648, 1848, 2094, 2262, 2268, 2651, 2825, 2895, 3119, 3435, 4358, 5058, 5084, 5089, 5095, 5107, 5116, 5141, 5304, 5468, 5645, 5675, 5759, 5806, 5835, 5999, 6002, 6005, 6010, 6042, 6057*
1 Cor 12: *2716, 3185, 3514, 3533, 3550, 3774, 4896, 5368, 6026, 6063, 6066, 6069, 6071*
1 Cor 13: *1120, 3420, 3607, 3823, 4082, 5283, 6074, 6076, 6079, 6092*
1 Cor 14: *6095, 6097, 6103*
1 Cor 15: *1212, 1992, 2157, 2547, 2719, 3139, 3142, 3188, 3639, 3677, 3778, 3853, 4201, 4203, 4222, 4902, 5052, 5208, 5479, 6013, 6017, 6019, 6030, 6039, 6045, 6048, 6051, 6054, 6060, 6117, 6120, 6123, 6131, 6134–6135, 6138, 6142, 6145, 6149, 6151, 6154, 6157, 6160, 6163, 6168, 6170, 6172–6173, 6177*
1 Cor 16: *6181–6182, 6186, 6188, 6191*
2 Cor 1: *6203, 6205, 6208, 6211, 6216*
2 Cor 2: *4822, 6224*
2 Cor 3: *2722, 3519, 4139, 5376, 6033, 6242, 6245, 6248, 6254*
2 Cor 4: *351, 2343, 3522, 3780, 4137, 4620, 5824, 6260, 6270, 6273, 6282, 6288, 6296*
2 Cor 5: *945, 1997, 3735, 6241, 6299, 6301, 6306, 6311, 6314, 6319*
2 Cor 6: *2810, 3272, 3826, 5128, 6324, 6327, 6331*
2 Cor 7: *6337, 6348*
2 Cor 8: *1206, 5435, 6351, 6353, 6356*
2 Cor 9: *6359*
2 Cor 10: *6364, 6374*
2 Cor 11: *107, 3598, 6393, 6396, 6398, 6400, 6404, 6410, 6415*
2 Cor 11.12: *3265, 3820, 4078, 4831*
2 Cor 12: *6421, 6424, 6432, 6435, 6438*
2 Cor 13: *5503, 6441, 6447, 6450, 6453*

Gal 2: *5643*
Gal 3: *10, 1048, 1611, 2609, 2724, 2926, 3081, 3193, 3402, 3524, 3584, 4142, 5213, 6036*
Gal 4: *219, 332, 776, 1012, 1807, 2413, 3242, 3582, 3618, 4056, 4460, 4630, 4809, 5599, 5928*
Gal 5: *2727, 3196, 3503, 3527, 3785, 4750, 5383, 6264*
Gal 5.6: *3787*
Gal 6: *1739, 2218, 2730, 3198, 3570, 5671*
Eph 1: *437, 524, 882, 1984, 2599, 2773, 3573, 4048*
Eph 2: *382, 1394, 1870, 2285, 3144, 3463, 3633, 4373, 4470, 5104, 5826*
Eph 3: *2733, 3531, 3791, 4020, 4187, 5323, 5390*
Eph 4: *168, 1677, 2172, 2305, 2486, 2498, 2736, 2741, 2987, 3204, 3207, 3535, 3794, 3797, 4388, 4758, 4924, 5173, 5504, 5725, 5841, 5990, 6114, 6503*
Eph 5: *218, 601, 1088, 1202, 2037, 2143, 2145, 2248, 2307, 2456, 2744, 3278, 3427, 3541, 4088, 4182, 5233, 5402*
Eph 6: *49, 2148, 2151, 2156, 2160, 2289, 2565, 2747, 3104, 3106, 3544, 3802, 4593*
Phil 1: *934, 2202, 2572, 2749, 3013, 3161, 3507, 3547, 3571, 3804, 4346, 4708, 5239, 5406, 6014*
Phil 2: *221, 444, 2057, 3117, 3722, 6531*
Phil 3: *610, 807, 3205, 3256, 4517, 5576*
Phil 3.4: *2753, 3807*
Phil 4: *2597, 3234, 4050, 4952, 5086*
Col 1: *2664, 2756, 3219, 3553*
Col 3: *573, 1994, 2090, 2143, 2145, 2148, 2156, 2307, 2801, 3260, 3449*
1 Thess 4: *1125, 1580, 2758, 2813, 3222, 3275, 3557, 3611, 3829, 4031, 4569, 5458, 5795*
1 Thess 5: *2851*
1 Tim 1: *717, 941, 1613, 2606, 3394, 3655, 3707, 5934*
1 Tim 2: *372, 1170, 1269, 2168, 2183, 4374*
1 Tim 3: *1075, 2137, 2209, 4462, 4953*
1 Tim 4: *731, 2448, 3199*
1 Tim 5: *1186, 2165, 3112*
1 Tim 6: *1214, 1989, 2898*
2 Tim 2: *6392*
2 Tim 3: *5445*
2 Tim 4: *2319, 2504, 3200, 3881, 4324*
Tit 1: *2137, 3089*
Tit 2: *278, 333, 438, 1801, 2008, 2208, 2405, 2409, 2602, 2782, 3074, 3392, 3579, 4634, 5808*
Tit 3: *1396, 2215*
Philem: *4289*
Hebr 1: *1277–1278, 1608, 2010, 2411, 2604, 2775, 6165*
Hebr 2: *5606*
Hebr 9: *220, 3433, 3620, 5138, 6376*
Hebr 11: *5432*
Hebr 12: *2689*
Hebr 13: *4442*
Iac 1: *2488, 3461, 3466, 3642, 3644, 3857, 4101, 4860, 5163, 5831, 6402, 6406*
Iac 4: *3614*
Iac 5: *1213, 4566*
1 Petr 1: *431, 704, 819, 949, 1578, 1770, 2751, 3549, 4029*
1 Petr 2: *31, 50, 284, 410, 777, 1211, 1256, 1258, 1849, 1952, 2085, 2140, 2156, 3133, 3136, 3213, 3455, 3458, 3585, 3636, 4093, 4095, 5008, 5157, 5325, 5581*
1 Petr 3: *650, 2143, 2145, 2271, 3095, 3170, 3496, 3762, 5191, 5354, 6285*
1 Petr 4: *153, 1260, 1507, 1682, 2493, 2680, 3149, 3470, 3515, 4106, 5168, 5285, 5948, 6259, 6409*
1 Petr 5: *1262, 1522, 2162, 2318, 3488, 3651, 3875, 4116, 4811, 4877, 5187, 5346*
2 Petr 1: *1013, 2220*
2 Petr 2: *4136*
2 Petr 3: *2761*
1 Ioan 1: *5466*
1 Ioan 3: *210, 1519, 2857, 3160, 3472, 3485, 3871, 4541, 5765*
1 Ioan 4: *2691, 2853, 3157, 4110, 4873, 5340, 5677*
1 Ioan 5: *928, 1090, 1210, 2476, 2836, 3452, 3631, 4091, 5317*
Apoc 12: *2361*
Apoc 14: *3050, 3314, 4192, 4542*
Apoc 16: *3872, 4301*
Apoc 22: *4280*

Katechismusstellen

Katechismus 624, 650, 706, 757, 806–807, 826, 846, 1360, 1811, 2040, 2175, 2427, 2594
Quaestio 8, 651–653, 707–708, 758, 807, 827, 847–848, 886, 1361, 1619, 2042, 2175, 2178, 2292, 2430, 2863, 2972, 2975, 3667, 3670
Bapt. 109, 625–626, 654–655, 709–710, 759–761, 808–809, 828, 849–851, 887, 1362, 1364–1365, 1619, 1814, 2044, 2047, 2180, 2186, 2189, 2295, 2298, 2432, 2435, 2614, 2866, 2977, 2981, 3302, 3306, 3672

Symb. fid. 627–630, 656–668, 711–714, 720–722, 724–730, 762–775, 810–818, 820, 823–825, 830–835, 852–853, 855, 857–860, 862–863, 888–891, 893–904, 1092, 1366–1374, 1376–1380, 1423, 1428, 1622, 1817, 1820, 2050, 2053, 2056, 2075, 2078, 2192, 2194, 2197, 2200, 2204, 2302, 2312, 2317, 2321, 2324, 2438, 2441, 2444, 2447, 2475, 2478, 2481, 2483, 2490, 2492, 2617, 2620, 2626, 2628, 2870, 2875, 2878, 2881, 2885, 2889, 2892, 2985, 2994, 2997, 3000, 3003, 3008, 3012, 3016, 3021, 3026, 3309, 3312, 3316, 3324, 3327, 3330, 3334, 3337, 3339, 3345, 3348, 3684, 3935, 3939, 3944, 3948, 3951

Orat. dom. 631–633, 669, 671–677, 732–734, 736–740, 778–786, 836, 864–871, 905, 907–914, 1381, 1383–1388, 1625, 1628, 1825, 2081, 2084, 2225, 2228, 2230, 2326, 2331, 2337, 2340, 2345, 2348, 2351, 2354, 2503, 2508, 2516, 2520, 2523, 2526, 2533, 2536, 2905, 2909, 2913, 2915, 2917, 2922, 3031, 3034, 3036, 3044, 3046, 3349, 3351–3352, 3361, 3712, 3964, 3966, 3968, 5094

Decal. 634–639, 678–690, 742–753, 787–796, 798, 800–801, 837, 839–842, 844–845, 872–879, 915–917, 920–924, 1389, 1391, 1393, 1395, 1397–1403, 1630, 1635, 1828, 1831, 1833, 1836, 2088, 2092, 2101, 2104, 2107, 2110, 2234, 2237, 2240, 2243, 2245, 2252, 2256, 2259, 2265, 2357, 2359, 2362, 2365, 2369, 2374, 2377, 2380, 2382, 2385, 2388, 2393, 2396, 2399, 2540, 2551, 2557, 2560, 2564, 2568, 2570, 2636, 2639, 2642, 2663, 2667, 2924, 2931, 2936, 2938, 2943, 2946, 2951, 3049, 3056, 3059, 3364, 3370, 3377, 3382, 3384, 3936, 3942, 3992, 3996, 4000, 4003, 4006, 4008, 4229, 5117

Coena Dom. 640, 691–692, 754–755, 802, 804, 880, 925–926, 1404–1405, 1638, 1643, 1839, 1842, 2113, 2115, 2120, 2402, 2404, 2421, 2574, 2577, 2669, 2954, 2956, 3070, 3391, 3408, 4014

Potest. clav. 641, 693, 756, 805, 929, 1406–1407, 1667, 1845, 2123, 2424, 2580, 2583, 3086

Lieder

EG 23 = Wack 3,9 6085
EG 67 = Wack 3,67 648 5441
EG 99 = Wack 2,935 ff. 961 995 1657 2283 3731
EG 101 = Wack 3,15 5477
EG 124 = Wack 3,29 644 799 966 1174 2847 5501
EG 125 = Wack 3,14 1027 5992
EG 138 = Wack 3,24 646
EG 193 = Wack 3,44 ff. 1536
EG 202 = Wack 3,43 698
EG 273 = Wack 3,3 649
EG 275 = Wack 3,170 647
EG 280 = Wack 3,7 642
EG 299 = Wack 3,5 f. 645
EG 341 = Wack 3,2 643
EG 342 = Wack 3,55 694
EG 343 = Wack 3,78 f. 703
EG 344 = Wack 3,41 696 906 1628
EG 362 = Wack 3,32 ff. 702
EG 519 = Wack 3,25 699
EKG 18 = Wack 3,573 3577
EKG 91 = Wack 3,682 166 741 1883 2983 3468
Wack 3,92 701
Wack 3,123 695
Wack 3,135 697
Wack 3,948 700

Themenpredigten

Abendmahl 2454
Allerseelen 4613
Auferstehung 3019
Auferstehung Christi 48
Blitzschlag 2852
Edikt Herzog Ludwigs 1536
Engel 5219
Erhöhung Christi 2300
Frostschaden an Reben 2279
Gebet zum Abendmahl 3400
Gegen die Astrologie 3243
Gesetz und Evangelium 2171
Gotteswort als Schatz 4691
Haustafel 3115
Heiliger Geist 1684
Himmelfahrt Christi 1363
Jüngster Tag 919
Konzil zu Trient 4166
Morgen- und Abendgebet 2134
Obrigkeit 371
Pflicht der Eltern 3099
Pflicht der Eltern und Kinder 3102

Prophet Habakuk 4347
Sünde und Erlösung 2644
Taufe 3025
Zweite Ankunft Christi 918

DRUCKER UND VERLEGER

Als Referenz sind Seitenzahlen angegeben

Altdorf

Kohles, Jodocus Wilhelm 243

Antwerpen

Bellerus, Ioannes 278, 328, 349, 352
Mersemann, Hermann 300
Nutius, Martinus 286, 360
Plantinus, Christophorus 276, 284, 286, 289–290, 313–314, 325–326, 334–335, 339, 344, 358–359, 361
Silvius, Guilelmus 278
Steelsius, Jean 284
Tavernerius, Amatus 278
Torcy, Nicolas 283

Arnstadt

Meurer, Heinrich 243

Augsburg

Druckerei »ad insigne pinus« 335, 338
Franck, David 338
Franck, Matthäus 348, 362
Manger, Michael 248, 251–252, 277, 311, 318, 362
Otmar, Valentin 303
Schultes, Hans (Praetorius) d. Ä. 322
Steiner, Heinrich (Siliceus) 291
Ulhart, Philipp d. Ä. 247, 331–332

Basel

Amerbach, Johann 340
Bebel, Johann 281, 288, 302, 343, 345, 358
Brylinger, Nikolaus 292, 357
Brylinger, Nikolaus Erben 348
Cratander, Andreas 304, 338, 341, 343
Curio, Hieronymus 224
Curio, Valentinus 357
Episcopius, Eusebius 250, 295, 310–311, 316, 332, 362–363
Episcopius, Nikolaus 281, 289, 292–294, 302, 314, 316, 319, 321, 333, 338, 342, 346, 349, 352–353
Episcopius, Nikolaus Erben 332
Froben, Hieronymus 279, 281, 289, 293–294, 302, 314, 316, 319, 321, 333, 338, 342, 346, 353
Froben, Johann 284, 305, 318, 320, 325, 328, 333
Fröhlich, Huldrych 229, 296
Gemusaeus, Hieronymus 235–236, 239, 253
Genath, Johann Jakob 261
Guarinus, Thomas 276–277, 281, 288, 342, 359, 361
Han, Balthasar 253
Henricpetri, Sebastian 228, 286–287, 347–348, 361, 363
Henricpetri, Sixtus 347
Herwagen, Johann d. Ä. 275, 279–281, 288, 300, 306, 314, 317, 332, 344
Herwagen, Johann d. J. 281, 304, 349, 362–363
Hommius, Wendelinus 253
Isengrin, Michael 281, 294, 309, 315, 345, 352
Kessler, Nikolaus 316
Kündig, Jakob (Parcus) 288–289, 293, 299, 302, 310, 338, 361
Lasius, Balthasar 344
Oporinus, Johann 188, 223–228, 233–234, 245–247, 249, 252–253, 276, 279–280, 283, 286–287, 289–293, 296, 298–299, 302, 304, 307–308, 310–311, 314–315, 318, 321–322, 325–328, 334–335, 338, 340–343, 346, 352–353, 358, 363
Ostenius, Leonhard 228, 253
Perna, Peter 275, 279, 295, 299, 313, 319, 328–329, 333, 339, 342, 351
Petri, Heinrich 276, 279, 287, 316, 324, 333, 341, 345, 354
Platter, Thomas 344
Quecus, Paul 224
Walder, Johann 329
Waldkirch, Konrad 239, 241
Westheimer, Bartholomäus 294, 331
Winter, Robert 281, 302, 309, 313, 329, 340, 344
Drucker unbekannt 291, 307, 347

Bern

Apiarius, Matthias 187, 322, 333

Bologna

Benedictis, Franciscus Plato de 277, 284, 301, 327, 343–344
Faelli, Benedictus Hectoris 284
Perusini, Pietro e Paulo 299

Bonn

Drucker unbekannt 244

Bordeaux

Millangius, Simon 332

Brügge

Goltzius, Hubertus 331

Eisleben

Gubisius, Urban 251

Ferrara

Belfortis, Andreas 313

Florenz

Iunctae, Bernhard 345
Torrentino, Lorenzo 303, 308, 345, 361
Drucker unbekannt 277

Fontainebleau

Drucker unbekannt 314

Frankfurt/M.

Aubry, Johann 310, 348
Bassaeus, Nikolaus 234, 297
Braubach, Peter 278, 284, 328, 332, 341, 352
Draud, Georg 235
Egenolff, Christian 326
Egenolff, Christian Erben 293, 306
Erhard, ... 243
Feyerabend, Sigmund 249, 283, 308, 316, 330, 345, 349
Fischer, Peter 256
Gülfferich, Hermann 350
Han, Weygand 283, 316, 353, 360
Han, Weygand Erben 316
Hoffmann 258, 260
Hoffmann, Nikolaus 261
Hüter, Simon 308, 349
Jacob, Cyriacus 333
Lechler, Johann 308
Marne, Claude de 310, 348
Metzler, ... 243
Rab, Georg 283, 315–316
Reffeler, Paul 249, 327, 330
Rhodius, Jonas 258, 260
Sauer, Johannes 236
Spieß, Johann 234, 253, 258, 279
Wechel, Andreas 250, 303, 310, 322
Wechel, Andreas Erben 310, 348
Wechel, Johann 227, 345
Wechel, Johann Witwe 256
Wohler, Johann Conrad 244
Drucker unbekannt 340

Genf

Candidus, Antonius 299
Fugger, Ulrich 343
Santandreanus, Petrus 350, 355, 361
Stephanus, Henricus 300, 308, 343
Sylvius, Johannes 345
Vignon, Eustathius 325

Görlitz

Cundisius, Johann 242
Fritsch, Ambrosius 226–227, 233
Rhamba, Johannes 235
Zipper, Christoph 242
Zipper, Jakob 243
Zipper, Michael 243

Hagenau

Braubach, Peter 363
Setzer, Johann 332

Hanau

Aubry, Johann Erben 242
Marnius, Andreas 241
Marnius, Claudius Erben 241
Marnius, Johannes 241
Schleich, Clemens 242

Heidelberg

Commelinus, Hieronymus 256, 309, 350

Lucius, Ludovicus 308, 363
Schirat, Michael 310
Vögelin, Gotthard 241
Drucker unbekannt 261, 308

Helmstedt

Lucius, Jakob I 348

Herborn

Corvinus, Christoph 294

Ingolstadt

Weißenhorn, Alexander I 334
Weißenhorn, Alexander II 288
Weißenhorn, Samuel 288

Isny

Fagius, Paulus 347, 351

Jena

Rhodius, Christian Erben 354
Steinmann, Tobias 259

Köln

Bertulphus, Hieronymus 318
Birckmann, Johann 277, 352
Calenius, Gerwin 277
Cholinus, Goswin 322
Cholinus, Maternus 279, 311, 360
Fabritius, Walther 276, 320, 329, 347
Fuchs, Hero (Alopecius) 283
Gymnich, Johann I 340, 342, 349
Gymnich, Johann I Erben 355
Gymnich, Johann II 360
Gymnich, Johann III 329
Gymnich, Johann IV 261
Gymnich, Martin 305, 342, 353, 360
Horst, Peter 280, 330
Kempen, Gottfried von 300, 350
Landen, Johannes 289
Quentell, Heinrich 349

Lauingen

Reinmichel, Leonhard 250

Leiden

Plantinus, Christophorus 295, 303, 339
Raphelengius, C. 303
Raphelengius, Franciscus 339
Tornaesius, Joannes 344
Drucker unbekannt 326

Leipzig

Bärwald, Jakob 324
Bapst, Valentin 289, 317
Bapst, Valentin Erben 362
Deffner, Georg 229, 252, 330
Emmerich, Christian 262
Fritsch, J. 243
Frommann, Georg Heinrich 242–243
Grosse, Henning 294, 330
Lamberg, Abraham 233, 235, 254
Lantzenberger, Michael 241, 256, 294, 318
Martin, August 243
Rambau, Hans 332
Schneider, Andreas 281, 290
Schumann, Valentin 341
Steinmann, Johann Erben 253
Vögelin, Ernst 280, 290, 311, 317, 354, 357
Vögelin, Valentin 318
Voigt 241
Wohler, Johann Conrad 244
Drucker unbekannt 243

Lindau

Otto, Jakob 244

London

Harrison, I. 254

Lucca

Busdrago, Vincenzo 319

Lüttich

Hovius, Henricus 290, 319
Morberius, Gualther 290

Lyon

Candidus, Antonius 299
Chaussard, Barnabach 303

Crespin, Jean 324
Gazeius, Gulielmus 293
Giunta, Jacques 360
Gryphius, Anton 350
Gryphius, Sebastian 302, 317, 326, 328, 352–353, 355
Gryphius, Sebastian Erben 295–296
Harsy, Antonius de Witwe 260
Honoratus, Sebastian 309
Mareschal, Jean 309
Mareschal, Petrus 303
Rouillius, Guilelmus 293, 295, 310, 330
Sylvius, Michael 299
Tornaesius, Joannes 293, 316, 318
Vincentius, Antonius 299
Drucker unbekannt 358, 362

Mailand

Pontremoli, Sebastianus de 319
Scinzenzeller, Johann Angelius 345
Scinzenzeller, Ulrich 293, 319

Mainz

Behem, Franz 326, 350
Schöffer, Ivo 326
Schöffer, Johann 359

Marburg/Lahn

Kolbe, Andreas 303

Modena

Roccociola, Dominicus 307

Montbéliard

Foillet, Jacques 239, 283

Neustadt a. d. Haardt

Drucker unbekannt 303

Nürnberg

Berg, Johann vom (Montanus) 308, 325, 351
Gerlach, Dietrich 296
Heller, Joachim 322
Hofmann, Johannes 261
Knorzius, Andreas 261
Koberger, Johann 346
Neuber, Ulrich 296, 308, 325, 351
Petreius, Johann 301, 315, 348, 351
Drucker unbekannt 347

Oberursel

Henricus, Nikolaus 321

Oels

Bössemesser, Johann 259

Oxford

Barnesius, Josephus 320

Paris

Badius, Jodocus 326
Benenatus, Ioannes 327
Beysius, Aegidius 313, 335
Buon, Gabriel 293
Gourbin, Eigidius 330
Groulleau, Estienne 276, 341
Guillard, Carolus 321
Haultinus, Petrus 302
Iuvenis, Martinus 321
Longis, Ian 276
Lotrian, Alain 318
Morel, Federicus 340
Morel, Guillaume 278, 302, 310, 328, 330, 338
Patissonius, Mamertus 329, 347
Perier, Carolus 335, 339
Prevost, Benedictus 302
Puteanus, ... 291
Ruelle, Jean 294
Stephanus, Henricus 275, 279, 298, 301, 320, 331, 353
Stephanus, Robertus 291, 304, 306–307
Turnèbe, Adrien 278, 314, 340, 349, 352, 355
Vascosan, Michel de 188, 278, 289
Wechel, Andreas 308, 319, 339, 348–349, 361
Wechel, Christian 278, 280, 290, 295, 309, 311, 313, 315, 331, 335
Drucker unbekannt 343

Rom

Blado, Antonio 307, 358

Rostock

Ferber, Augustin d. Ä. 355
Möllemann, Stephan (Myliander) 294, 300–301, 325, 345

Reusner, Christoph 258
Drucker unbekannt 235

Speyer

Albinus, Bernhard 257
Drach, Peter 287

Straßburg

Albrecht, Johann 292
Bertram, Anton 290
Dulssecker, Johann Reinhold 243
Emmel, Samuel 223, 245–246, 279, 298
Fabricius, Blasius 223, 245, 297, 307
Flach, Martin d. J. 339
Fröhlich, Jakob 305
Grüninger, Johann 346
Knoblouch, Johann d. Ä. 283, 305, 332
Köpfel, Wolfgang 318
Müller, Christian (Mylius) I 305–306, 350
Müller, Kraft (Mylius) 283, 289–290, 332, 362
Prüss, Johann 287, 334
Rabe, Samuel 245
Rihel, Josias 229, 245–247, 280, 292, 297, 300, 302, 304, 306, 335
Rihel, Theodosius 248, 283, 300
Rihel, Wendelin 275, 277, 280, 292, 294–295, 324, 341, 352, 354, 358
Schade, Elias 254
Schott, Johann 187, 320
Schürer, Matthias 317, 327
Ulricher, Georg (Andlanus) 288
Wiriot, Nikolaus 227, 249, 299, 316, 319
Zetzner, Lazarus 258, 260
Drucker unbekannt 241

Stuttgart

Metzler, August 243

Toledo

Drucker unbekannt 291

Trier

Hatot, Emund Witwe 320

Tübingen

Cellius, Erhard 181–183, 235–236, 239, 247, 256–259, 261, 292–293, 297, 304, 314, 319, 334, 362
Cellius, Georg 258
Cellius, Philipp 259
Cotta 243
Franck, Hiob 243
Gruppenbach, Georg 176, 178–181, 225–229, 233–236, 239, 248–259, 261, 292, 297–298, 303, 317, 339, 351, 357–358, 361–362
Gruppenbach, Philipp 241, 261
Hock, Alexander 176–180, 229, 248–249, 251, 253, 255, 341–342
Kircher, Johann 256–257, 315
Morhart, Ulrich d. Ä. 175–176, 191, 248, 304, 321, 354, 360
Morhart, Ulrich d. J. 247
Morhart, Ulrich Witwe 175, 247–248, 287–288, 304, 359
Otmar, Johann 321
Reis, Johann Heinrich 242
Werlin, Theodor 241
Drucker unbekannt 176, 225–226, 229, 234, 261, 331

Ulm

Kühn, Georg Wilhelm 260
Kührer, Balthasar 261
Wohler, Johann Conrad 244

Venedig

Asulanus, Andreas 359
Asulanus, Andreas Erben 357
Benalius, Bernardinus 292
Bindoni, Francesco 313
Blastos, Nikolaos 305
Bonelli, Giovanni Maria 188, 276, 296
Bonelli, Michel 350
Calepino, Hieronymo 355
Crieger, Johannes 361
Farris, Domingo 279
Fino, Pietro da Erben 333
Franceschini, Francesco 361
Giuliano, Francesco 338
Gregoriis, Gregor de 348
Kallierges, Zacharias 305
Leoncini, Giacomo 275, 286, 299–300, 355, 363
Manutius, Aldus 189, 279, 281, 305–306, 309, 327, 338–339, 355, 357–359
Michaeli, G. Domenico 360

Nicolini, Pietro da Sabio di 291, 309
Notaras, Anna 305
Paganini, Alessandro de 287
Pincio, Aurelio 307
Rainaldus von Nimwegen 313
Rarturos, Alexios 189, 348
Ratdolt, Erhard 299
Sabio, Giovanantonio da et Fratelli 189, 276, 287, 322
Sabio, Stefano da 189, 317, 333
Sansovino, Jacomo 350
Santa Maria, Damiano de 189
Sessa, Marchio 324
Socer, Andreas 281, 338–339, 355
Somasco, Giovanni Battista 360
Tramezzino, Michaele 287
Trino, Comin da 287
Valgrisius, Vincentius 275
Valvassore, ... 330
Valvassore, Aloisius Erben 360
Valvassore, Luigi 360
Zaltieri, B. 359
Zaneto, Cristoforo 353, 355
Zilletus, Jordanus 333
Zoppini, Agostino 319
Zoppini, Fabbio 319
Drucker unbekannt 302, 314, 317, 345, 351–352

Verona

Nicolini, Stephanus 320
Drucker unbekannt 361

Wien

Hoffhalter, Raphael 324
Zimmermann, Michael 324

Wittenberg

Fincelius, Hiob Wilhelm 242
Gormann, Johannes 242
Hake, Johannes 242
Heiden, Kaspar 241–242
Helwig, Johann 242
Helwig, Johann Erben 242
Krafft, Johann 246, 288, 338, 348
Krafft, Johann Erben 226–227, 229, 234, 251, 284, 314
Kreutzer, Veit 329, 350
Lehmann, Zacharias 227, 233, 239, 252
Lufft, Hans 250, 284, 327–328, 331, 340, 346
Manstadt, Johann Friedrich 242
Matthäus, Johann 241
Matthäus, Johann Witwe 242
Müller, Georg d. Ä. 239, 318
Rab, Bechtold 235, 239, 241
Rab, Bechtold Erben 241
Rhau, Georg 324
Rhau, Georg Erben 303, 309, 331
Richter, Johann 241
Röhner, Johannes 242
Schwenck, Lorenz 331
Seelfisch, Samuel 241
Seitz, Peter d. Ä. 327
Seitz, Peter d. Ä. Erben 327, 331
Seitz, Peter d. J. 349
Seuberlich, Lorenz 182, 236, 297
Welack, Matthäus 254, 276
Drucker unbekannt 304, 350

Wolfenbüttel

Horn, Konrad 249

Worms

Schöffer, Peter 329

Würzburg

Heinrich von Aachen 301

Zürich

Froschauer, Christoph 261, 278, 284, 288–289, 310, 317, 339, 351, 357, 359
Geßner, Andreas d. J. 324, 330, 354
Geßner, Hans Jakob 291, 362

Bibl. items

p269 : #432 : Wilhelmi [1980 art]

←

Crusius: list of 'pupils' p. 188

lecture notes ... on Liebler p. 188

Aratus vols p. 278

Macrobius Somnium p. 328

Eisenmenger vols p. 304

* list of Heidelberg professors 298

... his EUCLID EDITIONS p. 306

1544 : Rainer Gemma vol : Arithmeticae practicae ... p309
(acquired 1547)

NB! p. 372 Jakob Hailbronner ...

p. 377 Marx Fugger

p. 308 Fox Morcillo's Timaeus (acquired 12/10/1562)

Scheubel pupils ... (?)

W. Zimmerman 384

Books from Scheubel's library ...

p. 335 ≡ Nicomachus